U0755720

本書爲國家古籍整理出版「十五」重點規劃項目

中國史學基本典籍叢刊

國語集解（修訂本）

徐元誥撰
王樹民　沈長雲點校

中華書局

圖書在版編目(CIP)數據

國語集解(修訂本)/徐元誥撰;王樹民,沈長雲點校.
—北京:中華書局,2002.6(2025.11 重印)
(中國史學基本典籍叢刊)
ISBN 978-7-101-02600-9

Ⅰ.國… Ⅱ.①徐…②王…③沈… Ⅲ.中國-古代史-春秋時代-史籍-注釋 Ⅳ.K225.04

中國版本圖書館 CIP 數據核字(2000)第 38852 號

封面題簽:劉　濤
原版編輯:凌金蘭
責任編輯:胡　珂
封面設計:周　玉
責任印製:韓馨雨

中國史學基本典籍叢刊
國語集解(修訂本)
徐元誥 撰
王樹民　沈長雲 點校
*
中華書局出版發行
(北京市豐臺區太平橋西里 38 號　100073)
http://www.zhbc.com.cn
E-mail:zhbc@zhbc.com.cn
三河市鑫金馬印裝有限公司印刷
*
850×1168 毫米 1/32 · 21⅜印張 · 2 插頁 · 500 千字
2002 年 6 月第 1 版　　2025 年 11 月第 12 次印刷
印數:22301-23300 册　　定價:86.00 元

ISBN 978-7-101-02600-9

前言

國語是一部重要的先秦古籍，所記内容以春秋史事爲主，不少記叙與左傳相表裏，漢書藝文志將其與左傳並列入「春秋家」，故自漢人以下，或徑稱之爲「春秋外傳」，而稱左傳爲「春秋内傳」。唐劉知幾作史通，始别左傳與國語爲兩種不同的體裁，而以國語作爲「六家」亦即諸種史學著述中的一家，即今所稱「國别史」之首。清四庫全書總目於史部下無「國别」一項，而將其列入「雜史類」。無論何説，國語長期以來被視爲一部基本的史學著作，是没有異義的。

不過，從嚴格意義上講，國語實際並不是一部史，它的目的並不在於紀事；以國分類，亦不是它的主要特色。國語的特點在於它是一部「語」，「語」的本義是議論。説文云：「語，論也。」其解「言」字曰：「直言曰言，論難曰語。」是國語本爲一部議論總集。古人從事教育的一個手段，即是收集前賢有關政治、禮儀、道德等方面的精闢議論，把它作爲教材教給後人。國語楚語上記楚大夫申叔時建議莊王太子學習的内容中，有一項就叫做「語」。叔時對楚太子傅説：「教之語，使明其德，而知先王之務，用明德於民也。」國語的名稱，即是講該書乃集合各國之語編輯而成。

然而「語」這種體裁包含的内容也很廣泛。論語是一種語，它的性質，如漢書藝文志所言，是「孔子應答弟子，時人及弟子相與言而接聞於夫子之語也」。秦漢之際，又有陸賈的新語。據司馬遷説，這是陸賈專門探討古今政治興亡成敗道理，用以奏對漢高祖的一種政論文章。此外，劉向校書時所見與號爲國策、國事、短長等書目並存的事語也是一種語，這種語，就其名號看來，是既有故事，又有議論，事、語結合，以語爲主的一種體裁。一九七三年長沙馬王堆三號漢墓出土帛書中有一種材料，其寫定時間皆在漢代以前，分爲十六章，每章記一事而各不關聯，皆屬春秋範圍，所記之事十分簡略，並每章記事之後必有一些當時政治家或後世賢人君子的議論，這些議論文字的字數往往超出記事之文，「使人一望而知本書的重點不在講事實而在記言論」（張政烺春秋事語題解，文物一九七七年第一期），帛書整理小組根據這些特點，給該書起名爲春秋事語。這部春秋事語的許多内容同於左傳、國語，所涉及的國度比國語要少，篇幅亦少，應即戰國時期廣泛流傳的各種事語中的一種。我們今天所看到的國語，想必便是在戰國時期流傳的各種事語的基礎上，加以整齊選擇，以春秋主要國别爲順序，以春秋爲時限（於周室則稍稍涉及其春秋以前事），編輯而成的。

國語的作者，舊題左丘明，根據是司馬遷的史記。司馬遷在史記十二諸侯年表序中説：「魯君子左丘明……因孔子史記具論其語……成左氏春秋。」又在太史公自序中説：「左丘失明，厥有國語。」這位失明的左丘，被認爲與左丘明是一人，漢書藝文志即稱：「國語二十一篇，左丘明著。」實際上，這是成問題的。左傳是否成於左丘明，這裏且不具論，國語之不出於左丘明，則早有前賢揭之於前。按司馬遷言左丘著國語一節原文如下：「昔西伯拘羑里，演周易；孔子厄陳蔡，作春秋；屈原放逐，著離騷；左丘失明，厥有國語；孫子臏脚，而論兵法；不韋遷蜀，世傳吕覽；韓非囚秦，説難、孤憤；詩三百篇，大抵聖賢發憤之所爲也。」崔東壁洙泗考信餘録卷三對之考辨曰：「按史記自叙自文王、孔子以下凡七事，文王羑里之誣，余固已辨之矣；孔子之作春秋，亦不在陳蔡；離騷、兵法、吕覽、説難之作，皆與本傳之説互異，然則此言（即「左丘失明，厥有國語」一語）亦未可盡信也。」其在豐鎬考信録中亦曾對之加以辨析：「孔子作春秋在歸魯之後，非厄陳蔡之時；吕覽之成，懸諸國門，是時不韋方爲秦相，亦未遷蜀；屈原傳作離騷在懷王之時，至頃襄王乃遷之江南，非放逐而賦離騷也；韓非傳作説難、孤憤皆在居韓時，秦王見其書而好之，韓乃遣非使秦，亦非囚秦而作説難、孤憤也……至國語與左傳事多抵牾，文亦不類，必非一人所作。」

以上，崔述用舉一反三的道理推論國語不必作於左丘明，實在是很有見地。今人楊伯峻亦引崔述這段話辨司馬遷以國語歸於左丘明之非，並認爲，司馬遷在自叙中的這段話是屬於寫文章，而不是在作史，作史需要嚴肅核對史實，寫文章引古事做議論根據時，可隨手拈來而不必求其全（左傳成書年代，載文史第六輯）。所以，我們對「左丘失明，厥有國語」這句話，自應像對「西伯拘羑里，演周易」諸説一樣，不必信其真。

從國語叙述的歷史事件看，有許多確實是與孔子同時的左丘明無法看到的，所叙典章制度也有許多不是左丘明那個時代所具備的。如晋語談到智伯之亡，談到趙襄子的謚號，就不是左丘明所能瞭解的。國語中也有一些預言或占卜之類，如晋語四中的姜氏之語：「商之饗國三十一王，瞽史之紀曰：『唐叔之世，將如商數。』今未半也。」表明國語之作必在晋亡以後。晋亡於韓趙魏三家分晋之年（前三七六年），這當然不是左丘明所能看到的。在典章制度方面，如魯語下提到的「三公九卿」，晋語二提到的郡縣之制，晋語四提到的歲星紀年，齊語提到的軌、里、連、鄉之制，諸如此類，都不應存在於春秋時代。因此，把國語歸於左丘明所著，對於國語本身就是無法説通的。

國語爲編輯成書，其各篇的寫作時代都在左丘明之後，屬戰國時代之人取春秋之事（包括少數春秋以前事）而擬成文字者。這各個篇章的作成時代亦很不一致，大致周、晋、鄭、楚四國之語及魯語上風格比較一致，寫作時代亦較早；魯語下多記瑣事，甚或撇開史實而專事説教，殆七十子後學所爲；齊語一篇全同於管子小匡，蓋出於稷下先生之手；吴語、越語專記二國争霸事而多兵權謀之語，尤其越語下只記范蠡，語言講求對仗押韵，作成時代當最晚。不過，據馬王堆漢墓出土帛書黄帝書，中有不少同於越語下的句子，其抄寫的時間約在秦漢之際，則國語各篇的成書年代最遲不得晚於戰國末葉。以上各篇，大概也就是在這個時候由人纂集起來，編成我們今天所見到的國語的樣子。也有可能早期的國語僅有周、晋、鄭、楚四國之語及魯語上等部份，其餘部份則爲後人補作。至於國語的編者，從其二十一篇而晋語獨佔九篇，並且在晋國三卿中，又獨多記趙氏之事，推斷其應爲趙國之人，或與趙國接近之人。

國語作爲先秦時期重要的史籍，其史料價值及在學術史上的地位是不言而喻的。以此，它受到歷來學者的重視，並有多人爲之作注，重要者有東漢時的鄭衆、賈逵，魏晋時的王肅、唐固、虞翻、韋昭、孔晁等。唐宋以來，各家之注多失傳，惟韋昭國語解獨存於世。北宋時，宋庠字公序，曾對國語及韋解加以整理，並作國語補音三卷，成爲主要的傳世之本。又有仁宗明道年間所刊之本，清黄丕烈重刊之，並作了校勘札記。於是自清代中期以後，明道本與公序本同爲國語通行之本。

清代學者校注國語者甚多，大致可分爲二類：一爲全刊國語本文及韋解更加附注者，爲補注性質；另一種則僅摘列國語及韋解有關文句加以校勘詮釋，而以後者爲多。最重要者爲汪遠孫之國語校注本三種，即三君注輯存四卷（「三君」謂賈逵、唐固、虞翻）、國語發正二十一卷、國語考異四卷。此外如劉台拱國語校補、汪中國語校文、陳瑑國語翼解等，又王引之經義述聞、俞樾群經平議，也都有重要的校釋成果。取補注性質者，較早有董增齡之國語正義，正文依公序本，韋注加「解」字，正義則加「疏」字以别之。清末民國間有吴曾祺的國語韋解補正，因其晚出，採摭各家之説較多。其後有沈鎔撰國語詳注，惟存國語正文，摘列重要詞句，略加詮釋，其性質爲重注而非補注。徐元誥之國語集解行世最晚，而能網羅各家之説，取補注形式，較其前各書爲加詳，從而更有利於讀者對國語的閱讀。

徐元誥，字鶴仙，别號寒松，江西吉水人。一八七七年（清光緒三年）生。早歲赴日本留學，入東京中央大學，加入中國同盟會。回國後，供職於中華書局字典部。又涉足政壇，歷任江西省司法司司長、江蘇滬海道尹、江西省省長、國民政府最高法院院長、立法院立法委員等職。政餘從事著述，除作有國語集解外，還策劃主編了中華大字典及舊辭海等。解放後曾爲上海文史館館員。一九五六年逝世，終年七十九歲。

徐元誥的國語集解初版於一九三〇年，由中華書局印行。其在全刊國語本文、韋解全文的基礎上，選擇各家有關校勘及注釋文字，參以己見，使歷來國語研究成果備於一爐，頗便讀者閲覽。在校勘方面，爲求國語原貌，其兼採公序與明道兩個本子，擇其是者而從之，而列其異文於集解之中。或據諸家之説，明其所採與不當採之理由。如魯語下「齊閭丘來盟」章有「(閔馬父)對曰：『笑吾子之大也。』」句，韋解：「謂驕滿也。」此皆採明道本文。集解於其下記曰：「宋庠本『大』下有『滿』字，云『大，它蓋反』。」同時引汪遠孫之説，解釋其棄公序本而採明道本之理由。若公序、明道本皆誤，則徑依它説訂正之，仍列原文於集解之中，並舉它説以證其所改。如周語上「襄王使邵公過及内史過賜晉惠公命」章有「拜不稽首，輕其王也」句，各本「輕」作「誣」，韋解亦曰：「誣，罔也。」集解據俞樾之説徑行改正之，並列俞説於後，以明其所改之理由。又齊語「葵丘之會」章有「天子使宰孔致胙於桓公，曰：『余一人有事於文、武』」句，各本「一人」下原有「之命」二字，集解引王引之説徑改之，並摘引王説，證明此二字乃涉下文「天子之命」而衍。凡此，皆見國語集解在廣泛利用各家校勘成果方面所做出的努力，經過這樣校勘的國語正文及韋解文字，當較過去更爲可靠。

同樣，由於採納了各家不少注釋，集解也提供給了讀者更多準確理解國語文字的方便。這些注釋，有爲韋解未採而爲汪遠孫輯存所收輯的賈逵、唐固、虞翻三君的注，但更多的是清人的各種注釋。他們有的以文字音韵考釋見長，有的以對某種文物制度的通曉見長，有的則以古地今釋見長。集解援引諸説，或於某些缺注之處補注之，或對韋解某些錯誤的訓釋進行糾正，或對其尚嫌粗略的注釋進一步解釋之。如魯語下「仲尼在陳」章，陳地缺注，集解即爲補注之。又越語下「四年，王召范蠡而問焉」章：「蠡聞之：『上帝不考，時反是守。』」韋注：「考，成也。言天未成越，當守天時，天時反，乃可以動。」集解引王念孫曰：「韋注文義不明。考，當讀爲巧。反，猶變也。言上帝不尚機巧，惟當守時變也。」王氏據諸書證明此「考」字當讀爲「巧」，其説確不可易，今馬王堆出土帛書黄帝書引此句，正作「聖人不巧，時反是守」。此爲對韋解進行糾正的例子。至於對韋解的補充注釋，集解更多採用之。尤其是一些人名、地名及典章制度，韋解不詳，或僅有簡單注釋，集解輒引專家之説，加以補充説明。如周説下「王將鑄無射」章所述武王伐紂時之天象，集解屢引項名達之説對之加以詮釋，即是適例。此皆收到了集思廣益之作用。

集解重在收羅各家之説，間或有徐氏本人的意見，則通過按語的方式表達出來，這些按語時亦表現了作者的見地。如齊語「桓公自莒反於齊」章記鮑叔之語有「執枹鼓立於軍門」句，集解中的「元誥按」云：「枹爲擊鼓槌，『枹』下不當有『鼓』字，管子小匡篇正作『執枹立於軍門』。」又晉語四「文公在狄十三年」章「公子賦河水」句下，韋昭注曰：「河，當爲沔，字相似誤也。其詩曰：『沔彼流水，朝宗於海。』言己反國，當朝事秦。」「元誥按」云：「內傳注云：『河水，逸詩。義取河水朝宗於海，海喻秦。』與韋注以河水即沔水不合。」應當說，徐氏這兩則意見都是可信的。

儘管徐氏國語集解的編撰方式有上述優點，其具體工作却不免有粗糙之處。除文字上的失誤外，更時有重衍之文，或字句脱落、畫蛇添足，乃至無的放矢者。如叙例首稱：「太史公稱：『左丘失明，厥有國語。』又謂左氏欲傳春秋，先作國語。」按所謂「左氏欲傳春秋，先作國語」乃司馬光之説，竟强加於司馬遷，直爲常識性的錯誤。其文字重衍者，如周語上「宣王即位，不籍千畝」章，韋解「一耜之墢也」下，自注文「祭其神爲農祈也」，正文「太史贊王」，注文「贊，導也」，正文「王敬從之，王耕一墢」，皆爲衍文。其字句脱落者，如周語下「柯陵之會」章，脱去正文「諸侯會於柯陵」六字，又韋解「慶克通於靈公之母聲孟子，國佐召慶克而謂之」十九字全脱。其作無的放矢之考證者，如齊語「桓公曰，吾欲從事於諸侯，其可乎」章「多其資幣」一句，各本皆無異文，本書則「資」誤作「質」，其下集解云：「元誥按：管子小匡篇作『多其資糧，財幣足之』，疑此文『質』爲『資』誤，資幣即資糧財幣之省。」本書以「資」爲「質」，或爲一時筆誤，檢查原文，即可改正，而爲此竟寫成一條考證，實徒費筆墨。其畫蛇添足者，如魯語下「襄公如楚，及漢，聞康王卒，欲還」章有「諸夏」一詞，集解引論語包注：「諸夏，中國也。」於意已足，乃下文引邢疏詳釋「華夏」亦謂中國，可謂畫蛇添足。而所引邢疏之文，以左傳「諸華必叛」誤作「諸夷必叛華夏」，實爲誤上加誤。

其書在浪費筆墨之外，有時則過於簡澀。或引用前賢多不著本名，又或妄作删改，致失原義。又王念孫、引之父子之説，皆見於經義述聞，而每條則標明「家大人曰」或「引之謹案」，極爲明晰，集解二名多錯舉，亦是其疏舛之一證。

國語集解之疵誤雖多，但能容納清代以來各家校釋國語之成果，兩相權衡，仍是瑕不掩瑜。如能正其疵誤，則嘉惠讀者可收事半功倍之效。爰加董理，標點全文之外，更着重校勘，共計寫成校記一千六百餘條，每條按序編號，而總附於每卷之末。原書所載序跋，則改爲附録，刊於全書之後。全書由沈長雲標點初稿並校出有關問題，而由王樹民最後定稿，寫成校記。時間既迫，又雜事紛紜，未能從容校勘，罅漏必然多有，幸祈讀者不吝教正爲感！

王樹民　沈長雲　二〇〇五年歲杪

此書初版前言為王樹民先生一九八六年撰寫，現據以增補重撰。沈長雲補記。

附點校則例

前言爲應北京師範大學古籍整理研究所之邀，點校本書後倉卒寫成者，而該所以經費困難，未能付印，擱置達十餘年之久。今幸由中華書局刊行，爰就舊稿重爲校訂，並略陳則例於次。

一、以儘量保持國語及韋解之本來面目爲原則，集解所涉及之書，皆取以對勘，集解有誤者，即據以訂正，並在校記中舉出其書名或人名。於公序與明道二本，其一致者稱之爲各本；相歧異時，取其義長者；或可兩存者，則别存其一於校記中。

二、集解或有無的放矢之言及偏失之詞，皆爲删去，而在校記中説明之。

三、書中間有同文異體之字，如「郤」與「郄」，皆改用同一字體，而不另出校。

四、原書目録僅以卷爲次第，過於簡略。今重爲排定，同卷之内，按所記之事，劃分段落，取其首句爲題，並爲之編號，以便檢閲，而收原目録於附録中，以存其原式。

五、校記編排以原書卷次爲單位，在同卷之内，按所紀之事劃分段落，取其首句爲題，以問題出現前後爲次，標明序號於其下，按序號寫成校記，附於每卷之後。既便於檢閲，且免隔斷原文之弊。

六、標點符號爲一般古籍整理所使用者。須略説明者，初引號用「　」，復引號用『　』，專名號用——，書名號用～～～，而删節號與波折號等一律不用。

王樹民

二〇〇〇年三月二十四日於北京

國語集解目録

周語上第一

周語中第二

周語下第三

魯語上第四

魯語下第五

齊語第六

晉語一第七

晉語二第八

晉語三第九

晉語四第十

晉語五第十一

晉語六第十二

晉語七第十三

晉語八第十四

晉語九第十五

鄭語第十六

楚語上第十七

楚語下第十八

吳語第十九

國語集解

吉水徐元誥學

周語上第一

○舊音曰：「杜預世族譜云：『黃帝之苗裔，姬姓，后稷之後，封於邰。及衰，稷子不窋失職，竄於西戎。至十二代孫曰大王，為狄逼遷岐。至孫文王，受命。武王克殷而有天下。至幽王，為犬戎所殺，平王東遷，乃居王城。』」元誥按：周傳世三十七，起民國紀元前三千零三十三年，訖二千一百六十七年。至平王四十九年而入春秋。

1 穆王將征犬戎，穆王，周康王之孫、昭王之子穆王滿也。征，正也，上討下之稱。犬戎，西戎之別名也，在荒服之中。○漢書匈奴傳顏注引山海經大荒北經曰：「黃帝生苗龍，苗龍生融吾，融吾生弄明，弄明生白犬。白犬有二牝牡，是爲犬戎。」吳曾祺曰：「犬戎即畎夷，史記『周西伯昌伐畎夷』是也。又作『昆夷』。」元誥按：在今陝西鳳翔縣西北。祭公謀父諫曰：「不可。祭，畿內之國，周公之後也，爲王卿士。謀父，字也。傳曰：「凡、蔣、邢、茅、胙、祭，周公之胤矣。」○汪遠孫曰：「逸周書祭公解孔晁注：『謀父，祭公名。』案：韋以爲字，非也。」元誥按：祭，在今河南開封縣東北十五里，有祭伯城。穆天子傳作「鄒」。郭注：「鄒，正字；祭，假借字。」宋庠曰：「父音甫，男子之美稱。」先王耀德不觀兵。耀，明也。觀，示也。明德，尚道化也。不示兵者，有大罪惡然後致誅，不以小小示威武也。夫兵戢而時動，動則威，戢，聚也。威，畏也。時動，謂三時務農，一時講武，守則有財，征則有威。〇文選歎逝賦李注引賈逵曰：「戢，藏也。」吴曾祺曰：「戢，斂也，訓『聚』非。」觀則玩，玩則無震。玩，黷也。震，懼也。〇王念孫曰：「震，亦威也。上言『威』，下言『無震』，互文耳。文六年左傳『其子何震之有』。賈逵注亦曰：『震，威也。』（見史記晉世家集解。）」汪遠孫曰：「説苑指武篇：『兵不可玩，玩則無威。』正用外傳。」是故周文公之頌曰：文公，周公旦之謚也。頌，時邁之詩也。武王既伐紂，周公爲作此詩。巡守告祭之樂歌也。『載戢干戈，載櫜弓矢。載，則也。干，楯也。戈，戟也。櫜，韜也。言天下已定，聚斂其干戈，韜藏其弓矢，示不復用也。〇宋庠曰：「櫜，古刀反。」我求懿德，肆于時夏，允王保之。』懿，美也。肆，陳也。于，於也。時，是也。夏，大也。言武王常求美德，故陳其功，於是夏而歌之。樂章之大者曰夏。允，信也。信哉武王能保此時夏之美。〇陳奂曰：「下文傳云：『故能保世以滋大。』『保世』釋『允王保之』句，『滋大』釋『肆于時夏』句。內傳宣十二年引此詩釋之云：『夫武，禁暴、戢兵、保大。』又云：『暴而不戢，安能保大。』訓夏爲大，內、外傳皆同。韋解既本毛傳，而又從鄭箋，以夏爲九夏之『夏』，失之。」吴曾祺曰：「夏，中國也。謂武王能以功德施於中國，而遠人自至。訓樂名，非。」先王之於民也，懋正其德而厚其性，懋，勉也。性，情性也。〇汪中曰：「性與生通。」王念孫曰：「性之言生也。（樂記：『方以類聚，物以羣分，則性命不同矣。』鄭注：『性之言生也，命，生之長短也。』昭八年左傳：『今宮室崇侈，民力彫盡，怨讟竝作，莫保其性。』謂莫保其生也。十九年傳：『吾聞撫民者，節用於內而樹德於外，民樂其性而無寇讎〔一〕。』謂樂其生也。荀子禮論篇：『天地者，生之本也。』大戴禮禮三本篇〔二〕『生』作『性』。秦策『生命壽長』、史記范睢傳『生』作『性』。）文七年左傳：『正德、利用、厚生，謂之三事〔三〕。』杜解『厚生』曰『厚生民之命』。此云『懋正其德』，即『正德』也，云『厚其性』，即『厚生』也。下云『阜其財求而利其器用』，即『利用』也。成十六年傳曰：『民生厚而德正，用利而事節。』襄二十八年傳曰：『夫民生厚而用利，於是正德以幅之。』文六年傳曰：『時以作事，事以厚生。』皆其證也。」阜其財求而利其器用，阜，大也。大其財求，不障壅也。器，兵甲也。用，耒耜之屬也。○汪遠孫曰：「求，古賕字。賕亦財也。馬融本呂刑『惟求』云：『有求，請賕也。』此古求、賕相通之證。漢書薛宣傳：『賕客楊明。』蕭該音義引韋昭注云：『行貨財以有求於人曰賕。』〔四〕是賕有用財之義。『財賕』與下『器用』對文，韋不解『求』字，器爲兵甲，用爲耒耜之屬，皆失之。」明利害之鄉，示之以好惡也。鄉，方也。○宋庠曰：「鄉，許亮反。」以文修之，文，禮法也。使務時而避害，懷德而畏威，故能保世以滋大。保，守也。滋，益也。昔我先王世后稷，后，君也。稷，官也。父子相繼曰世。謂棄與不窋也。○汪遠孫曰：「不窋非棄之子。譙周史記索隱、孔穎達詩疏已規其謬。」元誥按：史記周本紀索隱引譙周云：「言世稷官，是失其代數也。」以服事虞、夏。謂棄爲舜后稷，不窋繼之於夏啓也。及夏之衰也，棄稷弗務，棄，廢也。衰，謂啓子大康廢稷之官，不復務農也。夏書序曰：「大康失邦，昆弟五人須于洛汭。」○汪遠孫曰：「棄與不窋，遠孫既斷其非父子矣〔五〕，夏之衰亦不當是大康，蓋謂孔甲時也。史記夏本紀：『帝孔甲立，夏后氏德衰，諸侯畔之。』國語亦言：『孔甲亂夏，四世而隕。』劉敬言：『公劉避桀。』公劉是不窋之孫，桀是孔甲曾孫，時代正合。」元誥按：戴説同。我先王不窋用失其官，失稷官也。不窋，棄之子也。周之禘祫文、武，不先不窋，故通謂之王。商頌亦以契爲玄王也。○路史周世攷：「稷生台璽，台璽生叔均，叔均爲田祖。」后稷封台，故後有台璽，有叔均。既有台璽、叔均，則知稷之後世多矣，不窋不得爲稷子明矣〔六〕。**而自竄於戎狄之間，**竄，匿也。堯封棄於邰，至不窋失官，去夏而遷於邠，西接戎，北近狄也。○陳奂曰：「韋説誤也。傳言失官，非遷國。官，王官也。夏政衰，不務稷，故不窋失王官而歸處於邰。邰在今陝西乾州武功縣南，古戎狄地，故云『竄於戎狄之間』。詩公劉傳：『公劉居於邰，遭夏人亂，迫逐公劉，公劉乃避中國之難，遂平西戎而遷其民，邑於豳〔七〕。』白虎通義京師篇：『后稷封於邰，公劉去邰之邠。』是自邰遷邠者乃公劉，非不窋也。公劉六章〔八〕，章章可攷矣。」戴震曰：「周自公劉始居豳，書傳闕佚，莫能詳其時世。考國語、史記所録祭公謀父諫穆王曰：『昔我先王世后稷，以服事虞、夏。及夏之衰也，棄稷弗務，我先王不窋用失其官，而自竄於戎狄之閒。』蓋不窋已上，世爲后稷之官，不知凡幾，傳至不窋，然後失其官也。夏之衰，疑值孔甲時。史記稱孔甲淫亂，夏后氏德衰，諸侯畔之〔九〕。殆后稷之官及有邰之封，乃相因而失。諸侯侵奪，天子不正之，是以遠竄。禹至孔甲三百餘年，史記十一世十四君，則有邰始封至不窋亦且十餘世。周本紀曰：『封棄於邰，號曰后稷，別姓姬氏。后稷之興，在陶唐、虞、夏之際，皆有令德。后稷卒，子不窋立。不窋末季，夏后氏政衰，去稷不務，不窋以失其官而奔戎狄之間。不窋卒，子鞠立。鞠卒，子公劉立。』史記不曰『棄卒』而曰『后稷卒』，且上承『后稷之興，在陶唐、虞、夏之際，皆有令德。』此書法也。世次中闕，莫知其名，繼棄而爲后稷，謹修其官守，以至於不窋，是不一人，故曰『皆有令德』。及最後爲后稷者卒，其子不窋立，末季而失其世世守官。微竄之際，殆不絶如縷，典文牒記，一切蕩然，雖公劉復立國於豳後，已無舊人能追先世之代系。故國語稱十五王，不數其皆有令德而世后稷者。漢劉敬對高帝曰：『周之先自后稷，堯封之邰，積德累善十有餘世。公劉避桀居豳。』所謂『積德累善十有餘世』及本紀『皆有令德』之文，是漢初相傳，咸知不窋已上代系中隔矣。國語曰：『孔甲亂夏，四世而殞〔一○〕。』則周人言夏之衰，指孔甲不指大康甚明。以地考之，豳在郃北百餘里，郃今西安府武功縣，豳今邠州，不窋所竄，又在豳北二百餘里。今慶陽府安化縣有不窋城。」元誥按：不窋非棄之子，已上汪、吴説已言之，得戴説益詳矣。不敢怠業，時序其德，纂修其緒，纂，繼也。緒，事也。修其訓典，訓，教也。典，法也。朝夕恪勤，○曝書亭鈔本北堂書鈔政術部十引賈逵曰：「恪，敬也。勤，勞也。」守以敦篤，奉以忠信，亦世載德，○各本「亦」作「弈」。吴曾祺曰：「弈世，猶累世也。」汪遠孫曰：「『弈』當作『亦』。漢碑中常侍樊安碑、綏民校尉熊君碑、執金吾丞武榮碑『亦世載德』，正用國語之文。」元誥按：汪説是，今據改。不忝前人。亦，亦前人也。載，成也。忝，辱也。○注「亦、亦」二字，明道本作「弈、弈」，宋庠本又作「弈、亦」。汪遠孫曰：「當作『亦、亦』。詩有客『亦白其馬』，傳：『亦，亦周也。』書大誥『矧亦惟卜用』，傳：『亦，亦文王。』注例正同。」元誥按：汪説是，今據改。至於文王、武王，○各本作「至於武王」。汪遠孫曰：「疑本作『文武』，涉下『武王』而誤。」王念孫曰：「『至于』下當有『文王』二字。周人敘述祖德，未有稱武王而不及文王者。此文自『莫弗欣喜』已上，皆兼文、武言之，自『商王帝辛』以下，乃專言武王耳。史記周本紀載此文，正作『至於文王、武王』。文選齊景皇后哀策文注引『至於文、武，事神保民，莫不欣喜』，所引從略，而亦兼文、武。則原有『文王』二字可知。」元誥按：王説是，今據補。昭前之光明，而加之以慈和，事神保民，莫弗欣喜。保，養也。

商王帝辛大惡於民，商，殷之本號也。辛，紂名。大惡，大爲民所惡也。○俞樾曰：「下句『庶民弗忍』，始以民言，若此句已言『大爲民所惡』，則不必更言『庶民弗忍』矣。大惡於民，猶云『大虐於民』也。廣雅釋詁曰：『虐，惡也。』是惡與虐同義。」庶民不忍，欣戴武王，以致戎於商牧。戴，奉也。戎，兵也。牧，商郊牧野。○汪遠孫曰：「續漢書郡國志：『朝歌南有牧野，去縣十七里。』疑『十七』當作『七十』。紂都朝歌，牧，南郊地名也，郊外曰野。説文：『坶，朝歌南七十里。』牧、坶古通用。」元誥按：牧，今河南汲縣。是先王非務武也，勤恤民隱而除其害也。恤，憂也。隱，痛也。夫先王之制：邦内甸服，邦内，謂天子畿内千里之地。商頌曰：「邦畿千里，維民所止。」王制曰：「千里之内曰甸。」京邑在其中央，故夏書曰：「五百里甸服。」則古今同矣。甸，王田也。服，服其職業也。自商以前，并畿内爲五服。武王克殷，周公致太平，因禹所弼除畿内，更制天下爲九服。千里之内謂之王畿，王畿之外曰侯服，侯服之外曰甸服。今謀父諫穆王，稱先王之制，猶以王畿爲甸服者，甸，古名，世俗所習也。故周襄王謂晉文公曰「昔我先王之有天下也，規方千里，以爲甸服」是也。周禮亦以蠻服爲要服，足以相況也。○吴曾祺曰：「禮職方氏『方千里曰王畿』，而史記夏本紀有『五百里甸服』之説，是夏之甸服即周之王畿。祭公蓋引夏制爲言。」邦外侯服。邦外，邦畿之外也。方五百里之地謂之侯服。侯服，侯圻也。言諸侯之近者歲一來見也。○書禹貢某氏傳曰：「侯，候也，斥候而服事圻。」侯、衛賓服，此總言之也。侯，侯圻也。衛，衛圻也。言自侯圻至衛圻，其閒凡五圻，圻五百里，五五二千五百里，中國之界也。謂之賓服，常以服貢賓見於王也。五圻者，侯圻之外曰甸圻，甸圻之外曰男圻，男圻之外曰采圻，采圻之外曰衛圻。周書康誥曰「侯、甸、男、采、衛」也。凡此服數，諸家之説皆紛錯不同，唯賈君近之。○汪遠孫曰：「賓服，禹貢作『綏服』。孔疏云：『綏者，據諸侯安王爲名；賓者，據王敬諸侯爲名。』又引韋昭云：『以文武教衛爲安，王賓之，因以名服。』與今本國語不同。」吴曾祺曰：「内舉侯，外舉衛，以見包五圻在内。」宋庠曰：「注『圻』通作『畿』。」蠻夷要服，蠻，蠻圻也。夷，夷圻也。周禮，衛圻之外曰蠻圻，去王城三千五百里，九州之界也。夷圻去王城四千里。周禮行人職，衛圻之外謂之要服。此言蠻夷要服，則夷圻朝貢或與蠻圻同也。要者，要結好信而服從之也。○元誥按：蠻夷，依宋庠本。戎狄荒服。戎狄，去王城四千五百里至五千里也。四千五百里爲鎮圻，五千里爲蕃圻，在九州之外荒裔之地，與戎狄同俗，故謂之荒，荒忽無常之言也。○史記夏本紀集解引馬融云：「政教荒忽，因其故俗而治之。」甸服者祭，供日祭也。此采地之君，其見無數。侯服者祀，供月祀也。堯舜及周，侯服皆歲見也。賓服者享，供時享也。享，獻也。周禮，甸圻二歲而見，男圻三歲而見，采圻四歲而見，衛圻五歲而見。其見也，必以所貢助祭於廟，孝經所謂「四海之內，各以其職來祭」者也。要服者貢，供歲貢也。要服六歲一見也。荒服者王。王，王事天子也。周禮，九州之外謂之蕃國，世一見，各以其所貴寶爲贄，詩云：「自彼氐羌，莫敢不來王。」日祭，日祭，祭於祖、考，謂上食也。近漢亦然。月祀，月祀於曾、高也。時享，時享於二祧也。歲貢，歲貢於壇、墠也。○禮記祭法：「王立七廟、一壇、一墠。」終王。終，謂世終也。朝嗣王及即位而來見。○汪遠孫曰：「漢書韋玄成傳，劉歆引外傳而釋之云：『祖、禰則日祭，曾、高則月祀，二祧則時享，壇、墠則歲貢，大禘則終王。』韋不言大禘，稍失之疏。」又：「許慎稱舊説云：『終者，謂孝子三年喪終，則禘於大廟，以致其新死者也。』」先王之訓也，有不祭則修意，意，志意也。謂邦甸之內有違闕不供日祭者〔一〕，先修志意以自責也。圻內近，知王意。有不祀則修言，言，號令也。有不享則修文，文，典法也。有不貢則修名，名，謂尊卑職貢之名號也。晉語曰：「信於名則上下不干也。」有不王則修德。遠人不服，則修文德以來之。序成而有不至則修刑，序成，謂上五者次序已成，而有不至，則有刑誅。○俞樾曰：「序，次也。成，亦次也。謂依此次第有不至也。」於是乎有刑不祭，伐不祀，征不享，讓不貢，讓，譴責也。告不王。謂以文辭告曉之。地遠者罪輕。於是乎有刑罰之辟，刑不祭也。有攻伐之兵，伐不祀也。有征討之備，征不享也。有威讓之令，讓不貢也。有文告之辭。告不王也。布令陳辭而又不至，則增修於德，而無勤民於遠。勤，勞也。是以近無不聽，遠無不服。今自大畢、伯士之終也，大畢、伯士，犬戎氏之二君也。終，卒也。犬戎氏以其職來王，以其職，謂其嗣子以其貴寶來見王。○史記周本紀正義引賈逵曰：「白狼白鹿，犬戎之職貢也。」天子曰：『予必以不享征之，且觀之兵。』享，賓服之禮。以責犬戎而示之兵法也。其無乃廢先王之訓，而王幾頓乎！幾，危也。頓，敗也。○俞樾曰：「幾乃語詞。易小畜上九：『月幾望。』虞注曰：『幾，其也。』王幾頓乎，猶言『王其頓乎』。頓者，勞罷之意。戰國策秦策：『吾甲兵頓。』高誘注曰：『頓，罷也。』穆王廢先王之典，而勤兵以遠，故言『王其頓乎』。下云『得四白狼、四白鹿以歸』，是穆王此行，未嘗危敗，若從韋解，則祭公所言爲已甚矣。」吳曾祺曰：「內傳『甲兵不頓』，注：『頓，壞也。』此謂王之師不將頓壞乎。」元誥按：俞說爲長。吾聞夫犬戎樹，○韋以「樹惇」絶句，注曰：「樹，立也。言犬戎立性惇樸。」舊音曰：「鄯州界外羌中見有樹惇，蓋是犬戎主名。」宋庠曰：「舊音輒建此說，雖似有理，然傳疑失實，未足以誚先儒。且蠻夷姓名，隨世變易，殊音詭韻，未始有極，矧千歲之外尚襲舊名者邪？或戎人姓名偶與舊文相會，安可執而爲據！」汪遠孫曰：「韋氏訓樹爲『立』，『立惇』二字，文不成義，復增『性』字以解之。舊音之說是矣，而亦不了，故宋公序詆爲臆說。北史史寧傳〔二〕，寧謂突厥木汗曰：『樹惇、賀真二城是吐谷渾巢穴。』新唐書王難得傳：『從哥舒翰擊吐蕃，拔樹惇城。』樹惇城，吐谷渾舊都，蓋周時犬戎樹惇所居，因以爲名。今在甘肅西寧府西曼頭山北。」王引之曰：「上文『大畢、伯士』，注以爲犬戎君，蓋犬戎之先君也，其曰『自大畢、伯士之終也』〔一三〕，辭意顯然。此句蓋指犬戎今君而言，則舊音之説是矣，而未盡也。『樹』者其主名，『惇』字當屬下讀。『犬戎樹』者，先國而後名，猶曰『邾婁顔』耳。『惇帥舊德』者〔一四〕，惇，史記周本紀作『敦』。爾雅：『敦，勉也。』言勉循舊德也。晉語曰『知籍偃之惇帥舊職而共給也』，是其證。下文單襄公曰：『懋帥其德。』韋注：『言勉循其德。』文義亦與此同。」吴曾祺曰：「舊音『樹惇，犬戎主名』是也，如韋注，下已言純固，此又言惇樸，近複。」元誥按：王説於上下文較合，今從之。史雖有樹惇城，殆如宋氏所謂「戎人姓名偶與舊文相會」者耳。惇帥舊德，而守終純固，帥，循也。純，專也。固，一也。言犬戎循先王之舊德，奉其常職，天性專一，終身不移，不聽穆王責其不享也。○元誥按：宋庠本『帥』上有『能』字，蓋因「惇」屬上讀，加以足句。其有以禦我矣。」禦，猶應也，距也。王不聽，遂征之，得四白狼四白鹿以歸。白狼白鹿，犬戎所貢。自是荒服者不至。穆王責犬戎以非禮，暴兵露師，傷威毁信〔一五〕，故荒服者不至。

2 恭王遊於涇上，恭王，穆王之子恭王伊扈也。涇，水名。○元誥按：涇水出甘肅化平縣大關山。（地理志作汧頭山）東流經平涼入陝西邠縣，至高陵縣與渭水合。史記「恭」作「共」，同。一本作「昭」者，非是。密康公從，康公，密國之君，姬姓也。○汪遠孫曰：「密有二：姬姓者在河南，漢書地理志：『河南郡，密，故國。』〔一六〕臣瓚注：『密姓之國，見世本。』今在河南開封府密縣東七十里〔一七〕。姞姓者在安定，地理志：『安定郡陰密，詩密人國。』亦稱密須，内傳昭十五年：『密須之鼓。』杜注：『密須，姞姓國，在安定陰密縣。』通志氏族略：『密須氏〔一八〕，世本，商時姞姓之國，涇州靈臺有密康公墓。』今在甘肅平涼府靈臺縣西五十里。據此則安定之密，姞姓，非姬姓也。」吳曾祺曰：「密本姞姓，周滅之以封姬姓，而仍其舊名不改。」元誥按：今陝西涇川縣南有密故城。有三女奔之。奔，不由媒氏也。三女同姓也。○汪遠孫曰：「姓之言生也，同姓猶言同産矣。」元誥按：曲禮曰：「奔則爲妾。」其母曰：「必致之於王。康公之母欲使進於王。○列女傳，密康公之母姓魏氏。夫獸三爲羣，自三以上爲羣。人三爲衆，女三爲粲。粲，美貌也。○元誥按：粲，説文作「㛑」。「㛑」正字，「粲」假借字。王田不取羣，不盡羣也。易曰：「王用三驅，失前禽也。」公行下衆，公，諸侯也。下衆，不敢誣衆也。禮，國君下卿位，遇衆則式禮也。○吳曾祺曰：「史記『公行』下有『不』字。不下衆，謂不敢後於衆人也。玉篇：『下，後也。』」王御不參一族。御，婦官也。參，三也。一族，父子也。故取異姓以備三，不參一族也。○元誥按：注，宋庠本「父子」上有「一」字，「異姓」作「姪娣」，「一族」下有「之女」二字。史記集解同。疑非是。夫粲，美之物也。衆以美物歸女，而何德以堪之。堪，任也。○宋庠曰：「經典『汝』字多借『女』爲之。」王猶不堪，況爾小醜乎！醜，類也。王者至尊，猶且不堪，況爾小人之類乎。小醜備物，終必亡。」言德小而物備，終取之，必以亡。○吳曾祺曰：「注『取之』二字不合。」康公不獻，一年，王滅密。密，今安定陰密縣是也，近涇。

3 厲王虐，國人謗王。厲王，恭王之曾孫，夷王之子厲王胡也。謗，誹也。邵公告王曰：「民不堪命矣！」邵公，邵康公之孫穆公虎也。爲王卿士，言民不堪暴虐之政令。○元誥按：「告」下「王」字，依宋庠本。王怒，得衛巫，使監謗者，衛巫，衛國之巫也。監，察也。以巫有神靈，有謗必知之。以告，則殺之。巫言謗王，王則殺之。國人莫敢言，道路以目。不敢發言，以目相眄而已。王喜，告邵公曰：「吾能弭謗矣，乃不敢言。」弭，止也。邵公曰：「是障之也。障，防也。防民之口，甚於防川。流者曰川。言川不可防，而口又甚也。川壅而潰，傷人必多。川之潰決，害於人也。民亦如之。民之敗亂，害於上也。是故爲川者決之使導，爲，治也。導，通也。爲民者宣之使言。宣，猶放也。觀民所言，以知得失。故天子聽政，使公卿至於列士獻詩，獻詩以風也。列士，上士也。○汪遠孫曰：「列士，統上士、中士、下士言之，位有三等，故曰列。韋專屬上士，非也。又見魯語。內傳襄十四年疏引韋昭曰：『公以下至上士各獻諷諫之詩。』與今本文異。」瞽獻曲，無目曰瞽。瞽，樂師。曲，樂曲也。○元誥按：襄十四年左傳疏引國語「瞽陳曲」，並引韋昭云「瞽陳樂曲，獻之於王」，與今傳、注文異。又今本「曲」作「典」，蓋因二字形似而誤。詩園有桃毛傳曰：「曲合樂曰歌。」是樂必有曲也。史獻書，史，外史也。周禮，外史掌三皇、五帝之書。師箴，師，小師也。箴，刺王闕，以正得失也。○元誥按：瞽，樂師，則謂大師也。瞍賦，無眸子曰瞍。賦，公卿列士所獻詩也。○漢書藝文志：「不歌而誦謂之賦。」矇誦，有眸子而無見曰矇。周禮，矇主弦歌諷誦。誦，謂箴諫之語也〔一九〕。○周禮鄭注「諷誦詩」，謂「闇讀之不依詠也」。百工諫，百工，執技以事上者也。諫者，執藝事以諫，謂若匠師慶諫魯莊公丹楹刻桷也。○元誥按：左傳「工誦，箴諫」，杜注曰：「工，樂人也。」與韋解異。庶人傳語，庶人卑賤，見時得失不得達，傳以語王也。近臣盡規，近臣謂驂僕之屬。盡規，盡其規計以告王也。○俞樾曰：「韋解『盡』字未得其義，盡者，進也。爾雅釋詁：『藎，進也。』藎、盡義通。漢書高帝紀『主進』，師古注曰：『「進」字本作「賮」，又作「贐」，音皆同耳，古字叚借，故轉而爲「進」。』然則『進規』之爲『盡規』，猶『主賮』

之爲『主進』也。韋氏以本字讀之，失其義矣。」吳曾祺曰：「『規』訓規諫，較順。」**親戚補察，**補，補過。察，察政也。傳曰：「自王以下，各有父兄子弟，以補察其過也。」○董增齡曰：「親戚爲王同宗諸臣。」**瞽史教誨，**瞽，樂大師。史，太史也。掌陰陽、天時、禮法之書，以相教誨者。單襄公曰：「吾非瞽史，焉知天道。」**耆艾修之，**耆艾，師傅也。師傅修理瞽史之教，以聞於王也。○王念孫曰：「師傅職當匡君，非徒修瞽史之教以聞而已也。修之謂修飭之也，『之』字指王而言，非指瞽史之教而言。魯語，公父文伯之母謂文伯曰：『吾冀而朝夕修我曰，必無廢先人。』韋彼注云：『修，儆也。』楚語，白公子張引武丁之言曰，『必交修余，無余棄也』，竝與此『修』字同義。」吳曾祺曰：「修，儆也，謂儆戒王也，不訓修理。」元誥按：禮記曲禮篇：「五十曰艾，六十曰耆。」荀子致士篇：「耆艾而信，可以爲師。」**而後王斟酌焉，**斟，取也。酌，行也。○俞樾曰：「韋以『斟酌』爲取而行之，此非古義也。白虎通禮樂篇：『周公曰酌。』言周公輔成王能斟酌文武之道而成之也。說文女部：『妁，酌也。斟酌二姓者也。』然則『斟酌』乃古時常語。蓋斟、酌本雙聲字，廣雅釋詁曰：『斟，酌也。』是二字同義。凡酌酒不可太過，亦不可不及，貴適其中。孔明出師表曰：『斟酌損益。』以斟酌、損益竝言，最得古人語意。此傳所謂斟酌者，蓋合公卿以下諸人之言，而可否之，去取之也。」元誥按：一切經音義十四引賈逵曰：「斟，猶取也。酌，行也。」是韋解本賈注。然觀下句「事行而不悖」，則俞說得之。**是以事行而不悖。**悖，逆也。**民之有口也，猶土之有山川也，財用於是乎出。**猶，若也。山川所以宣地氣而出財用，口亦宣人心而言善敗也。○元誥按：上「也」字依宋庠本。**猶其有原隰衍沃也，衣食於是乎生。**廣平曰原，下溼曰隰。下平曰衍，有溉曰沃。○明道本作「猶其原隰之有衍沃也」。汪遠孫曰：「韋注『原隰衍沃』四字平列。玩文義，上句『土』字貫此句言之，『原隰衍沃』與『山川』對文。史記亦云『猶其有原隰衍沃也』，與公序本同，可證。」元誥按：宋庠本是，今從之。口之宣言也，善敗於是乎興。行善而備敗，民所善者行之，民所敗者備之。其所以阜財用衣食者也。阜，厚也。夫民慮之於心而宣之於口，成而行之，胡可壅也！若壅其口，其與能幾何？」與，辭也。能幾何，言不久也。○元誥按：僖二十三年左傳：「其人能靖者與有幾。」顧氏補正曰：「邵氏云：『此倒語也，若曰其有幾人能靖者與？』」此句法相同。「與」乃詠歎之辭也。王不聽。於是國莫敢出言，三年乃流王於彘。流，放也。彘，晉地，漢爲縣，屬河東，今曰永安。○元誥按：在今山西霍縣。

4 厲王說榮夷公，說，好也。榮，國名。夷，謚也。○汪遠孫曰：「榮爲周同姓之國，夷公名終，見墨子所染篇、呂氏春秋當染篇。」黃丕烈曰：「終、公聲相近。」宋庠曰：「說，古『悅』字。」芮良夫曰：芮良夫，周大夫芮伯也。○書旅巢命序〔二〇〕疏引世本云：「芮，姬姓。」宋庠曰：「芮，人姓，又國名。」元誥按：良夫食采於芮，故曰芮良夫。芮，今山西芮城。「王室其將卑乎！卑，微也。夫榮夷公好專利而不知大難。專，擅也。夫利，百物之所生也，利，生於物也。專利，是專百物也。天地之所載也，載，成也。地受天氣以成百物也。而或專之。其害多矣。害，謂惡害榮公者多也〔二一〕。孔子曰：「放於利而行〔二二〕，多怨。」○吳曾祺曰：「害，謂害於國家。」天地百物，皆將取焉，胡可專也。天地成百物，民皆將取用之，何可專其利也。所怒甚多，而不備大難，以是教王，王能久乎？夫王人者，將導利而布之上下者也，導，開也。布，賦也。上謂天神，下謂人物也。○俞樾曰：「導與道同，法言問道篇曰：『道也者，通也。』故導亦爲通。上文『是故爲川者，決之使導』，注曰：『導，通也。』

下云『川氣之導也』，注曰：『導，達也。』達亦通也。然則『導利而布之』者，通利而布之也。韋訓爲『開』，於義稍迂。」使神人百物無不得其極，極，中也。猶日怵惕，懼怨之來也。怵惕，恐懼也。○元誥按：日，宋庠本作「曰」，史記同。攷正云：「當作日月之『日』。」今從之。故頌曰：『思文后稷，克配彼天，立我蒸民，莫匪爾極。』頌，周頌思文也，謂郊祀后稷以配天之樂歌也。經緯天地曰文。克，能也。蒸，衆也。莫，無也。匪，不也。爾，女也。極，中也。言周公思有文德者后稷，其功乃能配於天。謂堯時洪水，稷播百穀，立我衆民之道，無不於女時得其中者，功至大也。○吴曾祺曰：「立與粒通，謂粒食也。」大雅曰：『陳錫載周。』大雅，文王之二章也。陳，布也。錫，賜也。言文王布賜施利，以載成周道也。是不布利而懼難乎，言后稷、文王既布利，又懼難也。○元誥按：是不，猶是非也。莊子讓王篇：「先生不受，豈不命邪。」劉淇曰：「豈不，猶豈非也。」此句意相同。故能載周以至於今。今王學專利，其可乎？言不可也。匹夫專利，猶謂之盜，王而行之，其歸鮮矣。鮮，寡也。歸附周者鮮矣。○王引之曰：「歸，終也。其歸鮮矣，言厲王之必不能終也。上文『能久乎』是其證。僖七年左傳，齊管仲諫桓公曰：『君以禮與信屬諸侯，而以姦終之，毋乃不可乎。』宣十一年傳，楚申叔時諫莊王曰：『以討召諸侯，而以貪歸之，無乃不可乎。』歸與終本同義。」榮公若用，周必敗！」既，榮公爲卿士，既，已也。卿士，卿之有事者。諸侯不享，王流於彘。享，獻也。

5 彘之亂，宣王在邵公之宮，宣王，厲王之子宣王靖也。在邵公之宮者，避難奔邵公也。〔三〕國人圍之。邵公曰：「昔吾驟諫王，王不從，是以及此難。及，至也。今殺王子，王其以我爲懟而怒乎。殺王子，命國人得殺之也。○舊音：「懟音墜。」夫事君者，險而不懟，君，諸侯也。在危險之中不當懟。懟，謂若晉慶鄭怨惠公愎諫違卜〔二四〕，棄而不載。○俞樾曰：「如韋義，則與下句『怨而不怒』不一律矣。險而不懟，疑當作『慊而不懟』。淮南子齊俗篇：『衣若懸衰而意不慊。』高注曰：『慊，恨也。』慊而不懟，言雖恨而不懟，與下句『怨而不怒』同義。古字險與隒通，爾雅釋山篇，釋文引字林曰：『隒，山形，似重甑。』集韻引字林曰：『險，山形，如重甑。』是其證也。險與隒通，故亦與慊通矣。」王引之曰：「險，謂中心憂危之也。此與下句『怨而不怒』皆以心言，非以境言。下文單襄公〔二五〕曰：『君子將險哀之不暇，而何易樂之有焉。』荀子榮辱篇曰：『安利者常樂易，危害者常憂險。』是其證。」吳曾祺曰：「君是對臣言，不必指諸侯，下『況事王』句，謂凡臣事君皆然，何況事王。語意自不相礙。」元誥按：王、吳説是。怨而不怒，況事王乎！」怨，心望也。怒，作氣也。乃以其子代宣王，宣王長而立之。彘之亂，公卿相與共和而修政事，號曰「共和」。凡十四年而宣王立。

6宣王即位，不籍千畝。籍，借也，借民力以爲之。天子田千畝，諸侯百畝，自厲王之流，籍田禮廢，宣王即位，不復遵古也。○北堂書鈔禮儀部十二引賈逵曰：「天子躬耕籍田，助民力也。籍田，千畝也。」汪遠孫曰：「籍，補音作『藉』。籍、藉錯出，説文作『耤』，當以『耤』爲正字。」虢文公諫曰：賈侍中云：「文公，文王母弟虢仲之後，爲王卿士。」昭謂：虢叔之後，西虢也。及宣王都鎬，在畿内也。」○吳曾祺曰：「西虢，在今河南陝縣東南。」「不可。夫民之大事在農，穀，民之命，故農爲大事也。上帝之粢盛於是乎出，出於農也。器實曰粢，在器曰盛。○宋庠曰：「盛，尚征反。粢，後又有作『齍』者，音同字異，義則一。」汪遠孫曰：「經典多作『齍盛』，或作『粢盛』，『粢』字誤。」民之蓄庶於是乎生，蓄，息也。庶，衆也。事之供給於是乎在，供，具也。給，足也。和協輯睦於是乎興，協，合也。輯，聚也。睦，親也。財用蓄殖於是乎始，殖，長也。敦庬純固於是乎成，敦，厚也。庬，大也。是故稷爲天官。○各本作『大官』。韋解曰：「民之大事在農，故稷之職爲大官也。」汪遠孫曰：「『大官』當爲『天官』，涉注文『大事』而誤。賈公彦周禮疏序：『天官，稷也。』又引堯典鄭注：『稷，棄也。初堯天官爲稷。』太平御覽百穀部四引鄭氏婚禮謁文讚曰：『稷爲天官。』書舜典疏引國語作『稷爲天官』，北堂書鈔禮儀部十二引惟一處作『天官』。」元誥按：汪説是，今據改。非涉注「大事」而誤，韋所見本已誤也。古者，太史順時覛土，○舊音：「覛音脉。」陽癉憤盈，土氣震發，覛，視也。癉，厚也。憤，積也。盈，滿也。震，動也。發，起也。○舊音：「癉，丁佐反。」方言：「楚謂怒爲癉。」孔晁云：「癉，起。憤，盛也。盈，滿。震，動也。言陽氣起而盛滿，則震動發也。」宋庠曰：「癉，又音得案反。」吴曾祺曰：「憤與僨通，動也。」元誥按：孔説是。農祥晨正，農祥，房星也。晨正，謂立春之日，晨中於午也。農事之候，故曰農祥也。○汪遠孫曰：「周語下注云：『祥，猶象也。』房星晨正而農事起，故謂之農祥。』義同。漢書郊祀志：『高祖詔天下立靈星祠。』張晏注云：『龍星左角曰天田，則農祥也，晨見而祭之。』與此農祥異。」日月底於天廟，底，至也。天廟，營室也。孟春之月，日月皆在營室也。○史記天官書(二六)：「營室爲清廟。」索隱引玄命苞云：「營室十星。」淮南天文訓篇：「正月建寅，日月俱入營室五度。」占經五引許注云：「日月如連璧，五星若貫珠，皆右行。」土乃脉發。脉，理也。農書曰：「孟春土冒橛，陳根可拔，耕者急發。」先時九日，先，先立春日也。太史告稷曰：『自今至於初吉，初吉，二月朔日也。詩云：「二月初吉。」○王引之曰：「今，謂先立春之九日，初吉則謂立春之日，多在正月上旬，故謂之初吉。韋解非是。下文『距今九日，土其俱動』，正謂九日後土乃脉發耳，何待至二月乎？」陽氣俱蒸，土膏其動。蒸，升也。膏，潤也。其動，潤澤欲行也。弗震弗渝，脉其滿眚，穀乃不殖。』震，動也。渝，變也。眚，灾也。言陽氣俱升，土膏欲動，當即發動變寫其氣。不然〔二七〕，則脉滿氣結，更爲灾病，穀乃不殖也。○王引之曰：「渝讀爲輸。輸，寫也，謂輸寫其氣，使達於外也。左氏春秋隱六年：『鄭人來渝平。』公羊、穀梁竝作『輸平』，是渝、輸古字通。此言當土脉盛發之時，不即震動之，輸寫之，則其氣鬱而不出，必滿塞而爲灾也。韋訓渝爲變，於上下文義稍遠矣。」稷以告王曰：以太史之言告王。『史帥陽官以命我司事曰：史，太史。陽官，春官。司事，主農事官也。「距今九日，土其俱動，距，去也。王其祗祓，監農不易。」』祗，敬也。祓，齋戒祓除也。不易，不易物土之宜也。○王引之曰：「讀『易』爲變易之『易』，而增『物土之宜』以足之，非本義也。『易』當讀慢易之『易』，易者輕也。樂記：『外貌斯須不莊不敬，而易慢之心入之矣。』鄭注曰：『易，輕易也。』『不易』猶言勿易。史記禮書曰：『能慮勿易，謂之能固。』張守節正義訓易爲輕，是也。『監農不易』者，民之大事在農，監之不敢輕慢也。」王乃使司徒咸戒公卿、百吏、庶民，百吏，百官。庶民，甸師氏所掌之民也，主耕耨王之籍田者。司空除壇於籍，司空，掌地也。命農大夫咸戒農用。農大夫，田畯也。農用，田器也。○詩疏引孫炎云：「畯是官名，大夫是爵號。周人尤重農事，故特爵爲大夫也。」先時五日，先耕時也。瞽告有協風至。瞽，樂大師，知風聲者也〔二八〕。協，和也。風氣和，時候至也。立春日融風也〔二九〕。○惠棟曰：「許叔重云：『劦，同力也。』引山海經：『惟號之山，其風若劦。』郭本山海經作『⿰風劦』，即此。和風爲劦，同力爲和。」陳瑑曰：「協風即條風也。條之言調也，調即融，融即和，和即協。」王即齋宮，所齋之宮也。百官御事各即其齋三日，御，治也。王乃淳濯饗醴。淳，沃也。濯，溉也。饗，飲也。謂王沐浴飲醴酒也。○舊音：「淳，之純反。」及期，期，耕日也。鬱人薦鬯，鬱，鬱金香，宜以和鬯酒也。周禮：「鬱人掌裸器，凡祭祀、賓客，和鬱鬯以實彝而陳之。」共王之齋鬯也。○陳奐曰：「鬯爲和鬱之酒，故江漢毛傳及鬯人先鄭注皆以鬯爲香草。康成泥周人鬯、鬱分官，和香草者爲鬱鬯，不和者爲秬鬯，非是。」犧人薦醴，犧人司尊，掌共酒醴。○汪遠孫曰：「犧音素荷反，補音『許宜反』，非也。」王裸鬯，饗醴乃行，裸，灌也。灌鬯，飲醴，皆所以自香潔也。百吏〔三〇〕、庶民畢從。及籍，后稷監之，監，察也。膳夫、農正陳籍禮，膳夫，上士也。掌王之飲食膳羞之饋。農正，田大夫也。主敷陳籍禮而祭其神，爲農祈也。太史贊王，贊，導也。王敬從之。王耕一墢，一墢，一耜之墢也〔三一〕。○宋庠本注云：「一墢，一耜之墢也。王無耦，以一耜耕。」明道本注入「班三之」句下，有「王耕一墢，一耦之發也。耜廣五寸，二耜爲耦，一耦之發，廣尺深尺」二十五字。補音載賈逵云：「耜廣五寸，二耜爲耦，一墢深尺。」汪遠孫曰：「公序本是。（按公序即宋庠字。）舊音及北堂書鈔引賈逵云：『一發，一耜之發也。耜廣五寸，二耜爲耦，一發深尺。』賈意一耜所發之土謂之發，廣五寸深尺，『二耜爲耦』四字連文引之，非謂一發爲一耦之發也。說文『耦』下云：『耒廣五寸爲伐。』『坺』下云：『一臿土謂之坺。』臿即耜也。『坺』正字，『發』、『伐』假借字，『墢』俗字，字異而義同。此本後人取賈注羼入韋注，復據攷工記改注文，又以文義牴牾，改『一耜』爲『一耦』，删去『王無耦以一耜耕』七字耳。」黄丕烈曰：「此『一墢』者，對下『三之』而言也，非言耜數。月令『天子三推』，高誘注呂覽云：『謂一發也。』引此『王耕一發』，是以王耕爲廣尺深尺耳。補音載賈注亦然，正韋所本。『無耦』、『一耜』之說，於『公三發，卿九發，大夫二十七發』不可通矣。」元誥按：兩本注疑均非。韋解原文就高注呂覽云：「天子三推，謂一發也。」轉可得此文之義。即「三推」謂「一發」，斯「一發」乃謂「三推」也。發、墢同字。「一墢」對下「三之」而言，「一墢」謂三墢，三墢即所謂「卿大夫九推」矣。班三之，班，次也。三之，下各三其上也。王一墢，公三，卿九，大夫二十七也。○元誥按：高注呂覽曰：「禮以三爲文，故天子三推。」又引此文注云：「班，班次也。謂公、卿、大夫各三其上：公三發，卿九發，大夫二十七發也。」據此，可證明道本國語注「班，次也」下有「王耕一墢」至「深尺」二十五字爲後人所加。庶人終於千畝。終，盡耕之也。○周禮甸師鄭注：「庶人，謂徒三百人。」元誥按：韋解上文「庶民」爲甸師氏所掌之民，主耕耨王之籍田者。此「庶人」與上「庶民」同。「人」字依宋庠本。其后稷省功，○舊音：「省，小井反。」下同。太史監之。司徒省民，大師監之。○北堂書鈔禮儀部十二引賈逵曰：「大師，三公官也。」畢，宰夫陳饗，膳宰監之。宰夫，下大夫。膳宰，膳夫也。膳夫贊王，王歆太牢，歆，饗也。班嘗之，公、卿、大夫也。庶人終食。終，畢也。是日也，瞽師音官以省風土，音官，樂官。風土，以音律省土風，風氣和則土氣養也。○宋庠本如此，明道本無「省」字。王引之曰：「明道本是也，今本『省』字蓋因注而衍。韋注曰『風土，以音律省土風』，則正文無『省』字明矣。晉語：『風德以廣之，風山川以遠之，風物以聽之。』文義與『風土』相似，無煩加『省』字也。鈔本北堂書鈔禮儀部十二引賈逵本正作『瞽帥音官以風土』，無『省』字。（陳禹謨增『省』字。）舊音於上文『省功』音『小井反』，且云下『省民』、『省風』同。則唐本已有衍『省』者矣。」吴曾祺曰：「『風』字作動字用。」元誥按：王、吴説均不必然，韋注亦有誤，疑當作「音官，樂官也。謂以音律省風土」云云。此文「省風土」與上文「省官」、「省民」對文，補音所據本不誤也。今存「省」字。師，段玉裁曰：「師，俗『帥』字，見干禄字書。」稷則徧誡百姓，○元誥按：各本此句上有「廩於籍東南，鍾而藏之，而時布之於農」十六字，今依俞說移下。紀農協功，紀，謂綜理也。協，同也。○文選潘安仁悼亡詩李注，陸士衡吴趨行李注引賈逵曰：「紀，猶録也〔三二〕。」元誥按：紀，理也。詩棫樸鄭箋云：「理之爲紀。」是紀、理義通之證。理，治也。此文謂同功而治農事也。曰：『陰陽分布，震雷出滯。』陰陽分布，日夜同也。滯，蟄蟲也。明堂月令曰：「日夜分，雷乃發聲。始震雷，蟄蟲咸動，啓户而出也。」土不備墾，辟在司寇。墾，發也。辟，罪也。在司寇，司寇行其罪也。乃命其旅曰：『徇。』旅，衆也。徇，行也。○廣雅釋言：「徇，巡也。」說文：「巡，視行貌。」農師一之，一之，先往也。農師，上士也。農正再之，農正，后稷之佐〔三三〕，田畯也，故次農師。后稷三之，后稷，農官之君也，故次農正。司空四之〔三四〕，司空主道路溝洫，故次后稷也。○元誥按：司空，本作司工，故主道路諸事。司徒五之，司徒省民，故次司空也。太保六之，大師七之，太保、大師，天子三公，佐王論道，汎監衆官，不特掌事，故次司徒也。太史八之，太史，掌達官府之治，故次大師也。宗伯九之，宗伯，卿官，掌相王之大禮，若王不與祭則攝位，故次太史也。王則大徇。大徇，帥公、卿、大夫親行農也。耨穫亦如之。如之，如耕時也。廩於籍東南，鍾而藏之，而時布之。廩，御廩也，一名神倉。東南，生長之處。鍾，聚也。謂爲廩以藏王所籍田，以奉齍盛也。布，賦也。○各本已上三句在上文「是日也，瞽帥音樂以省風土〔三五〕」(明道本無「省」字)下，「稷則徧誡百姓」上。又「而時布之」下有「於農」二字。俞樾曰：「上文『是日也，瞽帥音官以省風土』，『是日』即耕耤之日也，此承上文而言，則亦與同日，可知是時甫耕，未及收也。何遽及此？且王所籍田，以奉齍盛，何以布之於農乎？竊疑『廩於籍東南，鍾而藏之，而時布之〔三六〕』十三字爲錯簡，當在『耨穫亦如之』之下。

『於農』二字爲衍文，涉下句『民用莫不震動，恪恭於農』而衍也。當云『耨穫亦如之〔三七〕。廩於籍東南，鍾而藏之，而時布之。民用莫不震動，恪恭於農』。如此，則文義自順矣。簡策錯亂，誤入上文，幸衍『於農』二字，轉可因以訂正耳。」元誥按：俞説極碻，今據以移删。然猶疑「廩於籍東南」當作「廩籍於東南」，籍、於二字互倒。注云「謂爲廩以藏王所籍田」，語意從略，然可知蓋云「謂爲廩以藏王所籍田於東南」也，則「於籍」二字當乙正可知矣。民用莫不震動，恪恭於農，用，謂田器也。○汪中曰：「用，猶用是也。注非。」修其疆畔，日服其鎛，不解於時，疆，境也。畔，界也。鎛，鉏屬。○元誥按：解，古「懈」字。財用不乏，民用和同。是時也，王事惟農是務，無有求利於其官，以干農功。求利，謂變易役使，干亂農功。三時務農，而一時講武，三時，春、夏、秋。一時，冬也。講，習也。○汪遠孫曰：「疑『而』字衍。」故征則有威，守則有財。若是，乃能媚於神。媚，説也。而和於民矣，則享祀時至而布施優裕也。優，饒也。裕，緩也。今天子欲修先王之緒〔三八〕，而棄其大功，匱神之祀而困民之財，匱神之祀，不耕籍也。困民之財，取於民也。○明道本「之祀」作「乏祀」。補音出「之祀」，云「讀者以『之』爲『乏』，然匱是乏義，無宜重也」，是宋庠本作「之」矣。汪遠孫曰：「内傳襄十四年：『困民之主，匱神乏祀。』本或作『之祀』，句正與此同〔三九〕。」元誥按：作「之祀」是，上句與下句相對爲文也。黄丕烈駁補音以「乏」爲「之」，并引魯語「大懼乏周公之命祀」，楚語「乏臣之祀也」爲證，不知此二句與本文「匱神之祀」句法正同，駁之適以從之也。將何以求福用民？」王不聽。三十九年，戰於千畝，○汪遠孫曰：「史記正義引括地志：『千畝原在晉州岳陽縣北九十里。』王自伐戎而遠戰於晉地，必不然矣。詩祈父疏引孔晁云：『宣王不耕籍田，神怒民困，爲戎所伐，戰於近郊。』其説近是。」王師敗績於姜氏之戎。姜氏之戎，西戎之別種，四岳之後也。傳曰：「我諸戎〔四〇〕，四岳之裔胄。」言宣王不納諫務農，無以事神使民，以致弱敗之咎也。○莊十一年左傳曰：「京師敗曰王師敗績於某。」

7 魯武公以括與戲見王，武公，伯禽之玄孫、獻公之子武公敖也。括，武公長子伯御也。戲，括弟懿公也。○宋庠曰：「史記魯世家：『宣王立戲爲魯太子。戲立，是爲懿公。九年，懿公兄括之子伯御與魯人攻殺懿公而自立。』據史記，則伯御乃括之子明矣。班固人物表：『伯御，魯懿公兄子。』與史記合。疑韋注失之。」汪遠孫曰：「宋説是也。列女傳亦云括之子伯御。」王立戲，以爲太子。樊仲山父諫曰：「不可立也！仲山父，王卿士，食采於樊。○太平御覽人事部九十七引此注曰：「樊，宣王卿士山父之所封也。仲山父，樊穆仲也。」汪遠孫曰：「樊，今河南濟源縣地，在周東都畿內，仲山父所封之地在此。此封邑，非采地，韋云『食采於樊』，恐未是。」吳曾祺曰：「仲山父，大王子虞仲支孫。」不順必犯，不順，立少也。犯，魯必犯王命而不從也。犯王命必誅，故出令不可不順也。令之不行，政之不立，令不行，即政不立也。行而不順，民將棄上。使長事少，故民必棄上也。夫下事上，少事長，所以爲順也。今天子立諸侯而建其少，是教逆也。若魯從之，而諸侯效之，王命將有所壅。言先王立長之命將壅隔不行也。若不從而誅之，是自誅王命也。誅王命者，先王之命立長，今魯亦立長，若誅之，是自誅王命也。是事也，誅亦失，不誅亦失。誅之則誅王命，不誅則王命廢也。天子其圖之。」王卒立之。魯侯歸而卒。及魯人殺懿公懿公，戲也。而立伯御。伯御，括也。○元誥按：伯御乃括之子，非括也。見上宋説。三十二年春，宣王伐魯，立孝公。孝公，懿公之弟稱也。諸侯從是而不睦。從是而不相親睦於王也。○元誥按：宋庠本無「春」字。

8 宣王欲得國子之能訓導諸侯者，賈侍中云：「國子，諸侯之嗣子。」或云：「國子，諸侯之子，欲使訓導諸侯之子。」唐尚書云：「國子，謂諸侯能治國、治養百姓者。」昭謂：國子，同姓諸姬也。凡王子弟謂之國子〔四一〕。導訓諸侯，謂爲州伯者也。○元誥按：別行依宋庠本。「訓導」，各本作「導訓」，今依北堂書鈔設官二十四引國語乙正。下文云「能訓治其民矣」，即承此而言，可知不作「導訓」也。樊穆仲曰：「魯侯孝。」穆仲，仲山父之謚，猶魯叔孫穆子謂之穆叔。○汪遠孫曰：「孝者，善德之通稱。」王曰：「何以知之？」對曰：「肅恭明神而敬事耇老，耇，凍梨也。○説文：「耇，老年面凍黎若垢。」段注：「凍黎，謂凍而黑色。」爾雅釋詁：「耇，壽也。」孫炎曰：「耇，面如凍黎〔四二〕，色如浮垢，老人壽徵也。」舍人曰：「耇，覯也，血氣精華覯竭，言色赤黑如狗矣。」元誥按：「梨」即「黎」之假借字，釋名以爲如凍梨色，非也。賦事行刑，必問於遺訓遺訓，先王之教也。○元誥按：賦事，謂施布政事也。詩蒸民篇：「明命使賦。」鄭箋：「使羣臣施布之也。」是其義。而咨於故實。咨，謀也。故實，故事之是者。○段玉裁曰：「實，當作『寔』。寔，是也。故韋云『故事之是者』。」不干所問，不犯所咨。」王曰〔四三〕：「然則能訓治其民矣。」乃命魯孝公於夷宮。命爲侯伯也。夷宮者，宣王祖父夷王之廟。古者爵命必於祖廟。○元誥按：如此者，示不敢專也。

9 宣王既喪南國之師，喪，亡也。敗於姜戎氏時所亡也。南國，江漢之間也，故詩云：「滔滔江漢，南國之紀。」○史記周本紀集解引唐固曰：「南國，南陽也。」汪遠孫曰：「南國之師，決非姜氏之戎。括地志以千畝爲近大原，誤本於此。而韋解亦以此致誤。」吴曾祺曰：「據内傳曰：『我諸戎，四岳之胄裔。』又：『允姓之姦，居於瓜州。』則姜戎即西戎也，與江漢無涉。」乃料民於大原。料，數也。大原，地名也。○詩六月「薄伐玁狁，至於大原」，戴震毛鄭詩考正曰：「大原，漢安定郡高平，今平涼府固原州。」汪遠孫曰：「采薇序：『文王之時，北有玁狁之難。』玁狁北狄，追奔逐北，自應向北而去，大原當在周之北境。宣王料民，亦以其地近邊而爲之備，此與詩之『大原』自是一處。」○元誥按：此「大原」與山西之大原無涉，在今甘肅固原縣。仲山父諫曰：「民不可料也。夫古者不料民而知其多少，司民協孤終，司民，掌登萬民之數，自生齒已上皆書於版。協，合也。無父曰孤。終，死也。合其名籍於王也。○元誥按：猶近世户口登記。司商協民姓，司商，掌賜族受姓之官。商，金聲，清。謂人始生吹律合之，定其姓也。○俞樾曰：「聲有五，不當獨舉商之一聲以名官也。商當讀爲『章』，古音相近。尚書柴誓『我商賚女』，釋文曰：『商，徐邈音「章」。』又水經漯水注：『商、漳聲近。』竝其證也。漢書律曆志曰：『商之言「章」也。』是二字聲近義通。吕氏春秋勿躬篇：『臣不如弦章。』韓子外儲説篇作『弦商』。僖二十五年左傳杜注曰：『商密，今南陽丹水縣。』續漢書郡國志南陽郡丹水有章密鄉。竝古字通用之證。説文音部：『章，樂竟爲一章，從音、十。十，數之終也。』然則司樂者，謂之司章，正取樂竟爲一章之義，因假『商』爲之，學者遂不得其解矣。」元誥按：吹律定姓，乃司樂之事。俞説正合。司徒協旅，司徒，掌合師旅之衆。司寇協姦，司寇，刑官，掌合姦民，以知死刑之數也。牧協職，周禮，牧人掌牧養犧牲，合其物色之數也。○周禮地官鄭注：「職讀爲『樴』，『樴』謂之『杙』，可以繫牛。」汪遠孫曰：「協職者，合其樴杙之數也。」王引之曰：「大夫有稱『牧』者。牧協職，謂牧大夫任民以職事者。韋注以爲『牧人』，非也。」元誥按：王説可從。工協革，工，百工之官。革，更也，更制度者合其數。場協入，場人掌場圃，委積珍物，斂而藏之也。廩協出，廩人掌九穀出用之數也。是則少多、死生、出入、往來者，皆可知也。於是乎又審之以事，事，謂因籍田與蒐狩以簡知其數也。王治農於籍，籍，謂籍於千畝田也。蒐於農隙，春田曰蒐。蒐，擇也。禽獸懷姙未著，搜而取之也。農隙，仲春既耕之後。隙，閒也。○吳曾祺曰：「內傳『春蒐、夏苗』注：『擇取不孕者(四四)。』經義竟與此相反。」元誥按：韋解「蒐，擇也」，「擇」疑「搜」字之譌，下句「搜而取之也」，即承此而言。説苑脩文篇：「蒐者，搜索之。」亦其證也。獮於既烝，秋田曰獮。獮，殺也。順時始殺也。烝，升也。月令：「孟秋，農乃升穀，天子嘗新。」既升，謂仲秋也。○舊音：「獮，小淺反。」狩於畢時，冬田曰狩。狩，圍守而取之。畢時，時務畢也。○桓四年公羊傳：「春曰苗，秋曰蒐，冬曰狩。」何注：「不以夏田者，春秋制也。」汪遠孫曰：「其三時之名與禮不合(四五)，蓋傳聞之異。夏不田，西周當有此制，故仲山父亦只言三時也。」元誥按：畢時，疑猶云「卒歲」也，注似不明。耨穫亦於籍，言王亦至於籍考課之。○元誥按：此句各本次於「蒐於農隙」下，致述三時田獵文意間隔，今據國語發正所列條次移正。是皆習民數者也，又何料焉？習，簡習也。不謂其少而大料之，是示少而惡事也。言王不謂其衆少而大料數之，是示以寡少，又厭惡政事不能修之意也。臨政示少，諸侯避之。示天下以寡弱，諸侯將避遠王室，不親附也。治民惡事，無以賦令。言厭惡政事，無以賦令也。○元誥按：賦，施布也。且無故而料民，天之所惡也，故，事也。天道清凈也。害於政而妨於後嗣。」害政，賊爲政之道也。妨後嗣，謂將有禍亂也。王卒料之，及幽王乃廢滅。幽王，宣王之子幽王宮湦也。滅，謂滅西周也。○元誥按：太平御覽人事部九十七引無「廢」字。

10 幽王二年，西周三川皆震。西周，謂鎬京也，幽王在焉，郊、岐之所近也。三川，涇、渭、洛，出於岐山也。震，動也。地震動，故三川亦動而竭也。○元誥按：西周在今陝西鄠縣東三十里。伯陽父曰：伯陽父，周大夫也。○北堂書鈔設官部二十四引唐固曰：「伯陽甫，周柱下史老子也。」「周將亡矣。夫天地之氣，不失其序，序，次也。若過其序，民亂之也。過，失也。言民者不敢斥王也。陽伏而不能出，陰迫而不能烝，烝，升也。陽氣在下，陰氣迫之，使不能升也。○左氏文九年經正義引孔晁曰：「陽氣伏於陰下，見迫於陰，故不能升，以致於地動。」於是有地震。陰陽相迫，氣動於下，故地震也。今三川實震，是陽失其所而鎮陰也。鎮，爲陰所震笮也。○說文：「鎮，壓也。」陽失而在陰，在陰，在陰下也。○俞樾曰：「在陰下而但曰『在陰』，文義未了。『在』當讀爲『載』，載從𢦏聲，在從才聲，亦或從𢦏聲。州輔碑：『𢦏貴不濡。』在作『𢦏』，是其證也，故在、載古得通用。陽失而載陰，謂陽在陰下，以陽載陰也。」川源必塞，地動則泉源塞。源塞，國必亡。國依山川，今源塞，故國將亡也。夫水，○元誥按：經義述聞句。土演而民用也。水土氣通爲演，演猶潤也。演則生物，民得用之。○文選長笛賦李注引賈逵曰：「演，引也。」土無所演，民乏財用，不亡何待！水氣不潤，土枯不養，故乏財用。○明道本作「水土無所演」，宋庠本脱「所」字。王念孫曰：「水土無所演，衍『水』字。演，潤也。土得水則潤，潤則生物，而民得用之。若水竭，則土無所演，不能生物，而民失其用矣。故曰：『土無所演，民乏財用，不亡何待。』韋注云云，正釋『土無所演』四字，而正文内本無『水』字也。今本作『水土無所演』，則文義不明，蓋涉上句『水土演』三字而誤。左傳昭二十三年正義引此，正作『土無所演』，無『水』字。（宋十二行本如是，明監本作『水土無演』，增『水』字，删『所』字，皆惑於俗本國語而誤。）

史記周本紀、漢書五行志、説苑辨物篇皆同。」元誥按：王説是，今從之。昔伊、洛竭而夏亡，伊出熊耳，洛出冢嶺。禹都陽城，伊、洛所近。○汪遠孫曰：「夏桀所都在今河南府洛陽縣〔四六〕。水經，伊水過伊闕中，東北至洛陽縣南，北入於洛。洛水過洛陽縣南，伊水從西來注之，東北過鞏縣東，又北入於河。蓋桀時正都其地，故云『伊、洛竭而夏亡』。」吴曾祺曰：「伊水出河南盧氏縣東巒山，洛水出陝西洛南縣冢嶺山。」河竭而商亡。商人都衛，河水所經。○元誥按：商，殷都。河，黄河。今周德若二代之季矣，二代之季，謂桀、紂也〔四七〕。其川源又塞，塞必竭。夫國必依山川，依其精氣利澤也。山崩川竭，亡之徵也，川竭山必崩。水泉不通，枯朽而崩。若國亡，不過十年，數之紀也。數起於一，終於十，十則更，故曰紀也。夫天之所棄，不過其紀。」是歲也，三川竭，岐山崩。十一年，幽王乃滅，周乃東遷。東遷，謂平王遷於洛邑也。

11 惠王二年，惠王，周莊王之孫，釐王之子惠王涼也。二年，魯莊公十九年也。○各本誤作「三年」，注同。王引之曰：「下文始云三年，此『三』當作『二』。史記周本紀，惠王二年，邊伯等五人作亂，立釐王弟穨爲王，十二諸侯年表，惠王二年，燕、衛伐王，立子穨是也。注内『三』字亦當作『二』。年表周惠王二年正當魯莊公十九年，故注曰：『二年，魯莊公十九年也。』若作『三年』，則爲莊公之二十年，不得云十九年矣。」元誥按：王説是，今從之。惠王涼，史記周本紀作惠王閬。索隱引世本名毋涼。邊伯、石速、蔿國出王而立子穨。三子，周大夫。子穨，莊王之少子，王姚之子。王姚嬖於莊王，生子穨。子穨有寵，蔿國爲之師。及惠王即位，取蔿國之圃及邊伯之宫，又收石速之秩，故三子出王而立子穨。○元誥按：史記周本紀「邊伯等五人作亂」，集解駰案：「左傳五人者，爲蔿國〔四八〕、邊伯、詹父、子慶、祝跪也。」

內、外傳相岐如此。王處於鄭。○史記周本紀：「惠王奔溫，已居於鄭之櫟。」正義引杜預云：「櫟，今河南陽翟縣也〔四九〕。」三年，王子頹飲三大夫酒，子國爲客，子國，蔿國也。客，上客也。○吴曾祺曰：「古之饗禮必尊一人爲客，如內傳所云『臧紇爲客〔五〇〕』、『趙孟爲客』是也。」樂及徧儛。徧儛，六代之樂，謂黄帝曰雲門，堯曰咸池，舜曰簫韶，禹曰大夏，殷曰大護，周曰大武也。一曰：「諸侯、大夫徧儛。」鄭厲公見虢叔，厲公，鄭莊公之子厲公突也。虢叔，王卿士，虢公林父也。曰：「吾聞之，司寇行戮，君爲之不舉，不舉樂也。○王引之曰：「不舉爲去盛饌也。」汪遠孫曰：「上云『樂及徧舞』，下云『樂禍』，此句當指不舉樂言，韋解未必非也。」而況敢樂禍乎。今吾聞子頹歌舞不思憂。○元誥按：明道本作「今吾聞子頹歌舞不息，樂禍也」。今從宋庠本。下云「臨禍忘憂，是謂樂禍」，即蒙「歌舞不思憂」句而申説樂禍之義，不應於此言樂禍明矣。明道本誤依內傳莊二十年「歌舞不倦，樂禍也」之文而改國語，不顧文義重複不貫也。汪氏校譌亦云然。夫出王而代其位，禍孰大焉！臨禍忘憂，是謂樂禍，禍必及之。盍納王乎？」虢叔許諾。鄭伯將王自圉門入，虢叔自北門入，圉門，南門也。二門，王城門也。殺子頹及三大夫，王乃入也。

12 十五年，有神降於莘。惠王十五年，魯莊公三十二年也。降，謂下也，言自上而下，有聲象以接人也。莘，虢地也。○元誥按：在今河南陝縣硤石鎮西。王問於內史過，內史，周大夫。過，其名也。掌爵禄廢置及策命諸侯、孤、卿、大夫也〔五一〕。曰：「是何故？固有之乎？」故，事也。固，猶嘗也。對曰：「有之。國之將興，其君齊明衷正，齊，一也。衷，中也。精潔惠和，其德足以昭其馨香，惠，愛也。馨香，芳馨之升聞者也。

其惠足以同其民人。同，猶一也。神饗而民聽，民神無怨，故明神降之，觀其政德，而均布福焉。國之將亡，其君貪冒辟邪，冒，抵冒也。淫泆荒怠，麤穢暴虐，其政腥臊，馨香不登，腥，殠惡也。登，上也。芳馨不上聞於神，神不饗也。傳曰：「黍稷非馨，明德惟馨。」其刑矯誣，以詐用法曰矯，加誅無罪曰誣。百姓携貳。携，離。貳，二心也。明神不蠲，蠲，潔也。而民有遠志，欲叛也。民神怨痛，無所依懷，懷，歸也。故神亦往焉，觀其苛慝，而降之禍。苛，煩也。慝，惡也。是以或夃神以興，亦或以亡。○各本「夃」作「見」。王念孫曰：「見，當爲『夃』。夃，古『得』字，形與『見』相近，因譌爲『見』，下文曰：『道而得神，是謂逢福，淫而得神，是謂貪禍。』即其證也。莊三十二年左傳作：『故有得神以興，亦有以亡。』尤其明證矣。」元誥按：王說是，今從之。昔夏之興也，融降於崇山；融，祝融也。崇，崇高山也。夏居陽城，崇高所近。○段玉裁曰：「太平御覽引此解云：『崇、嵩古通用。夏都陽城，嵩山在焉。』徐鉉說文引此解云：『嵩，古通用崇字。』」黄丕烈曰：「嵩、崇古今字。今各本國語皆爲後人删去嵩、崇通用之語。」汪遠孫曰：「嵩山在今河南登封縣北十里。」其亡也，回祿信於聆隧。回祿，火神。再宿爲信。聆隧，地名也。○舊音曰：「聆音琴。」吴曾祺曰：「回祿本名吴回，即祝融，故曰火神。」元誥按：墨子非攻下篇「天命融隆火於夏之城閒西北之隅」，當即聆隧地所在。後漢書楊賜傳注引作「黔遂」，同音通用也。商之興也，檮杌次於丕山；檮杌，鯀也。過信曰次。丕，大邳，在河東。○吴曾祺曰：「尚書鄭注，丕山在修武、武德之界〔五二〕。又作伾。」沈鎔曰：「在今河南濬縣。」其亡也，夷羊在牧。夷羊，神獸。牧，商郊牧野也。周之興也，鸑鷟鳴於岐山；三君曰：「鸑鷟，鳳之別名也。詩云：『鳳凰鳴矣，于彼高岡。』其在岐山之脊乎。」○

舊音：「鷟，五角反。鷟，士角反。」其亡也，杜伯射王於鄗。鄗。鄗京也。杜國，伯爵，陶唐氏之後也。周春秋曰：「宣王殺杜伯而不辜，後三年，宣王會諸侯田於圃，日中，杜伯起於道左，衣朱衣，冠朱冠，操朱弓朱矢射宣王，中心折脊而死也。」○胡承珙曰：「鄗即敖鄗，韋以鄗爲鄗京，誤矣。」元誥按：襄二十四年左傳疏引此文〔五三〕，鄗作「鎬」，説苑作「鎬」。宋庠曰：「宜從鎬。」是皆以鄗爲鎬京之鎬矣。是皆明神之志者也。」志，記也。見記録在史籍者也〔五四〕。

王曰：「今是何神也？」對曰：「昔昭王娶於房，曰房后，房，國名。○昭十三年左傳，楚靈王遷房於荆，杜注：「故諸侯。汝南有吴防縣，即防國。」防、房古字通。吴曾祺曰：「今河南汝寧府遂平縣西有吴房城〔五五〕，即古房國。」實有爽德，協於丹朱，爽，貳也。協，合也。丹朱，堯子也。丹朱憑身以儀之，生穆王焉。憑，依也。儀，匹也。詩云：「實維我儀。」言房后之行有似丹朱憑依其身而匹耦焉，生穆王也。○柳宗元非國語曰：「妄取時日，莽浪無狀，而寓之丹朱，則又以房后之惡德與丹朱協而憑以生穆王。其爲書也，不待片言而迂誕彰矣。」是實臨照周之子孫而禍福之。夫神壹，不遠徙遷。言神壹心依憑於人，不遠遷也。若由是觀之，其丹朱之神乎？」王曰：「其誰受之？」對曰：「在虢土。」言神在虢，虢其受之也。○元誥按：虢國於上陽，今河南陝縣東南有上陽城。王曰：「然則何爲？」何爲在虢？對曰〔五六〕：「臣聞之，道而得神，是謂逢福。逢，迎也。淫而得神，是謂貪禍。以貪取禍也。○汪遠孫曰：「釋名：『貪，探也。』探，取也。是貪有取義，韋注非是。」俞樾説同。今虢少荒，其亡乎？」王曰：「吾其若之何？」對曰〔五六〕：「使太宰以祝、史帥貍姓，奉犧牲、粢盛、玉帛往獻焉。太宰，王卿也，掌祭祀之式，玉幣之事。祝，太祝也，掌祈福祥。史，太史也，掌次主位。狸姓，丹朱之後也。神不歆非類，故帥以往焉。純色曰犧。○汪遠孫曰：「『狸姓，丹朱之後』云云，古籍無徵，不知起自何時。」無有祈也。」祈，求也。勿有求請，禮之而已。王曰：「虢其幾何？」對曰：「昔堯臨民以五，五，五年一巡守也。○王肅序家語曰：「孔子曰：『堯以土德王天下，而色尚黃。』」黃，土德。五，土之數。故曰「臨民以五」。經曰：「五載一巡狩。」此乃說舜非說堯。今其胄見，胄，後也。謂丹朱之神也。神之見也，不過其物。物，數也。若由是觀之，不過五年。」王使太宰忌父周公忌父。帥傅氏及祝、史，傅氏，狸姓也。在周爲傅氏。○潛夫論志氏姓，帝堯之後有狸氏、傅氏。奉犧牲、玉鬯往獻焉。玉鬯，鬯酒之圭，長尺一寸〔五七〕，有瓚，所以灌地降神之器也。內史過從至虢，從，從太宰而往也。太史不掌祭祀，王以其賢，使以聽之也。虢公亦使祝、史請土焉。祝、史，虢之祝、史祝應、史嚚。內史過歸，以告王曰：「虢必亡矣，不禋於神而求福焉，神必禍之。潔祀曰禋。不親於民而求用焉，人必違之。用，用其財力也。精意以享，禋也。享，獻也。○文選顏延年五君詠李注引賈逵曰：「精，明也。」慈保庶民，親也。慈，愛也。保，養也。今虢公動匱百姓以逞其違，逞，快也。違，邪也。離民怒神而求利焉，不亦難乎！」求利，謂請土也。十九年，晉滅虢。惠王十九年，魯僖之五年也。

13 襄王使邵公過及內史過賜晉惠公命。襄王，周僖王之孫，惠王之子襄王鄭也。邵公過，邵穆公之後邵武公也〔五八〕。惠公，晉獻公之庶子惠公夷吾也。命，瑞命也。諸侯即位，天子賜之命圭以爲瑞節也。呂甥、郤芮相晉侯不敬，呂甥，瑕呂飴甥也。郤芮，冀芮。皆晉大夫。相，詔相禮儀也。不敬，慢惰也。晉侯執玉卑，拜不稽首。玉，信圭，侯所執，長七寸。卑，下也。禮，執天子器則尚衡。稽首，首至地也〔五九〕。內史過歸，以告王曰：「晉不亡，其君必無後。後，後嗣也。且呂、郤將不免。」王曰：「何故？」對曰：「夏書有之曰：『衆非元后，何戴？夏書，逸書也。元，善也。后，君也。戴，奉也。○元誥按：其文今見僞古文大禹謨篇。后非衆，無與守邦。』邦，國也。在湯誓曰：『余一人有罪，無以萬夫。湯誓，商書伐桀之誓也。今湯誓無此言，則散亡矣。天子自稱曰「余一人」。余一人有罪，無罪萬夫。○元誥按：其文今見僞古文湯誥篇。萬夫有罪，在余一人。』在余一人，乃我教導之過也。在盤庚曰：『國之臧，則惟女衆。盤庚，殷王祖乙之子，今商書盤庚是也。臧，善也。國俗之善，則惟女衆，歸功於下也。國之不臧，則惟余一人是有逸罰。』逸，過也。罰，猶罪也。國俗之不善，則惟余一人是有過也。言其罪當在我也。○今書兩「國」字作「邦」，「逸」作「佚」。孫星衍曰：「『國』疑後人爲漢人避諱字改之。」汪遠孫曰：「逸、佚二字古通。」如是則長衆使民，不可不慎也。民之所急在大事，大事，戎事也。先王知大事之必以衆濟也，○元誥按：「衆濟」，依宋庠本。是故祓除其心，以和惠民。祓，猶拂也。○吳曾祺曰：「當言『猶弗也』。詩『以弗無子』，即『祓』字。」考中度衷以涖之，涖，臨也。考中，省己之中心以度人之衷心，恕以臨之也。昭明物則以訓之，物，事也。則，法也。制義庶孚以行之。義，宜也。庶，衆也。孚，信也。當制立事宜，爲衆所信而行之也。祓除其心，精也。精，潔也。考中度衷，忠也。忠，恕也。昭明物則，禮也。制義庶孚，信也。然則長衆使民之道，非精不和，非忠不立，非禮不順，非信不行。今晉侯即位而背外內之賂。背外，不與秦地。背內，不與里、丕之田。

虐其處者，棄其信也。虐其處者，殺里、丕之黨也。不敬王命，棄其禮也。施其所惡，棄其忠也。己所不欲，勿施於人。所惡於下，故不以事上。今晉侯皆施之於人，故曰棄其忠也。以惡實心，棄其精也。實，滿也。四者皆棄，則遠不至而近不和矣，四者，精、忠、禮、信也。將何以守國？古者，先王既有天下，又崇立上帝、明神而敬事之，崇，尊也。立，立其祀。上帝，天也。明神，日月也。○元誥按：明道本「立」下有「於」字。於是乎有朝日、夕月，以春分朝日，以秋分夕月。○汪遠孫曰：「古者帝王朝日、夕月不定在春分、秋分。」以教民事君。禮，天子搢大圭，執鎮圭，繅藉五采五就，以春分朝日，秋分夕月，拜日於東門之外。然則夕月在西門之外也。諸侯春秋受職於王，以臨其民。言不敢專也。大夫、士日恪位著，以儆其官。中廷之左右曰位，門屏之閒曰著也。○王念孫曰：「凡朝内君臣所立之處曰位，或曰宁，宁字亦作『著』。周語曰：『大夫、士日恪位著，以儆其官。』此謂臣之位著也。位者，曲禮『下卿位』是也。著者，昭十一年左傳：『朝有著定。』杜注：『著定，朝内列位常處。』十二年傳曰：『不廢君命，則固有著矣。』十六年傳曰：『其祭在廟，已有著位。』竝與周語『著』字同義。韋注周語曰：『中廷之左右曰位』是也，其曰『門屏之閒曰著』則非也。（爾雅：『門屏之閒謂之宁。』孫炎注：『人君視朝所立處也。』）」元誥按：可參閱楚語「位宁有官司之典」注。庶人、工、商各守其業，以共其上。○宋庠曰：「共，供假借。」猶恐其有墜失也，故爲車服旗章以旌之，旌，表也。車服、旗章上下有等，所以章別貴賤，爲之表識也。爲贄幣瑞節以鎮之，鎮，重也。贄，六贄也，謂孤執皮帛，卿執羔，大夫執雁，士執雉，庶人執鶩，工商執雞。幣，六幣也：圭以馬，璋以皮，璧以帛，琮以錦，琥以繡，璜以黼也。瑞，六瑞：王執鎮圭，尺二寸；公執桓圭，九寸；

侯執信圭，七寸；伯執躬圭，七寸；子執穀璧，男執蒲璧，皆五寸。節，六節：山國用虎節，土國用人節，澤國用龍節，皆以金爲之；道路以旌節，門關用符節，都尉用管節，皆以竹爲之。爲班爵貴賤以列之，班，次也。爲令聞嘉譽以聲之。謂有功德者，則以策命述其功美，進爵加錫以聲之也。猶有散遷懈慢，而著在刑辟，流在裔土。言爲之法制，備悉如此，尚有放散、轉移、懈慢於事不奉職業者也，故加之刑辟，流之荒裔也。於是乎有蠻夷之國，遂爲夷蠻之國民也。有斧鉞、刀墨之民，斧鉞，大刑也。刀墨，謂以刀刻其額而墨涅之。而況可以淫縱其身乎！夫晉侯非嗣也，而得其位，嗣，嫡嗣也。亹亹怵惕。保任戒懼，猶曰未也。亹亹，勉勉也。保，守也。任，職也。居非其位，雖守職戒懼，猶未足也。○宋庠曰：「説文無『亹』字，徐鉉深以爲譏，云非字也，當作『娓』。」王念孫曰：「韋以保任爲守職，非也。任亦保也。『保任戒懼』四字平列，説文：『任，保也。』襄二十一年左傳曰：『昔陪臣書能輸力於王室〔六〇〕，其子黶不能保任其父之勞。』是其證。」若將廣其心廣其心，放情欲也。而遠其鄰，背秦賂也。陵其民虐其處也。而卑其上，不敬王命也。將何以固守？守其位也。夫執玉卑，替其贄也。替，廢也，廢執贄之禮也。拜不稽首〔六一〕，輕其王也。○各本「輕」作「誣」。韋解曰：「誣，罔也。」俞樾曰：「拜不稽首，乃不敬，非誣罔也。『誣』蓋『輕』字之誤，古書從巫、從巠之字，往往相溷。顔氏家訓書證篇所謂『巫混巠旁』是也。大戴記曾子立事篇：『喜之，而觀其不誣也。』周書文王官人篇作：『喜之，以物以觀其不輕。』戰國策韓策：『輕强秦之禍。』韓子十過篇作：『輕誣强秦之禍。』蓋『誣』即『輕』字之誤而衍者。竝其證也。拜不稽首，故爲輕其王，下文云『誣王無民』，又云『故晉侯誣王，人亦將誣之』，諸『誣』字皆當作『輕』。韋據誤本作注，失其義矣。」元誥按：俞説是，今據以訂正。替贊無鎮，鎮，重也，無以自重也。輕王無民。輕民，民亦將輕之。○元誥按：此注文舊誤竄在上注「誣，罔也」下，今依汪遠孫説移正。輕，各本皆作「誣」，注同。悉依上例改，下同。夫天事恒象，恒，常也。事善象吉，事惡象凶也。任重享大者必速及。速及於禍也。故晉侯輕王，人亦將輕之，欲替其鎮，人亦將替之。大臣享其禄，弗諫而阿之，亦必及焉。」大臣，吕、郤也。享之言食也。阿，隨也。襄王三年而立晉侯，襄王三年，魯僖之十年也。賜瑞命在十一年也。八年而隕於韓。八年，魯僖之十五年也。秦怨惠公背施忘德，舉兵伐之，戰於韓原，獲晉侯以歸，隕其師徒，三月而復之也。十七年而晉人殺懷公，懷公無胄。胄，後也。襄王十七年，魯僖二十四年也。懷公，惠公之子子圉也。惠公卒，子圉嗣立，秦穆公納公子重耳，晉人刺懷公於高梁也。○各本作「十六年」，注同。王引之曰：「正文及注『十六年』皆當爲『十七年』，蓋襄王以魯僖八年正月定位，即爲元年。（定位見僖八年左傳。史記十二諸侯年表以魯僖九年爲襄王元年，非也。惠王已於僖七年閏月崩，明年則僖之八年而襄王之元年矣，不得遲至僖九年始稱襄王元年。）至魯僖十年爲襄王三年，上文『襄王三年而立晉侯』，注曰『襄王三年，魯僖之十年』是也。至魯僖十五年爲襄王八年，上文『八年而隕於韓』，注曰『八年，魯僖之十五年』是也。則魯僖二十四年當爲襄王十七年明甚。今本作十六年者，蓋後人依史記十二諸侯年表改之，不知年表誤以魯僖之九年爲襄王之元年，則自元年以後次序皆譌，不足據矣。」元誥按：王説是，今據以訂正。秦人殺子金、子公。子金，吕甥。子公，郤芮之字也。二子悔納重耳，欲焚公宫而殺公(六二)。寺人披以告，公潛會秦伯於王城。二子焚公宫，求公不獲，遂如河上，秦伯誘而殺之。

14 襄王使太宰文公及内史興賜晉文公命。太宰文公，卿士王子虎也。内史興，周内史叔興父也。晉文公，獻公之子、惠公異母兄重耳也。命，命服也。諸侯七命，冕服七章。上卿逆於境，逆，迎也。晉侯郊勞，郊迎，用辭勞也。館諸宗廟，館，舍也。舍於宗廟，尊王命也。饋九牢，牛羊豕爲一牢，上公饔餼九牢。設庭燎。設大燭於庭，謂之庭燎也。及期，命於武宮，期，將行事之日也。武宮，文公之祖武公廟也。命，受王命。設桑主，布几筵，主，獻公之主也。練主用栗，虞主用桑〔六三〕。禮，既葬而虞，虞而作主，天子於是爵命世子，世子即位，受命服也。獻公死已久，於此設之者，文公不欲繼惠、懷也。故立獻公之主，自以子繼父之位，行不踰年之禮也。筵，席也。太宰涖之，晉侯端委以入。說云：「衣玄端，冠委皃，諸侯祭服也。」昭謂：此士服也。諸侯之子未受爵命，服士服也。○陳瑑曰：「端委即玄冠、玄端，爲諸侯祭服之下者。」太宰以王命命冕服，冕，大冠。服，鷩衣。内史贊之，三命而後即冕服。三以王命命文公，文公三讓而後就也。既畢，賓、饗、贈、餞，如公命侯伯之禮，而加之以宴好。賓者，主人所以接賓，致餐饔之屬也。饗，饗食之禮也。贈，致贈賄之禮也〔六四〕。餞，謂郊送飲酒之禮也。如公命侯伯之禮者，如公受王命，以侯伯待之之禮，而又加之以宴好也。太宰，上卿也，而言公者，兼之也。内史興歸，以告王曰：「晉不可不善也，其君必霸。逆王命敬，謂上卿逆於境，晉侯郊勞也。奉禮義成，謂三讓、賓、饗之屬皆如禮也。○王引之曰：「義，讀爲儀，謂奉行禮儀而有成也。古書多以義爲儀。」敬王命，順之道也。成禮義，德之則也。則德以導諸侯，諸侯必歸之。導，訓也。且禮所以觀忠、信、仁、義也。言能行禮，則有此四者也。忠所以分也，心忠則不偏也。仁所以行也，仁行則有恩也。信所以守也，信守則不貳也。義所以節也。制義之節也。忠分則均，仁行則報，信守則固，義節則度。得其度也。分均無怨，行報無匱，守固不偷，偷，苟且也。節度不攜。攜，離也。若民不怨而財不匱，令不偷而動不攜，其何事不濟！中能應外，忠也。施三服義，仁也。賈侍中云：「三，謂忠、信、仁也。」昭謂：施三，謂三讓也。服義，義，宜也，服得其宜，謂端委也。守節不淫，信也。○宋庠本作「守禮」，太平御覽封建部五作「守法」。行禮不疚，義也。疚，病也。臣入晉境，四者不失，四者，忠、信、仁、義也。臣故曰：晉侯其能禮矣，王其善之。樹於有禮，艾人必豐。」樹，種也。艾，報也。豐，厚也。○洪頤煊曰：「艾，當作『刈』，離騷：『願竢時乎吾將刈。』王逸注云：『刈，穫也。』言樹於有禮，其穫人必多也。」俞樾曰：「艾之訓報，其義未聞。詩鴛鴦篇：『福祿艾之。』南山有臺篇：『保艾爾後。』毛傳竝曰：『艾，養也。』此『艾』字亦當訓養，蓋從上句『樹』字生義，凡樹蓺五穀及蔬果之類，皆所以養人，故曰：『樹於有禮，艾人必豐。』又晉語曰：『樹於有禮必有艾。』義亦同，言必得其養也。韋訓爲報，雖于語意未失，恐非古訓。」宋庠曰：「艾，魚廢反。」王從之，使於晉者，道相逮也。逮，及也。

及惠后之難，王出在鄭，惠后，周惠王之后，襄王繼母陳嬀。陳嬀有寵，生子帶，將立之，未及而卒。子帶奔齊，王復之，又通於襄王之后隗氏。王廢隗氏，周大夫頹叔、桃子奉子帶以狄師伐周，王出適鄭，處於氾。事在魯僖二十四年。晉侯納之。納王於周而殺子帶，在魯僖二十五年。

襄王十七年，立晉文公。襄王十七年，魯僖二十四年也。○各本作「十六年」，注同。王引之曰：「『十六年』亦當爲『十七年』。襄王自魯僖八年定位爲元年，至魯僖二十四年爲十七年，是年秦伯納晉文公，（見僖二十四年左傳。）故曰：『襄王十七年，立晉文公。』而注云：『襄王十七年，魯僖二十四年也。」（俗本「四」誤「三」，今從宋本。）若襄王十六年，則在魯僖二十三年，時晉文公尚未得國，不得云「立晉文公」矣。下文「二十一年，以諸侯朝於衡雝」，注曰：「襄王二十一年，魯僖二十八年」，上推至魯僖二十四年，立晉文公之年亦當爲襄王十七年，不當爲十六年也。蓋後人誤改上文之「十七年而晉人殺懷公」爲十六年，遂竝此而改之，而不知與前後不合也。」元誥按：王説是，今據以訂正。二十一年，以諸侯朝王於衡雍，且獻楚捷，遂爲踐土之盟，襄王二十一年，魯僖二十八年也。衡雍、踐土皆鄭地，在今河内温也。捷，勝也，勝楚所獲兵衆也。文公以僖二十八年夏四月敗楚於城濮。城濮，衛地也〔六五〕。旋至衡雍，天子臨之。晉侯以諸侯朝王，且獻所得楚兵駟介百乘，徒兵千也。王命尹氏及王子虎、内史叔興父策命晉侯爲伯，賜晉侯大輅、戎輅之服，彤弓一，彤矢百，玈弓一，玈矢百，秬鬯一卣，虎賁三百人也。○沈鎔曰：「今河南河陰縣西北十五里有垣雝城，即古衡州。又湯陰縣十五里有王宮城，城東有踐土臺，即晉文公朝王地也。」於是乎始霸。○元誥按：霸字亦作「伯」。一切經音義二引賈逵曰：「霸，猶把也。言把持諸侯之權也。」

校記

〔一〕民樂其性而無寇讎　「讎」誤作「離」，據經義述聞改。

〔二〕大戴禮禮三本篇　下「禮」字誤作「記」，據經義述聞改。

〔三〕謂之三事　「三事」誤作「厚生」，據經義述聞改。

〔四〕行貨財以有求於人曰賕　「行」字脱，據漢書薛宣傳注引蕭該音義改。

〔五〕棄與不窋，遠孫既斷其非父子矣　「遠孫」二字脱，據國語發正補。

〔六〕「路史周世攷」至「不窋不得爲稷子明矣」　按，吴曾祺國語韋解補正云：「棄，路史：『稷生台璽，台璽生叔均。』是不窋非后稷棄子，注有誤。」集解此文本於吴説而失注吴氏之名，致下文「不窋非棄之子，已上汪、吴説已言之」一句無所着落，此處應標明爲吴曾祺之説。

〔七〕邑於豳　「邑」字脱，據國語發正補。

〔八〕詩公劉六章　「詩」字脱，據國語發正補。

〔九〕諸侯叛之　「諸侯」誤作「孔甲」，據毛鄭詩考正改。

〔一〇〕四世而隕　「世」誤作「時」，據毛鄭詩考正改。

〔一一〕有違闕不供日祭者　「者」字脱，據各本補。

〔一二〕北史史寧傳　「寧」誤作「國」，據國語發正及北史卷六一本傳改。

〔一三〕上文「大畢、伯士」……其曰「自大畢、伯士之終也」　二處「畢伯」二字皆誤倒，據經義述聞改。

〔一四〕「惇帥舊德」者　「者」字脱，據經義述聞補。

〔一五〕傷威毁信　「威」誤作「感」，據各本改。

〔一六〕河南密郡，故國　「密郡」二字誤倒，據國語發正改。

〔一七〕今在河南開封府密縣東七十里　「南開」二字脱，據國語發正補。

〔一八〕密須氏　「密」字脱，據國語發正補。

〔一九〕誦，謂箴諫之語也　「誦謂」二字誤倒，據公序本改。明道本無「誦」字。

〔二〇〕書旅巢命序　「巢」字脱，據國語發正及書序補。

〔二一〕害，謂惡害榮夷公者多也　「者」字脱，據各本補。

〔二二〕放於利而行　「而行」二字脱，據各本補。

〔二三〕避難奔邵公也　「奔」字重衍，據各本删。

〔二四〕若晉慶鄭怨惠公愎諫違卜　「卜」字脱，據各本補。

〔二五〕下文單襄公曰　「公」字脱，據經義述聞補。

〔二六〕○史記天官書　圈號脱，依文例補。

〔二七〕不然　二字脱，據各本補。

〔二八〕瞽，樂大師，知風聲者也　「樂」字脱，「聲」誤作「瞽」，據各本補改。

〔二九〕立春日融風也　「日」誤從明道本作「曰」，據公序本改。

〔三〇〕百吏、庶民畢從　「吏」誤作「史」，據各本改。

〔三一〕一耜之墢也　此下有注文「祭其神爲農祈也」，正文「太史贊王」，注文「贊，導也」，正文「王敬從之，王耕一墢」，皆爲衍文，故從删。

〔三二〕紀，猶録也　「猶」字脱，據國語三君注輯存補。

〔三三〕農正，后稷之佐　「佐」誤作「正」，據各本改。

〔三四〕司空四之　「四」誤作「五」，據各本改。

〔三五〕瞽帥音官以省風土　「官」誤作「樂」，據上文改。

〔三六〕而時布之　「之」字脱，據群經平議補。

〔三七〕耨穫亦如之　「耨」誤作「耕」，據群經平議改。

〔三八〕今天子欲修先王之緒　「天子」誤作「先王」，據各本改。

〔三九〕句正與此同　「正」誤作「法」，據國語考異改。

〔四〇〕我諸戎　原誤作「戎諸侯」，據各本改。

〔四一〕凡王子弟謂之國子　「弟」字脱，據各本補。

〔四二〕面如凍黎　「如」字脱，據爾雅正義補。

〔四三〕王曰　此二字脱，據各本補。

〔四四〕擇取不孕者　「孕」誤作「妊」，據國語韋解補正改。

〔四五〕其三時之名與禮不合　「與禮」二字脱，據國語發正補。

〔四六〕夏桀所都在今河南府洛陽縣　「府」字脱，據國語發正補。

〔四七〕謂桀、紂也　「謂」誤作「周」，據各本改。

〔四八〕爲蔦國　「蔦國」二字誤倒，據史記集解改。

〔四九〕今河南陽翟縣也　「陽」字脱，據史記正義補。

〔五〇〕臧紇爲客　「紇」誤作「訖」，據國語韋解補正改。

〔五一〕掌爵禄廢置及策命諸侯、孤、卿、大夫也　「孤」誤作「公」，「大夫」二字脱，據各本改補。

〔五二〕尚書鄭注，丕山在修武、武德之界　「尚書」誤作「後漢書」，「修」誤作「陰」，據國語韋解補正改。

〔五三〕襄二十四年左傳疏引此文　「四」字脱，據左傳正義補。

〔五四〕見記録在史籍者也　「見」從公序本，明道本作「是」。「者」誤作「在」，據各本改。

〔五五〕今河南汝寧府遂平縣西有吴房城　「府遂平」三字脱，據國語韋解補正補。

〔五六〕對曰　此二字脱，據各本補。

〔五七〕長尺一寸　此從公序本，明道本作「長尺二寸」。

〔五八〕邵穆公之後邵武公也　「武」誤作「後」，據各本改。

〔五九〕稽首，首至地也　脱一「首」字，據各本補。

〔六〇〕昔陪臣書能輸力於王室　「昔」誤作「晉」，據經義述聞改。

〔六一〕拜不稽首　「首」誤作「守」，據各本改。

〔六二〕欲焚公宮而殺公　下「公」字誤作「宮」，據各本改。

〔六三〕練主用栗，虞主用桑　「主用栗虞」四字脱，據各本補。

〔六四〕贈，致贈賄之禮也　此七字脱，據各本補。明道本無「賄」字，公序本無「也」字。

〔六五〕衛地也　「地」字脱，據公序本補。

國語集解

周語中第二

吉水徐元誥學

1襄王十七年，○各本作『十三年』。韋解曰：「襄王十三年，魯僖之二十年也。下事見二十四年。」汪遠孫曰：「內傳，鄭伐滑一在僖二十年，一在僖二十四年。此是二十四年事，襄王之十七年也。外傳蓋合二事爲一。史記周本紀亦沿外傳之誤。」元誥按：韋解不誤，正文混也。今據汪說訂正。史記考證云，春秋經伐滑在魯僖二十年，於襄王爲十二年。又與韋解不合。鄭人伐滑。滑，姬姓小國也。先是，鄭伐滑，滑人聽命。鄭師還，又叛即衞，故鄭公子士、堵俞彌帥師伐滑也。（堵俞彌，韋作泄堵寇。諸嘉樂曰：「魯僖二十年入滑者爲鄭公子士、泄堵寇，二十四年伐滑者爲鄭公子士、堵俞彌。韋引二十四年傳而誤涉二十年傳也。」）○沈鎔曰：「今河南偃師縣南二十里有緱氏故城，即古滑國。」使游孫伯請滑，游孫伯，周大夫。鄭人執之。鄭人，文公捷也。鄭怨惠王之入而不與厲公爵，又怨襄王之與衞、滑，故不聽王命而執王使也。王怒，將以狄伐鄭。狄，隗姓之國也。○元誥按：狄，史記周本紀作「翟」，通。富辰諫曰：「不可。富辰，周大夫也。古人有言曰：『兄弟讒鬩，侮人百里。』鬩，佷也。兄弟雖以讒言相違佷，猶禁禦他人侵侮己者。百里，諭遠也。周文公之詩曰：『兄弟鬩於墻，外禦其侮。』文公之詩者，周公旦之所作棠棣之詩是也，所以閔管、蔡而親兄弟。此二句，其四章也。禦，禁也，言雖相與佷於墻室之内，猶能外禦異族侮害己者。其後周衰，厲王無道，骨肉恩闕，親親禮廢，宴兄弟之樂絶，故邵穆公思周德之不類，而合其宗族於成周，故復脩棠棣之歌以親之。鄭、唐二君以爲棠棣穆公所作，失之，唯賈君得之。穆公，邵康公之後穆公虎也，去周公歷九王矣。若是則鬩乃内侮，而雖鬩不敗親也。雖内相佷，外禦他人，故不敗親也。鄭在天子，兄弟也。言與襄王有兄弟之親也。鄭武、莊有大勳力於平、桓，武，鄭桓公之子武公滑突也。莊，武公之子莊公寤生也。王功曰勳。平，幽王之子平王宜咎。桓，平王之孫，太子泄父之子桓王林也。幽王既滅，鄭武公以卿士夾輔周室。平王東遷洛邑，桓王即位〔一〕，鄭莊公爲之卿士，以王命討不庭，伐宋，入郕〔二〕，在魯隱十年。唐尚書云：「王奪鄭伯政，鄭伯不朝，王伐鄭，鄭祝聃射王中肩，豈得爲功？『桓』當爲『惠』。傳曰：『鄭有平、惠之勳。』」昭謂：鄭世有功而桓王不賞，又奪其政，聃雖射王，非莊公意。又詩叙云：「桓王失信，諸侯背叛。」明桓王之非也。下富辰又曰〔三〕：「平、桓、莊、惠皆受鄭勞。」明各異人，不爲誤也。我周之東遷，晉、鄭是依。東遷，謂平王也。晉語曰「鄭先君武公與晉文侯勠力同心，股肱周室，夾輔平王」是也。子頹之亂，又鄭之繇定。子頹，周莊王之子、惠王之叔父也，篡惠王而立。惠王出居鄭，鄭厲公殺子頹而納之。事在周語上也。今以小忿棄之，是以小怨置大德也，無乃不可乎。置，猶廢也。詩云，「忘我大德，思我小怨〔四〕」也。且夫兄弟之怨，不徵於他，徵，召也。他，謂狄人。○俞樾曰：「徵，猶證也。禮記中庸篇：『雖善無徵。』又曰：『徵諸庶民。』鄭注曰：『徵，或爲證。』是徵、證義通。不徵於他，言兄弟雖有怨，不就他人而證驗其是非也。韋注失之。」徵於他，利乃外矣。外，利在狄也。章怨外利，不義。章，明也。棄親即狄，不祥。祥，善也。棄親，出狄師以伐鄭也。以怨報德，不仁。言鄭有德於王，王怨而伐之，是爲不仁也。夫義所以生利也，祥所以事神也，仁所以保民也。保，養也。不義則利不阜，阜，厚也。不祥則福不降，不仁則民不至。古之明王不失此三德者，三德，仁、義、祥也。故能光有天下，光，大也。而和寧百姓，令聞不忘。不忘，言德及後代也。王其不可以棄之。」王不聽。十七年，○元誥按：史記周本紀作「十五年」，誤。史記考正云「於襄王爲十六年」，亦非。王降狄師以伐鄭。降，下也。王德狄人，將以其女爲后，富辰諫曰：「不可。夫婚姻，禍福之階也。階，梯也。利内則福由之，利内，娶得耦而有福也。○元誥按：明道本「由之」二字在「利内」上。利外則取禍。今王外利矣，樹利於狄也。其無乃禍階乎？爲禍階也。昔摯、疇之國也由大任，摯、疇二國，任姓，奚仲、仲虺之後，大任之家也。大任，王季之妃，文王之母也。詩云：「摯仲氏任。」又曰：「思齊大任，文王之母。」○汪遠孫曰：「詩大明箋：『摯國中女曰大任，從殷商之畿内嫁於周。』是以摯爲商畿内國。説文：『汝南平輿有摯亭。』劉昭注續漢志引作『摯』，蓋古摯國地。摯、摯古通用。鄭語『依、騥、歷、華』，詩譜『騥』作『疇』，然則疇亦濟、洛、河、潁四水閒國，去摯不遠。」元誥按：「國」疑當爲「興」，涉注「二國」而譌。下言「鄢之亡」此言「摯、疇之興」，蓋對文也。杞、繒由大姒，杞、繒二國姒姓，夏禹之後，大姒之家也。大姒，文王之妃，武王之母也。○通志氏族略二：「『鄫』亦作『繒』，姒姓，子爵，夏少康封其少子曲烈於鄫。」元誥按：杞即今河南杞縣。繒，今山東嶧縣東有鄫城。齊、許、申、呂由大姜，四國皆姜姓也，四岳之後，大姜之家也。

大姜，大王之妃，王季之母也。○沈鎔曰：「齊，今山東東北部及直隸南境。許，今河南許昌縣。又河南南陽縣北有申城，西有吕城，故申、吕國也。」陳由大姬，陳，嬀姓，舜後。大姬，周武王之元女，成王之姊。傳曰「以元女大姬配虞胡公而封之於陳」也。○元誥按：陳，今河南開封縣以東。是皆能内利親親者也。内利，内行七德。親親，以申固其家也。昔鄢之亡也由仲任，鄢，妘姓之國。任氏之女爲鄢夫人。唐尚書曰：「鄢爲鄭武公所滅，非取任氏而亡也。」昭謂：幽王爲西戎所殺，而詩言「褒姒滅之」，明禍有所由也。○宋庠本「鄢」作「鄢」。潛夫論志氏姓：「鄢娶仲任爲妻，貪冒愛悋，蔑賢簡能，是用亡邦。」元誥按：日知録言邵姓之國有鄢無鄢。唐以鄢爲鄭所滅，即指「鄭伯克段於鄢」之鄢，亦名鄢陵，地在今河南鄢陵縣，其西南四十里尚有鄢陵城。然攷路史國名紀，楚亦有鄢都，在今湖北宜城縣，與鄭之鄢陵有别。此文「鄢」不知孰指。密須由伯姞，伯姞，密須之女也。傳曰，「密須之鼓」，「闕鞏之甲」，此則文王所獲鼓甲也。大雅云：「密人不恭，敢距大邦。」不由嫁女而亡。世本云：「密須，姞姓。」○吴曾祺曰：「此句謂密娶同姓女伯姞而亡，與下鄶、聃一例。注謂不由嫁女而亡，大謬。又密亡於共王時，不亡於文王時，注亦未攷。」鄶由叔妘，鄶，妘姓之國。叔妘，同姓之女爲鄶夫人。唐尚書云：「亦鄭武公滅之，不由女亡也。」昭謂：公羊傳曰：「先鄭伯有善乎鄶公者，通於夫人，以取其國。」此之謂也。○吴曾祺曰：「鄶在今河南密縣東北。」鄶，古外反。耼由鄭姬，耼，姬姓，文王之子耼季之國。鄭姬，鄭女，爲耼夫人。同姓相娶，猶魯昭公娶於吴，亦其黷姓，所以亡也。○元誥按：僖二十四年左傳，「魯、衛、毛、聃」，杜注不言聃，孔疏亦曰「地闕」。「耼」作「聃」者，俗。息由陳嬀，息，姬姓之國。陳嬀，陳女，爲息侯夫人。蔡哀侯亦娶于陳〔五〕，息嬀將歸，過蔡，蔡侯止而見之，弗賓。嬀以告息侯，導楚伐蔡。蔡侯怨，因稱息嬀之美於楚子，楚子遂滅息，以息嬀歸。○元誥按：今河南息縣，古息國，郡國志作新息縣。鄧由楚曼，曼，鄧女，爲楚武王夫人，生文王。文王過鄧而利其國，遂滅鄧而兼之也。○吴曾祺曰：「鄧在今河北偃城縣東南。舊音曰：『曼，音萬。』」元誥按：楚曼，内傳稱鄧曼。羅由季姬，羅，熊姓之國。季姬，姬氏女，爲羅夫人而亡其國也。○吴曾祺曰：「羅在今湖北平江縣南三十里〔六〕，有羅城。」盧由荆嬀，盧，嬀姓之國。荆嬀，盧女爲荆夫人。荆，楚也。○汪遠孫曰：「盧，金本作『盧』。漢書地理志『廬江郡』，應劭云『故廬子國』。」吴曾祺曰：「在今湖北南漳縣東五十里，有中廬故城。」是皆外利離親者也。」外利，行淫僻，求利於外，不能親親，以亡其國也。王曰：「利何如而内，何如而外？」對曰：「尊貴，明賢，庸勳，長老，明，顯也。庸，用也。勳，功也。長老，尚齒也。愛親，六親也。禮新，新來過賓也。親舊。君之故舊也。然則民莫不審固其心力以役上令，役，爲也。官不易方，方，道也。而財不匱竭，貢賦有品，財用有節，不乏盡也。求無不至，動無不濟，百姓兆民，百姓，百官也，官有世功受氏姓也。十億曰兆。夫人奉利而歸諸上，是利之内也。夫人，猶人人也。若七德離判，民乃携貳，判，分也。携，離也。七德，謂尊貴至親舊也。各以利退，以利，利其身而去也。上求不暨，是其外利也。暨，至也。夫狄無列於王室，列，位次也。鄭，伯南也，○昭十三年左傳疏引國語，「南」作「男」。正義引王肅云：「鄭，伯爵，而連『男』言之，猶言曰『公侯』，足句辭也。」王而卑之，是不尊貴也。賈侍中云：「南者，在南服之侯伯也。」或云：「南，南面君。」鄭司農云：「南爲子男，鄭，今新鄭。新鄭之於王城在畿内，畿内之諸侯雖爵有侯伯，周之舊法〔七〕皆食子男之地。」昭案：内傳，子産争貢，曰：「爵卑而貢重者，甸服也。鄭，伯男也，而使從公侯之貢，懼弗給也。」以此言之，鄭在南服明矣。周公雖制土中設九服，至康王而西都鄗京，其後衰微，土地損減，服制改易，故鄭在南服。禮，畿外之侯伯世位，其見待重於采地之君，故曰「是不尊貴也」。狄，豺狼之德也，鄭未失周典，王而蔑之，是不明賢也。蔑，小也。○俞樾曰：「詩桑柔篇：『國步蔑資。』鄭箋曰：『蔑，猶輕也。』周易剥六二〔八〕：『蔑，貞凶』，釋文引鄭注曰：『蔑，輕慢。』然則『蔑之』猶『輕之』也。説文心部：『懱，輕傷也。』蔑即懱之假字。韋訓小，失其旨矣。下文『單襄公聘於宋』章曰：『是蔑先王之官也。』韋訓爲欺，亦非是。」平、桓、莊、惠，皆受鄭勞，王而棄之，是不庸勳也。平王東遷，依鄭武公。桓王即位，鄭莊公佐之。莊，桓王之子莊王他也。惠，莊王之孫、僖王之子惠王涼也，爲子穨所篡，出居於鄭，鄭厲公納之。自平王以來〔九〕，鄭世有功，故曰「皆受鄭勞」。勞，功也。鄭伯捷之齒長矣，王而弱之，是不長老也。捷，鄭文公之名也。弱，猶稚也。○元誥按：公羊春秋「捷」作「接」，漢書人表作「椄」，古字通用。狄，隗姓也。隗姓赤狄也。○元誥按：赤狄與北狄不同，赤狄乃錯居中國之一種，北狄乃與貉皆在北者。北狄亦稱白狄。鄭出自宣王，王而虐之，是不愛親也。鄭桓公友，宣王之母弟。出者，謂鄭國之封出於宣王之世也〔一〇〕。夫禮，新不間舊，間，代也。王以狄女間姜、任，非禮，且棄舊也。姜氏、任氏之女世爲妃嬪也，今以狄女代之，爲棄舊也。王一舉而棄七德，臣故曰利外矣。書有之曰：『必有忍也，若能有濟也。』書，逸書也。若，猶乃也。濟，成也。言能有所忍乃能有成功也。王不忍小忿而棄鄭，又登叔隗以階狄。階，階狄禍也。○元誥按：叔隗猶云隗姓次女也，内傳渾稱隗氏。狄，封豕豺狼，不可猒也。」封，大。猒，足也。王不聽。

2 **十七年，王黜狄后。**十七年，魯僖公二十四年。黜，廢也。狄后既立，而通王子帶，故王廢之也。○各本作「十八年」，注同。王引之曰：「正文及注『十八年』皆當爲『十七年』。上文『十七年，王降狄師以伐鄭』，韋氏發注於『襄王十三年〔一一〕鄭人伐滑』曰：『襄王十三年，魯僖之二十年也。下事見二十四年。』『下事』謂下文〔一二〕『王降狄師以伐鄭』也。襄王十七年以狄伐鄭，正當魯僖之二十四年，故曰『下事見二十四年』。左傳僖二十四年：『夏，狄伐鄭。王德狄人〔一三〕，以其女爲后。甘昭公通於隗氏。（甘昭公，王子帶。隗氏即狄后。）王替隗氏。秋，頹叔、桃子以狄師伐周。』是王黜狄后即在以狄伐鄭之年，則亦當爲襄王十七年。是年爲魯僖二十四年，故注曰：『十七年，魯僖二十四年』也。（襄王自魯僖八年定位，至魯僖二十四年，則十七年矣。）若襄王十八年，則爲魯僖之二十五年，注不得云『魯僖二十四年』矣。以注校傳，『八』字之訛無疑。上文已云『十七年，王降狄師以伐鄭』，此又云『十七年』者，黜狄后別爲一事，與上降狄師以伐鄭各自爲章，故更端而稱十七年也。（宋本提行〔一四〕。）後人不知，而改『七』爲『八』，大誤。襄王十八年，曷嘗有黜狄后之事乎！」元誥按：王說是，今據以訂正。史記作「十六年」，蓋誤以魯僖之九年爲襄王之元年，不知魯僖八年襄王已定位，即爲元年也。史記考正亦誤云，「魯僖二十四年於襄王爲十六年」，唯其謂王降狄師伐鄭與絀狄后似一年事，史記分載兩年，則可反證王降狄師伐鄭在十七年，（詳上王說。）黜狄后亦在十七年也。「黜」，史記作「絀」，通。**狄人來誅，殺譚伯。**誅，責也。狄人奉子帶攻王而殺譚伯。譚伯，周大夫原伯也。○明道本注作「周大夫原伯毛也」，宋庠本注作「周大夫」，史記集解引唐固曰：「周大夫原伯、毛伯也。」汪遠孫曰：「明道本注衍『毛』字。宋本無『原伯也』三字，後人不解其義而妄删之。唐說衍『毛伯』二字。」元誥按：汪說是，今從之。內傳，大叔之難，獲周公忌父、原伯、毛伯、富辰。林注：

「四子皆襄王黨。」是原伯、毛伯自爲兩人，足證明道本注衍一「毛」字，唐説衍「毛伯」二字矣。惟此文作「譚」，內傳作「原」。或譚姓而食采於原，（內傳杜注：「原、毛皆采邑。」）故稱「譚伯」可，稱「原伯」亦可。如范會、隨會之類，非必讀「譚」爲「原」也。富辰曰：「昔吾驟諫王，○元誥按：驟，數也。王弗從，以及此難。若我不出，王其以我爲懟乎！」乃以其屬死之。帥其徒屬以死狄師。初，惠后欲立王子帶，故以其黨啓狄人，言初者，惠后已死。以其黨者，謂頹叔、桃子緣惠后欲立子帶，故以子帶黨開狄人伐周也。狄人遂入周，王乃出居於鄭，晉文公納之。王出適鄭，居於氾也。文公納之，殺子帶。在魯僖二十五年。○僖二十四年公羊傳：「王者無外，此言出者何？不能乎母也。」

3 晉文公既定襄王於郟，郟，洛邑王城之地也。○沈鎔曰：「今河南洛陽縣附近有郟鄏陌，或謂郟山，武王定鼎於此。」王勞之以地，王以其勤勞賞之以地，謂陽樊、溫、原、攢茅之田也。○元誥按：勞讀去聲。辭，辭不受也。請隧焉。賈侍中云：「隧，王之葬禮，開地通路曰隧。」昭謂：隧，六隧也。周禮，天子遠郊之地有六鄉，則六軍之士也，外有六隧，掌供王之貢賦。唯天子有隧，諸侯則無也。○吴曾祺曰：「玩一篇語氣，似賈説爲長。如韋注，當作『遂』，不作『隧』。且韋云諸侯無隧，考尚書柴誓云『魯人三郊三遂』，則成王時諸侯已有之矣，韋亦失之不考。」元誥按：內傳注：「闕地通路曰隧，王之葬禮也。諸侯皆懸柩而下。」釋文云：「隧音遂，今之延道。」下文又云「死生之服物采章」，正指葬禮而言。王不許，曰：「昔我先王之有天下也，規方千里以爲甸服，規，規畫而有之也。○禮記王制篇：「千里之內曰甸。」周語上：「先王之制，邦內甸服。」以供上帝山川百神之祀，以其職貢供王祭也。上帝，天神五帝也。山川，五嶽河海也。百神，丘陵墳衍之神也。以備百姓兆民之用，以待不庭不虞之患。百姓，百官有世功者。用，財用也。庭，直也。虞，度也。不直，猶不道也。不度，不意度而至之患也。其餘以均分公侯伯子男，其餘，甸服之外地。均，平也〔一五〕。周禮，公之地方五百里，侯四百里，伯三百里，子二百里，男一百里。使各有寧宇，寧，安也。宇，居也。以順及天地，無逢其災害。順，順天地尊卑之義也。若相侵害，則有災害也。先王豈有賴焉，賴，利也，言無所利，皆均分諸侯也。內官不過九御，九御，九嬪也。外官不過九品，九品，九卿。周禮：「內有九室，九嬪居之〔一六〕。外有九室，九卿朝焉。」足以供給神祇而已，言嬪與卿主祭祀，魯語「日入監九御，使潔奉禘郊之粢盛」也。豈敢猒縱其耳目心腹以亂百度？猒，足也。耳目，聲色。心腹，嗜欲也。亦惟是死生之服物采章，采章，采色之文章也。死之服，謂六隧之民引王柩輅也。以臨長百姓而輕重布之，王何異之有？輕重布之，貴賤各有等也。王何異之有，帝王皆然也。○汪中曰：「言王本無異於人，恃此服物采章以爲等威耳，注非。」今天降禍災於周室，余一人僅亦守府，僅，猶劣也。府，先王之府藏。○文選歎逝賦李注引賈逵曰：「僅，猶言纔能也。」又不佞以勤叔父，勤，勞也。天子稱九州之長同姓曰叔父也。而班先王之大物以賞私德，班，分也。大物，謂隧也。其叔父實應且憎，以非余一人，余一人豈敢有愛？應，猶受憎惡也。言晉文雖當私賞，猶非我一人也。○宋庠本下有「也」字。先民有言曰：○書伊訓篇正義引賈逵曰：「先民，古賢人也。」『改玉改行。』玉，佩玉，所以節行步也。君臣尊卑，遲速有節，言服其服則行其禮，以言晉侯尚在臣位，不宜有隧也。叔父若能光裕大德，更姓改物，以創制天下，自顯庸也。光，廣也。裕，寬也。

更姓，易姓也。改物，改正朔，易服色也〔一七〕。創，造也。庸，用也。謂爲天子創制度，自顯用於天下。○俞樾曰：「韋解『創制』、『顯庸』竝未得其旨。創、制二字同義。創，造也。孟子梁惠王篇：『可使制梃。』趙注曰：『制，作也。』作，亦造也。故論語憲問篇：『裨諶草創之。』釋文：『創，制也。』然則創、制一也。創制天下，猶言創造天下耳。顯、庸二字亦同義。顯，明也。庸讀爲融，鄭語：『命之曰祝融。』韋解：『融，明也。』下文『穀、洛鬭』章，『顯融昭明』，彼作『融』者正字，此作『庸』者假字。然則顯、庸一也。自顯庸，猶言自顯明耳。韋氏解顯融曰：『融，長也。』亦失其旨。顯融與昭明止是一義。」而縮取備物，以鎮撫百姓，縮，引也〔一八〕。備物，隧之屬也。○陳瑑曰：「爾雅釋詁：『縱、縮，亂也。』此文蓋謂晉文亂法以取備物，故曰縮取。」余一人其流辟於裔土，何辭之與有！流，放也。言將放辟於荒裔，何陳辭之有也。○元誥按：明道本「流辟」下有「旅」字，又「與有」作「有與」，今俱依宋庠本。若由是姬姓也，謂文公未更姓而王也。○元誥按：由與猶通用。尚將列爲公侯，以復先王之職，大物其未可改也。言文公尚在公侯之位，將成霸業以興王室，復先王之職，則六隧未可改也。○元誥按：隧爲王之葬禮，詳上吳說，注云六隧，誤。叔父其懋昭明德，物將自至，懋，勉也。言有天下則隧自至也。余何敢以私勞變前之大章，以忝天下，章，表也，所以表明天子與諸侯異物。○俞樾曰：「廣雅釋器曰：『章，程也。』下文『隨會聘於周』章曰，『將以講事成章』，韋注亦曰：『章，章程也。』是章與程同義。詩小旻篇：『匪先民是程。』毛傳曰：『程，法也。』然則大章猶大法也，謂以私勞變前人之大法也。韋注非是。」元誥按：宋庠本無「何」字。其若先王與百姓何？言無以奉先王鎮撫百姓也。何政令之爲也。何以復臨百姓而爲政令乎？○王引之曰：「爲，有也。韋注失之。」若不然，叔父有地而隧焉，自制以爲隧也。余安能知之？」所不敢禁也。文公遂不敢請，受地而還。

4王至自鄭，襄王從鄭至王城，魯僖二十五年也。以陽樊賜晉文公。陽樊，二邑，在畿內也。○元誥按：史記晉世家集解引服虔曰：「陽樊，周地。陽，邑名也，樊仲山之所居，故曰陽樊。」隱十一年左傳杜注：「樊，一名陽樊，野王縣西南有陽城。」是皆以陽樊爲一邑。又僖二十五年傳：「與之陽樊、温、原、攢茅之田。」林注云：「四邑在晉山南河北。」夫温、原爲二邑無疑，則陽樊爲一邑，攢茅爲一邑，方合爲四邑，亦明矣。韋解云「陽樊，二邑」，當衍「二」字也。今河南濟源縣西南十五里尚有曲陽城，亦曰陽城，即古陽樊也。陽人不服，不肯屬晉。晉侯圍之。倉葛呼曰：倉葛，陽人也。「王以晉君爲德，爲能布德行。○明道、宋庠各本「爲」下有「能」字，今依董本。故勞之以陽樊。陽樊懷我王德，是以未從於晉。懷，思也。謂君其何德之布以懷柔之，懷，來也。柔，安也。使無有遠志。遠志，離叛也。今將大泯其宗祊，泯，滅也。廟門謂之祊。宗祊，猶宗廟也。而蔑殺其民人，蔑，猶滅也。宜吾不敢服也！夫三軍之所尋，尋，討也。○文選五等論李注引賈逵曰：「尋，用也。」將蠻夷戎狄之驕逸不虔，於是乎致武。謂諸侯之國爲蠻夷之行，王於是致武以伐之。○汪中曰：「内傳：『蠻夷戎狄不式王命〔一九〕，王命伐之，則有獻捷。』倉葛語意猶此。」此羸者陽也，未狎君政，羸，弱也。狎，習也。故未承命。君若惠及之，唯官是徵，其敢逆命，官，晉有司也。徵，召也。何足以辱師！君之武震，無乃玩而頓乎？震，威也。玩，黷也。言舉非義兵，誅罰失當，故君之武威將見慢黷頓弊也。臣聞之曰：『武不可覿，文不可匿。覿，見也。匿，隱也。言不當尚武隱文也。覿武無烈，烈，威也。匿文不昭。』陽不獲承甸，○

元誥按：各本「獲承」二字誤倒，今依王念孫説乙正。而祇以覿武，臣是以懼。不然，豈敢自愛也。祇，適也。言陽人既不得承王室爲甸服，又懼晉不惠卹其民，適以震威耀武而見殘破，不然，豈敢自愛而不服乎？○元誥按：也與耶通。且夫陽，豈有裔民哉？裔民，謂凶惡之民放在荒裔者也。○汪遠孫曰：「方言：『裔，夷狄之總名。』蠻夷戎狄，即所謂裔民也，對下『父兄甥舅』言。韋解非。」夫亦皆天子之父兄甥舅也，謂吾舅者，吾謂之甥。若之何其虐之也！」晉侯聞之，曰：「是君子之言也。」乃出陽民。放令去也。○僖二十五年左傳林注曰：「出陽樊之民，取其土而已。」

5 温之會，晉人執衛成公，歸之於周。温，晉之河陽。成公，衛文公之子成公鄭也。晉文公討不服，衛成公恃楚而不從，聞楚師敗於城濮，懼，出奔楚，使元咺奉弟叔武以受盟於踐土。或愬元咺曰：「立叔武矣。」衛侯殺其子角，咺不廢命，奉叔武以守國。晉人復衛侯，衛侯先期入。叔武將沐，聞君至，喜，捉髮走出，前驅射而殺之，元咺出奔晉。會於温，討不服。衛侯與元咺訟，不勝，故晉侯執之，歸之於京師。在魯僖公二十八年也。○元誥按：温在河南温縣西南三十里。晉侯請殺之，王曰：「不可。夫政，自上下者也。當從王出也。○吴曾祺曰：「玩下文，『上』字當是泛言，不必指王。」元誥按：下，對上言。政自上下，猶言政自上而及下也。韋訓下爲「出」，似亦未允。上作政，而下行之不逆，故上下無怨。言君臣不相怨。今叔父作政而不行，無乃不可乎？不行，謂不順也。言晉侯不行德政而聽元咺之愬，欲殺衛侯也。夫君臣無獄，獄，訟也。無是非曲直獄訟之義也。今元咺雖直，不可聽也〔二〇〕。君臣皆獄，父子將獄，是無上下也。而叔父聽之，一逆矣。又爲臣殺其君，其安庸刑？庸，用也。刑，法也。布刑而不庸，再逆矣。一合諸侯而有再逆政，余懼其無後。無後，無以合諸侯也。不然，余何私於衛侯。晉人乃歸衛侯〔三〕。」在魯僖三十年也。晉侯使醫衍酖衛侯不死，魯僖爲請於王及晉侯，皆納玉十瑴，於是歸之也。

6 二十六年，秦師將襲鄭，過周北門。襄王二十六年，魯僖之三十三年也。秦師，秦大夫孟明視之師也。輕曰襲。周北門，王城北門也。○明道本作「二十四年」，注同。汪遠孫曰：「傳、注『四』字皆當爲『六』。襄王以魯僖八年正月定位，即爲元年，至僖三十三年爲襄王二十六年。史記十二諸侯年表以魯僖九年爲襄王元年，非也。周語上『賜晉惠公命』章：『襄王三年而立晉侯。』韋注：『襄王三年，魯僖之十年也。』『八年而隕於韓。』韋注：『八年，魯僖之十五年也。』『賜晉文公命』章：『二十一年以諸侯朝王於衡雝。』韋注：『襄王二十一年，魯僖二十八年也。』上文『襄王十三年』，韋注：『十三年，魯僖之二十年也。』以此推之，其爲二十六年無疑。古文『四』字作[illegible]，與篆文八字形近易譌。公序本注作『三十二年』，因傳文譌作二十四年，遂據史記以合之。襲鄭在魯僖三十三年，明載內傳，且與上韋注均不合矣。」元誥按：汪說是，今據以訂正。左右免胄而下，兵車參乘，御在中央，故左右下也。胄，兜鍪也。免，脱也。脱胄而下，敬天王也。○宋庠本傳、注如是。明道本傳曰〔三〕：「左右皆免胄而下拜。」注於後「三百乘」下曰：「左，車左也。右，車右也。言免胄，則不解甲而拜矣。」汪遠孫曰：「『拜』字，公序依內傳删之。」錢曾讀書敏求記曰：「介胄之士不拜，秦師反是，有『拜』字是也。」黄丕烈説同。董增齡曰：「宜從內傳，『下』之下無『拜』字。」元誥按：無「拜」字是也。拜則敬矣，何謂秦師輕而無禮？介胄之士不拜，謂可不拜耳，非謂不可拜也，則拜又安可謂無禮？惟其免胄而下，超乘而上，故如此云云，理甚明也。宋本注末云「敬天王也」，亦覺未允。超乘者三百乘。超乘，跳躍上車，無威儀，所以敗也。○僖三十三年左傳林注曰：「左右免胄而下，超乘而上，欲其速也。」王孫滿觀之，言於王曰：「秦師必有謫。」滿，周大夫王孫之名也。謫，猶咎也。○元誥按：內傳云：「王孫滿尚幼。」豈遽爲大夫耶？韋解俟攷。王曰：「何故？」對曰：「師輕而驕。輕，謂超乘也。驕，謂士卒不肅也。輕則寡謀，驕則無禮，無禮則脱，脱，簡脱也，謂不敎旅整師也。寡謀自陷。入險而脱，能無敗乎？險，謂崤也。○元誥按：險，謂戰陣之地也，不必專指崤而言。秦師無謫，是道廢也。」是古道廢。是行也，秦師還，鄭商覺之，矯以鄭伯之命犒之，故還也。○元誥按：內傳：「滅滑而還。」晉人敗諸崤，○元誥按：崤，山名，或謂之崤澠，或謂之崤塞，水經注因崤有盤崤、石崤、千崤，謂之「三崤」，讀史方輿紀要因崤有二陵，謂之「二崤」。今河南澠池縣亦以崤澠名，山在今河南永寧縣北六十里。獲其三帥丙、術、視。崤，晉地名，今弘農。三帥，秦三將，謂白乙丙、西乞術、孟明視也。

7晉侯使隨會聘於周，晉侯，晉文公之孫、成公之子景公獳也。隨會，晉正卿，士蔿之孫、成伯之子士季武子也。定王享之，餚烝，定王，襄王之孫、頃王之子定王榆也。烝，升也，升俎豆之餚也。○汪遠孫曰：「周禮內饔注：『實鼎曰脀，實俎曰載。』析言之，脀、載各別。統言之，實俎亦謂之脀。脀、烝，古今字。」原公相禮。原公，周卿士原襄公。相，佐也。范子私於原公，范子，隨會也。食采於隨、范，故或曰隨會，或曰范會也。曰：「吾聞王室之禮無毁折，今此何禮也？」王見其語，召原公而問之，原公以告。以士季之言告王也。王召士季，季，范子字也。曰：「子弗聞乎，禘郊之事，則有全烝。全烝，全其牲體而升之。凡禘、郊皆血腥。○汪遠孫曰：「此禘謂圜丘之禘，内傳疏引國語舊注云『禘，祭宗廟』者，非也。禮記禮器、郊特牲：『郊血，大饗腥。』大饗即禘也。」王公立飫，則有房烝。王，天子。公，諸侯。諸侯禮之立成者爲飫。房，大俎也。詩云：「籩豆大房。」謂半解其體，升之房也。○宣十六年左傳正義曰：「王公立飫，即享禮也。」汪遠孫曰：「享，行於廟，廟中禮皆立成，故曰立飫。」陳奂曰：「房之言旁也，旁有偏義，全體曰全烝，半體曰房烝，所以别牲體之用，並升於俎，不應房烝獨以俎名也。」親戚宴饗，則有餚烝。餚烝，升體解節折之俎也。○文選南都賦李注、一切經音義一引賈逵曰：「脱屨升堂曰宴。」元誥按：引賈説上有「不」字，今删。今女非他也，○元誥按：女與汝同。而叔父使士季實來，修舊德以獎王室，獎，成也。是先王之宴禮，欲以貽女。貽，遺也。余一人敢設飫禘焉，飫，半體也。禘，全體也。○元誥按：焉，猶乎也，見經傳釋詞。忠非親禮，而干舊職，以亂前好？忠，厚也。親禮，親戚宴饗之禮。舊職，故事。前好，先王之好也。○吴曾祺曰：「謂不用親禮，是干舊職，亂前好也。」且唯戎狄則有薦體。體，委與之也。夫戎狄冐没輕儳。貪而不讓，冐，抵觸也。没，入也。儳，進退上下無列也。○一切經音義九又十引賈逵曰：「冐没，猶抵觸也。」冐，各本作「冒」。汪遠孫曰：「當作『冐』，説文：『冐，突前也，從見、冃。』臣鉉等曰：『冃，重覆也，犯冃而見，是突前也。』與抵觸之義合。蓋國語本作『冐没』，後人多見冒，少見冐，遂改冐爲冒耳。」陳瑑曰：「輕儳，猶輕賤也。冐没，猶蒙昧，竝聲相近。」其血氣不治，○元誥按：治，猶化也。素問五常政大論：「治而善之。」若禽獸焉。其適來班貢，不俟馨香嘉味，適，往也。班，賦也。故坐諸門外，而使舌人體委與之。舌人，能通異方之志，象胥之官。女，今我王室之一二兄弟，以時相見，兄弟，晉也。○周禮大宗伯：「時見曰會。」鄭

注：「時見者，無常期。」將和協典禮，以示民訓則，協，合也。典，常也。無亦擇其柔嘉，無亦，不亦也。柔，脃也。嘉，美也。○王引之曰：「無，發語詞也，無亦，亦也。」元誥按：柔嘉，説文作「脜嘉」，云「善肉」。選其馨香，潔其酒醴，品其百籩，籩，竹器，容四升，其實棗栗糗餌之屬也。修其簠簋，修，備也。簠簋，黍稷之器也。○説文：簠，盛黍稷員器也。簋，盛稷方器也。奉其犧象，犧樽，飾以犧牛。象樽，以象骨爲飾也。○宋庠曰：「犧，許宜反，鄭康成音息何反。飾以翡翠。」汪遠孫曰：「韋因犧字從牛，遂謂飾尊以牛，誤。」出其樽彝，樽、彝皆受酒之器。○元誥按：宋庠本「樽」作「尊」，樽俗字。陳其鼎俎，俎設於左，牛豕爲一列，魚腊腸胃爲一列，膚特於東。淨其巾冪，淨，潔也。巾冪，所以覆樽彝也。○宋庠曰：「冪，莫歷反。」汪遠孫曰：「冪字俗，周禮作『幂』，説文作『幎』。」敬其祓除，猶掃除也。體解節折而共飲食之。於是乎有折俎加豆，加豆，謂既食之後所加之豆也。其實芹菹兔醢之屬。酬幣宴貨，酬，報也。聘有酬賓束帛之禮。其宴，束帛爲好，謂之宴貨也。以示容合好，示容儀，合和好也。胡有孑然其效戎狄也？孑然，全體之貌也。○吳曾祺曰：「孑然，無親之貌，言疏之如戎狄也。與上『親禮』相應。」夫王公諸侯之有飫也，將以講事成章，講，講軍旅，議大事。章，章程也。建大德，昭大物也，大德，大功也。大物，大器也。故立成禮烝而已。立成，不坐也。烝，升也，升其備物而已也。飫以顯物，宴以合好，顯物，示物備也。故歲飫不倦，歲行飫禮，不至於懈倦也。○宋庠本無「故」字〔三〕。時宴不淫，一時之間必有宴禮，不至於淫湎也。月會、會，計也，計一月之經用也。旬修、旬，十日也，修十日之内所成爲也。○元誥按：原注作「旬，十日之内所成爲也」，宋庠本注作「修十日之中所成爲也」，今依段玉裁説訂正。日完不忘。日

完，一日之所爲。不忘，不忘其禮也。服物昭庸，采飾顯明，庸，功也。冕服、旗章所以昭其功，五采之飾所以顯明德也。文章比象，黼黻，繪繡之文章也。比象，比文以象山、龍、華蟲之屬也。周旋序順，周旋，容止也。序，次也。各以次比順於禮也。○王引之曰：「昭庸、顯明、比象、序順，皆兩字平列。庸與融通，釋名曰：『融，明也。』昭庸即昭融，大雅既醉篇：『昭明有融。』昭五年左傳曰：『明而未融。』皆是也。比象，猶次序也。比，讀如『比次』之比，鄭注周官世婦曰：『比，次也。』象之言序也。比象，猶言比序，周官序師曰『比叙其事』是也。（叙與序同。）繫詞傳：『君子所居而安者，易之序也。』陸績曰：『序，象也。』京房曰：『次也。』虞翻本作『象』，是象與序同義。文章比象，言文章相次序也(二四)。考工記曰：『畫繢之事，雜五色，青與白相次也，赤與黑相次也，玄與黄相次也。青與赤謂之文，赤與白謂之章，白與黑謂之黼，黑與青謂之黻，五采備謂之繡。』樂記所謂『五色成文而不亂』也。桓二年左傳：『五色比象，昭其物也。』義與此同，杜注以爲『比象天地四方』，非也。周旋序順者，序亦順也，爾雅曰：『順，叙也。』大戴禮保傅篇曰：『言語不序。』周語上篇曰：『時序其德。』楚語曰：『奔走承序。』序皆謂順也。昭庸顯明，皆明也。此篇之『昭庸顯明』即下篇之『顯融昭明』，（下篇云：「故高朗令終，顯庸昭明」。）作『庸』者，假借字。比象序順，皆順也。文章之有次，猶周旋之有序也。韋注皆失之。」容貌有崇，崇，飾也。容止可觀也。○元誥按：注「飾」疑與飭通。容貌整飭，故曰可觀也。威儀有則，則，法也。其威可畏，其儀可度也。五味實氣，味以實氣，氣以行志。五色精心，五色之章，所以異賢、不肖，精其心也。○俞樾曰：「精讀爲旌。精從青聲，青從生聲，（元誥按：青本作「𤯍」。）旌亦從生聲，故聲近而義通。釋名釋兵曰：『旌，精也，有精光也。』列子説符篇：『東方有人焉，曰爰旌目。』後漢書張衡傳注引作『爰精目』，是二字相通之證。五色旌心，與下句『五聲昭德』一律，言五色所以旌表其心，五聲所以昭明其德也。上文『賜晉惠公命』章曰：『故爲車服旗章以旌之。』韋注曰：『旌，表也。』正得其義。此文作『精』者，假字耳。」五聲昭德，昭德，謂政平者其和樂也，亦謂見其樂知其德也。五義紀宜，五義，謂父義、母慈、兄友、弟恭、子孝也。飲食可饗，和同可觀，餚烝，故可饗。以可去否曰和，一心不二曰同，和同之道行，則德義可觀也。財用可嘉，酬幣宴貨〔二五〕，以將厚意，故可嘉也。則順而德建。則，法也。建，立也。古之善禮者，將焉用全烝？」武子遂不敢對而退。武子，隨會也。歸乃講聚三代之典禮，三代，夏、殷、周也。○講聚，內傳作「講求」。於是乎修執秩以爲晉法。秩，常也。可奉執以爲常也。晉文公蒐於被廬，作執秩之法。自靈公以來，闕而不用，故武子修之，以爲晉國之法也。○吳曾祺曰：「執秩是主爵秩之官。」元誥按：韋解、吳說均非也。修，備也。執，主也。秩，官也。謂晉於是始備主三代典禮之官也。修執秩，所以實行講聚也。

8 定王使單襄公聘於宋，單襄公，王卿士單朝也。聘，問也。問者，王之所以撫萬國，存省之也。○宋庠曰：「單，常衍反。」遂假道於陳以聘於楚。假道，自宋適楚，經陳也。是時天子微弱，故以諸侯相聘之禮假道也。聘禮，若過邦至於境，使次介假道，束帛將命於廟也。火朝覿矣，火，心星也。覿，見也。朝見，謂夏正十月，晨見於辰也。○項名達曰：「日後十八度之星恒朝見東方，日前十八度之星恒夕見西方。依大衍術攷歲差，周定王時，冬至，日在牛一度；立冬後八日，日在箕初度〔二六〕。則心星朝見，夏正十月也。」道茀不可行，草穢塞路爲茀。候不在疆，候，候人，掌送迎賓客者。疆，境也。司空不視塗，司空，掌道路者。澤不陂，陂，障也。古不竇澤，故障之也。

川不梁，流曰川。梁，渠梁也。古不防川，故渠之也。野有庾積，唐尚書云：「十六斗曰庾。」昭謂：此庾露積穀也。詩云「曾孫之庾，如坻如京」是也。場功未畢，治場未畢。詩曰：「九月築場圃。」道無列樹，古者列樹以表道，且爲城守之用也。墾田若蓻，○各本蓻作「蓺」。韋解曰：「發田曰墾。蓺猶蒔，言其稀少猶若蓺物也〔二七〕。」王引之曰：「蓺當爲『蓻』。（姊入反）説文：『蓻，艸木生也，（俗本『生』上衍『不』字，今依玉篇删。）從艸，執聲。』廣韻云：『蓻，草生多貌〔二八〕。』墾田若蓻者，若，乃也，（見小爾雅）言已墾之田，宜不蕪穢，而乃蓻然多草，蓋由君奪農時，使不得耕耨也。下文曰『今陳田在草閒』，是其明證。蓻與樹蓺之蓺相似，學者多聞蓺，少聞蓻〔二九〕，『蓻』字遂譌而爲蓺。韋氏不察，而訓蓺爲蒔，誤矣，稀少猶若蓺物〔三〇〕，雖曲爲之説，而終不可通也。」元誥按：王説是，今據以訂正。膳宰不致餼，膳宰，膳夫也，掌賓客之牢。禮，生曰餼。司里不授館，司里，里宰也，掌授客館。○汪遠孫曰：「周禮：『里宰，每里下士一人。』下文『司里授館』注：『司里授客所當館，次於卿。』則司里以大夫爲之，非里宰明矣，韋此注誤。」國無寄寓，寓，亦寄也。無寄寓，不爲廬舍以寄羈旅之客也。縣無施舍，四甸爲縣，縣方十六里。施舍，賓客負任之處也。○王引之曰：「古聲舍、予相近，施舍，謂賜予。若遺人『郊里之委積以待賓客』，及『廬有飲食』、『路室有委』〔三一〕、『候館有積』是也。韋解誤。又『聖人之施舍也議之』、『布憲施舍於百姓』皆同，韋解並失之。」宋庠曰：「施，當爲弛，傳寫之誤也。弛，廢也。舍，居止也。弛舍，猶言停止也。縣六十里，中當有休息居止之處，以庇賓客負擔之勞。內傳云：『弛於負擔。』施字若從平聲，不獨與本注相違，兼亦意義難了。」元誥按：王説似較長。民將築臺於夏氏。民，陳國之人也。臺，觀臺也。夏氏，陳大夫夏徵舒家也。○元誥按：因有此事，所以陳國政務廢弛如上云云也。及陳，陳靈公與孔寧、儀行父南冠如夏氏，留賓不見。及，至也。陳靈公，舜後，恭公之子靈公平國也。孔寧、儀行父，陳之二卿。南冠，楚冠也。如，往也，往徵舒之家淫夏姬也。賓，單襄公也。○吕氏春秋圜道篇高注〔二二〕：「留，滯也。」單子歸，告王曰：「陳侯不有大咎，國必亡。」單子，襄公也。卿大夫稱子，於其私士稱公也。王曰：「何故？」對曰：「夫辰，角見而雨畢，○韋讀「辰」不絕句，解曰：「辰角，大辰蒼龍之角。角，星名也。見者，朝見東方，建戌之初，寒露節也。雨畢者，殺氣日至，而雨氣盡也。」太平御覽居處部二十三引賈逵曰：「辰角，大辰蒼龍也。龍角，星名也。」王引之曰：「大辰，房、心、尾也。壽星，角、亢也。角非大辰，不得謂之辰角。當以『夫辰』二字絕句，辰者星也。桓二年左傳：『三辰旂旗。』杜注曰：『三辰，日、月、星也。』是星亦得謂之辰。下文之『角』、『天根』、『本』、『駟』、『火』，皆辰也〔二三〕，『夫辰』統下之詞。」項名達曰：「下文『夏令』，解以爲夏后氏之令，周人因之。如是，則星見度當準夏初歲差推之，今推周定王時，距夏初千四百餘年，歲差約十八度。夏初秋分後五日，日至氐十度，角星全見。若定王時，角見當在寒露後八日，解云『寒露節』，似亦相合。不知傳文合於夏，不合於周。解中各星見日先後參差，未足爲據。」元誥按：王、項說是。天根見而水涸，天根，亢、氐之閒。涸，竭也。謂寒露雨畢之後五日，天根朝見，水潦盡竭也。月令：「仲秋，水始涸。」天根見，乃盡竭也。○王引之曰：「爾雅云『天根，氐也』，無以天根爲亢、氐之閒者。」項名達曰：「夏初寒露前三日，日在房三度，亢末氐初均見，所謂天根也。若定王時，天根見當在霜降節。而後文『隕霜』，須俟駟見。固知天根見尚在前，宜準夏初推算也。涸，始涸也。月令：『仲秋，水始涸。』涸不遽盡，歷季秋至冬初而後竭盡。解以竭盡屬之天根見時，亦未是。」元誥按：王說再合下觀之。本見而草木節解，本，氐也。謂寒露之後十日，陽氣盡，草木之枝節皆理解也。○王引之曰：「氐之爲本，偏考書傳皆無之，竊疑本當作『亢』。亢見在天根見之前，隸書『亢』作『亢』，又作『亢』，竝與『本』字相似而譌爲『本』，又與天根上下互易耳。依星之前後弟之，當云：『亢見而水涸，天根見而草木節解。』蓋寒露之後五日亢星朝見，又五日天根見也。」項名達曰：「夏初寒露後十日，日在尾六度〔三四〕，氐星朝見十三度，氐即本也，解所詰合。若定王時，本見當在立冬前二日，已交初冬〔三五〕，草木乃始節解，未免過遲。」元誥按：王説乃星名之爭，謂隸書亢與本相似，亦不盡然。當以項説爲允。**駟見而隕霜，**駟，天駟，房星也。隕，落也。謂建戌之中，霜始降也。○項名達曰：「夏初霜降日在尾十二度，房星朝見四度，即天駟也，解所詰合。若定王時，駟見當在立冬後三日，霜降節已過，豈得纔稱隕霜？」**火見而清風戒寒。**謂霜降之後，清風先至，所以戒人爲寒備也。○北堂書鈔歲時部四引鄭注曰：「火，心星。清風，寒風也。」項名達曰：「夏初霜降後六日，日在箕初度，心星全見。若定王時，火見在立冬後八日。解於前文『火朝覿』，謂『夏正十月』，此文火見〔三六〕，疑其後駟見不應遲至半月有餘，故渾之曰『霜降之後』。不知前文就周定王時所見而言〔三七〕，此文宜遵夏令，以歲差故，見日自有遲早也。又解中各星見日，大約隔五日遞見一星。夫星度相距有遠近，日行，一日一度，星見，亦當一日一度。相距既有遠近，豈得匀派五日耶？」**故先王之教曰：『雨畢而除道，水涸而成梁，**教，謂月令之屬。九月雨畢，十月水涸也。○項名達曰：「雨畢、水涸俱非一時事。辰角見，雨始畢，既畢後則已九月，非辰角見於九月。天根見，水始涸，迨涸盡則已十月，非天根見於十月也。」元誥按：辰角，辰爲星統稱，角爲星之一，見上王説辨正。項亦誤而爲一。下同。**草木節解而備藏，**備，收藏也。月令：「季秋，農事畢收。」○項名達曰：「本見時，草木節始解，即應備藏。駟見時，霜始隕，即應具裘。此是一時事。」

隕霜而冬裘具，孟冬，天子始裘，故九月可以具。清風至而修城郭。』謂火見之後，建亥之初也。○項名達曰：「火見之後九日入亥月。」故夏令曰：『九月除道，十月成梁。』夏令，夏后氏之令，周所因也。除道，所以便行旅。成梁，所以便民，使不涉也。○汪遠孫曰：「夏書之存者，有小正、大正。小正皆夏記時之書，夏令即夏正。此數語，蓋大正之斸存者。」項名達曰：「此九月、十月之文，與辰角、天根見日不合，故解若後其期以就之。然考夏初兩星皆見於八月，即定王時，辰角雖遲至九月，天根終不能遲至十月，固知兩星之見自在八月，除道、成梁自在九月、十月，而雨之畢，水之涸非一時事也。」元誥按：梁即橋也。孟子云：「十二月輿梁成。」周之十二月即夏之十月也。其時儆曰：○宋庠曰：「儆，戒也。」『收而場功，徛而畚梮，時儆，時以儆告其民也。收而場功，使人修囷倉也。徛，具也。畚，器名，土籠也。梮，舁土之器。具爾畚梮，將以築作也。○元誥按：兩「而」字與汝同。魯語上「將易而次爲寬利」，韋注曰：「而，女也。」營室之中，土功其始。定，謂之營室也。建亥小雪中，定星昏正於午，土功可以始也。詩云：「定之方中，作於楚宮」是也。○項名達曰：「夏初，營室昏中在霜降後六日，與火見同時，非小雪中。若定王時，亦當在立冬後八日，未至小雪。」元誥按：詩疏引孫炎云：「定，正也。天下作宮室者，皆以營室中爲正。」火之初見，期於司里。』期，會也。致其築作之具，會於司里之官也。○項名達曰：「星當朝見，昏中時日應在地平下十八度〔三八〕，則昏中星與朝見星必應相距一百二十六度。今營室距大火秖一百十度，何以一昏中一朝見同在一時？蓋所言十八度者，舉大略言。其實春分後秋分前，昏遲晨早，十八度應有加差；春分前秋分後，晨遲昏早，十八度應有減差。火見及營室中已近初冬，各應減八度，合計之，應減十六度，故秖一百十度也。」此先王所以不用財賄而廣施德於天下者也。施德，謂因時警戒，謀蓋藏，成築功也。今陳國，火朝覿矣，而道路若塞，野場若棄，澤不陂障，川無舟梁，舟梁，以舟爲梁也。○王引之曰：「韋注非也。上文『川不梁』，單言無梁。此『川無舟梁』，則兼言無舟。舟、梁是二事，非謂以舟爲梁也。上文曰『十月成梁』，則川自有梁，不須以舟爲之。且造舟爲梁，天子之禮，他人所不敢用，不得以此責陳也。」是廢先王之教也。周制有之曰：『列樹以表道，立鄙食以守路。制，法也。表，識也。鄙，四鄙也。十里有廬，廬有飲食也。國有郊牧，國外曰郊。牧，放牧之地也。○李治曰：「制字之義，與邑交曰『郊』。」疆有寓望，疆，境也。境界之上，有寄寓之舍，候望之人也。○宋庠本疆作「畺」。太平御覽居處部二十二引風俗通義曰：「春秋國語：『畺有寓望。』謂今亭也，民所安定也。」藪有圃草，澤無水曰藪。圃，大也。必有茂大之草以備財用也。○吴曾祺曰：「圃與甫通，圃草即詩之『甫草』，仍訓園圃(三九)，不得從甫訓大。」囿有林池，囿，苑也。林，積木也。池，積水也。所以禦災也。禦，備也。災，饑、兵也。其餘無非穀土。民無懸耜，言常用也。入土曰耜，耜柄曰耒。○吴曾祺曰：「穀土，宜穀之土也。」野無奥草。皆墾闢也。奥，深也。○舊音：「奥音郁。」賈本作「冥」。汪遠孫曰：「說文：『冥，幽也。』詩何草不黄篇：『率彼幽草。』冥草即幽草也。」不奪民時，不蔑民功，蔑，弃也。有優無匱，有逸無罷。○宋庠曰：「罷音皮。下『民罷』同。」國有班事，國，城邑也。班，次也。執事者有次也。縣有序民。』縣鄙之民，從事有序也。今陳國，道路不可知，田在草閒，不墾者多。功成而不收，野場若棄也。民罷於逸樂，罷於爲國君作逸樂之事也。是棄先王之法制也。周之秩官有之曰：秩官，周常官，篇名。『敵國賓至，關尹以告，敵國，位敵也。關尹，司關，掌四方之賓客，叩關則爲之告。聘禮曰：「及境，謁關人，關人問從者幾人。」遂以入告也。○元誥按：敵國謂相等之國，對下「貴國」言。**行理以節逆之，**理，吏也。逆，迎也。執瑞節爲信而迎之。行理，小行人也。○元誥按：周禮司關疏引此注云：「理，吏也。行理，小行人，掌國賓客禮以待四方，使逆賓客。」「行理」，孔晁本作「行李」，注曰：「行李，行人之官也。」**候人爲導，**導賓至於朝，出送之於境也。**卿出郊勞，**聘禮曰：「賓至於近郊〔四〇〕，使卿朝服，用束帛勞之。」**門尹除門，**門尹，司門也。除門，掃除門庭也。**宗祝執禮，**○各本禮作「祀」。韋注曰：「宗，宗伯。祝，大祝也。執祀，賓將有事於廟，則宗祝執祭祀之禮也。」俞樾曰：「賓雖有事於廟，然非祭祀也，何以執祭祀之禮乎？執祀疑當作『執禮』。禮記文王世子篇：『秋學禮，執禮者詔之。』襍記篇：『女雖未許嫁，年二十而笄，禮如婦人執其禮。』論語述而篇：『子所雅言：詩、書、執禮，皆雅言也。』竝『執禮』二字之證。宗祝執禮，言賓至則宗祝執其禮也。古文『禮』字作『礼』，與『祀』字相似，因誤爲『執祀』矣。」元誥按：俞説是〔四一〕，今據以訂正。汪遠孫曰：「宗，宗人也，非宗伯。辨見魯語。」**司里授館，**司里授客所當館，次於卿也。聘禮：「卿致館。」**司徒具徒，**具徒役，修道路之委積也。**司空視塗，**視塗險易也。○元誥按：視，猶察也。**司寇詰姦，**禁詰姦盜。**虞人入材，**虞人，掌山澤之官。祭祀、賓客，供其材也。**甸人積薪，**甸人，掌薪蒸之事也。**火師監燎，**火師司火。燎，庭燎也。○胡匡衷曰：「先儒云，火師即司爟。周禮、司爟，下士二人。」**水師監濯，**水師，掌水，監滌濯之事也。**膳宰致饔，**孰食曰饔。○宋庠本饔作「餐」。補音云：「音孫。」按此字亦有飡音，但注云「熟食曰飧」，則當音孫矣。汪遠孫曰：「音孫者，其字當作『飧』。詩魏風傳：『孰食曰飧。』小雅傳：『孰食曰饔。』渾言饔、飧，皆謂孰食。今攷周禮掌客：『上公飧五牢，饔餼九牢；侯伯飧四牢，饔餼七牢；子男飧三牢，饔餼五牢。』司儀注云：『小禮曰飧，大禮曰饔餼。』傳下文『獻餼』，此『致饔』，則其字作『饔』矣。饔誤作『餐』，作音者又誤讀餐爲『飧』，陸德明釋文餐、飧不分，宋公序亦仍其誤矣。」廩人獻餼，生曰餼，禾米也。司馬陳芻，司馬掌帥圉人養馬，故陳芻。圉人職屬司馬也。工人展車，展省客車，補傷敗也。百官以物至，物，事也。○宋庠本重「官」字。賓入如歸，是故小大莫不懷愛。小大，謂賓介也。其貴國之賓至，則以班加一等，益虔。貴國，大國也。班，次也。至於王吏，則皆官正涖事，正，長也。涖，臨也。上卿監之。監，視也。若王巡守，則君親監之。』周禮，王十二歲一巡守也。今雖朝也不才，有分族於周，朝，單子之名也。有分族，王之親族也。承王命以爲過賓於陳，假道爲過賓也。而司事莫至，是蔑先王之官也。蔑，欺也。先王之令有之，文武之教也。曰：『天道賞善而罰淫，故凡我造國，無從非彝，造，爲也。彝，常也。○吳曾祺曰：「彝，法也。謂非法也。」無即慆淫，即，就也。慆，慢也。各守爾典，以承天休。』典，常也。休，慶也。今陳侯不念胤續之常，棄其伉儷妃嬪，伉，對也。儷，偶也。○華嚴經音義下引賈逵曰：「妾御曰嬪。」而帥其卿佐以淫於夏氏，不亦嬻姓矣乎？卿佐，孔、儀也。賈、唐二君云〔四二〕：「姓，命也。」一曰：「夏氏，姬姓，鄭女亦姬姓，故謂之嬻姓。」昭謂：夏徵舒之父御叔〔四三〕，即陳公子夏之子、靈公之從祖父，嬀姓也，而靈公淫其妻，是爲媟嬻其姓也。陳，我大姬之後也。大姬，周武王之女，虞胡公之妃，陳之祖妣也。棄衮冕而南冠以出，不亦簡彝乎？衮，衮龍之衣也。冕，大冠也。公之盛服也。簡，略也。彝，常也。言棄其禮，簡略常服。○俞樾曰：「注以簡彝爲簡略常服，文義未安。爾雅釋詁曰：『夷，易也。』彝與夷古通用，簡彝即簡易，棄衮冕而南冠以出〔四四〕，是簡易也，故曰『不亦簡彝乎？』」是又犯先王之令也。先王之令，無從非彝。昔先王之教，懋帥其德也，猶恐隕越。言勉帥其德，猶恐落墜也。若廢其教而棄其制，蔑其官而犯其令，將何以守國？無禮則危也。居大國之閒，而無此四者，其能久乎？」四者，謂教、制、官、令也。六年，單子如楚。定王六年，魯宣之八年也。八年，陳侯殺於夏氏。八年，魯宣之十年也。陳靈公與孔寧、儀行父飲酒於夏氏，公謂行父曰：「徵舒似女。」對曰：「亦似君。」徵舒病之，公出，自其厩射而殺之。九年，楚子入陳。楚子，楚莊王也。入陳，討夏氏殺君之罪也。既滅陳而復封之，故曰入也。唐尚書云「遂取陳以爲縣」，誤也。

9 定王八年，使劉康公聘於魯，劉，畿内之國。康公，王卿士王季子也。○吳曾祺曰：「劉康公采邑在今河南偃師縣緱氏故城西北。」發幣於大夫，發其禮幣於魯大夫。○呂氏春秋報更篇高注曰：「發，猶致也。」季文子、孟獻子皆儉，二子，魯卿。季文子，季友之孫、齊仲無佚之子季孫行父。孟獻子，仲慶父之曾孫、公孫敖之孫、孟文伯穀之子仲孫蔑。儉，居處節儉也。叔孫宣子、東門子家皆侈〔四五〕。二子，魯大夫。叔孫宣子，叔牙之曾孫、莊叔得臣之子叔孫僑如也。東門子家，莊子之孫、東門襄仲之子公孫歸父也。歸，王問魯大夫孰賢？對曰：「季、孟其長處魯乎！言儉也。叔孫、東門其亡乎！言其侈也。若家不亡，身必不免。」王曰：「何故？」對曰：「臣聞之，爲臣必臣，爲君必君。臣尚敬，君尚惠也。寬肅宣惠，君也。肅，整也。宣，徧也。惠，愛也。○俞樾曰：「説文心部：『愃，寬閒心腹貌，從心宣聲。詩曰：「赫兮愃兮」。』今毛詩作『咺』，釋文引韓詩作『宣』，蓋愃、咺、宣三字聲近而義通，是宣有寬義也。又長發篇：『玄王桓撥〔四六〕。』毛傳曰：『桓，大也。』宣與桓亦聲近而義通。易林：需之萃曰：『大口宣舌。』大有之蠱曰：『大口宣脣。』皆其證也。文十八年左傳曰：『宣慈惠和。』宣惠與宣慈義正相近。蓋宣有寬大之義，故配慈惠言之。韋訓『宣』爲徧，雖本爾雅，然下文曰『教施而宣則徧』，若從韋解，是『教施而徧則徧』矣，豈可通乎？」敬恪恭儉，臣也。寬所以保本也，本，謂寬則得衆，故可以守也。肅所以濟時也，濟，成也。宣所以施教也，施徧則人不怨。○元誥按：各本作『教施』，今依王引之說乙正。惠所以和民也。本有保則必固，時動而濟，則無敗功，不干時而動，則無敗功也。教施而宣則徧，惠以和民則阜。阜，厚也。若本固而功成，施徧而民阜，乃可以長保民矣，其何事不徹？徹，達也。○華嚴經引賈逵曰：「徹，明也。」敬所以承命也，恪所以守業也，恭所以給事也，儉所以足用也。儉則有餘，故所以足用也。以敬承命則不違，以恪守業則不懈，以恭給事則寬於死，寬，猶遠也。以儉足用則遠於憂。無乏絶之憂，且遠驕僭之罪也。若承命不違，守業不懈，寬於死而遠於憂，則可以上下無隙矣，上下，君臣也。隙，瑕釁也。其何任不堪？上任事而徹，○明道本任作「作」。汪遠孫曰：「依上下文義，宋本作『任』是也。」下能堪其任，其所以爲令聞長世也。長世，多歷年也。今夫二子者儉，其能足用矣，二子，季、孟。言二人其能以儉足用也。用足則族可以庇。庇，覆也。恭儉節用，無取於民，國人説之，故其宗族可以覆蔭也。二子者侈，侈則不恤匱，匱而不恤，憂必及之，志在奢侈，不恤人之窮匱，故憂患必及之也。若是，則必廣其身。廣，大也。務自大，不顧其上也。且夫人臣而侈，國家弗堪，亡之道也。」王曰：「幾何？」對曰：「東門之位不若叔孫，而泰侈焉，不可以事二君。東門，大夫。叔孫，卿也。位在人下而侈其上，重而無基，故不可以事二君也。叔孫之位不若季、孟，而亦泰侈焉，不可以事三君。叔孫，下卿。季、孟，上卿。若皆蚤世猶可，早世，早即亡也，其家猶可以免也。若登年以載其毒，必亡。」登年，多歷年也。載，行也。毒，害也。必亡，家必亡也。十六年，魯宣公卒。定王十六年，魯宣之十八年也。赴者未及，東門氏來告亂，子家奔齊。來告，告周大夫也。東門子家謀去三桓，使如晉，未反，宣公薨，三桓逐子家，遂奔齊也。諸侯大夫以君命使出，出必有禮贄私覿之事，以通情結好，吉凶相告。子家嘗使於周，故以亂告也。告在魯宣十八年。赴者未及，明不及二君也。簡王十一年，魯叔孫宣伯亦奔齊，成公未没二年。簡王，定王之子簡王夷也。十一年，魯成十六年也。宣伯，僑如也，通於宣公夫人穆姜，欲去季、孟而專公室，國民逐之，故出奔齊。言成公未没二年〔四七〕，明不及三君也。

10 簡王八年，魯成公來朝，簡王八年，魯成十三年也。成公將與周、晉伐秦而朝也。使叔孫僑如先聘且告〔四八〕。使僑如先修聘禮，且告周以成公將朝也。見王孫説，與之語。説，周大夫。説言於王曰：「魯叔孫之來也，必有異焉。其享覲之幣薄而言諂，殆請之也。若請之，必欲賜也。魯執政唯强，故不歡焉而後遺之。魯執政之人唯畏其强禦，難距其欲，故不歡悦而後遺之。○俞樾曰：「如韋義，則當云『唯畏其强』，不得但云『唯强』，注義非也。魯執政唯强，即指叔孫僑如而言，僑如於魯亦卿也，故以執政言之。王孫説之意，蓋謂魯執政之臣皆强，故君雖不歡，而不得不從其請耳。」且其狀方上而鋭下，宜觸冒人。王其勿賜。若貪陵之人來而盈其願，是賞不善也。○元誥按：各本作「是不賞善也」，義不可通，今依王念孫説乙正。

且財不給。給，共也。故聖人之施舍也議之，施，予也。舍，不予。○元誥按：古聲舍、予相近，施舍謂施予也。議，猶斟酌也。下同。其喜怒取與也亦議之。是以不主寬惠，亦不主猛毅，主，猶名也。主德義而已。」賞得其人，罰得其罪，是爲德義。王曰：「諾。」使私問諸魯，請之也。王遂不賜，禮如行人。如使人之禮，無加賜也。○成十三年左傳正義引孔晁曰：「行人，使人也，以使人之禮禮之，不從聘者之賜禮也。」及魯侯至，仲孫蔑爲介，在賓爲介。介，上介，所以佐儀也。王孫說與之語，說讓。說，好也。言蔑好讓。○元誥按：下「說」，古悦字。說以語王，王厚賄之。

11晉既克楚於鄢，克，勝也。晉厲公伐鄭，楚人救之，戰於鄢。在魯成十六年也。使郤至告慶於周。郤至，晉卿步揚之孫、蒲城鵲居之子温季也。告慶，以勝楚之福告王也。未將事，將，行也。未行告慶之禮。王叔簡公飲之酒，王叔簡公，周大夫王叔陳生也。交酬好貨皆厚，交酬，相酬之幣。好貨，宴飲以貨爲好。厚者，幣物多也。飲酒宴語相說也。明日，王叔子譽諸朝。郤至見邵桓公，與之語。邵桓公，王卿士也。邵公以告單襄公曰：「王叔子譽温季，以爲必相晉國，相晉國，必大得諸侯，勸二三君子必先導焉，可以樹。二三君子，在朝公卿也。導者，導晉侯使升郤至以爲上卿，可以樹黨於晉也。今夫子見我，以爲晉國之克也，爲己實謀之，言戰勝楚，吾之謀也。○元誥按：夫子，猶言此子也。禮記檀弓曰：「夫夫也，爲習於禮者。」鄭注云：「夫夫，猶言『此丈夫』也。」是夫猶此也。此子，指郤至言之。曰：『微我，晉不戰矣。微，無也。○元誥按：此已下述郤至語。楚有五敗，晉不知乘，我則强之。乘，陵也。背宋之盟，一也。宋盟，宋華元所合晉、楚之成也。華元善楚令尹子重，又善晉欒武子，故遂合二國之好。盟在魯成十二年。至十六年，楚、鄭背盟伐宋也〔四九〕。薄德而以地賂諸侯，二也。楚王薄德，鄭人不從楚，以汝陰之田賂鄭叛晉從楚也。○元誥按：明道本作「德薄」，今從宋庠本。棄壯之良而用幼弱〔五〇〕，三也。壯之良，謂申叔時也。幼弱，謂司馬子反也。○董增齡曰：「成十六年傳：『過申，子反入見申叔時。』杜注：『叔時老，在申。』則不得謂之壯。成九年鍾儀曰〔五一〕：『其爲太子也，師保奉之，以朝於嬰齊而夕於側也。』則十年前子反已在師保之位，不得謂之幼弱。傳則別有所指，非叔時、子反二人也。」吳曾祺曰：「此二句謂棄士卒之壯良者不用，而用幼弱。故內傳有『舊不必良』語，注以分指申叔時、子反，不合。」建立卿士而不用其言，四也。卿士，子囊。子囊不欲背晉，楚王不聽也。夷、鄭從之，三陳而不整，五也。夷，楚東之夷也。晉語曰：「楚恭王帥東夷救鄭。」三陳，夷、鄭、楚也。○舊音曰：「陳，丈刃反。」元誥按：說文作「敶」，俗作「陣」。罪不由晉，晉得其民，言楚叛盟，非晉之罪也。得民，得民心也。四軍之帥，旅力方剛，時晉立四軍，四軍之帥，晉八卿也。欒書將中軍，士燮佐之。郤錡將上軍，荀偃佐之。韓厥將下軍，智罃佐之。趙衰將新軍〔五二〕，郤至佐之。旅，衆也。剛，强也。○陳瑑曰：「說文：『呂，脊骨也。』重文作『膂』，云：『脊彊則力壯。』呂、膂本一字。膂省爲旅，尚書『旅力既愆』，亦省膂作『旅』。韋氏『衆也』之訓本毛傳而不得其義。」卒伍治整，諸侯與之。晉有信，故諸侯與之。是有五勝也：有辭，一也。楚背盟，故晉有辭也。得民，二也。軍帥强禦，三也。行列治整，四也。諸侯輯睦，五也。有一勝猶足用也，有五勝以伐五敗，而避之者，非人也。不可以不戰。欒、范不欲，我則强之。欒，欒書也。范，士燮也。戰而勝，是吾力也。

謂郤至曰「楚有六間，不可失也」。且夫戰也微謀，吾有三伐：微，無也，言軍無計謀也。○俞樾曰：「韋解『微謀』二字未得其旨。謀即上文『五勝』『五敗』之說，乃郤至之謀也。郤至蓋謂是戰也，吾固有謀矣，即無此謀，吾尚有三伐。二句承上以起下。『微』字、『有』字相應，正見郤至自伐其功，有悉數難終之意。」元誥按：「且夫戰也」猶云「且此戰也」。晉語曰：「且夫戰也，微郤至，王必不免。」王引之曰：「夫，猶此也。」可以借證。勇而有禮，反之以仁。吾三逐楚軍之卒，勇也。見其君必下而趨，禮也。下，下車也。能獲鄭伯而赦之，仁也。郤至從鄭伯，其右茀翰胡曰：「余從之乘，而俘以下。」郤至曰：「傷國君有刑。」乃止也。若是而知晉國之政，楚、越必朝。』知政，謂爲政也。吾曰：『子則賢矣。吾，邵桓公自謂也。抑晉國之舉也不失其次，吾懼政之未及子也。』郤至位在七人下，故恐政未及也。謂我曰：○元誥按：此郤至答辭也。『夫何次之有？昔先大夫荀伯自下軍之佐以政，荀伯，荀林父也，從下軍之佐第六卿升爲正卿也。趙宣子未有軍行而以政，宣子，趙盾也，爲中軍佐。此第二卿，未有軍行，升爲正卿也。今欒伯自下軍往。欒伯，欒書也，將下軍，第五卿，而爲正卿也。是三子也，吾又過於四之無不及。三子，荀、趙、欒也，得郤至四人。言己之材優於彼三人也，三人之中無有所不及也。○吳曾祺曰：「此倒句法，即『三皇可四』意。」元誥按：謂吾並三子而四之，有過之無不及也。又、有古通用。若佐新軍而升爲政，○元誥按：晉文公八年蒐於清原，作新軍。不亦可乎？將必求之。』○元誥按：邵桓公述郤至語止此。是其言也，君以爲奚若？」言如是，君以爲何如乎？○元誥按：君指襄公。襄公曰：「人有言曰：『兵在其頸。』其郤至之謂乎！君子不自稱也，稱，舉也〔五三〕。非以讓也，惡其蓋人也。蓋，掩也。夫人性，陵上者也，如能在人上者，人欲勝陵之也，故君子尚禮讓而天下莫敢陵也。○元誥按：「夫人」猶云「凡人」也，夫，猶凡也，見經傳釋詞。不可蓋也。言人之美不可掩也。求蓋人，其抑下滋甚，滋，益也。求掩蓋人以自高大，則其抑退而下益甚也。故聖人貴讓。且諺曰：『獸惡其網，民惡其上。』獸惡其網，爲其害也。故書曰：『民可近也，而不可上也。』書，逸書。民可近，可以恩意近也。不可上，不可高上。上，陵也。○宋庠曰：「上，時掌反。下文『欲上之』同。」詩曰：『愷悌君子，求福不回。』回，邪也。求福以禮，不以邪也。在禮，敵必三讓，敵，體敵也。是則聖人知民之不可加也。加，猶上也。故王天下者必先諸民，然後庇焉，則能長利。先諸民，先求民志也。庇，猶蔭也。言王者先安民，然後自庇蔭也〔五四〕。長利，長有福利也。今郤至在七人之下，而欲上之，是求蓋七人也，其亦有七怨。怨在小醜，猶不可堪，而況在侈卿乎。○吳曾祺曰：「侈，大也，與上『小醜』對文。」其何以待之？待，猶備也。晉之克也，天有惡於楚也，故儆之以晉，而郤至佻天之功以爲己力，不亦難乎！佻，偷也，偷天之功以爲己力也。○宋庠本無「之功」二字。汪遠孫曰：「此疑依内傳有『貪天之功以爲己力』之文，韋注據内傳作解，因誤增耳。說文手部『挑，撓也』，引國語『郤至挑天』。許所據與韋本異，亦無『之功』二字。」佻天不祥，乘人不義。乘，陵也。不祥則天棄之，不義則民叛之。且郤至何三伐之有？夫仁、禮、勇，皆義之爲也，○各本作「皆民之爲也」，韋注：「民力所爲也。」俞樾曰：「仁、禮、勇三者非民力所爲也。民疑『義』字之誤。下文曰，『以義死用謂之勇，奉義順則謂之禮，畜義豐功謂之仁』，是三者皆以義爲本，故曰『夫仁、禮、勇皆義之爲也』。『義』字缺壞，但存其下『我』字，因誤爲『民』耳。」元誥按：俞説是，今據以訂正。以義死用謂之勇，若富辰也。奉義順則謂之禮，謂若管仲責楚包茅也。○元誥按：則，法也。畜義豐功謂之仁。豐，大也。謂若狐偃輔晉文也。姦仁爲佻，以姦僞行仁爲偷仁，謂獲鄭伯而赦之〔五五〕。姦禮爲羞，羞，恥也。謂見楚君而趨也〔五六〕。姦勇爲賊。還賊國也。姦勇，謂逐楚卒也。夫戰，盡敵爲上。守和同，順義爲上。守和同，謂不相與戰而平和也。順義，順王義也。故制戎以果毅，戎，兵也。殺敵爲果，致果爲毅也。制朝以序成。序，次也。朝不越爵，則政成也。○俞樾曰：「上句『制戎以果毅』，果毅二字平列，則序成二字亦平列，不當如韋解所云也。蓋序、成二字同義，序，次也，成，亦次也。言制朝廷之位則以次第也。儀禮覲禮篇鄭注曰：『成，猶重也〔五七〕。』爾雅釋丘曰：『丘，一成爲敦丘。』吕氏春秋音初篇曰：『九成之臺。』郭璞注、高誘注竝與鄭同。廣雅釋詁亦曰：『成，重也。』凡言重者即有相次之義。成之義爲重，故亦爲次，猶序之義爲次，而亦爲重也。史記趙世家『序往古之勳』，正義曰：『序，重也。』足證其義之通矣。又上文『穆王將征犬戎』章曰：『有不祭則修意，有不祀則修言，有不享則修文，有不貢則修名，有不王則修德，序成而有不至則修刑。』序成二字亦當與此同，言依此次第而有不至也。『序成』蓋古語，後人不得其解耳。」叛戰而擅舍鄭君，賊也。棄毅行容，羞也。容，容儀也，謂下趨也。叛國即讎，佻也。叛其國而即讎人，謂赦鄭伯欲以偷仁也。有三姦以求替其上，遠於得政矣。替，廢也。以吾觀之，兵在其頸，○陳瑑曰：「説文：『兵，械也。』世本：『蚩尤以金作兵。兵有五：一弓，二殳，三矛，四戈，五戟。』蓋古者謂器爲兵。」不可久也。雖吾王叔，未能違難。在大誓曰：『民之所欲，天必從之。』王叔欲郤至，能勿從乎？」違，避也。今周書大誓無此言，其散亡乎？○宋庠曰：「尚書作『泰誓』。今所行古文尚書此語甚具，蓋當時僞泰誓尚行於世，孔氏古文未出，韋故云散亡耳。」郤至歸，明年死難。明年，魯成十七年也。死，爲厲公所殺也。及伯輿之獄，王叔陳生奔晉。伯輿，周大夫也。獄，訟也。王叔陳生與伯輿争政，王佐伯輿，王叔不勝，遂出奔晉。在魯襄十年也。

校記

〔一〕桓王即位　「位」誤作「衛」，據各本改。

〔二〕伐宋，入郕　「郕」誤作「鄭」，據公序本改。

〔三〕富辰又曰　「辰」誤作「展」，據各本改。

〔四〕忘我大德，思我小怨　「思」誤作「累」，據各本改。

〔五〕蔡哀侯亦娶于陳　「于陳」二字脱，據各本補。

〔六〕湖北平江縣　按，湖北爲「湖南」之誤。

〔七〕周之舊法　「周」字脱，據各本補。

〔八〕周易剥六二　「易」誤作「禮」，據群經平議改。

〔九〕自平王以來　「平」字脱，據各本補。

〔一〇〕出於宣王之世也　「世」下衍「弟」字，據各本删。

〔一一〕襄王十三年　「年」字脱，據經義述聞補。

〔一二〕「下事」謂下文　「下文」之「下」字脱，據經義述聞補。

〔一三〕王德狄人　「人」字脱，據經義述聞補。

〔一四〕宋本提行　「本」下衍「不」字，據經義述聞删。

〔一五〕均，平也　「均平」二字誤倒，據各本改。

〔一六〕内有九室，九嬪居之　「之」字脱，據各本補。

〔一七〕光，廣也。裕，寬也。更姓，易姓也。改物，改正朔，易服色也　此四句注文全脱，據各本補。

〔一八〕縮，引也　「引」誤作「弘」，據各本改。

〔一九〕蠻夷戎狄不式王命　「狄」字脱，據國語發正補。

〔二〇〕今元咺雖直，不可聽也　「聽」誤作「堪」，據各本改。

〔二一〕晉人乃歸衛侯　此六字脱，據各本補。

〔二二〕明道本傳曰　「本」字重衍，依文義删。

〔二三〕宋庠本無「故」字　「本」誤作「明」，依文義改。

〔二四〕言文章相次序也　「序」字脱，據經義述聞補。

〔二五〕酬幣宴貨　「宴」誤作「享」，據各本改。

〔二六〕日後十八度之星恒朝見東方，日前十八度之星恒夕見西方。依大衍術攷歲差，周定王時，冬至，日在牛一度；立冬後八日，日在箕初度　「朝」字、「夕」字及「日在箕」之「日」字皆脱，據國語發正補。

〔二七〕言其稀少猶若蓺物也　「猶」字脱，據公序本補。

〔二八〕蓺，草生多貌　「草」字脱，據經義述聞補。

〔二九〕學者多聞蓺，少聞埶　「蓺」字脱，據經義述聞補。

〔三〇〕訓蓺爲蒔，誤矣，稀少猶若蓺物　「矣」字、「少猶」二字皆脱，據經義述聞補。

〔三一〕路室有委　「路」字脱，據經義述聞補。

〔三二〕吕氏春秋圜道篇高注　「圜」誤作「聞」，「高」誤作「韋」，據吕氏春秋改。

〔三三〕下文之「角」、「天根」、「本」、「駟」、「火」，皆辰也　「駟」字脱，據經義述聞補。

〔三四〕夏初寒露後十日，日在尾六度　脱一「日」字，據國語發正補。

〔三五〕已交初冬　「初冬」二字誤倒，據國語發正改。

〔三六〕此文火見　「文」字脱，據國語發正補。

〔三七〕不知前文就周定王時所見而言　「定」字脱，據國語發正補。

〔三八〕昏中時日應在地平下十八度　「在」誤作「作」，據國語發正改。

〔三九〕仍訓園圃　「園」誤作「囿」，據國語韋解補正改。

〔四〇〕賓至於近郊　「賓」下衍「迎」字，據各本删。

〔四一〕元誥按：俞説是　「俞」誤作「王」，據上文改。

〔四二〕賈、唐二君云　「賈」字脱，據各本補。

〔四三〕夏徵舒之父御叔　「御」字脱，據公序本補。

〔四四〕棄衮冕而南冠以出　「冕」字脱，據群經平議補。

〔四五〕叔孫宣子、東門子家皆侈　「家」字脱，據各本補。

〔四六〕玄王桓撥　「玄」作「元」，清人避諱字，據詩商頌長發改回。

〔四七〕言成公未没二年　「公」誤作「王」，據各本改。

〔四八〕使叔孫僑如先聘且告　「僑」字脱，據各本補。

〔四九〕楚、鄭背盟伐宋也　「鄭」誤作「晉」，據公序本改。

〔五〇〕棄壯之良而用幼弱　「幼」下衍「之」字，據各本删。

〔五一〕成九年　「九」誤作「七」，據左傳改。

〔五二〕趙衰將新軍　按，「趙衰」應作「趙旃」。

〔五三〕稱，舉也　此三字脱，據各本補。

〔五四〕言王者先安民，然後自庇廕也　「先安民」三字脱，據各本補。

〔五五〕謂獲鄭伯而赦之　「而赦之」三字脱，據明道本補。公序本「赦」作「舍」。

〔五六〕謂見楚君而趨也　「君」字重衍，據各本删。

〔五七〕成，猶重也　「成」誤作「威」，據群經平議改。

國語集解

周語下第三

吉水徐元誥學

1 柯陵之會，柯陵，鄭西地也。公會尹子、晉侯、齊國佐、邾人於柯陵以伐鄭。〇公序本注如是，然「尹子」下舊有「單子」二字。汪遠孫曰：「『單子』係後人誤增。下注云，單襄公『時命事而不與會，故不書。』是注無此二字矣。明道本注云：『經書：「公會尹子、單子、晉侯、齊侯、宋公、衛侯、曹伯、邾人伐鄭。六月乙酉，同盟於柯陵。」在魯成十七年。』蓋後人據十七年經以誤合國語，改竄韋注，不知傳、注皆不可通也。韋注所據之經在魯成公十六年，經書：『公會尹子、晉侯、齊國佐、邾人伐鄭。』內傳云：『公會尹武公及諸侯伐鄭。』『諸侯之師次於鄭西。』杜注云：『柯陵，鄭西地。』然則鄭西即柯陵，內傳鄭西之師即外傳柯陵之會。下文『十一年，諸侯會於柯陵』，簡王十一年，正魯成十六年。會柯陵在前，而盟柯陵在後，本屬兩時兩事，故韋注云：『於柯陵以伐鄭。』此通內、外傳以釋之，其說當矣。」元誥按：柯陵，亦作「加陵」、「嘉陵」，聲轉也。單襄公見晉厲公，視遠步高。襄公，王卿士，單朝之謚也。時命事而不與會，故不書。厲公，晉成公之孫、景公之子厲公州蒲也。視遠，望視遠。步高，舉足高也。晉郤錡見單子，其語犯。郤錡，晉卿，郤克之子駒伯也。犯，陵犯人也。○元誥按：依宋庠本，重「單子」二字。汪遠孫曰：「此『見』字領下三『見』字（一）。」郤犨見，其語迂。郤犨，晉卿，郤錡之族父、步揚之子苦成叔也。迂，迂回，加誣於人也。○王念孫曰：「迂，賈子禮容語篇作『訏』。說文：『訏，詭譌也。』詭譌之言，以無爲有，故曰『迂則誣人』。說文：『譸，妄言也。』法言問明篇曰：『譸言敗俗，譸好敗則。』訏、譸、迂聲義竝同。荀子非十二子篇：『欺惑愚衆，矞宇嵬瑣。』矞與譎同，宇與訏同，皆古字假借也。漢書五行志載周語亦作『迂』，顏師古注曰：『迂，夸誕也。』義長於韋矣。」郤至見，其語伐。郤至，晉卿，犨之弟子溫季昭子也。伐，好伐其功也。齊國佐見，其語盡。國佐，齊卿，國歸父之子國武子也。盡者，盡其心意，善惡褒貶無所諱也。魯成公見，言及晉難及郤犨之譖。成公，魯宣公之子成公黑肱也。言及晉難，語次及晉將罪己之難，及爲郤犨所誣也。晉將伐鄭，使欒黶乞師於魯。成公將如會，叔孫僑如通於成公之母穆姜，欲去季、孟氏而取其室。穆姜送公，使逐季、孟，公以晉難告，請反而聽命。姜怒，公子偃、公子鉏趨而指之曰：「女不可，是皆君也。」公懼，待於壞隤，儆守而後行，故不及戰。郤犨受僑如之賂，爲之譖魯於晉侯，曰：「魯侯後至者，待於壞隤，將以待勝者。」晉侯怒，不見公，故成公爲單子言之也。單子曰：「君何患焉。○元誥按：君指魯成公。晉將有亂，其君與三郤其當之乎！」○元誥按：二「其」字疑衍一。君，指晉厲公。魯侯曰：「寡人懼不免於晉，今君曰『將有亂』，敢問天道乎，抑人故也？」故，事也。將以天道占之乎，以人事知之乎？對曰：「吾非瞽史，焉知天道？瞽史，大師，掌知音樂風氣，執同律以聽軍聲，而詔吉凶。史，大史，掌抱天時，與大師同車，皆知天道也。吾見晉君之容，而聽三郤之語矣，殆必禍者也。夫君子目以定體，足以從之，體，手足也。論語曰，

「四體不勤」也。是以觀其容而知其心矣。心不固，則容不正也。目以處義，義，宜也。足以步目，今晉侯視遠而足高，目不在體，在，存也。而足不步目，其心必異矣。目體不相從，何以能久？夫合諸侯，民之大事也，於是乎觀存亡。故國將無咎，其君在會，步言視聽，必皆無讁，則可以知德矣。讁，譴也。○俞樾曰：「無讁無咎也。上文『秦師將襲鄭』章曰〔二〕：『秦師必有讁』，韋注曰：『讁，猶咎也。』讁即『謫』之異文。漢書五行志引此亦作『讁』。」王念孫曰：「謫有二義，一爲譴責，一爲過愆。此云『步視言聽無謫』，則『謫』字自謂過愆，非謂譴責也。老子云：『善言無瑕謫。』義與『無謫』同。若訓爲譴責，則與上句義不相屬矣。漢書五行志謫作『讁』，顏注曰：『讁，責也。』無讁，謂得其義理，無可咎責也。以無讁爲無可讁，亦非。」視遠曰絶其義，○各本「曰」作「日」，下同。韋此注云：「言日日絶其宜也。」惠棟云：「『日』，漢書作『曰』，下同。」俞樾云：「此『日』字及下文『日』字均當作『曰』。猶云『是謂絶其義』，『是謂棄其德』，『是謂反其信』，『是謂離其名』也。日、曰二字形似易混，故陸氏釋文遇此二字每加音以別之。」元誥按：惠、俞説是，今竝據以訂正。足高曰棄其德，人君容止，佩玉有節。今步高失宜，棄其德也。言爽曰反其信，爽，貳也。反，違也。聽淫曰離其名。淫，濫也。離，失也。名，聲也，失所名也〔三〕。目以處義，足以踐德，踐，履也。動履，德行也。口以庇信，庇，覆也。言行相覆爲信也。耳以聽名者也，耳所以聽，別萬事之名聲也。故不可不慎也。偏喪有咎，喪，亡也。步言視聽四者而亡其一爲偏喪。偏喪者有咎，咎及身也。既喪則國從之。既，盡也。四者盡喪，國從而亡也。晉侯爽二，吾是以云。爽，當爲「喪」字之誤也。喪二，視與步也，是爲偏喪，故言晉侯當之。○汪遠孫曰：「爽、喪，形聲義竝相近〔四〕。墨子非命上篇引仲虺之誥『龔喪厥師』，下篇及僞古文皆作『爽』。楚人謂羹敗爲『爽』，見一切經音義。此皆爽、喪古通之證。補音云：『爽，亦喪之意也。』韋改爲『喪』，似失之。」夫郤氏，晉之寵人也，三卿而五大夫，可以戒懼矣。三卿，錡、犨、至也。復有五人爲五大夫，故號爲八郤也。高位實疾顛，高者近危。疾，速也。顛，隕也。○宋庠曰：「顛，善本多作『債』，音方問反。韋注云：『債，隕也。』作『顛』，則與本注相違。俗本就『顛』字改注以就之，非是。」厚味實腊毒，厚味，諭重禄也。腊，亟也，讀若酋。昔酒焉，味厚者，其毒亟也。○文選七命李注引賈逵曰：「腊，久也，言味厚者其毒久。」俞樾曰：「賈説視韋解爲長。昔、腊同字，詩墓門篇：『誰昔然矣。』毛傳曰：『昔，久也。』故腊亦久也。鄭語曰：『毒之酋腊者，其殺也滋速。』此『腊』字亦當訓『久』。周禮酒正『三曰昔酒』，鄭注曰：『昔酒，今之酋久、白酒。』酋腊，即『酋久』也〔五〕，久則有積滯之義，故久與積義相通。漢書嚴助傳注曰：『積，久也。』厚味實腊毒，言厚味則毒積也。説文水部：『㳻，所以擁水也。』毒積謂之腊，猶水積謂之㳻矣。」吴曾祺曰：「説文『昔，乾肉也』，即『腊』字。乾肉有毒，故易曰：『噬腊肉遇毒。』無『亟』義。」元誥按：腊訓『久』，是『久毒』與『疾顛』對文。如吴説，則以腊爲名詞用，與此文意不合。今郤伯之語犯，叔迂，季伐。伯，錡也。叔，犨也。季，至也。犯則陵人，迂則誣人，伐則掩人。掩人之美。有是寵也，而益之以三怨，其誰能忍之！益，猶加也。三怨，陵、誣、掩也。雖齊國子亦將與焉。與，與於禍也。○舊音：「與音預。」立於淫亂之國，而好盡言，以招人過，怨之本也。招，舉也。○舊音：「招，音翹。」汪遠孫曰：「韋讀招爲翹，列子説符篇『孔子之勁能招國門之關』。與此『招』字義同。」王引之曰：「漢書陳勝傳贊：『招八州而朝同列。』鄧展曰：『招，舉也。』蘇林云：『招，音翹。』此舊音所本也〔六〕。今案後漢書鍾皓傳云：『昔國武子好昭人過〔七〕，以致怨本。』魏志鍾繇傳注引先賢行狀同，其字皆作『昭』。然則昭者，明著之詞，言好盡己之言以明著人之過也。賈子禮容語篇作『好盡言以暴人過』，暴亦明著之詞。則其字之本作『昭』甚明。韋本作『招』者，借字耳。昭十二年左傳：『祭公謀父作祈招之詩。』張衡東京賦：『招有道於側陋。』賈逵、薛綜注並云：『招，明也。』漢校官碑『宗懿招德』，即『昭德』。是『昭』字古通作『招』。（左傳楚康王昭，史記楚世家作『招』。史記建元已來王子侯者表『劇魁侯昭』，漢表作『招』。）『招人過』即『昭人過』。不當訓爲『舉』，亦不當讀爲翹也。」元誥按：王説爲長。唯善人能受盡言，思聞過以自改。齊其有乎？言無也。吾聞之，國德而鄰於不修，必受其福。國德，己國有德也。鄰於不修，與不修德者爲鄰也。今君偪於晉而鄰於齊，齊、晉有禍，可以取伯，○元誥按：伯，讀爲霸。無德之患，何憂於晉？且夫長翟之人，利而不義，長翟之人，謂叔孫僑如也〔八〕。僑如之父得臣敗翟於鹹，獲長翟僑如，因名其子爲僑如。利而不義者，好利而不義。通於穆姜，欲逐季、孟而專魯國也〔九〕。其利淫矣，流之若何？」言其所利驕淫之事耳〔一〇〕。流，放也，放之若何也。魯侯歸，乃逐叔孫僑如。簡王十一年，諸侯會于柯陵〔一一〕。簡王十一年，魯成十六年也。○各本注作「魯成十七年」。王引之曰：「正文及注『十一年』皆當爲『十二年』。史記十二諸侯年表，簡王十二年正當魯成公十七年，故韋云，簡王十二年，魯成十七年也。下文『十三年，齊人殺國武子』，注曰：『在魯成十八年。』上文『劉康公聘於魯』章，『簡王十一年，魯叔孫宣伯亦奔齊』，注曰：『十一年，魯成十六年。』則魯成十七年爲簡王十二年明甚。其『晉殺三郤』上『十二年』三字，則後人所增〔一二〕，蓋後人不知『十一年』即『十二年』之誤，故又增『十二年』三字於其下也。春秋經及左傳『諸侯同盟於柯陵』及『晉殺三郤』同在魯成十七年，則同在簡王十二年矣。非前年會於柯陵，是年殺三郤也。」汪遠孫曰：「韋解『簡王十一年，魯成十七年也』，七當作『六』，字之誤也。簡王十二年晉殺三郤，在魯成十七年。十三年晉殺厲公，在魯成十八年，然則簡王十一年爲魯成十六年無疑矣。『劉康公聘魯』篇注作十六年不誤，此本改竄。宋公序本不誤。今重刻亦作『七』者，又經後人改作也。」元誥按：王說以注校傳，汪說以傳校注，其推合年分各自不誤。但汪以「會於柯陵」即「柯陵之會」，專屬成十六年公會尹子、晉侯、齊國佐、邾人伐鄭而言，（參閱上文「柯陵之會」汪說。）成十六年正當簡王十一年，而韋解簡王十一年誤爲魯成十七年，故改七爲六以合之也。而王則以「會於柯陵」與「盟於柯陵」不分，盟柯陵在魯成十七年，則韋解「簡王十一年」當改爲「十二年」方合，因簡王十二年乃魯成十七年，若作簡王十一年，則爲魯成十六年故也。會柯陵既在簡王十二年，即魯成十七年，殺三郤同在是年，則下文「十二年」三字自屬贅詞，斷爲後人增加也。不知會柯陵與盟柯陵自是兩時兩事，會在前而盟在後，（會于魯成十六年，即簡王十一年。盟于魯成十七年，即簡王十二年。）盟柯陵之年，雖夏亦有會，冬亦有會，然非會於柯陵，内傳及注可攷也。殺三郤與盟柯陵同在是年，而與會柯陵則分前後年矣。據是論之，此文「十一年」及下文「十二年」皆不誤，汪改解七爲六是也，今從之。十二年，晉殺三郤。十三年，晉侯弑，厲公既殺三郤，欒書、中行偃懼誅，執厲公而殺之於匠麗氏也。於翼東門葬以車一乘。翼，晉別都也。傳曰「葬之於翼東門之外」，不得同於先君也。禮，諸侯七命，遣車七乘。以車一乘，不成喪也。齊人殺國武子。是年齊人又殺國佐也。齊慶克通於靈公之母聲孟子，國佐召慶克而謂之（三）。慶克以告夫人，夫人愬之於靈公，靈公殺之。殺在魯成十八年也。

2晉孫談之子周適周，事單襄公。談，晉襄公之孫惠伯談也。周者，談之子，晉悼公之名也。晉自獻公用驪姬之讒，詛不畜公子，故周適周事單襄公。立無跛，跛，偏任也。視無還，睛轉復反爲還也。○宋庠曰：「還，音旋。」聽無聳，不聳耳以聽也。言無遠。遠，謂非耳目所及也。言敬必及天，象天之敬，乾乾不息。言忠必反意，出自心意爲忠。言信必及身，先信於身，而後及人。言仁必及人，博愛於人爲仁。言義必及利，能利人物，然後爲義。易曰：「利物足以和義。」言智必及事，能處事物爲智。言勇必及制，以義爲制也，勇而不義，非勇也。言教必及辯，辯，別也。能分別是非，乃可以教。○王引之曰：「辯，當讀爲徧，古字辯與徧通。（堯典『徧於羣神』，史記五帝紀作『辯於羣神』。大戴禮衛將軍文子篇『不得辯知也』，謂不得徧知也。樂記：『其治辯者，其禮具。』鄭注曰：『辯，徧也。』）『言教必及徧』者，言教必及於徧施也。古字多假借，後人失其讀耳。」言孝必及神，孝於鬼神，則存者信矣。言惠必及和，惠，愛也。和，睦也。言致和睦乃能親愛也〔一四〕。言讓必及敵。雖在匹敵，猶以禮讓也。晉國有憂，未嘗不戚；急其宗也。有慶，未嘗不怡。慶，福也。怡，悦也。襄公有疾，召頃公而告之，頃公，單襄公之子也。曰：「必善晉周，周將得晉國。其行也文，經緯天地曰文。能文則得天地，天地所祚，小而後國。祚，福也。天之所福，小則得國，大則得天下也。夫敬，文之恭也。文者，德之總名也。恭者，其別行也。十一義皆如之。忠，文之實也。忠自中出，故爲文之實誠也。信，文之孚也。孚，覆也。○宋庠曰：「注『覆』，言可復之復。」仁，文之愛也。仁者，文之慈愛。義，文之制也。義所以制斷事宜也。智，文之輿也。智所以載行文德。勇，文之帥也。謂以勇帥行，其心義。教，文之施也。所以施布德化。孝，文之本也。言人始於事親，故孝爲文本。惠，文之慈也。慈，愛也。讓，文之材也。材，用也。象天能敬，言能則天，是能敬也。○元誥按：古「能」、「而」二字多互用。此文十一「能」字，疑皆與「而」同。而，猶則也，見經傳釋詞。象天而敬，猶云「象天則敬」矣。下以類推，皆覆釋上文之詞也。若讀如本字，謂何者周子能之，何者周子能之，則下云此十一者，夫子皆有焉，不亦贅乎？帥意能忠，帥，循也。循己心意，恕而行之，爲忠也。思身能信，思誠其身，乃爲信也。易曰：「體信，足以長人也。」愛人能仁，言愛人乃爲仁也。利制能義，以利爲制，故能義也。事建能智，能處立百事，爲智也。帥義能勇，循義而行，故能勇。君子有勇而無義爲亂。施辯能教，施其道化，而行能辯別之，故能教。○王引之曰：「辯，讀爲徧，『施辯能教』者，施教而徧，是謂能教也。上文劉康公曰：『宣所以教施也，惠所以和民也。』教施而宣則徧，惠以和民則阜。施徧而民阜，乃可以長保民矣。』韋注曰：『宣，徧也。』是其義。」昭神能孝，昭，顯也。尊而顯之，若周公然。慈和能惠，慈愛和睦，故能惠也。推敵能讓，與己體敵〔一五〕，猶推先之，故能讓。此十一者，夫子皆有焉。夫子，晉周也。○元誥按：夫音乎，猶此也，見經傳釋詞。夫子，猶言「夫夫」也，猶言「此子」也。下同。韋注不明。天六地五，數之常也。天有六氣，謂陰、陽、風、雨、晦、明也。地有五行，金、木、水、火、土也。經之以天，緯之以地，以天之六氣爲經，以地之五行爲緯，而成之也。經緯不爽，文之象也。爽，差也。文王質文，故天祚之以天下。夫子被之矣，質文，其質性有文德也。被，被服之矣。言文王質性有文德，故能得天下。晉周則被服之，可以得國矣。○元誥按：被之，明道本作「被文」，誤。其昭穆又近，可以得國。父昭子穆，孫復爲昭，一昭一穆，相次而下。近者，言周子之親與晉最近。且夫立無跛，正也。視無還，端也。聽無聳，成也。成，定也。言無遠，慎也。夫正，德之道也。德之道路。端，德之信也。端愨，故信。成，德之終也。志定，故能終也。慎，德之守也。守，守德也。守終純固，道正事信，○元誥按：道，由也。謂所由正，所事信也。明令德矣。言周子明於善德也。○王引之曰：「明，成也。言守終純固，道正事信，則善德已成，（守終即是成德，故上文曰：『成德之終也』。）非但明於善德而已也。爾雅曰：『明，成也。』隨九四『有孚，在道以明』，傳曰：『有孚，在道明功也。』是明與成同義之證。」慎成端正，德之相也。相，助也。慎成端正，覆述上事，爲下出也。爲晉休戚，不背本也。休，喜也。被文相德，非國何取？被服文德，又以四行輔助之，非國何取？言必得國也。成公之歸也，吾聞晉之筮之也，成公，晉文公之庶子成公黑臀也。歸者，自周歸晉也。趙穿弒靈公，趙盾逆公子黑臀於周而立之。蓍曰筮，筮立成公也。遇乾之否，曰：『配而不終，君三出焉。』乾下乾上〔二六〕，乾也。坤下乾上，否也。乾初九、九二、九三變而之否也。乾，天也，君也，故曰配，配先君也。不終，子孫不終爲君也。乾下變而爲坤，坤，地也，臣也。天地不交曰否，變有臣象。三爻，故三世而終。上有乾，乾，天子也。五亦天子，五體不變，周天子國也。三爻有三變，故君三出於周也。一既往矣，後之不知，其次必此。一，謂成公，已往爲晉君。後之不知，不知最後者在誰也。其次必此，次成公而往者必周子也。且吾聞成公之生也，其母夢神規其臀以墨，○內傳疏及禮記曲禮疏、太平御覽人事十三、方術九引國語，墨竝作「黑」。曰：『使有晉國，規，畫也。臀，尻也。三而畀驩之孫。』畀，予也。三世爲晉君，而更予驩之孫也。驩，晉襄公之名也。孫，曾孫周子也。自孫已下皆稱孫。詩曰：「周公之孫。」謂僖公也。故名之曰『黑臀』，於今再矣。賈侍中云：「於今，單襄公時也。晉厲公即黑臀之孫也，黑臀之後二世爲君，與黑臀滿三世矣。」唐尚書云：「時晉景公在位〔一七〕，成公生景公，故言再。」昭謂：魯成十七年，單襄公與晉厲公會於柯陵，後三年而單襄公卒。其歲厲公弒，則襄公將死時非景公明矣。賈君得之。○元誥按：注謂魯成十七年單襄公與晉厲公會於柯陵，攷成十七年經載公會單子、晉侯伐鄭者再，内傳及注均不言會於柯陵。而經曰：「六月乙酉，同盟於柯陵。」韋果指此而言，則當言「盟」，不當言「會」矣。汪遠孫謂，十七年，當作「十六年」。黄丕烈謂，後三年，當作「後二年」。襄公曰○明道本上有「單」字。驩，此其孫也。此周子者，晉襄公之孫也〔一八〕。而令德孝恭，非此其誰？且其夢曰：『必驩之孫，實有晉國。』其卦曰：『必三取君於周。』其德又可以君國，三襲焉。襲，合也。三合，德、夢、卦也。吾聞之大誓故大誓，伐紂之誓也。故，故事也。○俞樾曰：「既云『大誓』，又云『故』者，故即『詁』字。爾雅釋詁，釋文引樊光、李巡本作『釋故』是也。毛公釋詩，謂之故訓傳。蓋周公所作爾雅，有釋故、釋言、釋訓諸篇，皆是解釋詩義，毛公承之而作傳，故謂之故訓傳也。以詩例書，疑當時亦必有故訓，單襄公所引大誓故即是矣。其曰『朕夢協朕卜，襲於休祥，戎商必克』，乃大誓之正文，其曰『以三襲也』，則故訓之詞也。襄公特引之以證其三襲之語耳。爾雅每舉詩句而釋之，與此體例正同，可見自古説經之例。韋以『故事』解之，未得也。」曰：『朕夢協朕卜，襲於休祥，戎商必克。』朕，武王自謂也。協，合也。休，美也。祥，福之先見者也。戎，兵也。言武王夢與卜合，又合美善之祥，以兵伐殷，必克之也。以三襲也。言武王夢、卜、祥三合，故遂克商有天下。今晉周德、夢、卦亦三合，將必得國也。晉仍無道而鮮胄，其將失之矣。仍，數也。鮮，寡也。胄，後也。晉厲公數行無道，晉公族之後又寡少，將失國也。必早善晉子，其當之也。」晉子，周子也。頃公許諾。及厲公之亂，召周子而立之，是爲悼公。亂，謂弒也。

3 靈王二十二年，靈王，周簡王之子靈王大心也。二十二年，魯襄公二十三年也。○各本注作「魯襄公二十四年也。是歲，齊人城郟」。王引之曰：「依注云『魯襄公二十四年』，則正文及注之『二十二年』當作『二十三年』。春秋，襄元年簡王崩〔一九〕，二年爲靈王之元年，至襄二十四年，則靈王之二十三年矣〔二〇〕。史記十二諸侯年表魯襄二十四年正當靈王二十三年。」汪遠孫曰：「內傳，襄二十四年『齊人城郟』，孔疏云：『周語，靈王二十二年穀、洛鬭，毁王宮，計靈王以二年即位，（按：謂靈王於魯襄二年即位。）往年爲二十二年，（按：謂前年爲靈王二十二年也，即魯襄二十三年。）往年毁其城，故齊人今歲爲王城之也。（按：今歲，謂魯襄二十四年也，即靈王之二十三年。）然則穀、洛鬭在魯襄二十三年，非城郟之歲矣。（按：城郟在魯襄二十四年，即靈王二十三年。）史記十二諸侯年表，魯襄二十三年當靈王二十二年。漢書五行志〔二一〕，魯襄二十三年穀、洛水鬭，與國語正合。此傳文不誤，而韋注誤也。」元誥按：穀、洛鬭與城郟前後兩年事，傳言穀、洛鬭耳，韋乃涉及城郟，於是誤注爲魯襄公二十四年。王據注校傳，以不誤者爲誤，亦未審耳。今據汪説删正韋注。穀、洛鬭，將毁王宮。穀、洛，二水名也。洛在王城之南，穀在王城之北，東入於瀍。鬭者，兩水格，有似於鬭也。至靈王時，穀水盛出於王城之西，而南流合於洛水，毁王城西南，將及王宮，故齊人城郟也。○元誥按：城郟在次年，説詳上。洛，當作「雒」。太平御覽皇王部十、人事部九十七引皆作「雒」，古西周之洛水，東周之雒水，劃然兩字。魏丕始詭其辯以亂之耳。王欲壅之，欲壅防穀水，使北出也。太子晉諫曰：「不可。晉，靈王太子也，早卒不立。晉聞古之長民者，長，猶君也。不墮山，墮，毁也。不崇藪，崇，高也。澤無水曰藪。不防川，防，障也。流曰川。不竇澤。澤，居水也。竇，決也。不爲此四者，爲反其天性也。夫山，土之聚也。藪，物之歸也。物所生歸也。川，氣之導也。導，達也。易曰：「山澤通氣。」澤，水之鍾也。鍾，聚也。夫天地成而聚於高〔二〕，歸物於下。聚，聚物也。高，山陵也。下，藪澤也。○元誥按：注「聚，聚物也」四字，疑在下文「聚不阤崩」下。疏爲川谷，以導其氣。疏，通也。陂塘汙庳，○太玄增次五：「澤庳其容。」范注曰：「庳，衆水之所湊也。」以鍾其美。畜水曰陂，塘也。美，謂滋潤也。○太平御覽皇王部十引賈逵曰：「聚萬物合之。美，大也。」是故聚不阤崩，而物有所歸。大曰崩，小曰阤。○舊音：「阤，直氏反。」方言：「阤，壞也。」郭注曰：「謂壞落也。」氣不沈滯，而亦不散越。沈，伏也。滯，積也。越，遠也。○王念孫曰：「越，揚也。『散揚』與『沈滯』正相反〔三〕，下文『揚沈伏而黜散越』，韋注亦曰：『越，揚也。』」是以民生有財用，而死有所葬。物有所歸，故生有財用。山陵不崩，故死有所葬。齊語：「陵爲之終。」然則無夭昏札瘥之憂，短折曰夭。狂惑曰昏。疫死曰札。瘥，病也。○昭十九年左傳疏引賈逵注曰：「大死曰札。小疫曰瘥。短折曰夭。未名曰昏。」王念孫曰：「昏之爲言泯没也。」而無飢寒乏匱之患，○元誥按：而，猶與也。論語雍也篇：「不有祝鮀之佞，而有宋朝之美。」王引之曰：「而，猶與也。」此文句法正同。故上下能相固，以待不虞。虞，度也。古之聖王，唯此之慎。慎逆天地之性也。昔共工棄此道也，賈侍中云：「共工，諸侯，炎帝之後，姜姓也。顓頊氏衰，共工氏侵陵諸侯，與高辛氏争而王也。」或云：「共工，堯時諸侯，爲高辛氏所滅。」昭謂：言爲高辛所滅，安得爲堯諸侯？又堯時共工與此異也。○吴曾祺曰：「共工有三：在大皞之末者，處於冀州，爲女媧所滅；在堯時者，乃少皞之子，即驩兜所薦；在舜時者，炎帝之裔垂也，即讓於殳斨、伯夷者。在大皞時乃人名，餘皆官名，見羅泌路史。觀本文，決是堯時之共工無疑，韋注未考。」元誥按：堯時共工乃諸侯也，即四凶之一，見全祖望經史問答。內傳云：「少皞氏有不才子，謂之窮奇。」即此也。舜時共工，柏有之後，見淮南本經訓。高誘注：「二共工皆嘗治水，故竝以水官名也。」大皞時共工名康回，見楚辭天問，王逸注所謂「與顓頊爭爲帝」，或云「與高辛爭帝」者，即此也。虞於湛樂，虞，安也。湛，淫也。○吳曾祺曰：「虞與娛通。」元誥按：湛與沈同。淫失其身，○惠棟曰：「失，讀爲泆。」欲壅防百川，墮高堙庳，以害天下。堙，塞也。高，謂山陵。庳，謂池澤。皇天弗福，庶民弗助，禍亂竝興，共工用滅。其在有虞，有崈伯鮌，有虞，舜也。鮌，禹父。崈，鮌國。伯，爵也。堯時在位，而言有虞者，鮌之誅，舜之爲也。○宋庠曰：「崈，古『崇』字。」播其淫心，稱遂共工之過，播，放也。稱，舉也。舉遂共工之過者，謂鄣洪水也。堯用殛之於羽山。殛，誅也。舜臣堯，殛鮌於羽山。羽山今在東海祝其縣南也。○段玉裁曰：「殛爲『極』之假借，非殊殺也。左傳曰：『流四凶族，投諸四裔。』劉向曰：『舜有四放之罰。』屈原曰：『永遏在羽山，夫何三年不施？』王注：『言堯長放鮌於羽山，絶在不毛之地，三年不舍其罪也。』鄭志答趙商云：『鮌非誅死，鮌放東裔，至死不得反於朝。』以此諸說，可得其實。洪範：『鮌則殛死。』釋文：『殛，本又作「極」。』多方：『我乃其大罰殛之。』釋文：『殛，本又作「極」。』假『殛』爲『極』，正如孟子假『殺』爲『竄』。鮌因極而死於東裔，韋注晉語云：『放而殺也。』此當作『放而死也』。高注呂覽云(二四)：『先殛後死。』此當作『先極後死』。而云『殛，誅也』，蓋用釋言『極，誅也』之文，謂正文『殛』當作『極』也。」胡渭曰：「說者皆以東海郡祝其禹貢之羽山爲舜殛鮌處，愚謂此地太近，非荒服放流之宅。孔安國舜典傳云：『羽山，東裔，在海中。』今登州府蓬萊縣有羽山。寰宇記云：『在縣東十五里，即殛鮌處。有鮌城，在縣南六十里〔二五〕，以近殛鮌之地而名。』此與孔傳謂在海中者合，當從之。禹貢之羽在徐域，舜典之羽在青域，不可以無辨。」其後伯禹念前之非度，度，法也。釐改制量，釐，理也。量，度也。象物天地，取法天地之物象也。在天成象，在地成形也。比類百則，類，亦象也。儀之於民，儀，準也。○汪遠孫曰：「說文：『儀，度也。』是儀亦度也。韋訓儀爲『準』，失之。」而度之於羣生。度之，謂不傷害也。○宋庠曰：「度，待洛反。」下「度之」同。共之從孫四嶽佐之，共，共工也。從孫，昆季之孫也。四嶽，官名，主四嶽之祭，爲諸侯伯。佐，助也。言共工從孫爲四嶽之官，掌帥諸侯助禹治水也。高高下下，疏川導滯，高高，封崇九山也。下下，陂障九澤也。疏川，決江疏河。導滯，鑿龍門，闢伊闕也。鍾水豐物，鍾，聚畜水潦，所以豐殖百物也。封崇九山，封，大。崇，高也。除其壅塞之害，通其水泉，使不墮壞，是謂封崇。凡此諸言九者，皆謂九州之中山川藪澤也。○元誥按：路史餘論曰：「九爲陽數之極，故書、傳言九者，皆指其極也。」決汩九川，汩，通也。○俞樾曰：「下文『汩越九原』，注不釋『汩』字，蓋韋氏之意，謂兩『汩』字義同。王氏念孫解『汩越九原』句：『汩、越皆治也。』說文：『汩，治水也。』廣雅：『越，治也。』汩與越聲相近，故義相通。』今按：王說下句是矣，而於『決汩九川』句不置一詞〔二六〕，則亦未得其義。蓋兩『汩』字義各不同，『汩越』之汩，其本字也；『決汩』之汩，則當爲『抇』，乃『搰』之或體也。玉篇手部：『搰，胡没切，掘也。』又曰：『抇，亦「搰」字，穿也。』說文有搰無抇，然荀子堯問篇曰：『深抇之而得甘泉焉。』正論篇曰：『亂今後葬，故抇也。』列子說符篇：『俄而抇其谷。』則不得謂古無『抇』字矣〔二七〕。決、抇義相近，抇亦決也，尚書益稷篇：『予決九川。』即其義矣。」宋庠曰：「汩，古忽反。」下同。陂鄣九澤，鄣，防也。豐殖九穀，豐，茂也。殖，長也。汩越九原，越，揚也。○王念孫曰：「汨、越皆治也，謂平治九州之土也。說文：『汨，治水也。』爾雅曰：『淈，治也。』書序作『汨』，楚辭天問：『不任汨鴻。』某氏傳及王逸注竝曰：『汨，治也。』魯頌泮水篇：『屈此羣醜〔二八〕。』鄭箋曰：『屈，治也。』淈、屈竝與汨通。廣雅曰：『越，治也。』說苑指武篇曰：『城郭不修，溝池不越。』是汨、越皆治也。汨與越聲相近，故義相同，猶曰與越之同訓爲『于』也。『封崇九山，決汨九川，陂鄣九澤，豐殖九藪，汨越九原，宅居九隩，合通四海』，句首二字皆同意。」宅居九隩，隩，内也。九州之内皆可宅居也。○俞樾曰：「九隩，疑當作『四隩』，即禹貢所謂『四隩既宅』也，涉上文『九山』、『九川』、『九澤』、『九藪』、『九原』而亦誤作『九隩』耳，不知上五句自作『九』，此句自作『四』，正與下句『合通四海』以類相從。說文土部：『墺，四方土可居也。』隩即『墺』之假字。可知古有四墺之説，無九墺之説也。」宋庠曰：「隩，於六反。」玉篇「於報反」。合通四海。使之同軌也。故天無伏陰，伏陰，夏有霜雹也。地有散陽，散陽，李梅冬實也。水無沈氣，沈，伏也。無伏積之氣也。火無炎燀，燀，炎起貌也。天曰災，人曰火。○元誥按：各本炎作「災」，今依文選何晏景福殿賦〔二九〕李注引國語改。宋庠曰：「燀，昌善反。」神無閒行，閒行，姦神淫厲之屬也。○宋庠曰：「閒，古莧反。」民無淫心，陰陽調，財用足，故無淫濫之心也。時無逆數，逆數，四時寒暑反逆也。物無害生。螟蝗之屬不害嘉穀也。○元誥按：生，疑與性通。物無害生，謂物無賊害之性也。帥象禹之功，度之於軌儀，帥，循也。軌，道也。儀，法也。莫非嘉績，克厭帝心。謂禹與四嶽也。嘉，善也。績，功也。厭，合也。帝，天也。皇天嘉之，祚以天下，祚，禄也。論語曰「帝臣不蔽，簡在帝心」是也。賜姓曰姒，氏曰有夏，堯賜禹姓曰姒，封之於夏。謂其能以嘉祉殷富生物也。祉，福也。殷，盛也。賜姓曰姒，氏曰有夏者，以其能以善福殷富天下，生育萬物也。姒，猶祉也。夏，大也。以善福殷富天下爲大也〔三〇〕。祚四嶽國，命以侯伯，堯以四嶽佐禹有功，封之於吕，命爲侯伯，使長諸侯也。賜姓曰姜，姜，四嶽之先，炎帝之姓也。炎帝世衰，其後變易，至四嶽有德，帝復賜祖姓，使紹炎帝之後。氏曰有吕。以國爲氏也。謂其能爲禹股肱心膂，以養物豐民人也。肱，臂也。豐，厚也。氏曰有吕者，以四嶽能輔成禹功，比於股肱心膂。吕之爲言膂也。○俞樾曰：「上文『賜姓曰姒，氏曰有夏，謂其能以嘉祉殷富生物也』，注曰：『姒，猶祉也。夏，大也。以善福殷富天下爲大也。』然則此文亦當兼『賜姓曰姜』言之，不得專以『氏曰有吕』爲説也。姜從羊聲，養亦從羊聲，疑『養物』即説『姜』字之義。依聲爲訓，古書類然，以『養』訓姜，猶以『祉』訓姒也。韋氏未見及此，當補注曰『姜，猶養也』，於義方備。」元誥按：膂即「吕」，篆文脊骨也。此一王四伯，豈緊多寵？皆亡王之後也。一王，謂禹。四伯，謂四嶽也，爲四嶽伯，故稱四伯。豈，辭也〔三一〕。緊，是也。言禹與四嶽豈是多寵之人？乃亡王之後。禹，鮌之子，禹郊鮌而追王之也。四嶽，共工從孫，共工侵陵諸侯以自王。皆無道而亡，非伯王所起，明禹、嶽之興非因之也。唯能釐舉嘉義，舉，用也。以有胤在下，守祀不替其典。下，後也。典，常也。有夏雖衰，杞、鄫猶在。杞，鄫，二國，夏後也。猶在，在靈王之世也。申、吕雖衰，齊、許猶在。申、吕，四嶽之後〔三二〕，商、周之世，或封於申，齊、許亦其族也。唯有嘉功，以命姓受氏，迄於天下。○各本氏作「祀」，韋注曰：「受祀，謂封國受命，祀社稷山川也。迄，至也。至於有天下，謂禹也。祀，或爲氏。」王念孫曰：「作『氏』者是也。上文曰：『皇天嘉之，祚以天下，賜姓曰姒，氏曰有夏。』（即此所云『命姓受氏，迄於天下』。又曰：『祚四嶽國，命以侯伯，賜姓曰姜，氏曰有吕。』下文曰：『亡其氏姓。』〔三三〕又曰：『命姓受氏，而附之以令名。』皆其明證也。（隱八年左傳曰：『天子建德，因生以賜姓，胙之土而命之氏。』襄二十四年傳曰：『保姓受氏，以守宗祊。』）氏與祀聲相近，又因上下文有『祀』字，故氏誤作『祀』耳。韋注謂受命而祀社稷山川，則曲爲之説也。」元誥按：今改正。 及其失之也，必有慆淫之心閒之，慆，慢。閒，代也。以慢淫之心代其嘉功，謂若桀也。 故亡其氏姓，踣斃不振，踣，僵也。振，救也。 絶無後主，無祭主也。 湮替隸圉。湮，没也。替，廢也。隸，役也。圉，養馬者。○元誥按：猶云「淪爲皁隸」。 夫亡者豈繄無寵？皆黄、炎之後也。鮌，黄帝之後也。共工，炎帝之後也。 唯不帥天地之度，○元誥按：帥，循也。度，法也。 不順四時之序，不度民神之義，義，宜也。○元誥按：度，特洛反。下「度於」同。 不儀生物之則，儀，準也。○元誥按：前文注説曰：「儀，亦度也。」 以殄滅無胤，至於今不祀。 及其得之也，必有忠信之心閒之。以忠信之心代其慆淫也。 度於天地而順於時動，順四時之令而動也。 和於民神而儀於物則，故高朗令終，顯融昭明，朗，明也。終，成也。融，長也。 命姓受氏，而附之以令名。附，隨也。 若啓先王之遺訓，啓，開也。訓，教也。 省其典圖刑法，典，禮也。圖，象也。 而觀其廢興者，皆可知也。 其興者，必有夏、吕之功焉。 其廢者，必有共、鮌之敗焉。 今吾執政無乃實有所避，避，違也。○黄丕烈曰：「避，讀爲『淫辟』之辟，罪也。」元誥按：藝文類聚水部上作「僻」，文選西征賦李注引作「辟」。 而滑夫二川之神，滑，亂也。○元誥按：滑與猾古字通。二川，謂穀、洛也。 使至於争明以妨王宫，明，精氣也。○漢書五行志中下臣瓚注曰：「明，水道也。」俞樾曰：「爾雅釋詁曰：『明，成也。』古『成』、『盛』二字通用，明，訓『成』，故亦訓『盛』。淮南説林篇：『長而愈明。』高注曰：『明，猶盛也。』

禮記明堂位正義曰：『明堂，盛貌。』然則爭明猶爭盛也。呂氏春秋悔過篇曰：『此其備必已盛矣。』高誘訓盛爲『彊』，然則爭盛猶爭彊也。韋氏以『精氣』釋之，轉迂矣。哀十六年左傳：『與不仁人爭明，無不勝。』『爭明』蓋古人常語，後人不達古語，故失其解。杜預以『明無不勝』爲句，則并失其讀矣。昭三年傳曰：『二惠競爽。』競，猶爭也，爽，猶明也，亦即爭明之意。」元誥按：俞説得之。 王而飾之，無乃不可乎！○元誥按：飾之，謂壅川飾宮。 人有言曰：『無過亂人之門。』亂人，狂悖怨亂之人也。過其門，干其怒也。○呂氏春秋原亂篇：「詩曰：『無過亂門。』」高注云：「逸詩也。」又曰：『佐饎者嘗焉，饎，烹煎之官也。○元誥按：饎即「饔」。 佐鬭者傷焉。』又曰：『禍不好不能爲禍。』猶財色之禍生於好也。○元誥按：二「又曰」同是逸詩。 詩曰：『四牡騤騤，旟旐有翩。亂生不夷，靡國不泯。』詩大雅桑柔之二章。騤騤，行貌。鳥隼曰旟。龜蛇曰旐。翩翩，動摇不休止之意也。夷，平也〔三四〕。靡，無也。泯，滅也。疾厲王好征伐，用兵不得其所，禍亂不平，無國不見滅之。 又曰：『民之貪亂，寧爲荼毒。』桑柔之十一章也。寧，安也。荼，苦也。言民疾王之虐，貪樂禍亂，安爲苦毒之行也。 夫見亂而不愓，所殘必多，其飾彌章。愓，愓然恐懼也。彌，終也。章，著也。言見禍亂之戒，不恐懼脩省以消災咎，而壅飾之〔三五〕，禍敗終將昭著也。 民有怨亂，猶不可遏，而況神乎？王將防鬭川以飾宮，是飾亂而佐鬭也，其無乃章禍且遇傷乎！自我先王厲、宣、幽、平而貪天禍，至於今未弭，弭，止也。此四王父子相繼，厲暴虐而流，宣不務農而料民，幽昏亂以滅西周，平不能修政，至於微弱，皆己行所致，故曰「貪天禍」，禍敗至今未止也。○文選江淹襍體詩李注引賈逵曰：「弭，忘也。」 我又章之，懼長及子孫，王室其愈卑乎！其若之何？自后稷以來寧亂，寧，安也。堯時洪水，黎民阻飢，稷播百穀，民用乂安也。及文、武、成、康而僅克安民。自后稷之始基靖民，十五王而文始平之，基，始也。靖，安也。自后稷播百穀以始安民，凡十五王，世脩其德，至文王乃平民受命。十五王，謂后稷、不窋、鞠、公劉、慶節、皇僕、差弗、毀隃、公非、高圉、亞圉、公組、大王、王季、文王。○董增齡曰：「解自后稷以下至文王據史記。惟自唐虞至商之季，凡九百餘年，不應祇有十六世。太子晉所言，自是指其能修稷業而言之耳。」十八王而康克安之，十八者，加武王、成王、康王，并上十五。其難也如是。厲始革典，十四王矣。革，更也。典，法也。厲王無道，變更周法，至今靈王，十四王也。謂厲、宣、幽、平、桓、莊、僖、惠、襄、頃、匡、定、簡、靈也。基德十五而始平，基禍十五，其不濟乎！至景王十五世。吾朝夕儆懼，曰：『其何德之修，而少光王室，以逆天休？』少，猶裁也。光，明也。逆，迎也。休，慶也。○王引之曰：「光之言『廣』也，謂廣大王室也。上文曰：『王室其愈卑乎。』卑與光義正相對。僖十五年穀梁傳：『故德厚者流光，德薄者流卑。』亦以光與卑相對。大雅皇矣傳曰：『光，大也。』周頌敬之傳曰：『光，廣也。』是光與廣、大同義。堯典『光被四表』，漢成陽靈臺碑光作『廣』。荀子禮論篇『積厚者流澤廣』，大戴禮禮三本篇〔三六〕廣作『光』。大戴禮曾子疾病篇：『君子行其所聞，則廣大矣。』漢書董仲舒傳廣作『光』，是光與廣同聲，而字亦相通。又易內言光者多與廣同義。」王又章輔禍亂，將何以堪之？章，明也。輔，助也。無亦鑒於黎、苗之王，下及夏、商之季，鑒，鏡也。黎，九黎。苗，三苗。少皞氏衰，九黎亂德，顓頊滅之。高辛氏衰，三苗又亂，堯誅之。夏、商之季，謂桀、紂，湯、武滅之也。○宋庠曰：「黎、苗非王，今諸本皆作『王』〔三七〕，疑王是『主』字傳寫之訛。一說九黎亂德於少皞之末，三苗作叛於高辛之衰，或皆僭號稱王，故曰黎、苗之王。按五帝之末未有稱王者，此説非也。」元誥按：無亦，亦也。無，發語詞。上不象天，而下不儀地，中不和民，而方不順時，不共神祇，方，四方也。謂逆四方之令也。○元誥按：共與供同。而蔑棄五則。蔑，滅也。則，法也。謂象天、儀地、和民、順時、共神也〔三八〕。是以人夷其宗廟，而火焚其彝器，夷，滅也。彝，尊彝，宗廟之器也。子孫爲隸，不夷於民。隸，役也。○吴曾祺曰：「謂尚不得齒於平民。」○元誥按：宋庠本不作「下」，疑非是。夷，儕也。不儕於民，乃承上「爲隸」而申言之，若作「下夷於民」，民非即隸也，則上不應云「爲隸」。而亦未觀夫前哲令德之則。則此五者而受天之豐福，饗民之勳力，子孫豐厚，令聞不忘，是皆天子之所知也。天所崇之子孫，或在畎畝，由欲亂民也。崇，高也。賈侍中云：「一耦之發，廣尺深尺爲畎〔三九〕，百步爲畝。」昭謂：下曰畎，高曰畝。畝，壟也。書曰：「異畝同穎〔四〇〕。」畎畝之人，或在社稷，由欲靖民也。靖，治也。○元誥按：上文「自后稷之始基靖民」，韋注曰：「靖，安也。」此亦宜同。無有異焉！唯所行也。○元誥按：猶云無他道也。詩云：『殷鑒不遠，在夏后之世。』謂湯伐桀也。將焉用飾宮？其以徼亂也！○宋庠曰：「徼，古堯反，要也。」度之天神，則非祥也。比之地物，則非義也。類之民則，則非仁也。方之時動，則非順也。咨之前訓，則非正也。咨，議也。觀之詩書，與民之憲言，詩書，上「亂生不夷」之屬，民之憲言，「無過亂人之門」也。則皆亡王之爲也。上下議之，○宋庠本議作「儀」。無所比度，王其圖之！夫事，大不從象，小不從文，象，天象也。文，詩書也。上非天刑，下非地德，刑，法也。德，猶利也。中非民則，方非時動，而作之者必不節矣。作又不節，害之道也。」王卒壅之。及景王，多寵人，亂於是乎始生。景王，周靈王之子、太子晉之弟也〔四一〕。多寵人，謂寵子朝及臣賓孟之屬也。景王崩，王室大亂。景王無嫡子，既立子猛，又許賓孟立子朝，未立而王崩，單子、劉子立子猛而攻子朝，王室大亂〔四二〕。及定王，王室遂卑。定王，頃王之子、靈王祖父。而言「及定王，王室遂卑」，非也。定，當爲「貞」，貞王名介，敬王子也。是時大臣專政〔四三〕，諸侯無伯，故王室遂卑。○吳曾祺曰：「定王，當作『貞定王』，名介，敬王之孫，元王子也。」元誥按：史記周本紀云「敬王崩，子元王仁立。元王崩〔四四〕，子定王介立」，索隱云：「如史記，則元王爲定王父，定王即貞王也。」此吳説所本。然哀十九年内傳疏引世本又云：「敬王崩，貞王介立。貞王崩，元王赤立。」是以元王爲貞王子，貞王是否定王亦未可知。諸説紛歧，難爲定論矣。

4 晉羊舌肸聘於周，肸，晉大夫，羊舌職之子叔向之名也。發幣於大夫，及單靖公。發其禮幣於周大夫，次及靖公。靖公，王卿士，單襄公之孫、頃公之子也。靖公享之，儉而敬，享禮薄而身敬也。賓禮贈餞，視其上而從之，賓禮，所以賓侍叔向之禮也。送之以物曰贈，以飲食曰餞。餞，郊禮。上，位在靖公上也。視，不敢踰也。燕無私，無私好貨及籩豆之加也。送不過郊，至郊而返，亦言無私也。語説昊天有成命。語，宴語所及也。説，樂也。昊天有成命，周頌篇名也。單之老送叔向，老，家臣室老也。禮，卿大夫之貴臣爲室老。叔向告之曰：「異哉！吾聞之曰：『一姓不再興。』○逸周書大子晉解：「自大皞以至於堯、舜、禹，未有一姓而再有天下者。」今周其興乎？其有單子也。一姓，一代也。昔史佚有言史佚，周文、武時太史尹佚也。曰：『動莫若敬，敬，可久也。居莫若儉，儉，易容也。德莫若讓，讓，遠怨也。事莫若咨。』咨，寡失也。單子之貺我，○宋庠本貺作「況」，義通。禮也，皆有焉。夫宮室不崇，崇，高也。器無彤鏤，儉也。彤，丹也。鏤，刻金飾也。○汪遠孫曰：「賈子禮容語篇作『蟲鏤』，彤、蟲聲近通借。」身聳除潔，聳，懼也。除，治也。○王念孫曰：「『聳，敬貌，故曰『身聳除潔，敬也』。賈子禮容語篇作『身恭除潔』，恭亦敬也，若訓聳爲『懼』，則與『身』字義不相屬矣。聳字本作『竦』，説文：『竦，敬也。』張衡思玄賦曰：『竦余身而順止兮，遵繩墨而不跌。』『竦余身』即此所謂『身聳』也。楚語曰：『昔殷武丁能聳其德』(四五)，韋注彼曰：『聳，敬也。』亦其證。」外内齊給，敬也。外，在朝庭。内，治家事。齊，整也。給，備也。宴好享賜，不踰其上，讓也。宴好，所以通情結好也。享賜，所以酬賓賜下也。賓之禮事，放上而動，咨也。放，依也。咨，言必與上咨也。如是而加之以無私，重之以不殽，殽，雜也。能避怨矣。居儉動敬，德讓事咨，而能避怨，以爲卿佐，其有不興乎！且其語説昊天有成命，頌之盛德也，盛德，二后也，謂成王即位而郊見，推文、武受命之功，以郊祀天地而歌之也。其詩曰：『昊天有成命，二后受之，成王不敢康。昊天，天大號也。二后，文、武也。康，安也。言昊天有所成之命，文、武則能受之。謂修己自勸，以成其王功，非謂周成王身也。賈、鄭説皆然。夙夜基命宥密，夙，早也。夜，暮也。基，始也。命，信也。宥，寬也。密，寧也。言二后早起夜寐，始行信命，以寬仁寧靜爲務。於緝熙，亶厥心，肆其靖之。』緝，明也。熙，光也。亶，厚也。厥，其也。肆，固也。靖，和也。言二君能光明其德，厚其心，以固和天下也。是道成王之德也，是詩道文、武能成其王德也。成王能明文昭，能定武烈者也。烈，威也。言能明其文，使之昭，定其武，使之威也。夫道成命而稱昊天，翼其上也。稱，舉也。翼，敬也。二后受之，讓於德也。推功曰讓。書曰：「允恭克讓。」賈、唐二君云：「二后所以受天命者，能讓有德也。」謂詢於八虞，諏於辛、尹之類。成王不敢康，敬百姓也。言不敢自安逸者，是其敬百姓也。百姓，百官也。夙夜，恭也。夙夜敬事曰恭。書曰：「文王至於日昃，不遑暇食。」基，始也。命，信也。宥，寬也。密，寧也。緝，明也。熙，廣也。鄭後司農云（四六）：「廣，當爲『光』。」虞亦如之。○吳曾祺曰：「下文云，『廣厚其心，以固和之』，即承此數句而言，似宜作『廣』，不作『光』。」元誥按：廣與光同聲，而義亦相通，詳見上「少光王室」王說。亶，厚也。肆，固也。靖，龢也。其始也，翼上德讓而敬百姓。其始，篇之首句也。言以敬讓爲始也。其中也，恭儉信寬，帥歸於寧。其中，篇之中句也。帥，循也。言其恭儉信寬，循而行之，歸於安民也。其終也，廣厚其心以固龢之。其終，篇之終句也。廣厚其心，美其教化，而固和之也。始於德讓，中於信寬，終於固和，故曰成。成，成其王命也。○詩疏「成」下有「王」字。單子儉敬讓咨，以應成德。應，當也。單若不興，子孫必蕃，後世不忘。詩曰：『其類維何？室家之壼。詩大雅既醉之六章也。類，族也。壼，梱也。言孝子之行，先於室家族類以相致（四七），乃及於天下也。○吳曾祺曰：「『壼』字，當從毛詩傳訓『廣』，方與下『廣裕民人』句相應。韋從箋訓『梱』，失之。」君子萬年，永錫祚胤。』祚，福也。胤，嗣也。類也者，不忝前哲之謂也。言能以孝道施於族類，故不辱前哲之人也。壼也者，廣裕民人之謂也。萬年也者，令聞不忘之謂也。胤也者，○宋庠本「胤」上有「祚」字。子孫蕃育之謂也。蕃，息也。育，長也。單子朝夕不忘成王之德，可謂不忝前哲矣。膺保明德，膺，抱也。保，持也。○文選東都賦李注引賈逵曰：「膺，猶受也。」以佐王室，可謂廣裕民人矣。若能類善物，以混厚民人者，必有章譬蓄育之祚，物，事也。混，同也。章，明也。○俞樾曰：「混、厚二字同義，混亦厚也。混當讀爲惲，説文心部：『惲，重厚也。』今惲厚字皆以渾爲之，而混與渾又通用，故混厚即『渾厚』，實則惲之假字也。注訓爲『同』，失之。」則單子必當之矣。單若有闕，必茲君之子孫實續之，不出於他矣。」單，單氏世也。闕，缺也。茲，此也。此君，靖公也。他，他族也。

5 景王二十一年，將鑄大錢。景王，周靈王之子景王貴也。二十一年，魯昭之十八年也。錢者，金幣之名，所以貿貨物，通財用者也。古曰泉，後轉曰錢。賈侍中曰：「虞、夏、商、周，金幣三等：或赤，或白，或黃，黃爲上幣，銅、鐵爲下幣。大錢者，大於舊，其價重也。」唐尚書曰：「大錢重十二銖，文曰『大泉五十』。」鄭後司農説周禮云：「錢始蓋一品也，周景王鑄大錢而有二品，後數變易，不識本制。至漢，唯五銖久行。至王莽時，錢乃有十品，今存於民，多者有貨布、大泉、貨泉。大泉徑寸二分，重十二銖，文曰『大泉五十』。」則唐所謂大泉者，乃莽時泉，非景王所鑄明矣。又景王至赧王十三世而周亡，後有戰國、秦、漢，幣物易改，轉不相因，先師所不能紀，或云大錢文曰「寶貨」，皆非事實。又單穆公云：「古者有母平子，子權母而行。」則二品之來，古而然矣。鄭君云：「錢始一品，至景王而有二品。」省之不熟也。單穆公曰（四八）：「不可。穆公，王卿士，單靖公之曾孫也。古者天災降戾，降，下也。戾，至也。災，謂水旱、蝗螟之屬。○漢書食貨志作「天降災戾」，通典食貨八、太平御覽資産部十五竝同。又通典引注云：「戾，惡氣也。」與韋注本異。於是乎量資幣，權輕重，以振救民。量，度也。資，財也。權，稱也。振，拯也。民患輕，則爲作重幣以行之，民患幣輕而物貴，則作重幣，以行其輕也。於是乎有母權子而行，民皆得焉。重曰母，輕曰子，以子貿物，物輕則子獨行，物重則以母權而行之也。子母相通，民皆得其欲也。若不堪重，則多作輕幣而行之，亦不廢乎重，於是乎有子權母而行，小大利之。堪，任也。不任之者，幣重物輕，妨其用也，故作輕幣雜而用之，以重者貿其貴，以輕者貿其賤也。子權母者，母不足則以子平而行之，故錢小大，民皆以爲利也。今王廢輕而作重，民失其資，能無匱乎？廢輕而作重，則本竭而末寡，故民失其資也。○汪中曰：「廢輕而作重，謂廢舊錢之輕，更作新錢之重者而布之，民素所蓄積皆歸無用，是以失其資而匱。」若匱，王用將有所乏，民財匱，無以供上，故王用將乏。乏則將厚取於民，厚取，厚斂也。民不給，將有遠志，是離民也。給，共也。遠志，逋逃也。且夫備，有未至而設之，備，國備也。未備而設之，謂豫備不虞，安不忘危也。有至而後救之，至而後救之，謂若救火療疾，量資幣平輕重之屬也（四九）。是不相入也。二者先後各有宜，不相入，不相爲用也。可先而不備，謂之怠。怠，緩也。可後而先之，謂之召災。謂民未患輕而重之，離民匱財，是爲召災也。周固羸國也，天未厭禍焉，而又離民以佐災，無乃不可乎！言周固已爲羸病之國，天降禍災，未厭已也。將民之與處而離之，將災是備禦而召之，則何以經國？君以善政爲經，臣奉而行之爲緯。國無經，何以出令？令之不從，上之患也，故聖人樹德於民以除之。樹，立也。除，除令不從之患也。夏書有之曰：『關石和鈞，王府則有。』夏書，逸書也。關，門關之征也。石，今之斛也。言征賦調鈞，則王之府藏常有也。一曰關，衡也。○陳瑑曰：「石與鈞皆量度之名，故當關之、和之。關，衡也。衡，平也。衡，所以任權而均物、平輕重也。」吳曾祺曰：「此二語見夏書五子之歌。此篇至晉始出，韋未之見。」詩亦有之曰：『瞻彼旱麓，榛楛濟濟。詩大雅旱麓之首章也。旱，山名。山足曰麓。榛，似栗而小。楛，木名。濟濟，盛貌也。盛者，言王者之德被及也。愷悌君子，干禄愷悌。』愷，樂也。悌，易也。干，求也。君子，謂君長也。言陰陽調，草木盛，故君子求禄，其心樂易也。夫旱麓之榛楛殖，殖，長也。故君子得以樂易干禄焉。○元誥按：各本作「易樂」，今依詩疏引乙正。下同。若夫山林匱竭，林麓散亡，藪澤肆既，肆，極也。既，盡也。散亡，謂山林衡虞之政也。○詩疏既作「逸」。民力彫盡，田疇荒蕪，資用乏匱，彫，傷也。穀地爲田，麻地爲疇。荒，虚也。蕪，穢也。○文選登樓賦李注引賈逵曰：「一井爲疇。」君子將險哀之不暇，而何樂易之有焉？險，危也。且絶民用以實王府，絶民用，謂廢小錢而鑄大錢也。猶塞川原而爲潢汙也，其竭也無日矣。大曰潢，小曰汙。竭，盡也。無日，無日數也。○元誥按：無日，猶云無須多日也。若民離而財匱，災至而備亡，王其若之何？備亡，無救災之備也。吾周官之於災備也，其所怠棄者多矣，周官，周六官。災備，備災之法令也。而又奪之資，以益其災，是去其藏而翳其人也。善政藏於民，翳，猶屏也。人，民也。奪其資，民離叛，是遠屏其民也。一曰翳，滅也。○王引之曰：「此當從『一曰滅也』之訓。韋疑翳無滅義，故先以屏釋之，不知翳通作『殪』，詩皇矣篇：『其菑其翳。』毛傳曰：『自斃爲翳。』釋文曰：『韓詩作「殪」。』是翳與殪聲近義通。釋名釋喪制曰：『殪，翳也。』然則翳亦猶殪也，翳其民即殪其民。故其義爲滅，若訓爲『屏』，則義轉迂矣。」王其圖之。」王弗聽，卒鑄大錢。

6 二十三年，王將鑄無射，而爲之大林。景王二十三年，魯昭二十年也。賈侍中云：「無射，鍾名，律中無射也。大林，無射之覆也。作無射，爲大林以覆之，其律中林鍾也。」或説云：「鑄無射，而以林鍾之數益之。」昭謂：下言「細抑大陵」，又曰「聽聲越遠」，如此，則賈言無射有覆，近之矣。唐尚書從賈也。○舊音：「射音亦。」單穆公曰：「不可。作重幣以絶民資，又鑄大鍾以鮮其繼，鮮，寡也。用物過度，妨於財也。○元誥按：鍾、鐘古字通用。下同。若積聚既喪，又鮮其繼，生何以殖？積聚既喪，謂廢小錢也。生，財也。殖，長也。且夫鍾不過以動聲，動聲，謂合樂以金奏，而八音從之也。若無射有林，耳弗及也。若無射復有大林以覆之〔五〇〕。無射，陽聲之細者也。林鍾，陰聲之大者也。細抑大陵，故耳不能聽及也。夫鍾聲以爲耳也，耳所不及，非鍾聲也。非法鍾之聲也。猶目所不見，不可以爲目也。若目之精明，所不能見，亦不可施以目也。耳目所不能及，而强之，則有眩惑之失，以生疾也。夫目之察度也，不過步武尺寸之閒，六尺爲步，賈君以半步爲武。○元誥按：司馬法曰：「凡人一舉足曰跬，跬三尺也。兩舉足曰步，步六尺也。」然則跬與武同，聲轉耳。其察色也，不過墨丈尋常之閒。五尺爲墨，倍墨爲丈，八尺爲尋，倍尋爲常。耳之察和也，在清濁之閒，清濁，律吕之變。黄鍾爲宫則濁〔五一〕，大吕爲角則清也。其察清濁也，不過一人之所勝。勝，舉也。是故先王之制鍾也，○元誥按：制鍾，謂立鍾之制度也。大不出鈞，重不過石。鈞，所以鈞音之法也。以木長七尺，有弦繫之，以爲鈞法。百二十斤爲石。律度量衡於是乎生，律，五聲陰陽之法也。度，丈尺也。量，斗斛也。衡，稱上衡〔五二〕。衡有斤兩之數，生於黄鍾。黄鍾之管，容秬黍千二百粒。粒百爲銖，是爲一龠，龠二爲合，合重一兩。故曰「律度量衡於是乎生」也。小大器用於是乎出，出於鍾也。易曰：「制器者尚其象。」小，謂錙銖分寸。大，謂斤兩丈尺也。故聖人慎之。今王作鍾也，聽之弗及，耳不及知其清濁也。比之不度，不度，不中鈞石之數也。鍾聲不可以知和，耳不能聽，故不可以知和也。制度不可以出節，節，謂法度量衡之節也。無益於樂，而鮮民財，將焉用之！夫樂不過以聽耳，而美不過以觀目，若聽樂而震，觀美而眩，○文選南都賦李注引賈逵曰：「眩，惑也。」宋庠曰：「目無主也。」患莫甚焉。夫耳目，心之樞機也，樞機，發動也。心有所欲，耳目爲之發動。故必聽和而視正。聽和則聰，視正則明，習於和正，則不眩惑也。聰則言聽，明則德昭，聽言昭德，則能思慮純固。以言德於民，民歆而德之，則歸心焉。歆，猶歆歆喜服也。言德，以言發德教也。○一切經音義七引賈逵曰：「歆，貪也。」〔五三〕上得民心，以殖義方，殖，立也。方，道也。是以作無不濟，求無不獲，然則能樂。夫耳内和聲，而口出美言，耳聞和聲，則口有美言，此感於物也。○元誥按：内爲納之借字，下「口内」同。以爲憲令，憲，法也。而布諸民，正之以度量，民以心力，○王引之曰：「據下『民無據依，不知所力』，則當讀『民以心力』爲句。」從之不倦。○羣書治要從作「行」。成事不貣，樂之至也〔五四〕。貣，變也。○各本貣作「貳」，注同。王引之曰：「古無訓貳爲『變』者。貳，當爲『貣』，貣即忒之假借字。大雅瞻卬篇『鞫人忮忒』，毛傳曰：『忒，變也。』洪範『衍忒』，史記宋微子世家作『衍貣』，集解引鄭注曰：『卦象多變，故言衍貣。』是貣正訓『變』，故韋注曰：『貣，變也。』貣音他得切，與力爲韻，若作『貳』，則失其韻矣。（貣、力古音在之部，貳字古音在脂部，脂、之二字古不相通。）書、傳『貣』字多譌作『貳』。」元誥按：貣又通作「貸」，忒、貣、貸並同，「貳」則誤也，今據以訂正。口内味而耳内聲，聲味生氣。口内五味則耳樂五聲，耳樂五聲則志氣生也〔五五〕。氣在口爲言，在目爲明，言以信名，信，審也。名，號令也。明以時動〔五六〕，視明則動〔五七〕，得其時也。名以成政，號令所以成政也〔五八〕。動以殖生，殖，長也。動得其時，所以財長生也。政成生殖，樂之至也。若視聽不和，而有震眩，則味入不精，不精則氣佚，氣佚則不和，不和，無射、大林也。若聽樂而震，視色而眩，則味入不精美。味入不精美，則氣放佚，不行於身體。於是乎有狂悖之言，有眩惑之明，有轉易之名，有過慝之度。慝，惡也。此四者，氣佚之所生也。狂悖眩惑，説子朝寵賓孟也。轉易過惡，嬖子配嫡，將殺大臣也。○王念孫曰：「此『慝』字當訓爲『忒』，差也。過忒，即過差也。事差其度，故曰：『過忒之度。』若以慝爲『惡』，則別爲一訓，且與『之度』二字義不相屬矣。」汪中曰：「此泛言不和之害耳，不當舉後事以實之。禮曰：『毋測未至。』」出令不信，有轉易也。刑政紛放，動不順時，民無據依，不知所力，各有離心。不知所爲盡力也。上失其民，作則不濟，求則不獲，其何以能樂？三年之中，而有離民之器二焉，二，謂作大錢，鑄大鍾也。國其危哉！」王弗聽，問之伶州鳩。伶，司樂官。州鳩，名。○詩簡兮鄭箋曰：「伶氏世掌樂官而善焉，故後世多號樂官爲伶官。」對曰：「臣之守官弗及也。守官，所守之官。弗及，弗及知也。臣聞之，琴瑟尚宮，凡樂輕者從大，重者從細，故琴瑟尚宮也。鍾尚羽，鍾聲大，故尚羽也。石尚角。石，磬也。輕於鍾，故尚角。角，清濁之中也。匏竹利制，匏，笙也。竹，簫管也。利制，以聲音調利爲制，無所尚也。大不逾宮，細不過羽。夫宮，音之主也，第以及羽。宮聲大，故爲主。第，次第也。聖人保樂而愛財，財以備器，樂以殖財，保，安也。備，具也。殖，長也。古者以樂省土風，而紀農事，故曰「樂以殖財」。故樂器重者從細，重，謂金、石也。從細，尚細聲也，謂鍾尚羽，石尚角也。輕者從大。輕，瓦、絲也。從大，謂瓦、絲尚宮也。是以金尚羽，石尚角，瓦、絲尚宮〔五九〕，○周禮籥章，杜子春注云：「土鼓以瓦爲匡。」元誥按：瓦，謂土也。匏、竹尚議，議，從其調利也。革、木一聲。革，鼗鼓也。木，柷敔也。一聲，無清濁之變也。夫政象樂，樂從和，和從平。和，八音克諧也。平，細大不踰也，故可以平民。樂和則諧，政和則平也。聲以和樂，律以平聲〔六〇〕。聲，五聲也，以成八音而調樂也。賈侍中云：「律，黃鍾爲宮，林鍾爲徵，大蔟爲商，南呂爲羽，姑洗爲角，所以平五聲也。」金、石以動之，鍾磬所以發動五聲也。絲、竹以行之，絃管所以行之也。詩以道之，道己志也，誦之曰詩〔六一〕。書曰：「詩言志。」歌以詠之，詠，詠詩也〔六二〕。書云：「歌永言，聲依永。」匏以宣之，宣，發揚也。瓦以贊之，贊，助也。草木以節之。物得其常曰樂極，物，事也。極，中也。極之所集曰聲，集，會也〔六三〕。言中和之所會集曰正聲也。聲應相保曰和，保，安也。細大不踰曰平。細大之聲不相踰越曰平，今無射有大林，是不平也。如是而鑄之金，鑄金以爲鍾也。磨之石，磨石以爲磬也。繫之絲木，繫絲木以爲琴瑟也。越之匏竹，越匏竹以爲笙管也。越，謂爲之孔也。樂記曰：「朱絃而疏越。」節之鼓，節其長短小大也。而行之以遂八風。遂，順也。傳曰，「所以節八音而行八風」也。正西曰兌，爲金，爲閶闔。西北曰乾，爲石，爲不周。正北曰坎，爲革，爲廣莫。東北曰艮〔六四〕，爲匏，爲融風。正東曰震〔六五〕，爲竹，爲明庶。東南曰巽，爲木，爲清明。正南曰離，爲絲，爲景風。西南曰坤，爲瓦，爲涼風。於是乎氣無滯陰，亦無散陽。滯，積也。積陰而發，則夏有霜雹。散陽，陽不藏，冬無冰、李梅實之類〔六六〕。陰陽序次，風雨時至，嘉生繁祉，人民龢利，物備而樂成，上下不罷，罷，勞也。故曰樂正。今細過其主，妨於正；細，謂無射也。主，正也。言無射有大林，是作細而大過其律，妨於正聲也。用物過度，妨於財；過度，用金多也。正害財匱，妨於樂。樂從和，今正害財匱，故妨於樂也。細抑大陵，不容於耳，非和也。細，無射也。大，大林也。言大聲陵之，細聲抑而不聞。不容於耳，耳不能容别也〔六七〕。聽聲越遠，非平也。越，迂也。言無射之聲爲大林所陵〔六八〕，聽之微細迂遠，非平也。妨正匱財，聲不和平，非宗官之所司也。宗官，宗伯，樂官屬也。夫有和平之聲，則有蕃殖之財。樂以殖財也。於是乎道之以中德，詠之以中音，中德，中庸之德也。中音，中和之音也。德音不愆，以合神人，合神人，謂祭祀饗宴也。神是以寧，民是以聽。聽，從也。若夫匱財用，罷民力，以逞淫心，逞，快也。聽之不和，比之不度，無益於教，而離民怒神，非臣之所聞也。」王不聽，卒鑄大鍾。財匱，故民離。樂不和，故神怒也〔六九〕。二十四年，鍾成，伶人告和。伶人，樂人也。景王二十四年，魯昭二十一年也。王謂伶州鳩曰：「鍾果和矣。」對曰：「未可知也。」州鳩以爲鍾實不和，伶人媚王，謂之和耳，故曰「未可知也」。王曰：「何故？」對曰：「上作器，民備樂之，則爲和。言聲音之道與政通也。今財亡民罷，莫不怨恨，臣不知其和也。亂世之音怨以怒，故曰「不知其和也」。且民所曹好，鮮其不濟也；曹，羣也。其所曹惡，鮮其不廢也。故諺曰：『衆志成城，衆心所好，莫之能敗，其固如城也。衆口鑠金。』鑠，銷也。衆口所毁，雖金石猶可銷也。今三年之中，而害金再興焉，害金，害民之金，謂錢、鍾也。懼一之廢也。」二金之中，其一必廢也。

○元誥按：一，疑當訓「皆」也。懼一之廢，謂懼錢、鍾必皆廢也。大戴禮衞將軍文子篇曰：「若吾子之語審茂，則一諸侯之相也。」盧辯注曰：「一，皆也。」禮記大傳曰：「五者一得於天下。」王引之曰：「一，皆也。」是一有皆義，字或作「壹」。

韋訓爲「一二」之一，言「其一必廢」，則其他之一可不廢，不爲妄作矣，似于傳意未合。王曰：「爾老耄矣，何知！」八十曰耄。耄，昏惑也〔七〇〕。二十五年，王崩，鍾不和。崩而言鍾不和，明樂人之諛也。

7王將鑄無射，王，景王也。問律於伶州鳩。律，鍾律也。對曰：「律所以立均出度也〔七一〕。律，謂六律、六呂也。陽爲律，陰爲呂。六律：黄鍾、大蔟、姑洗、蕤賓、夷則、無射也。六呂：林鍾、仲呂、夾鍾、大呂、應鍾、南呂也。均者，均鍾木，長七尺，有絃繫之。以均鍾者，度鍾大小清濁也。漢大予樂官有之。○樂叶圖徵宋注曰：「均長八尺，施弦以調六律也。」續漢書律曆志：「冬至，陽氣應，則樂均清，黄鍾通。夏至，陰氣應，則樂均濁，蕤賓通。」董增齡曰：「均，即『韻』字。」元誥按：補音不出「均」字，意或謂讀如本字，無煩作音歟？古之神瞽，考中聲而量之以制，神瞽，古樂正，知天道者也，死以爲樂祖，祭於瞽宗，謂之神瞽。考，合也，謂合中和之聲而量度之，以制樂者。度律均鍾，百官軌儀，均，平也。軌，道也。儀，法也。度律，度律呂之長短，以平其鍾，和其聲，以立百事之道法也，故曰「律、度、量、衡於是乎生」。○考工記鳧氏，孔疏云：「據此義，假令黄鍾之律長九寸〔七二〕，以律計身，倍半爲鍾，倍九寸爲尺八寸，又取半得四寸半，通二尺二寸半以爲鍾。餘律亦如是。其以律爲廣長與圜徑也。此口徑十，上下十六者，假設之。取其鑄之形，則各隨鍾之制爲長短大小者，此即度律均鍾也。」吴曾祺曰：「度，入聲，與下『律度』不同〔七三〕。」紀之以三，三，天、地、人也。古紀聲合樂，以舞天神、地祇、人鬼，故能人神以和。平之以六，平之以六律也。上章曰「律以平聲」。成於十二，十二，律呂也。陰陽相扶，律聚妻，而呂生子，上下相生之數備也。○太平御覽時序部一引國語，於作「以」。天之道也。天之大數不過十二。夫六，中之色也，故名之曰黄鍾，十一月曰黃鍾，乾初九也。六者，天地之中。天有六氣，降生五味，天有六甲，地有五子，十一而天地畢矣。而六爲中，故六律、六呂而成天道。黃鍾初九，六律之首，故六律正色爲黃鍾之名，重元正始之義也〔七四〕。黃鍾，陽之變也，管長九寸，徑三分，圍九分，律長九寸，因而九之，九九八十一，故黃鍾之數立焉爲宫。法云，九分之六得林鍾初六〔七五〕，六呂之首，陰之變，管長六寸。六月之律，坤之始也，故九六，陰陽、夫婦、子母之道。是以初九爲黃鍾。黃，中之色也。鍾，言陽氣鍾聚於下也。○禮記月令篇孔疏曰：「玄命苞：『黃鍾者始黃〔七六〕。』注云：『始萌黃泉中。』律曆志云：『黃者，中之色。鍾，種也。』又云：『五色黃盛焉，故陽氣始種於前，孳萌萬物，爲六氣元也。』」呂氏春秋仲冬紀高注曰：「黃鍾，陽律也。陽氣聚於下，陰氣盛於上，萬物萌聚於黃泉之下，故曰黃鍾也。」白虎通義五行篇：「十一月，律謂之黃鍾何？黃者中和之色，鍾者動也，言陽氣動於黃泉之下，動養萬物也。」項名達曰：「黃鍾圍徑應辯者有二：一，圍與空圍異。圍，圓周也；空圍乃圍中空處所容方分圓面也。所謂九分者，指空圍，非指圍也。一，徑三圍九，乃古率約略之數，不可以定律管〔七七〕。今用密律求得黃鍾圍徑數，應云管長九寸，徑三分三釐八豪五絲一忽，圍十分六釐三豪四絲七忽。空圍九分，因而九之，九九得八百一十分，黃鍾之數立焉。」元誥按：禮記月令篇鄭注亦云：「凡律，空圍九分。」

所以宣養六氣九德也。

宣，偏也。六氣，陰、陽、風、雨、晦、明也。九德，九功之德，水、火、金、木、土、穀、正德、利用、厚生。十一月陽伏於下，物始萌，於五聲爲宫，含元處中，所以偏養六氣、九德之本也。○禮記月令孔疏曰：「周語曰：『黃鍾，所以宣養六氣九德者。』按彼注，十一月建子，陽氣在中。六氣，陰、陽、風、雨、晦、明。九德，金、木、火、水、土、穀、正德、利用、厚生。作樂宣偏〔七八〕，黃鍾象氣伏地，物始萌，所以偏養六氣九功之德，此養之者若施於人。六情：正德、天德、利用、地德、厚生、人德。六府者：金、木、火、水、土、穀也。」由是第之。由，從也。第，次也，次奇月也。二曰大蔟，正月曰大蔟，乾九二也。管長八寸，法云，九分之八。（元誥按：此四字依項名達説改正〔七九〕。）大蔟，言陽氣大蔟，達於上也。○禮記月令篇鄭注曰：「大蔟者，林鍾之所生，三分益一，律長八寸。」孔疏曰：「蔟，七豆反，奏也。」呂氏春秋孟春紀高注曰：「大蔟，陽律也。太陰氣衰少，陽氣發，萬物動生，蔟地而出。」白虎通義：「正月，律謂之大蔟何？大亦大也，蔟者湊也，言萬物始大，湊地而出也〔八〇〕。」項名達曰：「九分，指黄鍾言。應云黄鍾九分之八。」宋庠曰：「大，他蓋反。」所以金奏贊揚出滯也。贊，佐也。賈、唐云：「大蔟正聲爲商，故爲金奏，所以佐陽發，出滯伏也。」明堂月令：「正月，蟄蟲始震。」〔八一〕三曰姑洗，所以修潔百物，考神納賓也。三月曰姑洗，乾九三也。管長七寸一分强，約爲七寸九分寸之一〔八二〕。（元誥按：此依項名達説改正。）姑，枯也〔八三〕。洗，濯也。考，合也。言陽氣養生，洗濯枯穢，改柯易葉也。於正聲爲角，是月，百物修潔，故用之宗廟，合致神人，用之享宴，可以納賓也。○禮記月令篇鄭注曰：「姑洗者，南呂之所生也，三分益一，律長七寸九分寸之一。」孔疏曰：「南呂六二，上生姑洗之九三。南呂長五寸三分寸之一，就南呂三分益一，取三寸益一寸，爲四寸，餘有整二寸三分寸之一。整二寸者，各九分之，二九爲十八分寸，之一者爲三分，總二十一分，三七二十一，三分益一，更益七分，總二寸八分，以九分爲一寸，二十七分爲三寸，益前四寸，爲七寸，餘有一分，故云律長七寸九分寸之一。」呂氏春秋季春紀高注曰：「姑，故。洗，新。是月陽氣養生，去故就新。」白虎通義：「三月謂之姑洗何？姑者故也，洗者鮮也，言萬物皆去故就其新，莫不鮮明也。」四曰蕤賓，所以安靖神人，獻酬交酢也。五月曰蕤賓，乾九四也。管長六寸三分强，約爲六寸八十一分寸之二十六。（元誥按：此依項名達説改正。）蕤，委蕤，柔貌也。言陰氣爲主，委蕤於下〔八四〕，陽氣盛長於上，有似於賓主，故可用之宗廟、賓客，以安靜神人，行酬酢也。酬，勸。酢，報也。○禮記月令篇鄭注曰：「蕤賓者，應鍾之所生，三分益一，律長六寸八十一分寸之二十六。」孔疏曰：「應鍾律長四寸二十七分寸之二十，上生蕤賓，三分益一。取應鍾三寸，更益一寸，爲四寸。其二十七分寸之二十，各三分之，則一寸分爲八十一分也，二十七分寸之二十，則爲八十一分寸之六十。其整寸一爲八十一分，又以六十分益之，總爲一百四十一分。更三分益一，一分有四十七，更以四十七益前一百四十一分，總爲一百八十八分，是爲積分之數。除之爲寸，除八十一分，則一百六十二分爲二寸，益前四寸爲六寸，餘有二十六分，不成寸，故云長六寸八十一分寸之二十六也。」何胤曰，乾九四，是月陽反於下，爲復，陰生陽中，爲姤，各應其時，所以安靜，是安靜神人也。陰生爲主，陽謝爲賓，賓主之象。獻酬之禮〔八五〕，獻酢又酬之，陰陽代謝之義也。」呂氏春秋仲夏紀高注曰：「蕤賓，陽律也。是月陰氣萎蕤在下，象主人，陽氣在上，象賓客。」白虎通義：「五月謂之蕤賓何？蕤者下也，賓者敬也，言陽氣上極，陰氣始起，故賓敬之也。」王念孫曰：「『安靖神人』是釋『蕤』字，『獻酬交酢』是釋『賓』字。蕤與綏古同聲而通用，綏者安也，故曰『所以安靖神人』。淮南天文篇『蕤賓者，安而服也』，亦是以安釋蕤，以服釋賓，今韋注『蕤，委蕤，柔貌也』〔八六〕，義本史記，然不以安釋蕤，而以柔釋蕤，則『安靖神人』四字無着矣，似於傳意未合。」**五曰夷則，所以詠歌九則，平民無貳也。**七月曰夷則，乾九五也。管長五寸六分強，約爲五寸七百二十九分寸之四百五十一，（元誥按：此依項名達説改正。）夷，平也。則，法也。言萬物既成，可法則也，故可以歌詠九功之則，平民使不貳也。○禮記月令篇鄭注曰：「夷則者，大呂之所生也，三分去一，律長五寸七百二十九分寸之四百五十一。」孔疏曰：「大呂長八寸二百四十三分寸之一百四，三分去一，下生夷則。六寸去二寸，餘有四寸在。又大呂一寸爲二百四十三分，今每寸更三分之，則一寸爲七百二十九分。兩个整寸，總有一千四百五十八分。其大呂二百四十三分寸之一百四，每又三分之，此一百四爲三百一十二分，益前一千四百五十八，則總爲一千七百七十分。下生三分去一，分作三分，則每一分得五百九十，去其一分五百九十，餘有一千一百八十在，是其積分。以七百二十九分爲一寸，益前四爲五寸，餘有四百五十一分在，故云律長五寸七百二十分寸之四百五十一也。」呂氏春秋高注曰：「夷則，陽律也。太陽氣衰，太陰氣發，萬物肅然，應法成性。」白虎通義：「七月謂之夷則何？夷，傷也。則，法也。言萬物始傷，被刑法也。」元誥按：各本貳作「貳」，今依王念孫説訂正。又注末句作「成民無疑貳也」，並據月令正義引國語注改正。

六曰無射，所以宣布哲人之令德，示民軌儀也。

九月曰無射，乾上九也。管長四寸九分强，約爲四寸六千五百六十一分寸之六千五百二十四。（元誥按：此依項名達説改正。）宣，徧也。軌，道也。儀，法也。九月陽氣上升，陰氣收藏，萬物無射見者，故可以徧布前哲之令德，示民道法也。○禮記月令篇鄭注曰：「無射者，夾鍾之所生，三分去一，律長四寸六千五百六十一分寸之六千五百二十四。」孔疏曰：「夾鍾之律長七寸二千一百八十七分寸之千七十五，下生者三分去一。今夾鍾七，取六寸，三分去一，有四寸在。夾鍾以一寸爲二千一百八十七分，今更三分之，則一寸者分爲六千五百六十一分，夾鍾二千一百八十七分寸之千七十五者，又三分之，則爲三千二百二十五，其夾鍾整寸有六千五百六十一，又以三千二百二十五益之，總爲九千七百八十六分，三分去一，則去三千二百六十二，餘有二千六百五十四在，故云律長四寸六千五百六十一分寸之六千五百二十四也。按周語注云：『乾上九用事，陽氣上升，陰氣收藏〔八七〕，萬物無射者也。哲人后稷布其德教，示以法儀，當及時銍穫而收藏之。』」（元誥按：引注爲賈、唐注，與韋不同。）呂氏春秋高注曰：「無射，陽律也。陰氣上升，陽氣下降，故萬物隨而藏，無射出見也。」白虎通義：「九月謂之無射何？射者終也，言萬物隨陽而終也，當復隨陰而起，無有終已也。」

爲之六閒，以揚沈伏，而黜散越也。六閒，六呂在陽律之閒。沈，滯也。黜，去也。越，揚也。呂，陰律，所以侶閒陽律，成其功，發揚滯伏之氣，而去散越者也。伏則不宣，散則不和。陰陽序次，風雨時至，所以生物也。○王引之曰：「黜，讀爲屈。屈，收也，謂收斂散越之氣也〔八八〕。爾雅曰：『斂、屈、收，聚也。』魯頌泮水篇：『屈此羣醜。』毛傳曰：『屈，收也。』聘禮：『屈繅。』鄭注曰：『屈繅者，斂之。』屈與黜聲相近，故字相通。説苑立節篇曰：『將軍子囊黜兵而退。』謂收兵而退也。沈伏者發揚之，散越者收斂之，揚與沈伏義相反，則黜與散越義亦相反。韋注訓黜爲去，失之矣。」元誥按：黜與絀通。荀子不苟篇：「不能則恭敬縛絀以畏事人。」楊注曰：「絀與黜同。」禮記王制篇：「不孝者君絀其爵。」鄭注曰：「絀，退也。」是以絀爲黜。絀即「屈」字，荀子非相篇「緩急嬴絀」是也。

元閒大呂，助宣物也〔八九〕。十二月曰大呂，坤六四也。管長八寸四分强。法云：蕤賓三分之二，下生得半律，四寸二百四十三分寸之五十二，倍之得全律，八寸二百四十三分寸之一百四〔九〇〕。（元誥按：此依項名達説改正。）下生律，元一也。陰繫於陽，以黄鍾爲主，故曰元閒。以陽爲首，不名其初〔九一〕，臣歸功於上之義也。大呂，助陽宣散物也。天氣始於黄鍾，萌而赤，地受之於大呂，牙而白，成黄鍾之功也。○禮記月令篇鄭注曰：「大呂，蕤賓之所生也。三分益一，律長八寸二百四十三分寸之百四〔九二〕。」孔疏曰：「蕤賓長六寸八十一分寸之二十六，上生大呂，三分益一。三寸益一寸，六寸益二寸，故爲八寸，其八十一分寸之二十六各三分之，則爲七十八分，三分益一，更益一箇二十六，則一百四，故云律長八寸二百四十三分寸之一百四也。按律曆志云：『大呂：呂，旅也，言陰大，旅助黃鍾，宣氣而聚物。』」呂氏春秋季冬紀高注曰：「大呂，陰律。萬物萌生，動於黃泉，未能達見。呂，旅也，所以旅去陰即陽，助其成功，故曰大呂也。」白虎通義：「十二月，律謂之大呂何？大，大也。呂，拒也。言陽氣欲出，陰不許。呂之爲言拒者，旅抑拒難之也。」元誥按：助揚宣物，各本無「揚」字，今依禮記月令注引國語補正之。二間夾鍾，出四隙之細也。二月曰夾鍾，坤六五也。管長七寸四分强，約法云：自夷則下生得半律，三寸二千一百八十七分寸之一千六百三十一，倍之爲全律，七寸二千一百八十七分寸之一千七十五。（元誥按：此依項名達説改正。）隙，閒也。夾鍾助陽。鍾，聚也。細，微也。四隙，四時之閒氣微細者。春爲陽中，萬物始生，四時之微氣皆始於春，春發而出之，三時奉而成之，故夾鍾出四時之微氣也。○禮記月令篇鄭注曰：「夾鍾者，夷則之所生，三分益一，律長七寸二千一百八十分寸之千十五。」孔疏曰：「夷則長五寸七百二十九分寸之四百五十一，今上生夾鍾，當三分益一。就夷則五寸之中取三寸，更益一寸，爲四寸，餘有整二寸，又於七百二十九分寸之中有細分四百五十一，此細分各三分之，於是一寸分爲二千一百八十七分，有四百五十一者，爲一千三百五十三，則是二千一百八十七分寸之一千三百五十三也。以整二寸各二千一百八十七分，則二寸總有四千三百七十四分，益前一千三百五十三，總爲五千七百二十七，爲實數，但上生者三分益一，以實數更三分之，各有一千九百九分，以三分益一，則益一分一千九百九，併前五千七百二十七，總爲七千六百三十六，爲積分總數也。然後除之爲寸，一寸用二千一百八十七，則三寸總用六千五百六十一，以三寸益前四寸爲七寸，餘有一千七十五分不成寸，是爲夾鍾長七寸二千一百八十七分寸之千七十五也。周語注云：『夾鍾，夾助陽。四隙，謂黃鍾、大呂、大蔟、夾鍾。凡助，出四隙之微氣，令不滯伏於下也。』」（元誥按：引注爲賈、唐注，與韋注不同。）呂氏春秋仲春紀高注曰：

「夾鍾，陰律也。是月萬物去陽，夾陰而生。」白虎通義：「二月，律謂之夾鍾何？夾者，孚甲也，言萬物孚甲，種類分也。」**三間仲呂，宣中氣也。**四月曰仲呂，坤上六也。管長六寸六分强，（元誥按：此依項名達説改正。）約法云：自無射下生得半律，三寸萬九千六百八十三分寸之六千四百八十七，倍之爲全律，六寸萬九千六百八十三分寸之萬二千九百七十四。（元誥按：此依項名達説改正。）陽氣起於中，至四月宣散於外，純乾用事，陰閉藏於内，所以助陽成功也，故曰正月。正月，正陽之月也〔九三〕。○禮記月令篇鄭注曰：「中呂者，無射之所生，（元誥按：中、仲古今字。）三分益一，律長六寸萬九千六百八十三分寸之萬二千九百七十四。」孔疏曰：「無射之律，長四寸六千五百六十一分寸之六千五百二十四，三分益一，以生中呂。於無射四寸之内，取三寸益一寸，爲四寸，餘有整寸一。又有六千五百六十一分寸之六千五百二十四，以六千五百六十一各三分之，則一寸分爲一萬九千六百八十三分也，六千五百二十四分各三分之，則爲一萬九千五百七十二，又整一寸分爲一萬九千六百八十三，併之，總爲三萬九千二百五十五也。更三分之，一分有一萬三千八十五，上生者三分益一，以一萬三千八十五益上之數，總爲五萬二千三百四十，爲積分之數。然後除之爲寸，一寸除一萬九千六百八十三〔九四〕，則二寸除二萬九千三百六十六，爲二寸，通前爲六寸〔九五〕，餘有一萬二千九百七十四，不成寸，是中呂長六寸萬九千六百八十三分寸之萬二千九百七十四也。」呂氏春秋孟夏紀高注曰：「仲呂，陰律也。陽散在外，陰實在中，所以旅陽成功也，故曰仲呂。」白虎通義：「四月謂之仲呂何？言陽氣將極，中充大也，故復中難之也。」**四間林鍾，和展百事，俾莫不任肅純恪也。**六月曰林鍾，坤初六也。管長六寸。（元誥按：此下依項名達説，删「律長六寸」四字。）林，衆也，言萬物衆盛也。鍾，聚也。於正聲爲徵〔九六〕。展，審也。俾，使也。肅，速也。純，大也。恪，敬也。

言時務和審百事〔九七〕，無有僞詐，使莫不任其職事，速其功，大敬其職也。○禮記月令篇鄭注曰：「林鍾者，黄鍾之所生，三分去一，律長六寸。」孔疏曰：「黄鍾長九寸，三分去一，下生林鍾，故林鍾長六寸。」呂氏春秋季夏紀高注曰：「林，衆。鍾，聚。陰律也。陽氣衰，陰氣起，萬物衆聚而成。」白虎通義：「六月謂之林鍾何？林者，衆也。萬物成熟，種類衆多也。」俞樾曰：「展與布同義，故小爾雅廣言曰：『布，展也。』然則展亦布也。和當讀爲宣，尚書禹貢篇：『和夷底績。』水經桓水篇注引鄭注，和讀曰桓。桓與宣竝從亘聲，和之讀爲宣，猶和之讀爲桓也。和展百事者，宣布百事也。周官小司寇職曰：『正歲帥其屬而觀刑象，乃宣布於四方。』布憲職曰：『執旌節以宣布於四方。』是其義也。韋讀和如本字，而訓展爲『審』，則和與展義不相屬矣。」**五間南呂，贊陽秀物也**〔九八〕。八月曰南呂，坤六二也。管長五寸三分强，約爲五寸三分寸之一。（元誥按：此依項名達説改正。）榮而不實曰秀。南，任也。陰任陽事，助成萬物。贊，佐也。陰佐陽，秀成物也。（元誥按：此七字據月令疏引補。）○禮記月令篇鄭注曰：「南呂者，大蔟之所生，三分去一，律長五寸三分寸之一。」孔疏曰：「大蔟長八寸二分，去一，下生南呂。三寸去一寸，六寸去二寸，得四寸，又有整二寸在。分一寸作三分，二寸爲六分，更三分去一，餘有四分在。以三分爲一寸，益前四寸爲五寸，仍有一分在，故云律長五寸三分寸之一也。」呂氏春秋仲秋紀高注曰：「南呂，陰律。是月陽氣内藏，陰呂於陽〔九九〕，任其成功。」白虎通義：「八月謂之南呂何？南者，任也，言陽氣尚有，任生薺麥也，故陰拒之也。」元誥按：贊陽秀物〔一〇〇〕，各本無「物」字，今依月令注引補。**六間應鍾，均利器用，俾應復也**。十月曰應鍾，坤六三也。管長四寸八分弱，約爲四寸二十七分寸之二十。（元誥按：依項名達説改正。）言陰應陽用事，萬物鍾聚，百器具備，時務均利，百官器用、程度、庶品使皆應其禮，復其常也。月令

「孟冬，命工師效功，陳祭器，按程度，毋作淫巧以蕩上心，必功致爲上」也。○禮記月令篇鄭注曰：「應鍾者，姑洗之所生，三分去一，律長四寸二十七分寸之二十。」孔疏曰：「姑洗之律，長七寸九分寸之一。三分去一，則六寸去二寸，有四寸在。餘有整一寸九分寸之一〔一〇一〕，更三分，一寸爲二十七分，九分寸之一爲三分〔一〇二〕，并二十七分，總爲三十分，三分去一，去其十分，餘有二十分在，故云律長四寸二十七分寸之二十也。按春秋說云：『應其鍾。』注云：『應鍾，應其種類。』律曆志：『應鍾，言陰氣應無射，該藏萬物而雜陽閡種。』注：『閡，藏塞也，陰雜陽氣，藏塞爲萬物作種。』晉灼曰：『外閉曰閡。』以此言之，云應其種類，正謂應無射也。周語注曰：『坤六三用事。應，當也。言陰當代陽用事，百物可種藏，則均利百工之器。俾應復者，陰陽用事，終而復始也。』」(元誥按：引注爲賈、唐注，與韋注不同。)呂氏春秋孟冬紀高注曰：「應鍾，陰律也。陰應於陽，轉成其功，萬物聚藏。」白虎通義：「十月謂之應鍾何？鍾，動也，言萬物應陽而動，下藏也。」律呂不易，無姦物也。律呂不變易其正，各順其時，則神無姦行，物無害生也。細鈞有鍾無鎛，昭其大也。細，細聲，謂角、徵、羽也。鈞，調也。鍾，大鍾。鎛，小鍾也。昭，明也。有鍾無鎛，謂兩細不相和，故以鍾爲之節。明其大者，以大平細也。○宋庠曰：「鎛，伯各反。終篇同。」(元誥按：先鄭云「鎛爲大鍾」，朱駿聲亦謂「以聲求之，訓大鍾爲長，鎛乃鑮之假借字，則非小鍾明矣」，竝與韋注異。然此文以訓小鍾爲合。大鈞有鎛無鍾，大，謂宮、商也。舉宮、商而但有鎛無鍾，謂兩大不相和，故去鍾而用鎛，以小平大也。甚大無鎛，鳴其細也。甚大，謂同尚大聲也，則又去鎛，獨鳴其細。細，謂絲竹革木。○嚴杰曰：「大不踰宮，細不過羽，細大是指聲言。昭其大，鳴其細，是指器言。細鈞有鍾無鎛，大鈞有鎛無鍾，是指調言。鈞即『均』字，今所謂『調』，即古所謂『均』。」元誥按：嚴所云「均」即韻也。大昭小鳴，和之道也。大聲昭，小聲鳴，和平之道也。和平則久，久，可久樂也。久固則純，固，安也。可久則安，安則純也。孔子曰：「縱之，純如也。」純明則終，終，成也。書曰：「簫韶九成。」○王引之曰：「明，成也。謂純成則終也。故古謂樂一終爲一成。」終復則樂，終復，終則復奏故樂也。所以成政也，言政象樂也。故先王貴之。」貴其和平，可以移風易俗也。王曰：「七律者何？」周有七音，王問七音之律，意謂七律爲音器〔一〇三〕，用黃鍾爲宮，大蔟爲商，姑洗爲角，林鍾爲徵，南呂爲羽，應鍾變宮，蕤賓變徵也。○淮南詮言訓注：「古琴五弦，至周有七律，增爲七弦也。」汪遠孫曰：「七音不始於周。」對曰：「昔武王伐殷，歲在鶉火，歲，歲星也。鶉火，次名，周分野也。從柳九度至張十七度爲鶉火。（元誥按：各本作「十六度」，據漢書律曆志改。）謂武王始發師東行，時殷十一月二十八日戊子，於夏爲十月。是時歲星在張十三度。張，鶉火也。○項名達曰：「錢大昕以三統術推得是年歲星在張十三度者，惟三月戊寅以後七日，五月辛酉以後五日。韋氏誤指爲師始發時，非是。案武王伐殷年月日，韋氏悉本三統術，其年爲己卯，今用授時術校之，推得年前亥月小二十五日爲戊子，較三統差三日。推歲星平度，年前在室四度，卯月與日合於壁七度，午月抵婁四度，由是退行，亥月留奎十度，計通年自娵訾而降婁，距鶉火不及四次。」宋庠曰：「鶉，述春反，又常倫反。」月在天駟，天駟，房星也。謂戊子日，月宿房五度。○項名達曰：「依授時，推得年前亥月二十七日庚寅戌刻，月始入房〔一〇四〕，較遲二日。」爾雅：「天駟，房星也。」郭注云：「龍爲天馬，故房四星謂之天駟。」史記書：「房爲府，曰天駟，其陰，右驂。」索隱引詩氾曆樞〔一〇五〕：「房爲天馬，主車駕。」宋均云：「房既近心，爲明堂，又別爲天府及天駟也。」元誥按：天駟或簡稱駟，亦稱天馬，又簡稱馬。日在析木之津，津，天漢也。析木，次名，從尾十度至南斗十一度爲析木，其閒爲漢津。謂戊子日宿箕七度也。○項名達曰：「依授時，推得亥月十八日辛巳日躔箕初度，二十五日戊子至箕七度，二十八日辛卯入斗初。」辰在斗柄，辰，日月之會。斗柄，斗前也。謂戊子後三日，得周正月辛卯朔，於殷爲十二月，夏爲十一月。是日，月合辰斗前一度也。○項名達曰：「依授時，推得平朔爲甲午，差遲三日；定朔爲癸巳，差遲二日；日月合辰在斗一度九十九分，差兩度有奇。」星在天黿。星，辰星也。天黿，次名，一曰玄枵。從須女八度至危十五度爲天黿。謂周正月辛卯朔。二日壬辰，辰星始見。三日癸巳，武王發行，二十八日戊午，度孟津，距戊子三十一日。二十九日己未晦，冬至，辰星與須女伏天黿之首也。○項名達曰：「錢大昕以三統術推得是年周正月二日壬辰，辰星夕始見，在南斗十五度；二十四日甲寅，入天黿之次；二十六日丙辰，留女八度；二十七日丁巳，出天黿之次；二十八日戊午，退在女六度而伏。韋氏云伏天黿之首，與本術不合。案依授時推辰星平度，是年前亥月二十六日己丑，辰星夕見於南斗十五度；由是疾行，至周正月十二日甲辰，推女三度；二十六日戊午，留虛二度；二十八日庚申晦冬至，丑月初七日己巳，退伏女六度。」宋庠曰：「黿，隅袁反。」星與日辰之位，皆在北維。星，辰星也。辰星在須女，日在析木之津，辰在斗柄，故皆在北維。北維，北方水位也。顓頊之所建也，帝嚳受之。建，立也。顓頊，帝嚳所代也。帝嚳，周之先祖，后稷所出。禮祭法曰：「周人禘嚳而郊稷。」顓頊，水德之王，立於北方，帝嚳木德，故受之於水。今周亦木德，當受殷之水，猶帝嚳之受顓頊也。我姬氏出自天黿，姬氏，周姓。天黿，即玄枵，齊之分野。周之皇妣王季母太姜者，逢伯陵之後，齊女也，故言出於天黿。傳曰：「有逢伯陵因之，蒲姑氏因之，而後太公因之。」又曰：「有星出於須女，姜氏、任氏實守其祀。」及析木者，有建星及牽牛焉〔一〇六〕，從斗一度至十一度，分屬析木，日辰所在也。建星在牽牛間，謂從辰星所在須女，天黿之首。至析木之分〔一〇七〕，歷建星及牽牛，皆水宿，言得水類也。則我皇妣大姜之姪，伯陵之後，逄公之所憑神也〔一〇八〕。皇，君也。生曰母，死曰妣。大姜，大王之妃，王季之母，姜女也。女子謂昆弟之子，男女皆曰姪。伯陵，大姜之祖有逄伯陵也。逄公，伯陵之後，大姜之姪，殷之諸侯，封於齊地。齊地屬天黿，故祀天黿。死而配食，爲其神主，故云憑。憑，依也，言天黿乃皇妣家之所憑依也，非但合於水木相承而已，又我實出於水家。周道起於大王，故本於大姜也。○舊音：「逄，白江反。」歲之所在，則我有周之分野也。歲星在鶉火。鶉火，周分野也。歲星所在，利以伐之也。○元誥按：「也」字據昭二十年内傳疏引補。月之所在，辰馬，農祥也，辰馬，謂房、心星也。心星所在大辰之次爲天駟〔一〇九〕。駟，馬也，故曰辰馬。言月在房，合於農祥。祥，猶象也。房星晨正，而農事起焉，故謂之農祥。○汪遠孫曰：「爾雅：『大辰，房、心、尾也。』説文：『曟，房星，爲民田時者。晨，或省〔一一〇〕。』『辰』下云：『辰，房星，天時也。』『辰』下云：『辰者，農之時也，故房星爲辰〔一一一〕，田候也。』曟、晨、辰古通用。辰，時也。農時最重，故房星專名辰。房又爲天馬，故曰『辰馬』。房、心爲辰，故韋注連言心也。」我大祖后稷之所經緯也。稷播百穀，故農祥，后稷之所經緯也。晉語：「辰以成善，后稷是相。」（元誥按：「辰」字、「相」字依補音改。）○陳奂曰：「周以后稷爲大祖，禮記王制注，『大祖，后稷』是也。詩生民疏據雕箋『禘大祖謂文王』，乃云『后稷以初始感生，謂之始祖，又以祖之尊大，竝謂之大祖』。引此周語爲解，其説非也。」王欲合是五位三所而用之。王，武王也。五位，歲、月、日、星、辰也。三所，逄公所憑神，周分野所在，后稷所經緯也。○詩大明篇孔疏曰：「按其文云，『星與日辰之位皆在北維』，『歲之所在』，『月之所在』，言『五位三所』，謂五物在三處，當以此五在爲三所，不得以『所』字充之。若必以『所』字充之，則周之分野不言所也。又正合五位，則五物皆助。若三所惟數逄公，則日之與辰不助周矣。韋昭之言非也。歲、月、日、辰、星五者各有位，謂之五位。星、日、辰在北，歲在南，月在東，居三處，故言三所。」内傳昭二十年左傳疏曰：「三所者，星與日辰之位〔一二〕，是一所也；歲之所在，是二所也；月之所在，是三所也。」自鶉及駟，七列也，鶉火之分，張十三度。（元誥按：十三度，各本作「十六度」，據漢書律曆志改。）駟，天駟。房五度，歲、月之所在。從張至房七列，合七宿，謂張、翼、軫、角、亢、氐、房之位。○元誥按：「也」字依宋庠本，下同。南北之揆，七同也，七同，合七律也。揆，度也。歲在鶉火午，辰星在天黿子。鶉火，周分野。天黿及辰水星，周所出。自午至子，其度七同也。凡人神以數合之，以聲昭之，凡，凡合神人之樂也。以數合之，謂取其七也。以聲昭之，謂以律調音也。數合神和，然後可同也。同，謂神人相應也。故以七同其數，而以律和其聲，於是乎有七律。七同其數，謂七列、七同、七律也。律和其聲，律有陰陽、正變之聲也。○昭二十年左傳孔疏曰：「七同其數，五聲之外加以變宮、變徵也。此二變者，舊樂無之，聲或不會。而以律和其聲，調和其聲，使與五音諧會。謂之七音由此也。」汪遠孫曰：「淮南天文訓：『姑洗生應鍾，不比於正音，故爲和。應鍾生蕤賓，不比於正音，故爲繆。』繆與穆古字通用，穆亦和也。五音之外，應鍾、變宮、蕤賓、變徵，皆所以調和正音耳。」王以二月癸亥夜陳〔一三〕，未畢而雨，二月，周二月。四日癸亥，至牧野之日。夜陳師，陳師未畢而雨。雨者，天地神人協同之應也。以夷則之上宮畢，夷，平。則，法也。夷則，所以平民無貳也。上宮，以夷則爲宮聲。夷則，上宮也，故以畢陳。周禮：「大師執同律以聽軍聲〔一四〕，而詔吉凶。」一曰陽氣在上，故曰上宮也。○宋庠本「畢」下有「之」字。當辰。辰在戌上，故長夷則之上宮，名之曰羽，長，謂先用之也。辰，時也。辰，日月之會，斗柄也。當初陳之時，周二月，昏，斗建丑，而斗柄在戌。上下臨其時，名其樂爲羽，羽翼其衆也。○宋庠曰：「長，丁丈反。」所以藩屏民則也。屏，蔽也。羽之義，以其能藩蔽民，使中法則也。王以黃鍾之下宮，布戎於牧之野，布戎，陳兵，謂夜陳之。晨旦，甲子昧爽，左杖黃鉞〔二五〕，右秉白旄時也。黃鍾所以宣養氣德，使皆自勉，尚桓桓也。黃鍾在下，故曰下宮也。故謂之厲，所以厲六師也。名此樂爲厲者，所以厲六軍之衆也。○元誥按：「也」字依宋庠本。以大蔟之下宮，布令於商，昭顯文德，底紂之多罪，商，紂都也。文，文王也。底，致也。既殺紂，入商之都，發號施令，以昭明文王之德，致紂之多罪。大蔟所以贊陽出滯，蓋謂釋箕子之囚，散鹿臺之財，發巨橋之粟也。大蔟在下，故曰下宮也。○王念孫曰：「此泛言周之文德，不專指文王。下文『宣三王之德』，即其證也。昭三十二年左傳：『昔成王合諸侯城成周，以爲東都，崇文德焉。』亦是泛言周之文德。杜注云：『崇文王之德。』誤與此同。」故謂之宣，所以宣三王之德也。三王，大王、王季、文王也。反及嬴內，○舊音：「上音嫣，下音汭。」宋庠曰：「嬴或作『贏』，非是。古文尚書作『嬴』，與嫣同。」以無射之上宮，布憲施舍於百姓，嬴內，地名。憲，法也。施，施惠。舍，舍罪也。無射所以宣布哲人之令德，示民軌儀。無射在上，故曰上宮也。○王引之曰：「布法與施舍意義不倫。周禮秋官之『布憲』，（掌憲邦之刑禁。）管子立政篇之『出令布憲』，皆不爲施舍而設，且下云『優柔容民』，則非布法之謂也。憲，疑當爲『悳』，悳，古『德』字，（說文：『悳，古文作『惪』』。）郎中鄭固碑：『惪能簡乎，聖心是也。』隸或省作『悳』。執金吾丞武榮碑：『蓋觀德於始。』韓勑禮器碑：『背道畔德。』其旁皆古文『惪』字也。）形與憲相似而譌。昭十三年左傳：『施舍不倦。』杜注曰：『施舍，猶云布恩德。」則施舍正所以布德，故曰『布德施舍於百姓』也。月令：「命相布德和令，行慶施惠，下及兆民。」正與此同義。且上文云『無射所以宣布哲人之令德，示民軌儀也』，是『無射』本以『布德』爲義，故以『無射之上宫，布德施舍於百姓』耳。韋所見本已誤作『憲』，故不得已而曲爲之説，其實非也。又案：施舍之言賜予也，『布德施舍於百姓』，所謂『周有大賚』也。韋分施與舍爲二義，失之。」（元誥按：王校「憲」爲「德」誤，是也。）但既云「布德」，又云「施舍」，於義嫌複。左傳杜注云：「施舍，猶云布恩德也。」是以「布恩德」釋施舍，不足爲此文「布德」「施舍」竝列之例證。疑舍當爲「令」，字形相似而誤。「布德」即應上文「無射，所以宣布哲人之令德」，「施令」即「示民軌儀」之義也。王説於此不辨，似止得其半耳。故謂之嬴亂，所以優柔容民也。」亂，治也。柔，安也。○俞樾曰：「下文『齊閭丘來盟』章曰：『其輯之亂。』韋注曰：『凡作篇章，義既成，撮其大要以爲亂辭。詩者，歌也，所以節舞者也。如今三節舞矣，曲終乃更，變章亂節，故謂之亂也。』然則『嬴亂』之亂，當與彼同。上文曰：『故長夷則之上宫，名之曰羽。』注曰：『長謂先用之也。』是此樂以羽爲始，以嬴爲亂，故曰『嬴亂』。其命名之意在『嬴』，不在『亂』。優柔容民，乃釋『嬴』字之義，嬴之言贏也。爾雅釋天：『夏爲長，爲長嬴。』釋文曰：『嬴，本作「贏」。』是嬴、贏古通用。襄三十一年左傳『以贏諸侯』。杜注曰：『贏，受也。』荀子解蔽篇：『故曰心容。』楊注曰：『容，受也。』贏、容義相近，以容訓『嬴』，正古義矣。『亂』乃樂終之名，非義所在，故無説也。韋注未得其義。」元誥按：各本嬴作「羸」，黄丕烈謂當作「嬴」，今從之。

8 景王既殺下門子。下門子，周大夫，王子猛之傅也。景王無嫡子，既立子猛，又欲立王子朝，故先殺子猛傅下門子也。賓孟適郊，見雄雞自斷其尾，賓孟，周大夫，子朝之傅賓起也。問之，侍者曰：「憚其犧也。」侍者，孟之從臣也。憚，懼也。純美爲犧，祭祀所用也。言雞自斷其尾者，懼爲宗廟所用也。遽歸告王，遽，猶疾也。賓孟有寵於王，欲立子朝，王將許之，故先殺下門子，賓孟知意，故感犧之美，念及子朝，疾歸語王，勸立之也。曰：「吾見雄雞自斷其尾，而人曰『憚其犧也』，吾以爲信畜矣。信，誠也。雞畏其宗廟之用，故自斷其尾，此誠六畜之情，不與人同也。人犧實難，己犧何害？人犧，謂雞也。爲人作犧實難，言將見殺也。己，謂子朝。己自爲犧，當何害也？人君冕服，有似於犧，故以喻也。○王引之曰：「實，是也。難，患也。人犧實難，言唯他人爲犧是患也。韋注未達賓起語意。」抑其惡爲人用也乎，則可也。言雞惡爲人所用，故自斷其尾。可也，自可爾也。人異於是。異於雞也。人之美，則宜君人，事宗廟也。犧者，實用人也。」用人，猶治人也。自作犧，則能治人也。王弗應。弗應者，曉其意，畏大臣也。田於鞏，鞏，北山，今河南縣也。使公卿皆從，將殺單子，未克而崩。單子，單穆公也。克，能也。王欲廢子猛，更立子朝，恐其不從，故欲殺之。遇心疾而崩，故未能也。在魯昭二十二年。

9 敬王十年，劉文公與萇弘欲城周，○宋庠本周上增「成」字。爲之告晉。敬王，景王之子，悼王之弟敬王匄也〔一一六〕。十年，魯昭三十二年。劉文公，王卿士，劉摯之子文公卷也。萇弘，周大夫萇叔也。欲城周者，欲城成周也。成周在瀍水東，王城在瀍水西。初，王子朝作亂，於魯昭二十三年夏，王子朝入於王城，敬王如劉。秋，敬王居於狄泉。狄泉，成周之城，周墓所在也。魯昭二十六年四月，敬王師敗，出居於滑。十月，晉人救之，王入於成周。子朝奔楚，其餘黨儋翩之徒多在王城，敬王畏之。於是晉徵諸侯戍周，用役煩勞，故萇弘欲城成周，使富辛、石張爲主，如晉請城成周。魏獻子爲政，獻子，魏正卿，魏絳之子舒也。說萇弘而與之，說萇弘，從其求也。○宋庠曰：「說，古『悦』字。」將合諸侯。合諸侯以城成周也。衛彪傒適周，聞之，彪傒，衛大夫。見單穆公曰：「萇、劉其不殁乎？言將殁也。○吴曾祺曰：「謂不得良死也。」元誥按：明道本作「萇弘」，觀下文「萇、劉欲支天之所壞」及「其咎孰多」，注曰「謂萇、劉也」，則作「萇、劉」是。今從宋庠本。周詩有之曰：『天之所支，不可壞也。周詩，飫時所歌也。支，柱也。其所壞，亦不可支也。』昔武王克殷而作此詩也，以爲飫歌，名之曰『支』，以遺後之人，使永監焉。監，觀也。夫禮之立成者爲飫，立成，立行禮，不坐也。昭明大節而已〔二七〕，少曲與焉。節，體也。曲，章曲也。與，類也。言飫禮所以教民敬戒，昭明大體而已，故其詩樂少，章曲威儀少，比類也。○俞樾曰：「韋説『曲與』二字，其義甚迂，殆非也。與，古通作『舉』，周官師氏『王舉則從』，故書舉爲與。史記吕后紀『蒼天舉直』，徐廣曰：『舉，一作「與」。』竝其證也。少曲舉焉，謂無委曲之舉動也。『曲舉』與『大節』正相對成義。明道本曲作『典』，疑誤。」元誥按：明道本傳、注曲皆作「典」。今依宋庠本。是以爲之日惕，其欲教民戒也。惕，懼也。以是日自恐懼，欲民知戒慎也。○賈本惕作「怛」。然則夫支之所道者，必盡知天地之爲也。知天地之爲，謂所支壞也。不然，不足以遺後之人。今萇、劉欲支天之所壞，不亦難乎？自幽王而天奪之明，使迷亂棄德，而即慆淫，即，就也。慆，慢也。以亡其百姓，其壞之也久矣。而又將補之，殆不可矣！殆，近也。水火之所犯，犯，害也。猶不可救，而況天乎？諺曰：『從善如登，從惡如崩。』如登，喻難。如崩，喻易。昔孔甲亂夏，四世而隕。孔甲，禹後十四世。亂夏，亂禹之法也。

四世，孔甲至桀四世而亡也。○史記夏本紀曰：「孔甲崩，子帝皋立。帝皋崩，子帝發立。帝發崩，子帝癸立，是爲桀。」**玄王勤商，十有四世而興。**玄王，契也。殷祖契由玄鳥而生，湯亦水德，故曰玄王。勤者，勤身修德，以興其國。自契至湯十四世而有天下，言其難也。○史記殷本紀曰：「契卒，子昭明立。昭明卒，子相土立。相土卒，子昌若立。昌若卒，子曹圉立。曹圉卒，子冥立，爲夏司空，勤其官，死於水，殷郊之。冥卒，子振立。振卒，子微立。微卒，子報丁立。報丁卒，子報乙立。報乙卒，子報丙立。報丙卒，子主壬立。主壬卒，子主癸立。主癸卒，子天乙立，是爲成湯。」**帝甲亂之，七世而隕。**帝甲，湯後二十五世也，亂湯之法，至紂七世而亡也。○史記殷本紀：「帝甲崩，子帝廩辛立。帝廩辛崩，弟庚丁立〔一一八〕，是爲帝庚丁。帝庚丁崩，子武乙立。武乙震死，子帝太丁立。帝太丁崩，子帝乙立。帝乙少子辛，辛母正后，辛爲嗣。帝乙崩，子辛立，是爲帝辛，天下謂之紂〔一一九〕。」**后稷勤周，十有五世而興。**自后稷至文王十五世也。○史記周本紀：「后稷卒，（元誥按：后稷非即棄也，參閲周語上「穆王將征犬戎」章戴、汪、吴諸説。）子不窋立。不窋卒，子鞠立。鞠卒，子公劉立，國於邠。公劉卒，子慶節立。慶節卒，子皇僕立。皇僕卒，子差弗立。差弗卒，子毁隃立。毁隃卒，子公非立。公非卒，子高圉立。高圉卒，子亞圉立。亞圉卒，子公叔祖類立。（索隱：「世本云：『太公組紺諸盩。』三代世表稱叔類，凡四名。皇甫謐云：『公祖一名組紺諸盩，字叔類，號曰太公』也。」）公叔祖類卒，子古公亶父立。古公卒，季歷立，是爲公季。公季卒，子昌立，是爲西伯，西伯曰文王。」**幽王亂之，十有四世矣。**自幽王至今敬王十四世也。○史記周本紀：「幽王宫涅立，申侯怒，與繒、西夷犬戎殺幽王驪山下，諸侯乃即申侯而共立故幽王太子宜臼，是爲平王。平王立，東遷於雒邑。五十一年，平王崩，太子洩父蚤死，立其子林，是爲桓王。二十三年，桓王崩，子莊王佗立。十五年，莊王崩，子釐王胡齊立。五年，釐王崩，子惠王閬立。二十五年，惠王崩，子襄王鄭立。三十二年，襄王崩，子頃王壬臣立。頃王六年，崩，子匡王班立。匡王六年，崩，弟瑜立，是爲定王。二十一年，定王崩，子簡王夷立。十四年，簡王崩，子靈王泄心立。二十七年，靈王崩，子景王貴立。二十年，子丐（元誥按：上文韋注作「匄」是也。）之黨與爭立，國人立長子猛爲王，子朝攻殺猛，晉人攻子朝而立丐，是爲敬王。」守府之謂多，胡可興也！胡，何也。夏、殷之亂，或四世，或七世而亡。今周十有四世，無德以救之，雖未亡，得守府藏，天禄已多矣，又何可興也。夫周，高山、廣川、大藪也，故能生是良材，言周之道德禮法所以長育賢材，猶天之有山川大藪，良材之所生也。而幽王蕩以爲魁陵、糞土、溝瀆，其有悛乎！蕩，壞也。小阜曰魁。悛，止也。言幽王敗亂周之法度，猶壞毁高山以爲魁陵、糞土，殘絶川藪以爲溝瀆，無有悛止之時也。○元誥按：吴曾祺曰：「魁，大也，與『邱』音義俱同，當是假借字。」單子曰：「其咎孰多？」謂萇、劉也。曰：「萇叔必速及，將天以道補者也。萇叔，萇弘字。速及，速及於咎也。以道補者，欲以天道補人事也。○宋庠本「將天」作「夫將」，攷正云：「疑當作『天將』。」元誥按：疑當作「將以天道補者也」，注當作「以天道補者」。下句即承此而言。夫天道導可而省否，導，達也。省，去也。萇叔反是，以誑劉子，誑，惑也。必有三殃：違天，一也；支所壞也。反道，二也；以天道補人事。誑人，三也。惑劉子也。周若無咎，萇叔必爲戮。雖晉魏子，魏獻子也。亦將及焉。咎及之也。若得天福，其當身乎！當其身，禍尚微，後有繼，故爲天福也。若劉氏，則必子孫實有禍。殃及子孫也。夫子而棄常法，以從其私欲，棄常法，不修周法也。從私欲，欲城成周也。○元誥按：夫音扶。夫子，猶言是人也，謂萇、劉。用巧變以崇天災，巧變者，見周滅於西都，平王東遷以獲久長，故今欲復遷也。崇，猶益也。勤百姓以爲己名，其殃大矣！」勤，勞也。名，功也。是歲也，魏獻子合諸侯之大夫於狄泉，是歲，敬王十一年，魯定公之元年也。○王引之曰：「是歲，即謂敬王十年，非謂十一年也。韋云『是歲，敬王十一年，魯定之元年』者，蓋以定元年左傳『正月辛巳，晉魏舒合諸侯之大夫於狄泉』，故據以作注，不知昭三十二年傳已云〔三〇〕：『冬十一月，晉魏舒、韓不信如京師，合諸侯之大夫於狄泉尋盟，且令城成周』矣。以春秋經考之，『仲孫何忌會晉韓不信、齊高張、宋仲幾、衛世叔申、鄭國參、曹人、莒人、薛人、杞人、小邾人城成周』書於昭三十二年冬〔三一〕，而不書於定元年春，則會城成周之事在昭三十二年，而不在定元年明甚。定元年傳以前年十一月之事復載於次年正月，左氏之誤也。國語以狄泉之會屬之敬王十年，正與昭三十二年經合，實足以糾定元年左傳之誤。韋氏不能詳審，反據定元年左傳以爲之注，疏矣。」遂田於大陸，焚而死。田，以火田也。大陸，晉藪也。及范、中行之難，萇弘與之，○元誥按：與，讀去聲，今作「預」。晉人以爲討。二十八年，殺萇弘。范、中行，晉大夫范吉射、中行寅也。作難，叛其君也。初，劉氏、范氏世爲婚姻，萇弘事劉文公，故周人與范氏。敬王二十八年，魯哀三年，晉人以讓周，周爲之殺萇弘也。及定王，劉氏亡。劉氏，文公之子孫也。定，亦當爲「貞」。○吴曾祺曰：「定王，宜作『貞定王』。」

校記

〔一〕此「見」字領下三「見」字　「領」誤作「頜」，據國語考異改。

〔二〕上文「秦師將襲鄭」章 「章」字脱，據群經平議補。

〔三〕離，失也。名，聲也，失所名也 「也失」二字脱，據公序本補。

〔四〕爽、喪，形聲義竝相近 「形」字脱，據國語發正補。

〔五〕酋腊，即「酋久」也 「腊」誤作「昔」，下「酋」字誤作「酉」，據群經平議改。

〔六〕此舊音所本也 「音」誤作「注」，據經義述聞改。

〔七〕昔國武子好昭人過 「昭」誤作「招」，據經義述聞改。

〔八〕謂叔孫僑如也 「僑如也」三字脱，據各本補。

〔九〕欲逐季、孟而專魯國也 「季」誤作「魯」，據各本改。

〔一〇〕言其所利驕淫之事耳 「利」誤作「流」，據各本改。

〔一一〕諸侯會于柯陵 此六字脱，據各本補。

〔一二〕其「晉殺三郤」上「十二年」三字，則後人所增 「其」字誤作「下文」，據經義述聞改。

〔一三〕慶克通於靈公之母聲孟子，國佐召慶克而謂之 此十九字脱，據各本補。

〔一四〕言致和睦乃能親愛也 「睦」誤作「時」，據各本改。

〔一五〕與己體敵 「體敵」二字誤倒，據各本改。

〔一六〕乾下乾上 「下」、「上」二字互倒，據各本改。

〔一七〕時晉景公在位　「景」誤作「文」，據各本改。

〔一八〕晉襄公之孫也　「襄」字脱，據各本補。

〔一九〕襄元年簡王崩　「年」字脱，據經義述聞補。

〔二〇〕則靈王之二十三年矣　「年」字脱，據經義述聞補。

〔二一〕漢書五行志　「志」字脱，據國語發正補。

〔二二〕夫天地成而聚於高　「聚」下衍「物」字，據各本删。

〔二三〕越，揚也。「散揚」與「沈滯」正相反　二「揚」字皆誤作「陽」，據經義述聞改。

〔二四〕高注吕覽云　「高」誤作「韋」，據吕氏春秋注改。

〔二五〕有鮌城，在縣南六十里　「有鮌城」三字脱，據禹貢錐指補。

〔二六〕而於「决汨九川」句不置一詞　「决汨」二字誤倒，據群經平議改。

〔二七〕則不得謂古無「扫」字矣　「謂」字脱，據群經平議補。

〔二八〕屈此羣醜　「醜」誤作「配」，據經義述聞改。

〔二九〕文選何晏景福殿賦　「何」、「景」二字脱，據文選補。

〔三〇〕以善福殷富天下爲大也　「以」下明道本衍「爲」字，據公序本删。

〔三一〕豈，辭也　此三字脱，據公序本補。

〔三二〕申、吕，四嶽之後　「申」字脱，據各本補。

〔三三〕下文曰：「亡其氏姓。」「氏姓」二字誤倒，據經義述聞改。

〔三四〕翮翮，動摇不休止之意也。夷，平也　「不休止」及「夷平也」六字皆脱，據各本補。

〔三五〕而壅飾之　「而」誤作「以」，據公序本改。「之」字脱，據各本補。

〔三六〕大戴禮禮三本篇　脱一「禮」字，據經義述聞補。

〔三七〕今諸本皆作「王」　「王」誤作「本」，據國語補音改。

〔三八〕謂象天、儀地、和民、順時、共神也　「謂」誤作「神」，據各本改。

〔三九〕廣尺深尺爲甽　「爲」字脱，據各本補。

〔四〇〕異畝同潁　「異」誤作「同」，據各本改。

〔四一〕太子晉之弟也　「太子」二字脱，據公序本補。

〔四二〕景王無嫡子，既立子猛，又許賓孟立子朝，未立而王崩，單子、劉子立子猛而攻子朝，王室大亂
二「子猛」皆誤作「子孟」，下「子朝」誤作「子昭」，據各本改。

〔四三〕是時大臣專政　「政」誤作「攻」，據各本改。

〔四四〕元王崩　「王」字重衍，據史記周本紀删。

〔四五〕昔殷武丁能聳其德　「丁」字脱，據經義述聞補。

〔四六〕鄭後司農云　「後」字脱，據公序本補。

〔四七〕先於室家族類以相致　「室」誤作「寧」，據各本改。

〔四八〕單穆公曰　「公」字脱，據各本補。

〔四九〕量資幣平輕重之屬也　「資」、「平」二字脱，據各本補。

〔五〇〕若無射復有大林以覆之　「大」字脱，據各本補。

〔五一〕黄鍾爲宫則濁　「則」誤作「爲」，據各本改。

〔五二〕衡，稱上衡　此四字脱，據公序本補。

〔五三〕一切經音義七引賈逵曰：「歆，貪也。」　「七」字脱，據國語三君注輯存補。

〔五四〕樂之至也　此四字脱，據各本補。

〔五五〕口内味而耳内聲，聲味生氣。（口内五味則耳樂五聲，耳樂五聲則志氣生也。）　正文十一字與注文十八字皆脱，據各本補。

〔五六〕明以時動　此句下有「得其時也」四字，乃韋解混入正文而誤衍，據各本删。

〔五七〕視明則動　「動」字脱，據各本補。

〔五八〕號令所以成政也　「成」字脱，據各本補。

〔五九〕瓦、絲尚宫　「宫」誤作「室」，據各本改。

〔六〇〕律以平聲　「律」字脱，據各本補。

〔六一〕誦之曰詩　此四字脱，據公序本補。

〔六二〕詠，詠詩也　脱一「詠」字，據公序本補。

〔六三〕集，會也　「集」誤從明道本作「聲」，據公序本改。

〔六四〕東北曰艮　「艮」誤作「坎」，據各本改。

〔六五〕正東曰震　「震」誤作「正」，據各本改。

〔六六〕冬無冰、李梅實之類　「梅」下衍「不」字，據各本删。

〔六七〕不容於耳，耳不能容别也　脱一「耳」字，據公序本補。

〔六八〕言無射之聲爲大林所陵　「所」誤作「爲」，據各本改。

〔六九〕故神怒也　「怒」誤作「怨」，據各本改。

〔七〇〕八十曰耄。耄，昏惑也　脱一「耄」字，據各本補。

〔七一〕律所以立均出度也　「以」字脱，據各本補。

〔七二〕據此義，假令黄鍾之律長九寸　「義」下衍「則」字，據考工記孔疏删。

〔七三〕度，入聲，與下「律度」不同　「與」字重衍，據國語韋解補正删。

〔七四〕重元正始之義也　「元」誤作「九」，據各本改。

〔七五〕法云，九分之六得林鍾初六　「九分之六」各本作「九寸之一」，此據國語發正引項名達説校正而未作説明。

〔七六〕玄命苞：「黄鍾者始黄。」　「始」字脱，據禮記月令正義補。

〔七七〕徑三圍九，乃古率約略之數，不可以定律管　「圍」誤作「周」，「管」字脱，據國語發正引項氏説改補。

〔七八〕作樂宣徧　「樂宣」誤作「事宜」，據禮記月令正義改。

〔七九〕法云，九分之八。（元誥按：此四字依項名達説改正。）　按，「九分之八」爲韋解原文，項名達説即下文所引者，「應云黄鍾九分之八」，元誥按稱「此四字」，殊不分明，應作「此四字應依項名達説改正」。

〔八〇〕言萬物始大，湊地而出也　「始大」二字脱，據國語發正補。

〔八一〕正月，蟄蟲始震　「正月」二字脱，據公序本補。

〔八二〕約爲七寸九分寸之一　「九分寸」之「寸」字脱，據各本補。「約爲」各本原作「律長」，據項名達説改而未作説明。

〔八三〕姑，枯也　「枯」，各本作「潔」，此據群經平議校正而未作説明。

〔八四〕蕤，委蕤，柔貌也。言陰氣爲主，委蕤於下　上「委蕤」之「蕤」字脱，下「委蕤」之「蕤」誤作「柔」，據公序本補改。

〔八五〕獻酬之禮　「酬」字脱，據禮記月令正義補。

〔八六〕蕤，委蕤，柔貌也　「委蕤」之「蕤」字脱，據經義述聞補。

〔八七〕陰氣收藏　「氣」字脱，據禮記月令正義補。

〔八八〕謂收斂散越之氣也　「越」字脱，據經義述聞補。

〔八九〕元閒大呂，助宣物也　「助」下衍「揚」字，據各本删。

〔九〇〕八寸二百四十三分寸之一百四　「三分寸」之「寸」字脱，據項名達説補，見國語發正三。

〔九一〕不名其初　「初」字從公序本。明道本作「物」，國語考異並存之，未作可否。

〔九二〕律長八寸二百四十三分寸之百四　「三分寸」之「寸」字誤作「半」，據禮記月令鄭注改。

〔九三〕故曰正月。正月，正陽之月也　脱「正月」二字，據公序本補。

〔九四〕一寸除一萬九千六百八十三　「九千」二字脱，據禮記月令正義補。

〔九五〕通前爲六寸　「寸」誤作「十」，據禮記月令正義改。

〔九六〕於正聲爲徵　「正」誤作「五」，據各本改。

〔九七〕和審百事　「事」誤作「物」，據各本改。

〔九八〕贊陽秀物也　「陽」誤作「揚」，據各本改。各本原無「物」字，此據禮記鄭注補。

〔九九〕陰呂於陽　「呂」字脱，據呂氏春秋高注補。

〔一〇〇〕贊陽秀物　「陽」誤作「揚」，據禮記月令鄭注改。

〔一〇一〕餘有整一寸九分寸之一　「有」下衍「一」字，據禮記月令正義删。

〔一〇二〕九分寸之一爲三分　「三」誤作「二」，據禮記月令正義改。

〔一〇三〕意謂七律爲音器　「七律」與「謂」字互倒，「爲」字誤爲「七」，據各本改正。

〔一〇四〕依授時，推得年前亥月二十七日庚寅戌刻，月始入房　「日」字脱，據國語發正補。

〔一〇五〕索隱引詩氾曆樞　「氾」誤作「汜」，據史記天官書索隱改。

〔一〇六〕有建星及牽牛焉　「牛」誤作「星」，據各本改。

〔一〇七〕謂從辰星所在須女，天黿之首。至析木之分　「至」字脱，據公序本補。

〔一〇八〕逢公之所憑神也　「逢」誤作「逄」，「公」誤作「伯」，據公序本改。注文「逢」亦皆誤作「逄」，據此改正，不另出校。

〔一〇九〕辰馬，謂房、心星也。心星所在大辰之次爲天駟　「辰馬」之「辰」字，「心星所在」之「心星」二字，皆脱，據公序本補。

〔一一〇〕晨，或省　此據國語發正，按説文「或」上有「晨」字。

〔一一一〕故房星爲辰　「星」誤作「心」，據國語發正改。

〔一二〕星與日辰之位　「星」、「日」二字互倒，據左傳正義改。

〔一三〕王以二月癸亥夜陳　「二月」二字脱，據各本補。

〔一四〕大師執同律以聽軍聲　「師」下衍「教」字，據各本删。

〔一五〕左杖黄鉞　「杖」誤作「使」，據公序本改。

〔一六〕悼王之弟敬王匄也　「匄」誤作「匃」，據各本改。

〔一七〕昭明大節而已　「已」誤作「己」，據各本改。

〔一八〕帝廩辛崩，弟庚丁立　「庚」誤作「武」，據史記殷本紀改。

〔一九〕天下謂之紂　「紂」誤作「桀」，據史記殷本紀改。

〔二〇〕不知昭三十二年傳已云　「三十二年」誤作「二十三年」，據經義述聞改。

〔二一〕書於昭三十二年冬　「三十二年」誤作「二十三年」，據經義述聞改。

國語集解

吉水徐元誥學

魯語上第四

○舊音曰：「魯，姬姓國也。成王封叔父周公之子伯禽於曲阜，是為魯公。」○元誥按：曲阜今屬山東，為縣。魯自魯公傳世二十三而至隱公，入春秋。

1 長勺之役，曹劌問所以戰於莊公。長勺，魯地。曹劌，魯人也。莊公，魯桓公之子莊公同也。初，齊襄公立(一)，其政無常，鮑叔牙曰：「君使民慢，亂將作矣。」奉公子小白奔莒。魯莊八年，齊無知殺襄公，管夷吾、邵忽奉公子糾來奔魯也。九年夏，莊公伐齊，納子糾。小白自莒先入，與莊公戰於乾時，莊公敗績，故十年齊伐魯，戰於長勺也。○吳曾祺曰：「定四年傳，成王以殷民六族錫魯(二)，有長勺氏，此當即其所居之地也。」公曰：「余不愛衣食於民，有惠賜也。○元誥按：愛，吝也，見後韋注。下同。不愛牲玉於神。」牲，犧牲。玉，圭璧。所以祭祀也。詩云：「靡愛斯牲，圭璧既卒。」對曰：「夫惠大而後民歸之志，○各本大作「本」，韋注曰：「惠本，謂樹德施利也。歸之志，志歸於上。」俞樾曰：「本乃『大』字之誤，下文曰：『今將惠以小賜，祀以獨恭。』小賜不咸，獨恭不優。」即承此文而言。惠不大爲小賜，民不和爲獨恭也。又曰：『夫民求不匱於財，而神求優裕於享者也，故不可以不本。』本亦『大』字之誤，民求不匱而神求優裕，故不可以不大也，若作『本』字，則均失其義矣。大與本上半相似，因而致誤。漢書董仲舒傳曰：『元者，辭之所謂大也。』漢紀武帝紀作：『元者，辭之所謂本也。』是其證。」元誥按：俞説是，今據以訂正。韋注改「本」爲「大」，義亦可通。民和而後神降之福。降，下也。民，神之主，故民和神乃降福。若布德於民而均平其政事，君子務治而小人務力，動不違時，器不過用，不過用禮也。〇明道本器作「財」，汪遠孫曰：「涉下句而誤。」財用不匱，莫不共祀。無不供祀，非獨己也。〇明道本「莫不」下衍「能使」二字。是以用民無不聽，〇元誥按：用，使也。聽，從也。求福無不豐。今將惠以小賜，祀以獨恭。小賜，臨戰之賜。獨恭，一身之恭也。小賜不咸，獨恭不優。咸，徧也。優，裕也。不咸，民不歸也，不優，神弗福也，將何以戰？夫民求不匱於財，而神求優裕於享者也，裕，饒也。享，食也。民和年豐爲優裕也。故不可以不大。」〇元誥按：各本大作「本」，韋注曰：「本，先利民莫不供祀也。」今依俞説改，詳見上。韋注易「本」爲「大」，亦可通也。公曰：「余聽獄，雖不能察，必以情斷之。」獄，訟也。〇莊十年左傳杜注曰：「言爭訟、刑罰之類，雖不能偏察其曲直、當否，必盡己之情，以求人之情。」宋庠曰：「斷，丁亂反，決也。」對曰：「是則可矣。可者，未大備，可以一戰。傳曰「齊師敗績」也。夫苟中心圖民，智雖弗及，必將至焉〔三〕。」苟，誠也。言誠以中心圖慮民事，智雖有所不及，必將至於道也。〇明道本「夫苟」上衍「知」字。

2莊公如齊觀社。莊公二十三年，齊因祀社，蒐軍實以示客，公往觀之也。〇史記魯周公世家集解引韋注作「以示軍容」。曹劌諫曰：「不可。夫禮，所以正民也。是故先王制諸侯，使五年四王、一相朝。賈侍中云：「王，謂王事天子也。歲聘以志業，閒朝以講禮，五年之閒，四聘於王，則一相朝。相朝者，將朝天子，先相朝也。」唐尚書云：「先王，謂堯也。五載一巡守，諸侯四朝。」昭謂：以堯典相參，義亦似之，然此欲以禮正君，宜用周制。周禮：「中國凡五服，遠者五歲而朝。」禮記曰：「諸侯之於天子也，比年一小聘，三年一大聘，」五年一朝謂此也。晉文霸時亦取於此也。○元誥按：正，內傳作「整」，林注訓「整齊」。又「相朝」下，宋庠本有「也」字。終則講於會，以正班爵之義，終，畢也。講，習也。班，次也。謂朝畢則習禮於會，以正爵位、次序、尊卑之義也。○明道本傳、注班皆誤作「斑」。帥長幼之序，帥，循也。○莊二十三年左傳林注曰：「以正五等班爵後先之宜〔四〕，其班爵同者，則以年齒長幼爲次序。」訓上下之則，制財用之節，謂牧伯差國大小，使受貢職也。其閒無由荒怠。其閒，朝會閒也。

夫齊棄大公之法而觀民於社，大公，齊始祖大公望也。○莊二十三年經正義引孔晁曰：「聚民於社，觀戎器也。」君爲是舉，舉，動也。而往觀之，非故業也，業，事也。何以訓民？土發而社，助時也〔五〕。土發，春分也。周語曰：「土乃脉發。」社者，助時祈福爲農始也。收攟而蒸，納要也。攟，拾也。冬祭曰蒸，因祭祀以納五穀之要〔六〕，休農夫也。月令曰，「孟冬祀於天宗，大祀於公社及門閭」也。○一切經音義十三引賈逵曰：「捃，拾穗也。」月令：「農事備收，舉五穀之要。」鄭注云：「定其租稅之簿。」高誘注云：「要，簿書也。」元誥按：賈本攟作「捃」，蒸作「承」。宋庠本蒸作「烝」，竝通。今齊社而旅往觀，非先王之訓也。旅，衆也。○各本作「今齊社而往觀旅」，俞樾曰：「當作『今齊社而旅往觀』。說文㫃部曰：『𣄼，古文旅，古文以爲魯衛之魯。』然則齊社而旅往觀，即齊社而魯往也。上文曰：『夫齊棄大公之法而觀民於社〔七〕，君爲是舉而往觀之。』彼文『君』字即此文『魯』字，異名而同實。若『往觀』上無『魯』字，則於文爲不備。且不曰『觀社』而曰『觀旅』，於義又爲不通，蓋由淺人不知『旅往觀』即『魯往觀』，因誤倒其文耳。」元誥按：俞説得之，今據以乙正。天子祀上帝，上帝，天也。諸侯會之受命焉。助祭受政命也。諸侯祀先王先公，先王，謂若宋祖帝乙、鄭祖厲王之屬也。先公，先君也。卿大夫佐之受事焉。事，職事也。臣不聞諸侯相會祀也，祀又不法。不法，謂觀民也。○宋庠本「相」上有「之」字。君舉必書，動則左史書之，言則右史書之。書而不法，後嗣何觀？」公不聽，遂如齊。

3莊公丹桓宮之楹，而刻其桷。桓宮，桓公廟也。楹，柱也。唐云：「桷，榱頭也。」昭謂：桷，一名榱，今北土云亦然。爾雅曰：「桷謂之榱。」莊公娶於齊曰哀姜，哀姜將至，當見於廟，故丹柱刻榱以夸之也。○説文：「榱，秦名屋椽也，周謂之椽，齊魯謂之桷。」（依段本。）易漸：「或得桷。」虞注云：「桷，椽也，方者謂之桷。」公羊傳何注云：「『刻桷』與『丹楹』同義。」匠師慶言於公匠師慶，掌匠大夫禦孫之名也。○胡匡衷曰〔八〕：「左傳襄公四年有匠慶，謂季文子，上距莊公刻桓宮桷之時已百有餘年，疑非一人也。」曰：「臣聞聖王公之先封者，謂若湯、武、周公、大公也。遺後之人法，使無陷於惡。其爲後世，昭前之令聞也，爲，猶使也。使長監於世，監，觀。觀後世成敗以爲戒也。○俞樾曰：「既云使『無陷於惡』，又云『其使後世昭前之令聞』，則於義複矣。下又云『使長監於世』，殆無此文理也。今按此六句當分兩意：上三句以先祖言，謂王公之先封者，宜遺法後人，使無陷於惡也；下三句以子孫言，謂爲後世子孫者，當昭前之令聞，使長監於世也。『其爲後世』四字爲句，韋誤連下六字讀之，遂失其義。」故能攝固不解以久。攝，持也。○宋庠曰：「解，佳賣反。」今先君儉而君侈，先君，桓公也。○宋庠本「侈」下有「之」

字。今德替矣。」替，滅也。○元誥按：今，疑當爲「令」，涉上句而譌。公曰：「吾屬欲美之。」屬，適也。適欲自美之，非先君意也。○吳曾祺曰：「屬，謂臣屬也。蓋君欲委過於下，故下云『無益於君』。『君』字亦是對臣下言。」對曰：「無益於君，而替前之令德，臣故曰庶可已矣。」已，止也。○文選傅咸贈何劭、王濟詩，李注引賈逵曰：「庶，冀也。」元誥按：宋庠本作「庶可以已乎」。公弗聽。

4哀姜至，公使大夫、宗婦覿用幣。宗婦，同宗大夫之婦也。覿，見也，見夫人也。用幣，言與大夫同贄也。○莊二十四年經杜注曰：「禮，小君至，大夫執贄以見，明臣子之道。莊公欲奢夸夫人，故使大夫、宗婦同贄俱見。」元誥按：哀姜，齊襄公之妹也。宗人夏父展曰：「非故也。」宗人，宗伯也。夏父，氏也。展，名也。宗伯主男女贄幣之禮〔九〕。故，故事也。公曰：「君作故。」言君所作則爲故事也。對曰：「君作而順則故之，順，順於禮，則書以爲故事。○元誥按：明道本脱此注。逆則亦書其逆也。臣從有司，懼逆之書於後也，故不敢不告。從有司，言備位隨從有司後行也。夫婦贄不過棗、栗，以告虔也。棗，取蚤起。栗，取敬栗。虔，敬也。曲禮曰：「婦人之贄，脯、脩、棗、栗。」○元誥按：夫，猶凡也。男則玉、帛、禽、鳥，以章物也。謂公執桓圭，侯執信圭，伯執躬圭，子執穀璧，男執蒲璧，孤執皮帛，卿執羔，大夫執鴈，士執雉，庶人執鶩也。章，明也，明尊卑異物也。○莊二十四年左傳杜注云：「章所執之物，別貴賤。」今婦執幣，是男女無別也〔一〇〕。男女之別，國之大節也，不可無也。」公弗聽。

5魯饑，臧文仲言於莊公。魯饑，在莊公二十八年。文仲，魯卿，臧哀伯之孫，伯氏瓶之子臧孫辰也。

曰：「夫爲四鄰之援，援，所攀援，以爲助也。結諸侯之信，重之以婚姻，申之以盟誓，申，重也。固國之艱急是爲。艱，難也。是爲，爲難急也。鑄名器，名器，鍾鼎也。藏寶財，寶財，玉帛也。固民之殄病是待。殄，絶也。病，餓也。○王念孫曰：「注頗爲不辭。案殄亦病也。周官稻人『夏以水殄草而芟夷之』。鄭注曰：『殄，病也。』大雅瞻卬篇曰：『邦國殄瘁。』殄之言瘨也，疹也。大雅雲漢篇：『胡寧瘨我以旱。』鄭注曰：『瘨，病也。』釋文：『瘨，韓詩作疹。』越語曰：『疾疹貧病。』疹、殄、瘨聲近而義同。」今國病矣，君盍以名器請糴於齊？」盍，何不也。市穀曰糴。公曰：「誰使？」對曰：「國有饑饉，卿出告糴，古之制也。告，請也。○元誥按：説文「饑」下云：「穀不孰爲饑。」「饉」下云：「蔬不孰爲饉。」墨子七患篇：「一穀不收謂之饉，五穀不收謂之饑。」襄二十四穀梁傳：「三穀不收謂之饉。」當以説文爲正。又「古之制」謂周之制也，周書糴匡篇「年儉，穀不足，君親巡方，卿參告糴」是也。辰也備卿，辰請如齊。」公使往。從者曰：「君不命吾子，吾子請之，其爲選事乎？」選事，自選擇於職事也。○俞樾曰：「選當讀簒。爾雅釋詁曰：『簒，取也。』一切經音義引爾雅舊注曰：『盗位曰簒。』其實，古語凡逆而取之皆謂之簒。説文厶部曰：『逆而奪取曰簒。』方言曰：『秦晉之間，凡取物而逆謂之簒。』後漢書逸民傳序：『鴻飛冥冥，弋者何簒焉。』李賢注引宋衷曰：『簒，取也。』君不命而請之，是自取也，故曰『其爲簒事乎？』古巽聲、算聲字往往通用，説文食部簒或作『饌』，是其證也。詩柏舟篇：『不可選也。』後漢書朱穆絶交論作『不可算也』。論語子路篇：『何足算也。』漢書公孫劉田王楊蔡陳鄭傳贊作『何足選也』〔二〕。然則選之通作『簒』，猶選之通作『算』耳。韋以本字讀之而訓爲選擇，義轉迂矣。」文仲曰：「賢者急病而讓夷，夷，平也。居官者當事不避難，○宋庠曰：「難，乃旦反。」在位者恤民之患，是以國家無違。無相違很者也。今我不如齊，非急病也。在上不恤下，居官而惰，非事君也。」文仲以鬯圭與玉磬如齊告糴〔一二〕，鬯圭，裸鬯之圭，長尺二寸，有瓚，以祀廟。玉磬，鳴璆也。○周禮典瑞：「裸圭有瓚。」鄭司農注曰〔一三〕：「於圭頭爲器，可以挹鬯。裸祭謂之瓚。國語謂之鬯圭，大雅毛傳曰『九命，錫圭瓚、秬、鬯』。鬯即秬，鬯圭即圭瓚也。魯用上公之禮，故得有此。」元誥按：韋注從鄭說。曰：「天災流行，戾於敝邑，饑饉荐降，民羸幾卒，戾，至也。荐，重也。降，下也。羸，病也。幾，近也。卒，盡也。○陳瑑曰：「戾，當以罪戾爲義。下『獲戾』，解曰：『戾，罪也。』」大懼殄周公、太公之命祀〔一四〕，賈、唐二君云：「周公爲太宰，太公爲太師〔一五〕，皆掌命諸侯之國所當祀也。」或云：「命祀，謂命祀二公也。」昭謂：傳曰：「衛成公祀夏后相，甯武子曰：『不可以閒成王、周公之命祀。』」如此，賈、唐得之。○俞樾曰：「神不歆非類，民不祀非族。太公乃齊之先君，魯人豈得祭之？下文云：『豈惟寡君與二三臣實受君賜，其周公、太公及百辟神祇實永饗而賴之。』以此告齊，尤不近情，或說非也，賈、唐之說亦無確據，韋氏據甯武子之言爲證，則亦非也。武王崩，周公攝政，康叔之封，周公主之，故甯武子舉成王必兼及周公，乃據實而言。若伯禽受封，與太公何與？何必並舉之乎？若謂二公並掌諸侯命祀，則甯武子之言，何以不及太公乎？是二說胥失之矣。今按，此太公非齊之太公，乃魯之太公也。周初諸侯猶沿殷制，往往無謚，衛之始封曰康叔，曰康伯；晉之始封曰唐叔虞，曰晉侯燮；蔡之始封曰蔡仲胡，曰蔡伯荒；曹之始封曰曹叔振鐸，曰太伯脾，曰仲君平；杞之始封曰東樓公，曰西樓公，曰題公，曰謀娶公；宋之始封曰微子，曰微仲，曰宋公稽，皆無謚也。齊之有謚自哀侯始，哀侯以前曰丁公伋，曰乙公得，曰癸公慈母，凡三君無謚。而太公者，始封之君，又有大功，故尊之曰太公。猶周之王業始於古公亶父，而尊之曰太王也。非獨齊國如此，吳自泰伯適吳，遂以有國，至武王追封爲吳伯，謂之太伯，義猶是也。左傳曰『武王邑姜方震太叔』，則唐叔虞亦有太叔之稱，義亦猶是也。魯之受封，實始於伯禽，伯禽無謚，在他人稱之曰魯公可也，在魯之臣民稱之曰魯公不可也，則其尊之曰太公，固其宜矣。齊有太公，魯亦有太公，猶吳有太伯，曹亦有太伯，各尊其祖，不嫌同名。後人但知齊有太公，而不知魯亦有太公，始失其解矣。昭三年左傳曰：『豈惟寡君，舉羣臣實受其賜。其自唐叔以下，實寵嘉之。』與此文相似。彼云『唐叔以下』，舉晉先君而言，則此『周公、太公』舉魯之先君而言無疑矣。下文『齊孝公來伐』章曰：『昔者成王命我先君周文公及齊先君太公曰：「女股肱周室，以夾輔先王。」』其曰『齊先君太公』者，别於魯先君太公也。可見當日屬辭之慎。至左傳易之曰：『昔周公、太公股肱周室，夾輔成王。』則失之矣。蓋國語乃國史原文，左傳則已經左氏删改也〔一六〕。」元誥按：明道本殄作「乏」。 職貢業事之不共而獲戾。戾，罪也。 不腆先君之敝器，腆，厚也。 敢告滯積，以紓執事，滯，久也。紓，緩也。執事，齊有司也。穀久積則將朽敗，執事所憂也，請之所以緩執事也。 以救敝邑，使能共職，豈唯寡君與二三臣實受君賜，其周公、太公及百辟神祇實永饗而賴之！」辟，君也。賴，蒙也。天曰神，地曰祇。百辟，謂百君卿士有益於民者也。 齊人歸其玉而予之糴。

6 齊孝公來伐，孝公，齊桓公之子孝公昭也。魯僖公叛齊，與衛、莒盟於洮，又盟於向，故孝公伐魯，討此二盟。○明道本「伐」下有「魯」字。 臧文仲欲以辭告病焉，○韋讀「辭告」爲句，注曰：「欲以文辭告謝齊也。」「病焉」爲句，注曰：「病不能爲辭也。」俞樾曰：「此當以九字爲句。臧文仲欲以辭告病焉，謂欲以魯之病告齊也。宣十五年左傳曰：『寡君使元以病告。』義與此同。韋氏因下文『問於展禽』，遂讀『病焉』二字爲句，以『病不能爲辭』釋之，失其義矣。」元誥按：俞説是，今正。問於展禽。展禽，魯大夫，展無駭之後柳下惠也，字禽也〔一七〕。○元誥按：柳下惠氏展，名獲，字禽。柳下是其所食之邑名，謚曰惠。對曰：「獲聞之，處大教小，處小事大，所以禦亂也，不聞以辭。獲，展禽之名。禦，止也。若爲小而崇，以怒大國，崇，高也。謂自高大，不事大國也。使加己亂，亂在前矣，亂，惡也。辭其何益？」文仲曰：「國急矣！百物唯其可者，將無不趨也。百物之中，可用行賂，將無不趨，言無所愛也。願以子之詞行賂焉，其可乎？」展禽使乙喜以膏沐犒師，乙喜，魯大夫展喜也。犒，勞也。以膏沐爲禮，欲以義服齊，明不以賂免之也。○俞樾曰：「國語原文疑當作『以膏沐膏師』，上『膏』字如字，下『膏』字古報反。襄十九年左傳『如百穀之仰膏雨焉，若常膏之』〔一八〕，釋文曰：『「膏雨」，如字。「膏之」，古報反。』是其例也。『犒』字説文所無，漢斥彰長田君碑作『䣨』，亦説文所無，蓋皆俗字。周禮故書作『槀』，乃假借字，司農讀爲槁，似亦未得也。僖二十六年『公使展喜犒師』，正義引服虔曰：『以師枯槁，故饋之飲食。』疑左傳原文亦作『膏』矣。」曰：「寡君不佞，佞，才也。不能事疆埸之司，司，主也，主疆埸吏也。不能事，故搆我也。使君盛怒，以暴露於敝邑之野，敢犒輿師。」輿，衆也。齊侯見使者曰：「魯國恐乎？」使者，乙喜也。對曰：「小人恐矣，君子則否。」公曰：「室如懸磬，野無青草，何恃而不恐？」懸磬，言魯府藏空虛，但有榱橑如懸磬也。野無青草，旱甚也。故言「何恃」也。○僖二十六年左傳正義引孔晁曰：「懸磬，但有桷，無覆蓋。」宋庠本磬作「罄」。對曰：「恃二君之所職業。昔者成王命我先君周公及齊先君大公曰：『女股肱周室，以夾輔先王。先王，武王也。賜女土地，質之以犧牲，世世子孫無相害也。』質，信也，謂賜之盟以信其約也。今君來討敝邑之罪，其亦使聽從而釋之，釋，置也。必不泯其社稷，泯，滅也。豈其貪壤地而棄先王之命？其何以鎮撫諸侯？恃此以不恐。」齊侯乃許爲平而還。平，和也。

7 温之會，温之會，晉文公討不服也，在魯僖二十八年也。晉人執衛成公，歸之於周，成公恃楚而不事晉，又殺弟叔武，其臣元咺訴之晉，故文公執之。事見周語中也。使醫鴆之，不死，鴆，鳥名也，一名「運日」，其羽有毒，漬之酒而飲之，立死。傳曰：「晉侯使醫衍鴆衛侯，甯俞貨醫，薄其鴆而不死。」在魯僖三十年也。醫亦不誅。不誅醫者，諱以私行毒也。臧文仲言於僖公僖公，莊公之子僖公申也。曰：「夫衛君殆無罪矣。刑五而已，無有隱者，隱乃諱也。隱，謂鴆也。大刑用甲兵，賈侍中云：「謂諸侯不式王命，則以六師移之。」昭謂：甲兵，謂臣有大逆，則被甲聚兵而誅之，若今陳軍也。○書舜典正義引賈逵曰：「用甲兵者，諸侯逆命，征討之刑也。」其次用斧鉞，斧鉞，軍戮。書曰：「後至者斬。」○周禮掌戮孔疏引賈逵曰：「謂犯斬罪者。」中刑用刀鋸，割劓用刀，斷截用鋸，亦有大辟〔一九〕，故周語曰：「兵在其頸。」○周禮掌戮孔疏引賈曰：「用刀以劓之，鋸以笮之。」其次用鑽笮，鑽，臏刑也。笮，黥刑也。○周禮掌戮孔疏引賈逵曰：「鑽額，涅墨。笮，割勢，謂宮刑也。」舊音曰：「笮，才落、壯白二反。」薄刑用鞭扑，以威民也。鞭，官刑也。扑，教刑也。○書堯典：「鞭作官刑。」馬注：「爲辨治官事者爲刑。」〔二〇〕「扑作教刑。」鄭注：「扑，檟楚也。」扑爲教官爲刑者。故大者陳之原野，謂甲兵、斧鉞也。小者致之市、朝，刀鋸以下也。其死刑，大夫以上屍諸朝〔二一〕，士以下屍諸市。五刑三次，是無隱也。五刑，甲兵、斧鉞、刀鋸、鑽笮、鞭扑也〔三〕。次，處也。三處，野、朝、市也。今晉人鴆衛侯不死，亦不誅其使者，使者，醫衍也。諱而惡殺之也。諱殺衛侯也。有諸侯之請，必免之。臣聞之：班相恤也，故能有親。班，次也。恤，憂也。言位次同者當相憂也。夫諸侯之患，諸侯恤之，所以訓民也。訓，教也。教相救恤也。君盍請衛君，以示親於諸侯，且以動晉？動發晉侯之志也。夫晉新得諸侯，新爲伯也。使亦曰：『魯不棄其親，其亦不可以惡。』不可以惡，亦不可以惡魯也。公説，〇宋庠曰：「説，古『悦』字。」行玉二十瑴，乃免衛侯。雙玉曰瑴。傳曰：「納玉於王及晉侯皆十瑴，王許之。」〇宋庠曰：「瑴，古學反。」内傳：「納玉於王及晉侯皆十瑴。」此云「二十瑴」，并言之耳。自是晉聘於魯，加於諸侯一等，貴其義也。爵同，厚其好貨也。爵與魯同者，特厚其好貨也。〇俞樾曰：「當云『爵與晉同者』，於義方合。蓋晉人感魯、衛同班相恤之故，因自加厚於同爵之國也。晉、魯皆侯爵，則與晉同爵者，亦即與魯同爵，然在晉人之意，因其與己同而厚之，非因其與魯同而厚之也。韋注非是。」元誥按：明道本無「也」字。衛侯聞其臧文仲之爲也，使納賂焉。辭曰：「外臣之言不越境，不敢及君。」言臣不外交也。

8 晉文公解曹地以分諸侯。解，削也。晉文公誅無禮，曹人不服，伐而執其君，削其地也，以分諸侯。事在魯僖三十一年取濟西田。〇宋庠曰：「解，佳買反。」僖公使臧文仲往，宿於重館。重，魯地。館，候館也。周禮，五十里有市，市有候館也。〇董增齡曰：「後漢郡國志山陽郡方與縣注引内傳杜注：『縣西北有重鄉城。』」重館人告曰：「晉始伯而欲固諸侯，人，守館之隸也。固，猶安也。故解有罪之地以分諸侯。有罪，謂不禮文公，觀骿脅也。諸侯莫不望分而欲親晉，皆將争先，晉不以固班，班，次也。○宋庠本固作「故」。亦必親先者，吾子不可以不速行。魯之班長而又先，長，猶尊。先，先至也。諸侯其誰望之？誰敢望與魯爲比也。若少安，恐無及也。」從之，獲地於諸侯爲多。反，既覆命，爲之請曰：「地之多也，重館人之力也。臣聞之曰：『善有章，雖賤賞也。章，明也。惡有釁，雖貴罰也。』釁，兆也。今一言而辟境，其章大矣，辟，開也。請賞之。」乃出而爵之。出，出之於隸也〔三〕。爵，爵爲大夫也。○汪中曰：「凡有位於朝皆爵也，不必其爲大夫也。」

9 海鳥曰「爰居」，止於魯東門之外三日，爰居，雜懸也。東門，城東門也。○爾雅釋鳥郭注云：「漢元帝時琅琊有大鳥如馬駒，時人謂之『爰居』。」釋文引樊光云：「似鳳凰。」莊子至樂篇釋文引司馬彪云：「爰居舉頭高八尺。」元誥按：宋庠本三日作「二日」。臧文仲使國人祭之。文仲不知，以爲神也。展禽曰：「越哉，臧孫之爲政也！越，迂也，言其迂闊不知政要也。夫祀，國之大節也，節，制也。○説文：「祀，祭無已也。」一切經音義云：「祀，謂年常祭，潔敬無已也。」而節，政之所成也，言節所以成政也。故慎制祀以爲國典。典，法也。今無故而加典，非政之宜也。加，益也，謂以祭鳥益國法也。夫聖王之制祀也，法施於民則祀之，謂五帝、殷契、周文也。○禮記祭法疏云：「若神農及后土，帝嚳與堯及黄帝、顓頊與契之屬是也。」以死勤事則祀之，殷冥水死，周棄山死是也。○禮記祭法疏云：「若舜及鯀、冥是也。」以勞定國則祀之，虞幕，夏杼，殷上甲微，周高圉、大王也。○禮記祭法疏云：「若禹是也。」能禦大災則祀之，夏禹是也。○禮記祭法疏云：「能禦大菑及能捍大患則祀之者，若湯及文、武也。」能捍大患則祀之。殷湯、周武是也。非是族也，不在祀典。族，類也。昔烈山氏之有天下也，烈山氏，炎帝之號也，起於烈山。禮祭法以烈山爲厲山也。○路史禪通紀：「炎帝神農氏，生於列山之石室。」注云：「列山，即烈山、厲山，水經作賴山，今江夏隋縣北界厲鄉村南重山也。」路史又曰：「官長師事悉以火紀，故稱『炎』焉。肇迹列山，故又以列山、厲山爲氏。」其子曰柱，柱爲后稷，自夏以上祀之。○路史禪通紀：「炎帝柱，神農子也。」注云：「祭法云：『烈山氏之子曰農，農官也。』即爲柱。」元誥按：炎帝非止一人，自炎帝神農以下，有炎帝柱、炎帝慶甲、炎帝臨、炎帝承〔二四〕、炎帝魁、炎帝明、炎帝直、炎帝釐、炎帝居、炎帝節莖、炎帝克、炎帝戲、炎帝參盧等，俱見路史禪通紀。又按昭二十九年左傳云：「柱爲稷，夏氏以上祀之，周棄亦爲稷，自商以來祀之。」是則后稷又非止周有矣。能殖百穀百蔬。草實曰蔬。○文選東都賦注引薛君韓傳章句云〔二五〕：「穀類非一，故言百也。」元誥按：襄十九年左傳孔疏云：「言百，舉成數也。」百蔬亦是此義。夏之興也，周棄繼之，故祀以爲稷。夏之興，謂禹也。棄能繼柱之功，自商已來祀也。○白虎通義社稷篇曰：『稷，五穀之長，故立稷而祭之也。』」共工氏之伯九有也，共工氏，伯者，在戲、農之閒有域也。○路史共工氏傳：「共工氏，羲氏之代侯者也，是曰康回。太昊氏歿，俶亂天常，竊保冀方，搶攘爲傑。方其君國也〔二六〕，專以財利貿興有亡。」注云：「共工氏無霸名。祭法曰：『共工氏之霸九州也。』陸農師云：『皇而霸者也，謂之霸，入於器故也。』所謂共工氏者如此。」元誥按：共工有三，此爲太昊時女媧所滅之共工，後堯、舜時並有共工也。其子曰后土，能平九土，其子，共工之裔子句龍也，佐黃帝爲土官。九土，九州之土也。后，君也，使君土官，故曰后土也。○元誥按：內傳孔疏云：「言共工有子，謂後世子耳，故注云『裔子』。」九土，亦作「水土」。**故祀以爲社。**社，后土之神也。○孝經援神契曰：「社，土地之主；稷，五穀之主，俱土神，而所主之功異。所主既異，故所配亦異。柱、棄、句龍第配食爾。」白虎通社稷篇曰：「五穀多，不可一一而祭也，故封土立社，示有土也。」**黄帝能成命百物，以明民共財，**黄帝，少典之裔子帝軒轅也。命，名也。○禮記祭法孔疏曰：「黄帝正名百物者，上雖有百物而未有名，黄帝爲物作名〔二七〕，正名其體也。以明民者，謂垂衣裳，使貴賤分明，得其所也。共財者，謂山澤不障，教民取百物以自贍也。」路史疏仡紀：「黄帝有熊氏，姓公孫，名荼，一曰軒。」注云：「黄帝名惟，曰軒，不曰軒轅。」又禪通紀：「軒轅氏，古封禪之帝也，在黄帝之前。承學之士乃皆以爲即黄帝氏，失厥所謂，莫此甚焉。」**顓頊能修之，**顓頊，黄帝之孫、昌意之子帝高陽也。能修，修黄帝之功。○路史疏仡紀：「帝顓頊高陽氏，名曰顓頊，黄帝之曾孫，祖曰昌意，黄帝之震適也。年十五而佐小昊，封於高陽。兆迹高陽，故遂以爲高陽氏。以名爲號，紹小昊金天之政，乘辰而王。」元誥按：韋注所叙世系，與路史不同。**帝嚳能序三辰以固民，**固，安也。帝嚳，黄帝之曾孫、玄囂之孫、蟜極之子帝高辛也。三辰，日、月、星。謂能次序三辰，以治曆明時，教民稼穡以安也。○路史疏仡紀：「帝嚳高辛氏曰嚳〔二八〕，一曰逡。嚳之字曰亡斤，年十有五而佐高陽氏，受封於辛，爲侯國。高陽崩而嚳是立。叙三辰以著象，曆日月而送迎之，以順天之則，故魯語云：『俈能次序三辰，以治曆明時〔二九〕，教民稼穡以固民也。』」元誥按：路史所引國語與今本不同。**堯能單均刑法以儀民，**堯，帝嚳之庶子陶唐氏放勳也。單，盡也。均，平也。儀，善也。○史記五帝紀索隱曰：「堯，謚也。放勳，名。姓伊祈氏。」路史疏仡紀「帝堯陶唐氏，姬姓，高辛氏之第二子也」，注云：「伊祈乃炎帝之姓，堯姓姬，出於帝嚳，不爲伊。堯本作『垚』。三土爲垚，讓也，惟土能讓〔三〇〕。堯是名，世以爲謚者，非也。以帝德偈後人，曰放勳。」汪遠孫曰：「單，當讀爲禪，謂遜位於舜也。均刑法，謂誅四凶也。周禮大司樂注：『堯能禪，（據宋本及釋文。）均刑法以儀民。』正用此文。祭法作『能賞』，鄭注『賞，賞善，謂禪舜，封禹、稷等也』，亦取外傳爲説。」元誥按：單，疑當讀爲殫，古字通用。殫，盡也。單均刑法以儀民，謂盡力平法以爲民準，如誅四凶是也。儀，準也。韋訓爲「善」，似未安。**舜勤民事而野死，**舜，顓頊之後六世有虞帝重華也。野死，謂征有苗死於蒼梧之野。○史記五帝紀索隱曰：「舜，謚也。」正義曰：「舜生于姚墟，故姓姚。目重瞳子，故曰重華。字都君。」路史疏仡紀：「帝舜有虞氏，其先國於虞，始爲虞氏。五帝之中，獨不出於黄帝。自敬康而下，其祖也。目童重曜，故曰舜，而原曰重華。」史記：「舜踐帝位三十九年，南巡狩，崩於蒼梧之野。葬於江南九疑，是爲零陵。」**鮌鄣洪水而殛死，**殛，誅也。鮌，顓頊之後，禹之父也。堯使治水，鄣防百川，績用不成，堯用殛之於羽山。禹爲天子而郊之，取其勤事而死也。○路史疏仡紀：「鮌字熙，汶山廣柔人也。」**禹能以德修鮌之功，**鮌功雖不成，禹亦有所因〔三〕，故曰修鮌之功。○史記夏本紀：「夏禹名曰文命。」集解引謚法曰：「受禪成功曰禹。」索隱曰：「尚書『文命敷於四海』，孔安國云『外布文德教命』，不云是禹名。太史公皆以放勳、重華、文命爲名。孔又云：『虞氏，舜名。』則堯、舜、禹、湯皆名矣。蓋古質，帝王之號皆以名，後代因其行，追而爲謚。其實禹是名。故張晏云：『少昊以前，天下之號象其德，顓頊已來，天下之號因其名。』」路史疏仡紀：「帝禹夏后氏，姒姓，名禹，一曰伯禹，是爲文命。」注云：「孟子云：『放勳乃徂落。』知放勳者，號也。王安石云：『放勳，堯號，見之孟子』，則重華、文命爲舜、禹之號明矣。」史記正義引帝王世紀曰：「禹字密。」元誥按：堯、舜、禹皆名也，後追以爲謚。陶唐、虞、夏皆氏也，遂因以爲國號。放勳、重華、文命皆號也，亦即爲名，人之所以名之者也。都君與密，或爲舜與禹之又一字也。禹一曰伯禹，亦曰大禹者，尊其爵爲稱也。或曰禹功至水平而後大，故於禹成厥功之後始稱大禹也。**契爲司徒而民輯，**契，殷之祖，爲堯司徒，能敬敷五教。輯，和也。○元誥按：史記殷本紀：「契長而佐禹治水有功。帝舜乃命契曰：『百姓不親，五品不訓，汝爲司徒，敬敷五教，五教在寬〔三二〕。』封於商，賜姓子氏。」索隱曰：「契始封商，其後裔盤庚遷殷。契是殷始祖，故言殷契。」**冥勤其官而水死，**冥，契後六世孫根國之子也〔三三〕。爲夏水官，勤於其職而死於水也。○禮記祭法疏引世本：「契生昭明，昭明生相土，相土生昌若，昌若生曹圉，曹圉生根國，根國生冥。」是契六世孫也。元誥按：史記殷本紀脱根國一代，當補。韋注根國誤作「根圉」，今改。宋忠曰：「冥爲司空，勤其官事〔三四〕，死於水中，殷人郊之。」**湯以寬治民而除其邪，**湯，冥後九世，主癸之子，爲夏諸侯，以寬得民。除其邪，謂放桀扞大患也〔三五〕。○史記殷本紀：「主癸卒，子天乙立，是爲成湯。成湯，自契至湯八遷。湯始居亳。」集解引張晏曰：「禹、湯，皆字也。二王去唐、虞之文，從高陽之質，故夏、殷之王皆以名爲號。」謚法曰：「除虐去殘曰湯。」索隱曰：「湯名履，書曰『予小子履』是也。殷人尊湯，故曰天乙。」元誥按：湯，字也，後追以爲謚。商，姓也，遂因以爲國號。故稱商湯。履，名也。天乙，號也，亦即爲名，人之所以名之者也，與放勳、重華、文命同。湯之功至克夏而後成，故於湯歸夏之後始稱成湯。**稷勤百穀而山死，**稷，周棄也，勤播百穀，死於黑水之山。毛詩傳云。○史記周本紀：「周后稷名棄。堯舉爲農師。帝舜曰：『棄，黎民始飢，爾后稷播時百穀。』封棄於邰，號曰后稷，别姓姬氏。」正義：「因太王所居周原，故號曰周。」集解：「山海經大荒經曰：『黑水青水之閒有廣都之野，后稷葬焉。』」元誥按：注謂毛詩傳云，今毛傳無此文。**文王以文昭，**文王演易，又有文德。周語曰「文王質文」也。○史記正義引謚法曰：「經緯天地曰文。」元誥按：文王名昌，武王名發。**武王以武烈，去民之穢。**穢，謂紂也。○各本無「以武烈」三字〔三六〕。俞樾曰：「禮記祭法篇曰：『文王以文治，武王以武功，去民之菑。』『武王』下有闕文，據周語曰，『成王能明文昭，能定武烈者也』〔三七〕，『文昭』與『武烈』相對，此文疑亦與彼同，當作『文王以文昭，武王以武烈，去民之穢』。」元誥按：俞説是，今據補。史記正義引謚法曰：「克定禍亂曰武。」**故有虞氏禘黄帝而祖顓頊，郊堯而宗舜。**賈侍中云：「有虞氏，舜後，在夏、殷爲二王後〔三八〕，故有禘、郊、祖、宗之禮也。」昭謂：此上四者，謂祭天以配食也。祭昊天於圜丘曰禘，祭五帝於明堂曰祖、宗，祭上帝於南郊曰郊。有虞氏出自黄帝、顓頊之後，故禘黄帝而祖顓頊，舜受禪於堯，故郊堯。禮祭法：「有虞氏郊嚳而宗堯。」與此異者，舜在時則宗堯，舜崩而子孫宗舜，故郊堯也。○金鶚曰：「韋云祭五帝於明堂曰祖、宗，此本祭法鄭氏注也。周頌我將序云：『祀文王於明堂也』，詩云：『惟天其右之』，可知明堂饗帝，是祭天也。鄭氏謂明堂祭五帝，而不祭昊天，其説殊謬。論語八佾篇潘箋曰：『論語釋故云，爾雅：「禘，大祭也。」凡祭之大者皆謂之禘。祭天莫大乎圜丘與南郊，祭地莫大於方澤，祭宗廟莫大於五年之祭，皆曰禘。』宗廟之禘又有二：其一，王制云：『宗廟之祭，春曰禴，夏曰禘。』此殷禮也，周改春曰祠，夏曰禴。其二，則三年之喪畢而吉禘，此諸侯皆得行之，惟三年一祫，五年一禘，乃天子之禮。」元誥按：禘黄帝，謂冬至日祭天於圜丘，而以黄帝配，謂之禘黄帝也。禘與郊皆祭天地之禮，古者冬至祭天於南郊，夏至祭地於北郊。郊堯者，即大傳云：「王者禘其祖之所自出，以其祖配之。」祖之所自出，天也，有虞氏郊祭而以堯配，故曰郊堯也〔三九〕。祭五帝於明堂曰祖、宗，（金謂，明堂饗帝，亦是祭天。）當祭之時，以顓頊配祖，以舜配宗，故曰祖顓頊宗舜也，已下放此。**夏后氏禘黄帝而祖顓頊，郊鯀而宗禹。**虞、夏俱黄帝、顓頊之後，故禘、祖之禮同。虞以上尚德，夏以下親親，故郊鮌也。商人禘嚳而祖契，郊冥而宗湯。禮祭法曰：「商人禘嚳。」嚳，契父，商之先，故禘之。」後鄭司農云：「商人宜郊契。」○元誥按：各本嚳作舜，今依韋説改。周人禘嚳而郊稷，嚳，稷之父。稷，周始祖也。祖文王而宗武王。此與孝經異也。商家祖契，周公初時亦祖后稷而宗文王，至武王雖承文王之業，有伐紂定天下之功，其廟不可毁，故先推后稷以配天〔四〇〕，而後祖文王而宗武王也。○陳奂曰：「孝經：『孝莫大於嚴父，嚴父莫大於配天，則周公其人也。昔者周公郊祀后稷以配天，宗祀文王於明堂以配上帝。』詩序：『思文，后稷配天也。』『我將，祀文王於明堂也。』詩序與孝經正合。思文爲后稷配天，我將爲文王配天，皆是周公攝政五年治雒中事。逸周書作雒篇：『乃位五宫，明堂居其一。』孔晁注云：『明堂在國南者也。』此正言周公治雒，築明堂，其時宗文王不宗武王，故詩但歌文王也，孝經所謂嚴父配天也。周公初宗文王，後更祖文王而宗武王。韋説是矣。」幕，能帥顓頊者也，有虞氏報焉。幕，舜後虞思也，爲夏諸侯。帥，循也。顓頊，有虞之祖也。報，報德，謂祭也。○昭八年左傳正義引孔晁曰：「功不及祖，德不及宗，每於歲之大烝而祭，謂之報。」又傳曰：「自幕至於瞽瞍無違命。」注曰：「幕，舜之先。」索隱曰：「賈逵以幕爲虞思，非也。傳言『自幕至瞽瞍』，知幕在瞽瞍之前，必非虞思明矣。」路史餘論載吕梁碑叙紀虞帝之世云：「舜祖幕，幕生窮蟬，窮蟬生敬康，敬康生喬牛，喬牛生瞽叟，瞽叟産舜。」元誥按：大戴禮帝繫篇及史記五帝紀所列顓頊至舜竝止七世，又皆不列幕世系。據上所引，則幕確在舜先，非舜後虞思也。又按禮記祭法孔疏引春秋命曆序云〔四一〕：「顓頊傳二十世三百五十歲」，則顓頊至舜亦决不止七世。窮蟬既是幕子，不知幕去顓頊中隔幾代，猶周后稷棄至不窋之代數莫可考也。杼，能帥禹者也，夏后氏報焉。杼，禹後七世，少康之子季杼也，能興夏道。○史記夏本紀杼作「予」。索隱曰：「音佇。系本云季佇作甲者也。左傳云杼滅豷于戈。」上甲微，能帥契者也，商人報焉。上甲微，契後八世，湯之先也。○史記殷本紀索隱曰：「皇甫謐云：『微字上甲，其母以甲日生故也。』商家生子，以日爲名，蓋自微始。譙周以爲死稱廟主曰『甲』也。」元誥按：史記殷本紀所列契至微爲八世，三代世表同。然據世本所列，自契至微爲九世，蓋史記及世表竝脱根國一世也。韋云「契後八世」，承其誤而未之審耳。高圉、大王，能帥稷者也，周人報焉。高圉，后稷後十世，公非之子也。大王，高圉之曾孫古公亶父也。○陳奂曰：「周人立七廟，高圉、亞圉但報祭不立廟。禮記王制疏引舊注云『周人不毀其廟，報祭之』，非也。又引馬融説『周人所報而不立廟』，是也。禘、郊、祖、宗、報，皆非宗廟之祭。」凡禘、郊、祖、宗、報，此五者，國之典祀也。典，法也。加之以社稷、山川之神，皆有功烈於民者也。及前哲令德之人，所以爲明質也。質，信也。以其有德於民而祭之，所以信之於民心也。○元誥按：「也」字依宋庠本。及天之三辰，民所以瞻仰也。○元誥按：三辰，謂日、月、星也。及地之五行，所以生殖也。殖，長也。五行，五祀，金、木、水、火、土也。○元誥按：「生殖」上疑有脱字。及九州名山川澤，所以出財用也。謂九州之中名山川澤也。非是不在祀典。今海鳥至，己不知而祀之，以爲國典，難以爲仁且智矣。夫仁者講功，講，論也。仁者心平，故可論功也。而智者處物。處，名也。無功而祀之，非仁也；鳥無功也。不知而不能問，○宋庠本無「能」字。非智也。今茲海其有災乎！夫廣川之鳥獸，恒知避其災也。」○宋庠本「避」上有「而」字。是歲也，海多大風，冬煖。煖，爰居之所避也。文仲聞柳下季之言，柳下，展禽之邑。季，字也。曰：「信吾過矣，季子之言，不可不法也。」使書以爲三筴。筴，簡書也。三筴，三卿卿一通也，謂司馬、司徒、司空也。

文公欲弛孟文子之宅，文公，魯僖公之子文公興也。弛，毁也。孟文子，魯大夫公孫敖之子文伯穀也。宅，有司所居也，公欲毁之以益宫也。○王引之曰：「宅，文子所居。韋云有司所居，非也。弛之言移也，易也。（集韻：『弛，余支切，改易也。』爾雅：『弛，易也。』）弛宅者，以他所宫室易之也。下文『使謂之曰：「吾欲利子於外之寬者。」』子文對曰：「今有司來命易臣之署與其車服，而曰：『將易而次，爲寬利也。』」又曰：「臣立先臣之署，服其車服，爲利故而易其次，是辱君命也。」則弛之爲易明甚，蓋移其宅於他所，而後取其舊宅耳。又曰：「公欲弛郈敬子之宅，亦如之。對曰：「今命臣更次於外，爲有司之以班命事也，無乃違乎。」』更亦易也。昭三年左傳：『景公欲更晏子之宅，曰：「子之宅湫隘囂塵，不可以居，請更諸爽塏者。」』亦弛宅之類也。古者謂易爲弛，韓子内儲説篇：『應侯謂秦王曰：「上黨之安樂，其處甚劇，臣恐弛之而不聽，奈何？」王曰：「必弛易之矣。」』呂氏春秋開春論：『魏惠王死，葬有日矣，天大雨雪，羣臣諫於太子曰：「請弛期更日。」』高注曰：『更，改也。』案弛，易也，移也，謂移易其期日也。字或作『施』，荀子儒效篇（四三）：『充虚之相施易也。』韓策：『公戰勝楚，遂與公乘楚，易三川而歸。』史記韓世家易作『施』（正義以施爲張設，非是。）是也。或作『馳』，竹書紀年『梁惠成王十一年，及鄭馳地，我取枳道與鄭鹿』是也。韋以弛爲毁，則與『吾欲利子於外之寬者』不合。且下文曰『易』，曰『更』，豈毁之謂乎？」使謂之曰：「吾欲利子於外之寬者。」於外寬地以利子也。對曰：「夫位，政之建也；建，立也。此位，謂爵也。言爵所以立政事也。署，位之表也；署者，位之表識也。車服，表之章也；車服貴賤有等，所以自章别也。宅，章之次也；有章服者之次舍也。禄，次之食也。居次舍者之所食也。君議五者以建政，爲不易之故也。五，謂位、署、服、宅、禄也。有其位則治其官，服其章，居其次，食其禄也。君議五者以立政事，爲不可改易也。今有司來命易臣之署與其車服，而曰：『將易而次，爲寬利也。』下「而」，女也，爲欲寬利女也。○明道本脱「也」字。夫署，所以朝夕虔君命也，言朝夕者，不宜遠也。臣立先君之署，服其車服，爲利故而易其次，先臣，父祖之官也。○周禮宫正：「以時比宫中之官府，次舍之衆寡。」鄭注云：「次諸吏直宿，若今部署諸廬者。」是辱君命也，不敢聞命。言臣不守先臣之職而欲寬利，則是辱命之臣也。若罪也，則請納禄與車服而違署，納，歸也。禄，田邑也。違，去也。若臣有罪，則請歸禄與車服，而去其官也。唯里人之所命次。」里人，里宰也。有罪去位，則當受舍於里宰。公弗取。臧文仲聞之曰：「孟孫善守矣，善守，善守職也。其可以蓋穆伯而守其後於魯乎！」穆伯，文子之父公孫敖也，淫乎莒，出奔而死於齊。今文子守官不失禮，故可以掩蓋其父之惡，守其後嗣也。

公欲弛郈敬子之宅，亦如之。公，文公也〔四三〕。郈敬子，魯大夫，郈惠伯之後玄孫敬伯同也〔四四〕。亦如之者，亦謂之欲利子於外之寬也。○元誥按：明道本別行郈作「郤」，誤。世本郈作「厚」，通。對曰：「先臣惠伯以命於司里，言先臣惠伯受命於司里，居此宅也。○胡匡衷曰：「司里爲司空之屬，故又掌授民居。」嘗、禘、蒸、享之所致君胙者，有數矣。秋祭曰嘗，夏祭曰禘，冬祭曰蒸，春祭曰享。享，獻物也。賈、唐二君云：「臣祭，致肉於君，謂之致胙。」昭謂：此私祭而致肉，非所以爲辭也。致君胙者，謂君祭祀賜胙，臣下掌致之也。有數，有世數也。○陳奂曰：「禘，祭名也。諸侯之禘即在四時之祭之中。天子及魯於四時之祭外有時禘，周禮所謂『閒祀』也。郈敬子據諸侯祭名言之。」陳瑑曰：「諸書皆以春祠、夏禴、秋嘗、冬蒸爲四祭，今曰『夏祭曰禘』者，蓋夏、殷之祭名。周則改之，夏曰礿。其曰『春祭曰享』者，於古無徵。璩案：四祭皆曰享，周官『以祠』、『以禴』、『以嘗』、『以蒸』皆曰享可證。韋意亦不定以享爲春祭之名，因傳文嘗、禘、蒸、享連文，而順秋嘗、夏禘、冬蒸之文以爲言，曰『春祭曰享』耳。」出入受事之幣以致君命者，亦有數矣。出入，謂受使出境入國。奉聘幣以致君命者，亦於此宅有世數也。今命臣更次於外，次，舍也。外，外里也。爲有司之以班命事也，無乃違乎！違，遠也。言有司以位次命職事於臣，臣在外次，無乃違遠而不便乎。請從司徒以班徙次。」公亦不取。司徒，掌里宰之政，比夫家衆寡之官也。敬子自以有罪，君欲黜之，故請從司徒徙里舍也。

11夏父弗忌爲宗，弗忌，魯大夫，夏父展之後也。宗，宗伯，掌國祭祀之禮也。○胡匡衷曰：「諸侯無宗伯，唯立宗人而已。左傳稱夏父弗忌爲宗伯，鄭注大宗伯及禮器引左傳俱云：『夏父弗忌爲宗人。』疑今本作『宗伯』者誤也。魯語止云：『夏父弗忌爲宗。』又云：『宗人夏父展。』哀二十四年傳：『使宗人釁夏獻其禮。』定四年傳稱：『分魯以祝、宗、卜、史。』杜氏解宗爲宗人。則魯無宗伯可知。弗忌云：『我爲宗伯』，亦僭稱。」蒸，將躋僖公。躋，升也。賈侍中云：「蒸，進也。謂夏父弗忌進言於公，將升僖公於閔公上也。」唐尚書云：「蒸，祭也。」昭謂：此魯文公三年喪畢，祫祭先君於太廟，升羣廟之主，序昭穆之時也。經曰「八月丁卯，大事於太廟，躋僖公」是也。僖，閔之兄，繼閔而立。凡祭，秋曰嘗，冬曰蒸。此八月而言蒸，用蒸禮也。凡四時之祭，蒸爲備。傳曰：「大事者，祫祭也。毁廟之主陳於太祖，未毁之主皆升合食於太祖(四五)。躋僖公，逆祀也。逆祀者，先禰而後祖也。」○元誥按：論語八佾篇：「子曰：『禘自既灌而往者，吾不欲觀之矣。』」集解引孔曰：「禘祫之禮，既灌之後爲序昭穆。而魯逆祀，躋僖公，亂昭穆，故不欲觀之矣。」據此，文公蓋用禘禮以躋僖公。此禘爲吉禘，諸侯皆得用之。古者，新君二年祫，三年禘，閔以二年吉禘，故左氏曰「速也」。宗有司曰：「非昭穆也。」宗有司，宗官司事臣也。非昭穆，謂非昭穆之次也。父爲昭，子爲穆。僖爲閔臣，臣子一例，而升閔上，故曰非昭穆也。○宋庠曰：「正作『佋』，經典作『昭』，假借。」曰：「我爲宗伯，明者爲昭，其次爲穆，何常之有！」明，言僖有明德，當爲昭。閔次之，當爲穆也。有司曰：「夫宗廟之有昭穆也，以次世之長幼，而等胄之親疏也。長幼，先後也。等，齊也。胄，裔也。○元誥按：而，猶與也，及也。見經傳釋詞。夫祀，昭孝也。昭，明也，明孝道也。各致齊敬於其皇祖，昭孝之至也。皇，太也。○宋庠曰：「齊，側皆反。」故工史書世，工，瞽師官也。史，大史也。世，世次先後也。工誦其德，史書其言也。宗祝書昭穆，宗，宗伯。祝，大祝也。宗掌其禮，祝掌其位也。猶恐其踰也。今將先明而後祖，以僖爲明而升之，是先禰而後祖也。自玄王以及主癸莫若湯，玄王，契也。主癸，湯父也。自稷以及王季莫若文、武，稷，棄也。王季，文王父也。商、周之蒸也，未嘗躋湯與文、武，爲踰也。不使相踰也。○元誥按：爲讀去聲。明道本爲下有「不」字，涉注而衍。魯未若商、周而改其常，無乃不可乎？」弗聽，遂躋之。展禽曰：「夏父弗忌必有殃。夫宗有司之言順矣，僖又未有明焉。未有明德也。犯順不祥，以逆訓民亦不祥，易神之班亦不祥，不明而躋之亦不祥，犯鬼道二，二，易神之班、躋不明也。○王念孫曰：「鬼、神，對文則異，散文則通，故神亦謂之鬼。定元年左傳：『宋仲幾曰：「縱子忘之，山川鬼神其忘諸乎？」士伯怒，謂韓簡子曰：「薛徵於人，宋徵於鬼，宋罪大矣。且己無辭而抑我以神，誣我也。」』或曰鬼神，或曰鬼，或曰神，其義一也。論語先進篇：

『季路問事鬼神，子曰：「未能事人，焉能事鬼？」』上言鬼神，下但言鬼，言鬼即可以該神也。」犯人道二，犯順、以逆訓民也。能無殃乎？」侍者曰：「若有殃焉在？抑刑戮也，其夭札也？」不終曰夭，疫死曰札。唐云「未名曰夭」，失之矣。○元誥按：兩「也」字竝與耶通用。曰：「未可知也。若血氣强固，將壽寵得没。壽寵，老壽而保寵也。没，終也。雖壽而没，不爲無殃。」必以殃終也。既其葬也，焚，煙徹於上。已葬而火焚其棺槨也。徹，達也。○王念孫曰：「『既其葬也焚』五字，韋解未明。『既』爲一句，『其葬也焚』爲一句。既猶既而也，言既而夏父弗忌之葬也，火焚其棺槨，煙達於上也。周語云：『既，榮公爲卿士。』晉語云：『既，驪姬不克。』又云：『既，里丕死禍，公隕於韓。』文元年左傳云：『既，又欲立王子職而黜太子商臣。』十六年傳云：『既，夫人將使公田孟諸而殺之〔四六〕。』若斯之類，不可悉數。」俞樾曰：「韋以『已葬』二字解『既其葬也』四字，於義未安。王氏謂『既猶既而也』，是讀『既』字爲一句，義亦未得。今按：『既其葬也』四字仍當連讀，既，猶暨也。禮記喪大記篇：『塗不暨於棺。』鄭注曰：『暨，及也。』史記秦始皇本紀：『東至海暨朝鮮。』正義曰：『暨，及也。』暨其葬也，猶曰及其葬也。既與暨古字通，周官閭胥：『既比則讀法。』注曰：『故書既爲暨。』杜子春讀暨爲既。」元誥按：俞説爲長。又按：俞曰：「文二年左傳，『於是夏父弗忌爲宗伯，尊僖公』，初不及臧文仲，後乃引孔子之言，以臧文仲縱逆祀爲三不知之一，則知夏父弗忌之躋僖公實臧文仲爲之也。」

12 莒大子僕弒紀公，紀公生僕及季它〔四七〕，既立僕，又愛季它而黜僕，僕故弒紀公也。以其寶來奔。寶，玉也。來奔，奔魯也。或有「魯」字，非也，此魯語，不當言其魯也。宣公使僕人以書命季文子宣公，文公之子宣公倭也。命，告也〔四八〕。僕人，官名。文子，魯正卿季孫行父也。曰：「夫莒大子不憚以吾故殺其君，而以寶來，其愛我甚矣。憚，難也。爲我予之邑。今日必授，無逆命矣。」授，予也〔四九〕。里革遇之而更其書里革，魯太史尅也。遇僕人，見公書，以太子殺父大逆，故更之。曰：「夫莒大子殺其君而竊其寶來，不識窮固，又求自邇，固，廢也。邇，近也。爲我流之於夷。夷，東夷也。今日必通，無逆命矣。」今日必通，疾之之言也。明日，有司復命，有司，司寇。復，反也。文子得書，使司寇出之境，明日反命於公也。公詰之，詰問僕人以違命意也。僕人以里革對。對以里革所更也。公執之，執里革也。曰：「違君命者，女亦聞之乎？」對曰：「臣以死奮筆，奚啻其聞之也！言所以觸死奮筆而更公命書者，不欲傷君德耳。奚，何也。何啻，言所聞非一也。臣聞之曰：『毁則者爲賊，則，法也。掩賊者爲藏，掩，匿也。竊寶者爲宄，亂在内爲宄，謂以子盜父也。用宄之財者爲姦。』財，寶也。使君爲藏姦者，不可不去也。臣違君命者，亦不可不殺也。」公曰：「寡人實貪，非子之罪也。」〇明道本無「也」字。乃舍之。〇元誥按：舍，猶釋也，古字通用。

13 宣公夏濫於泗淵，濫，漬也。漬罟於泗水之淵以取魚也。泗在魯城北也，又曰南門。〇段玉裁曰：「水經『泗水出魯卞縣北山，西南過魯縣北』，注云：『魯縣城北，洙、泗二水之中，即夫子領徒之所也。』引從征記云：『洙、泗二水交於魯城東北十七里。』郭緣生言泗水在城南，非也。『又曰南門』四字，雖廣異聞，而不可從。」孫星衍曰：「今曲阜縣治即魯故城。」汪遠孫曰：「古者三時五取魚，惟夏不取。」里革斷其罟而棄之，罟，網也。曰：「古者大寒降，

土蟄發，降，下也。寒氣初下，謂季冬建丑之月，大寒之後也。土蟄發，謂孟春建寅之月，蟄始震也。月令「孟春蟄蟲始震，魚上冰，獺祭魚」也。○王引之曰：「下文『鳥獸孕，水蟲成』，注謂『春時』，『鳥獸成，水蟲孕』，注謂『立夏』，是此孕彼成，皆同時之事。而『大寒降、土蟄發』，乃有季冬、孟春之別，於文爲不類矣。今案：大寒降，亦謂孟春也。降，猶減也，退也。廣雅曰：『退、屖、殺、瘦、減也。』屖與降通，襄二十六年左傳『自上以下，降殺以兩』（俗本降誤作『隆』，今從唐石經。）是也。季冬大寒之氣至，孟春而減矣，故曰『大寒降』。猶夏小正言『正月寒日滌』也。韋氏誤解大寒降爲季冬之月寒氣初下，遂竝以下文『嘗之廟』爲季冬時事，失其義矣。」項名達曰：「土蟄發，正月中氣啓蟄是也。夏小正『正月啓蟄』。春秋内傳：『啓蟄而郊。』杜注云：『建寅之月。』考工記：『凡冒鼓，必以啓蟄之日。』鄭注云：『孟春之中。』按漢避景帝諱，改啓蟄爲『驚蟄』，後人又改驚蟄爲二月節，雨水爲正月中，大抵始於東漢。」**水虞於是乎講罛罶，取名魚，登川禽，而嘗之廟，行諸國，助宣氣也。**水虞，漁師也，掌川澤之禁令。講，習也。罛，魚網。罶，笱也。名魚，大魚也。川禽，鼈蜃之屬。諸，之也。是時陽氣起，魚陟負冰，故令國人取之，所以助宣氣也。月令：「季冬始漁，乃嘗魚，先薦寢廟。」唐云「孟春」，誤矣。○詩潛篇孔疏曰：「韋昭以爲薦魚唯在季冬，國語云『孟春』者誤。按月令：『孟春，獺祭魚。』則魚肥而可薦，但自禮文不具，無其事耳。里革稱古以言，不當謬也。」王念孫曰：「講讀爲構。小雅四月箋曰：『構，猶合集也。』謂合集衆罶以取魚也。講字古讀構，故與構通。韓子内儲説曰：『寡人欲割河東而講。』又曰：『因請爲魏王構之。』講與構同。魏策『今我講難於秦』，即『構難』。僖十五年左傳注，『構虛而不經』，釋文構作『講』。皆其證也。」元誥按：各本「廟」上有「寢」字，詩潛疏、後漢書馬融傳注引國語無「寢」字。汪遠孫謂：「『嘗之廟』，『行諸國』相對。

寢，當涉注『寢廟』而衍」，今據删。鳥獸孕，水蟲成，孕，懷子也。謂春時也。獸虞於是乎禁罝羅，矠魚鼈，以爲夏犒，獸虞，掌鳥獸之禁令。罝，兔罟。羅，鳥罟也。禁，禁不得施也。矠，擉也。（元誥按：擉，賈本作「鏃」。）犒，乾也。夏不得取，故於時擉刺魚鼈以爲犒儲也。○説文：「籍，刺也」，引國語「籍魚鼈」。周禮鼈人鄭注云：「籍，謂以杈刺泥中搏取之。」淮南繆稱訓：「猨狖之捷來措。」高注云：「措，刺也。」汪遠孫曰：「籍本字，矠假借字，措則籍之省。」舊音曰：「矠音策，又七亦反。」宋庠曰：「陸從乂角反，得之。」吴曾祺曰：「矠即以矛取物之名。」元誥按：明道本犒作「犞」，淮南氾論：「犞以十二牛。」高注云：「牛羊曰犞，共其枯槁也。」是犞、槁聲義並通。助生阜也。阜，長也。鳥獸方孕，故取魚鼈助生物也。鳥獸成，水蟲孕，水虞於是乎禁罜䍡，設穽鄂，罜䍡，小網也。穽，陷也。鄂，柞格〔五〇〕，所以誤獸也。謂立夏鳥獸已成，水蟲懷孕之時，禁取魚之網，設取獸之物也。○明道本作「禁罝罜䍡」，宋庠本作「禁罝䍡」，舊音作「禁罜䍡」。明道本韋注云「罝，當作罜。䍡，小網也」，宋庠本韋注云「罜䍡，小網也」，舊音云「罜䍡，上音獨，下音鹿」。王引之曰：「舊音『罜䍡』二字乃國語原文，韋注内『罝當作』三字乃後人所增，蓋正文本作『禁罜䍡』，注文本作『罜䍡，小網也』，傳寫者因上文『禁罝羅』而誤爲『禁罝䍡』，後人又於注中『罜』上增『罝當作』三字以遷就已誤之正文耳。西京賦注引此正作『禁罜䍡』，（今本『禁』下衍『罝』字，胡氏果泉曰：『「罝」字不當有，蓋有依國語記「罝」字於「罜」旁者，而誤在「禁」下也。』）又引韋昭曰：『罜䍡，小網也。』則正文當改罝爲罜，注文當去『罝當作』三字，而以『罜䍡』連讀，乃復國語韋注之舊。否則正文、注文皆作『罝』，作舊音者不應不見，而改罝爲罜也。荀子成相篇注引作『禁罝罜䍡』，與明道本同誤。明道本注罝當作『罜』，有作『罝，當作罛』者，亦後人所改。上云『講罛罶』，此云『禁罜䍡』，互文也。

舊音不云『罝，依注當作罛』，則所見國語正文無『罝』字，正文亦無『罝，當作罛』之語明甚。」元誥按：明道本作『禁罝罜麗』，『罝』字衍，注『罝，當作罜麗』，上三字衍。而別本注又作『罝，當作罛麗』，罛爲罜誤。宋庠本注云『罜麗，小網也』不誤，而正文『禁罜麗』作『禁罝麗』，罝字亦誤。王據舊音訂正傳、注是也，今從之。以實廟庖，畜功用也。以獸實宗廟庖厨也，而長魚鼈，畜四時功，足國財用也。且夫山不槎蘖，槎，斫也。以株生曰蘖。澤不伐夭，山木未成曰夭。○元誥按：澤，藪之有水者。尚書孔傳云：「厥草惟夭。」魚禁鯤鮞，鯤，魚子也〔五二〕。鮞，未成魚也。○元誥按：鯤，莊子釋文云：「大魚名。」鮞，說文云：「魚子也，一曰魚之美者，東海之鮞。」俱與韋解不同。然循文義，韋當不謬也。獸長麑䴠，鹿子曰麑，麋子曰䴠。鳥翼鷇卵，翼，成也。生哺曰鷇，未孚曰卵。○舊音曰：「鷇，寇、確二反。」宋庠曰：「經史相承多音轂。」蟲舍蚳蝝，蚳，蟻子也，可以爲醢。蝝，蝠陶也，可以食。舍，不取也。○舊音曰：「蚳音遲，蝝音沿。」元誥按：注蝠陶，爾雅釋蟲作「蝮蜪」，李注云「蝗子也」，而說文引劉歆說以爲「蚍蜉子」是也。若蝗子，去之不暇，何以舍之？蕃庶物也，古之訓也。蕃，息也。今魚方別孕，不教魚長，又行网罟，貪無藝也。」別，別於雄而懷子也。藝，極也。○荀子王制篇楊注曰：「別，謂生育與母分別也。」元誥按：网，從宋庠本，他本作「罜」，疑是「罜」字之誤。作「罜罟」，不作「网罟」，亦通也，网即「網」字。公聞之曰：「吾過而里革匡我，不亦善乎！是良罟也，爲我得法。良，善也。○元誥按：良罟，是就事設譬，意謂如里革之言，合設罟之正道，是一善罟也。爲，使也，謂使我得罟以取魚之準則也。使有司藏之，○元誥按：藏，謂藏里革所斷之罟。使吾無忘諗。」言見此罟則不忘里革之言也。諗，告也。師存侍，師，樂師。存，名也。曰：「藏罟不如寘里革於側之不忘也。」寘，置也。

14子叔聲伯如晉，謝季文子，子叔聲伯，魯大夫，宣公弟叔肸之子公孫嬰齊也。謝季文子者，魯叔孫僑如欲去季氏，譖季文子於晉，晉人執之。郤犨之妻，聲伯之外妹也，故魯成公使聲伯如晉謝，且請之。事在魯成十六年。○王念孫曰：「韋以謝與請爲二事，不知謝即請也。謝季文子者，請釋季文子也。曲禮曰：『大夫七十而致事〔五三〕，若不得謝，則必賜之几杖。』不得謝，謂不得請也。成十六年左傳曰：『使子叔聲伯請季孫於晉』，是其明證矣。」郤犨欲予之邑，弗受也。郤犨，晉卿苦成叔也，以妻故親聲伯，故欲爲請邑以予之。歸，鮑國謂之曰：「子何辭苦成叔之邑？欲信讓耶，抑知其不可乎？」鮑國，鮑叔牙之玄孫鮑文子也，去齊適魯，爲施孝叔臣也。○汪遠孫曰：「内傳成十七年杜注：『鮑牽，鮑叔牙曾孫。國，牽之弟。』以國爲叔牙曾孫，與韋不同。」對曰：「吾聞之，不厚其棟，不能任重。厚，大也。任，勝也。重莫如國，棟莫如德。言國至重，非德不任國棟。夫苦成叔家欲任兩國而無大德，任，負荷也。兩國，晉、魯也。其不存也，亡無日矣！○元誥按：亡即「無」字。此謂其不存也亡日矣。「無」字當刪。譬之如疾，余恐易焉。疾，疫癘也。○王引之曰：「易之言延也，謂疫癘蔓延也。大雅皇矣篇：『施於孫子。』箋云：『施，猶易也，延也。』後漢書鄧訓傳注引東觀記曰：『吏士常大病瘧，轉易至數十人。』與此『易』字義同。」苦成氏有三亡：少德而多寵，位下而欲上政，位爲下卿，而欲專國政也。無大功而欲大禄，皆怨府也。怨之所聚，故曰府。其君驕而多私，君，謂厲公也。多私，多嬖臣也。勝敵而歸，必立新家。勝敵，敗楚也。大夫稱家，立新家，謂立所幸胥僮之屬爲大夫也。立新家，不因民不能去舊。不因人之所惡，不能去舊卿也。因民，非多怨民無所始。言郤氏多怨，民所始伐也。爲怨三府，可謂多矣。三，謂少德而多寵，位下而欲上政，無大功而欲大禄。其身之不能定，焉能予人之邑？」鮑國曰：「我信不若子，若鮑氏有釁，吾不圖矣。釁，兆也。言鮑氏若有禍兆，吾不能預圖之。今子圖遠以讓邑，必常立矣。」

15 晉人殺厲公，晉人，晉欒書、中行偃也。邊人以告，邊人，疆場之司也。成公在朝。成公，魯宣公之子成公黑肱也。公曰：「臣殺其君，誰之過也？」大夫莫對，里革曰：「君之過也。夫君人者，其威大矣。君，天也，故其威大也。○陳瑑曰：「此以聲見義也，古音君、威同聲，説文：『君，從屮，君聲，讀若威。』」又稱：「漢律『婦告威姑』，蓋即爾雅所謂『君姑』也。」失威而至於殺，其過多矣。過不積，不至於弑也。且夫君也者，將牧民而正其邪者也，若君縱私回而棄民事，回，邪也。民旁有慝，無由省之，慝，惡也。省，察也。○王念孫曰：「旁之言溥也，徧也，言民徧有姦慝，而君不能察也。昭六年左傳：『民竝有争心。』三十二年傳：『俾我兄弟竝有亂心。』亦謂徧有争心，徧有亂心也。『竝』字古音蒲朗反，與旁聲相近，（列子黄帝篇：『使弟子竝流而承之。』釋文：『竝音傍。』史記秦始皇紀『竝河以東』，集解引服虔漢書注：『竝音傍。』漢書：『武帝遂北至琅邪竝海。』顔注：『竝讀曰傍。』是竝與傍音相近也。）故竝亦有徧義。」益邪多矣。若以邪臨民，陷而不振。陷，墜也。振，救也。用善不肯專，則不能使，至於殄滅而莫之恤也，將安用之？安用，安用君也。桀奔南巢，〔五三〕南巢，揚州地，巢伯之國，今盧江居巢縣是也〔五四〕。○元誥按：巢縣今沿此稱，屬安徽。紂踣於京，踣，斃也。京，殷京師也。○元誥按：踣與仆音義同。厲流於彘，厲，周厲王也。彘，晉地也。○元誥按：彘，當今山西霍縣。幽滅於戲，幽，幽王，爲西戎所殺。戲，戲山，在西周也。○昭二十三年公羊傳：「君死於位曰滅。」元誥按：史記周本紀：「申侯與繒、西夷犬戎殺幽王於驪山。」戲即驪山之北，水名，見路史國名紀。在今陝西臨潼縣東三十里，尚有古戲亭。正音希。皆是術也。術，道也。皆失威多過之道也。夫君也者，民之川澤也。行而從之，美惡皆君之由，民何能爲焉。」川澤者，以君諭川澤，民諭魚也。從之者，魚從川之美惡以爲肥瘠也。

16 季文子相宣、成，無衣帛之妾，無食粟之馬。仲孫它諫曰：仲孫它，魯孟獻子之子子服它也。「子爲魯上卿，相二君矣，妾不衣帛，馬不食粟，人其以子爲愛。且不華國乎？」愛，吝也。華，榮華也。文子曰：「吾亦願之。願華侈也。然吾觀國人，其父兄之食麤而衣惡者猶多矣，吾是以不敢。人之父兄食麤衣惡，而我多美妾與馬，無乃非相人者乎！○明道本無「者」字。且吾聞以德榮爲國華，以德榮顯者，可以爲國光華也。不聞以妾與馬。」文子以告孟獻子，獻子，它之父仲孫蔑也。獻子囚之七日。囚，拘也。○元誥按：責其諫文子之非也。自是子服之妾衣不過七升之布，子服，即它也。八十縷爲升。○柳宗元非之曰：「七升之布，大功之縗也，居然而用之，未適乎中庸也已。」馬餼不過稂莠。餼，秣也。稂，童稂也。莠，草，似稷而無實。○韋昭毛詩問答曰：「莠，今之狗尾也。」程瑶田曰：「昭誤以粱爲稷。曰似稷，蓋言似粱云爾。莠非無實，熟則易落。」元誥按：稂，爾雅釋草名「童粱」，説文作「童蓈」。文子聞之曰：「過而能改者，民之上也。」使爲上大夫。

校記

〔一〕齊襄公立　「公」字脱，據各本補。

〔二〕成王以殷民六族錫魯　「民」字脱，據國語韋解補正補。

〔三〕必將至焉　「至」誤作「及」，據各本改。

〔四〕以正五等班爵後先之宜　「正」誤作「王」，據春秋左傳杜林注改。

〔五〕土發而社，助時也　「時」誤作「民」，據各本改。

〔六〕因祭祀以納五穀之要　「之要」二字脱，據各本補。

〔七〕夫齊棄大公之法而觀民於社　「棄」字脱，據上文及群經平議補。

〔八〕胡匡衷曰　「衷」誤作「中」，據國語發正改。

〔九〕宗伯主男女贄幣之禮　「宗」誤作「字」，據各本改。

〔一〇〕今婦執幣，是男女無别也　「幣」誤作「贄」，據各本改。

〔一一〕漢書公孫劉田王楊蔡陳鄭傳贊作「何足選也」　「鄭」字、「何」字脱，據漢書及群經平議補。

〔一二〕文仲以鬯圭與玉磬如齊告糴　「仲」誤作「公」，「磬」誤作「罄」，據各本改。注同。

〔一三〕鄭司農注曰　「司農」二字脱，據國語發正補。

〔一四〕大懼殄周公、太公之命祀　「太公」二字脱，據各本補。「殄」從公序本，明道本作「乏」。

〔一五〕太公爲太師　「師」誤作「傅」，據各本改。

〔一六〕左傳則已經左氏删改也　「經」字脱，據群經平議補。

〔一七〕展禽，魯大夫，展無駭之後柳下惠也，字禽也　「字禽也」三字，公序本作「字季禽」，明道本作「字展禽也」，國語考異就明道本云：「展疑衍。」本文據此校正而未作説明。

〔一八〕襄十九年左傳「如百穀之仰膏雨焉，若常膏之」　此十八字脱，據群經平議補。

〔一九〕亦有大辟　此四字脱，據各本補。

〔二〇〕書堯典：「鞭作官刑。」馬注：「爲辨治官事者爲刑。」　「堯典」誤作「吕刑」，又脱「者」字，據尚書堯典及史記五帝本紀集解引馬注改補。

〔二一〕大夫以上屍諸朝　「諸」下衍「市」字，據各本删。

〔二二〕五刑，甲兵、斧鉞、刀鋸、鑽笮、鞭扑也　「刀鋸」二字脱，據各本補。

〔二三〕出，出之於隸也　「於」字脱，據各本補。

〔二四〕炎帝承　此三字脱，據路史禪通紀補。

〔二五〕文選東都賦注引薛君韓傳章句云　「注」字脱，據文選注補。

〔二六〕方其君國也　「方」誤作「及」，據路史禪通紀改。

〔二七〕黄帝爲物作名　「爲物」二字脱，據禮記祭法正義補。

〔二八〕帝嚳高辛氏曰嚳　「氏」字脱，據路史疏仡紀補。

〔二九〕以治曆明時　「治」誤作「治」，據路史疏仡紀改。

〔三〇〕三土爲垚，讓也，惟土能讓　二「土」字皆誤爲「士」，據路史疏仡紀改。

〔三一〕禹亦有所因　「有」字脱，據各本補。

〔三二〕敬敷五教，五教在寬　「五教」二字脱其一，據史記殷本紀補。

〔三三〕冥，契後六世孫根國之子也　「後」字脱，據各本補。

〔三四〕冥爲司空，勤其官事　「官」誤作「空」，據史記殷本紀集解改。

〔三五〕謂放桀扞大患也　「患」誤作「難」，據各本改。

〔三六〕各本無「以武烈」三字　「以」字脱，「三」誤作「二」，據群經平議補改。

〔三七〕成王能明文昭，能定武烈者也　下「能」字脱，據群經平議補。

〔三八〕在夏、殷爲二王後　「後」字脱，據各本補。

〔三九〕有虞氏郊祭而以堯配，故曰郊堯也　「氏」字脱，「郊祭」二字誤倒，依文義補改。

〔四〇〕故先推后稷以配天　「稷」字脱，據各本補。

〔四一〕禮記祭法孔疏引春秋命曆序云　「命」字脱，據禮記祭法孔疏補。

〔四二〕荀子儒效篇　「效」誤作「行」，據經義述聞改。

〔四三〕公，文公也　上「公」字誤作「父」，據各本改。

〔四四〕郈敬子，魯大夫，郈惠伯之後玄孫敬伯同也　「之後」二字脱，「玄孫」下衍「之孫」二字，據各本補删。

〔四五〕毁廟之主陳於太祖，未毁之主皆升合食於太祖　二「祖」字皆誤作「廟」，據各本改。

〔四六〕夫人將使公田孟諸而殺之　「公」誤作「孟」，據經義述聞改。

〔四七〕紀公生僕及季它　「紀」誤作「季」，據各本改。

〔四八〕命，告也　此三字脱，據各本補。

〔四九〕授，予也　此三字脱，據各本補。

〔五〇〕鄂，柞格　「鄂」字脱，據各本補。

〔五一〕鯤，魚子也　「也」字脱，據各本補。

〔五二〕大夫七十而致事　「事」誤作「仕」，據經義述聞改。

〔五三〕桀奔南巢　「奔」誤作「崩」，據各本改。

〔五四〕今廬江居巢縣是也　「居」字脱，據公序本補。

國語集解

魯語下第五

吉水徐元誥學

1叔孫穆子聘於晉，穆子，魯卿叔孫得臣之子豹也。晉悼公饗之，以饗禮見也。樂及鹿鳴之三，而後拜樂三。及，至也。悼公先爲穆子作肆夏、文王各三篇而不拜，至作鹿鳴之三篇，乃後拜樂三也。晉侯使行人問焉，行人，官名，掌賓客之禮。傳曰：「韓獻子使行人子員問焉。」曰：「子以君命鎮撫敝邑，鎮，重也。撫，安也。不腆先君之禮以辱從者，腆，厚也。稱從者，謙也。不腆之樂以節之。以樂節禮也。吾子舍其大而加禮於其細，敢問何禮也？」大，謂肆夏、文王也。細，謂鹿鳴也。對曰：「寡君使豹來繼先君之好，君以諸侯之故，貺使臣以大禮。貺，賜也。夫先樂金奏肆夏、樊遏、渠，天子所以饗元侯也，金奏，以鍾奏樂也。肆夏一名樊，韶夏一名遏，納夏一名渠，此三夏曲也。禮有九夏，周禮鍾師：「掌以鍾鼓奏九夏。」「元侯，牧伯也。鄭後司農云〔一〕：「九夏皆篇名，頌之類也，載在樂章，樂崩亦從而亡，是以頌不能具也。」○襄四年左傳杜注與韋同。劉炫曰：「杜爲此解頗允。三夏之名而分字配篇，不甚愜當。何則？文王之三，即文王是其一，大明、綿是其二。鹿鳴之三，則鹿鳴是其一，四牡、皇皇者華是其二。然則肆夏之三，亦當肆夏是其一，樊遏、渠是其二，安得復以樊爲肆夏之别名也？若樊即是肆夏，何須重舉二名？」周禮鍾師鄭注引吕叔玉曰〔二〕：「肆夏、樊遏、渠皆周頌也。肆夏，時邁也。繁遏，執傹〔三〕也。渠，思文也。肆，遂也。夏，大也。言遂於大位，謂王位也。故時邁曰：『肆於時夏，允王保之。』繁，多也。遏，止也。言福禄止於周之多也，故執傹曰：『降福穰穰，降福簡簡，福禄來反。』渠，大也，言以后稷配天，王道之大也。故思文曰：『思文后稷，克配彼天。』」汪遠孫曰：「吕説當是西京舊説。」〔四〕元誥按：元侯，後韋注云：「大國之君。」夫歌文王、大明、綿，則兩君相見之樂也，文王、大明、綿，大雅之首，文王之三也。三篇皆美文王、武王有聖德，天所輔祚，其徵應符驗著見於天，乃天命，非人力也。周公欲昭先王之德於天下，故兩君相見得以爲樂也〔五〕。皆昭令德以合好也，皆非使臣之所敢聞也。臣以爲肆業及之，故不敢拜。肆，習也。以爲樂人自習修其業而及之，故不敢拜。今伶簫詠歌及鹿鳴之三，伶，伶人，樂官也〔六〕。簫，樂器，編管爲之。言樂人以簫作此三篇之聲，與歌者相應也。詩云：「簫管備舉。」○張參五經文字曰：「泠，樂官，或作『伶』，譌。」君之所以貺使臣，臣敢不拜貺！夫鹿鳴，君之所以嘉先君之好也，敢不拜嘉！嘉，善也。鹿鳴曰：「我有嘉賓，德音孔昭。」是爲嘉善先君之好也。四牡，君之所以章使臣之勤也，敢不拜章！四牡，君勞使臣之樂也。章，著也。言臣奉命勞勤於外，述叙其情以歌樂之〔七〕，所以著其勤勞也。皇皇者華，君教使臣曰，『每懷靡及』，皇皇者華，君遣使臣之樂也。皇皇，猶煌煌也。懷私爲每懷。靡，無也。言臣奉使，當榮顯於君，如華之色煌煌然。既受命，當思在公，每人人懷其私，於事將無所及也。○吴曾祺曰：「傳意以下『諏、謀、度、詢』皆須取益於人，其事以得人和爲主，故云和於人，猶皇皇然如不及也。鄭箋改爲『私』，義便不可通。韋注主之，非是。」諏、謀、度、詢，必咨於周，敢不拜教！此六者，皆君之所以教臣也。訪問於善爲咨，忠信爲周〔八〕，言諏、謀、度、詢必當諮之於忠信之人也。○舊音曰：「諏，子須反。度，待洛反。」臣聞之曰〔九〕：『懷和爲每懷，鄭後司農云〔一〇〕：「和，當爲『私』。」○汪遠孫曰：「穆子以『懷和』釋『每懷』，詩皇皇者華首章傳：『每雖懷和也』，卒章傳：『雖有中和，當自謂無所及』，正本外傳。王肅述之云：『雖內懷中和之道，猶自以無所及。』孫毓亦以毛傳上下自相申成。（竝見詩疏。）懷和爲六德之一，若懷私，豈可謂之德乎？」元誥按：明道本無「懷」字。咨才爲諏，才，當爲「事」。傳曰：「咨事爲諏。」○汪遠孫曰：「內傳作『咨事』，外傳作『咨才』，本不相襲，不必破從內傳。武進臧氏琳經義雜記曰：『咨才爲諏者，謂咨賢才之謀也，咨詢爲親戚之謀，咨諏爲賢才之謀，合親賢之謀而謀無不周矣〔一一〕。』孔晁國語注云：『材，謂政幹也。』亦不改字。」咨事爲謀，事，當爲「難」。傳曰：「咨難爲謀。」○汪遠孫曰：「毛詩傳云：『咨事之難易爲謀。』合內、外傳爲訓也〔一二〕。此亦不必改字。」咨義爲度，咨禮義爲度，度亦謀也。咨親爲詢，詢親戚之謀也。忠信爲周。』言當諮之於忠信之人。詩云：「周爰諮謀。」君貺使臣以大禮，重之以六德，敢不重拜！」六德，謂諏也、謀也、度也、詢也、咨也、周也。○汪遠孫曰：「上文『臣聞之曰』：「懷和爲每懷，咨才爲諏，咨事爲謀，咨義爲度，咨親爲詢，忠信爲周。」』六語即六德，與內傳『五善』傳文均極明白。毛詩皇皇者華二章傳云：『忠信爲周，訪問於善爲咨，咨事爲諏。』三章傳云：『咨事之難易爲謀〔一三〕。』四章傳云：『咨禮義所宜爲度。』卒章傳云：『親戚之謀爲詢。兼此五者，雖有中和，當自謂無所及成於六德也。』正本內、外傳爲說。孔晁國語注：『既有五善，又自謂無所及成爲六德。』義亦同毛。忠信爲周，言咨於忠信之人，即內傳之『訪問於善爲咨』。善即忠信也。自忠信之人言之曰周，自訪問之人言之曰咨，韋既從鄭破上文『和』字爲『私』，遂分咨與周爲二，以合六德之數，誤矣。詩疏謂『周者，彼賢之質，不當以周備數』，意是而言未盡也。」宋庠曰：「重，直用反，再也。」

2 季武子爲三軍，爲，作也。武子，魯卿，季文子之子季孫夙也。周禮：「天子六軍，諸侯大國三軍。」魯，伯禽之封，舊有三軍，其後削弱，二軍而已。武子欲專公室，故益中軍以爲三〔一四〕，三家各征其一。事在魯襄十一年。（元誥按：明道本作「十二年」，誤。）〇魯頌閟宮篇「公徒三萬」，鄭箋曰：「萬二千五百人爲軍，大國三軍，合三萬七千五百人。言三萬者，舉成數也。」孔疏引鄭答臨碩云：「魯頌公徒言三萬，是二軍之大數。又以此爲三軍者，以周公受七百里之封，明知當時從上公之制，備三軍之數。」叔孫穆子曰：「不可。天子作師，公帥之，以征不德。師，謂六軍之衆也。公，謂諸侯爲王卿士者也。周禮：「軍將皆命卿。」詩云：「周公東征。」周公時爲二伯而東征，則亦上公爲元帥也。〇詩棫樸篇孔疏引鄭答臨碩云：「春秋之兵，雖累萬之衆，皆稱師。詩之六師，爲六軍之師。」又引易師卦注云：「多以軍爲名，次以師爲名，少以旅爲名。」元侯作師，卿帥之，以承天子。元侯，大國之君。師，三軍之衆也。大國三卿〔一五〕，皆命於天子。承天子，謂從王師征不義也。孔子曰：「天下有道，則禮樂征伐自天子出。」諸侯有卿無軍，帥教衛以贊元侯。諸侯，謂次國之君。有卿，有命卿也，二卿命於天子，一卿命於其君。無軍，無三軍也。若元侯有事，則令卿帥其所教武衛之士以佐元侯。禮所謂「次國二軍，小國一軍」，謂以賦出軍，從征伐也。贊，佐也。〇元誥按：有卿無軍，猶言有卿無師也。自伯、子、男有大夫無卿，無卿，無命卿也。王制曰：「小國二卿，皆命於其君」

也。○汪遠孫曰：「禮記王制鄭注云：『小國亦三卿。』此文似脱誤耳。白虎通義封公侯篇引王度記亦曰：『子男三卿。』」帥賦以從諸侯。賦，國中出兵車、甲士，以從大國諸侯也。是以上能征下，下無姦慝。征，正也。慝，惡也。今我小侯也，言小侯者，削弱之日久矣。處大國之閒，大國，齊、楚也。繕貢賦以共從者，猶懼有討。猶懼以不給見誅討也〔一六〕。○元誥按：繕，治也。共與供同。從者，謂大國，謙稱也。若爲元侯之所，之所，謂作三軍，元侯所爲也。○俞樾曰：「禮記哀公問篇：『求德當欲不以其所。』鄭注曰：『所，猶道也。』若爲元侯之所者，若爲元侯之道也。蓋作師以承天子，乃元侯之道也。若如韋解，則所下更當有『爲』字矣。」元誥按：此文疑作「若元侯之所爲」，「爲」字誤倒在「若」下耳。若，如也，謂魯小國，作三軍，是如大國之所爲也。注之「所」下疑脱「爲」字。以怒大國，無乃不可乎？」弗從，遂作中軍。言中者，明已有上、下軍也〔一七〕。自是齊、楚代討於魯，代，更也。襄、昭皆如楚。襄，襄公也。昭，昭公也。如楚，朝事楚也。事在襄二十九年、昭七年。

3 諸侯伐秦，及涇莫濟。及，至也。涇，水名也。濟，度也。魯襄十一年，晉悼公伐鄭〔一八〕，秦人伐晉以救鄭。十四年，晉使六卿帥諸侯之大夫伐秦，至涇水，無肯先渡者〔一九〕。○元誥按：涇水，詳見周語。晉叔向見叔孫穆子曰：「諸侯謂秦不恭而討之，及涇而止，於秦何益？」何益於伐秦之事也。穆子曰：「豹之業，及匏有苦葉矣，不知其他。」業，事也。匏有苦葉，詩邶風篇名也。其詩曰：「匏有苦葉，濟有深涉。深則厲，淺則揭。」言其必濟，不知其他也。○王念孫曰：「及匏有苦葉矣，左傳襄十四年正義引此，及作『在』是也。案：韋注云：『業，事也』，穆子之事在濟涇，故曰：『豹之業，在匏有苦葉矣。』今本在作『及』，則文義不明，蓋涉上文兩『及涇』而誤也。

定十年左傳『駟赤曰：「臣之業，在揚水卒章之四言矣。」』文義正與此同。」陳奐曰：「『及』字是言肆業及之也。」元誥按：今從王説絶句。叔向退，召舟虞與司馬，舟虞，掌舟。司馬，掌兵。曰：「夫苦匏不材於人，共濟而已。材，讀若裁也。不裁於人，言不可食也。共濟而已，佩匏可以渡水也〔二〇〕。魯叔孫賦匏有苦葉，必將涉矣。詩以言志也。具舟除隧，不共有法。」隧，道也。共，具也。舟虞具舟，司馬除道〔二一〕。法，刑也。是行也，魯人以莒人先濟，諸侯從之。諸侯，諸侯之大夫也。以，用也。能東西之曰以。

4 襄公如楚，及漢，聞康王卒，欲還。襄公，魯成公之子襄公午也〔二二〕。如楚者，以宋之盟朝於楚也。漢，水名。康王，楚恭王之子康王昭也。○元誥按：漢水出今陝西寧羌縣北嶓冢山，爲漾。至南鄭縣西爲漢，今名東漢水。東流至湖北均縣名滄浪之水，又東南流至漢陽縣漢口合江，其上流爲沔河，其下流爲襄河。叔仲昭伯曰：「君之來也，非爲一人也，叔仲昭伯，魯大夫，叔仲惠伯之孫叔仲帶也。一人，謂康王也。爲其名與其衆也。名，謂爲大國有盟主之名也。衆，略地多，兵甲衆也。今王死，其名未改，其衆未敗，何爲還？」諸大夫皆欲還。子服惠伯曰：「不知所爲，姑從君乎！」惠伯，魯大夫，仲孫他之子子服椒也。姑，且也。叔仲曰：「子之來也，非欲安身也，爲國家之利也，故不憚勤遠而聽於楚〔二三〕。憚，難也。非義楚也，畏其名與衆也。義楚，非以楚有義而往也。○元誥按：注「義楚」上疑脱「非」字。夫義人者，固慶其喜而弔其憂，況畏而服焉？慶，猶賀也。喜，猶福也。聞畏而往，聞喪而還，○王引之曰：「『畏』上『聞』字衍。上文曰，『子之來也，非義楚也〔二四〕，畏其名與衆也』，所謂『畏而往』也。又曰，『聞康王卒，欲還』，所謂『聞喪而還』也。『畏』

上不當有『聞』字，此涉下句而衍也。畏出於己，非出於人，何聞之有？說苑正諫篇作『聞畏而往』，蓋後人據誤本國語加之也。」汪遠孫曰：「畏，讀爲威。上文『爲其名與衆也』，說苑正諫篇作『爲其威也』。名與衆即所謂威也。畏、威古字通。」元誥按：汪說不煩刪字，而義可通。書呂刑：「德威唯畏。」墨子尚賢篇作「德威唯威」。是亦畏、威通用之證。苟羋姓實嗣，其誰代之任喪？羋，楚姓也。嗣，嗣世也。任，當也。誰當代之當喪爲主者乎？言必自當之，故不可不往弔也。○史記楚世家：「陸終生子六人，六曰季連，羋姓，楚其後也。」索隱引宋忠曰：「羋姓，諸楚所出，楚之先。羋音彌是反。羋，羊聲也。」王大子又長矣，執政未改，執政，令尹、司馬也。改，易也。予爲先君來，死而去之，其誰曰不如先君？言我爲楚先君故來，聞死而去之，後嗣臣子誰肯自謂德不如先君者乎？將爲喪舉，聞喪而還，其誰曰非侮也？舉，動也。如在國聞楚有喪，將爲之舉動而往，況已至漢，聞喪而還，其誰言魯不輕侮也？事其君而任其政，其誰曰已貳？○各本曰作「由」，已作「己」。韋注曰：「任，當也。由，從也。言楚臣方事其君，當其政，其誰肯從己時而使諸侯有携貳者也。」俞樾曰：「由，當作『曰』，己，當作而已之『已』，皆字之誤也。其誰曰已貳，與上文『其誰曰不如先君』、『其誰曰非侮也』文法一律，言楚臣方事其君而當其政，誰謂其已有二心也。下文『執政不貳』即承此句而言，韋注曰『其執政之臣無二心』，則『不貳』屬執政言，不屬諸侯言明甚。因此句誤作『由』、『己』，韋乃曲爲之說，則與下意不貫矣。『平丘之會』章曰『其執政貳也』，『貳』字亦就晉執政言，可證此文韋解之非。」元誥按：俞說得之，今並據以訂正。求說其侮，而亟於前之人，其讐不滋大乎？說，猶除也。滋，益也。亟，疾也。言楚君臣求除其輕侮己者，將急疾於前之人，此讐不益大乎？○宋庠曰：「說，它活反。」說侮不懦，執政不貳，帥大讐以憚小國，其誰云待之？懦，弱也。憚，難也。言楚人欲除其侮慢之恥，不懦弱，其執政之臣無二心。以楚大讐爲魯作難，其誰能待之？待，猶禦也。○吴曾祺曰：「楚之伐魯即在旦夕之間，誰云有所待而不發也？」若從君以走患，則不如違君以避難。走，之也。且夫君子計成而後行，○一切經音義十三引賈逵曰：「計，謀也。」二三子計乎？有禦楚之術而有守國之備，則可也。可，可還也。○元誥按：而，猶與也，及也。論語雍也篇：「不有祝鮀之佞而有宋朝之美。」王引之曰：「而，猶與也。」此文句法與彼相似。又宋庠本「備」下有「乎」字。若未有，不如往也。」乃遂行。反，及方城，聞季武子襲卞，方城，楚北山也。卞，魯邑也。季武子襲之以自予。○吴曾祺曰：「方城在葉縣南，本作『萬城』。萬俗字万，故轉爲方。卞在今山東兖州府泗水縣東五十里也。」元誥按：襄二十三年經杜注曰：「輕行掩其不備曰襲。」公欲還，出楚師以伐魯。伐季氏也。言魯者，以季氏專魯國也。榮成伯曰：「不可。成伯，魯大夫，聲伯之子也，名欒。○襄二十八年左傳杜注曰〔二五〕：「榮成伯，榮駕鵝。」君之於臣，其威大矣。不能令於國，而恃諸侯，諸侯其誰暱之？暱，親也。若得楚師以伐魯，魯既不違夙之取卞也，必用命焉，守必固矣。夙，武子名也。言夙取卞時，魯人不違而從之，是爲聽用其命，必同心而守，故言「固也」。若楚之克魯，克，勝也。諸姬不獲闚焉，而況君乎？○元誥按：諸姬，謂諸姬姓國也，如魯、晉、鄭皆是。彼無亦置其同類以服東夷，而大攘諸夏，將天下是王，而何德於君，其予君也？無亦，亦也。同類，同姓也。攘，却也。言楚亦將自置其同姓於魯以取天下，不予君也。○論語八佾篇集解引包曰：「諸夏，中國也。」邢疏曰：「夏，大也〔二六〕，言有禮義之大，有文章之華也。」元誥按：楚，子爵，僻陋在夷，故管子云「荆夷之國」。當魯僖時，以齊桓征服，始來賓上國。此云服東夷，攘諸夏，蓋謂其非我族類，其心必異也。又按：其予君也，「也」字古與耶通。若不克魯，君以蠻夷伐之，而又求入焉，必不獲矣。不如予之，予之，以卞予武子也。夙之事君也，不敢不悛。悛，改也。醉而怒，醒而喜，庸何傷？庸，用也。言公欲伐魯，若人醉而怒。今止，若醒而喜也，用何傷乎？君其入也！」乃歸。

5襄公在楚，季武子取卞，使季冶逆，季冶，魯大夫，季氏之族子冶也。逆，迎也。追而予之璽書，璽，印也。古者大夫之印亦稱璽。璽書，印封書也。○惠棟曰：「璽，施也，信也，古者尊卑共之，秦、漢以來尊者以爲名，乃使避。衛宏漢舊儀曰：『漢以來天子獨稱璽，又以玉。』」以告曰：「卞人將畔，臣討之，既得之矣。」此璽書之辭也。公未言。榮成子曰：恐公怒，故先言也。「子股肱魯國〔二七〕，社稷之事，子實制之。唯子所利，何必卞？利，猶便也。卞有罪而子征之，子之隸也，又何謁焉？」隸，役也。謁，告也。○元誥按：此榮成代君答武子語，故措詞如此。子冶歸，致禄而不出，致，歸也。歸禄，還采邑也。傳曰「公冶致其邑」也。曰：「使予欺君，謂予能也。欺，謂璽書言卞人將畔也。能，賢能也。能而欺其君，敢享其禄而立其朝乎？」享，食也。

6虢之會，諸侯之大夫尋宋之盟也。在魯昭元年。○昭元年左傳杜注曰：「虢，鄭地。」元誥按：今河南滎澤縣有虢亭，虢地亦當在其境。楚公子圍二人執戈先焉。楚公子圍，恭王之庶子靈王熊虔也，時爲令尹。先，謂使二人執戈在前導也。蔡公孫歸生與鄭罕虎見叔孫穆子，歸生，蔡大師子朝之子子家也〔二八〕。罕虎，鄭大夫子罕之孫，子展之子子皮也。穆子，魯卿叔孫豹也。穆子曰：「楚公子甚美，不大夫矣，美，謂服飾盛也。○昭元年左傳：「楚公子圍設服離衞。」杜注曰：「設君服。」又曰：「美服似君。」抑君也。」似君也。鄭子皮曰：「有執戈之前，吾惑之。」惑，疑怪也。蔡子家曰：「楚，大國也。公子圍，其令尹也。有執戈之前，不亦可乎？」穆子曰：「不然。天子有虎賁，習武訓也。訓，教也。虎賁，掌先後王而趨以卒伍，舍則守王閑，王在國則守宫門，所以習武教也。諸侯有旅賁，禦災害也。禦，禁也。旅賁，掌執戈盾夾車而趨，車止則持輪，所以備非常，禁災害也。大夫有貳車，備承事也。貳，副也。承，奉也。事，使也。士有陪乘，告奔走也。陪，猶重也。奔走，使令也。○吴曾祺曰：「陪乘，指同坐車中之人，訓『重』未合。」今大夫而設諸侯之服，有其心矣。有篡國心也。若無其心，而敢設服以見諸侯之大夫乎？將不入矣。若不見討，必爲篡，不復入爲大夫也。○俞樾曰：「將不入矣，言其狂易失心，不久將死，不復能入國也。下文曰：『若楚公子不爲君，必死〔二九〕。』正其義也。韋謂不復入爲大夫，失之。」夫服，心之文也。言心所好，身必服之。如龜焉，灼其中，必文於外。若楚公子不爲君，必死，不合諸侯矣。」不復爲大夫以會諸侯也。公子圍反〔三〇〕，殺郟敖而代之。郟敖，楚康王之子麇。麇有疾，圍縊而殺之，葬之於郟，謂之郟敖。○陳瑑曰：「楚人謂未成君者爲敖。左氏莊十四年傳云：『生堵敖。』十三年傳云：『葬子敖於訾，實訾敖。』」

7 虢之會，諸侯之大夫尋盟未退。尋宋之盟也〔三一〕。○昭元年左傳注曰：「宋盟在襄二十七年。」季武子伐莒取鄆，鄆，莒邑也。○昭元年左傳注曰：「兵未加莒而鄆服，故書取而不言伐。」元誥按：莒邑即今山東莒縣。

鄆分東西爲二，東鄆在今山東沂水縣北四十里，西鄆在東平縣境〔三二〕。茲所取者，東鄆也。莒人告於會，楚人將以叔孫穆子爲戮。楚人，令尹圍也。以魯背盟取鄆，故欲戮之〔三三〕。晉樂王鮒求貨於穆子，樂王鮒，晉大夫樂桓子也。○元誥按：貨，謂賄也。曰：「吾爲子請於楚。」穆子不予。梁其踁謂穆子曰：「有貨以衛身也，出貨而可以免，子何愛焉？」梁其踁，穆子家臣也。衛，營也。○吳曾祺曰：「梁其踁，魯伯禽子梁其之後。衛，藩也。内傳作『貨以藩身』，不訓『營』。」元誥按：愛，吝也。穆子曰：「非女所知也。承君命以會大事，大事，盟也。而國有罪，我以貨私免，是我會吾私也。苟如是，則又可以出貨而成私欲乎？苟，誠也。誠復有如此事者，即當俱以財貨求免而成私欲，私欲成，則公義廢也。雖可以免，吾豈若諸侯之事何？○元誥按：若，猶奈也，見經傳釋詞。夫必將或循之，曰：『諸侯之卿有然者故也。』必將有循效我者，言諸侯之卿嘗有以貨私免者也。則我求安身，而爲諸侯法矣。貨免之法也。君子是以患作。患作，患所作不得中，以亂事也。○吳曾祺曰：「作是『作俑』之作，謂始爲之者也。」作而不衷，將或道之，衷，中也。○文選東京賦李注引賈逵曰：「道，由也。」是昭其不衷也。余非愛貨，惡不衷也。欲殺身以成義，不欲求生以害道也。且罪非我之由，由武子也。爲戮何害？」何害於義也。楚人乃赦之。穆子歸，武子勞之，日中不出。日中，且至日中也。穆子怨其背盟伐莒，故不出見之也。其人曰：「可以出矣。」其人，穆子家臣曾皐也。穆子曰：「吾不難爲戮，養吾棟也。武子，政卿也，是爲國棟。言己爲戮，魯誅盡矣，故曰『養吾棟』也。夫棟折而榱崩，吾懼壓焉。壓，笮也。言季氏亡，則叔孫氏亦必亡也。故曰雖死於外，而庇宗於内，可也。庇，覆也。今既免大恥，而不忍小忿，可以爲能乎？」乃出見之。

8 平丘之會，晉昭公使叔向辭昭公弗與盟。晉昭公，晉平公之子昭公夷也。魯昭十年，季平子伐莒取郠，莒人愬之於晉。昭十三年，晉將討魯，會於平丘，使叔向辭魯昭公，不與之盟也。○昭十三年左傳杜注曰：「平丘在陳留長垣縣西南。」林注曰：「晉復合諸侯也。晉合諸侯由是止。鄢陵之後，參盟復作，晉非盟主矣。」沈鎔曰：「平丘在今直隸長垣縣西南五十里。」子服惠伯曰：「晉信蠻夷而棄兄弟，蠻夷，莒人。兄弟，魯也。其執政貳也。執政之臣有二心於莒而助之也〔三四〕。貳必失諸侯，○明道本「貳」下衍「心」字。豈惟魯然？言不獨失魯也。夫失其政者，必毒於人，魯懼及焉，必加毒於人也。不可以不恭。必使上卿從之。」從至晉謝也。季平子曰：「然則意如乎！平子，季武子之孫，悼子之子意如也，時爲上卿。若我往，晉必患我，誰爲之貳？」患，謂見執。若，如也。貳，副也。子服惠伯曰：「椒既言之矣，敢逃難乎？椒請從。」椒，惠伯名也。晉人執平子。子服惠伯見韓宣子。宣子，晉正卿，韓獻子之子起也。曰：「夫盟，信之要也，要，猶結也。晉爲盟主，是主信也。若盟而棄魯侯〔三五〕，信抑闕矣。闕，缺也。昔欒氏之亂，齊人閒晉之禍，伐取朝歌。閒，候也。欒氏，晉大夫欒盈也，獲罪奔楚，自楚奔齊。魯僖二十三年，齊莊公納盈不克。秋，伐晉，取朝歌。朝歌，晉邑也。○吳曾祺曰：「朝歌在今河南衛輝府淇縣北，本衛地，晉取之。」我先君襄公不敢寧處，使叔孫豹發帥敝賦，賦，兵也。踦跂畢行，無有處人，踦跂，跰蹇也。○說文：「踦，一足也。」跂，舊音引賈本作「跛」，布我反，注云「蹇」也。以從軍吏，次於雍渝，次，舍也。雍渝，晉地也。○雍俞，宋庠本作「雝俞」。

左傳渝作「榆」，注曰：「豹救晉，待命於雍榆，故書次。雍榆，晉地。汲郡朝歌縣東有雍城。」吳曾祺曰：「在今河南衛輝府濬縣西南。」與邯鄲勝擊齊之左，邯鄲勝，晉大夫，趙旃之子須子勝也，食采邯鄲。左，左軍也。掎止晏萊焉，從後曰掎。止，獲也。晏萊，齊大夫也。○後漢書崔寔傳注引賈逵曰：「從後牽曰掎。」襄十四年左傳(三六)：「諸戎掎之。」杜注曰：「掎其足也。」後漢書馬融傳注引説文曰(三七)：「掎，偏引一足也。」(今本無「一足」二字。)元誥按：內傳：「趙勝帥東陽之師以追之，獲晏氂矣。」釋文：「氂，力之反，徐音來。」據此，晏萊即晏氂矣。齊師退而後敢還。非以求遠也，非以求遠功也。以魯之密邇於齊而又小國也。密，比也。邇，近也。○元誥按：小國，猶云弱國也。齊朝駕則夕極於魯國，極，至也。不敢憚其患，而與晉共其憂，亦曰『庶幾有益於魯國乎？』益，謂得晉之助也。今信蠻夷而棄之，夫諸侯之勉於君者，將安勸矣？若棄魯而苟固諸侯，羣臣敢憚戮乎？諸侯之事晉者，魯爲勉矣。若以蠻夷之故棄之，其無乃得蠻而失諸侯之信乎！子計其利者，小國共命。」共，敬從也。宣子説，乃歸平子。

9 季桓子穿井如獲土缶，其中有羊焉。○各本作「獲如土缶」。韋注曰：「桓子，魯政卿，季平子之子斯也。或云，得土如瓦缶狀，中有土羊。昭謂：羊，生羊也，故謂之怪。」俞樾曰：「如韋説，則當云獲土如缶，不當云獲如土缶。託之或説，蓋亦有所未安耳。疑國語原文本作『如獲土缶』。而、如古通用，日知録卷三十二所引凡二十餘事可證。季桓子穿井如獲土缶者，季桓子穿井而獲土缶也。下文曰：『吾穿井而獲狗。』此『如』字即下『而』字，後人不知而、如古通用而誤倒其文，遂不可解矣。」汪遠孫曰：「『如』字疑涉注文而衍，淮南氾論篇注(三八)、後漢書張衡傳注引國語竝作『獲土缶』，史記孔子世家、漢書五行志、説苑辨物篇皆無『如』字可證。」元誥按：汪謂「如」字衍，義通，惟云涉注文而衍，則非是。因韋本依傳作注，傳無「如」字，何有是注？既有是注，可知傳有「如」字。蓋韋所見本已誤耳。季桓子穿井如獲土缶，與下文「吾穿井而獲狗」句法正同，俞説是矣，今據以乙正。漢書五行志中：「魯定公時，季桓子穿井得土缶，中得蟲若羊，近羊禍也。羊者，地上之物，幽於土中，象定公不用孔子而聽季氏，暗昧不明之應也。一曰，羊去野外而拘土缶者，象魯君失其所而拘於季氏，季氏亦將拘於家臣也。」使問之仲尼曰：「吾穿井而獲狗，何也？」獲羊而言狗者，以孔子博物，測之也。○汪遠孫曰：「時人不識獲羊，以獲狗爲問。韋解非。」元誥按：時人豈有羊狗不辨者？特相驚爲怪事，致混亂言之耳。對曰：「以丘之所聞，羊也。丘聞之：木石之怪曰夔、蝄蜽，木石，謂山也。或云，夔，一足，越人謂之山繅。音騷(三九)。蝄蜽，山精，好斆人聲而迷惑人也。○薛綜東京賦注：「夔，木石之怪，如龍，有角，鱗甲光如日月，見則其邑大旱。」説文引淮南王説：「蝄蜽狀如三歲小兒，赤黑色，赤目，長耳，美髮。」元誥按：宋庠本蝄蜽作「罔兩」。水之怪曰龍、罔象，龍，神獸也。非常見，故曰怪。或曰：「罔象食人，一名沐腫。」○宣三年左傳正義引賈逵曰：「罔兩，罔象(四〇)，言有夔龍之形而無實體。」淮南子：「水生罔象。」高注云：「罔象，水之精也。」法苑珠林六道篇引夏鼎志云：「罔象如三歲兒，赤目，黑色，大耳，長臂，赤爪(四一)。索縛則可得食。」土之怪曰墳羊。」唐云：「墳羊，雌雄不成者(四二)。」○淮南子：「井生墳羊。」高注云：「墳羊，土之精也。」元誥按：明道本墳作「羵」，宋庠曰：「作『羵』非，説文無『羵』字。」

10 季康子問於公父文伯之母，康子，魯政卿，季悼子曾孫、桓子之子季孫肥也。文伯，魯大夫，季悼子之孫、公父穆伯之子公父歜也。母，穆伯之妻敬姜也。曰：「主亦有以語肥也？」大夫稱主，妻亦如之。語，教誡也。○元誥按：「也」與「耶」古通用。對曰：「吾能老而已，何以語子〔四三〕。」康子曰：「雖然，肥願有聞於主。」覬得一言可行者也。對曰：「吾聞之先姑夫之母曰姑，殁曰先姑。曰：『君子能勞，後世有繼。』」能勞，能自卑勞，貴而不驕也。有繼，子孫不廢也。子夏聞之，曰：「善哉！商聞之曰：『古之嫁者，不及舅姑，謂之不幸。』夫婦，學於舅姑者也。」○明道本「也」上有「禮」字。

11公父文伯飲南宮敬叔酒，敬叔，魯大夫，孟僖子之子〔四四〕、懿子之弟南宮説也。○元誥按：飲，飲之也。以露睹父爲客。睹父，魯大夫也。客，上客也。禮：飲，尊一人以爲客也〔四五〕。○襄二十七年左傳孔疏引國語作「路堵」。宋庠曰：「睹，善本多從日作『睹』。」羞鼈焉小，羞，進也。睹父怒，怒鼈小也。相延食鼈，延，進也。衆賓相進以食鼈也。辭曰：「將使鼈長而後食之。」遂出。此睹父詞也。○宋庠曰：「長，七丈反。」文伯之母聞之，怒曰：「吾聞之先子先子，先舅季悼子也。曰：『祭養尸，饗養上賓。』言祭祀之禮，尊養尸；饗宴之禮，養上賓也。鼈於何有？於何有，猶何禮有鼈也。○牟房曰：「於何有，言非難得之物，不足吝惜也。」而使夫人怒也！」○元誥按：夫人，猶言此人也，指睹父。也與耶通。遂逐之。○元誥按：逐之，謂逐公父文伯也。五日，魯大夫辭而復之。辭，請也。○元誥按：大夫，從宋庠本。明道本作「夫人」，涉上而誤也。

12公父文伯之母如季氏，如，之也。康子在其朝，自其內朝也〔四六〕。○陳瑑曰：「大夫之家亦稱朝，論語：『冉子退朝。』」與之言，弗應，從之及寢門，弗應而入。入康子之家也。康子辭於朝而入見，辭其家臣，入見敬姜也。曰：「肥也不得聞命，無乃罪乎？」得無有罪乎？曰：「子弗聞乎：天子及諸侯，合民事於外朝，言與百官考合民事於外朝也。○陳瑑曰：「戴吉士云：『此外朝，在中門外庭，（天子之中門曰應，諸侯之中門曰雉。）小司寇掌其政，朝士掌其法，斷獄蔽訟及詢非常之朝也。』」合神事於內朝；神事，祭祀也。路朝，在路門內也。○陳瑑曰：「此文王世子之內朝也，所云『其朝於公，內朝，則東面北上』，注：『內朝，路寢之庭也。』蓋在路寢以內之庭，故韋說云然。若槀人及玉藻之內朝，（或謂之治，或謂之正朝，或又謂之外朝。）則在路門之外庭，戴吉士所謂司士正其位，而君臣日見之朝。然則內朝一在路門內，一在路門外，固異朝而同名也。」自卿以下，合官職於外朝，外朝，君之公朝也。○陳瑑曰：「外朝者，謂君所設之公朝也。攷工記：『外有九室，九卿朝也。』注：『外，路寢之表，如今諸曹治事處。』詩緇衣疏引攷工記及注而申其說曰：『謂天子宮內卿士各立曹司，有廬舍以治事也。』」合家事於內朝；家，大夫也。內朝，家朝也。○陳瑑曰：「此即卿大夫夕治家事私家之朝也。玉藻云：『將適公所，宿齊戒，居外寢。』又云：『揖私朝惲如也，登車則有光矣。』注：『揖私朝，與其家臣揖而往朝於君也。』以上下『外寢』、『登車』之文證之，知其爲私家之朝。」寢門之內，婦人治其業焉。上下同之。寢門，正室之門也。上下，天子已下也。○元誥按：業，前韋注云：事也。夫外朝，子將業君之官職焉；內朝，子將庇季氏之政焉，庇，治也。○陳瑑曰：「外朝，即君所設之公朝。內朝，即私室之朝。」皆非吾所敢言也。」

13 公父文伯退朝，朝其母，其母方績。文伯曰：「以歜之家而主猶績，言家有寵，不當績也。懼干季孫之怒也，季孫，康子也。位尊，又爲大宗也。○明道本「干」作「忏」，「怒」作「怨」。其以歜爲不能事主乎？」其母歎曰：「魯其亡乎！使僮子備官而未之聞耶〔四七〕？僮，僮蒙不達也。言已居官而未聞道也。○舊音：「古以童爲隸，以僮爲穉，與今反。」居，吾語女。居，坐也。昔聖王之處民也，○元誥按：處，猶處理也。擇瘠土而處之，磽确爲瘠。勞其民而用之，故長王天下。瘠土利薄，又勞而用之，使不淫逸。不淫逸則向義，故長王天下也。夫民勞則思，思則善心生；民勞於事，則思儉約，故善心生也。逸則淫，淫則忘善，忘善則惡心生。沃土之民不材，逸也。沃，肥美也。不材，器能少也。○各本逸作「淫」。王念孫曰：「淫，當作『逸』，此涉上文兩『淫』字而誤。案上文云『逸則淫，淫則忘善，忘善則惡心生』，是沃土之民之所以不材者，正以其逸也。下文云『瘠土之民莫不嚮義，勞也』，『勞也』與『逸也』文正相對。今本『逸也』作『淫也』，則與上下文不合矣。列女傳母儀傳作『淫也』，亦後人以誤本國語改之。又文選西京賦：『處沃土則逸，處瘠土則勞。』李善注引此文，『沃土之民不材，逸也。瘠土之民莫不向義，勞也』。又下注云，『庶人因沃瘠而勞逸殊』。正文注文皆作『逸』。而今本注文之『逸也』獨作『淫也』，既與下句不符，又與正文不協，其爲後人所改無疑〔四八〕。左傳成六年正義引此云：『沃土之民不材，逸也。』襄二十五年正義及白帖八十並引此云：『沃土之民逸。』今據以訂正。」元誥按：王説是，今從之。瘠土之民莫不嚮義，勞也。善心生，故嚮義也〔四九〕。是故天子大采朝日，與三公、九卿祖識地德，禮：「天子以春分朝日，示有尊也。」虞説曰：「大采，衮織也。祖，習也。識，知也。地德所以廣生。」昭謂：禮玉藻：「天子玄冕以朝日。」冕服之下則大采，非衮織也。周禮：「王者搢大圭，執鎮圭，藻五采五就以朝日。」則大采謂此也。言天子與公卿因朝日以修陽政而習地德，因夕月以理陰教而糾天刑〔五〇〕。日照晝，月照夜，各因其照以修其事。日中考政，與百官之政事、師尹、維旅、牧、相宣序民事。宣，徧也。序，次也。三君云：「師尹，大夫官也，掌以美制王〔五一〕。維，陳也。旅，衆士也。牧，州牧也。相，國相也。皆百官政事之所及也。」一曰：「師尹，公也。詩云：『赫赫師尹。』」○王引之曰：「政事之政，讀曰正。爾雅：『正，長也。』說文曰：『事，職也。』百官之政事，謂百官府之爲長官及任羣職者，猶酒誥言『有政有事』，立政言『立政立事』也。周官宰夫職曰：『掌百官府之徵令，辨其八職：一曰正，掌官灋以治要；二曰師，掌官成以治凡；三曰司，掌官灋以治目；四曰旅，掌官常以治數〔五二〕。』『一曰正』即此所謂百官之政事也，『二曰師』即此所謂師尹也，『四曰旅』即此所謂旅也。襄二十五年左傳『百官之正、長、師、旅』，成十八年傳『師不陵正，旅不偪師』，正所謂百官之政事、師尹、維旅也。上文『三公、九卿』，官之大者也，此『政事、師尹、旅、牧、相』，則大夫、士也，官之小者也，故皆曰『與』。下文又言『與大史、師載糾虔天刑』，是所與者非大臣即羣臣也。若謂百官所行之政事，則日中考政，所考者即百官所行之政事，何又言與百官之政事乎？列女傳載此文，『師尹』上有『使』字，則後人不解古訓而妄增之也。又案：上文之『三公、九卿』，下文之『大史、司載』與此『百官之政事、師尹、維旅、牧、相』皆都內之公、卿、大夫、士，不得以爲州牧、國相也。齊語：『正之政聽屬，牧政聽縣，下政聽鄉。』韋彼注曰：『牧，五屬大夫也。』是大夫有稱牧者。相者，淮南時則篇：『五月官相。』高注曰：『是月，陽氣長，養故官。相，相佐也。』月令：『孟春，命相布德和令。』蓋即此官。鄭注以相爲三公，亦非也。維旅、牧、相者，維，猶及也。（維與惟通，禹貢曰：『齒革羽毛惟木。』酒誥曰：『百僚庶尹惟亞、惟服、宗工。』多方曰：『告爾四國多方〔五三〕，惟爾殷侯尹民。』『惟』字竝與及同義。）言天子日中考政，與百官之政事、師尹及旅、牧、相宣序民事也。注訓『維』爲『陳』，亦失之。」元誥按：宋庠本維作「惟」。少采夕月，與大史、師載，糾虔天刑，夕月以秋分。糾，恭也。虔，敬也。刑，法也。或云：「少采，黼衣也。」昭謂：朝日以五采，則夕月其三采也。載，天文也。司天文爲馮相氏、保章氏，與大史相儷偶也。因夕月而恭敬觀天法、考行度以知妖祥也。○俞樾曰：「載之爲天文，於義無取，殆非也。載當爲『𢦏』，即『災』字篆文也。載、𢦏從𢦏聲，古音相同。周易剥象傳，災、載爲韻。又詩大田篇：『俶載南畝。』鄭箋曰：『載，讀菑栗之菑。』菑與災古亦通用，生民篇『無菑無害』是也。菑栗之菑可以載爲之，則菑害之菑亦可以載爲之矣。司載，即司災也。漢書天文志，文昌六星，五曰司祿，六曰司災，是司災乃星名。周官有司祿，以星名官，司災亦其例也。司災所掌，必天文災異之事，故與之糾虔天刑也。」日入監九御，使潔奉禘、郊之粢盛，監，視也。九御，九嬪之官，主粢盛、祭服者也。○王引之曰：「此與昏義異也，昏義九嬪次於三夫人之下，此則有九嬪無三夫人。非有其人而不列於此也，內宰、內小臣、內司服、追師皆但言九嬪而不及三夫人〔五四〕，然則周禮無三夫人明矣。周語、魯語言『九御』，月令『后妃帥九嬪御』，乃禮天子所御，皆言九嬪，而不及夫人，與周禮合。無三夫人，故但云『帥九嬪』。鄭注謂『天子有夫人，有嬪，有世婦，有女御。獨云帥九嬪，舉中言也』失之。高誘注呂氏仲春紀，分后妃爲二，以妃爲夫人，尤誤。」而後即安。即，就也。諸侯朝修天子之業命，業，事也。命，令也。晝考其國職，夕省其典刑，典，常也。刑，法也。夜儆百工，使無慆淫，而後即安。儆，戒也。工，官也。慆，慢也。卿大夫朝考其職，在公之官職也。晝講其庶政，夕序其業，序，次也。夜庀其家事，而後即安。庀，治也。士朝而受業，受事於朝也。晝而講貫，貫，習也。夕而習復，復，覆也。夜而討過無憾，而後即安。憾，恨也。凡此者先公後私之義也。○各本討作「計」，汪遠孫曰：「列女傳計作『討』是也，讀如討軍實之討。」王引之曰：「討者，除也〔五五〕，見隱四年公羊傳注。除去其過然後無憾，於義爲長。」元誥按：討過，謂搜求己過也。今據改。自庶人以下，明而動，晦而休，無日以怠。晦，冥也。王后親織玄紞，説云：「紞，冠之垂前後者。」昭謂：紞，所以懸瑱當耳者也。○詩葛覃篇孔疏云：「紞，懸瑱之物，織五采爲之。鄭箋云：『天子之紞五色。獨言玄者，以玄爲尊，故舉以言焉。』」桓二年左傳孔疏云：「紘者，懸瑱之繩，垂於冠之兩旁，故云冠之垂者。織線爲之，若今之絛繩。」元誥按：紞，或譌爲「絖」，又改作「纊」，禮緯曰：「纊塞耳。」謂纊懸瑱，所以塞耳也。公侯之夫人加之以紘、綖，既織紞，復加之以紘、綖也。冕曰紘。紘，纓之無緌者也，從下而上，不結。綖，冕之上覆也。○桓二年左傳孔疏云：「紘、纓皆以組爲之，所以結冠於人首也。紘用一組，從下屈而上，屬之於兩旁，垂其餘也。纓用兩組，屬之於兩旁，結之於頷下，垂其餘也。綖，冠上覆者。冕以木爲幹，以玄布衣其上，謂之綖。」卿之內子爲大帶，卿之適妻曰內子。大帶，緇帶也。○任大椿曰：「玉藻：『大夫素帶，裨垂。』又曰：『襍帶，大夫玄華，士緇辟。』然則緇帶，士帶也，故士冠禮、士喪禮陳士帶皆緇帶。卿之內子所爲之帶當素帶，辟以玄華。韋云緇帶，誤也。」命婦成祭服，命婦，大夫之妻。祭服，玄衣、纁裳也。○詩葛覃孔疏云：「大夫命婦成祭服者，大夫助祭服玄冕，受之於君，故大宗伯『再命受服』是也。妻所成者，自祭之服。少牢禮〔五六〕：朝服，玄冠、緇布衣、素裳。韋昭謂祭服，玄衣、纁裳，謂作玄冕之服，非也。」陳奐曰：「禮器『士玄衣、纁裳』，此『士』統大夫言。大夫祭服，玄冕、玄衣，而冕亦纁裳。士無冕，唯爵弁爲異耳。」詩疏謂大夫玄冕，受之於君，妻所成者，自祭之朝服。則以祭服、朝服合而爲一，誤。」列士之妻加之以朝服，列士，元士也。既成祭服，又加之以朝服也。朝服，天子之士皮弁素積，諸侯之士玄端委貌。○任大椿曰：「列士助祭之服爵弁，亦玄衣、纁裳。士之妻既織此爵弁服，而又加之以朝服。『加之』二字，蒙上『成祭服』爲文，謂士妻不僅如大夫命婦成祭服而已。是『祭服』、『朝服』二文對舉，顯爲二服。葛覃疏誤。」自庶士以下皆衣其夫。庶士，下士也。下，至庶人也。○詩葛覃孔疏云：「庶士以下各衣其夫〔五七〕。庶士，謂庶人在官者。故祭法曰：『官師一廟，庶士、庶人無廟。』注云：『官師，中士、下士也。庶士，府史之屬。』庶士與朝服異文〔五八〕，則亦府史之屬。韋昭云下士，非也。」陳奐曰：「庶士對上文『列士』〔五九〕，列士爲上士，則庶士爲下士。不言中士者，略也。祭法：『適士二廟，庶士、庶人無廟。適士立二祀，庶士、庶人立一祀。』此適士爲上士，則庶士爲下士。疏剥韋誤矣。」社而賦事，蒸而獻功，社，春分祭社也，事農桑之屬也。冬祭曰蒸，蒸而獻五穀、布帛之功也。男女效績，愆則有辟，古之制也。績，功也。辟，罪也。君子勞心，小人勞力，先王之訓也。自上以下，誰敢淫心舍力？今我寡也，爾又在下位，下位，下大夫也。朝夕處事，猶恐忘先人之業，處事，處身於作事也。○汪遠孫曰：「處，讀如智者處物之處。處事，辨事也。韋注迂回。」況有怠惰，其何以避辟！上言「衍則有辟」，故言「何以避辟」。○元誥按：有，讀爲又，古通用。吾冀而朝夕修我曰：『必無廢先人。』冀，望也。而，女也。修，儆也。爾今曰『胡不自安』。欲使我不績而自安也。以是承君之官，余懼穆伯之絶嗣也。」承，奉也。以是怠惰之心奉君官職，無以避辟，將見誅絶也。仲尼聞之曰：「弟子志之，志，識也。季氏之婦不淫矣。」○元誥按：淫，汏也。大戴禮曾子立事篇：「居上位而不淫。」鄭注曰：「淫，汏也。」〔六○〕是其證。汏，謂驕也，見昭三年左傳注。季氏之婦不淫，即謂季氏之婦不驕也。

14公父文伯之母，季康子之從祖叔母也。祖父昆弟之妻也。康子往焉，闖門與之言，闖，闢也。門，寢門也。○說文，闖，羽韋反。皆不踰閾。閾，限也。皆，二人也。敬姜不踰閾而出，康子不踰閾而入。傳曰：「婦人送迎不出門，見兄弟不踰閾。」祭悼子，康子與焉，悼子，穆伯之父、敬姜先舅也。與，與祭也。酢不受，○元誥按：明道本酢作「胙」，非。徹俎不宴，禮「祭，主人獻賓，賓酢主人」。不受，敬姜不親受也。祭畢徹俎，又不與康子宴飲。宗不具不繹，繹，又祭也。唐尚書云：「祭之明日也。」昭謂：天子、諸侯曰繹，以祭之明日。卿大夫曰賓尸，與祭同日。此言繹者，通言也。賈侍中云：「宗，宗臣，主祭祀之禮也。不具，謂宗臣不具在，則敬姜不與繹也。」繹不盡飫則退。說曰：「飫，宴安私飲也(六二)。」昭謂：立曰飫，(元誥按：各本作「立日飫」，誤。)坐曰宴。言宗具則與繹，繹畢而飲，不盡飫禮而退，恐有醉飽之失，皆所以遠嫌也。○汪遠孫曰：「此條當以舊說爲長。繹祭之飫與立成之飫不同，詩常棣：『飲酒之飫。』毛傳云：『飫，私也。』韓詩作『醧』。(見文選注。)說文：『醧，私宴飲也。』正本國語舊說。醧、飫古通用。詩楚茨：『諸父兄弟，備言燕私。』毛傳云：『燕而盡其私恩。』尚書大傳：『宗室有事，族人皆侍終日。大宗已侍於賓奠，然後燕私。燕私者何也？祭已而與族人飲也。不醉而出，是不親也。醉而不出，是渫宗也。』初學記引韓詩說云：『跣而上坐者，謂之宴。能飲者飲之，不能飲者已，謂之醧。』若立成之飫不盡，同姓且建大德，昭大物，豈所施於繹乎？韋宏嗣主立成之飫，意用鄭小雅箋說。小雅飲酒之飫，亦非立成之飫。鄭亦誤。」仲尼聞之，以爲別於男女之禮矣。

15公父文伯之母欲室文伯，室，妻也。饗其宗老，家臣稱老。宗，宗人，主禮樂者也。楚語：「屈到嗜芰，有疾，屬其宗老曰，『祭我必以芰』」也。○胡匡衷曰：「大夫有宗人也。周禮，都家宗人皆王朝所置，諸侯大夫之宗人或自使其家臣爲之。」而爲賦綠衣之三章。綠衣，詩邶風也。其三章曰：「我思古人，實獲我心。」以言古之賢人，正室家之道，我心所善也。○陳奂曰：「此韋誤以四章爲三章也。綠衣四章，章四句，其三章曰：『我思古人，俾無訧兮。』傳：『訧，過也。』箋云：『古人，謂制禮者。我思此人定尊卑，使人無過差之行，心善之也。』下文『不犯』，即詩『無訧』之義。」老請守龜卜室之族。守龜，卜人。族，姓也。○王引之曰：「守龜若謂卜人，則當云『請使守龜』，不得但云『請』也。韋說非是。今案：昭五年左傳：『寡君聞君將治兵於敝邑，卜之以守龜。』定元年傳：『若立君，則有卿士、大夫與守龜在。』哀二十三年傳：『君告於天子，而卜之以守龜於宗祧。』管子小匡篇：『庶神不格，守龜不兆〔六二〕。』呂氏春秋精諭篇：『弊邑寡君寢疾，卜以守龜。』皆指龜言之，則此亦當然。昭十九年左傳，騶氏『請龜以卜』〔六三〕，與『老請守龜卜室之族』文義正相似。謂之守龜者，蓋世守之龜也。古者，天子、諸侯、大夫、士皆有龜以卜，白虎通引禮三正記曰：『天子龜長一尺二寸，諸侯一尺，大夫八寸，士六寸。』」師亥聞之師亥，魯樂師之賢者也〔六四〕。曰：「善哉！男女之饗，不及宗臣。賈侍中云：「男女之饗，謂宴相享食之禮，不及宗臣也。」昭謂：即上章所謂『徹俎不宴』是也。宗室之謀，不過宗人。虞、唐云：「不過宗人，不與他姓議親親也。」昭謂：此宗人，則上『宗臣』也，亦用同姓，若漢宗正用諸劉矣。凡時男女之饗不及宗臣，至於謀宗室之事，則不過宗臣。故敬姜欲室文伯而饗其宗老，賦詩以成之也。謀而不犯，微而昭矣。不犯，不犯禮也。微而昭，詩以合意也。詩所以合意，歌所以詠詩也。今詩以合室，歌以詠之，度於法矣。」合，成也。○元誥按：度，準也。

16公父文伯卒，其母戒其妾曰：「吾聞之：好内，女死之；好外，士死之。今吾子夭死，吾惡其以好内聞也。二三婦之辱共先祀者〔六五〕，辱，自屈辱共奉先人之祀者也。請無瘠色，毁瘠之色也。無洵涕，無聲涕出爲洵涕也。○舊音引賈逵曰：「洵，彈也。」洪頤煊曰：「洵，即『泫』字。禮記檀弓：『孔子泫然流涕〔六六〕。』一切經音義十一：『眩，古文迿、眴二形〔六七〕。』文選劇秦美新：『臣嘗有顛眴疾。』李善注：『眴與眩古字通。』洵、泫偏旁本通用。」無搯膺，搯，叩也。膺，胸也。○元誥按：各本搯作「掐」，文選長笛賦李注引國語同，竝誤。一切經音義十引通俗文「爪」，按曰「掐」，義與此無取。說文有搯無掐。舊音亦作「搯」，音叨。今據以訂正。無憂容，有降服，無加服。輕於禮爲降，重於禮爲加。從禮而静，是昭吾子也。」仲尼聞之曰：「女智莫若婦，男智莫若夫。言處女之智不如婦，童男之智不如丈夫。公父氏之婦智也夫，公父，季氏之别也。智也夫者，凡婦人之情，愛其子，欲令妻妾思慕而已，今敬姜乃反割抑，欲以明德，此丈夫之智，故曰「智也夫」。○宋庠曰：「仲尼表公父文伯母曰：『女知莫如婦，男知莫如夫。』其意以爲女與童皆未成人之時，其智莫如成婦與爲丈夫之後耳。末乃歎而結之曰：『公父氏之婦智也夫。』此是歎美之詞，則『夫』字當爲『扶』。韋氏乃解云『此丈夫之智』，疑非本旨。」欲明其子之令德也。」○明道本脱「也」字。

17公父文伯之母朝哭穆伯，而暮哭文伯。哭，謂既練之後哀至之哭也。此父子之喪，哭不相及，終言之耳。禮，寡婦不夜哭，遠情欲也。仲尼聞之曰：「季氏之婦可謂知禮矣，愛而無私，上下有章。」上下有章，夫朝、子暮也。

18吳伐越，隳會稽，會稽，山名。隳，壞也。吳王夫差敗越於夫椒，越王句踐棲於會稽，吳圍而壞之。在魯哀元年。○水經漸江水注：「會稽之山，古防山也，亦謂之茅山，又曰棟山。」元誥按：會稽山古屬揚州，在今浙江紹興縣東南十二里。獲骨焉，節專車。骨一節，其長專車。專，擅也。○吳曾祺曰：「專車，滿一車也。」吳子使來好聘，吳子，夫差。好聘，修舊好也。○元誥按：使者不著姓名，故下止稱客。且問之仲尼，曰：「無以吾命。」○吳曾祺曰：「使者自以意問，不言上所命也。」賓發幣於大夫，及仲尼，仲尼爵之。發所齎幣於魯大夫，次及仲尼也〔六八〕。爵之，飲之酒也。既徹俎而宴，獻酢禮畢，徹俎而宴飲也。客執骨而問因折俎之骨，執以問也。曰：「敢問骨何爲大？」凡骨何者爲大？仲尼曰：「丘聞之〔六九〕：昔禹致羣神於會稽之山，羣神，謂主山川之君〔七〇〕，爲羣神之主，故謂之神也。防風後至，禹殺而戮之，防風，汪芒氏君之名也，違命後至，故禹殺之〔七一〕。陳尸爲戮也。○各本「防風」下有「氏」字。黄丕烈曰：「韋解防風是汪芒君之名，是『氏』字衍也。」史記亦衍〔七二〕。元誥按：文選思玄賦李注引國語亦無「氏」字。下文「客曰防風何守也」，止作「防風」，是無「氏」字明甚，今據删。其骨節專車。此爲大矣。」客曰：「敢問誰守爲神？」仲尼曰：「山川之靈，足以紀綱天下者，其守爲神。山川之守主，爲山川設者也。足以紀綱天下，謂名山大川能興雲致雨以利天下也。○史記孔子世家集解引王肅曰：「守山川之祀者爲神。」社稷之守者爲公侯。封國，立社稷而令守之〔七三〕，是謂公侯。○史記孔子世家集解引王肅曰：「但守社稷，無山川之祀，直爲公侯而已。」惠棟曰：「説苑引此云：『社稷爲公侯，山川之祀爲諸侯。』」元誥按：依王肅説，則説苑所引國語是矣。皆屬於王者。」客曰：「防風何守也？」仲尼曰：

「汪芒氏之君也，汪芒，長狄之國名也。○史記孔子世家作「汪罔」。守封、嵎之山者也，封，封山。嵎，嵎山。今在吴郡永安縣也。○吴曾祺曰：「晉大康改永安爲武康，屬吴興郡〔七四〕。」元誥按：説文：「嵎，封嵎山，在吴、楚之閒。」（玉篇作吴、越）似封嵎是一山也。然太平御覽四十六引山謙之吴興記有封山。爲漆姓。漆，汪芒氏之姓也。○王引之曰：「史記孔子世家漆作『釐』，索隱曰：『釐音僖。家語云姓漆，蓋誤。世本無漆姓。』謹案：漆，當爲『來』。古字來與釐通，（少牢饋食禮〔七五〕：『來女孝孫。』鄭注：『來，讀曰釐。』周頌思文篇：『貽我來牟。』漢書劉向傳引作『釐麰』。）故史記作『釐』也。來與桼字形相近，因誤爲桼，後人又加水旁耳。文十一年左傳注：『鄋瞞，防風之後，漆姓〔七六〕。』釋文曰：『漆，音七。』此字之譌久矣。又案：索隱『釐音僖』者，晉語：『黄帝之子十二姓，姬、酉、祁、己、滕、箴、任、荀、僖、姞、儇、衣是也。』舊音曰：『僖，或爲釐。』潛夫論志氏姓篇亦作『釐』，然則防風氏殆黄帝之後歟？（釐、僖古同聲，故史記、漢書『僖』字多作『釐』，來與釐、僖古亦同聲，故晉語作『僖』，又作『釐』，而魯語作『來』也。若漆與釐、僖則聲遠而不可通矣。）黄丕烈曰：「漆當爲『淶』字之譌。隸體相類，其相亂者，内傳釋文可證。」在虞、夏、商爲汪芒氏〔七七〕，於周爲長狄，周世其國北遷，爲長狄也。今爲大人。」今，孔子時也。○史記孔子世家集解引王肅曰：「周之初，及當孔子之時，其名異也。」客曰：「人長之極幾何？」仲尼曰：「僬僥氏長三尺，短之至也。僬僥，西南蠻之别名也〔七八〕。○段玉裁曰：「氏，當作『民』。」汪遠孫曰：「僬，當作『焦』。」長者不過十之，數之極也。」十之三丈，則防風氏也。○史記孔子世家集解引王肅曰：「十之，謂三丈也，數極於此矣。」元誥按：明道本「十」下脱「之」字，注「十之三丈」作「計之三丈」，誤。

19仲尼在陳〔七九〕，○元誥按：陳國於宛，在今河南淮陽縣。有隼集於陳侯之庭而死，楛矢貫之，石砮，其長尺有咫。隼，鷙鳥也。楛，木名。砮，鏃也，以石爲之。八寸曰咫。楛矢貫之，墜而死也〔八〇〕。○元誥按：禮記鄉射禮鄭注引國語楛作「枯」，説文：「枯，木名也。」不作「楛」。其長尺有咫，史記孔子世家作「矢長尺有咫」。有與又古字通用。陳惠公使人以隼如仲尼之館問之。惠公，陳哀公之孫、悼大子之子吴也。館，仲尼所舍也。○史記孔子世家惠作「湣」，索隱云：「案系家，湣公六年孔子適陳，十三年亦在陳，則此湣公爲是。」仲尼曰：「隼之來也遠矣！此肅慎氏之矢也。肅慎，北夷之國〔八一〕，故隼來遠矣。傳曰：「肅慎、燕、亳，吾北土也。」○吴曾祺曰：「肅慎，後音轉爲女真，在今寧古塔。」昔武王克商，通道于九夷百蠻，九夷，東夷九國也。百蠻，蠻有百邑也〔八二〕。○元誥按：蠻類不一，故言百耳。亦有作八蠻者，皆非實指其數。使各以其方賄來貢，各以所居之方所出貨賄爲貢也。使無忘職業。於是肅慎氏貢楛矢石砮，其長尺有咫。先王欲昭其令德之致遠也，以示後人，使永監焉，監，視也。故銘其栝曰『肅慎氏之貢矢』，刻曰銘。栝，箭、羽之閒也。○釋名釋兵：「矢末曰栝，栝，會也，與弦會也。」元誥按：宋庠本栝作「括」。以分大姬，配虞胡公而封諸陳。分，予也。大姬，武王元女。胡公，舜後，虞遏父之子胡公滿也。諸，之也。古者分同姓以珍玉，展親也，展，重也。玉，謂若夏后氏之璜也〔八三〕。分異姓以遠方之職貢，使無忘服也，○元誥按：服，謂要服。周語曰：「要服者貢。」故分陳以肅慎氏之貢。陳，嬀姓也。君若使有司求諸故府，其可得也。」故府，舊府也。使求，得之金櫝，如之。櫝，匱也。金，以金帶其外也。如之，如孔子之言也。

20齊閭丘來盟，閭丘，齊大夫閭丘明也。初，齊悼公在魯，取季康子之妹，及即位而逆之，季魴侯通焉。女言其情，不敢予也。齊侯怒，伐魯，魯與齊平，齊使閭丘明來盟。在魯哀八年也。子服景伯戒宰人曰：「陷而入於恭。」景伯，魯大夫，子服惠伯之孫、昭伯之子子服何也。宰人，吏人也。陷，猶過失也。如有過失，寧近於恭也。閔馬父笑，景伯問之，馬父，魯大夫也。對曰：「笑吾子之大也。謂驕滿也。○宋庠本「大」下有「滿」字，云：「大，它蓋反。」汪遠孫曰：「此本是大，讀爲汏，禮記檀弓：『汏哉叔氏〔八四〕。』穀梁傳哀十三年：『大矣哉，夫差未能言冠而欲冠也。』大與汏同。」昔正考父校商之名頌十二篇於周大師，以那爲首，正考父，宋大夫，孔子之先也。名頌，頌之美者也。太師，樂官之長，掌教詩、樂。毛詩序云：「微子至於戴公，其閒禮樂廢壞，有正考父者得商頌十二篇於周之大師，以那爲首。」鄭司農云：「自考父至孔子，又亡其七篇，故餘五耳。」○詩譜：「問曰：周大師何由得商頌？曰：周用六代之樂，故有之。詩疏言校者，宋之禮樂雖則散亡，猶有此詩之本，考父恐其舛謬，故就大師校之也。」其輯之亂曰：輯，成也。凡作篇章，義既成，撮其大要以爲亂辭。詩者，歌也，所以節儛者也〔八五〕。如今三節儛矣，曲終乃更，變章亂節，故謂之亂也。曰：『自古在昔，先民有作。温恭朝夕，執事有恪。』恪，敬也。先王稱之曰自古，古曰在昔，昔曰先民。有作，言先聖人行此恭敬之道久矣，不敢言創之於己，乃云受之於先古也。先聖王之傳恭，猶不敢專，稱曰『自古』，古曰『在昔』，昔曰『先民』。此其不敢專也。今吾子之戒吏人曰『陷而入於恭』，其滿之甚也。驕爲滿，恭爲謙〔八六〕。周恭王能庇昭、穆之闕而爲『恭』，庇，覆也。恭王，周昭王之孫、穆王之子。昭王南征而不反，穆王欲肆其心，皆有闕失。言恭王能庇覆之〔八七〕，故爲恭也。○俞樾曰：

「庇，當讀爲裨，比聲，與卑聲相近。詩皇矣篇：『克順克比。』禮記樂記篇引作『克順克俾』。節南山篇：『天子是毗。』荀子宥坐篇引作『天子是庳』。竝其證也。晉語：『子若能以忠信贊君，而裨諸侯之闕。』注曰：『裨，補也。』此云能庇昭穆之闕，庇與『裨』字異而義同，韋以本字讀之，而訓爲『覆』，於義轉迂矣。」楚恭王能知其過而爲『恭』。恭王，楚莊王之子。知其過者，有疾，召其大夫曰：「不穀不德，覆楚國之師。若歿，請爲『靈』若『厲』。」子囊曰：「君實恭，可不謂恭乎？」大夫從之。〔八八〕今吾子之教官僚，唐云：「同官曰僚。」昭謂：此景伯之屬，下僚耳，非同官之僚也。同僚，謂位同者也。詩云：「我雖異事，及爾同僚。」曰『陷而後恭』，道將何爲？」失道尚爲恭，如其得道，將何爲乎？

21季康子欲以田賦，田賦，以田出賦也。賈侍中云：「田，一井也。周制：十六井賦戎馬一匹、牛三頭。一井之田，而欲出十六井之賦也。」昭謂：此數甚多，似非也。下雖云「收田一井」，凡數從夫井起，故云井耳。〇吳曾祺曰：「舊制，田之所收及家內資財共爲一賦，今又別賦其田，故曰田賦。」使冉有訪諸仲尼。冉有，孔子弟子冉求也，爲季氏宰。康子欲加賦，使訪之。仲尼不對，以其非制也。私於冉有曰：「求來！女不聞乎？先王制土，籍田以力，而砥其遠邇；制土，制其肥墝以爲差也。籍田，謂稅也。以力，謂三十者受田百畝〔八九〕，二十者受田五十畝，六十還田也。砥，平也。平遠邇，遠邇有差也。周禮：「近郊十一，遠郊二十而三，甸、稍、縣、都〔九〇〕，皆無過十二也。」賦里以入，而量其有無；里，廛也，謂商賈所居之區域也。以入，計其利入多少而量其財業有無以爲差也。周禮：「國宅無征，園廛二十而一，漆林二十而五。」〇華嚴經音義上引賈逵曰：「量，分劑也。」任力以夫，而議其老幼。力，謂徭役。以夫，以夫家爲數也。議其老幼，老幼則有復除也。於是乎有鰥、寡、孤、疾，又議其鰥、寡、孤、疾而不役也。疾，廢疾也。有軍旅之出則徵之〔九一〕，無則已。徵，徵鰥、寡、孤、疾之賦也。已，止也。無軍旅之出，則止不賦也。其歲收，田一井出稯禾、秉芻、缶米，不是過也。其歲，有軍旅之歲也。缶，庾也。聘禮曰：「六斗曰庾，十庾曰秉。秉，二百四十斤也。四秉曰筥〔九二〕，十筥曰稯。稯，二百四十斛也。」○元誥按：原注多誤，今依發正改正。先王以爲足。足，供用也。若子季孫欲其法也，則有周公之籍矣。籍田之法，周公所制也。若欲犯法，則苟而賦，又何訪焉！」苟，苟且也〔九三〕。時康子不聽，魯哀十二年春，卒用田賦。○陳瑑曰：「說文：『苟，自急敕也。』苟、急聲相近，此傳當以苟急爲義。」

校記

〔一〕鄭後司農云　「後」字誤在「鄭」字上，據公序本改。

〔二〕周禮鍾師鄭注引呂叔玉曰　「鄭」誤作「杜」，據周禮注改。

〔三〕執傹　「傹」誤作「億」，據周禮注改。下文「故執傹曰」同。

〔四〕汪遠孫曰：「呂說當是西京舊說。」按，國語發正原文爲：「呂叔玉解國語，以肆夏爲時邁，樊遏爲執競，渠爲思文。以周頌三詩爲三夏，『樊遏』連文，或是相傳古義。」所謂「古義」應不以「西京舊說」爲限。

〔五〕故兩君相見得以爲樂也　「相見」二字脫，據各本補。

〔六〕 樂官也 此三字脱，據各本補。

〔七〕 言臣奉命勞勤於外，述叙其情以歌樂之 「勞勤」二字及「歌樂」二字皆誤倒，據各本改。

〔八〕 忠信爲周 「周」誤作「問」，據各本改。

〔九〕 臣聞之曰 「曰」字脱，據各本補。

〔一〇〕 鄭後司農云 「後」字誤在「鄭」字上，據公序本改。

〔一一〕 合親賢之謀而謀無不周矣 「賢」字脱，據國語發正補。

〔一二〕 合内、外傳爲訓也 「内」字脱，據國語發正補。

〔一三〕 咨事之難易爲謀 「爲」誤作「之」，據國語發正改。

〔一四〕 故益中軍以爲三 「三」下衍「軍」字，據各本删。

〔一五〕 大國三卿 此四字脱，據各本補。

〔一六〕 猶懼以不給見誅討也 「誅」誤作「征」，據各本改。

〔一七〕 明已有上、下軍也 「已」誤作「己」，據各本改。

〔一八〕 晉悼公伐鄭 「晉」誤作「齊」，據各本改。

〔一九〕 至涇水，無肯先渡者 「至涇水」三字脱，「渡」誤作「度」，據各本補改。

〔二〇〕 佩匏可以渡水也 「渡」誤作「度」，據明道本改。

〔二一〕司馬除道　「司」誤作「有」，據各本改。

〔二二〕襄公，魯成公之子襄公午也　「公魯」二字脱，據各本補。

〔二三〕故不憚勤遠而聽於楚　「勤」字脱，據各本補。

〔二四〕非義楚也　「楚」字脱，據經義述聞補。

〔二五〕襄二十八年左傳杜注曰　「八」字脱，據左傳補。

〔二六〕邢疏曰：夏，大也　按，「邢疏曰」之下原有「襄四年左傳魏絳云，諸夷必叛華夏，皆謂中國，而謂之華夏者」二十四字，與説明「諸夏」之義無關，而左傳襄四年魏絳之語爲「諸華必叛」，乃謂各諸侯國將叛晉，邢疏引文已誤，此處轉引，更增蛇足之失，故從删。

〔二七〕子股肱魯國　「魯國」二字脱，據各本補。

〔二八〕歸生，蔡大師子朝之子子家也　「子朝」二字脱，據各本補。

〔二九〕若楚公子不爲君，必死　「若」字脱，據群經平議補。

〔三〇〕公子圍反　「圍」字脱，據各本補。

〔三一〕尋盟未退(尋宋之盟也)　「未」誤作「而」，「之」字脱，據各本改補。

〔三二〕東平縣境　按，「東」字脱。

〔三三〕故欲戮之　「之」誤作「也」，據各本改。

〔三四〕執政之臣有二心於莒而助之也　「而」誤作「以」，據各本改。

〔三五〕若盟而棄魯侯　「而」字脱，據各本補。

〔三六〕襄十四年左傳　「四」誤作「三」，據左傳改。

〔三七〕後漢書馬融傳注引説文曰　「融」誤作「漢」，據後漢書改。

〔三八〕淮南氾論篇注　「氾」誤作「汜」，據淮南子改。

〔三九〕越人謂之山繅。音騷　「音騷」二字脱，據明道本補。其下各本皆有「或作猱，富陽有之，人面猴身，能言，或云獨足」十七字，黄丕烈札記謂，舊音引祖冲之述異記作：「猱，富陽有之，人面獿身，一手一足。」後人錯入韋解。按，富陽爲東晉簡文帝時所定之名，韋昭自不能用之，集解删之是也，但應予説明，更不應略去「繅」字注音。

〔四〇〕罔兩，罔象　「罔兩」二字誤作「龍」，據左傳正義改。

〔四一〕罔象如三歲兒，赤目，黑色，大耳，長臂，赤爪　「目」誤作「耳」，據國語發正改。

〔四二〕墳羊，雌雄不成者　「不」誤作「未」，據各本改。按：國語考異云，史記集解、文選注皆作「未」。

〔四三〕何以語子　「子」誤作「此」，據各本改。

〔四四〕孟僖子之子　「僖」誤作「叔」，據各本改。

〔四五〕禮：飲，尊一人以爲客也　「飲」字脱，據各本補。

〔四六〕自其内朝也　「自」誤作「在」，據各本改。「内」，各本原作「外」，本文從國語發正校改而未作説明。

〔四七〕使僮子備官而未之聞耶　「耶」誤作「也」，據各本改。

〔四八〕其爲後人所改無疑　「改無」二字脱，據經義述聞補。

〔四九〕瘠土之民莫不嚮義，勞也。（善心生，故嚮義也。）　正文十字與注文七字皆脱，據各本補。

〔五〇〕因夕月以理陰教而糾天刑　「夕」誤作「習」，據各本改。

〔五一〕掌以美制王　此從明道本。公序本「制」作「詔」。

〔五二〕掌官常以治數　「數」誤作「敷」，據經義述聞改。

〔五三〕告爾四國多方　「告」誤作「咨」，據經義述聞改。

〔五四〕内宰、内小臣、内司服、追師皆但言九嬪而不及三夫人　「内司服」誤作「内師傅」，「追師」脱「師」字，據經義述聞改補。

〔五五〕討者，除也　「除」誤作「去」，據經義述聞改。

〔五六〕少牢禮　誤作「特牲禮」，據詩疏及國語發正改。

〔五七〕庶士以下各衣其夫　「以下」二字脱，據詩疏及國語發正補。

〔五八〕庶士與朝服異文　「服」誤作「士」，據詩疏及國語發正改。

〔五九〕庶士對上文「列士」　「庶士」之「士」誤作「下」，據國語發正改。

〔六〇〕大戴禮曾子立事篇：「居上位而不淫。」鄭注曰：「淫，汰也。」　按，大戴禮舊注，朱熹以爲出於鄭玄，王應麟謂爲北周盧辯，王説有據，見四庫提要卷二十一，此作「鄭注」，未妥。

〔六一〕飫，宴安私飲也　「宴安」二字誤倒，據各本改。

〔六二〕守龜不兆　「兆」誤作「桃」，據經義述聞改。

〔六三〕駟氏「請龜以卜」　「氏」誤作「老」，據經義述聞改。

〔六四〕師亥，魯樂師之賢者也　「之賢」二字誤作「瞽」，據各本改。

〔六五〕二三婦之辱共先祀者　「祀者」二字誤倒，據公序本改。

〔六六〕孔子泫然流涕　「流」誤作「出」，據禮記檀弓及國語發正改。

〔六七〕眩，古文迿、眴二形　「迿」字重衍，據國語發正删。

〔六八〕發所齎幣於魯大夫，次及仲尼也　「次」字脱，據各本補。

〔六九〕丘聞之　「聞」誤作「問」，據各本改。

〔七〇〕謂主山川之君　「主」誤作「致」，據各本改。

〔七一〕故禹殺之　「殺」誤作「戮」，據各本改。

〔七二〕史記亦衍　「衍」誤作「無」，據黄丕烈明道本國語札記改。

〔七三〕立社稷而令守之　「令」誤作「今」，據各本改。

〔七四〕晉大康改永安爲武康，屬吴興郡　「吴興郡」誤作「吴縣」，據國語韋解補正改。

〔七五〕少牢饋食禮　「牢」誤作「年」，據經義述聞改。

〔七六〕鄋瞞，防風之後，漆姓　「瞞」誤作「滿」，據經義述聞改。

〔七七〕在虞、夏、商爲汪芒氏　「商」下衍「周」字，據各本删。

〔七八〕僬僥，西南蠻之别名也　「蠻」誤作「夷」，據各本改。公序本無「也」字，明道本無「名」字。

〔七九〕仲尼在陳　此句原連上文，依文例提行。

〔八〇〕楛矢貫之，墜而死也　「矢」誤作「之」，「墜」字脱，據各本改補。

〔八一〕肅慎，北夷之國　「北」上衍「東」字，據各本删。

〔八二〕昔武王克商，通道于九夷百蠻（蠻有百邑）　「于」誤作「爲」，「邑」誤作「色」，據各本改。

〔八三〕謂若夏后氏之璜也　「若」字重衍，據各本删。

〔八四〕汰哉叔氏　「汰」誤作「大」，據禮記檀弓及國語考異改。

〔八五〕所以節儛者也　「節」誤作「爲」，據各本改。

〔八六〕恭爲謙　「謙」誤作「嗛」，據各本改。

〔八七〕言恭王能庇覆之　「之」字脱，據各本改。

〔八八〕楚恭王能知其過而爲「恭」。（恭王，楚莊王之子。知其過者，有疾，召其大夫曰：「不穀不德，覆楚國之師。若歿，請爲『靈』若『厲』。」子囊曰：「君實恭，可不謂恭乎？」大夫從之。）此節正文與注文皆脱，據各本補。

〔八九〕謂三十者受田百畝「十」字脱，據各本補。

〔九〇〕稍、縣、都「縣」誤作「遠」，據各本改。

〔九一〕有軍旅之出則徵之「徵」誤作「征」，據各本改。注文首字「徵」亦誤作「征」，照改。

〔九二〕四秉曰筥「筥」誤作「莒」，據各本改。

〔九三〕苟，苟且也　脱一「苟」字，據公序本補。

國語集解

吉水徐元誥學

齊語第六

○舊音曰：「齊，黄帝之胤也。伯夷為堯四岳〔一〕，佐禹治水，委以心膂，因而受姓，或云封申，或云封吕。吕尚則其後也，佐周滅紂，封之於齊，蓋少昊之虚、蒲姑之野，都於營丘，禮記所謂大公封於營丘是也。」元誥按：齊以天齊淵得名，傳世十三，至僖公九年入春秋。山東舊濟南、青州二府是其故地。

1 **桓公自莒反於齊**，桓公，齊大公之後，僖公之子、襄公之弟桓公小白也。初，襄公立，其政無常，鮑叔牙曰：「亂將作矣。」奉公子小白出奔莒。公孫無知殺襄公而立，管夷吾、邵忽奉公子糾奔魯。齊人殺無知，逆子糾於魯，魯莊公不即遣，而盟以要之。齊大夫歸逆小白於莒。莊公伐齊，納子糾，桓公自莒先入。**使鮑叔爲宰**，鮑叔，齊大夫，姒姓之後，鮑敬叔之子叔牙。宰，大宰也。○董增齡曰：「周禮大宰疏引崔靈恩曰：『諸侯三卿、五大夫。司徒以下立二人，小宰、小司徒；司馬以下立一人，小司馬兼宗伯；司空以下立二人，小司寇、小司空。』齊以高、國爲命卿，故曰『二守』，則鮑叔所爲者，司徒下之小宰。今韋云『大宰』，未知何所據。吳、楚僭王，宋爲殷後，竝有大宰，未可例齊也。」陳奂曰：

「宰，猶卿也。下文傳『臣立三宰』，韋注：『三宰，三卿也。』齊大國三卿，高、國二守爲二卿，管仲爲下卿，見於內傳。時桓公使鮑叔爲下卿，辭讓管仲也。注云『大宰』，失之。董以爲司徒下之小宰，亦未是。內傳莊九年：『管夷吾治於高傒，使相可也。』宰、相皆爲卿之通稱。」辭曰：「臣，君之庸臣也。庸，凡庸也。君加惠於臣，使不凍餒，則是君之賜也。若必治國家者，則非臣之所能也。若必治國家者，則其管夷吾乎。管夷吾，齊卿，姬姓之後，管嚴仲之子敬仲也。臣之所不若夷吾者五：寬惠柔民，弗若也；寬則得衆，惠則足以使民。柔，安也。治國家不失其柄，弗若也；柄，本也。忠信可結於百姓〔二〕，弗若也；制禮義可法於四方，弗若也；執枹鼓立於軍門，使百姓皆加勇焉，弗若也。」軍門，立旌爲門，若今牙門矣。加，益也。○舊音曰：「枹音浮，字林云：『擊鼓槌也。』周禮大司馬職鄭注曰：『軍門曰和，今謂之壘門，立兩旌以爲之。』集韻曰：『古者，軍行有牙，尊者所在。』」元誥按：枹爲擊鼓槌，「枹」下不當有「鼓」字，管子小匡篇正作「執枹立於軍門」。桓公曰：「夫管夷吾射寡人中鉤，是以濱於死。」三君皆云：「濱，近也。」管仲臣於子糾，乾時之戰，親射桓公中鉤。○文選七發李注引賈逵曰：「鉤，帶也。」鮑叔對曰：「夫爲其君勤也。君，子糾也。○各本勤作「動」，莊九年左傳正義引管子正作「勤」。洪頤煊曰：「『勤』字是。僖二十八年左傳注曰：『盡心盡力，無所愛惜曰勤。』」元誥按：洪說是，今據以訂正。又，夫猶彼也，見經傳釋詞。君若宥而反之，夫猶是也。」宥，赦也。猶是，言爲君猶爲子糾也。桓公曰：「若何？」若何得還？鮑叔對曰：「請諸魯。」是時桓公使鮑叔脅魯殺子糾，邵忽死之，管仲不死。桓公曰：「施伯，魯君之謀臣也，施伯，魯大夫，惠公之孫、施父之子。夫知吾將用之，必不予我矣。若之何？」鮑子對曰：「使人請諸魯曰：『寡君有不令之臣在君之國，欲以戮於羣臣，○管子小匡篇尹注曰：「戮以徇羣臣。」元誥按：明道本「戮」下有「之」字。故請之。』則予我矣。」桓公使請諸魯，如鮑叔之言。莊公以問施伯，施伯對曰：「此非欲戮之也，欲用其政也。夫管子，天下之才也，才冠天下也。所在之國，則必得志於天下。今彼在齊，則必長爲魯國憂矣。」莊公曰：「若何？」○元誥按：若，猶奈也，見經傳釋詞。對曰：「殺而以其屍授之。」授予齊使也。莊公將殺管仲，齊使者請曰：「寡君欲親以爲戮，欲得生自戮之，以逞射己之忿。○元誥按：明道本「親以」作「以親」，非是。若不生得以戮於羣臣，猶未得請也。猶未得所請也。○元誥按：猶，如也。請生之。」於是莊公使束縛以予齊使，齊使受之而退〔三〕。○元誥按：退，謂返齊也。比至，三釁、三浴之。以香塗身曰釁，亦或爲薰。桓公親逆之於郊〔四〕，逆，迎也。郊，近郊也。而與之坐，問焉，還國與坐也。○明道本「問」上有「而」字。曰：「昔吾先君襄公，築臺以爲高位，居高臺以自尊也。田、狩、畢、弋，田，獵也。狩，圍守而取禽也。畢，掩雉兔之網也。弋，繳射也。○汪遠孫曰：「月令作『畢翳』，畢俗。」不聽國政，卑聖侮士，而唯女是崇，崇，高也。○元誥按：崇，疑當訓重也，尚也。九妃六嬪，唐尚書云：「九妃，三國之女，以娣姪從也。」昭謂：正適稱妃，言「九」者，尊之如一，明其淫侈非禮制也。娣姪之屬皆稱妾。嬪，婦官也。○管子小匡篇尹注曰：「九妃，謂諸侯所娶九女。天子九嬪，諸侯六也。」陳妾數百，陳，列也。○元誥按：管子小匡篇作「陳妾數千」，皆極言其多耳。食必粱肉，衣必文繡。戎士凍餒，戎車待遊車之裂，戎士待陳妾之餘。戎車，兵車也。游車，游戲之車也。褻，殘也。○舊音作「裂」，云：「音例，說文『餘也』，諸本爲『褻』者誤。」宋庠曰：「公、私本正文皆作『戎車待游車之褻』，檢說文、篇、韻諸字書皆無此『褻』字，判知傳寫之謬，然說文但作『裂』字，云：『繒餘也。』」汪遠孫曰：「作『裂』是。御覽作『裂』，裂乃形近作『褻』耳。」黄丕烈曰：「舊音非也。韋解『褻，殘也』，褻當讀翦滅之翦。翦、殘以聲音爲訓詁也。」元誥按：黄說是，褻訓「殘」，與下「餘」義相對，今不從宋本。優笑在前，賢材在後。優笑，倡俳也。○元誥按：管子小匡篇作「倡優、侏儒在前」，此云「優笑」，謂倡優笑謔也。韋訓「倡俳」，義亦簡矣。是以國家不日引，引，申也。不月長。長，益也。恐宗廟之不掃除，社稷之不血食，敢問爲此若何？」爲，治也。管子對曰：「昔我先王昭王、穆王，世法文、武，遠績以成名，周，管子之先也。績，功也。言昭王、穆王雖有所闕，猶能世法文王、武王之典，以成其功名也。周語曰：「厲始革典。」言至厲王乃變更文、武之常典。合羣叟，比校民之有道者，合，會也。叟，老也。比，比方也。校，考合也。謂考其德行道藝而興賢者。設象以爲民紀〔五〕，設象，設教象之法於象魏也。周禮：「正月之吉，懸法於象魏，使萬民觀焉，浹日而斂之。」所以爲民紀綱也。式權以相應，式，用也。權，平也。治政用民，使平均相應也。比綴以度，比，比其衆寡也。綴，連也，連其夫家也。度，法也。竱本肇末，竱，等也。肇，正也。謂先等其本，以正其末。○汪遠孫曰：「孟子告子篇：『不揣其本而齊其末。』揣與竱古同聲通用。」元誥按：說文，竱，旨兗反。吳曾祺謂竱即「專」字，非。今本多以竱爲端者，亦誤。勸之以賞賜〔六〕，糾之以刑罰，糾，收也。班序顛毛，以爲民紀統。」班，次也。序，列也。顛，頂也。毛，髮也。統，猶經也。言次列頂髮之白黑，使長幼有等，以爲治民之經紀。桓公曰：「爲之若何？」管子對曰：

「昔者聖王之治天下也，參其國而伍其鄙，參，三也。國，郊以內也。伍，五也〔七〕。鄙，郊以外也。謂三分國都以爲三軍，五分其鄙以爲五屬。聖王，謂若湯、武也。○董增齡曰：「參其國者，參分其國，以定都之制。伍其鄙者，伍保其民，以爲鄙之制。隱元年傳：『祭仲曰：「大都不過參國之一〔八〕。」』疏謂：『侯、伯城方五里，長三百雉，其大都方一里又二百步，長百雉也。』參其國以爲都〔九〕，則無尾大不掉之憂。襄三十年傳『子產使廬井有伍』，杜注：『九夫爲井，使五家相保。』蓋司徒之法，五家爲比，使之相保；五比爲閭，使之相受；四閭爲族，使之相葬；五族爲黨，使之相救；五黨爲州〔一〇〕，使之相賙；五州爲鄉，使之相賓。自五家之比，至萬二千五百家之鄉，皆以五起數。伍其民以立鄙，則無輕去其鄉之慮。韋謂三分其國以爲三軍，五分其鄙以爲五屬。此管子得齊後新創之制，三代之聖王無是也。況下文方言定民之居，不應舍畫井設廬之事，而專言徵徒發兵之事也。」定民之居，成民之事，謂使四民各居其職所也，若工就官府，農就田野，所以成其事也。陵爲之終，以爲葬地。而慎用其六柄焉。」柄，本也。六柄，生、殺、貧、富、貴、賤也。桓公曰：「成民之事若何？」管子對曰：「四民者勿使雜處，四民，謂士、農、工、商。雜處則其言哤，其事易。」哤，亂貌。易，易變也。公曰：「處士、農、工、商若何？」管子對曰：「昔聖王之處士也，使就閒燕；士，講學道藝者。閒燕，猶清淨也。○元誥按：管子小匡篇尹注曰：「處士閒燕則謀議審。」又曰：「閒燕，謂學校也。」處工，就官府；處商，就市井；○管子小匡篇尹注曰：「立市必四方，若造井之制，故曰市井。」處農，就田野。令夫士，羣萃而州處。萃，集也。州，聚也。○元誥按：管子小匡篇尹注曰：「每州之士羣聚共處。」又斷「閒燕」爲句，解讀竝與此異。「令夫士」，小匡令作「今」。下「令夫工」、「令夫商」、

「令夫農」，令皆作「令」。似作「令」爲長。閒燕則父與父言義，子與子言孝，其事君者言敬，其幼者言悌，少而習焉，其心安焉，不見異物而遷焉。物，事也。遷，移也。○管子小匡篇尹注曰：「異物，謂異事，非其所當習者。」是故其父兄之教不肅而成，肅，疾也。○吳曾祺曰：「肅，勵也。」其子弟之學不勞而能。夫是故士之子恒爲士。令夫工，羣萃而州處，審其四時，言四時各有其宜，謂死、生、凝、釋之時也。○考工記：「草木有時以生，有時以死；水有時以凝，有時以澤。」（李軌音釋。）鄭注云：「言百工之事，當審其時也。」辨其功苦，辨，別也。功，牢也。苦，脆也。○管子小匡篇尹注曰：「功，謂堅美。苦，謂濫惡。」權節其用，權，平也，視其平沈之均也。節，節其大小輕重〔二〕。○考工記輪人鄭注曰：「平沈，謂浮之水上無輕重。」論比協材，論，擇也。比，比其善惡也。協，和也，和其剛柔也。○元誥按：說文：「掄，擇也。」論與掄同。旦暮從事，施於四方，施其所用於四方也。以飭其子弟，飭，教也。相語以事，相示以巧，相陳以功。陳，亦示也。功，成功也。功善則有賞。少而習焉，其心安焉，不見異物而遷焉。是故其父兄之教不肅而成，其子弟之學不勞而能，夫是故工之子恒爲工〔三〕。令夫商，羣聚而州處，察其四時，四時所用者，預資之也。而監其鄉之資，監，視也。資，財也。視其貴賤、有無。以知其市之賈，負、任、擔、荷，背曰負。肩曰擔。任，抱也。荷，揭也。服牛軺馬，服，牛車也。軺，馬車也。詩云：「睆彼牽牛，不以服箱。」以周四方，周，徧也。以其所有，易其所無，市賤鬻貴，市，取也。鬻，賣也。旦暮從事於此，以飭其子弟，相語以利，相示以賴，賴，贏也。相陳以知賈。○管子小匡篇尹注曰：「知賈，知物價，相與陳說。」舊音曰：「賈音稼。」少而習焉，其心安焉，不見異物而遷焉。是故其父兄之教不肅而成，其子弟之學不勞而能。夫是故商之子恒爲商。今夫農，羣聚而州處，察其四時，四時樹藝，各有宜也。權節其用，耒、耜、枷、芟，權，平也，平節其器用小大倨句之宜也。枷，拂也，所以擊禾也。芟，大鐮，所以芟草也。○方言郭注云：「枷，今連枷，所以打穀者。」說文：「柫，擊禾連枷也。」元誥按：明道本枷作「耞」，非。及寒，擊菒除田，寒，謂季冬大寒之時也。菒，枯草也。○元誥按：菒即槀，管子小匡篇正作「槀」。今本國語誤作「菒」。以待時耕，時耕，謂立春之後。及耕，深耕而疾耰之，以待時雨，疾，速也。耰，摩平也。時雨至，當種也。○元誥按：各本耰作「櫌」，櫌即「耰而不輟」之耰，與覆種之櫌異，今正。時雨既至，挾其槍、刈、耨、鎛，在腋曰挾。槍，椿也。刈，鐮也。耨，鎡錤也。鎛，鉏也。以旦暮從事於田野，脱衣就功，首戴茅蒲，身衣襏襫，脱，解也。茅蒲，簦笠也。襏襫，蓑薜衣也。茅，或作「萌」。萌，竹萌之皮，所以爲笠也。○元誥按：茅蒲，管子小匡篇作「苧蒲」，六韜農器篇謂之「簦笠」。襏襫，農器篇作「蓑薜」，說文作「萆」，云：「雨衣，一曰蓑衣。」霑體塗足，霑，濡也。暴其髮膚，盡其四支之敏，敏，猶材也。○舊音曰：「暴，步木反。」元誥按：支與肢同。以從事於田野。○元誥按：此句疑衍。少而習焉，其心安焉，不見異物而遷焉，是故其父兄之教不肅而成，其子弟之學不勞而能。夫是故農之子恒爲農，野處而不暱。暱，近也。○王念孫曰：「暱，當爲匿。匿，古『慝』字。不慝，不爲姦慝也。上文曰『旦暮從事於田野，少而習焉，其心安焉，不見異物而遷焉』，即所謂『野處而不慝也』。管子小匡篇作『樸野而不慝』，是其明證矣。」其秀民之能爲士者，必足賴也。秀民，民之秀出者也。賴，恃也。有司見而不以告，其罪五。有司，掌民之官也。五罪，在五刑也。有司已於事而竣。」已，畢也。竣，退伏也。○爾雅釋言郭注引外傳作「已復於事而逡」。桓公曰：「定民之居若何？」管子對曰：「制國以爲二十一鄉。」唐尚書云：「四民之所居也。」昭謂：國，國都城郭之域也，惟士、工、商而已，農不在焉。桓公曰：「善。」管子於是制國以爲二十一鄉〔三〕：二千家爲一鄉。二十一鄉，凡四萬二千家。此管子制，非周法也。工商之鄉六，工、商各三也，二者不從戎役也。士鄉十五，唐尚書云：「士與農共十五鄉。」昭謂：此士，軍士也。十五鄉合三萬人，是爲三軍。農野處而不暱，不在都邑之數，則下所云「五鄙」是也。○元誥按：管子小匡篇作「士農之鄉十五」，唐説蓋本此。而農實處於野鄙，不在都邑，管子乃衍「農」字。韋不從唐説，是矣。但云「此士，軍士也」，與下文「公帥五鄉，國子帥五鄉，高子帥五鄉」固合，因公與國、高所帥即此十五鄉，而爲軍士之鄉也。但韋於「制國以爲二十一鄉」注曰：「國，國都，城郭之域也，惟士、工、商而已。」是士固在二十一鄉之内。今工商既有六鄉，而此十五之士鄉又訓爲軍士之鄉，則「士、工、商」之士果在何鄉乎？繼考錢大昕引江永説曰：「春秋兵、農已分，齊三軍出之士鄉，而鄙處之農不與焉。」又韋於「工、商之鄉六」注云：「二者不從戎役」，即謂工、商不從戎役也。據是，農、工、商三者皆不從役，從戎役者惟士，乃知十五鄉者，即「士、工、商」之士所處之鄉。因其從戎役，故亦曰「軍士之鄉」。特所稱有別，其實一也。因易滋疑，特辨之於此。公帥五鄉焉，五鄉萬人，是謂中軍，公所帥也。國子帥五鄉焉，高子帥五鄉焉。國子、高子皆齊上卿，各帥五鄉，爲左、右軍也。參國起案，以爲三官，參，三也。案，界也。分國事以爲三也。○劉績曰：「此言士之鄉。」臣立三宰，三宰，三卿也，使掌羣臣也。○元誥按：管子小匡篇無此句，當亦言士之鄉。工立三族，族，屬也。晉趙盾爲旄車之族。上言工商之鄉六，則各三也。○劉績曰：「此言工之鄉。」市立三鄉，市，商也。商處市井，故曰市也。○劉績曰：「此言商之鄉。」○王引之曰：「鄉亦官名，與宰、族、虞、衡同例。淮南時則篇『三月官鄉』，高注曰：『三月料民户口，故官鄉也。』」澤立三虞，周禮有澤虞之官。虞，度也，掌度知川澤之大小及所生育者。山立五衡。周禮有山虞、林衡之官。衡，平也，掌平其政也。○元誥按：上二句言都内之山澤，不拘於何鄉者。桓公曰：「吾欲從事於諸侯，其可乎？」欲行伯道，討不義也。管子對曰：「未可。國未安。」桓公曰：「安國若何？」管子對曰：「修舊法，百王之法也〔一四〕。擇其善者而業用之，業，猶創也。○俞樾曰：「既云舊法，不得謂之創用，韋注非也。爾雅釋詁：『業，叙也。』又曰：『業，緒也。』緒與叙同義，説文攴部『叙，次第也』，是業有次第之義〔一五〕。孟子盡心篇：『有業屨於牖上。』趙注曰：『業，織之。有，次業而未成也。』蓋亦謂織之已有次第也。晉語：『信於事，則民從事。』韋彼解曰：『業，猶次也。』然則擇其善者而業用之，言擇其善者而次第用之耳，非創用之謂。」劉績曰：「齊語作『業』，管子作『嚴』，皆敬也。」元誥按：劉説爲長。遂滋民，與無財，遂，育也。滋，長也。貧無財者振業之。○王引之曰：「遂，語詞，猶言『因』也。滋，當讀爲慈，慈者愛也，卹也。與無財，則所以卹之也。大戴禮記少閒篇：『制典慈民。』墨子非儒篇：『不可使慈民。』皆謂惠卹其民。作『滋』者，假借字耳。管子小匡篇作『慈於民，予無財』，是其證。韋注失之。」而敬百姓，則國安矣。」桓公曰：「諾。」遂修舊法，擇其善者而業用之，遂滋民，與無財，而敬百姓。國既安矣，桓公曰：「國安矣，其可乎？」管子對曰：「未可。君若正卒伍，修甲兵，周禮：「五人爲伍，百人爲卒。」今管子亦以五人爲伍，而以二百人爲卒。則大國亦將正卒伍，修甲兵，則難以速得志矣。君有攻伐之器，小國諸侯有守禦之備，則難以速得志矣。君若欲速得志於天下諸侯，則事可以隱令，可以寄政。」事，戎事也。隱，匿也。寄，託也。匿軍令，託於國政，若有征伐，鄰國不知。○管子小匡篇尹注曰：「不顯習其兵事，故曰事有所隱。軍政寓之田獵，故曰政有所寓。」桓公曰：「爲之若何？」管子對曰：「作内政而寄軍令焉。」内政，國政也。因國政以寄軍令也。桓公曰：「善。」管子於是制國：五家爲軌，軌爲之長；軌中一人爲之長也。十軌爲里，里有司；爲立有司也。○元誥按：疑當作「里有有司」。四里爲連，連爲之長；十連爲鄉，鄉有良人焉。賈侍中云：「良人，鄉士也。」昭謂：良人，鄉大夫也。以爲軍令：爲軍掌令也（一六）。五家爲軌，故五人爲伍，軌長帥之；居則爲軌，出則爲伍，所謂寄政也。十軌爲里，故五十人爲小戎，里有司帥之；小戎，兵車也。此有司之所乘，故曰小戎。詩云：「小戎俴收。」古者戎車一乘，步卒七十二人。今齊五十人。四里爲連，故二百人爲卒，連長帥之；十連爲鄉，故二千人爲旅，鄉良人帥之；五鄉一帥，故萬人爲一軍，五鄉之帥帥之。五鄉，每一軍爲五鄉也。鄉帥，卿也。萬人爲軍，齊制也，周則萬二千五百人爲軍。帥，長也。三軍，故有中軍之鼓，有國子之鼓，有高子之鼓。春以蒐振旅，春田曰蒐。振，整也。旅，衆也。周禮：「仲春教振旅，遂以蒐田。」秋以獮治兵，秋田曰獮。周禮：「仲秋教治兵（一七），遂以獮田。」是故卒伍整於里，軍旅整於郊。内教既成，令勿使遷徙，遷徙，猶更改也。伍之人祭祀同福，○元誥按：同福，謂同祈福也。死喪同恤，恤，憂也。禍災共之，人與人相疇，家與家相疇，疇，匹也。世同居，少同遊。故夜戰聲相聞，足以不乖，晝戰目相見，足以相識，其歡欣足以相死。致死以相救。居同樂，行同和，死同哀，是故守則同固，戰則同彊〔一八〕。君有此士也三萬人，以方行於天下，方，猶横也。○管子小匡篇作「横」。以誅無道，以屏周室，屏，猶藩也。天下大國之君莫之能禦。禦，當也。

2 正月之朝，鄉長復事。鄉長，鄉大夫也。復，白也。周禮，正月之吉，鄉大夫受法於司徒，退班於鄉吏，以考其行也。○王引之曰：「鄭注周禮『正月之吉日』：『吉謂朔日。』（吉日不皆在朔，韋意則用鄭朔日之解。）此言正月之朝，則指上旬而言，非專指朔日也。續漢書五行志注引尚書大傳曰〔一九〕：『凡六沴之作，歲之朝、月之朝、日之朝，則后王受之；歲之中、月之中、日之中，則正卿受之；歲之夕、月之夕、日之夕，則庶民受之。』鄭注曰：『上旬爲月之朝，中旬爲月之中，下旬爲月之夕。』是其證。荀子禮論篇：『月朝卜宅，月夕卜日。』月朝、月夕謂上旬、下旬也。又管子立政篇：『孟春之朝，季冬之夕，正月之朔。』則朝非朔矣。」周禮宰夫鄭注曰：「復之言報也，反也。反報於王，謂於朝廷奏事。」君親問焉，曰：「於子之鄉，有居處好學，慈孝於父母，○王引之曰：「『居處』下脱『爲義』二字〔二〇〕。下文『於子之屬有居處爲義好學』云云，竝與此同，則此文亦當有『爲義』二字。管子小匡篇正作『於子之鄉有居處爲義好學』，當據補〔二一〕。」汪遠孫曰：「禮記内則：『昧爽而朝，慈以甘旨。』孟子離婁篇：『雖孝子慈孫。』猶祭統言『孝子孝孫』也。慈亦孝也。管子山權數篇〔二二〕：『君不高慈孝，則民簡其親而輕過。』皆慈孝竝稱。」聰慧質仁，慧，解瞭也。質，性也。○元誥按：明道本慧作「惠」。質，疑當訓「朴」。聰慧質仁四者平列。發聞於鄉里者，○元誥按：謂有令聞於鄉里者。有則以告。有而不以告，謂之蔽明，其罪五。」○管子小匡篇尹注曰：「謂其罪當入於五刑而定其罰。」有司已於事而竣。竣，退伏也。○元誥按：謂有司答畢有無而退也。桓公又問焉，曰：「於子之鄉，有拳勇股肱之力秀出於衆者，脛本曰股。肱，臂也。大勇爲拳，詩曰：「無拳無勇。」○說文引國語作「捲勇」。捲，正字；拳，假字。有則以告。有而不以告，謂之蔽賢，其罪五。」有司已於事而竣。桓公又問焉，曰：「於子之鄉，有不慈孝於父母，不長悌於鄉里，驕躁淫暴，○一切經音義十四引賈逵曰：「躁，擾也。」不用上令者，上，君長也。有則以告。有而不以告，謂之下比，比，阿黨也。其罪五。」有司已於事而竣。是故鄉長退而修德進賢，桓公親見之，○元誥按：謂親見鄉長所進之賢也。遂使役官。役，爲也。桓公令官長期而書伐，官長，長官也。期，期年也。伐，功也。書其所掌在官有功者。以告且選，選其官之賢者而復之，復，白也。○元誥按：各本復下有「用」字，今依王引之說刪。曰：「有人居我官，有功休德，休，美也。惟慎端愨以待時，使民以勸，綏謗言，待時，動不違時也。綏，止也。○汪遠孫曰：「爾雅釋詁：『妥，止也。』妥與綏古字通。禮記曲禮：『下大夫則綏之。』『國君綏視。』鄭注竝讀爲妥。漢書燕剌王傳：『北州以妥。』孟康注云：『古綏字也。』」足以補官之不善政。」謂前有闕者也。桓公召而與之語，訾相其質，訾，量也。相，視也。足以比成事，比，輔也。足以輔其官，成其事。誠可立而授之。言可立以爲大官而授之事也。設之以國家之患而不疚，患，難也。疚，病也。豫設以國家之患難問之，不病不能也。退問其鄉，以觀其所能而無大厲，問其鄉，本其行能也。厲，惡也。○吳曾祺曰：「其人可以爲上卿之贊，何止無大惡？注語未合。厲當訓『戾』。戾，背也。謂與平日所聞不相背也。」元誥按：明道本問下有「之」字。升以爲上卿之贊。贊，佐也。謂之三選。三選，謂鄉長所進，官長所選，公所訾相。○管子小匡篇尹注：「名此人曰三大夫之選。」國子、高子退而修鄉〔二三〕，○管子小匡篇尹注曰：「朝事既畢，二大夫又如前退修於鄉。鮑叔在朝，故不言。」鄉退而修連，連退而修里，里退而修軌，軌退而修伍，伍退而修家。是故匹夫有善，可得而舉也，匹夫有不善，可得而誅也。政既成，鄉不越長，鄉里以齒，長幼不相踰也。朝不越爵，賢、不肖之爵不相越也。罷士無伍，罷，病也。無行曰罷。無伍，無與爲伍也。周禮大司寇：「以圜土聚教罷民。」罷女無家。夫稱家也。夫是故民皆勉爲善。與其爲善於鄉也，不如爲善於里；與其爲善於里也〔二四〕，不如爲善於家。本其事行也。是故士莫敢言一朝之便，皆有終身之計；莫敢以終身之議，皆有終身之功。○管子小匡篇尹注曰：「修政，則人無苟且。」桓公曰：「伍鄙若何？」管子上言「參其國而伍其鄙」，内政既備，故復問伍鄙之事。管子對曰：「相地而衰征，則民不移；相，視也。衰，差也。視土地之美惡及所生出，以差征賦之輕重也。移，徙也。政不旅舊，則民不偷；舊，君之故舊也。偷，苟且也。不以故人爲師旅，則民之相與不苟且也。孔子曰：「故舊不遺，則民不偷。」○俞樾曰：「韋訓此句，其義迂曲，殆非也。旅之言『拒』也。御覽二十七引風俗通曰：『旅，拒也，言陽氣欲出，陰不許也。』字亦通作『吕』。白虎通五行篇：『吕者，拒也，言陽氣欲出，陰不許也。』又曰：『吕之言拒者，旅抑拒難之也。』蓋旅與拒本疊韻字，故聲近而義通。又或連言之曰『旅距』。後漢書馬援傳：『黠羌欲旅距。』注曰：『旅距，不從之貌。』距即拒也。政不旅舊者，言爲政不拒絕故舊之人也。韋以師旅解之，失其義矣。」山澤各致其時，則民不苟；時，謂虞衡之官禁令各順其時，則民之心不苟得也。

陸、阜、陵、墐，井田、疇均，則民不憾；高平曰陸，大陸曰阜，大阜曰陵。墐，溝上之道也。九夫爲井，井間有溝。穀地曰田，麻地曰疇。均，平也。憾，恨也。○王念孫曰：「憾當爲『惑』。月令：『皆修封疆，審端徑遂。田事既飭，先定準直，農乃不惑。』即此所謂『井田疇均，則民不惑』也。古『惑』字或作『感』，與惑相似，惑誤爲感，後人又加心旁耳。管子小匡篇正作『則民不惑』」。元誥按：作「憾」義亦通。無奪民時，則百姓富；犧牲不略，則牛羊遂。」略，奪也。遂，長也。○襄四年左傳：「季孫曰略。」杜注云：「不以道取爲略。」疏云（二五）：「今律略人、略買人是也。」略，管子小匡篇作『勞』，勞與略一聲之轉。」元誥按：已上言國都之政，已下言野鄙之政。桓公曰：「定民之居若何？」管子對曰：「制鄙，三十家爲邑，邑有司；制野鄙之政也。此以下與郊內之政異也。十邑爲卒，卒有卒帥；十卒爲鄉，鄉有鄉帥；三鄉爲縣，縣有縣帥；十縣爲屬，屬有大夫。五屬，故立五大夫，使各治一屬焉；五屬，四十五萬家也。立五正，正，長也。使各聽一屬焉。是故正之政聽屬，正，五正也。聽大夫之治也。牧政聽縣，牧，五屬大夫也。聽縣帥之治也。下政聽鄉。」下政，縣帥也。聽鄉帥之治也。○元誥按：政與正通，長也。又此二句，管子小匡篇作「武政聽屬，文政聽鄉」。劉績曰：「管子後云『立五鄉以崇化，建五屬以屬武』，則國語『正之政』、『牧政』、『下政』皆誤之也。」桓公曰：「各保治爾所，無或淫怠而不聽治者！」

3正月之朝，五屬大夫復事。桓公擇其寡功者而讁之，讁，譴也。○元誥按：各本其作「是」，今依王念孫說改。曰：「制地分民如一，何故獨寡功？教不善則政不治，治，理也。一再則宥，宥，寬也。三則不赦。」桓公又親問焉，曰：「於子之屬，有居處爲義好學，慈孝於父母，聰慧質仁，發聞於鄉里者，有則以告。有而不以告，謂之蔽明，其罪五。」有司已於事而竣。桓公又問焉，曰：「於子之屬，有拳勇股肱之力，秀出於衆者，有則以告。有而不以告，謂之蔽賢，其罪五。」有司已於事而竣。桓公又問焉，曰：「於子之屬，有不慈孝於父母，不長悌於鄉里，驕躁淫暴，不用上令者，有則以告。有而不以告，謂之下比，其罪五。」有司已於事而竣。五屬大夫於是退而修屬，屬退而修縣，縣退而修鄉，鄉退而修卒，卒退而修邑，邑退而修家。是故匹夫有善，可得而舉也。匹夫有不善，可得而誅也。政既成矣，○宋庠本無「矣」字。以守則固，以征則彊。

4桓公曰：「吾欲從事於諸侯，其可乎？」管子對曰：「未可。鄰國未吾親也。君欲從事於天下諸侯，○宋庠本君上有「若」字。則親鄰國。」鄰國親，足以爲援。不然，將爲己害，難以遠征。桓公曰：「若何？」管子對曰：「審吾疆場，而反其侵地。審，正也。反，還也。侵地，齊侵取鄰國之地。正其封疆，無受其資，積土爲封。資，資財也。○元誥按：謂又助鄰國正封疆也。而重爲之皮幣，以驟聘眺於諸侯，眺，視也。○周禮大宗伯：「時聘曰問，殷頫曰視。」又春官「頫聘」，鄭注云：「大夫衆來曰頫，寡來曰聘。」吳曾祺曰：「作『眺』及訓『視』俱不合〔二六〕。」元誥按：驟，晉語韋解：「數也。」管子小匡篇作「極」，尹注：「急也。」以安四鄰，則四鄰之國親我矣。爲遊士八十人，州十人，齊居一州。爾雅曰：「齊居營州也。」○王引之曰：「爲，有也。」元誥按：管子小匡篇作「又游士八千人」，又與有通，千誤。奉之以車馬、衣裘，多其資幣〔二七〕，使周遊於四方，以號召天下之賢士。皮幣玩好。使民鬻之四方，玩好，人所玩弄而好也。鬻，賣也。以監其上下之所好，監，觀也。觀其所好，則知其奢儉〔二八〕。上下，君臣也。玩好物貴，則其國奢，賤，則其國儉。擇其淫亂者而先征之。」桓公問曰：「夫軍令則寄諸内政矣，齊國寡甲兵，爲之若何？」甲，鎧也。兵，弓矢之屬。管子對曰：「輕過而移諸甲兵。」諸，之也。移之甲兵，謂輕其過，使以甲兵贖其罪也。桓公曰：「爲之若何？」管子對曰：「制重罪贖以犀甲一戟，重罪，死刑也。犀，犀皮，可用爲甲也。戟，車戟也，秘長丈六尺。輕罪贖以鞼盾一戟〔二九〕，輕罪，劓、刖之屬。鞼盾，綴革有文如繢〔三〇〕。○說文：「鞼，韋繡也〔三一〕。」小罪讁以金分，小罪，不入於五刑者。以金贖，有分兩之差，今之罰金是也。書曰：「金作贖刑。」○管子小匡篇：「小罪入以金鈞，薄罪入以半鈞。」宥閒罪。宥，赦也。閒罪，刑罰之疑者。書曰：「五刑之疑有赦。」○宋庠曰：「閒，古莧反，非正罪。」索訟者，三禁而不可上下，坐成以束矢。索，求也，求訟者之情也。三禁，禁之三日，使審實其辭也。而不可上下者，辭定不可移也。坐成，獄訟之坐已成也。十二矢爲束，謂訟者坐成，以束矢入於朝，乃聽其訟。兩人訟，一人入矢，一人不入則曲，曲則服〔三二〕，入兩矢乃治之。矢取往而不反也。周禮「以兩造禁人訟，入束矢於朝，然後聽之〔三三〕」也。○汪遠孫曰：「禁，如大司寇『禁民訟』、『禁民獄』之禁。三者，鄭重審愼之意。上下，謂上服下服之刑。不可上下，言罪已定也，其不直者罰以束矢。管子小匡篇：『無坐抑而訟獄者，正三禁之，而不直，則入一束矢以罰之。』淮南說齊桓之事，謂『訟而不勝者出一束箭』，事竝與外傳同。韋引周禮以解之，尚未洽傳意。」陳奐曰：「周禮

『以兩造禁民訟〔三四〕，入束矢於朝，然後聽之』，言民訟者兩造皆入束矢，聽訟之後，直者當還其矢，不直者没入其矢。此即國語『坐成以束矢』也。鄭注周禮誤。」美金以鑄劍戟，鑄，冶也。試諸狗馬；狗馬，難爲利者。惡金以鑄鉏、夷、斤、斸，惡，麤也。夷，平也，所以削草平地。斤，形似鉏而小。斸，斫也。試諸壤土。」甲兵大足。

5 桓公曰：「吾欲南伐，何主？」主，主人，供軍用也。管子對曰：「以魯爲主。反其侵地棠、潛，棠、潛，魯之二邑。○沈鎔曰：「棠在今山東魚臺縣，潛在滋陽縣西南。」使海於有蔽，渠弭於有渚，賈侍中云：「海，海濱也。有蔽，言可依蔽也。渠弭，裨海也。水中可居者曰渚。」昭謂：有此乃可以爲主人，軍必依險阻者也。○吳曾祺曰：「渠以止水，故曰渠弭。弭，止也。」元誥按：管子小匡篇蔽作「弊」，弭作「彌」，有渠作「河渠」，並誤。環山於有牢。」環，繞也。牢，牛、羊、豕也〔三五〕。言雖山險，皆有牢牧也。一曰「牢，固也」。○管子小匡篇環作「綱」，王念孫謂當作「繯」，賈本亦作「繯」，云：「還也。」桓公曰：「吾欲西伐，何主？」管子對曰：「以衛爲主。反其侵地臺、原姑與漆里，衛之四邑。○尹桐陽曰：「臺即駘，在今山東臨朐縣界。原姑，今大沽河。」左傳「姑尤以西」，謂大沽與小沽二水也。漆，管子作「柒」，説文作「桼」，云：「齊邑。」漆里，漆城里也，後漢書劉植傳所謂「置酒郭氏漆里舍」是〔三六〕。水經酸水注云：「濮渠之旁有漆城，在今直隸長垣縣西二十里。」元誥按：管子小匡篇臺上有「吉」字，王曰衍文。使海於有蔽，渠弭於有渚，環山於有牢。」桓公曰：「吾欲北伐，何主？」管子對曰：「以燕爲主。燕，今廣陽薊也。○別本作「漁陽」。夏文燾曰：「別本誤也。兩漢志竝屬廣陽，韋時爲曹魏地。」元誥按：漢薊縣屬廣陽，當今京兆大興縣南，即燕之故地也。反其侵地柴夫、吠狗，燕之二邑。○太平御覽地部七引地理志：「吠狗山，宋武北伐南燕之時至此山，夜聞犬吠，明日視之〔三七〕，唯見石狗。」尹桐陽曰：「柴夫，即柴浮，在今直隸滄縣境，古齊、燕界地也。吠狗，謂燕之出吠狗地也。」使海於有蔽，渠弭於有渚，環山於有牢。」四鄰大親。既反侵地，正其封疆，地南至於岱陰，岱陰，地名，齊南界也。○明道本岱作「鮈」，注同。宋庠本、賈本并作「陶」。王引之云：「鮈陰當作『岱陰』，謂泰山之北也。齊在泰山之北，故曰南至於岱陰。桓十六年公羊傳『越在岱陰齊』，何注曰：『岱，岱宗，泰山也。山北曰陰。』是也。傳寫者脱去『岱』字耳，陶即陰之誤而衍者。蓋隸『陶』、『陰』二字形相似，故『陰』字一本誤作『陶』，校書者兩存作『陶』作『陰』之本，而傳寫者遂增『陶』字，又誤爲『鮈』矣。管子小匡篇正作『地南至於岱陰』。」元誥按：王説是，今據改。岱陰者，泰山之北也。齊地南以泰山爲界。西至於濟，北至於河，○元誥按：管子小匡篇河作「海」。東至於紀酅。紀，故紀侯之國〔三八〕。酅，紀季之邑，已入於齊也。○莊三年經：「紀季以酅入於齊。」杜注：「酅，紀邑，在齊國東安平縣。」大事表云：「在今山東青州府臨淄縣東十九里。」宋庠曰：「酅，户圭反。」元誥按：管子小匡篇酅作「隨」。有革車六百乘，○各本六作「八」，韋注曰：「賈侍中云：『一國之賦八百乘也，乘七十五人，凡甲士六萬人。』昭謂：此周制耳，齊法以五十人爲小戎，車八百乘，當有四萬人。又上管仲制齊爲三軍，軍萬人，又曰『君有是士三萬人，以方行於天下也』，而車數多者，其副貳陪從之車乎？或云：『八當爲六』。」王引之曰：「八當爲六，上文云五十人爲小戎，積而至於三萬人，則六百乘矣。」元誥按：管子小匡篇譌同。今據王説正之。擇天下之甚淫亂者而先征之。即位數年，東南多有淫亂者，萊、莒、徐夷、吳、越，萊，今東萊也。莒，瑯邪縣也。徐夷，徐州之夷也。○元誥按：萊、莒、徐夷、吳、越六字，疑是原本注文而誤入正文者。韋注無異注中注矣。管子小匡篇無此六字。一戰帥服三十一國。○元誥按：帥，循也。循，順也。服與伏通。帥服，謂順伏也。遂南征伐楚，濟汝，踰方城，望汶山，濟，渡也。汝，汝水也。方城，楚北之阨塞也。謂師至於陘時也〔三九〕。在魯僖四年。汶山，楚山也。○元誥按：汝水出河南嵩縣老君山，東南流經臨汝、許昌、汝南、潢川入淮。方城本爲萬城，萬作「万」，遂譌「方」，蓋山名也，在今河南方城縣南四十里。楚方城以爲城。汶山，汶一作「滑」，又作「岷」，在今四川松潘縣北，昔夏禹導江之地。自巴顏喀喇山脉東北分出爲汶山之幹脉，分爲二支：一支由泯江南行者爲邛崍山脉，其南端有峨眉峰；一支東行者爲巴山山脉，其南有巫山十二峰，山綿亘二千餘里。使貢絲於周而反，○管子小匡篇尹注曰：「使楚貢絲，即壓絲者也，堪爲琴瑟。」元誥按：內傳云：「貢包茅。」荆州諸侯莫不來服。○爾雅釋地：「漢南曰荆州。」郭注：「自漢南至衡山之陽。」義疏曰：「言漢南者，衡陽舉其南界，漢南舉其北界也。」遂北伐山戎，山戎，今之鮮卑，以其病燕〔四〇〕，故伐之。○元誥按：注謂「山戎，今鮮卑」，則在今西伯利亞境。刜令支，斬孤竹而南歸，二國，山戎之與也。刜，擊也。斬，伐也。令支，今爲縣，屬遼西。孤竹之城存焉〔四一〕。○元誥按：令支，令一作「泠」，又作「離」，古伯夷之封國。今直隸盧龍縣西十五里有孤竹城。攷齊征伐諸侯行徑，由東南而南，反齊，再由齊而北，歸南，又由南反齊。則已無征伐之事矣。海濱諸侯莫不來服。海濱，海北涯也。○宋本莫下有「敢」字。與諸侯飾牲爲載，以約誓於上下庶神，飾牲，陳其牲。爲載書而於牲上而已，不歃血。與諸侯戮力同心。戮，并也。西征，攘白狄之地，攘，却也。白狄，赤狄之別種。至於西河，西河，白狄之西也。○管子小匡篇尹注曰：「謂龍門之西河。」尹桐陽曰：「河自砥柱以上，龍門以下曰西河。」漢書地理志并州有西河郡，轄縣三十六，治富昌，故城在鄂爾多斯左翼前旗界。」沈鎔曰：「白狄在今陝西膚施等縣。」方舟設泭，乘桴濟河，方，併也。編木曰泭，小泭曰桴。濟，渡也。○元誥按：管子小匡篇設泭作「投柎」。泭與柎同。投，王曰誤，設，合也，見廣雅釋詁。至於石枕，石枕，晉地名〔四二〕。○元誥按：管子小匡篇枕作「沈」，補音作「抗」，云：「苦浪反，作『杭』者非。」然則杭爲抗之誤，枕又爲杭之誤，沈又爲枕之誤矣。一說石抗即石梁，本名曲梁，後漢書郡國志上黨郡：「潞，本國。」補注：「晉荀林父伐曲梁，在城西十里，即此。又名石章，史記秦本紀惠王後元十年伐韓，取石章，亦即此。」懸車束馬，逾大行與辟耳之谿拘夏，大行、辟耳，山名也。拘夏，辟耳之谿也。三者皆山險谿谷，故懸鉤其車，偪束其馬以渡。○吳曾祺曰：「大行在河內野王縣。辟耳一作『卑耳』，在河東太陽。」元誥按：大行亦曰羊腸坂，在今河南泌陽縣北。辟耳，今山西平陸縣地也。拘夏，管子小匡篇作「拘秦夏」，尹注曰：「拘秦夏之不服者。」史記齊世家止有「西伐大夏」，正義曰：「大夏，并州晉陽是也。」文、注竝與此異。西服流沙、西吳。流沙、西吳，雍州之地。○元誥按：流沙，即今甘肅居延縣。西吳，管子作「西虞」，吳、虞聲轉字也。虞仲所封。今山西平陸縣東北四十里有古吳城。南城周，城，王城也。周襄王庶弟子帶作亂〔四三〕，與戎伐襄王，焚其東門，不克。桓公使仲孫湫徵諸侯戍周而城之。事在魯僖十三年。○元誥按：僖十三年左傳：「秋，爲戎難故，諸侯戍周。」杜注曰：「戍，守也。致諸侯戍卒於周。」是本作「戍周」不作「城周」矣。管子小匡篇「戍周」又誤作「成周」。明道本「周」上衍「於」字。反胙於絳〔四四〕。說云：「胙，賜也。謂天子致祭胙，賞以大輅、龍旂，桓公於絳辭之，天子復使宰孔致之。」賈侍中云：「反，復也。胙，位也。絳，晉國都也。晉獻公卒，奚齊、卓子死，國絶無嗣〔四五〕，晉侯失其胙位。桓公以諸侯討晉，至高梁，使隰朋帥師立公子夷吾，復之於絳，是爲惠公。事在魯僖九年。」昭謂：人君即位謂之踐阼。此言桓公城周，尊事天子，又討晉亂，復其阼位，善之也。案内傳宰孔於葵丘致胙肉，賜命，無辭讓反復之文。賈君得之，唐從賈也。○俞樾曰：「葵丘之會，宰孔致胙時不特無辭讓反復之事，且桓公是時亦不至絳。舊説固失之矣。至人君即位，謂之踐阼，不謂之踐胙，即使古字通用，然不曰立晉侯於絳，而曰復胙於絳，義甚不安。且惠公之立〔四六〕，雖自外入，實則父死子繼，非鄭厲自櫟，衛獻自夷儀，失國復歸者可比，安得謂之復胙乎？是賈侍中説亦非也。今按：反者，歸也。孟子盡心篇『君子反經而已矣』。趙岐注曰：『反，歸也。』廣雅釋詁亦曰：『反，歸也。』反胙，猶言歸胙。歸胙於絳〔四七〕，承上文『南城周』而言。周書作雒篇載周公既城成周，乃設丘兆於南郊以祀上帝，配以后稷，日、月、星、辰皆與食。然則齊桓城周之後，因祭而歸胙諸侯，亦事所宜有也。其獨舉絳言之者，是時諸侯莫不事齊，惟晉獻恃强不服，故齊桓藉寵王室，因城周而歸胙，以風示之耳。」吳曾祺曰：「韋説爲長〔四八〕。」嶽濱諸侯莫不來服，嶽，北嶽常山。○俞樾曰：「傳言嶽，不言北嶽，注義非也。爾雅釋山曰：『河西嶽。』郭璞注曰：『嶽，吳嶽也。』周官職方氏、周書職方篇：『正西曰雍州，其山鎮曰嶽山。』鄭注及孔晁注竝同。此傳所謂嶽濱諸侯即吳嶽也。上文『西服流沙、西吳』，注曰『雍州之地』。故此即舉雍州之鎮言之。韋氏以爲北嶽常山，失之遠矣。」元誥按：管子小匡篇作「海濱諸侯」。明道本國語「莫」下有「敢」字。而大朝諸侯於陽穀。陽穀之會在魯僖三年也。○僖三年穀梁傳：「陽穀之會，桓公委端搢笏而朝諸侯，諸侯皆諭乎桓公之志。」僖三年左傳林注曰：「衣裳之會不在九合之數。」吳曾祺曰：「陽穀在今山東陽穀縣東北三十里。」兵車之屬六，乘車之會三，屬，亦會也。兵車之會，謂魯莊十三年會於北杏，十四年會於鄄，十五年復會於鄄，魯僖元年會於檉，十三年會於鹹，十六年會於淮。乘車之會，在僖三年會於陽穀，五年會於首止，九年會於葵丘。凡九會也。○路史發揮曰：「齊侯之爲會十有五，云九合者，在葵丘之會言之也。鹹、淮之會固出其後，而貫、穀之舉又非其盛者，乃若兵車之會，則有之矣。莊之十四年伐宋，二十八年救鄭，僖之元年救邢，四年侵陳、蔡，六年伐鄭，與十五年之救徐首止之役，（元誥按：原本誤作「首正」。）定王世子，所謂一正天下者也。說春秋曰『衣裳之會十有一』，而未始插盟，『兵車之會四』，而未嘗大戰。是信厚而愛民也。」劉師培曰〔四九〕：「各書皆以九合諸侯，一匡天下對言。范甯穀梁注謂鄭玄以兩鄄、兩幽、檉、貫、首戴、（元誥按：即「首止」。）甯母、葵丘爲九合，不取北杏及陽穀。後漢書延篤傳注以兩鄄、兩幽、檉、首止、甯母、洮、葵丘爲九合，則又去貫而數洮。（劉炫同。）近人盧文弨謂鄭以柯及兩鄄、兩幽、檉、陽穀、首戴、甯母爲九合。宋翔鳳駁之，又謂鄭以柯、兩鄄、兩幽、檉、首戴、甯母、葵丘爲九合。說各不同，不知九合猶言屢合，不必以九爲限，即其數而强解之，非也。朱子易九爲『糾』，亦非也。又左傳襄公十一年晉侯謂魏絳曰：『八年之中，九合諸侯。』服虔以會戚（一合），會城棣救陳（二合），會鄬（三合），會邢丘（四合），會戲（五合），會柤（六合），戍虎牢（七合），盟亳爲八合，蓋合會蕭魚爲九。國語晉語則作『七合諸侯』，孔晁注及韋注均以會戚，會鄬，會邢丘，盟戲，會柤，會亳，會蕭魚爲七合，不數救陳與戍鄭。案左傳所言盟戚即所以戍陳，會柤即所以戍虎牢，不得析之爲二，當從晉語七合爲確。左傳作『九合』與論語『九合諸侯』同例，亦虛數也。」元誥按：乘車之會，即所謂衣裳之會也。此文合而言之，乃主九合之說。昔人謂九者，陽數之極，故書、傳凡言九者，皆指其極。如楚辭九歌〔五〇〕，實十一篇，止言九也。左傳「夷於九縣」，實十一國，亦止言九也。劉解九合爲屢合，亦通。諸侯甲不解纍，纍，所以盛甲也。○說文：「纍，大索也，所以束甲。」元誥按：管子小匡篇纍誤作「壘」。兵不解翳，翳，所以蔽兵也。○管子小匡篇尹注曰：「兵，脅盾之屬。不解甲於壘，不解兵於翳，言不用也。」○元誥按：說文翳作「醫」，云：「藏弓弩矢器也。」弢無弓，服無矢。弢，弓衣也。服，矢衣也。無者，無所用也。隱武事，行文道，帥諸侯而朝天子。謂首止之會，會王太子，謀寧周也。

6 葵丘之會〔五二〕，○元誥按：莊八年左傳杜注曰：「齊地臨淄縣西有地名葵丘。」僖九年傳杜注：「陳留外黃縣東有葵丘。」未知孰是。天子使宰孔致胙於桓公，天子，周襄王也。宰孔，宰周公也。胙，祭肉也。曰：「余一人有事於文、武，事，祭事也。○各本「一人」下有「之命」二字。王引之曰：「此涉下文『天子之命』而衍也。僖九年左傳云『天子有事於文、武』，此云『余一人有事於文、武』，文義正同，不得有『之命』二字。余一人有事於文、武，乃致胙之由，未及命齊侯也。管子小匡篇有『之命』二字，則後人據誤本國語加之也。」元誥按：王說是，今據刪。又按：管子尹注曰：「有祭事於文王、武王之廟也。」使孔致胙。」且有後命且，猶復也。○僖九年左傳杜注曰：「賜胙之後，且有別命。」曰：「以爾自卑勞，實謂爾伯舅，無下拜。」天子稱王官之伯，異姓曰伯舅。無下拜，無下堂拜賜也〔五三〕。○元誥按：無與毋同，止之之詞也。實謂，猶云非謙詞也。桓公召管子而謀，管子對曰：「爲君不君，爲臣不臣，○管子小匡篇尹注曰：「君命臣毋拜，是不君也。臣承命而不讓，是不臣也。」亂之本也。」桓公懼，出見客，客，宰孔也。曰：「天威不違顏咫尺，違，遠也。顏，眉目之閒也。八寸曰咫。小白余敢承天子之命曰『爾無下拜』？承，受也。○元誥按：「余」字疑衍。君前臣名稱「小白」，不當又曰「余」。恐隕越於下，以爲天子羞。」隕，墜也。越，失也。遂下拜，升受命。○僖九年左傳杜注曰：「拜堂下，升受於堂上。」

賞服大輅，龍旗九旒，渠門赤旂。唐尚書云：「大輅，玉輅。」非也。賈侍中云：「大輅，諸侯朝服之車，謂金輅，鉤樊纓九就，龍旗九旒也。渠門，亦旗名。赤旗，大旗也。」昭謂：龍旗，畫交龍於縿也，正幅爲縿，旁屬爲旒。鉤，婁頷之鉤。樊，馬大帶，纓當胸，削革爲之，皆以五采罽飾之。九就，就，成也。渠門，兩旗所建，以爲軍門，若今牙門也。○陳奐曰：「樊、纓一物。樊者，纓之飾。『樊』字亦作『緐』。緐纓爲尊者之馬飾，結於胸前。先鄭、賈、馬、許説皆同，唯康成讀樊如鞶帶之鞶，謂『今馬大帶也』，與古説絶異。大帶在腹，凡馬皆有，無以別尊卑〔五三〕。樊當胸前，不在腹下也。韋從後鄭説，非是。」元誥按：渠門，亦旗名，宜從賈説。諸侯稱順焉。言下拜順於禮也。

7 桓公憂天下諸侯〔五四〕。魯有夫人、慶父之亂，夫人，魯莊夫人哀姜也。慶父，莊公之弟共仲也，通於哀姜，哀姜欲立之。莊公薨，慶父殺太子般，在莊三十二年；又弒閔公，在閔二年。○莊二年經杜注曰：「慶父，莊公庶兄。」二君弒死，國無嗣。桓公聞之，使高子存之。高子，齊卿高傒敬仲也。存之，謂立僖公而成魯。狄人攻邢，桓公築夷儀以封之，邢，姬姓，周公之後。夷儀，邢邑也。狄人攻邢，在莊三十二年。封而遷之，在魯僖元年。○吳曾祺曰：「今直隸順德府邢臺縣西有夷儀城。」男女不淫，牛馬選具。淫，見淫略也〔五五〕。選，數也。○王引之曰：「選亦具也。古人自有複語耳。説文：『僎，具也。』僎、選與巽古竝同聲〔五六〕。牛馬選具者，謂牲畜皆全，不見掠奪也。墨子號令篇『所居之吏上數選具』之選具，猶齊備也。恐其不全，故選具之也。韋訓選爲『數』，數具連文，則不詞矣。尹知章注管子小匡篇曰：『選擇其善者以成具。』亦以迂回失之。」狄人攻衛，衛人出廬於曹，廬，寄也。狄人攻衛，殺懿公，遂入衛。衛人出走宋，桓公逆之於河，以衛之遺民立公孫申以寄於曹，是爲戴公。在魯閔二年。

○閔二年左傳釋文：「曹，詩作漕。」孔疏曰：「曹邑雖闕，當在河東近楚丘也。」桓公城楚丘以封之。楚丘，衛地。桓公遷其國而封之。事在魯僖二年。○沈鎔曰：「今衛縣東六十里廢衛南縣，即古楚丘。」其畜散而無育，畜，六畜也。散，謂失亡也。育，養也。桓公與之繫馬三百。繫馬，良馬在閑，非放牧者。天下諸侯稱仁焉。於是天下諸侯知桓公之爲己勤也，勤，謂救患分災也。○各本勤作「動」，注同。管子小匡篇作「勤」。劉績補注曰：「勤，孜孜也。」元誥按：前文「夫爲其君勤也」，勤亦誤作「動」，今竝訂正。明道本「爲己」上有「非」字，今不從。是故諸侯歸之。○宋庠本有「譬若市人」四字注文。桓公知諸侯之歸己也，故使輕其幣而重其禮。幣，贄幣也。禮，酬賓之禮也。故天下諸侯罷馬以爲幣，罷，不任用也。幣、圭以馬也。○管子小匡篇罷作「疲」，尹注曰：「疲，謂瘦也。」縷綦以爲奉，奉，藉也，所以藉玉之藻也。縷綦，以縷織綦，不用絲，取易共也。綦，綺文。○宋庠本綦作「纂」，非是。鹿皮四个。个，枚也。○明道本个作「分」，韋注曰：「分，散也。」管子小匡篇亦作「分」。王引之曰〔五七〕：「分，當爲介，介即『个』字也。鹿皮四个，即聘禮所謂『乘皮』。个，古書作『介』。廣韻云：『介，俗作「分」。』形與分相似，因譌作分。」元誥按：宋庠本正文作「介」，注作「个」，今據其本而齊一之。諸侯之使，垂橐而入，垂，言空而來。橐，囊也。稛載而歸。言重而歸也。稛，絭也。○明道本稛作「䊐」，管子小匡篇作「穮」。穮即「稛」字，「䊐」俗字。說文：「稛，絭束也。」故拘之以利，結之以信，示之以武，故天下小國諸侯既許桓公，許，謂聽其盟約。○元誥按：既，皆也。易既濟韓注曰：「既濟者，以皆濟爲義者也。」是其證。莫之敢背，就其利而信其仁，畏其武〔五八〕。桓公知天下諸侯多與己也，與，從也。故又大施忠焉，施其忠信也。可爲動者爲之動，○元誥按：二「動」字疑皆當爲「勤」。晉語二韋注云：「勤，助也。」可爲謀者爲之謀，軍譚、遂而不有也，諸侯稱寬焉。軍，謂以軍滅之。不有，以分諸侯也。桓公奔莒，過譚，譚子不禮，入又不賀。北杏之會，遂人不至。故皆滅之。在魯莊十年及十三年。○吴曾祺曰：「今山東濟南府歷城縣東南七十里有譚城〔五九〕，兗州府甯陽縣西北三十里有遂鄉。」通齊國之魚鹽於東萊，言通者，則先時禁之矣。東萊，齊東萊夷也〔六〇〕。○漢書地理志青州有東萊郡，轄縣十七，郡治掖。元誥按：今爲山東掖縣治。使關市幾而不征，幾，幾異服，識異言也。征，税也。取魚鹽者不征税，所以利諸侯，致遠物也。○元誥按：幾，通作「譏」。以爲諸侯利，諸侯稱廣焉。施惠廣也。築葵茲、晏、負夏、領釜丘，四者皆阨塞，與山戎、衆狄接也。○元誥按：管子小匡篇〔六一〕作「築蔡、鄢陵、培夏、靈釜丘」。此文「葵」即「蔡」之譌，與晉語「負蔡」，宋庠本作「負葵」同類。「茲」字乃因與蔡聲轉而衍也。蔡在今河南上蔡縣西南十里〔六二〕。晏與鄢聲近通用，鄢即鄢陵，今爲河南鄢陵縣，地理志又作「傿陵」。負夏即培夏，字彙倍尾山名亦作負尾是其證，在今河南滋陽縣西二十五里。領釜丘即靈釜丘，領與靈聲近通用，亦稱靈丘，在今山西靈丘東南。一説「靈釜丘謂靈丘與釜丘也，靈丘在山東滕縣東三十里，釜丘在今山東定陶縣西南七里」，與此文不合。蓋韋注云「四者」，如「一説」，則爲五者矣。築，謂築邑，築邑於此四塞，以備戎也。内傳，「邑曰築」。下同。以禦戎狄之地〔六三〕，所以禁暴於諸侯也。禁暴，禁其暴掠於諸侯也。築五鹿、中牟、蓋與、牡丘，四塞，諸夏之關也。○吴曾祺曰：「五鹿在今直隸大名縣，中牟在今河南湯陰縣西四十里，蓋與即古之闕與。」元誥按：僖二十三年左傳杜注曰：「五鹿，衛地。今衛縣西北有地名五鹿，陽平元城縣東亦有五鹿。」吴云大名縣，蓋即古衛縣西北之五鹿也。牡丘，在今山東聊城縣東北七十里。沈鎔曰：「蓋與，在今山西北二十里。」元誥按：管子小匡篇「蓋與」上有「鄴」字，牡丘作「壯丘」，誤。以衛諸夏之地，衛，蔽扞也。所以示權於中國也。教大成，定三革，隱五刃，定，奠也。隱，藏也。三革，甲、冑、盾也。五刃，刀、劍、矛、戟、矢也。説云：「三革，甲、楯、鼓。」非也。兵事息，則禮樂興，焉得廢鼓？○俞樾曰：「上文『隱武事』，韋氏無注，此文『隱五刃』，注曰：『隱，藏也。』則未得其義也。隱，當讀爲偃。漢書古今人表『徐隱王』，師古注曰：『即偃王也。』是隱、偃古通用字。荀子儒效篇：『偃五兵。』楊倞注：『偃，仆也。』莊子徐无鬼篇：『偃兵其可乎。』呂氏春秋蕩兵篇：『古聖王有義兵而無有偃兵。』應言篇：『公孫龍説燕昭王以偃兵。』凡言偃者，其義竝同。此作『隱』者，假字耳。韋訓『藏』，非是。」元誥按：管子小匡篇作「偃五兵」，是其證。朝服以濟河，而無怵惕焉，西行渡河以平晉也。○管子小匡篇尹注曰：「謂乘車之會服。濟河，以與西諸侯盟也。」文事勝矣。勝，舉也。是故大國慙媿，小國附協。唯能用管夷吾、甯戚、隰朋、賓胥無、鮑叔牙之屬，而伯功立。五子皆齊大夫也。隰朋，齊莊公之曾孫，戴仲之子成子也。○通志氏族略三：「齊莊公之子廖事桓公，（梁玉繩曰〔六四〕：「桓公」字誤。）封於隰陰爲大夫，故以爲氏。」吴曾祺曰：「韋注：『莊公名購，在春秋之前，與崔子所弑謚同。』」

校記

〔一〕伯夷爲堯四岳　「夷」誤作「尼」，補音字原作「𡰥」，爲「夷」字古文，今據改。

〔二〕忠信可結於百姓　「信」誤作「姓」，據各本改。

〔三〕齊使受之而退　「而」字脱，據明道本補。公序本作「以」。

〔四〕桓公親逆之於郊　「逆」誤作「迎」，據各本改。

〔五〕設象以爲民紀　「民」字脱，據各本補。

〔六〕勸之以賞賜　「賜」誤作「罰」，據各本改。

〔七〕伍，五也　此三字脱，據各本補。

〔八〕大都不過參國之一　「都」誤作「國」，據國語正義改。

〔九〕參其國以爲都　「都」下衍「城」字，據國語正義删。

〔一〇〕五黨爲州　「州」誤作「周」，據國語正義改。

〔一一〕節，節其大小輕重　上「節」字誤作「爲」，據各本改。

〔一二〕夫是故工之子恒爲工　「子」誤作「弟」，據各本改。

〔一三〕管子於是制國以爲二十一鄉　「管子」二字脱，據各本補。

〔一四〕百王之法也　「百」誤從公序本作「伯」，據明道本改。

〔一五〕是業有次第之義　「是業」二字脱，據群經平議補。

〔一六〕爲軍掌令也　「掌」誤作「長」，據各本改。

〔一七〕仲秋教治兵　「秋」誤作「春」，據各本改。

〔一八〕是故守則同固，戰則同彊　「故」誤作「則」，據各本改。

〔一九〕續漢書五行志注引尚書大傳曰　「續漢書」之「書」字脱，據經義述聞補。

〔二〇〕「居處」下脱「爲義」二字　「下」字脱，據經義述聞補。

〔二一〕當據補　「補」誤作「傳」，據經義述聞改。

〔二二〕管子山權數篇　「數」字脱，據國語發正補。

〔二三〕國子、高子退而修鄉　「高子」之「子」字脱，據各本補。

〔二四〕與其爲善於里也　「與」誤作「爲」，據各本改。

〔二五〕疏云　「疏」上衍「鄭」字，據左傳正義删。

〔二六〕作「眺」及訓「視」俱不合　「視」誤作「示」，據國語韋解補正改。

〔二七〕多其資幣　「資」誤作「質」，據各本改。其下集解云：「元誥按：管子小匡篇作：『多其資糧，財幣足之。』疑此文『質』爲『資』誤，資幣即資糧、財幣之省。」按公序與明道各本皆作「資」，無作「質」者，此條集解無中生有，徒費筆墨，故從删。

〔二八〕監，觀也。觀其所好，則知其奢儉　二「觀」字皆誤作「視」，據公序本改。明道本上作「視」，下作「觀」。

〔二九〕輕罪贖以鞼盾一戟　「盾」誤作「甲」，據各本改。

〔三〇〕韇盾，綴革有文如繢　「革」誤作「甲」，又脱「文」字，據各本改補。

〔三一〕韇，韋繡也　「韋」誤作「甲」，據説文三下革部改。

〔三二〕一人不入則曲，曲則服　脱一「曲」字，據各本補。

〔三三〕然後聽之　「後」下衍「乃」字，據各本删。按，周禮原有「乃」字，韋解略去。

〔三四〕以兩造禁民訟　「民」字脱，據國語發正補。

〔三五〕牢，牛、羊、豕也　「豕」誤作「矢」，據各本改。

〔三六〕後漢書劉植傳所謂「置酒郭氏漆里舍」是　「書」字脱，據後漢書補。

〔三七〕明日視之　此四字脱，據國語發正補。

〔三八〕紀，故紀侯之國　「紀侯」之「紀」字脱，據各本補。

〔三九〕謂師至於陘時也　「陘」誤作「荆」，據各本改。

〔四〇〕以其病燕　「燕」字脱，據各本補。

〔四一〕孤竹之城存焉　「存」誤作「在」，據各本改。

〔四二〕石枕，晉地名　「枕」字脱，據各本補。

〔四三〕周襄王庶弟子帶作亂　「庶」誤作「也」，據各本改。

〔四四〕反胙於絳　「絳」誤作「周」，據各本改。

〔四五〕國絶無嗣　「嗣」誤作「祀」，據各本改。

〔四六〕且惠公之立　「立」誤作「入」，據群經平議改。

〔四七〕歸胙於絳　「胙」字脱，據群經平議補。

〔四八〕韋説爲長　「爲長」誤作「是」，據國語韋解補正改。

〔四九〕劉師培曰　「培」誤作「倍」，依文義改。

〔五〇〕楚辭九歌　「辭」誤作「詞」，依慣例改。

〔五一〕葵丘之會　此句原連上文，今分段提行。

〔五二〕無下拜，無下堂拜賜也　「下拜」之「拜」誤作「堂」，據各本改。

〔五三〕無以別尊卑　「以別」二字脱，據國語發正補。

〔五四〕桓公憂天下諸侯　原以此句連上文，「狄人攻邢」句提行，依文義改。

〔五五〕淫，見淫略也　「略」誤作「掠」，據各本改。

〔五六〕説文：「僎，具也。」僎、選與巽古竝同聲　上「僎」字誤作「巽」，下「僎」字與「同」字皆脱，據經義述聞改補。

〔五七〕王引之曰　「王引之」誤作「王念孫」，據經義述聞通説上改。

〔五八〕畏其武　「畏」上衍「而」字，據各本删。

〔五九〕今山東濟南府歷城縣東南七十里有譚城　「東南」之「東」字誤作「束」，據國語韋解補正改。

〔六〇〕東萊，齊東萊夷也　下「萊」字重衍，據各本删。

〔六一〕管子小匡篇　「匡」字脱，據管子補。

〔六二〕蔡在今河南上蔡縣西南十里　「西南」二字脱，據本書鄭語集解補。

〔六三〕以禦戎狄之地　「之地」二字脱，據各本補。

〔六四〕梁玉繩曰　「梁」誤作「廖」，據國語發正改。

國語集解

吉水徐元誥學

晉語一第七

○舊音曰：「晉，姬姓之國，周成王母弟叔虞所封之地。本大岳之野，夏禹所都之墟，南臨晉水。後叔虞子燮父封為晉侯。至十八代孫昭侯始弱，分國，封其叔父成師於曲沃，是為桓叔。桓叔寖强，晉潘父弒昭侯而納桓叔，不克。晉人乃立昭侯之子孝侯於翼，更為翼侯。其後桓叔之子莊伯伐翼，殺孝侯。翼人又立其弟鄂侯。鄂侯之子哀侯為莊伯子武公所滅。盡有晉地，以其寶器賂周王，王命武公為晉君，而始列於諸侯。」元誥按：晉列於諸侯在周僖王時，曲沃武公即位三十七年矣。更號曰晉武公，因南有晉水，故以名國。當今山西之陽曲、太原、臨汾、大名等數十縣皆其故地。

1 武公伐翼，殺哀侯，武公，曲沃桓叔之孫、莊伯之子（元誥按：各本莊作「嚴」，因避漢諱改。）武公稱也。翼，晉國都也。哀侯，晉昭侯之孫、鄂侯之子哀侯光也。初，昭侯分國以封叔父桓叔爲曲沃伯。曲沃盛彊，昭侯微弱。後六年，晉潘父弒昭侯而納桓叔，不克。晉人立昭侯之子孝侯於翼，更爲翼侯。後十五年，桓叔之子莊伯伐翼，殺孝侯。翼人立其弟鄂侯。鄂侯生哀侯。魯桓三年，曲沃武公伐翼〔一〕，殺哀侯，後竟滅翼侯之後而兼之。魯莊公十六年，王使虢公命武公以一軍爲晉侯，遂爲晉祖。○吴曾祺曰：「今山西翼城縣東南有古翼城。」止欒共子曰：「苟無死，欒共子，晉哀侯大夫共叔成也〔二〕。初，桓叔爲曲沃伯，共子之父欒賓傅之，故止共子使無死也。○元誥按：苟，且也，謂且無死也。吾以子見天子，令子爲上卿，制晉國之政。」上卿，執政，命於天子者也。○元誥按：吕氏春秋禁塞篇：「以告制兵者。」高注云：「制，主也。」〔三〕此文「制」當同義。辭曰：「成聞之：『民生於三，事之如一。』三，君、父、師也。如一，服勤至死也。父生之，師教之，君食之。食，謂禄也。非父不生，非食不長，非教不知。生之族也，故一事之。族，類也。一事之，事之如一也。唯其所在，則致死焉。在君父爲君父，在師爲師也。報生以死，報賜以力，人之道也。賜，惠也。以力，謂家臣也。臣敢以私利廢人之道，私利，謂不死爲上卿也。君何以訓矣？無以教爲忠也。且君知成之從也，未知其待於曲沃也〔四〕。君，武公也。言君知成將死其君，爲從臣道也，故使止臣，未知成不死而待君於曲沃之爲貳也。○元誥按：韋注非是，詳下王説。曲沃，今山西聞喜縣東左邑故城是。從君而貳，君焉用之？」貳，二心也。○王引之曰：「上二『君』字皆指哀侯，下一『君』字乃指武公。待，止也。（爾雅：『止，待也。』廣雅：『止、待，逗也。』論語微子篇『齊景公待孔子』，史記孔子世家作『止孔子』。魯語『其誰云待之』，説苑正諫篇作『其誰能止之』。是待與止同義。）言哀侯未死時，但知其從哀侯，而未知其止於曲沃爲武公臣也。既從哀侯，又貳於武公，故曰『從君而貳』也。定元年左傳子家羈曰：『若羈也，則君知其出也，而未知其入也。』語意正與此同。皆謂無以對死君耳。韋氏不得其解，乃曰『君，武公也』云云，迂回而難通矣。」遂鬭而死〔五〕。

2 獻公卜伐驪戎，獻公，晉武公之子獻公詭諸也。驪戎，西戎之别在驪山者也。其君男爵，姬姓。秦曰驪邑，漢高帝徙豐民於驪邑，更曰新豐，在京兆也。○大事表曰：「今陜西西安府臨潼縣東二十四里有驪戎城。」史蘇占之，史蘇，晉大夫，占卜之史也。曰：「勝而不吉。」公曰：「何謂也？」對曰：「遇兆，挾以銜骨，齒牙爲猾，遇，見也。挾，猶會也。骨，所以鯁刺人也。猾，弄也。齒牙，謂兆端左右釁坼，有似齒牙。中有從畫，故曰「銜骨」。骨在口中，齒牙弄之，以象讒口之爲害也。禮，卜師作龜，大夫占色，史占墨〔六〕。戎、夏交捽。兆有二畫，外象戎，内象諸夏。夏，謂晉也。兆端會齒牙交，有似捽。捽，交對也。○舊音曰：「捽，才忽反。」交捽，是交勝也，臣故云。言晉勝戎，戎復勝晉。且懼有口，齒牙、銜骨，皆在口也。攜民，國移心焉。」攜，離也。○説文：「攜，有二心也。」明道本作「攜」，下同。公曰：「何口之有！口在寡人，寡人弗受，誰敢興之？」對曰：「苟可以攜，其入也必甘受，逞而不知，胡可壅也？」胡，何也。逞，快也。壅，防也。甘言入耳，心以爲快，而不知其惡，何可防止也。公弗聽，遂伐驪戎，克之，克，勝也。獲驪姬以歸。有寵，立以爲夫人。驪姬，驪戎君之女也。公飲大夫酒，令司正實爵與史蘇，司正，正賓主之禮者也。實，滿也。曰：「飲而無肴。肴，俎實也。夫驪戎之役，女曰『勝而不吉』，○元誥按：女與汝、爾同。故賞女以爵，罰女以無肴。克國得妃，其有吉孰大焉！」史蘇卒爵，卒，盡也。再拜稽首曰：「兆有之，臣不敢蔽。蔽兆之紀，失臣之官，紀，經也。失官，失守官之節也。有罪二焉，何以事君？二罪，蔽兆、失官也。大罰將及，不唯無肴〔七〕。及，至也。蔽兆、失官，則有大罰，非但無有也。抑君亦樂其吉而備其凶，凶之無有，備之何害？若其有凶，備之爲瘳。瘳，差也。臣之不信，國之福也，不信，卜不中也。何敢憚罰！」憚，難也。飲酒出，史蘇告大夫曰：「有男戎必有女戎。戎，兵也。女兵，言其禍由姬也。若晉以男戎勝戎，而戎必以女戎勝晉，其若之何？」里克曰：「何如？」里克，晉大夫里季子也。史蘇曰：「昔夏桀伐有施，有施人以妹喜女焉，桀，禹十七世后皐之孫、后發之子夏癸也。有施，喜姓之國。妹喜其女也。以女進人曰女。○宋庠曰：「妹音莫撥反。喜，史、子或作『嬉』。」妹喜有寵，於是乎與伊尹比而亡夏。伊尹，湯相伊摯也，自夏適殷也。比，比功也〔八〕。伊尹欲亡夏，妹喜爲之作禍，其功同也。○何焯曰：「此即汲冢書『伊尹交妹喜』之説，觀下文『與虢石父比』，可見韋氏之謬〔九〕。」李翹曰：「史蘇論卜，末言褒姒與虢石甫比而亡周，已無可考。然虢石甫佞人，猶可言也，若夫伊尹比妹喜，膠鬲比妲己，不經殊甚，不知子厚何以不非之。」殷辛伐有蘇，有蘇氏以妲己女焉，殷辛，湯三十一世帝乙之子殷紂也。有蘇，己姓之國。妲己，其女也。○吴曾祺曰：「蘇古城在濟源西北二里。」元誥按：濟源縣屬河南。宋庠曰：「妲，丁達反。己，居擬反。」妲己有寵，於是乎與膠鬲比而亡殷。膠鬲，殷賢臣也，自殷適周，佐武王以亡殷也。周幽王伐有褒，有褒人以褒姒女焉，幽王，宣王之子幽王宫涅也。有褒，姒姓之國，幽王伐之，褒人以美女入，謂之褒姒，是爲幽后。○吴曾祺曰：「褒在梁州褒城縣東二百步，即古褒國。」褒姒有寵，生伯服，伯服，携王也。○汪遠孫曰：「伯服非携王。」於是乎與虢石甫比，石甫，虢公之名。鄭語曰，「虢石甫，讒諂巧佞之人也，而立以爲卿士」也。○汪遠孫曰：「虢石甫名鼓〔一〇〕，見吕氏春秋當染篇，石甫蓋其字也。」逐太子宜臼宜臼，申后之子平王名也。○宋庠本臼作「咎」。而立伯服。太子出奔申，申，姜姓之國，平王母家也。申人、鄫人召西戎以伐周，周於是乎亡。鄫，姒姓，禹後也。鄫及西戎素與申國婚姻同好，幽王欲殺宜臼以成伯服，求之於申，申人弗予，遂伐之。故申、鄫召西戎以伐周，殺幽王於戲。○吴曾祺曰：「漢書地理志，南陽郡宛縣，故申伯國，有屈申城。今山東嶧縣東有鄫城。」元誥按：史記鄫作「繒」，正義引括地志云〔二〕：「繒縣在沂州承縣，古侯國。」今晉寡德而安俘女，軍獲曰俘。又增其寵，立以爲夫人也。雖當三季之王，不亦可乎？季，末也。三季王，桀、紂、幽王也。○明道本不亦作「亦不」。且其兆云：『挾以銜骨，齒牙爲猾。』我卜伐驪，龜往離散以應我，應，答也。往，令告龜辭往伐驪也，其兆離散不吉也。夫若是賊之兆也，非吾宅也，賊，賊敗國家之兆也。宅，居也，非吾所安居也。離則有之。國分離也。不跨其國，可謂挾乎？跨，猶據也。言驪姬不據有晉國，可謂外內挾乎？不得其君，能銜骨乎？言驪姬不得志於其君，不能銜骨以害人也。若跨其國而得其君，雖逢齒牙以猾其中，誰云不從？言驪姬若能跨據晉國而得志於君，齒牙之猾，雖爲中害，國人逢之，誰有不從？言必從也。諸夏從戎，非敗而何？從政者不可以不戒，亡無日矣！」郭偃曰：「夫三季王之亡也宜。郭偃，晉大夫卜偃也。宜，言其惑亂取亡皆其宜也。○元誥按：僖二十五年左傳：「晉侯使卜偃卜之，曰：『吉。』」是郭偃爲掌卜大夫，文公時尚存，故晉語第十云：「文公問於郭偃。」民之主也，縱惑不疚，疚，病也。縱其淫惑，不以爲病。肆侈不違，肆，極也。極其泰侈，無所違避。流志而行，流，放也。無所不疚，無一處不以爲疚也。是以及亡而不獲追鑒。鑒，鏡也。言不得復追鏡前世善敗以爲戒也〔一二〕。今晉國之方，偏侯也，方，大也。偏，偏方也，乃甸內偏方小侯也。傳曰：「今晉甸侯」是。○俞樾曰：「訓方爲『大』，則與下文『其土又小』義不相屬矣。古建國者，如方百里、方七十里之類〔一三〕，皆以開方計之，故四竟謂之四方，竟內謂之方內，史記孝文紀『方內安寧』是也。晉國之方，蓋舉晉之四竟言之。」元誥按：晉自文公敗楚人於城濮，合諸侯於踐土，始主霸。故此時尚不過偏方小侯也。其土又小，小，小於三季王也。大國在側，大國，謂齊、秦也。雖欲縱惑，未獲專也。專，擅也。大家鄰國〔一四〕，將師保之，大家，上卿也。師保之，爲作師保也。多而驟立，不其集亡。驟，數也。集，至也。○吴曾祺曰：「多，即指上文『大家鄰國』，言師保既多，雖有驟立，不至亡也。」雖驟立，不過五矣。且夫口，三五之門也，口所以紀三辰，宣五行，故謂之門。是以讒口之亂，不過三五。少則三君，多則五君。且夫挾，小鯁也，可以小戕，而不能喪國。害在內爲戕。戕，猶傷也。喪，亡也。言可以小戕害人，不足以亡國。當之者戕焉，當，值也，值骨鯁者傷也。於晉何害？無大害也。雖謂之挾，而猾以齒牙，口弗堪也，堪，猶勝也。言骨在口，而猾以齒牙，口不能勝也。喻不能終害也。其與幾何？言不久也。晉國懼則甚矣，亡猶未也。商之衰也，衰，謂帝甲之世也。其銘有之，刻器曰銘，謂鍾鼎之屬。曰：『嗛嗛之德，不足就也，嗛嗛，猶小小也。不足就，不足歸就也。○賈本嗛嗛作「謙謙」〔一五〕，言小務大。不可以矜，而祗取憂也〔一六〕。矜，大也。祗，適也。嗛嗛之食，不足狃也，食，祿也。狃，貪也。不能爲膏，而祗罹咎也。』膏，肥也。雖驪之亂，其罹咎而已，其何能服？驪，驪姬也。罹咎而已，其後二子殺死，身爲里克所殺是也。何能服，何能服人也。吾聞以亂得聚者，聚財衆也。非謀不卒時，卒，盡也。三月爲一時。非有善謀，不能盡一時，齊無知是也。非人不免難，非得人衆，不能自免於難，衛州吁是也。非禮不終年，非有禮法，不能終十年，齊懿公商人是也。賈、虞云：「十年而數終。」唐云：「不能終其年。與下『不盡齒』同。」非也。○俞樾曰：「不終年者，謂不終一年也。上文『非謀不卒時』，注曰：『三月一時，非有善謀，不能盡一時。』然則不終年爲不終一年明矣。昭元年左傳：『趙孟不復年矣。』杜注：『言將死，不復見明年。』此即不終年之義也。唐、韋說胥失之。」非義不盡齒，齒，年壽也。非有義刑，不能盡其年壽，楚靈王滅陳、蔡，用隱太子於岡山是也。非德不及世，世，嗣也。非有德惠，不能及世嗣，晉惠公夷吾是也。非天不離數。離，歷也。非有天命祐助，不能歷世長久也。若齊桓、晉文，天假之年而除其害，子孫繼業，神所命也。今不據其安，不可謂能謀；據，居也。言驪姬之謀，不居安存而處危亡，不可謂能謀。行之以齒牙，不可謂得人；行齒牙之猾以害人，不可謂得人心也。廢國而向己，不可謂禮；廢國，謂盡害羣公子，以國向己，不可謂知禮也。不度而迂求，不可謂義；迂，邪也。不度利害之本，而以邪奪正，不可謂得其義。義，宜也。○汪遠孫曰：「禮記文王世子注：『迂，猶廣也，大也。』論語包咸注：『迂，猶遠也。』是迂有遠大義。不度而迂求，言不自量而求立己子爲大子〔一七〕，是徒遠大其所求，不可謂之義也。韋注非。」以寵賈怨，不可謂德；賈，市也。言恃寵愛以市怨於國，不可謂有德也。○宋庠曰：「賈，音公户反。」少族而多敵，不可謂天。少族，族類少也。多敵，多怨也。不可謂有天助也。德義不行，禮義不則，賈怨無德，迂求非義，故德義不行也。則，法也。棄人失謀，天亦不贊。行之以齒牙爲棄人，不據其安爲失謀。少族多敵，故天不贊助。吾觀君夫人也，若爲亂，其猶隸農也，隸，今之徒也。○元誥按：隸農，猶云傭耕者。雖獲沃田而勤易之，沃，美也。易，治也。將不克饗，爲人而已。」饗，食也。爲人，爲他人取也。士蔿曰：「戒莫如豫，豫而後給。」士蔿，晉大夫，劉累之後，隰叔之子子輿也〔一八〕。豫，備也。給，及也。言先有備而後及事也。夫子誡之，夫子，郭偃也。其言誡也。○王引之曰：「下云：『抑二大夫之言，其皆有焉。』注云：『二大夫，史蘇、郭偃也。』今案：夫子，謂里克也。上文『里克曰：「何如」』，是問史蘇之詞，於是史蘇、郭偃相繼告之。士蔿深信其言，而欲里克豫爲之備，故謂里克曰：『夫子誡之。』下文『驪姬欲殺太子立奚齊，而患里克不從，使優施說之』，則當時里克權重可知。故豫誡之，責首在里克也。」抑二大夫之言，其皆有焉。」二大夫，史蘇、郭偃也。既，驪姬不克〔一九〕，不能服晉也。晉正於秦，五立而後平。正者，爲秦所輔正，「大家鄰國，將師保之〔二〇〕」是也。謂以兵納惠公、文公，殺呂郤之屬也。五立，謂奚齊、卓子、惠公、懷公至文公乃平也。

3 獻公伐驪戎，克之，滅驪子，驪子，驪戎之君也。本爵男，此云子者，猶言男子也。○吳曾祺曰：「春秋多以子爲泛稱，如戎子、蠻子之類，不在五等內也。訓『男子』亦强。」獲驪姬以歸，立以爲夫人，生奚齊。其娣生卓子。女子同生，謂後生爲娣，於男則言妹也。○汪遠孫曰：「爾雅釋親：『女子同出，謂先生爲姒，後生爲娣。』孫炎注：『同出，謂俱嫁共事一夫也。』（孫注見內傳成十一年疏。）郭璞同。韋本爾雅，疑『同生』乃『同出』之誤。」吳曾祺曰：「古者，人君無再娶之義，嫁女多以女弟爲從，故謂之娣。詩曰，『姪娣從之，祁祁如雲』是也。又妹之稱，亦男女共之，注文俱不明晰。」驪姬請使申生主曲沃以速縣，申生，獻公太子恭君也。獻公娶於賈，無子。烝於齊姜，生申生。曲沃，晉宗邑，今河東聞喜是也。虞御史云：「速，疾也。縣，縊也。」○俞樾曰：「虞說最爲無理。方驪姬請於公而使太子居曲沃，必言其當居曲沃之故，豈宜曰如此則太子可速縊乎？速，當讀爲束。以速縣者，以束縣也，使太子約束其所屬之縣大夫也。晉之大邑必有屬縣。昭三年左傳曰：『晉之别縣不爲州。』蓋以州縣舊屬於温，故云然。然則曲沃爲晉宗邑，亦必有所屬之縣。太子居曲沃，則諸縣皆受其約束，故曰『以束縣』也。下文曰：『宗邑無主，則民不威。』正其義矣。」吴曾祺曰：「縣，絶也。姬使申生居外，欲公速與之絶也。韋注不合。」元誥按：明道本縣作「懸」，補音作「縣」，音胡蠲反，是讀縣爲懸也。縣可通懸，懸不可通縣。此文縣果作縣邑解，明道本固不當作「懸」，補音更不當如此作音。因是，疑俞説亦未必然。淮南主術訓：「其於御兵刃縣矣。」高注云：「縣，遠也。」疑速縣當訓「速遠」，謂使申生主曲沃，以促之遠也。速，促也。下「公之優曰施」章曰：「驪姬既遠太子，乃生之言」，更可證此文縣之爲遠矣。重耳處蒲城，夷吾處屈〔二一〕，重耳、夷吾，申生異母弟也。蒲，今蒲坂。屈，北屈，皆在河東〔二二〕。○元誥按：今山西隰縣北四十五里有蒲子故城，又吉縣東北二十一里有北屈廢縣。奚齊處絳，晉時都絳也。○元誥按：絳當今山西絳縣北。以儆無辱之故。言出三子爲鎮於外，以儆備戎狄，無恥辱於國也。公許之。史蘇朝，告大夫曰：「二三子其戒之乎，亂本生矣！日，君以驪姬爲夫人，○元誥按：日，從宋庠本，他本作「曰」，誤。日，謂往日也，見文七年左傳杜注。民之疾心固皆至矣。疾，疾其君也〔二三〕。至，深也。昔者之伐也，起百姓以爲百姓也〔二四〕，昔者，謂古明君也。爲百姓，爲百姓除害也〔二五〕。○明道本起作「興」。是以民能欣之，欣，欣戴也。故莫不盡忠極勞以致死也。今君起百姓以自封也，封，厚也。民外不得其利，不得攻伐之利也。而内惡其貪，則上下既有判矣。判，離也。然而又生男，其天道也？○元誥按：謂驪姬又生奚齊，殆天意耶？也、耶古字通用。天彊其毒，民疾其態，其亂生哉！○元誥按：天彊其毒，猶云天厚其毒。吾聞君子好好而惡惡，樂樂而安安，是以能有常。好者好之，惡者惡之，樂則説之，安則居之，故能有常。此言獻公好惡安樂皆非其所有也。○宋庠曰：「好好，上呼報反，下如字，美也。惡惡，上烏路反，下如字，不美也。樂樂，並音洛。」伐木不自其本，必復生；塞水不自其源，必復流；滅禍不自其基，必復亂。基，始也。今君滅其父而畜其子〔二六〕，○元誥按：謂滅驪姬之父驪子，而處驪姬生子奚齊於絳。禍之基也。畜其子又從其欲，子思報父之恥而信其欲，信，古「申」字。雖好色，必惡心，○宋庠曰：「惡如字，下『惡心』同。」不可謂好。好，美也。好其色，必授之情。情，謂許立其子。彼得其情，以厚其欲，厚，益也。從其惡心，必敗國，且深亂。亂必自女戎，深亂，亂深也。女戎，女兵也。三代皆然。」驪姬果作難，殺大子以逐二子。謂重耳奔狄，夷吾奔梁也。○元誥按：大音泰，下同。君子曰：「知難本矣。」知難之本，謂史蘇也。

4 驪姬生奚齊，其娣生卓子。公將黜大子申生黜，廢也。而立奚齊。里克、丕鄭、荀息相見，里克曰：「夫史蘇之言將及矣，其若之何？」荀息曰：「吾聞事君者，竭力以役事，不聞違命。竭，盡也。役，爲也。君立臣從，何貳之有？」君立嗣，臣則從而奉之。貳，二心也。丕鄭曰：「吾聞事君者，從其義，不阿其惑。阿，隨也。惑則誤民，民誤失德，是棄民也。言民失德，陷於刑辟，是棄之也。民之有君，以治義也。上下之義也。義以生利，利以豐民，有義，故生利也。豐，厚也。若之何其民之與處而棄之也？必立大子。」里克曰：「我不佞，雖不識義，亦不阿惑，吾其静也。」

靜，默也。三大夫乃别。蒸於武宫，蒸，冬祭也。武宫，獻公之禰廟也，在曲沃。○王引之曰：「武公之廟在絳，不在曲沃。周語曰：『襄王使賜晉文公命〔二七〕，晉侯郊勞，館諸宗廟。及期，命於武宫〔二八〕。』(韋注：『武公之廟。』)此受命於絳之宗廟，非受命於曲沃之宗廟也，其證一也。下章説秦伯納文公云：『丙午，入於曲沃。丁未，入於絳，即位於武宫。』『即位於武宫』在『入絳』之下，不在『入於曲沃』之下，其證二也。下章説悼公即位云：『乃盟而入，辛巳，朝於武宫。』入者，入於絳也，則朝於武宫亦在絳明矣，其證三也。且奚齊處絳，上文已明著之矣，則涖事於武宫，亦在絳可知，何爲遠適曲沃乎？韋謂武公之廟在曲沃者，蓋以左傳僖二十四年〔二九〕『丙午，入於曲沃』、『丁未，朝於武宫』，二文相連，故謂武宫在曲沃。不知彼文『丁未』下亦當有『入於絳』三字，寫者脱之耳。武宫在絳〔三〇〕，不在曲沃也。若謂朝於武宫遠在曲沃，則絳爲國都，何以反無宗廟可朝乎？韋氏不考本書『入於絳，即位於武宫』，而據内傳殘闕之文以爲説，非也。」元誥按：各本宫作「公」，注同。此涉下句而誤，今俱訂正。公稱疾不與，使奚齊涖事。涖，臨也。稱疾不自祭，而使奚齊者，欲風羣臣使知己意也。○宋庠曰：「與，羊茹反。」猛足乃言於大子猛足，太子臣也。曰：「伯氏不出，奚齊在廟，賈、唐皆云：「伯氏，申生也。」一云：「伯氏，狐突也。」昭謂：是時狐突未杜門，故以伯氏爲申生。伯氏，猶言長子也。○王引之曰：「下文『子盍圖乎』，子謂申生也，不得又謂之伯氏。且申生未嘗杜門，不得謂之不出也。當以『一説』爲是。上文云：『公將黜大子申生而立奚齊，里克、丕鄭、荀息相見，里克曰：「夫史蘇之言將及矣，其若之何？」』則已在大子申生反自稷桑之五年，獻公之二十一年矣。知者，反自稷桑之五年，里克見丕鄭曰：『夫史蘇之言將及矣！優施告我，君謀成矣，將立奚齊。』(見下文。)正與上文云云相同，則同在一時可知。狐突杜門不出，在獻公十七年，（見下。）直至二十一年猶不出。故是年大子申生將死，使猛足言於狐突曰，『伯氏不出，奈吾君何』也。『烝於武宮』，『奚齊涖事』，文次三大夫相見之下，蓋即在二十一年之孟冬，（冬祭曰烝。）下距申生之死不及三月，（申生死於是年之季冬。）正當狐突不出之時，故猛足曰『伯氏不出，奚齊在廟』也。必言伯氏不出者，因狐突之避難，而知難之將作也。國語雜記晉事，不皆以年之先後爲次。『狐突杜門不出』，事在前而文在後；『伯氏不出，奚齊在廟』，事在後而文在前，猶上文『公將黜大子申生而立奚齊』，亦事在後而先言之也。韋云是時狐突未杜門，殆考之不審耳。」子盍圖乎？」圖所以自安固也。大子曰：「吾聞之羊舌大夫羊舌大夫，羊舌職之父也。曰：『事君以敬，事父以孝。』受命不遷爲敬，遷，徙也。敬順所安爲孝。敬順父之所安。棄命不敬，言公命我守曲沃，我棄之，爲不敬也。作令不孝，作令，謂擅發舉以有爲也。又何圖焉？且夫閒父之愛而嘉其貺，有不忠焉；閒，離也。貺，賜也。廢人以自成，有不貞焉。孝、敬、忠、貞，君父之所安也。安，猶善也。棄安而圖，遠於孝矣，吾其止也。」

5獻公田，見翟柤之氛，田，獵也。翟柤，國名也。氛，祲氛，凶象也。凶曰氛，吉曰祥。○舊音曰：「柤，側加反。」元誥按：翟柤無攷。歸寢不寐。欲伐翟柤也。寐，瞑也。郤叔虎朝〔三〕，公語之。語以寢不寐也。郤叔虎〔三〕，晉大夫，郤芮之父郤豹也。對曰：「牀笫之不安邪？笫，簀也。○宋庠曰：「笫，側里反。」抑驪姬之不存側邪？」公辭焉。○元誥按：公辭，謂獻公答以事不關此也。出遇士蔿，曰：「今夕君寢不寐，必爲翟柤也。君意在翟柤也。○元誥按：今夕，猶言近來夜閒也，非謂今日之夕。晉語二：「今夕君夢齊姜。」義亦同。夫翟柤之君，好專利而不忌，忌，難也。其臣競諂以求媚，其進者壅塞，其臣競諂，故進者則壅塞其上，使不聞過也。其退者拒違。其退去者則拒違其君也。其上貪以忍，忍，忍爲不義也〔三三〕。其下偷以幸，偷，苟且也。幸，徼幸也。有縱君而無諫臣，縱，放縱也。有冒上而無忠下。冒，抵冒，言貪也。○吳曾祺曰：「有冒上，即上云『其上貪以忍』。無忠下，即上云『其下偷以幸』。」君臣上下，各饜其私，以縱其回，饜，足也。回，邪也。民各有心，無所據依，據，仗也。以是處國，不亦難乎！君若伐之，可克也。吾不言，子必言之。」不言，讓其上也。士蔿以告，公悅，乃伐翟柤。郤叔虎將乘城〔三四〕，乘，升也。其徒曰：「棄政而役，非其任也。」政，猶職也。役，服戎役也。郤叔虎曰〔三五〕：「既無老謀，而又無壯事，何以事君？」壯事，力役也。言己無謀，又恥無功也。被羽先升，○元誥按：太平御覽兵部四十八引賈逵曰：「羽，羽衣。登，升其城也。」是賈本升作「登」。遂克之。羽，鳥羽。繫於背，若今軍將負眊矣。○元誥按：後漢書賈復傳：「被羽先登。」章懷注云：「析羽爲旌旗〔三六〕，將軍所執。」非是。

6公之優曰施，通於驪姬。優，俳也。施，其名也。旁淫曰通。驪姬問焉，曰：「吾欲作大事，大事，廢適立庶也。而難三公子之徒，如何？」三公子，申生、重耳、夷吾也。○王引之曰：「難，患也。言所患者三公子也。『之徒』二字衍文也。下文曰：『蚤處之，使知其極。』謂分三公子以都城也。又曰：『驪姬曰：「吾欲爲難，安始而可？」優施曰：「必於申生。」』又曰：『夫曲沃，君之宗也；蒲與二屈，君之疆也，不可以無主。若使大子主曲沃，而二公子主蒲與屈〔三七〕，乃可以威民而懼戎。』又曰：『乃城曲沃，大子處焉；又城蒲，公子重耳處焉；又城二屈，公子夷吾處焉。』皆謂離間三公子，非謂去三公子之黨也，不得云『三公子之徒』。下文里克告荀息曰：『三公子之徒將殺孺子。』韋注云：『徒，黨也。』而此不釋『徒』字，則所據本無『之徒』二字明甚。」元誥按：三公子非一人，故曰「三公子之徒」。徒，衆也。見書仲虺之誥孔傳，非必如下文訓「黨」也，王説泥。對曰：「早處之，使知其極。處，定也〔三八〕。極，至也。當早定申生，分之都城而位以卿，使自知其位所極至也〔三九〕。夫人知極，○宋庠本「知」下衍「有」字。鮮有慢心，鮮，寡也。言人自知其極，則戒懼不敢違慢覬欲也。○王引之曰：「鮮有慢心，則不慢矣，何以又云『慢乃易殘』？上下相反，非其原文也。今案：『鮮』下當有『不』字。下文『雖其慢』，雖讀曰唯，言人知其位已極，則志足意滿，鮮不有怠慢之心，唯其怠慢，乃有釁可乘，易於殘毀也。韋作注時已脱『不』字，故失其本指，而以爲不敢違慢耳。」俞樾曰：「韋注非也。鮮當讀爲斯，此言人知其位已極，斯有怠慢之心也。鮮與斯古音相近，説文：『𩅶，從雨鮮聲，讀若斯。』詩瓠葉篇鄭箋曰：『今俗語斯白之字作「鮮」，齊魯之間聲近斯。』竝其證也。下文曰：『雖其慢，乃易殘也。』雖當讀爲唯，唯其怠慢，乃易於殘毀也。王氏知雖之爲唯，而不晤鮮之爲斯，因於『鮮』下增『不』字，失之矣。」元誥按：詩瓠葉篇：「有兔斯首。」釋文：「斯，鄭作『鮮』。」亦其證。今從俞説。雖其慢，乃易殘也。」言有官任而違慢，易殘毀也。○文選曹子建三良詩李注引賈逵曰：「没身爲殘。」元誥按：雖當讀爲唯，見上王、俞説。雖、唯古字通用，因同從隹聲也。驪姬曰：「吾欲爲難，安始而可？」難，謂欲殺三公子也。始，先也。○元誥按：難，去聲。優施曰：「必於申生。其爲人也，小心精潔，小心，多畏忌。精潔，不忍辱。而大志重，大，年長也。重，敦厚也。○汪遠孫曰：「『大志』與『小心』對文。論語曰：『仁以爲己任，不亦重乎？』此即『重』字之義。韋注大爲年長，失之。」又不忍人。不忍施惡於人。精潔易辱，重僨可疾，僨，僵也。惇重者守節不易其情，則可疾斃僵也。不忍人，必自忍也。自忍，忍能自殺也。辱之近行。」辱，謂被以不義也。驪姬曰：「重，無乃難遷乎！」遷，移也。○元誥按：重即上文「大志重」之重。難遷，謂難移其心也。吴云「申生據貴重之勢，難移動」，非是。優施曰：「知辱可辱，可辱遷重，言知辱者雖重必移也。若不知辱，亦必不知固秉常矣。不知，無所知也。秉，執也。固執常謀，因罪以去之也。○吴曾祺曰：「言申生若不知辱，則亦不知固執常道，可以辱去之也。」今子内固而外寵，内固，内得君心。外寵，外見寵愛。且善否莫不信。所善惡無不見信。若外殫善而内辱之，無不遷矣。殫，盡也。外盡以善意待太子，而内以不義加辱之〔四〇〕，則其心無不移。且吾聞之，甚精必愚。精鋭近愚也。精爲易辱，愚不知避難，雖欲無遷，其得之乎？」是故先施讒於申生。驪姬賂二五，使言於公，賂，遺也。二五，獻公嬖大夫梁五與東關五也。○元誥按：内傳作「賂外嬖梁五與東關嬖五」，杜注曰：「姓梁名五。在閨闥之外者。東關嬖五，別在關塞者，亦名五。皆大夫，爲獻公所嬖幸，視聽外事。」鍾曰：「二五，如今人稱行也，蓋狎昵小人之稱。」曰：「夫曲沃，君之宗也；宗，本宗也。曲沃，桓叔之封〔四一〕，先君宗廟在焉，猶西周謂之宗周。蒲與二屈，君之疆也，疆，境也。二屈，屈有南北也。今河東有北屈，則是時復有南屈也。○莊二十八年左傳〔四二〕杜注曰：「蒲，今平陽蒲子縣。二屈，今平陽北屈縣。或云：二當爲『北』。」吴曾祺曰：「漢書地理志〔四三〕臣瓚注：『汲郡古文：「翟章救鄭，次於南屈。」』然則平陽之屈，自當冠之以北矣。」元誥按：君之疆，謂晉國疆埸之邑。不可以無主。宗邑無主，則民不威；威，畏也。疆埸無主，則啓戎心。啓，開也，開戎侵盜之心也。晉南有陸渾，蒲接之；北有山戎，二屈接之。戎之生心，民慢其政，國之患也。若使大子主曲沃，而二公子主蒲與屈，乃可以威民而懼戎，且旌君伐。」旌，章也。伐，功也。使俱曰：「狄之廣莫，於晉爲都，使俱者，使二五同聲也。廣莫，北狄沙漠也。下邑曰都，使如爲晉下邑。○閔元年左傳：「使俱曰。」杜注：「又使二人合辭而稱美其事。」晉之啓土，不亦宜乎？」啓土，闢境也。公說，乃城曲沃，○元誥按：說，古「悅」字。城者，完舊也。下同。大子處焉；又城蒲，重耳處焉；又城二屈，公子夷吾處焉。○閔元年左傳杜注曰：「先是，莊公二十八年，（元誥按：即晉獻公十年。）使太子居曲沃，蓋未修城，至是始爲之增築。」元誥按：城蒲，城二屈，殆同此義。驪姬既遠大子，乃生之言，生，生讒言也。大子由是得罪。

7 十六年，公作二軍，獻公十六年，魯閔之元年也。魯莊十六年，王命晉武公以一軍爲晉侯，至此，初作二軍，軍之有上下也。○閔元年左傳林注曰（四四）：「周制，大國三軍，次國二軍，小國一軍。晉本大國，自曲沃武公覆滅宗國，魯莊十六年，僖王命曲沃伯以一軍爲晉侯，遂從小國之制。今始作二軍。」公將上軍，大子申生將下軍，以伐霍。霍，周文王子霍叔武之國也。○元誥按：霍，今山西霍縣西十六里尚有古霍城。又宋庠本脱「申生」二字。師未出，士蔿言於諸大夫曰（四五）：「夫大子，君之貳也。貳，副也。恭以俟嗣，何官之有？今君分之土而官之，位以卿也。是左之也。左，猶外也。吾將諫以觀之。」乃言於公曰：「夫大子，君之貳也，而帥下軍，無乃不可乎？」公曰：「下軍，上軍之貳也，寡人在上，申生在下，不亦可乎。」士蔿對曰：「下不可以貳上。」猶足不可以貳手也。手足，左右各自爲貳。公曰：「何故？」對曰：「貳若體焉，體，四支也。上下左右，以相心目，相，助也。用而不倦，身之利也。倦，勞也。有貳，故不勞也。四體役身，故身之利。上貳代舉，上，手也。代，更也。下貳代履，下，足也。履，步也。周旋變動，以役心目，役，爲也。故能治事，以制百物。制，裁也。若下攝上，與上攝下，攝，持也。周旋不動，○宋庠本動作「變」。以違心目，其反爲物用也，何事能治？爲物用，與百物器用無異也。故古之爲軍也，軍有左右，闕從補之，左右，左右部也。闕，缺也。成而不知，是以寡敗。不知，敵不知有闕。若以下貳上，闕而不變，○明道本脱「不」字。敗弗能補也。變，更也。變非聲章，弗能移也。聲，金鼓也。章，旌旗也。移，動也。聲章過數則有釁，有釁則敵入，釁，隙也。軍法，進退旗鼓有數，過數則有隙，敵見隙而犯己也。敵入而凶，救敗不暇，誰能退敵？凶，猶凶凶，恐懼也。退，却也。○元誥按：凶與兇通。内傳：「曹人兇懼。」敵之如志，國之憂也。可以陵小，難以征大。以下軍貳上，可以侵陵小國，難以征大國。○明道本大作「國」，非。君其圖之！」公曰：「寡人有子而制焉，非子之憂也。」對曰：「夫大子，國之棟也。○明道本無「夫」字。棟成乃制之，不亦危乎！」棟成，謂位已定而更其制，使將兵，危之道也。公曰：「輕其所任，雖危何害？」輕其所任，謂輕太子所任，不重責也。雖近危，猶無害也。士蔿出，語人曰：「大子不得立矣！改其制而不患其難，輕其任而不憂其危，君有異心，又焉得立？行之克也，將以害之，以得衆害之也。若其不克，其因以罪之。雖克與否，無以避罪。與其勤而不入，不如逃之。不入，不入君意也。逃，去也。君得其欲，太子遠死，且有令名，爲吳大伯，不亦可乎？」得其欲，得立奚齊也。大伯讓季歷，遠適吳、越，後武王追封爲吳伯〔四六〕，故曰吳大伯也。大子聞之曰：「子輿之爲我謀，忠矣。子輿，士蔿字。然吾聞之，爲人子者，患不從，不患無名；不從，不從父命也。爲人臣者，患不勤，不患無祿。今我不才，而得勤與從，以戰伐爲勤、從也。又何求焉？焉能及吳大伯乎？」大子遂行，克霍而反，讒言彌興。彌，益也。

8 優施教驪姬夜半而泣謂公曰：「吾聞申生甚好仁而彊，彊，彊禦也。甚寬惠而慈於民，慈，愛也。皆有所行之。行之皆有法術也。○元誥按：謂皆有所爲而然也。今謂君惑於我，必亂國，無乃以國故而行彊於君。以國故，恐敗國之故而以彊劫君。○宋庠本「無乃」上有「夫」字。君未終命而不歿，歿，終也。○元誥按：驪姬謂君未終了賜命，而我尚未死。君其若之何？盍殺我，無以一妾亂百姓。」盍，何不也。公曰：「夫豈惠其民而不惠於其父乎？」惠，愛也。驪姬曰：「妾亦懼矣。吾聞之外人之言曰：爲仁與爲國不同，爲仁者，愛親之謂仁；爲國者，利國之謂仁。利國，謂安社稷，利百姓。故長民者無親，無親，無私親。衆以爲親。苟衆利而百姓和，豈能憚君？豈憚殺君。○俞樾曰：「傳言『豈能憚君』〔四七〕，不得增益其文而曰『豈憚殺君』，注義非也。憚當讀爲怛。考工記矢人：『雖有疾風，亦弗之能憚矣。』鄭注曰：『故書憚或作「但」。』惠氏士奇禮説謂當作『怛』，是其證也。怛之言痛也，傷也。方言曰：『怛，痛也。』詩匪風篇：『中心怛兮。』毛傳曰：『怛，傷也。』豈能怛君，言豈能痛傷君也。因公言『夫豈惠其民而不惠於其父』，故云『苟衆利而百姓和，豈復能痛傷君乎』。下文曰：『以衆故不敢愛親。』正承此句而言。則憚爲怛之假字益明矣。」以衆故不敢愛親，衆況厚之，況，益也。言以衆殺君，除民害，衆益以爲厚也。彼將惡始而美終，以晚蓋者也。美，善也。晚，後也。蓋，掩也。言以後善掩前惡也。○吳曾祺曰：「弑君是惡始，利國是美終。」凡利民是生，謂爲民生利。殺君而厚利衆，衆孰沮之？沮，敗也。殺親無惡於人，人孰去之？苟交利而得寵，志行而衆悦，交，俱也。○吳曾祺曰：「得國，是爲天所寵也。」欲其甚矣，孰不惑焉？欲，欲太子也。孰不惑，謂國人也。○吳曾祺曰：「此二語承上説，謂交利得寵，志行衆悦，可欲實甚，孰能不爲所惑？皆就太子説，與下文『惑不釋也』意本一貫。注以『不惑』屬國人，非是。」雖欲愛君，惑不釋也。釋，解也。今夫以君爲紂，若紂有良子，而先喪紂，良，善也。喪，亡也。若紂有善子，知紂之惡，紂終必滅國，以計言之，不如先自殺之。無章其惡而厚其敗。厚其敗，謂武王擊以輕劍，斬以黄鉞也。鈞之死也，無必假手於武王，鈞，同也。假，借也。而其世不廢，祀至於今，吾豈知紂之善否哉？先自亡之，故無知之者。君欲勿恤，其可乎？恤，憂也。若大難至而恤之，其何及矣！」公懼曰：「若何而可？」○明道本公作「君」，非。驪姬曰：「君盍老而授之政〔四八〕？稱老，以政授申生。彼得政而行其欲，得其所索，乃其釋君。○元誥按：索，前韋注云：「求也。」乃其釋君，謂乃將釋君也。其，猶將也，見經傳釋詞。且君其圖之〔四九〕，自桓叔以來，孰能愛親？桓叔，獻公曾祖曲沃桓叔成師也。桓叔伐晉，殺其兄子昭侯於翼。桓叔生莊伯，莊伯又伐翼，殺昭侯之子孝侯。莊伯生武公，武公滅翼而兼之。武公生獻公，獻公滅桓、莊之族。唯無親，故能兼翼。」公曰：「不可與政。我以武與威，是以臨諸侯。未殁而亡政，不可謂武；有子而弗勝，不可謂威。我授之政，諸侯必絶，能絶於我，必能害我。失政而害國，不可忍也。爾勿憂，吾將圖之〔五〇〕。」驪姬曰：「以皐落狄之朝夕苛我邊鄙，皐落，東山狄也。苛，擾也。○吴曾祺曰：「後漢書郡國志注：『東山在壺關城東南〔五一〕，今名平皐。』」元誥按：皐落氏，赤狄別種也。皐落，其氏族。今山西晉陽縣東七十里有皐落山，垣曲縣西北六十里有皐落城，皆當日皐落氏之領域。使無日以牧田野，無日不有狄儆，故不得牧於田野。君之倉廩固不實，又恐削封疆。君盍使之伐狄，以觀其果於衆也，與衆之信輯睦焉。果，果於用師也。輯，和也。若不勝狄，雖濟其罪可也。濟，渡也。以不勝罪之〔五二〕。○吴曾祺曰：「濟，成也，雖成其罪可也。不當訓『渡』。」元誥按：周語、晉語、楚語、吴語注竝云：「濟，成也。」若勝狄，則善用衆矣，求必益廣，所求益廣。乃可厚圖也。且夫勝狄，諸侯驚懼，吾邊鄙不儆，倉廩盈，四鄰服，封疆信，君得其賴，信，審也。賴，利也。（元誥按：審爲正也，齊語「正其封疆」。）又知可否，其利多矣。君其圖之。」公說。○元誥按：說與悅同。是故使申生伐東山，東山，皐落氏。衣之偏裻之衣，佩之金玦。裻在中，左右異色，故曰偏裻。玦如環而缺，以金爲之。○吴曾祺曰：「說文裻訓『背縫』，則當云在後，不當云在中。」元誥按：補音：「裻音篤。」汪遠孫謂：「裻與督同。莊子養生主『緣督以爲經』，釋文引李頤云：『督，中也。』」據此，裻在中明矣。又按內傳作：「衣之偏衣。」杜注云：「偏衣，左右異色，其半似公服。」又：「佩之金玦。」注云：「玦如環而不連，爲偏衣之佩飾。」宋庠曰：「上衣，於既反；下衣如字。」僕人贊聞之，曰：「大子殆哉！贊，大子僕也。殆，危也。君賜之奇，奇生怪，怪生無常，無常不立。奇，異也。不立，不得立也。○閔二年左傳：「尨奇無常。」注云：「雜色奇怪，非常之服。」元誥按：

明道本「不立」上衍「生」字。使之出征，以先觀之，觀其用衆也。故告之以離心，而示之以堅忍之權，離心，偏衣中分也。堅忍，金玦也。玦亦示離也。傳曰：「金寒玦離。」○元誥按：荀子大略篇：「絶人以玦。」是玦亦有絶意也，故內傳云：「金玦不復。」則必惡其心而害其身矣。惡其心，必內險之；險，危也。害其身，必外危之。外危之，使攻伐也。危自中起，難哉！且是衣也，狂夫阻之衣也。狂夫，方相氏之士也。阻，古「詛」字。將服是衣，必先詛之。周禮方相氏「黄金四目，玄衣朱裳，執戈揚盾以毆疾」也。○元誥按：內傳作：「是服也，狂夫阻之。」杜注云：「阻，疑也。言雖狂夫，猶知有疑。」杜注是也。其言曰：「盡敵而反。」言，謂狂夫祭詛之言也。○元誥按：內傳杜注以「盡敵而反」爲獻公辭，亦與韋注不同。疑杜注是。雖盡敵，其若內讒何？」○元誥按：內傳以此語爲先丹木辭，此文則爲僕人贊之辭矣。申生勝狄而反，讒言作於中。君子曰：「知微。」知微，謂僕人贊也。

9 十七年冬，公使大子伐東山。獻公十七年，魯閔二年也。○閔二年左傳：「今命以時卒，閟其事也。」杜注云：「冬十二月，閟盡之時。」又林注云(五三)：「命以窮冬，則有肅殺之意。」里克諫曰：「臣聞皋落氏將戰，言其不服，將與申生戰。君其釋申生也！」釋，舍也。○閔二年左傳林注曰(五四)：「里克恐大子軍敗得罪，故陳說利害以說獻公，使捨大子，勿使將。」公曰：「行也。」○元誥按：行，成也。謂使申生伐東山事成而未能改也。對曰：「非故也。非故事也。○明道本「對」上有「里克」二字，無「故」字。汪遠孫曰：「有『故』是也(五五)。下文『君行，大子居，以監國；君行，大子從，以撫軍』，皆所謂故也。」君行，大子居，以監國；君行則守。君行，大子從，以撫軍也。有守則從，撫循軍士。今君居，大子行，未有此也。」公曰：「非子之所知也。寡人聞之，立大子之道三：身鈞以年，身鈞，德同也。以年，立長也。年同以愛，立所愛也。愛疑決之以卜筮。愛疑，愛同也。龜曰卜，蓍曰筮。○吳曾祺曰：「愛同，故疑所立也。注未詳。」子無謀吾父子之閒，○元誥按：無與毋同，止之之辭。吾以此觀之。」言吾使之征伐，欲觀其能否也。公不説。○元誥按：説與悦同。里克退，見大子。大子曰：「君賜我偏衣、金玦，何也？」○明道本「我」下有「以」字。里克曰：「孺子懼乎？衣躬之偏，○宋庠曰：「衣，於既反。下『衣偏』、『衣純』、『衣躬』竝同。」而握金玦，令不偷矣。孺子何懼！孺子，少子也。偷，薄也。偏，半也。分身之半以授大子，又令握金玦。金玦，兵要也。君令於大子不爲薄矣。○錢大昕曰：「今人以孺子爲僮穉之稱，攷諸經、傳，則天子以下，嫡、長爲後者，乃得稱孺子。」陳瑑曰：「韋訓孺子爲少子，蓋本孟子及檀弓。案申生年已長成，當據錢説以正韋義。」夫爲人子者，懼不孝，不懼不得。賈、唐云：「不得，不得君心也。」昭謂：不得，不得立也。內傳：「大子曰：『吾其廢乎？』」(五六)里克曰：『子懼不孝，無懼不得立。』」且吾聞之，敬賢於請。賢，愈也。言執恭敬愈於請求。孺子勉之乎！」勉爲孝敬也。君子曰：「善處父子之閒矣。」入諫其父，出勉其子。(五七)大子遂行，狐突御戎，先友爲右，狐突，晉同姓，唐叔之後，狐偃之父大戎伯行也。先友，晉大夫，先丹木之族。右，車右。○閔二年左傳林注：「狐突，重耳外祖父也。」衣偏衣而佩金玦。○明道本「偏」下有「之」字。出而告先友曰：「君與我此，何也？」先友曰：「中分而金玦之權，在此行也。孺子勉之乎！」中分，中分君之半也。金玦，以兵決事也。○宋庠本無「乎」字。狐突歎曰：「以尨衣純，雜色曰尨。純，純德，謂大子也。○吳曾祺曰：「大子宜衣純〔五八〕，而以尨易之，故曰『以尨衣純』〔五九〕。」元誥按：明道本尨作「厖」，説文：「尨，多毛者。」「厖，石大也。」多毛爲尨雜之義，石大爲敦厖之義，不可混用也。然經傳多通用。而玦之以金銑者，寒甚矣，胡可恃也！玦，猶決也。銑，猶洒也。洒，寒貌。言於大子無温潤也。○陳瑑曰：「銑、洒一聲之轉。爾雅釋器：『絶澤謂之銑。』郭注：『銑即美金，言最有光澤也。』邵學士云：『説文：「銑，金之澤者。」國語韋注亦言其光澤之寒也。』」汪遠孫曰：「禮記聘義論玉之德，温潤而澤，仁也〔六〇〕。玦當以玉，而以金，故云無温潤耳。」元誥按：閔二年左傳林注：「銑性剛，玦如環而缺，離無温潤。」意大致並同。雖勉之，敵可盡乎？」先友曰：「衣躬之偏，握兵之要，握兵之要，金玦之勢也。金爲兵，玦所以圖事決計也，故爲兵要。○元誥按：先友解玦義不同。在此行也，勉之而已矣。偏躬無慝，兵要遠災，慝，惡也。衣身之半〔六一〕，君無惡意也。握兵之勢，欲令大子遠災害也。親以無災，又何患焉？」○閔二年左傳林注曰：「有偏衣之親，而無災害。」至於稷桑〔六二〕，稷桑，皐落狄地也。狄人出逆，逆，拒申生也。申生欲戰。狐突諫曰：「不可。突聞之，國君好艾，大夫殆；艾當爲「外」，聲相似誤也。好外，多嬖臣也。嬖臣害正，故大夫殆。殆，危也。○元誥按：韓非子内儲説下篇引此作「好外」，此韋所本。宋庠曰：「當讀艾爲外，可不改字。」好内，適子殆，社稷危。好内，多嬖妾也。嬖專寵，故適子殆；國家亂，則社稷危，周幽王是也。○元誥按：適即「嫡」字。本書傳、注嫡竝作「適」。若惠於父而遠於死，惠，順也。去避奚齊，爲順父心而遠於死也。傳曰：「狐突欲行。」惠於衆而利社稷，其可以圖之乎？惠於衆，謂不戰也。大子去，則國不爭，故利社稷。況其危身於狄，以起讒於內也！」○元誥按：也與耶通。申生曰：「不可。君之使我，非歡也，非歡愛我也。抑欲測吾心也。測，猶度也。是故賜我奇服，而告我權，奇服，偏裻〔六三〕，權，金玦也。又有甘言焉。申生將去，父又以美言撫慰之也。言之大甘，○宋庠曰：「大，他蓋反。」其中必苦，譖在中矣，君故生心。有此甘言，非本意，故言生心也。雖蝎譖，焉避之？不若戰也。蝎，木蟲也。譖從中起，如蝎食木，木不能避也。○舊音曰：「蝎音曷。」不戰而反，我罪滋厚。滋，益也。我戰死，猶有令名焉。」有恭從之名也。果戰，敗狄於稷桑而反。○明道本無「戰」字。讒言益起，狐突杜門不出。不出，避難也。○一切經音義十五、又十九引賈逵曰：「杜，塞也。」元誥按：說文作「𢼏」，云：「閉也。」君子曰：「善深謀也。」

校記

〔一〕魯桓三年，曲沃武公伐翼　「武公」二字脫，據各本補。

〔二〕欒共子，晉哀侯大夫共叔成也　「大夫」二字脫，據各本補。

〔三〕高注云：「制，主也。」　「高」誤作「韋」，據呂氏春秋改。

〔四〕未知其待於曲沃也　「知」誤作「必」，據各本改。

〔五〕遂鬭而死　此四字脫，據各本補。

〔六〕史占墨　「史」誤作「士」，據各本改。

〔七〕大罰將及，不唯無肴　「肴」誤作「有」，據各本改。

〔八〕比，比功也　「功」誤作「物」，據各本改。

〔九〕可見韋氏之謬　「韋」誤作「左」，據國語發正改。

〔一〇〕虢石甫名鼓　「名」誤作「明」，據國語發正改。

〔一一〕正義引括地志云　「括地志」誤作「地理志」，據史記正義改。

〔一二〕言不得復追鏡前世善敗以爲戒也　「世」字脱，據各本補。

〔一三〕方百里、方七十里之類　「百」下衍「十」字，據群經平議删。

〔一四〕大家鄰國　「家」、「國」二字互倒，據各本改。

〔一五〕○賈本嗛嗛作「謙謙」　「賈」上之○號脱，依文例補。

〔一六〕不可以矜，而衹取憂也　「衹」下衍「以」字，據各本删。

〔一七〕言不自量而求立己子爲大子　「己」字脱，據國語發正補。

〔一八〕隰叔之子子輿也　「輿」誤作「與」，據各本改。

〔一九〕驪姬不克　「姬」誤作「克」，據各本改。

〔二〇〕將師保之　「師」誤作「帥」，據各本改。

〔二一〕重耳處蒲城，夷吾處屈　二「處」字皆誤作「居」，據各本改。

〔二二〕蒲，今蒲坂；屈，北屈，皆在河東　「東」誤作「北」，據各本改。

〔二三〕疾，疾其君也　公序本於此句上有「日，昔日也」四字，集解已有釋文在上，故略去。

〔二四〕起百姓以爲百姓也　「起」誤從明道本作「興」，據公序本改。

〔二五〕爲百姓，爲百姓除害也　上「百姓」下衍「云」字，據公序本删。

〔二六〕今君滅其父而畜其子　「畜」誤作「留」，據各本改。

〔二七〕襄王使賜晉文公命　「賜」字脱，據經義述聞補。

〔二八〕命於武宫　「宫」誤作「公」，據經義述聞改。

〔二九〕左傳僖二十四年　「傳」誤作「昭」，據經義述聞改。

〔三〇〕武宫在絳　「宫」誤作「公」，據經義述聞改。

〔三一〕郤叔虎朝　「虎」誤作「父」，據各本改。

〔三二〕郤叔虎　「虎」誤作「父」，據各本改。

〔三三〕忍，忍爲不義也　「爲」上衍「於」字，據各本删。

〔三四〕郤叔虎將乘城　「虎」誤作「父」，據各本改。

〔三五〕郤叔虎曰　「叔虎」二字誤倒，據各本改。

〔三六〕析羽爲旌旗　「旗」字脱，據國語發正及後漢書賈復傳注補。

〔三七〕二公子主蒲與屈　「子」字脱，據經義述聞補。

〔三八〕處，定也　「也」誤作「之」，據各本改。

〔三九〕使自知其位所極至也　「位」字脱，據各本補。

〔四〇〕内以不義加辱之　「以」字重衍，據各本删。

〔四一〕曲沃，桓叔之封　「之」誤作「所」，據各本改。

〔四二〕莊二十八年左傳　「莊二十八年」誤作「閔元年」，據左傳改。

〔四三〕漢書地理志　「志」字脱，據國語韋解補正補。

〔四四〕閔元年左傳林注曰　「林」誤作「杜」，據春秋左傳杜林注改。

〔四五〕士蔿言於諸大夫曰　「大夫」誤作「侯」，據各本改。

〔四六〕後武王追封爲吴伯　「武」誤作「周」，據各本改。

〔四七〕傳言「豈能憚君」　「能」字脱，據群經平議補。

〔四八〕君盍老而授之政　「君」字脱，據各本補。

〔四九〕且君其圖之　「且」字脱，據各本補。

〔五〇〕吾將圖之　「吾」誤作「我」，據各本改。

〔五一〕東山在壺關城東南　「關」誤作「闕」，據國語韋解補正改。

〔五二〕以不勝罪之　「勝」下衍「衆」字，據各本删。

〔五三〕又林注云　「林注」二字脱，據春秋左傳杜林注補。

〔五四〕閔二年左傳林注曰　「林」誤作「杜」，據春秋左傳杜林注改。

〔五五〕有「故」是也　「有故」二字誤作「非」，又「也」字脱，據國語考異改補。

〔五六〕内傳：「大子曰：『吾其廢乎？』」　「内」字脱，據各本補。

〔五七〕「善處父子之閒矣。」（入諫其父，出勉其子。）　「矣」字及注文八字皆脱，據各本補。

〔五八〕大子宜衣純　「衣」誤作「以」，據國語韋解補正改。

〔五九〕以尨衣純　「衣」誤作「易」，據國語韋解補正改。

〔六〇〕禮記聘義論玉之德，温潤而澤，仁也　「義」誤作「禮」，據國語發正與禮記改。

〔六一〕衣身之半　「身」誤作「躬」，據各本改。

〔六二〕至於稷桑　此句上衍「又何患焉」四字，據各本删。

〔六三〕奇服，偏裻　「服」下衍「謂」字，據各本删。

國語集解

吉水徐元誥學

晉語二第八

1反自稷桑，處五年，自，從也，從伐東山戰於稷桑而反也。處五年，魯僖之四年也。驪姬謂公曰：「吾聞申生之謀愈深。謀，謀弑公也〔一〕。愈，益也。日吾固告君曰得衆，日，往日也。○明道本日、曰二字互譌。衆不利，焉能勝狄？衆若不利，焉肯爲用而勝狄乎？今矜狄之善，其志益廣。矜，大也。善，善用衆。狐突不順，故不出。狐突，申生之戎御也。不順，謂大子不順也。○吴曾祺曰：「謂狐突不順大子之意，故不出也。」吾聞之，申生甚好信而彊，彊，彊禦也〔二〕。信，言必行之。又失言於衆矣，雖欲有退〔三〕，衆將責焉，失言，許衆以取國也。退，謂改悔也。○元誥按：失，疑當爲「矢」，字之誤也。詩柏舟篇：「之死矢靡他。」傳曰：「矢，誓。」此矢言於衆，謂誓言於衆以取國。既誓矣，故不得退悔。若謂失言，雖退悔，何責之有？又何以云「言不可食」乎？言不可食，衆不可弭，食，僞也。弭，止也。是以深謀。君若不圖，難將至矣！」公曰：「吾不忘也，抑未有以致罪焉。」○元誥按：言尚無可據以加罪者。驪姬告優施曰：「君既許我殺大子而立奚齊矣，吾難里克，○元誥按：難，讀如字，猶憚也。奈何？」優施曰：「吾來里克，一日而已。來，謂轉里克之心，使來從己用也。一日，言其易也。○陳奐曰：「來，古『賚』字。賚，從來，矣聲。古來、矣同部〔四〕，故『賚』字省作『來』。又與以讀相似。吾來里克，言吾以里克。內傳云：『能左右之曰以。』」子爲我具特羊之饗，特，一也。凡牲，一爲特〔五〕，二爲牢。○元誥按：優施稱驪姬爲子，狎昵之辭也。爲，去聲。吾以從之飲酒。我優也，言無郵。」郵，過也。○元誥按：郵，通尤，故訓「過」。驪姬許諾，乃具，使優施飲里克酒。中飲，○元誥按：中飲，酒半也，亦云「中酒」。優施起舞，謂里克妻曰：「主孟啗我，大夫之妻稱主，從夫稱也。孟，里克妻字。啗，啖也。孟，或作「盍」。○陳瑑曰：「謂孟爲里克妻字，非也。孟者，且也，言且啗我。說文：『啗，食也，讀與含同。』」汪遠孫曰：「史記呂大后本紀索隱：『孟者，且也。』孟不當訓『且』，想是據或本『盍』作訓，而誤存孟也。」元誥按：此在里克家飲，故里克妻在焉。我教茲暇豫事君。」茲，此。此，里克也〔六〕。暇，閑也。豫，樂也。○元誥按：茲爲代名詞，猶言他也。乃歌曰：「暇豫之吾吾，不如烏烏。吾，讀如魚。吾吾，不敢自親之貌也。言里克欲爲閑樂事君之道，反不敢自親吾吾，然其智曾不如烏烏也。○吳曾祺曰：「吾吾即踽踽，與人不相親之貌。御覽引作『俉俉』。」人皆集於苑，己獨集於枯。」集，止也。苑，茂木貌。己，里克也。喻人皆與奚齊，己獨與申生。○舊音曰：「苑音鬱。」賈本作「蔚」，注曰：「蔚喻茂盛，枯喻衰落。」元誥按：苑亦通作「菀」。里克笑曰：「何謂苑？何謂枯？」優施曰：「其母爲夫人，其子爲君，可不謂苑乎？○元誥按：謂驪姬與奚齊。其母既死，其子又有謗〔七〕，可不謂枯乎？○元誥按：謂齊姜與申生也。枯且有傷。」無母喻枯，有謗喻傷。傷，病也。優施出，里克辟奠，不飧而寢。辟，去也。奠，置也。熟食曰飧。○俞樾曰：「飧，夕食也。孟子滕文公篇：『饔飧而治。』趙注：『饔飧，熟食也。朝曰饔，夕曰飧。』不飧而寢，謂不夕食而寢也。韋注於義未盡。」元誥按：明道本飧作「餐」，非是。夜半，召優施曰：「曩而言戲乎？抑亦所聞之乎？」曩，向也。而，女也。曰：「然。」○元誥按：謂有所聞也。君既許驪姬殺大子而立奚齊，謀既成矣。」成，定也。里克曰：「吾秉君以殺大子，吾不忍。秉執君志以殺大子，不忍爲也。○王引之曰：「逸周書謚法篇曰：『秉，順也。』言大子，君之所欲殺也。吾順君之意以殺大子，吾不忍也。韋注失之。」通復故交，吾不敢。交，與大子交也。中立其免乎？」○元誥按：僖四年左傳〔八〕：「及將立奚齊，既與中大夫成謀。」林注云：「中大夫，里克也。獻公欲廢大子，憚里克，未敢廢。里克曰：『中立其免乎。』是成謀也。」據此，獻公殺大子立奚齊，向雖有謀，而未成也。觀上文「抑未有以致罪焉」，更可證明里克此言信負大子矣。丕鄭所以惜之。優施曰：「免。」中立，不阿君，亦不助大子也。旦而里克見丕鄭，夜半召優施，旦而見丕鄭。曰：「夫史蘇之言將及矣！優施告我，君謀成矣，將立奚齊。」丕鄭曰：「子謂何？」謂對優施何言也。曰：「吾對以中立。」丕鄭曰：「惜也！惜，惜其失言也。不如曰不信以疏之，曰不信者，拒優施以不然也。拒之以不然，則驪姬意疏，不敢必也。亦固大子以攜之，固，固持也。攜，離也。固持大子，以離驪姬之黨也。多爲之故，以變其志，志少疏，乃可閒也。故，謂多作計術。（元誥按：「故」下疑有「計術」二字。）以變易其志。志少疏，乃可閒。閒，亦離也。今子曰中立，況固其謀也。況，益也。彼有成矣，難以得閒。」里克曰：「往言不可及也〔九〕，及，追也。○宋庠本無「也」

字。且人中心唯無忌之固，何可敗也！言驪姬唯無忌憚之心，執之已固，何可敗也。○各本無「固」字。王念孫曰：「如韋注則正文『之』字下當有『固』字，謂其無忌憚之心已固〔一〇〕，不可敗也。今本脱『固』字，則文不成義，且與『何可敗也』義不相屬。」元誥按：王説是，今據補。子將何如？」丕鄭曰：「我無心。是故事君者，君爲我心，制不在我。」我無心者，不得自在也。君爲我心，以君爲心。里克曰：「殺君以爲廉，賈侍中云：「廉，猶利也。以大子故，殺君以自利。」唐尚書云：「爲大子殺奚齊，不有其國，以爲廉也。」昭謂：是時大子未廢，獻公在位，而以君爲奚齊，非也。君，獻公也。虞御史云：「廉，直也，讀若鬫廉之廉。」此説近之。○俞樾曰：「奚齊未立，固不可謂之君〔一一〕。至以君爲獻公，義亦未安。里克豈欲爲大子殺獻公乎？苟殺獻公，則犯大不韙之名，又何廉直之有乎？故此文『殺』字，苟以本字讀之，則皆不可通。殺當讀爲咈，考工記矢人『茀矢參分』，鄭注曰：『茀當爲殺。』然則殺之通作『咈』，猶茀之通作『殺』也。説文：『咈，違也。』咈君以爲廉者，違君所欲而自以爲廉直也。下文曰『抑撓志以從君』，從君與咈君〔一二〕，正相對成義。」元誥按：明道本殺作「弑」，補音出「殺」而音申志反，皆譌亂與拘泥也。竊疑殺疑殺當音鎩，周禮稟人：「詔王殺邦用。」鄭注云：「殺，減也。」此文「殺君」，謂減君殺大子立奚齊之志也。「殺君」與下「長廉」相對成義。廉，直也。宜從虞説。長廉以驕心，因驕以制人家，吾不敢。制，裁也。自大其廉，而有驕人之心，因驕以裁制人之父子。吾不敢，不敢爲也。抑橈志以從君，爲廢人以自利也，橈，屈也。人，謂申生。利方以求成人，吾不能。方，道也。利得道以求成大子，吾力不能爲也。○吳曾祺曰：「謂得利以成奚齊之立。上句『人』指申生，下句『人』指奚齊。」將伏也！」伏，隱也。明日，稱疾不朝。三旬，難乃成。難，殺申生〔一三〕，譖二公子也。驪姬以君命命申生曰：「今夕君夢齊姜，必速祠而歸福。」齊姜，申生母也。福，胙肉也。○元誥按：祠，祭也。析言之，春祭曰祠。說文：「福，胙也。」內傳杜注云：「胙，祭之酒肉也。」申生許諾，乃祭於曲沃，歸福於絳。絳，晉所都也。○元誥按：曲沃，晉之宗國，先君宗廟所在。公田，驪姬受福，乃寘鴆於酒，寘，置也。鴆，運日也〔一四〕。○說文：「鴆，毒鳥也，一名運日。」山海經中山經注：「鴆，大如鵰，紫綠色，長脛，赤喙，食蝮蛇頭。」魯語「使醫鴆之死」，韋注：「其羽有毒，漬之酒而飲之，立死。」寘堇於肉。堇，烏頭也。○呂氏春秋勸學篇高注云：「堇，毒藥也。」爾雅釋草郭注云：「堇即烏頭，江東人呼爲堇。」本草：「烏頭，其汁煎之，殺禽獸。一名烏喙。」元誥按：堇本作「蓳」，今經、傳皆省草。公至，○元誥按：自田獵而歸也，已六日矣。召申生獻。獻，獻胙也。公祭之地，地墳。將飲先祭，示有先也。墳，起也。○僖四年左傳〔一五〕林注云：「驪姬謂公酒食自外來，不可不試，故令公祭地。毒酒至地，地爲墳起。」申生恐而出。驪姬與犬肉，犬斃，斃，死也。飲小臣酒，亦斃。小臣，官名，掌陰事陰命〔一六〕，閹士也。公命殺杜原款。原款，申生之傅也。申生奔新城。新城，曲沃也，新爲大子城之〔一七〕。杜原款將死，使小臣圉告於申生，小臣，大子小臣也，名圉。原款因爲告大子。曰：「款也不才，寡智不敏，敏，達也。不能教導，以至於死。不能深知君之心度，度，尺寸也。棄寵求廣土而竄伏焉，棄寵，令大子棄位也。求廣土，奔他國也。竄，隱也。○俞樾曰：「廣與曠古通用。」荀子王霸篇：「人主胡不廣焉。」楊注曰：「廣，或讀爲曠。」又解蔽篇：「則廣焉能棄之矣〔一八〕。」注曰：「廣，讀爲曠。」然則廣土猶曠野也。求廣土而竄伏，謂若吳公子札之棄其室而耕也〔一九〕，非奔他國之謂。小心狷介，不敢行也。狷者，守分有所不爲也，言雖知當與申生俱去，恥不能事君而出，故不敢行也。是以言至而無所訟之也，言，譖言也。故陷於大難，乃逮於讒。逮，及也。然款也不敢愛死，唯與讒人鈞是惡也。讒人，驪姬也。鈞，同也。吾聞君子不去情，不去忠愛之情也。不反讒，反，謂覆校自申理也。讒行身死可也，猶有令名焉。有孝名也。死不遷情，彊也。遷，易也。守情説父，孝也。○元誥按：説與悦同。殺身以成志，仁也。死不忘君，敬也。使有遺言屬狐突是也。孺子勉之！死必遺愛，死民之思，不亦可乎！」申生許諾。死民之思，爲民所思也。人謂申生曰：「非子之罪，何不去乎？」申生曰：「不可。去而罪釋，必歸於君，是怨君也。釋，解也。歸於君，怨歸於君也。○宋庠本怨作「惡」。章父之惡，取笑諸侯，吾誰鄉而入？取笑諸侯，諸侯所笑也。誰鄉而入，入誰國也〔二〇〕？○元誥按：鄉與嚮同。內困於父母，外困於諸侯，是重困也。棄君去罪，是逃死也。吾聞之：『仁不怨君，智不重困，勇不逃死。』若罪不釋，去而必重。去而罪重，不智。逃死而怨君，不仁。有罪不死，無勇。去而厚怨，惡不可重，死不可避，吾將伏以俟命。」驪姬見申生而哭之，就曲沃哭之也。曰：「有父忍之，況國人乎？有父忍自殺之，況能愛國人乎〔二一〕？忍父而求好人，人孰好之？殺父以求利人，人孰利之？皆民之所惡也，○宋庠曰：「惡，烏路反。」難以長生。」驪姬退，申生乃雉經於新城之廟。雉經，頭槍而懸死也。○釋名釋喪制：「屈頸閉氣曰雉經，如雉之爲也。」元誥按：經，音徑，縊也。縊時屈頸閉氣，如雉之死，故曰雉經。鄭注封人云：「雉耿介，爲人所獲，必自屈折其頸而死。」此取義之由來。檀弓孔疏：「雉，牛鼻繩也。謂申生以牛繩自縊。」是又一說。將死，乃使猛足言於狐突曰：「申生有罪，不聽伯氏，以至於死。猛足，申生臣也。伯氏，狐突字也。不聽，謂稷桑之戰不從其言也。○禮記檀弓鄭注云：「伯氏，狐突別氏。」申生不敢愛死。雖然，吾君老矣，國家多難，伯氏不出，奈吾君何？伯氏苟出而圖吾君，圖，爲之謀也。申生受賜以死，○元誥按：各本「死」上有「至於」二字，今據王引之説删〔二二〕。雖死何悔！」是以謚爲共君。謚法，既過能改曰共。國人告公以此謚也。○汪遠孫曰：「外王父云：禮記檀弓正義引謚法：『敬順事上曰恭。』（元誥按：共，平聲，同恭。）申生之謚，蓋惠公改葬時加之。獻公、驪姬方被以惡名，决無錫謚之典。郭偃曰：『君改葬共君以爲榮也。』足知是惠公所加矣。韋説恐未必然。即有私謚，獻公安肯用之？」驪姬既殺大子申生，又譖二公子曰：「重耳、夷吾與知共君之事。」言與知其逆謀也。公令閹楚刺重耳，重耳逃於狄；閹，閹士也〔二三〕。楚，謂伯楚，寺人披之字也，於文公時爲勃鞮。（惠棟曰：「勃鞮即『披』字，猶邾婁爲鄒。」）狄，北狄，隗姓也。令賈華刺夷吾，夷吾逃於梁〔二四〕。賈華，晉大夫。梁，嬴姓之國，伯爵也。唐尚書云：「晉滅以爲邑。」非也。是時梁尚存，至魯僖十九年秦取之。○沈鎔曰：「今陝西韓城縣南二十二里有少梁城，即古梁國。」盡逐羣公子，羣公子，獻公之孽子及先君之支庶也。傳曰：「獻公之子九人。」乃立奚齊。焉始爲令，國無公族焉。○王引之曰：「焉，猶於是也。焉始爲令，言於是始爲令也。」

2 二十二年，公子重耳出亡，及柏谷，卜適齊、楚。獻公二十二年，魯僖五年也。公使寺人披伐蒲城〔二五〕，重耳自蒲出奔。及，至也。柏谷，晉地。○沈鎔曰：「今河南靈寶縣西南朱陽鎮有柏谷。」狐偃曰：「無卜焉。狐偃，重耳之舅，狐突之子子犯也。無卜，不須卜也。夫齊、楚道遠而望大，不可以困往。望大，望諸侯朝貢〔二六〕，不恤亡公子也。道遠難通，通，至也。望大難走，難歸走也。困往多悔。困且多悔，不可以走望。望，望其力也。○元誥按：「走」字疑涉上文而衍。若以偃之慮，其狄乎！可之狄也。夫狄近晉而不通，不與晉通也。愚陋而多怨，多怨於戎、狄也。○元誥按：謂狄多怨晉也。走之易達。不通可以竄惡，竄，隱也。多怨可與共憂，今若休憂於狄，以觀晉國，且以監諸侯之爲〔二七〕，其無不成。」監，視也。之爲，爲誰動也。視諸侯所爲，故無不成也。乃遂之狄。處一年，公子夷吾亦出奔，處狄一年，魯僖之六年也。公使賈華伐屈，夷吾自屈出奔。曰：「盍從吾兄竄於狄乎？」冀芮曰：「不可。冀芮，晉大夫，冀缺之父也。後出同走，不免於罪。同走，嫌同謀也。且夫偕出偕入難，偕，俱也。聚居異情惡，聚，共也。虞云：「重耳、夷吾情好不同，故惡相近。」昭謂：異情，謂各欲求入爲君，於義惡也。不若走梁。梁近於秦，秦親吾君，吾君老矣，秦穆夫人，獻公之女，故親吾君也。子往，驪姬懼，必援於秦，以吾存也，以吾存者，以吾在梁依秦也。○俞樾曰：「『以吾存也』四字當連下『且必告悔』爲義。以，猶及也。周易小畜九五：『富以其鄰。』虞翻曰：『以，及也。』此言子若往梁，驪姬至秦乞援〔二八〕，必及吾在梁之時而先告悔也。韋不知『以』字之義，故說此不了。」且必告悔，是吾免也。」免，免罪也。乃遂之梁。居二年，驪姬使閹楚以環釋言。居梁二年，魯僖之七年也。環，玉環。環，還也〔二九〕。釋言，以言自解釋也。○荀子大略篇：「絕人以玦，反絕以環。」楊注云：「古者，臣有罪，待放於境，三年不敢去。與之環，則還；與之玦，則絕。皆所以見意也。」汪遠孫曰：「爾雅釋詁：

『言，閒也。』郭注：『謂閒隙。』禮記緇衣：『毋以遠言近。』遠言近，即左傳『遠閒親』也。以此閒彼曰閒，彼此有隙亦曰閒。內傳哀二十七年：『故君臣多閒。』賈逵注云：『閒，隙也。』驪姬與夷吾有隙，故使閹楚往解之。韋解『言』字非古義。」四年，復爲君。居梁四年，在魯僖之九年也。是歲，獻公卒，秦伯納之。○元誥按：魯僖九年，晉獻公卒，子奚齊立。冬，殺奚齊，卓子立。僖十年，殺卓子，夷吾立，是爲惠公。

3虢公夢在廟〔三〇〕，虢公，王季之子、文王之弟虢仲之後虢公醜也。廟，宗廟也。○元誥按：虢國於上陽。上陽在今河南陝縣東南。○有神人面白毛虎爪，執鉞立於西阿之下，西阿，西榮也。○考工記匠人：「殷人重屋四阿。」鄭注：「四阿，若四注屋。」士冠禮、鄉飲酒禮皆云「東榮」，鄭注：「榮，屋翼也。」元誥按：鉞，大斧也，字本作「戉」。明道本無「之下」二字，脱。公懼而走。神曰：「無走！帝命曰：『使晉襲於爾門。』」帝，天也。襲，入也。公拜稽首。覺，○舊音曰：「覺，音教。」召史嚚占之，史嚚，虢大史也。對曰：「如君之言，則蓐收也，蓐收，西方白虎金正之官也。傳曰：「少皞氏有子該，爲蓐收。」○元誥按：禮記月令篇：「其神蓐收。」孔疏云：「蓐收者，言秋時萬物摧辱而收斂。」白虎通五行篇：「蓐收者，縮也。」是蓐收爲肅殺之義，因以名神，故下文云「天之刑神也」。天之刑神也，刑殺之神也。天事官成。」官成，禍福各以官象成也。○吴曾祺曰：「謂天事各以類成也。」元誥按：成，疑當爲「戒」字之誤也。管子宙合篇：「不官於物。」尹注：「官，主也。」天事官成，謂天事主戒也，所以風虢公也。公使囚之，○元誥按：公不悦嚚言，故囚之。且使國人賀夢〔三一〕。欲轉吉之〔三二〕，故使賀也。舟之僑告諸其族舟之僑，虢大夫。曰：「衆謂虢不久，吾乃今知之。以其賀夢也。○宋庠本「虢」下有「亡」字。

君不度而賀大國之襲，於己也何瘳？度，揆也。大國，晉也。瘳，猶損也。言君不揆神意而令賀之，何損於禍？○吳曾祺曰：「謂不揆度己之不德。」吾聞之曰：『大國道，小國襲焉，曰服。襲，入也。小國傲，大國襲焉，曰誅。』傲，慢也。民疾君之侈也，是以遂於逆命。逆命，拒違君命也。今嘉其夢，侈必展，展，申也。○元誥按：嘉，亦賀也，同從加聲，故得通用。是天奪之鑒而益其疾。鑒，鏡也，鏡所以自省察也。○明道本「疾」下有「也」字。民疾其態，天又誑之，誑，猶惑也。大國來誅，出令而逆，逆，謂令國人賀夢也。宗國既卑，諸侯遠己，宗國，公族也。遠，疏外也。○俞樾曰：「公族不得謂之宗國，注義非也。哀八年左傳曰：『今子以小惡而欲覆宗國。』杜注曰：『輒，魯公族，故謂之宗國。』又十五年傳，子贛謂公孫成曰：『子，周公之孫也。多饗大利，猶思不義。利不可得，而喪宗國。』是古者公族之人謂其國爲宗國也。舟之僑疑亦虢之公族，故稱虢爲宗國歟？」內外無親，其誰云救之？云，言也。吾不忍俟也！將行。」行，去也〔三三〕。以其族適晉。六年，虢乃亡。適晉在魯閔二年也。後六年，魯僖五年也。

4 伐虢之役，師出於虞。魯僖五年，獻公伐虢，假道於虞。○吳曾祺曰：「今山西解州平陸縣東北十五里有大陽廢縣，爲虞境，又東北三十里有下陽故城，即晉所滅。晉自西南而來，故入虢必經虞境也。」宮之奇諫而不聽〔三四〕，宮之奇，虞大夫也，諫虞公勿假晉道，虞公不聽。出，謂其子曰：「虞將亡矣！唯忠信者，能留外寇而不害。留外寇，謂舍晉軍於國。除闇以應外謂之忠，除，去也。去己闇昧之心以應外謂之忠。忠，謂恕也。定身以行謂之信。定，安也。行事以求安其身，謂之信。今君施其所害於人，闇不除矣，己之所惡而以施人，謂假晉道以伐虢也〔三五〕。以賄滅親，身不定矣。賄，財也。謂虞受晉屈産之乘，垂棘之璧，假之道也。親，謂虢也。虞，大王之後。虢，王季之胄。夫國非忠不立，非信不固。既不忠信，而留外寇，寇知其釁而歸圖焉。釁，隙也。圖，謀也。已自拔其本矣，何以能久？本，謂忠信也。吾不去，懼及焉。」以其孥適西山。孥，妻子也。西山，國西界。三月，虞乃亡。晉滅之。

5 獻公問於卜偃卜偃，晉掌卜大夫郭偃也。曰：「攻虢，何月也？」宜用何月。○元誥按：也與耶通。對曰：「童謡有之童，童子也。徒歌曰謡。曰：『丙之晨，龍尾伏辰。丙，丙子也。晨，早朝也。龍尾，尾星也。伏，隱也。辰，日月之交會也。魯僖五年冬，周十二月，夏十月丙子朔之朝，日在尾，月在天策。伏辰，辰在龍尾，隱而未見〔三六〕。○項名達曰：「晨，平旦也。日月同度曰合辰。合辰非在平旦，而在平旦之前。隱而未見，故曰伏。本合於尾，月行疾，至平旦，已在天策也。」惠棟曰：「師法用辰不用日。丙，日也。子，辰也。言丙不言子者，日在尾，故舉日不舉辰。辰爲客，時爲主人，故言丙之辰。」袀服振振，取虢之旂。袀，同也，戎服君臣同也。振振，威武也。交龍曰旂。○明道本袀作「均」，注同，内傳亦同。服注曰：「均服，黑服也。」陳瑑曰：「服説失之。杜謂『戎事上下同服』是也，韋注正與杜合。呂覽作『初服』，初即袀之誤。劉逵注吴都賦亦作『袀』。」元誥按：舊音出「袀」，今從之。鶉之賁賁，天策焞焞，火中成軍，虢公其奔。』鶉，鶉火，鳥星也。賁賁，鶉火星貌也。天策，尾上一星，名曰天策，一名傅説。焞焞，近日月之貌也〔三七〕。火，鶉火也。中，晨中也。成軍，軍有成功也。傳曰：「冬十二月丙子朔，晉滅虢，虢公醜奔京師。」○開元占經引星經曰：「傅説一星在尾後。」注云：「入尾十二度太，去極百二十度半，在黃道外十三度太。」

僖五年左傳孔疏曰：「傳說之星在尾之末，合朔在尾，故其星近日。星微，焞焞然無光耀也。」項名達曰：「天策在析木之次，距鶉火約百度餘，今合言之者，就平旦時，一誌中星，一誌月離也。」火中而旦，其九月十月之交乎？」交，晦朔之閒也。○項名達曰：「九月十月指夏時言，於周爲十一月十二月。又按：魯僖五年，依三統術推算，自甲申統首，盡本年十一月，積日無小餘。十二月合朔在夜半，大餘五十二，算外，命得丙子，積度三百二十四。牛初起算，合朔在尾十四度八十四分，與本傳合，解亦本此。然不可爲據，何也？經載本年九月戊申朔，日有食之。夫月朔遲早一日餘，恒不易覺。古術疏略，多有誤時。若日食在朔，則昭著於天，不容有誤。故九月朔的爲戊申。而以三統推之，則得丁未，先天一日。九月朔既先天，所推十二月朔之丙子亦必先天。大衍術議曰：『古術與近代密率相較，二百年氣差一日，三百年朔差一日。推而上之，久益先天，引而下之，久益後天。』自是確論。古術大都與三統相近，朔實太强，每不免先天之失。今本授時推得九月朔，四十四日有奇命得戊申，交分二十六日有奇入食限，亦密合於天矣。由是推十二月朔，計十三日有奇命得丁丑，經朔在未初二刻，定朔在丑初三刻合辰於尾，於赤道當十六度十四分，於黃道當十六度二十三分，與本傳龍尾伏辰合。至平旦，則日在尾十六度四十二分，月在尾十八度四十八分。古距尾止十八度，則尾、箕之閒也〔三八〕。尾、箕閒傳說一星，亦名天策，與內傳稱『日在尾，月在策』合。惟較丙之晨則差一日。推丙子平旦，日在尾十五度三十九分，月在尾五度六十二分，月距策尚十餘度。因思卜偃預占丙子，非實驗於天，要由古術推算而得。古術既先天而差早，合於丙子，必不合於戊申。然日食實在戊申，則十二月朔必非丙子，而實丁丑矣。丁丑平旦張十度中，已值鶉火之末，始將西降，故曰『賁賁』。是時天策尚在地平下，迨出地平，則日已晝，而星無光。所謂『焞焞』者，亦虛擬之辭，非目睹也。」

6葵丘之會，獻公將如會，魯僖九年秋，齊桓公盟諸侯於葵丘。葵丘，地名也。遇宰周公，宰周公，王卿士宰孔也，爲冢宰，食采於周，故曰宰周公。周公自會先歸，遇獻公於道也。曰：「君可無會也。夫齊侯好示，務施與力而不務德，好示，自矜其功，以信施示諸侯而不務德也。施，惠也。力，功也。故輕致諸侯而重遺之，輕，謂垂橐而入。重，謂稛載以歸。使至者勸而叛者慕。懷之以典言，懷，安也。典，法也。法言，謂陽穀之會以四教令諸侯之屬。薄其要結而厚德之，以示之信。薄其要結，謂束牲爲盟，馬皮爲幣。三屬諸侯，存亡國三，以示之施。屬，會也。三會，乘車之會三也。存三亡國，魯、衛、邢也。○舊音曰：「屬，音燭。」是以北伐山戎，南伐楚，西爲此會也。譬之如室，既鎮其甍矣，又何加焉？甍，棟也。又何加，喻已成也。○程瑶田曰：「甍者，蒙也。凡屋，通以瓦蒙之曰甍〔三九〕，故其字從瓦。晉語謂蓋構既成，鎮之爲甍，則不復有所加矣。若以甍爲屋極，則當施榱桷，覆茅瓦，安得云無所加？左傳：『慶舍援廟桷而動於甍。』則甍爲覆桷之屋可知。言其多力，引一桷而屋宇爲之動也。若以甍爲屋極，則大公之廟，必非容膝之廬，所援之桷，必爲當檐之題。題之去極甚遠，安得援題而動於極乎？」汪遠孫曰：「韋訓甍爲『棟』，棟者，極也。此說非也。程說以瓦覆屋曰甍，確不可易。」舊音曰：「鎮音田，或爲填。」廣雅云：「填，塞也。」賈逵曰：「填，加也，又填之以土。」今按：鎮、填二字，經史互用之，本或作「填」。吾聞之，惠難徧也，施難報也，不徧不報，卒於怨讎。夫齊侯將施惠如出責，如出責，望其報也。○元誥按：責即「債」字。明道本「惠」下脱「如」字。是之不果奉，果，克也。奉，行也。而暇晉是皇，暇，不暇，不暇以晉爲務也。○陳奂曰：「暇晉是皇，言不暇匡晉也。爾雅：『皇、匡，正也。』故白虎通義釋皇爲正。」雖後之會，將在東矣。東，東方也，其後會於淮是也。君無懼矣，其有勤也。」公乃還。無懼於不會也。勤，自勤勞也。○王念孫曰：「注解『其有勤也』句未明。有與又同，也與耶同。上文宰孔謂獻公曰『君可無會也』，又言齊侯不暇以晉爲務，故此言『君無懼矣』。其又勤耶，言不必勤於遠行也。僖八年左傳載宰孔之言曰：『君務靖亂，無勤於行。』意與此同。」

7宰孔謂其御曰：「晉侯將死矣！景霍以爲城，景，大也。大霍，晉山名也，今在河東。○吳曾祺曰：「霍山，今在山西霍縣東。」而汾、河、涑、澮以爲渠，四者，水名也。渠，池也。○吳曾祺曰：「汾水出今山西忻州靜樂縣西南，至大原府城西，東南流經汾州、平陽二府，至榮河縣北入河。河水至華陰入晉界，環南東西三面。涑水出河東聞喜縣。澮水出山西絳縣。」舊音曰：「涑，速、粟二音。」戎、狄之民實環之。環，繞也。○元誥按：晉語一韋注云：「晉南有陸渾之戎，北有山戎。」汪是土也，汪，大貌。苟違其違，誰能懼之？苟違，違去也。其違，違道也。今晉侯不量齊德之豐否〔四〇〕，豐，厚也。否，不也。不度諸侯之勢，强弱之勢。釋其閉修，釋，舍也。閉，守也。修，治也。而輕於行道，失其心矣。失其心守。君子失心，鮮不夭昬。」夭，折也。昬，狂荒之疾。是歲也，獻公卒。八年，爲淮之會。八年，葵丘後八年也。桓公復會諸侯於淮〔四一〕，在魯僖十六年。傳曰：「會於淮，謀鄫，且東略也。」○左傳杜注：「淮，臨淮郡左右。」元誥按：淮，謂淮水。晉臨淮郡當今安徽盱眙縣治，淮水經此，入江蘇淮陰縣界。九年，桓公在殯，宋人伐之。魯僖十七年冬，齊桓公卒，五公子争立，大子奔宋，宋襄公伐齊，納之，是爲孝公。○各本無「九年」二字。王引之曰：『「桓公在殯」上當有「九年」二字。左傳：僖十七年冬十月乙亥，齊桓公卒，十二月辛巳夜殯，十八年春，宋襄公以諸侯伐齊，夏五月，宋敗齊師於甗，立孝公而還，秋八月，葬齊桓公。是桓公在殯，宋人伐之之事也。案：晉用夏正，僖十八年春宋襄公伐齊，經書：『春，王正月。』則當爲晉惠公之八年十一月。周之正月，夏之十一月也。晉獻公以二十六年卒。自二十六年至惠公八年爲九年，在會於淮之後一年，不得仍屬之八年矣。當云：『九年，桓公在殯，宋人伐之。』」元誥按：王説是，今據補。

8 二十六年，獻公卒。獻公二十六年，魯僖九年也。里克將殺奚齊，先告荀息曰：「三公子之徒將殺孺子，子將何如？」荀息，奚齊之傅。三公子，申生、重耳、夷吾〔四二〕。徒，黨也。荀息曰：「死吾君而殺其孤，死畜吾君也。○汪遠孫曰：「吾君，謂獻公。孤，謂奚齊。獻公死，奚齊見殺，是死吾君而殺其孤也〔四三〕。内傳襄二十一年，祁怨盈於宣子曰：『吾父死而益富，死吾父而專於國，有死而已。吾蔑從之矣。』『死吾君』、『死吾父』語意正同。韋解不得其語意。」吳曾祺曰：「謂因吾君既死而殺其孤也。」吾有死而已，吾蔑從之矣。」蔑，無也。里克曰：「子死，孺子立，死不亦可乎？○明道本脱「死」字。子死，孺子廢，焉用死哉？」荀息曰：「昔君問臣事君於我，我對以忠貞。君曰：『何謂也？』我對曰：『可以利公室，力有所能無不爲，忠也。葬死者，養生者，死人復生不悔，得其所任，故不悔也。生人不媿，貞也。』吾言既往矣，往，行也。豈能欲行吾言而又愛吾身乎？雖死，焉避之？」焉得避之。里克告丕鄭曰：「三公子之徒將殺孺子，子將何如？」丕鄭曰：「荀息謂何？」荀息何言。對曰：「荀息曰『死之』。」○明道本脱「對曰」二字。丕鄭曰：「子勉之。夫二國士之所圖，無不遂也。二國士，里克、荀息也。遂，行也。○俞樾曰：「上文，里克將殺奚齊，荀息曰：『死吾君而殺其孤，吾有死而已，吾蔑從之矣。』是里克、荀息初不同謀，乃曰『二國士之所圖』，何哉？二國士者，其一謂里克，其一丕鄭自謂也。故下文『我爲子行之。子帥七輿大夫以待我，我使翟以動之，援秦以摇之，立其薄者可以得重賂，厚者可使無入。國，誰之國也』，此正與里克共圖之事。蓋里克之意，止欲殺奚齊、卓子，而於重耳、夷吾二公子中擇立一人〔四〕。丕鄭則不欲立二公子，而别立疏屬以專晉國，故曰『立其薄者可以得重賂，厚者可使無入』。厚薄喻親疏也，言欲立疏遠者以要重賂，而重耳、夷吾可使無入也。及里克不可，而丕鄭亦許諾，於是仍從里克之始謀，殺奚齊、卓子而請君於秦矣。韋氏不知丕鄭之意，故誤解二國士爲里克、荀息，而説『立其薄者』二句亦不了也。」元誥按：韋注俞既闢之矣。俞謂二國士，一爲丕鄭自謂。丕鄭雖與里克同謀，豈有自命爲國士者？竊意此文本作：「子勉之夫，夫國士之所圖。」上「夫」字爲歎詠之辭，絶句。下「夫」字爲發端之辭。國士，則褒里克也。重二「夫」字，傳寫簡作兩點，遂誤爲「二」字，又於「勉之」絶句，乃成今文，而不可解矣。我爲子行之。助行其事，謂使狄，援秦之屬。子帥七輿大夫以待我，七輿，申生下軍大夫也，左行共華、右行賈華、叔堅、騅歂、纍虎、特宫、山祁也。待我，待我應也。我使狄以動之，援秦以摇之。重耳在狄，故告狄人，結援於秦以摇動晉國，敗奚齊之黨。立其薄者可以得重賂，結秦、狄之援以立二公子，恩薄者尚可以重賂。○元誥按：韋注此句及下句未了，閲上俞説。厚者可使無入。於己厚者，可使二公子不得入立也。國，誰之國也？」言晉可專也。○元誥按：也與耶古通。里克曰：「不可。克聞之，夫義者，利之足也；有義，然後利立，故曰「利之足也」。貪者，怨之本也。貪則專利，故人怨之。廢義則利不立，無足，故不立。厚貪則怨生。夫孺子豈獲罪於民？將以驪姬之惑蠱君而誣國人，蠱，化也。誣，罔也。○王念孫曰：「蠱亦惑也。左傳莊二十八年：『楚令尹子元欲蠱文夫人〔四五〕。』宣八年：『晉里克有蠱疾。』皆謂惑也。昭元年醫和論蠱疾曰：『非鬼非食，惑以喪志。』又曰：『在周易，女惑男，風落山，謂之蠱。』又曰：『淫則生内熱惑蠱之疾。』哀二十六年：『大尹惑蠱其君。』是蠱即惑也。古人自多複語，不必分爲二義。」讒羣公子而奪之利，使君迷亂〔四六〕，信而亡之，信姬之言，使皆奔亡。殺無罪以爲諸侯笑，無罪，謂申生。使百姓莫不有藏惡於其心中，人懷悖逆也。○宋庠曰：「惡，讀如字。」恐其如壅大川，潰而不可救禦也〔四七〕。禦，止也。是故將殺奚齊，而立公子之在外者，○明道本脱「公」字。以定民弭憂，於諸侯且爲援，弭，止也。言諸侯義己，則得以爲援也。庶幾曰諸侯義而撫之，百姓欣而奉之，國可以固。固，安也。今君殺而賴其富，賴，利也。貪且反義。貪則民怨，反義則富不爲賴。不義而富必危，故不爲利。賴富而民怨，亂國而身殆，懼爲諸侯載，載見於書，爲後戒也。不可常也。」○吳曾祺曰：「爾雅：『常，法也。』謂丕鄭之言不可爲法也。」丕鄭許諾。於是殺奚齊、卓子及驪姬，而請君於秦。○元誥按：夷吾奔梁，梁近於秦，秦又爲晉親，故請之。既殺奚齊，荀息將死之。人曰：「不如立其弟而輔之。」荀息立卓子。里克又殺卓子，荀息死之。君子曰：「不食其言矣。」食，僞也。○吳曾祺曰：「既言而反之，爲食言。」既殺奚齊、卓子，里克及丕鄭使屠岸夷告公子重耳於狄，屠岸夷，晉大夫也。○元誥按：屠岸複姓，夷名。晉有屠岸賈。曰：「國亂民擾，得國在亂，治民在擾，非亂何入，非擾何安，亦言勞民易爲治也。○吳曾祺曰：「得國治民，正在此時，與勞民易治無涉。」

子盍入乎〔四八〕？吾請爲子鉥。」鉥，道也。○陳瑑曰：「説文：『鉥，綦鍼也。』鍼所以縫也。管子『一女必有一鍼一鉥』注：『鉥，長鍼也。』此云道者，猶縫之以鉥，爲引道也。」元誥按：各本「鉥」作「鉥」，舊音曰：「鉥，音述。」然説文無「鉥」字。汪遠孫謂：「鉥當爲訹之假借字。説文：『訹，誘也。』詩野有死麕傳云：『誘，道也。』」展轉求義，不知鉥爲「鉥」誤。今依陳説訂正。吳曾祺謂：「鉥本訓『鍼』，韋訓『道』，謂猶用藥者以鍼道之也。其説尤非。」重耳告舅犯曰：「里克欲納我。」舅犯曰：「不可。夫堅樹在始，樹，木也。始，根本也。始不固本，終必槁落。夫長國者，唯知哀樂喜怒之節，是以導民。長，君也。導，訓也。不哀喪而求國，難。因亂以入，殆。○元誥按：難，讀如字。謂不哀喪而求得國，事之難成者也。下文曰「是故難」，乃申言之。以喪得國，則必樂喪，樂喪，以喪爲樂也。○元誥按：謂即使得國，亦必至樂喪而生哀也。樂喪必哀生。因亂以入，則必喜亂，喜亂必怠德。怠，懈也。○元誥按：怠德，上文所謂「殆」也。是哀樂喜怒之節易也〔四九〕，易，反也。何以導民？民不我導，誰長？」不我導，謂不從我訓也。長，君也。○吳曾祺曰：「誰長，謂誰以我爲君。」重耳曰：「非喪誰代？非亂誰納我？」舅犯曰：「偃也聞之，偃，子犯名，重耳舅，故曰舅犯。喪亂有小大。大喪大亂之剡也，不可犯也。剡，鋒也。○元誥按：説文：「剡，鋭利也。」鋭利謂鋒。父母死爲大喪，讒在兄弟爲大亂。今適當之，是故難。」公子重耳出見使者，○元誥按：使者，屠岸夷也。曰：「子惠顧亡人，重耳父生不得供備洒掃之臣，洒，灑也。死又不敢涖喪以重其罪，且辱大夫，敢辭。涖，臨也。夫固國者，在親衆而善鄰，固，定也。親衆，愛士民也。善鄰，善鄰國也。在因民而順之。

因民所愛而立之，爲順民。苟衆所利，鄰國所立，○元誥按：此指夷吾言。宋庠本「所立」上有「之」字。大夫其從之，重耳不敢違。」吕甥及郤稱亦使蒲城午告公子夷吾於梁，吕甥、郤稱，夷吾之徒也。蒲城午，晉大夫也〔五〇〕。曰：「子厚賂秦人以求入，吾主子。」主子，爲子内主也。夷吾告冀芮曰：「吕甥欲納我。」冀芮，晉大夫郤芮也，從夷吾者。冀芮曰：「子勉之。國亂民擾，大夫無常，不可失也。無常，無常心。○元誥按〔五一〕：無常，謂向背無常也。非亂何入？非危何安？亂有所代，危得安之。○吴曾祺曰：「謂非遇亂危，何從入而安之。」幸苟君之，子唯其索之也。索，求也，所在以求之。○元誥按：幸苟，苟也。謂苟得爲晉君，子可聽秦之索求也。子，謂夷吾。宋庠本無「也」字。方亂以擾，孰適禦我？○元誥按：適，是也。見經傳釋詞。大夫無常，苟衆所置，孰能勿從？子盍盡國以賂外内，無愛虛以求入？外，謂諸侯。内，謂大夫。虛國藏以求入也。○元誥按：愛，吝也，惜也。無愛虛，謂勿吝惜國藏之空虛也。既入而後圖聚。」入國乃圖畜積也。公子夷吾出見使者，○元誥按：使者，蒲城午也。再拜稽首許諾。吕甥出告大夫曰：「君死自立則不敢，自立，立嗣君也。久則恐諸侯之謀徑召君於外也，恐受賂徑自召他公子也。則民各有心，恐厚亂，各有心，所愛不同也。盍請君於秦乎？」秦親晉，故欲之秦請所立〔五二〕。大夫許諾。乃使梁由靡告於秦穆公梁由靡，晉大夫。秦穆公，伯益之後，德公之子穆公任好也。曰：「天降禍於晉國，讒言繁興，延及寡君之紹續昆裔，紹，繼也。續，嗣也。昆，後也。裔，末也。○宋庠本「寡君」下有「使寡君」三字。隱悼播越，託在草莽，未有所依。隱，憂也。悼，懼也。播，散也。越，遠也。依，倚也。又重之以寡君之不禄，喪亂竝臻。士死曰不禄。禮，君死，赴於他國曰「寡君不禄」，謙也。臻，至也。以君之靈，鬼神降衷，衷，善也。罪人克伏其辜，罪人，驪姬也。羣臣莫敢寧處，將待君命。待君命所立也。君若惠顧社稷，不忘先君之好，辱收其逋遷裔胄而建立之，逋，亡也。遷，徙也。胄，後也。以主其祭祀，且鎮撫其國家及其民人〔五三〕，雖四鄰諸侯之聞之也，其孰不儆懼於君之威，而欣喜於君之德？終君之重愛，受君之重貺，而羣臣受其大德，終君，謂獻公也。貺，賜也。○宋庠本無「終」字。吴曾祺曰：「上文兩『君』字皆指穆公，此句『終君』云云，自是一律，何以云獻公？」晉國其誰非君之羣隸臣也？」隸，役也。○元誥按：也與耶通。秦穆公許諾，反使者，反，報也。乃召大夫子明及公孫枝，子明，秦大夫百里孟明視也。公孫枝，秦公孫子桑也。曰：「夫晉國之亂，吾誰使先若夫二公子而立之，以爲朝夕之急？」言晉無君，朝夕之急也〔五四〕。○韋讀「吾誰使先」爲句，注曰：「當先立誰。」又曰：「若，之也，使之二公子擇所立也。」俞樾曰：「韋讀非也。此當以十二字共爲一句〔五五〕。若者，擇也。説文：『若，擇菜也，從艸從右。右，手也。』是『若』字本有擇義。秦穆之意，欲擇立二公子，而未知誰可使者，故曰『吾誰使先若夫二公子而立之』。下文『大夫子明曰：「君使縶也。」』正與問意相對。若從韋注，則穆公但謀所使〔五六〕，何爲以使縶對乎？」元誥按：俞説是，今據以絶句。韋解亦非是也。大夫子明曰：「君使縶也。縶，秦公子子顯也。縶敏且知禮，敬以知微。敏能竄謀，竄，微也。知禮可使，敬不墜命，墜，失也。微知可否。微，密，故知可否也。君其使之。」乃使公子縶弔公子重耳於狄，曰：「寡君使縶弔公子之憂，又重之以喪。奔亡之憂，加之以喪親也。○吴曾祺曰：「喪，讀喪亡之喪。既弔其父憂，又弔其出亡在外，語意方爲得體。若如注所釋，則下文『喪不可久』竟説不去。」寡人聞之，得國常於喪，失國常於喪。若齊桓公以喪得國，子糾以喪失之是也。時不可失，喪不可久，公子其圖之！」重耳告舅犯。舅犯曰：「不可。亡人無親，信仁以爲親，亡人無親者，被不孝之名，棄親而亡也，當信行仁道，然後有親也。是故置之者不殆。置，立也。殆，危也。父死在堂而求利，人孰仁我？人孰以我爲仁？人實有之，我以僥倖〔五七〕，人孰信我？人實有之，時多公子，非獨己有也。我從外僥倖而求之，人誰謂我信？不仁不信，將何以長利？」公子重耳出見使者，使者，公子縶也。曰：「君惠弔亡臣，又重有命。反國之命也。重耳身亡，父死不得與於哭泣之位，又何敢有他志，以辱君義？」他志，謂爲君。再拜不稽首，起而哭，易位而哭也。退而不私。不私，不私訪也。公子縶退，弔公子夷吾於梁，如弔公子重耳之命。夷吾告冀芮曰：「秦人勤我矣。」勤我，助我也。冀芮曰：「公子勉之。亡人無狷潔，狷潔不行。亡人不可以狷潔，狷潔則大事不行。○元誥按：行，成也。重賂配德，以重賂配己之德。○吴曾祺曰：「謂視人之施德於我何如，我以重賂配之。」公子盡之，無愛財。○元誥按：「愛，吝也。」人實有之，我以僥倖，不亦可乎？」公子夷吾出見使者，再拜稽首，起而不哭，退而私於公子縶曰：「中大夫里克與我矣，與我，助我也。吾命之以汾陽之田百萬。賈侍中云：「汾，水名。汾陽，晉地。百萬，百萬畝也。」○元誥按：汾陽當今山西汾陽縣治，漢爲汾州府，後魏爲汾州。汾水所出，地在汾水之陽，故曰汾陽。在汾水之陰者曰汾陰，亦爲縣治。丕鄭與我矣，○宋庠本「丕鄭」上有「嬖大夫」三字。

吾命之以負蔡之田七十萬。負蔡，晉地名。○宋、董本蔡並作「葵」。君苟輔我，蔑天命矣，蔑，無也。無復天命，言在秦也。吾必遂矣！遂，成也。亡人苟入，掃宗廟，定社稷，亡人何國之與有，言但得守宗廟、社稷，不敢望國土。君實有郡縣，言君亦自有郡縣，非謂之無也。○汪遠孫曰：「此言晉國猶秦之郡縣耳。燕策，張儀謂燕王曰：『今時趙之於秦，猶郡縣也。』義與此同。韋解迂曲。逸周書作雒解：『千里百縣，縣有四郡。』內傳哀二年趙簡子誓曰：『克敵者，上大夫受縣，下大夫受郡。』此云郡縣者，順文言之。」且入河外列城五。河外，河東也。列城五，東盡虢略，南及華山，內及解梁城也〔五八〕。○元誥按：國策秦策：「入其社稷之臣於秦。」高注云：「入，納也。」此「入」與彼同義。豈謂君無有，亦爲君之東遊津梁之上，無有難急也。津，水也。梁，橋也。非謂君無有若此地者〔五九〕，欲使君東遊津梁之上無有難急，故進之也。○元誥按：爲讀去聲。亡人之所懷挾纓纕以望君之塵垢者〔六〇〕，挾，持也。纓，馬纓也。纕，馬腹帶也。言塵垢不敢當盛也〔六一〕。○宋庠本纓纕作「嬰瓖」，注同。陳奐曰：「宋作非是。纓即繁纓之纓，韋解『纓』爲馬纓，謂但有纓而不下垂者；解『纕』爲馬腹帶，帶以革爲之，故其字作糸旁。」吳曾祺曰：「懷挾纓纕，言所懷挾之物以進於君者〔六二〕，將以備纓纕之用。」黃金四十鎰，白玉之珩六雙，二十兩爲鎰。珩，佩上飾也。珩形似磬而小，詩傳曰：「上有蔥珩，下有雙璜。」（元誥按：詩傳爲韓詩傳。蔥珩，大戴禮本作「雙珩」。）○朱駿聲曰：「珩者，佩首橫玉，所以繫組。組有三，中組之末，其玉曰衡牙，左右組之末，其玉曰璜。而璜、珠、琚、瑀，則貫於珩之下，雙璜衡牙之上。」陳奐曰：「珩與衡通。凡玉佩，上有雙衡，衡長五寸〔六三〕，博一寸。玉藻，『天子佩白玉』，天子白珩也；『公侯佩山玄玉』，諸侯幽珩也；『大夫佩水蒼玉』，大夫蔥珩也。此其等次也。」元誥按：珩用必雙，故此以雙計。字從玉從行，所以飾佩節行步也。鎰，文選枚乘七發注引賈逵曰：「二十四兩。」廣韻引國語注亦同。（原本脱「注」字。）焦循謂：「以孫子算經五經算術推之，一鎰當是二十兩。」不敢當公子，請納之左右。」公子，公子縶也。言左右，謙也。○元誥按：當，任也。不敢任，猶言不敢煩也。公子縶反，致命穆公。穆公曰：「吾與公子重耳，重耳仁。再拜不稽首，不役爲後也。役，貪也。○宋庠本役作「没」，非。起而哭，愛其父也。○明道本「父」下有「孝」字。退而不私，不役於利也。」不役，不貪。利，國家也。公子縶曰：「君之言過矣。君若求置晉君而載之，載，成也。置仁不亦可乎？君若求置晉君以成名於天下，成威名也。則不如置不仁以猾其中，猾，亂也。且可以進退。進退，猶改易也。臣聞之：『仁有置，武有置。仁置德，武置服。』」仁置有德，武置服從。是故先置公子夷吾，是爲惠公。

9 穆公問冀芮曰：「公子誰恃於晉？」對曰：「臣聞之，亡人無黨，有黨必有讎。有與爲黨，必有與爲讎。言無黨，則必無讎也。夷吾之少也，不好弄戲，不過所復，不過差也。○吴曾祺曰：「謂人以非道加之，雖有所復，不敢過也。」怒不及色，無色過也。及其長也弗改。是故出亡無惡於國，○明道本無「是」字。惡作「怨」。而衆安之。不然，夷吾不佞，其誰能恃乎？」佞，才也。言無恃，則恃秦也。○吴曾祺曰：「謂無所恃也。」君子曰：「善以微勸。」○明道本有「也」字。

校記

〔一〕謀，謀弑公也　脱一「謀」字，據各本補。

〔二〕彊，彊禦也　二「彊」字間衍「謂」字，據各本删。

〔三〕雖欲有退　「有」字脱，據各本補。

〔四〕古來、矣同部　「來」字脱，據國語發正補。

〔五〕凡牲，一爲特　「一」、「特」二字互倒，據各本改。

〔六〕兹，此。此，里克也　脱一「此」字，據公序本補。

〔七〕其母既死，其子又有謗　「有」字脱，據各本補。

〔八〕僖四年左傳　「僖四年」誤作「閔二年」，據左傳改。

〔九〕往言不可及也　「言」誤作「者」，據各本改。

〔一〇〕謂其無忌憚之心已固　「憚」字脱，據經義述聞補。

〔一一〕固不可謂之君　「固」誤作「故」，據群經平議改。

〔一二〕從君與咈君　「咈君」下衍「是讀殺爲弑」五字，據群經平議删。

〔一三〕難，殺申生　「殺」字脱，據各本補。

〔一四〕 鳩，運日也 「運日也」原從明道本作「毒也」，據公序本改。黄丕烈札記云：「應從別本作運日。」

〔一五〕 僖四年左傳 「僖四年」誤作「閔二年」，據左傳改。

〔一六〕 小臣，官名，掌陰事陰命 「命」誤作「令」，據各本改。

〔一七〕 新爲大子城之 「之」字脱，據公序本補。明道本作「也」。

〔一八〕 則廣焉能棄之矣 「棄」誤作「弁」，據群經平議改。

〔一九〕 謂若吳公子札之棄其室而耕也 「子」字脱，據群經平議補。

〔二〇〕 誰鄉而入，入誰國也 「誰鄉而入」，公序本作「當趨鄉誰」，明道本作「當趨誰鄉」，此據國語考異校改而未作説明。

〔二一〕 有父忍自殺之，況能愛國人乎 「人」字脱，據各本改。

〔二二〕 今據王引之説删 「王引之」誤作「王念孫」，據經義述聞改。

〔二三〕 閹，閹士也 二「閹」字間衍「謂」字，據各本删。

〔二四〕 夷吾逃於梁 「夷吾」二字脱，據各本補。

〔二五〕 公使寺人披伐蒲城 「公」字脱，據各本補。

〔二六〕 望大，望諸侯朝貢 「侯」字脱，據各本補。

〔二七〕且以監諸侯之爲　「侯之爲」三字誤作「耳」，據各本改。

〔二八〕驪姬至秦乞援　「姬」誤作「吾」，據群經平議改。

〔二九〕環，還也　「環」字脱，據各本補。

〔三〇〕虢公夢在廟　此句原連上文，今分段提行。

〔三一〕使國人賀夢　「夢」誤作「之」，據各本改。

〔三二〕欲轉吉之　「吉」誤作「言」，據各本改。

〔三三〕行，去也　此三字脱，據各本補。

〔三四〕宫之奇諫而不聽　「而不聽」三字誤作「曰」，據各本改。

〔三五〕謂假晉道以伐虢也　「假晉」二字誤倒，據公序本改。明道本脱「晉」字。

〔三六〕伏辰，辰在龍尾，隱而未見　二「辰」字皆脱，「未」誤作「不」，據公序本補改。明道本少一「辰」字。

〔三七〕近日月之貌也　「月」字脱，據各本補。

〔三八〕則尾、箕之閒也　「也」字脱，據國語發正補。

〔三九〕凡屋，通以瓦蒙之曰甍　「曰甍」二字脱，據國語發正補。

〔四〇〕今晉侯不量齊德之豐否　「晉」誤作「齊」，據各本改。

〔四一〕桓公復會諸侯於淮　「侯於」二字脱，據各本補。

〔四二〕三公子，申生、重耳、夷吾　「夷」誤作「奚」，據各本改。

〔四三〕是死吾君而殺其孤也　「殺」誤作「死」，據國語發正改。

〔四四〕於重耳、夷吾二公子中擇立一人　「子」字脱，據群經平議補。

〔四五〕楚令尹子元欲蠱文夫人　「子元」二字脱，據經義述聞補。

〔四六〕使君迷亂　「君」誤作「之」，據各本改。

〔四七〕恐其如壅大川，潰而不可救禦也　「潰」字脱，據各本補。

〔四八〕子盍入乎　「乎」字脱，據各本補。

〔四九〕是哀樂喜怒之節易也　「是哀」二字脱，據各本補。

〔五〇〕蒲城午，晉大夫也　「午」誤作「吾」，據各本改。

〔五一〕元誥按　「按」字脱，依文例補。

〔五二〕秦親晉，故欲之秦請所立　「之秦」二字脱，據明道本補。公序本無此二字。

〔五三〕鎮撫其國家及其民人　「民人」二字誤倒，據各本改。

〔五四〕以爲朝夕之急？（言晉無君，朝夕之急也。）　正文六字及注文九字皆脱，據各本補。

〔五五〕此當以十二字共爲一句　「二」誤作「三」，據群經平議改。

〔五六〕穆公但謀所使　原作「穆公但謀所立，不謀所使」，衍「所立不謀」四字，據群經平議删。

〔五七〕我以僥倖　「以」誤作「亦」，據各本改。

〔五八〕内及解梁城也　「城」字脱，據各本補。

〔五九〕非謂君無有若此地者　「者」字脱，據各本補。

〔六〇〕以望君之塵垢者　「垢」誤作「埃」，據各本改。

〔六一〕言塵垢不敢當盛也　「垢」誤作「埃」，據各本改。

〔六二〕言所懷挾之物以進於君者　「所」下衍「以」字，據國語韋解補正删。

〔六三〕上有雙衡，衡長五寸　脱一「衡」字，據國語發正補。

國語集解

吉水徐元誥學

晉語三第九

1惠公入而背外內之賂。惠公，獻公庶子、重耳之弟惠公夷吾也。外，秦也。內，里、丕也。輿人誦之輿，衆也。不歌曰誦。○陳瑑曰：「誦有怨謗之意。韋注於義未備。」曰：「佞之見佞，果喪其田。僞善爲佞。佞，謂里、丕受惠公賂田而納之。見佞，謂惠公入而不予也。果，猶竟也。喪，亡也。○汪遠孫曰：「佞，古讀如年，與田協韻。」詐之見詐，果喪其賂。詐，謂秦以詐立惠公，不置德而置服也。見詐，謂惠公入而背之也。○汪遠孫曰：「詐，古讀如族，與賂協韻。」得國而狃，終逢其咎。謂惠公也。狃，忕也。咎，謂敗於韓。○明道本國作「之」。喪田不懲，禍亂其興。」謂丕鄭也。不得田，不懲艾，復欲與秦共納重耳，惠公殺之。既里、丕死禍〔一〕，既，已也。惠公二年春，殺里克；秋，殺丕鄭。禍，謂貪惏之禍也。○元誥按：「禍」字舊屬下讀，今依攷正移正，謂死於禍也。公隕於韓。秦伐晉，戰於韓，獲惠公以歸，隕其師徒，在魯僖十五年。郭偃曰：「善哉！夫衆口禍福之門，偃，晉大夫。善輿人之誦豫知之，故云「衆口禍福之門」。是以君子省衆而動，動，行也。監戒而謀，謀度而行，監，察也。度，揆也。察衆口以爲戒，謀事揆義乃行之。故無不濟。內謀外度，考省不倦，考，校也。日考而習，戒備畢矣。」日自考省，習而行之。戒備之道，畢於是矣。

2惠公即位，出共世子而改葬之，臭達於外。共世子，申生也。獻公時，申生葬不如禮，故改葬之。惠公烝於獻公夫人賈君，故申生臭達於外，不欲爲無禮者所葬。唐以賈君爲申生妃，非也。傳曰：「獻公娶於賈，無子。」國人誦之曰：「貞之無報也。孰是人斯，而有是臭也？賈、唐云：「貞，正也。謂惠公欲以正禮改葬世子，而不獲吉報也。孰，誰也。斯，斯世子也。誰使是人有是臭者，言惠公使之也。」或云「貞謂申生也」，與下相違，似非也。貞爲不聽，以正葬之，而不見聽。信爲不誠，信心行之，而不見誠。國斯無刑，偷居倖生，刑，法也。言惠公偷竊居位，僥倖而生。不更厥貞，大命其傾〔二〕。不變更其正，大命將傾。傾，危也。○王引之曰：「不變更其正，則當爲鬼神所祐矣，何以大命反傾乎？韋説非也。今案：更者，償也，報也。（淮南詮言篇：『功之成也，不足更責。』高注云：『更，償也。』呂氏春秋有報更篇，所言皆報德之事。）上文『貞之無報也』，賈、唐云：『貞，正也。謂惠公欲以正禮改葬世子，而不獲吉報也。』此云『不更厥貞』，亦謂不報厥貞也。行正禮而不償以吉祥，則鬼神之不祐可知矣。下文遂曰『大命其傾』也。」威兮懷兮，威，畏也。懷，思也。言國人畏惠公，思重耳。○汪遠孫曰：「言畏重耳之威，懷重耳之德也。韋注誤。」各聚爾有，以待所歸兮。爾有，所有也。猗兮違兮，心之哀兮。倚，歎也。違，去也。言民心欲去其上，安土重遷，故心哀之。○汪遠孫曰：「漢書孔光傳：『猗違者數載。』顏注云：『猗違，猶依違耳。』如注云：『不決事之言也。』韋玄成傳：『依違者一年。』猗、依一聲之轉。猗兮違兮，心之哀兮〔三〕，言欲歸重耳而不能決，故心哀也。韋注誤。」歲之二七，其靡有微兮。二七，十四歲後也。靡，無也。無有微者亦亡，謂子圉。○黃丕烈曰：「此以威、懷、歸、猗、違、哀、微、依、妃爲韻。韋解『無有微者亦亡，謂子圉』，是讀微爲尾而解之也。微、尾古同字，孳尾爲字微〔四〕，微生爲尾生，皆其證也。劉向列女辨通傳云：『有龍無尾者，無太子也。』亦以尾爲子，義與此同矣。」元誥按：明道本微作「徵」，注同。吳曾祺謂：「方言：『靡，滅也。』言其滅亡有徵也。玩下文『其替』句，亦訓『滅』，可證韋注欠明析。別本徵作『微』，亦非。」茲仍從宋庠本作「微」。若狄公子，吾是之依兮。謂重耳。鎮撫國家，爲王妃兮。」言重耳當伯諸侯，爲王妃偶。○宋庠曰：「妃音滂佩反。又有后妃之妃，字一而音不同。妃與配義一也。」元誥按：妃爲配義，而音則當協后妃之妃。

郭偃曰：「甚哉，善之難也！難，難爲也。君改葬共君以爲榮也，而惡滋章。夫人美於中，必播於外而越於民，民實戴之。美，善也。播，布也。越，揚也。戴，欣戴也。言有善於中心，必播於外，揚於民也。惡亦如之。故行不可不慎也，必或知之。或知，下民必知其善否也。十四年，君之冢嗣其替乎！冢嗣，太子也。替，滅也。其數告於民矣〔五〕。數，謂二七。公子重耳其入乎！其魄兆於民矣。魄，形也。兆，見也。若入，必伯諸侯以見天子，其光耿於民矣。耿，猶昭也。數，言之紀也。謂言者紀其數也。魄，意之術也。意，民之志也。術，導也。魄兆見而民志隨之。○俞樾曰：「術，當爲『述』。下文『述意以導之』，即承此文而言，可知術爲述之假字矣。魄所以傳述其意，故曰意之述也。韋訓爲『導』，失之。」元誥按：關尹子云：「因意有魄。」是魄所以述意。述、術古通用。師古注漢書：「述，道徑也。」是以述爲術矣。光，明之曜也。紀言以敘之，敘，述也。述意以導之，導，開導也。明曜以昭之，不至何待？欲先導者行乎〔六〕，先導，謂重耳導引者可行也。將至矣！」

3惠公既殺里克而悔之，曰：「芮也，使寡人過殺我社稷之鎮。」芮，冀芮也。鎮，重也。郭偃聞之，曰：「不謀而諫者，冀芮也。不先爲君謀而諫，使君殺里克者，冀芮也〔七〕。不圖而殺者，君也。言不與人謀而殺里克者，君之過也〔八〕。不謀而諫，不忠。不圖而殺，不祥。不忠，受君之罰。言君當加罰也。不祥，罹天之禍。受君之罰〔九〕，死戮。戮，辱也。言死且有辱。罹天之禍，無後。無後嗣也。志道者勿忘，將及矣！」志，識也。及，至也。勿忘此占，言禍將至也〔一〇〕。及文公入，文公，重耳。秦人殺冀芮而施之。冀芮既納文公而悔，將殺之。文公知之，潛會秦伯於王城。冀芮焚公宮，求公不得，遂如河上。秦伯誘而殺之。陳尸曰施。○陳瑑曰：「施、尸同音同義。尸本訓『陳』，左傳：『楚武王荆尸。』謂陳尸於荆也。」

4惠公既即位，○宋庠本脱「既」字。乃背秦賂。使丕鄭聘於秦，且謝之。謝不時也。而殺里克，曰：「子殺二君與一大夫，二君，奚齊、卓子。一大夫，荀息。爲子君者，不亦難乎？」丕鄭如秦謝緩賂，緩，遲也。乃謂穆公曰：「君厚問以召呂甥、郤稱、冀芮而止之，問，遺也，以厚禮問遺。此三人皆晉大夫，來因留止也。○元誥按：明道本注作「止，留也。問，聘也。謂報丕鄭之聘。」下九字是錯簡。以師奉公子重耳，○元誥按：謂假重耳以兵。臣之屬內作，晉君必出。」屬，七輿大夫也。必出，惠公必出奔也。穆公使泠至報問，泠至，秦大夫也。報問，報丕鄭之聘，且問遺呂甥之屬。且召三大夫。鄭也與客將行，客，泠至也。將行，行聘事也。○明道本「將行」下衍「事」字，注同。冀芮曰：「鄭之使薄而報厚，薄，禮幣少。其言我於秦也，必使誘我。弗殺，必作難。」不殺鄭，必作難於我。是故殺丕鄭及七輿大夫：七輿，申生下軍之衆大夫也。○僖十年左傳孔疏引服虔曰：「下軍之輿帥七人，屬申生者。襄二十三年下軍輿帥七人。往前申生將下軍，今七輿大夫爲申生報怨。」共華、賈華、叔堅、騅歂、纍虎、特宮、山祁，○舊音曰：「共音恭。歂音遄。」皆里、丕之黨也〔一一〕。丕豹出奔秦。豹，丕鄭子。丕鄭之自秦反也〔一二〕，聞里克死，見共華曰：「可以入乎？」共華曰：「二三子皆在而不及，二三子，七輿大夫也。不及，謂罪不及也。○明道本「在」下衍「外」字。子使於秦，可哉。」可，可以入也。丕鄭入，君殺之。共賜謂共華共賜，華之族，晉大夫。曰：「子行乎？其及也！」行，去也〔一三〕。其及，將見及也。共華曰：「夫子之入，吾謀也，將待也〔一四〕。」言已誤丕鄭，將待禍及也。○元誥按：夫音扶，夫子，猶言此人也，指丕鄭〔一五〕。賜曰：「孰知之？」共華曰：「不可。知而背之不信，謀而困人不智，謀不中爲困。困而不死無勇。任大惡三，行將安入？任，荷也。子其行矣，我姑待死。」子，共賜。丕鄭之子曰豹，出奔秦，謂穆公曰：「晉君大失其衆，背君賂，殺里克，而忌處者，衆固不說。忌，惡也。處者，國中大夫也。○元誥按：說與悅同。今又殺臣之父及七輿大夫，此其黨半國矣。君若伐之，其君必出。」穆公曰：「失衆安能殺人？言晉君失衆，焉能使衆殺爾父？○元誥按：明道本注作「人，謂里、丕及七輿大夫。」且夫禍唯無斃，斃，死也。罪不至死，則不爲亂。○吳曾祺曰：「謂禍無大於死。」足者不處，罪足以死，則不處國。處者不足，處國者不足以死也。勝敗若化。化，言轉化無常也。猶丕鄭欲殺君，君反殺之。以禍爲違，孰能出君？違，去也。謂丕豹以禍故而去其國，誰能出君乎？爾俟我。」俟，待也，待我圖之。

5 晉饑，穀不熟曰饑。在魯僖十三年。乞糴於秦。丕豹曰：「晉君無禮於君，衆莫不知。無禮，背賂也。往年有難，今又荐饑，難，謂殺里、丕之黨。仍饑曰荐。已失人，又失天，其殃也多矣。失人，里克也。失天，荐饑也。君其伐之，勿予糴。」公曰：「寡人其君是惡〔一六〕，其民何罪？天殃流行，國家代有。代，更也。補乏薦饑，道也，不可以廢道於天下。」薦，進也。謂公孫枝曰：「予之乎？」枝，子桑也。公孫枝曰：「君有施於晉君，晉君無施於其衆〔一七〕。今旱而聽於君，其天道也。聽，聽命於君。君若弗予，而天予之，予之年。苟衆不說，其君之不報也則有辭矣。苟使晉衆不悦惠公不報秦施，今不予糴，則晉得以爲辭，故不可不予。○王念孫曰：「韋以『苟衆不說其君之不報也』作一句讀，非也。『苟衆不說』爲句。不說，謂不說秦也，言秦不予糴，則晉衆不說。（下文曰：『不若予之，以說其衆〔一八〕。』）晉衆不說，則其君之不報施有辭也。若以不說爲不說惠公，則不得言其君有辭矣。」元誥按：王說是，今從之。不若予之，以說其衆。衆說，必咎其君。其君不聽，然後誅焉。雖欲禦我，誰與？」是故氾舟於河，歸糴於晉。氾，浮也。歸，不反之辭。秦饑，公令河上輸之粟。河上，所許秦五城也。虢射曰：「弗予賂地而予之糴，虢射，晉大夫。無損於怨而厚於寇，厚，猶彊也。不若勿予。」公曰：「然。」慶鄭曰：「不可。慶鄭，晉大夫。已賴其地，而又愛其實，賴，贏也。實，穀也。○吳曾祺曰：「賴，貪賴也，不訓『贏』。」元誥按：當償不償曰賴，今猶有「賴債」語。忘善而背德，雖我必擊之。我當秦處，亦將擊晉。弗予，必擊我。」公曰：「非鄭之所知也。」遂不予。

6 六年，秦歲定，惠公六年，魯僖公十五年。定，安也，穀熟則民安。○汪遠孫曰：「淮南天文訓：『秋分蕈定，蕈定而禾熟。』高注云：『定者，成也。』禮玉藻：『年不順成。』定，謂順成也。韋注失之迂。」帥師侵晉，至於韓。韓，晉地韓原。○吳曾祺曰：「史記晉世家索隱曰：『韓原在馮翊夏陽北二十里。』今陝西韓城縣是。」元誥按：莊二十九年左傳：「凡師有鐘鼓曰伐，無曰侵。」公謂慶鄭曰：「秦寇深矣，奈何？」深，入境深也。一曰：「深，猶重也。」慶鄭曰：「君深其怨，能淺其寇乎？非鄭之所知也，君其訊射也。」訊，問也。射，虢射。○元誥按：虢射主弗與糴故。公曰：「舅所病也？」病，短也。諸侯謂異姓大夫曰舅。○吳曾祺曰：「謂鄭素以負秦爲病。」元誥按：也與耶通。卜右，慶鄭吉。右，公戎車之右。公曰：「鄭也不遜。」言不順，不可以爲車右。以家僕徒爲右，家僕徒，晉大夫。○元誥按：家僕徒世系無攷。家，姓。僕徒，名。漢有家羡，宋有家鉉翁。步揚禦戎。步揚，晉大夫。御戎，御公戎車也。○僖十五年左傳杜注：「步揚，郤犨之父。」梁由靡御韓簡，由靡，晉大夫。韓簡，晉卿韓萬之孫。虢射爲右，爲簡車右。以承公。承，次也，次公車。公禦秦師，令韓簡視師，○元誥按：視秦師也。曰：「師少於我，鬭士衆。」欲鬭者衆。公曰：「何故？」簡曰：「以君之出也處己，己，秦也。處己，在梁依秦。入也煩己，爲秦所立。饑食其糴，三施而無報，故來。今又擊之，秦莫不慍，慍，怒也。晉莫不怠，受其施而怠惰。鬭士是故衆。」公曰：「然。今我不擊，歸必狃。狃，忕也。不擊而歸，秦必狃忕而輕我。一夫不可狃，況國乎！」○明道本「況」上有「而」字。公令韓簡挑戰，先挑敵求戰。曰：「昔君之惠也，寡人未之敢忘。寡人有衆，能合之，弗能離也。弗能離，言衆欲戰。君若還，寡人之願也。君若不還，寡人將無所避。」穆公衡彫戈出見使者，衡，横也。彫，鏤也。戈，戟也。○元誥按：彫、雕古通用。曰：「昔君之未入，寡人之憂也。君入而列未成，寡人未敢忘。列，位也。今君既定而列成，君其整列，寡人將親見。」若云朝見，實欲戰也。○宋庠本親作「身」。客還，○元誥按：客，韓簡。公孫枝進諫曰：「昔君之不納公子重耳而納晉君，是君之不置德而置服也。置而不遂，擊而不勝，遂，成也。其若爲諸侯笑何？君盍待之乎？」待其亂，將自斃。穆公曰：「然。昔吾之不納公子重耳而納晉君，是吾不置德而置服也。然公子重耳實不肯，吾又奚言哉？殺其內主，謂里、丕也〔一九〕。背其外賂，外，秦也。彼塞我施，若無天乎？」○宋庠本「乎」下有「云」字，明道本脱。韋注曰：「云，言也。晉所行，若言無有天也。」是斷「云」字上屬爲句。王念孫曰：「『若無天乎云』，文不成義，且與下二句不相聯屬。蓋『云』字當在下文『若』字下，而以『若無天乎』爲一句，『若云有天』爲一句。魏志公孫淵傳：『若無天乎，臣一郡吉凶尚未可知；若云有天，亦何懼焉。』『若無天乎』、『若云有天』，皆用晉語文。蓋所見本『云』字在『若』字下也。穆公之意，以爲若無天，則勝負尚未可知；若有天，則吾必勝之也。不更贅一語者，下文明言『若云有天，吾必勝之』，義見於下，故文省於上也。晉語記申生之言曰：『伯氏不出，奈吾君何？伯氏苟出而圖吾君，申生受賜以死，雖死何悔！』檀弓記其言則曰：『伯氏不出而圖吾君。伯氏苟出而圖吾君，申生受賜而死。』『伯氏不出而圖吾君』之下不更贅一語，亦是義見於下而文省於上也。」吳曾祺曰：「此句謂『無天』，則已引起下二語。」元誥按：「云」

字錯簡也，韋屬上讀，固非。即屬下作「云若有天」，亦誤。今據王說移正。若云有天，吾必勝之。」天道助順，故必勝也。○俞樾曰：「古本蓋止作『若云天，吾必勝之。』云即有也。廣雅釋詁曰：『云，有也。』文二年公羊傳曰：『大旱之日短而云災，故以災書此。不雨之日長而無災，故以異書也。』『云災』、『無災』相對成文，『云災』即有災也。此傳以『若無天』、『若云天』相對成文，正與彼同。其作『若云有天』者，因云或作『有』，而傳寫誤合之也。」元誥按：云固可訓「有」，然亦爲語中助詞也。詩四月篇：「曷云能來。」僖十五年左傳曰：「歲云秋矣。」皆以云爲語助。此「云」猶是，故不從俞説删字。君揖大夫就車，○宋庠本揖作「輯」。君鼓而進之。晉師潰，戎馬濘而止。濘，深泥也。止，戎馬陷焉。公號慶鄭曰：「載我！」號，呼也。○元誥按：是時公乘小駟，墜泥中。慶鄭曰：「善忘而背德，又廢吉卜，卜右，慶鄭吉，公廢不用。何我之載？○元誥按：謂何必以我車載公。鄭之車不足以辱君避也！」避，避難也〔二〇〕。梁由靡御韓簡，輅秦公，輅，迎也。○元誥按：舊音：「輅，音訝。」説文：「訝，迎也。」今俗作「迓」。宣二年左傳：「宋狂狡輅鄭人。」注云：「輅，迎也。」是輅與訝古通用。將止之，慶鄭曰：「釋來救君！」亦不克救，○明道本下衍「君」字。遂止於秦。止，獲也，爲秦所獲。穆公歸，至於王城，王城，秦邑。○元誥按：路史國名紀：「王城，今河南皇城也，亦曰郟，至平王遂居之，曰東周，與秦之王城異。」注云：「秦之王城，乃僖十五年陰飴生會秦伯處〔二一〕，即大荔城，在今同州。」據此，本文之王城非郟鄏之王城矣。在今陝西大荔縣。合大夫而謀曰：「殺晉君〔二二〕。與逐出之，與以歸之，與復之，孰利？」○元誥按：內傳：「能左右之曰以。」公子縶曰：「殺之利。以爲臣子絶望。逐之恐搆諸侯，搆，交搆也。以歸則國家多慝，慝，惡也，恐知國家閒隙之惡。○吳曾祺曰：「韋注『閒隙』，當是指穆姬使大子罃、弘與女簡、璧登臺履薪之事〔二三〕。蓋公子縶知姬必庇晉侯，故請早除之。」復之則君臣合作，恐爲君憂，不若殺之。」公孫枝曰：「不可。恥大國之士於中原〔二四〕，○元誥按：戰敗晉師，是恥辱之也。又殺其君以重之，○元誥按：謂重其恥。子思報父之仇，臣思報君之讎。雖微秦國，天下孰弗患？」微，無也。雖無秦國，天下諸侯有害人君父者，孰不患疾？○吳曾祺曰：「微，獨也。不獨秦國患之，天下莫不以爲患。」元誥按：雖與惟通，發語詞也。文十七年左傳曰：「雖敝邑之事君，何以不免。」言惟敝邑之事君也。又曰：「雖我小國，則蔑以過之矣。」言惟我小國也。竝見經傳釋詞。此文「雖微秦國」，雖亦發語詞。微，非也。公孫枝之意，言非秦國患之而已，天下莫不以爲患也。「雖微秦國」下不贅一詞者，詳於下而省於上也。公子縶曰：「吾豈將徒殺之？徒，空也。吾將以公子重耳代之。晉君之無道莫不聞，公子重耳之仁莫不知。戰勝大國，武也。○元誥按：是時晉國雖止二軍，然本爲大國。殺無道而立有道，仁也。勝無後害，智也。」公孫枝曰：「恥一國之士，又曰余納有道以臨女，無乃不可乎？雖立有道，君父之恥未刷。○元誥按：本書汝皆作「女」。若不可，必爲諸侯笑。戰而取笑諸侯，○宋庠本無「取」字。不可謂武。殺其弟而立其兄，兄德我而忘其親，不可謂仁。若弗忘，是再施而不遂也，不可謂智。」君曰：「然則若何？」公孫枝曰：「不若以歸，以要晉國之成，要，結也。成，平也。復其君而質其適子，○元誥按：本書「嫡」皆作「適」〔二五〕。使子父代處秦，代，更也。國可以無害。」是故歸惠公而質子圉，子圉，惠公適子懷公。秦始知河東之政。秦取河東之地而置官司，故云知河東之政。在魯僖十五年。○元誥按：此即惠公許賂秦以河外列城五之地。

7公在秦三月，內傳：「惠公以九月獲，十一月歸。」〔二六〕聞秦將成，乃使郤乞告呂甥。郤乞，晉大夫。呂甥，瑕呂飴甥也。○僖十五年左傳〔二七〕杜注曰：「姓瑕呂名飴甥。」呂甥教之言，令國人於朝曰：「君使乞告二三子曰：『秦將歸寡人，寡人不足以辱社稷，二三子其改置以代圉也。』」欲令更命立他公子以代子圉，言父子避位以感動羣下。且賞以悅衆，衆皆哭，○僖十五年左傳〔二八〕杜注曰：「恐國人不從，故先賞之於朝。」焉作轅田。賈侍中云：「轅，易也。爲易田之法，賞衆以田，易疆界也。或云轅，車也。以田出車賦。」昭謂：此欲賞以悅衆，而言以田出車賦，非也。唐曰：「讓肥取墝也。」○汪遠孫曰：「內傳僖十五年：『晉於是乎作爰田。』焉，猶於也。於，即於是也。案：賈前說以轅爲易，與服注內傳同。惠氏補注云：『爰田者，猶哀公之用田賦也。外傳作「轅」，左氏多古字，故以爰爲轅。易田之法，本是周制，何云「作」也！漢書地理志：「孝公用商君，制轅田。」豈亦賞衆以田耶？外傳所云「賞衆」是一時之事，「爰田」是當日田制，改易之始，故特書之。』此用賈氏後說。」元誥按：僖內傳「晉於是乎作爰田」，杜注曰：「分公田之稅應入公者，爰之於所賞之衆。」是與賈、唐、韋諸說又不同。疑杜注是。呂甥致衆而告之曰：「吾君慙焉其亡之不恤，亡，謂在外。恤，憂也。○王引之曰：「慙之言憯也。說文：『憯，痛也。』小雅雨無正篇：『憯憯日瘁。』鄭箋曰：『憯憯，憂之。』楚辭九辯：『憯悽增欷。』王逸注曰：『愴痛感動，歎累息也。』古聲憯、慙相近。洪範『沈潛剛克』，文五年傳，潛作『漸』。是其例矣。內傳：『孤斬焉在衰絰之中。』斬亦讀爲慙。」而羣臣是憂，不亦惠乎？憂，謂改立君，賞羣臣，作轅田。君猶在外，若何？」衆曰：「何爲而可？」何所施爲可以還君〔二九〕?吕甥曰:「以韓之病,兵甲盡矣。病,敗也。若征繕以輔孺子,以爲君援,征,税也。言當賦税以繕甲兵,輔子圉以爲君援。○僖十四左傳杜注曰:「繕,治也。」雖四鄰之聞之也,○元誥按:雖與惟通,發語詞也。喪君有君,羣臣輯睦,兵甲益多,好我者勸,惡我者懼,庶有益乎!」衆皆説,○元誥按:「衆皆悦」與上「衆皆哭」互應。焉作州兵。二千五百家爲州,使州長各帥其屬繕甲兵。○元誥按:焉,猶於是也。吕甥逆君於秦,穆公訊之,訊,問也。○元誥按:逆,迎也。曰:「晉國和乎?」對曰:「不和。」公曰:「何故?」對曰:「其小人不念其君之罪,而悼其父兄子弟之死喪者,謂韓之戰敗也。不憚征繕以立孺子,曰:『必報讎,吾寧事齊、楚,齊、楚又交輔之。』交,夾也。○文選射雉賦李注引賈逵曰:「交,共也。」其君子思其君,且知其罪,曰:『必事秦,有死無他。』故不和。比其和之而來,故久。」○元誥按:比,及也,讀去聲。公曰:「而無來,○元誥按:而與爾、汝同。吾固將歸君。國謂君何?」對曰:「小人曰不免,君子則否。」公曰:「何故?」對曰:「小人忌而不思,忌,怨也。不思,不思大義。願從其君而與報秦,君,謂子圉。是故云。故言不免。其君子則否,曰:『吾君之入也,君之惠也。能納之,則能執之。○明道本脱此四字。能執之,則能釋之。德莫厚焉,惠莫大焉。納而不遂,廢而不起,以德爲怨,君其不然!』」秦君曰:「然。」乃改館晉君,改,更也。初,秦伯拘晉侯於靈臺,將復之,故更舍之於客館。饋七牢焉。牛羊豕爲一牢,饔餼七牢,侯伯之禮。

8 惠公未至,○元誥按:謂惠公尚未返晉時也。宋庠本脱「惠」字。蛾析謂慶鄭蛾析,晉大夫。曰:「君之止，子之罪也。止，獲也。今君將來，子何俟？」慶鄭曰：「鄭也聞之曰：『軍敗死之，將止死之。』二者不行，又重之以誤人，誤人，誤梁由靡，令君見獲也。而喪其君，有大罪三，將安適？適，之也。君若來，將待刑以快君志。君若不來，將獨伐秦，獨帥其屬。不得君，必死之。此所以待也。所以不去，待爲此也。臣得其志，志，謂出奔。而使君瞢，是犯也。瞢，慙也。犯，犯逆也。君行犯，猶失其國，而況臣乎？」公至於絳郊，聞慶鄭止，使家僕徒召之，曰：「鄭也有罪，猶在乎？」慶鄭曰：「臣怨君。始入而報德，不降；不自降下而背秦。○吳曾祺曰：「謂能報德，可以不降。『降』指乞糴之類。下『降而聽諫』義同。注謂『降心以聽』，非是。」元誥按：依下俞説爲是。降而聽諫，不戰；慶鄭諫公，使與秦糴，若公降心而聽之，可以不戰。○元誥按：依下俞説爲是。戰而用良，不敗。良，善也。卜右，慶鄭吉，不用，故乘鄭小駟。不用良，故敗。○俞樾曰：「此文當以『臣怨君』三字爲句。『始入而報德』三句，皆慶鄭所怨者也。韋解『降』字非是，降當讀爲閧。古降、共聲同，尚書禹貢篇『北過降水』，水經注引鄭注曰：『河内北共山，淇水、共水出焉，東至魏郡黎陽入河，近所謂降水也。』降當讀如『郕降於齊師』之降。蓋周時國於地者惡言『降』，故云『共』耳。此古人降、共同聲之證。『閧』字從共得聲，故可假降爲之。呂氏春秋察微篇：『吳、楚以北大隆。』隆乃閧之假字，大隆即大閧也。隆字從降得聲，然則降之爲閧，猶隆之爲閧矣〔三〇〕。孟子梁惠王篇：『鄒與魯閧。』音義引劉熙注曰：『閧，構也，構兵以鬬也。』閧、構雙聲，蓋以聲相訓。此文言閧又言戰，則閧正謂彼此構釁也。慶鄭之意，蓋言始入而報德，則不至於閧；閧而能聽諫〔三一〕，則不至於戰；戰而能用良，則不至於敗也。韋不明假借之旨，故失其解耳。」既敗而誅，又失有罪，若鄭出亡，是失有罪。不可以封。○各本「封」下有「國」字，韋注曰：「不可以守封國。」俞樾曰：「『國』字衍文也。不可以封，即不可以國。楚語曰：『其生不殖，不可以封。』韋彼注云：『封，國也。』得其義矣。此作『不可以封國』者，蓋一本作『封』，一本作『國』，而傳寫誤合之也。韋據誤本作注，失之矣。下文『文公在翟』章亦曰：『恥門不閉，不可以封』，可證此『國』字之爲衍文。楚語：『叔段以京患嚴公（三二），鄭幾不封。』猶言幾不國也。又曰：『民多闕，則有離畔之心，將何以封矣。』猶言將何以國也。竝其證。」元誥按：俞說是，今删。臣是以待即刑，○元誥按：即，就也。以成君政。」君曰：「刑之！」慶鄭曰：「下有直言，臣之行也。行，道也。上有直刑，君之明也。言刑殺得正，此人君之明（三三）。臣行君明，國之利也。君雖弗刑，必自殺也。」蛾析諫曰：「臣聞之，○明道本無「諫」字、「之」字。奔刑之臣，奔，趣也。不若赦之以報讎。君盍赦之，以報於秦？」梁由靡曰：「不可。我能行之，秦豈不能？能行之，謂能赦罪以報讎也。秦豈獨不能乎？且戰不勝，而報之以賊，不武；出戰不克，入處不安，不智；出戰不克，謂韓時也。入處不安，謂今也。欲復伐秦，故不得安。成而反之，不信；成，平也。與秦始平，而又反之，不信。失刑亂政，不威。有罪不殺爲失刑，失刑則政亂，政亂則威不行。出不能用，入不能治，敗國且殺孺子，孺子，子圉也。秦復惠公而質子圉，若伐秦，必殺之。不若刑之。」君曰：「斬鄭，無使自殺。」家僕徒曰（三四）：「有君不忌，有臣死刑，忌，怨也。○吳曾祺曰：「家僕徒勸不殺慶鄭，謂君能不宿怨，是不忌；鄭不去而待死，是死刑。比刑慶鄭爲賢也。」其聞賢於刑之。」○元誥按：聞，讀去聲，令聞也。梁由靡曰：「夫君政刑，是以治民。不聞命而擅進退，犯政也；言慶鄭擅進退也〔三五〕。快意而喪君，犯刑也。○宋庠本無「而」字。鄭也賊而亂國，不可失也！且戰而自退，退而自殺，臣得其志，君失其刑，後不可用也。」不可復用戰也。君令司馬説刑之。司馬，軍司馬，説其名。司馬説進三軍之士而數慶鄭曰：「夫韓之誓曰：『失次犯令，死；次，行列也。令，軍令也。將止不面夷，死；將，帥也。止，獲也。夷，傷也。僞言誤衆，死。』今鄭失次犯令，而罪一也；鄭擅進退，而罪二也；女誤梁由靡，使失秦公，而罪三也；君親止，女不面夷，而罪四也。○元誥按：二「女」字皆與汝同。鄭也就刑！」慶鄭曰：「説！○元誥按：謂尚有説也，即下所云。三軍之士皆在，皆在此也。有人坐待刑，而不能面夷，言我能坐待死，而不能面夷乎？怨君不用忠言，忘善背德〔三六〕。趣行事乎！」趣司馬行其刑也。○宋庠曰：「趣，宜讀爲促。曹參傳『告舍人趣治行』。顔師古音曰『促』是也。」丁丑，○元誥按：丁丑，月二十九日也，爲惠公六年九月二十九日，值魯僖十五年十一月二十九日也。斬慶鄭，乃入絳。○僖十五年左傳林注曰：「以見其忌刻終不化也。」十五年，惠公卒，○元誥按：惠公卒於十五年七月，時魯僖二十三年九月也。懷公立。懷公，子圉也。魯僖二十二年自秦逃歸。秦乃召重耳於楚而納之。晉人殺懷公於高梁，高梁，晉地。○吳曾祺曰：「高梁，今山西臨汾縣東三十七里。」而授重耳，實爲文公。○元誥按：實與寔通，詩小星篇：「實命不同。」韓詩實作「寔」，寔者，是也。桓六年經：「寔來。」公羊傳：「寔來者何？猶曰是人來也。」

校記

〔一〕既里、丕死禍　「丕」誤作「克」，據各本改。

〔二〕大命其傾　「其」誤作「是」，據各本改。

〔三〕心之哀兮　「心」上衍「言」字，「兮」誤作「也」，據國語發正改。

〔四〕孳尾爲字微　「字」誤作「孳」，據黄丕烈明道本國語札記改。

〔五〕其數告於民矣　「民」誤作「我」，據各本改。

〔六〕欲先導者行乎　「行乎」二字脱，據各本補。

〔七〕不先爲君謀而諫，使君殺里克者，冀芮也　此十六字爲韋解，在正文「冀芮也」之下，而錯在上文韋解「冀芮也」之下，據公序本改正。

〔八〕君之過也　「之過」二字脱，據公序本補。

〔九〕受君之罰　「罰」誤作「禍」，據各本改。

〔一〇〕言禍將至也　「言」誤作「將」，據公序本改。

〔一一〕皆里、丕之黨也　「丕」誤作「克」，據各本改。

〔一二〕丕鄭之自秦反也　「反」字脱，據各本補。

〔一三〕行，去也　「也」字脱，據各本補。

〔一四〕將待也　此從明道本，公序本「也」作「及」，國語考異兩存之。

〔一五〕指丕鄭　此句下有「宋庠本『待』作『及』，非」七字，按公序本無此文，故從删。

〔一六〕寡人其君是惡　「人」誤作「君」，據各本改。

〔一七〕君有施於晉君，晉君無施於其衆　二「晉君」之「君」字皆脱，據各本補。

〔一八〕不若予之，以説其衆　「之」下衍「羅」字，據經義述聞删。

〔一九〕謂里、丕也　「丕」誤作「克」，據各本改。

〔二〇〕避，避難也　下「避」字誤作「逃」，據各本改。

〔二一〕秦之王城，乃僖十五年陰飴生會秦伯處　「僖」誤作「昭」，據左傳改。

〔二二〕殺晉君　「晉」誤作「秦」，據各本改。

〔二三〕穆姬使大子罃、弘與女簡、璧登臺履薪之事　「穆」誤作「穰」，據國語韋解補正改。

〔二四〕恥大國之士於中原　「大國」誤作「國家」，據各本改。

〔二五〕本書「嫡」皆作「適」　「書」字空格，依文義補。

〔二六〕內傳：「惠公以九月獲，十一月歸。」　「傳」下衍「云」字，「十一月」誤作「十二月」，據各本删改。

〔二七〕僖十五年左傳　「五」誤作「四」，據左傳改。

〔二八〕僖十五年左傳　「五」誤作「四」，據左傳改。

〔二九〕何所施爲可以還君　「何」前衍「謂」字，「所」、「爲」二字脱，據各本删補。

〔三〇〕然則降之爲閔，猶隆之爲閔矣　「隆」誤作「降」，據群經平議改。

〔三一〕閔而能聽諫　「聽」字脱，據群經平議補。

〔三二〕叔段以京患嚴公　「患」誤作「犯」，據群經平議改。

〔三三〕此人君之明　「此」誤作「則」，據各本改。

〔三四〕家僕徒曰　「徒」字脱，據各本補。

〔三五〕言慶鄭擅進退也　「進」字脱，據公序本補。「也」字從明道本，公序本無。

〔三六〕怨君不用忠言，忘善背德　「言」字脱，據公序本補。

國語集解

晉語四第十

吉水徐元誥學

1 文公在狄十二年，文公，晉獻公庶子重耳，避驪姬之難，魯僖五年，歲在大火，自蒲奔狄，至十六年，歲在壽星，故在狄十二年。狐偃曰：「日，吾來此也，狐偃，文公舅子犯也。日，往日。非以狄爲榮，可以成事也。榮，樂也。成事，成反國之事。○錢大昕曰：「榮與懷雙聲，言非懷安於狄也。」吾曰『奔而易達，達，至也。○元誥按：「吾曰」，乃狐偃自述往日有此言。困而有資，資，財也。休以擇利，可以戾也』。休，息也。戾，定也。今戾久矣，戾久將底，底，止也。○汪遠孫曰：「底，當作『厎』，職雉切。下同。爾雅：『厎，止也。』」底著滯淫，著，附也。滯，廢也。淫，久也。誰能興之？興，起也。盍速行乎！吾不適齊、楚，避其遠也。蓄力一紀，可以遠矣。蓄，養也。十二年歲星一周爲一紀〔一〕。○元誥按：可以遠，謂可以遠行。齊侯長矣，而欲親晉。齊侯，桓公。長，老也。是歲，桓公爲淮之會，明年而卒。管仲歿矣，多讒在側。歿，終也。讒，謂易牙、豎貂之屬。謀而無正，衷而思始。無正，無正從也。衷，中也。中道思其初時。○吳曾祺曰：「無正，無可就正也。衷，中心也，即『天誘其衷』之衷。」夫必追擇前言，求善以終，前言，管仲忠善之言。厭邇逐遠，遠人入服，不爲郵矣。邇，近也。逐，求也。郵，過也。○吳曾祺曰：「郵與尤通，故訓『過』，謂此時入服，不爲過舉。」元誥按：明道本厭作「饜」。汪遠孫謂：「厭有安義，作『饜』者非也。」會其季年，可也，季，末也。勸使文公適齊，會桓公季末之年可也。茲可以親。」茲，此也。皆以爲然，乃行。過五鹿，乞食於野人。五鹿，衞邑。不見禮，故乞食。○僖二十三年左傳杜注曰：「今衞縣西北有地名五鹿，陽平元城縣東亦有五鹿。」元誥按：內傳、史記過五鹿在過衞之前，過衞又在過齊之前，疑是也。野人舉塊以與之，塊，墣也。○元誥按：塊，說文本作「凷」。公子怒，將鞭之。子犯曰：「天賜也！○僖二十三年左傳杜注曰：「得土，有國之祥，故以爲天賜。」民以土服，又何求焉。言民奉土以服公子。天事必象，必先有象。十有二年，必獲此土。復十二年，必得五鹿。○元誥按：有與又古通用，書堯典：「三百有六旬有六日。」孔疏曰：「又爲六日。」二三子志之，志，識也。歲在壽星及鶉尾，其有此土乎！歲，歲星。自軫十二度至氐四度爲壽星之次，自張十八度（元誥按：原作「十七度」，今依項名達說改。）至軫十一度爲鶉尾之次。歲在壽星，謂得塊之歲。魯僖十六年後十二年，（元誥按：宋庠本作「十一年」。）歲在鶉尾，必有此五鹿地[二]。魯僖二十七年歲在鶉尾。二十八年，歲復在壽星，晉文公伐衞，正月六日戊申取五鹿。周正月，夏十一月也，正天時以夏數，故歲在鶉尾也。○項名達曰：「解中宿次，悉本三統。三統以節氣分十二次。冬至，日在牛初，命爲星紀中，此承周末之舊也。其實漢時冬至日已在斗，以有歲差故。歲既有差，則十二次當繫於天周，不當繫於歲周。是三統宿次未可盡據。今因魯僖時距周末爲近，姑從三統。歲星行度，古遲今疾，授時合率大，但可推〔三〕。今大衍有前後兩率，而前率仍微大。上考春秋，恒後天半次。惟三統之率較與古合，因本三統，推得魯僖十五年秋分後三日歲星入壽星之次，至十六年寒露日出壽星之次，適與日合於次末氐五度。二十六年處暑後七日入鶉尾之次，至二十七年白露前三日出鶉尾，入壽星之次，亦與日合於次末軫十二度。二十八年白露後十日出壽星之次。蓋星之易次，原不適當冬至，古以歲星紀歲，但取大略耳。又依授時，推得僖二十八年正月己亥朔〔四〕，戊申當在初十日。」元誥按：爾雅釋天：「壽星，角、亢也。」天以命矣，命，告也。謂野人奉塊。復於壽星，必獲諸侯。歲星復在壽星，謂魯僖二十八年。是歲四月，文公敗楚師於城濮，合諸侯於踐土。五月，獻俘於王，王策命之以爲侯伯，故得諸侯。天之道也，天之大數不過十二。由是始之。由，從也。從得塊始。有此，其以戊申乎！有此五鹿，當以戊申日也。所以申土也。」日以戊申。戊，土也。申，申廣土地也。再拜稽首，受而載之。拜天賜，受塊而載之。

遂適齊。齊侯妻之，甚善焉。桓公以女妻之，遇之甚善。○僖二十三年左傳林注曰：「以宗女姜氏妻重耳。」舊音曰：「妻，七戾反。」有馬二十乘，四匹爲乘，八十匹也。將死於齊而已矣，曰：「民生安樂，誰知其他？」○僖二十三年左傳林注曰：「以齊爲可安，不復有四方之志。」桓公卒，在齊一年而桓公卒。孝公即位，孝公，桓公子昭，即位在魯僖十八年。諸侯叛齊。子犯知齊之不可以動，動，謂求反國。而知文公之安齊而有終焉之志也，欲行而患之，患文公不肯去。與從者謀於桑下。從者，趙衰之屬。○僖二十三年左傳：「從者狐偃、趙衰、顛頡、魏武子、司空季子。」蠶妾在焉，在桑上也。○僖二十三年左傳林注曰：「姜氏育蠶之妾，適采桑其上而聞其謀。」莫知其在也。妾告姜氏，姜氏殺之，殺之以滅口。時諸侯叛齊，婿又欲去，恐孝公怒。

而言於公子曰：「從者將以子行，其聞之者，吾以除之矣。○元誥按：以與已通。子必從之，不可以貳，貳，疑也。貳無成命。疑則不成天命〔五〕。詩云：『上帝臨女，無貳爾心。』詩大雅大明之七章。上帝，天也。女，武王也。言天臨護女，伐紂必克，無有疑心。先王其知之矣，貳將可乎？言武王知天命不可以疑，故卒有天下。子去晉難而極於此，極，至也。自子之行，晉無寧歲，民無成君。成，定也。謂奚齊、卓子殺死，惠公無親，外内惡之。天未喪晉，無異公子，同生九人，唯重耳在。有晉國者，非子而誰？子其勉之！上帝臨子，貳必有咎。」天予不取，故必有咎。公子曰：「吾不動矣，必死於此。」姜曰：「不然。周詩曰：『莘莘征夫，每懷靡及。』詩小雅皇皇者華之首章。莘莘，衆多。征，行也。懷私爲每懷，言臣奉命，當念在公，每輒懷私，將無所及。○元誥按：韋釋「每懷」句未合，辨見下〔六〕。夙夜征行，不遑啓處，猶懼無及，夙，早也。行，道也。遑，暇也。啓，跪也。處，居也。○吴曾祺曰：「古禮跪坐相似，謂不暇安坐也。」況其順身縱欲懷安，將何及矣！人不求及，其能及乎？求及，求及時。日月不處，人誰獲安？西方之書有之曰：『懷與安，實疚大事。』西方，謂周。詩云：「誰將西歸。」又曰：「西方之人。」皆謂周也。安，自安。疚，病也。○僖二十三年左傳林注曰：「懷人之寵與安己之居，實足以敗功名。」鄭詩云：『仲可懷也，人之多言，亦可畏也。』詩鄭風將仲子之卒章。仲，祭仲也。懷，思也。言雖欲從思仲，猶能畏人自止，見可懷，思可畏也〔七〕。昔管敬仲有言，小妾聞之，敬仲，夷吾謚〔八〕。曰：『畏威如疾，民之上也。畏威如畏疾病，此民之上行。從懷如流，民之下也。從心所思，如水流行，此民之下行。見懷思威，民之中也。威，畏也。見可懷則思可畏，此民之中行。畏威如疾，乃能威民。言能畏上，乃能威下。威民在上，弗畏有刑。能威民，故在人上。不畏威，則有刑罪〔九〕。從懷如流，去威遠矣，故謂之下。去威遠，言不能威民〔一〇〕。其在辟也，吾從中也。辟，罪也。弗畏有刑，故云罪。高不在上，下欲避罪，故從中也。○吴曾祺曰：「以見懷思威爲立〔一一〕，故云中也。」元誥按：辟，疑當與譬同。説文：「譬，諭也。」墨子小取篇：「辟也者，舉物而以明之也。」畢注：「辟同譬。」此文「其在辟也」，謂舉管敬仲之言以譬諭之也。管敬仲之言别上、中、下三事，故云「吾從中也」。韋注似未合。鄭詩之言，吾其從之。』從其畏人之多言。此大夫管仲之所以紀綱齊國，裨輔先君，而成霸者也。子而棄之，不亦難乎？裨，補也。齊國之政敗矣，晉之無道久矣，從者之謀忠矣，時日及矣，公子幾矣。幾，近也。言重耳得國年時日月近也。君國可以濟百姓，而釋之者，非人也。濟，成也。釋，置也。敗不可處，敗，謂齊也。時不可失，忠不可棄，懷不可從，子必速行！吾聞晉之始封也，始封，謂唐叔虞。歲在大火，閼伯之星也，實紀商人。商，殷也。自氐五度至尾九度爲大火之次。閼伯，陶唐氏之火正，居於商丘，祀大火，死以配食，相土因之，故商主大火，實紀商之吉凶。商之饗國三十一王，自湯至紂。○汪遠孫曰：「史記殷本紀自湯至紂唯三十世，竹書紀年同。蓋所據異也。皇甫謐曰〔一二〕：『商之饗國三十一王，自見居位者實三十王。而言三十一者，蓋兼大子丁也。』」元誥按：殷世繼嗣共六百二十九歲。瞽史之紀曰：『唐叔之世，將如商數。』瞽史，知天道者。今未半也。自唐叔至惠公十四世，故曰未半。亂不長世，不長世，亂當有平時〔一三〕。公子唯子，○元誥按：謂晉羣公子惟重耳在也。子必有晉。若何懷安？」公子弗聽。

姜與子犯謀，醉而載之以行。醒，以戈逐子犯，曰：「若無所濟，吾食舅氏之肉，其知饜乎！」舅犯走，且對曰：「若無所濟，余未知死所，誰能與豺狼爭食？戰死原野，公子將走不暇，豈能復與豺狼爭食我乎？若克有成，公子無亦晉之柔嘉，是以甘食。無亦，不亦也。柔，脆也。嘉，美也。○元誥按：無亦，亦也，「無」爲發語詞。韋注失之。偃之肉腥臊〔一四〕，將焉用之？」遂行。過衞，衞文公有邢、狄之虞，不能禮焉。衞文公，宣公之孫，昭伯頑之子燬也。虞，備。是歲魯僖十八年。冬，邢人、狄人伐衞，圍菟圃，文公師于訾婁以退之，故不能禮焉〔一五〕。○王念孫曰：「虞者，憂也。韋注失之。」汪遠孫曰：「晉文公從齊過衞，過曹，過鄭，過楚，史記十二諸侯年表皆書於魯僖二十三年。魯僖二十三年值衞文公二十三年。邢、狄與衞自菟圃之役後互相搆難。十九年，衞人伐邢以報菟圃之役。二十年，齊人、狄人盟於邢，傳云：『爲邢謀衞難也』，於是衞方病邢。二十一年，狄侵衞，杜注云：『爲邢故。』虞者，憂也，憂其來伐，不必是圍菟圃之歲。（元誥按：邢、狄圍衞之菟圃在魯僖十八年。）文公自去齊後，衞、曹、鄭既不見禮，宋襄公止乘馬之贈，未嘗假館，居楚亦僅數月。（見史記晉世家。）自齊至秦，雖經歷多國，道途原非遼遠，入秦在二十三，則過衞在二十三年明矣。若謂僖十八年過衞，自十八年至二十三年，此六年淹留何國乎？又衞世家，晉公子過衞在文公十六年，此據內傳。五鹿野人與塊與文公不禮是一時事，外傳以過五鹿在適齊前，過衞在去齊後，此兩傳之不可强同者。」元誥按：史記宋世家，重耳過宋在襄公十三年，值魯僖二十二年也。過衞在過宋前，則亦當在魯僖二十二年。與韋注固相距太遠，與年表亦差一年矣。甯莊子言於公曰：莊子，衞正卿，穆仲靜之子甯速〔一六〕。「夫禮，國之紀也；親，民之結也；君親其親，所以結人心，使相親。善，德之建也。建，立也。言能善善，所以立德。國無紀不可以終，民無結不可以固，德無建不可以立，此三者，君之所慎也。今君棄之，無乃不可乎！晉公子善人也，而衛親也，君不禮焉，棄三德矣。晉祖唐叔，武王之子。衛祖康叔，文王之子。故曰親。三德，謂禮賓、親親、善善。臣故云君其圖之。康叔，文之昭也。唐叔，武之穆也。自祖以下，一昭一穆。故康叔爲文昭，唐叔爲武穆。周之大功在武，謂始伐紂定天下。天祚將在武族。族，嗣也。苟姬未絶周室，而俾守天聚者〔一七〕，必武族也。聚，財衆也。○元誥按：姬，姬姓也。武族惟晉實昌，晉胤公子實德。晉仍無道，仍，重也。○元誥按：仍，頻也。天祚有德，晉之守祀，必公子也。若復而修其德〔一八〕，鎮撫其民，必獲諸侯，以討無禮。君弗蚤圖，衛而在討。小人是懼，敢不盡心！」公弗聽。自衛過曹，○元誥按：內傳、史記俱作自衛過五鹿，至齊，自齊過曹。曹當今山東菏澤縣治。曹共公亦不禮焉，共公，曹昭公之子曹伯襄。聞其骿脅，欲觀其狀，骿，并幹。○元誥按：僖二十三年左傳骿作「駢」，狀作「裸」。林注曰：「駢，合也。脅，肋也。蓋腋下肋骨合比若裸。裸，赤體也。非赤體不可見，故欲觀其裸。」舊音曰：「骿，步田反，與駢古字通。」止其舍，諜其將浴，設微薄而觀之。諜，候也。微，蔽也。薄，迫也。○左傳釋文引國語注曰：「薄，簾也。」惠棟曰：「微薄，若今之簾。韋注似誤。賈誼云：『帷薄不修。』」僖負羈之妻言於負羈負羈，曹大夫。曰：「吾觀晉公子，賢人也，其從者皆國相也，以相，夫必得晉國。○各本作「以相一人，必得晉國」。俞樾曰：「僖二十三年左傳曰：『吾觀晉公子之從者，皆足以相國，若以相，夫子必反其國。』疑此文『一人』二字乃『夫』字之誤。『以相』絶句，即左傳所謂『若以相』也。

『夫必得晉國』絶句，即左傳所謂『必反其國』也。夫者，指目其人之辭。桓十三年左傳：『夫固謂君』，『夫豈不知』。服虔云：『夫，謂鬭伯比也。』襄二十六年傳〔一九〕：『夫不惡女乎。』服、杜並云：『夫，謂大子也。』又曰：『夫獨無族姻乎。』杜云：『夫，謂晉也。』三十一年傳：『夫亦愈知治矣。』杜云：『夫，謂尹何。』竝見襄二十三年左傳正義。漢書賈誼傳注曰：『夫，夫人也，亦猶彼人耳。』是其義也。古書多有一字而誤爲二字者。」元誥按：俞説得之，今據以訂正。得晉國而討無禮，曹其首誅也。子盍蚤自貳焉。」貳，猶別也。○僖二十三年左傳林注曰：「自貳，自別異於曹。」僖負羈饋飧寘璧焉，熟食曰飧。寘，置也，置璧於飧下。○元誥按：夕食曰飧。公子受飧反璧。○僖二十三年左傳林注：「受飧以領其意，反璧以示不貪。」負羈言於曹伯曰：「夫晉公子在此，君之匹也，○元誥按：晉語二「鎮撫國家，爲王妃兮」，韋注曰：「言重耳當伯諸侯，爲王妃偶。」此文「君之匹」亦即此意。君不亦禮焉？」○吳曾祺曰：「不亦，亦也。猶不顯，顯也；不寧，寧也。經、傳中多有此句法。」元誥按：明道本無「君」字。曹伯曰：「諸侯之亡公子其多矣，誰不過此？亡者皆無禮者也，余焉能盡禮焉！」對曰：「臣聞之：愛親明賢，政之幹也。○禮記禮運鄭注曰：「明，猶尊也。」禮賓矜窮，禮之宗也。宗，本也。禮以紀政，國之常也。紀，理也。失常不立，君所知也。失常，則政不立。國君無親，以國爲親。僚以官相親，君以國相親。先君叔振，出自文王，文王子。○汪遠孫曰：「叔振，謂曹叔振鐸也。逸周書克殷解：『叔振奏，拜假。』古人二名，可但稱其一，如内傳莒展、晉重，亦其類。」晉祖唐叔，出自武王，武王子。文、武之功，實建諸姬。故二王之嗣，世不廢親。今君棄之，是不愛親也。○明道本無「是」字。晉公子生十七年而亡，亡，奔也。卿材三人從之，可謂賢矣，三人，狐偃、趙衰、賈佗。而君蔑之，是不明賢也。謂晉公子之亡，不可不憐也；比之賓客，不可不禮也。失此二者，是不禮賓，不憐窮也。守天之聚，將施於宜，宜而不施，聚必有闕。宜，義也。闕，缺也。玉帛酒食，猶糞土也，愛糞土以毁三常，三常，政之幹，禮之宗，國之常。○明道本三誤作「五」。失位而闕聚，是之不難，無乃不可乎？君其圖之。」公弗聽。公子過宋，自曹適宋。與司馬公孫固相善。固，宋莊公之孫，大司馬固也。相善，相悦好。公孫固言於襄公曰：「晉公子亡，長幼矣，襄公，宋桓公子兹父也。長幼，從幼至長也〔二〇〕。○元誥按：謂公子出亡，自幼至長也。重耳生十七年出亡，故曰幼。而好善不厭，父事狐偃，師事趙衰，而長事賈佗。長，兄事之。狐偃，其舅也，而惠以有謀。趙衰，其先君之戎御趙夙之弟也，而文以忠貞。趙衰，晉卿公明之少子成子衰也。先君，獻公。戎御，御戎車也〔二一〕。傳曰：「趙夙御戎。」賈佗，公族也，而多識以恭敬。賈佗，狐偃之子狐射姑、大師賈季也。公族，姬姓也。食邑於賈，字季。○全祖望曰：「韋氏誤也。晉故有賈氏，七輿大夫之中，右行賈華是也。蓋故是晉之公族，賈佗在從亡諸臣之列。公孫固曰，晉公子父事狐偃〔二二〕，師事趙衰，長事賈佗。則與舅犯等夷，非父子矣。狐氏雖亦姬姓，然戎種，非公族也。襄公之世，趙盾將中軍，賈季佐之，而陽處父爲大傅，賈佗爲大師，二賈同列。計其時佗爲老臣，而季新出，安得合而爲一也？」此三人者，實左右之。公子居則下之，動則諮焉，成幼而不倦，成幼，自幼至成人。殆有禮矣。樹於有禮，必有艾。樹，種也。艾，報也。○元誥按：補音：「艾，魚廢反。」是艾即乂，乂又即「刈」字。刈，穫也。故韋訓「報」。商頌曰：

『湯降不遲，聖敬日躋。』長發之三章。降，下也。躋，升也。言湯之尊賢下士甚疾，故其聖敬之道日升聞於天也。降，有禮之謂也。降己於有禮也。君其圖之。」襄公從之〔二三〕，贈以馬二十乘。○元誥按：四馬曰乘，八十四也。又史記晉世家謂宋以國禮禮於重耳，則似已設館，不僅贈馬也。公子過鄭，鄭文公亦不禮焉。文公，鄭厲公之子捷。叔詹諫曰：「臣聞之：叔詹，鄭大夫。親有天，有天所啓。用前訓，前訓，先君之教。禮兄弟，資窮困，資，稟也。（元誥按：稟即「廩」字。）天所福也。今晉公子有三祚焉〔二四〕，天將啓之。啓，開也。同姓不婚，惡不殖也。殖，蕃。狐氏出自唐叔，狐氏，重耳外家也，出自唐叔，與晉同祖〔二五〕。唐叔之後別在犬戎者。狐姬，伯行之子也，實生重耳。伯行，狐突字。成而儁才，離違而得所，言成人而有儁才。違，去也。離禍去國，舉動得所。久約而無釁，一也。釁，瑕也。同出九人，唯重耳在，同出，同父。離外之患，而晉國不靖，二也。靖，治也。晉侯日載其怨，外内棄之；載，成也。重耳日載其德，狐、趙謀之，三也。在周頌曰：『天作高山，大王荒之。』天作之首章。作，生也。高山，岐山。荒，大也。言天生此高山，使興雲雨，大王則秩祀而尊大之〔二六〕。荒，大之也，大天所作，可謂親有天矣。晉、鄭兄弟也，吾先君武公，與晉文侯勠力一心，股肱周室，夾輔平王，武公，鄭桓公子滑突。文侯，晉穆侯之子仇。勠，并也。一，同也。平王勞而德之，而賜之盟質，曰：『世相起也。』質，信也。起，扶持也。若親有天，獲三祚者，可謂大天。三祚，謂成而儁才，晉國不靖，狐、趙謀之。若用前訓，文侯之功，武公之業，可謂前訓。業，事也。前訓，二國同心之訓。若禮兄弟，晉、鄭之親，王之遺命，可謂兄弟。

晉、鄭同姓，王之遺命又使相起，故曰可謂兄弟。若資窮困，亡在長幼，還軫諸侯，可謂窮困。軫，車後橫木。還軫，猶迴車周歷諸國，遭離阨困。棄此四者，以徼天禍，無乃不可乎？徼，要也。四者，有天、前訓、兄弟、窮困。君其圖之。」弗聽。叔詹曰：「若不禮焉，則請殺之。諺曰：『黍稷無成，不能爲榮。稷，粱也。無成，謂死。榮，秀也。黍不爲黍，不能蕃廡。爲，成也。蕃，滋也。廡，豐也。稷不爲稷，不能蕃殖。殖，長也。所生不疑，唯德之基。』」所生，謂種黍得黍，種稷得稷，惟在所樹。言禍福亦猶是也，若不禮重耳，則當除之，不爾，則宜厚之。如此不疑，是爲德基。公弗聽。遂如楚，楚成王以君禮享之，九獻，庭實旅百。成王，楚武王之孫，文王之子熊頵也。九獻，上公之享禮也。庭實，庭中之陳也。百，舉成數也。君禮，上公出入五積，饔餼九牢，米百有二十筥，醯醢百有二十罋，禾三十車〔二七〕，芻薪倍禾。○各本君作「周」，注同。俞樾曰：「『周』字當作『君』，古文相似而誤也。以君禮享之，謂以國君之禮享之。下文『非敵而君設之』，君設，謂設君禮也。」元誥按：俞說是，今據以訂正。公子欲辭，不敢當禮。子犯曰：「天命也，君其饗之。天命，天使之饗食也。亡人而國薦之，薦，進也。以國君之禮薦進。非敵而君設之，非禮敵，而設之如人君也。非天，誰啓之心！」既饗，楚子問於公子曰：「子若克復晉國，何以報我？」公子再拜稽首對曰：「子女玉帛，則君有之。子女，美女也。有之，楚自多也。羽旄齒革，則君地生焉。羽，鳥羽，翡翠、孔雀之屬。旄，旄牛尾〔二八〕。齒，象牙。革，犀兕皮。皆生於楚。其波及晉國者，君之餘也，又何以報？」波，流也。○元誥按：波及晉國，謂餘波沾溉，以及晉國也。王曰：「雖然，不穀願聞之。」曲禮云：「四夷之大國，於境內自稱不穀。」○崔述曰：「春秋時諸侯皆自稱寡人，天子降名，始稱不穀，諸侯未有敢稱不穀者也。惟楚僭王號，不敢稱余一人，乃自稱不穀。左傳召陵之役，齊侯稱不穀，此必楚人所記也。」對曰：「若以君之靈，靈，神也。得復晉國，晉、楚治兵，會於中原，其避君三舍。治兵，謂征伐。古者師行三十里而舍，三舍爲九十里〔二九〕。司馬法曰：「進退不過三舍，禮也。」若不獲命，不獲楚還師之命。其左執鞭弭，右屬櫜鞬，以與君周旋。」鞭，所以擊馬。傳曰：「雖鞭之長，不及馬腹。」爾雅曰：「弓無緣者謂之弭。」櫜，矢房。鞬，弓弢也。言以禮避君，君不還，乃敢左執弓，右屬手於房，以取矢與君周旋，相馳逐也。○僖二十三年杜注曰：「弭，弓末無緣者。櫜以受箭，鞬以受弓。屬，著也。」又正義引孔晁曰：「馬鞭及弓分在兩手，欲辟右帶櫜鞬之文，故曰左執。」令尹子玉曰：「請殺晉公子。子玉，楚若敖之曾孫、令尹成得臣也。弗殺而反晉國，必懼楚師。」○方言：「懼，病也。」王曰：「不可。楚師之懼，我不修也。我德不修。我之不德，殺之何爲？天之祚楚，誰能懼之？楚不可祚，冀州之土，其無令君乎？」晉在冀州。且晉公子敏而文，敏，達也。文，有文辭。○各本「而」下有「有」字。王引之曰：「本作『敏而文』，『有』字因注而衍。晉語但言『文』，故注云：『文，有文辭。』第七篇『公以趙文子爲文也』，注曰：『文，有文德。』是其例也。僖二十三年左傳作：『晉公子文而有禮。』『文』上亦無『有』字〔三〇〕。襄三十一年傳：『子大叔美秀而文。』中庸曰：『簡而文。』文義竝與此同。」元誥按：王說是，今據刪。約而不諂，在約困之中，而辭不諂屈也。○王念孫曰：「約，如『以約失之者鮮矣』之約，言雖自斂約，而不諂屈於人也。大戴禮官人篇曰：『其色儉而不諂。』儉亦約也。僖二十三年左傳曰：『晉公子廣而儉，文而有禮。』略與此同，皆就晉公子之行事而言。若以約爲在困約之中〔三一〕，斯爲不類矣。」三材傅之，○明道本傅作「侍」。天祚之矣。三材，卿材三人。天之所興，誰能廢之？」○宋庠本廢作「禦」。子玉曰：「然則請止狐偃。」止，謂留爲質也。王曰：「不可。曹詩曰：『彼己之子，不遂其媾。』鄭之也。曹風候人之三章。媾，厚也。遂，終也。鄭，過也。夫鄭而效之，鄭又甚焉。效鄭，非禮也。」○宋庠本禮作「義」。於是懷公自秦逃歸。懷公，子圉。爲質於秦，魯僖二十二年逃歸〔三二〕。秦伯召公子於楚，秦伯，穆公。楚子厚幣以送公子於秦。秦伯歸女五人，懷嬴與焉。婚歸，嫁也。懷嬴，故子圉妻，子圉逃歸，立爲懷公，故曰懷嬴。與焉，與爲媵也。公子使奉匜沃盥，既而揮之。禮，適入於室，媵御奉匜，盥。揮，灑也。○說文：「匜，似羹魁，柄中有道，可注水。」元誥按：既者，已也。謂重耳盥已，懷嬴揮匜水，以湔洒重耳也。嬴怒曰：「秦、晉匹也，何以卑我？」匹，敵也。卑，賤也。公子懼，降服囚命。懼嬴之訴。降服，徹上服。囚命，自囚以聽命。秦伯見公子曰：「寡人之適，此爲才。適，適妃子。子圉之辱，備嬪嬙焉，辱，質於秦時。嬪嬙，婦官。欲以成婚，而懼離其惡名。非此，則無故。言欲以成婚，懼以爲子圉妻，恐離其惡名，非有此，則無他故。○元誥按：離，讀去聲。不敢以禮致之，懽之故也。不敢以婚姻正禮致之，而令與於五人，懽愛此女之故。公子有辱，寡人之罪也。辱，謂降服。言寡人不備禮，故令公子卑之，此自寡人之罪。○宋庠本脫「也」字。唯命是聽。」進退此女，聽公子命。公子欲辭，嫌於骨肉相娶，己欲辭讓，不敢當也。司空季子曰：「同姓爲兄弟。季子，晉大夫胥臣臼季，後爲司空。賈侍中云：「兄弟，婚姻之稱也。」昭謂：同父而生，德姓同者，乃爲兄弟。以言惠公、重耳其德不同，則子圉道路之人，可以妻其妻。黃帝之子二十五人，○元誥按：黄帝之子惟九人，可考曰昌意，曰玄囂，曰龍苗，元妃儽祖所生；曰休，曰清，次妃方雷所生；曰揮，曰夷彭，第三妃彤魚氏所生；曰蒼林，曰禺陽，第四妃嫫母所生。俱見路史疏仡紀。其同姓者二人而已，唯青陽與夷彭皆爲紀姓。此二人相與同德，故俱爲紀姓。青陽，金天氏帝少皞〔三三〕。○元誥按：路史疏仡紀：「黄帝次妃方儽氏曰節，生休及清，封清爲紀姓，是生小昊。」（即少皞。）又曰：「小昊青陽氏，名質，是爲摯。其父曰清。」注云：「青陽，少昊之父也。故帝德考云：『青陽之子曰摯。』曹植贊少昊云：『青陽之裔。』則少昊爲青陽之子信矣〔三四〕。蓋少昊亦號青陽，帝王年代紀以少昊爲帝青陽，故世誤以爲一人。」據此，青陽爲少皞之父，非即少皞也。又各本夷彭譌作「夷鼓」，紀姓脱作「己姓」，今竝依路史訂正。青陽，方雷氏之甥也。夷彭，彤魚氏之甥也。方雷，西陵氏之姓。彤魚，國名。帝繫曰：「黄帝娶於嫘祖，實生青陽。」姊妹之子曰甥。聲，雷、嫘同也。○元誥按：路史云：「黄帝元妃西陵氏曰儽祖，次妃方纍氏曰節。」又曰：「小昊，方纍氏之生也〔三五〕。」大戴禮亦云，儽祖生昌意，方雷生青陽。是青陽爲方雷氏所生，非儽祖生也。方雷又爲次妃節之氏，非儽祖氏也。帝繫似未合。甥，當通爲生，韋訓「姊妹之子曰甥」亦非。雷亦作「儽」，傫、嫘、嫘、纍，同音嬴。彤，各本作「彤」，今依人表。其同生而異姓者，四母之子，別爲十二姓。○元誥按：四母，即西陵氏、方雷氏、彤魚氏及嫫母。凡黄帝之子二十五宗，唐尚書云：「繼別爲小宗。」非也。繼別爲大宗，別子之庶孫乃爲小宗耳。其得姓者十四人，爲十二姓，得姓，以德居官而賜之姓也〔三六〕，謂十四人而内二人爲姬，二人爲紀，故十二姓。○路史疏仡紀：「黄帝子二十五，別姓者十二：祈、酉、滕、箴、任、苟、釐、結、儇、衣（元誥按：苟，國語誤作「荀」。衣，原作「依」。據王説改，詳下。）及二紀也，餘循姬姓。」注云：

「黄帝之子二十五人，其十二人爲十一姓，餘十三人皆姬姓也。」惠棟曰：「虞翻説以凡有二十五人，其二人同姓姬，又十一人爲十一姓，酉、祁、紀、（元誥按：原作「己」。）滕、箴、任、苟、釐、結、儇、（元誥按：原作「嬛」。）衣是也。餘十二姓，德薄不紀録。」俞樾曰：「其得姓者十四人〔三七〕爲十二姓，『四』乃『三』字之誤。司馬貞史記索隱引此文，謂『舊解破四爲三』是也。」元誥按：依路史，則此文當作「其得姓者十二人，爲十一姓」。而依惠説，則十四人當改十三人，蓋與俞同主舊解者。然所云「二人同姓姬」，據路史，姓姬固不止二人。又列十一人爲十一姓，中有紀，不知上文明言青陽與夷彭皆爲紀姓，則不得云十一人爲十一姓，止可云十一人爲十姓矣。路史云「別姓者十二」，謂二十五人中，別於姬姓者十二人，非謂別爲十二姓也。疑當依路史改此十四人爲十二人，十二姓爲十一姓。姬、酉、祁、紀、滕、箴、任、苟、僖、姞、儇、衣是也〔三八〕。○各本苟作「荀」，衣作「依」。王引之曰：「路史荀作『苟』是也。元和姓纂：『苟，國語黄帝之後。』漢有苟實、苟參。荀，周文王第十七子郇侯之後，以國爲氏〔三九〕，後去邑爲荀。』廣韻：『苟姓出河内、河南、西河三望。國語云，本自黄帝之子。荀，今出潁川。』是荀姓爲文王之後，苟姓爲黄帝之後。且元和姓纂及廣韻引國語並不作『荀』也〔四〇〕。依，當作『衣』，今本作『依』者，因上文『儇』字而誤加人旁耳。潛夫論正作『衣』。廣韻『衣』字云：『姓，出姓苑。』而『依』字不以爲姓。則國語之本作『衣』益明矣。」元誥按：王説是，今據改正。又按「姬」字不當有，因「姬」爲黄帝本姓，非黄帝子之得姓也。唯青陽與蒼林氏同於黄帝，故皆爲姬姓。二十五宗唯青陽與蒼林德及黄帝，同姓爲姬也〔四一〕。○路史疏仡紀注云：「姬姓乃玄囂，非青陽。黄帝子二十五人〔四二〕，其十二人爲十一姓，餘皆姬姓。今乃云唯二人同於黄帝者爲姬姓，其得信耶〔四三〕？且昌意、玄囂、蒼林、揮皆姬姓者，豈惟二人哉？」黄丕烈曰：「五帝本紀索隱云：『唯姬姓再稱青陽與蒼林，蓋國語文誤。其姬姓青陽當爲玄囂，是帝嚳祖本與黄帝同姬姓。』」俞樾曰：「上文『唯青陽與夷彭（元誥按：原作「鼓」。）皆爲紀姓』，（元誥按：原作「己」。）黄帝之子不應有兩青陽，疑此文當云：『唯蒼林氏同於黄帝，故皆爲姬姓〔四四〕。』蓋黄帝姬姓，蒼林亦姬姓，故云『皆』焉。因其增出青陽，於是上文十二姓中，紀姓者二，姬姓者二，而十三人誤爲十四人矣。不知上文明言『其同姓者二人而已』，若紀姓者二，姬姓者二，則當云同姓者四人，於事方合，安得云二人乎？」元誥按：青陽爲玄囂之誤無疑。然依路史，姓姬者十三人，則不止玄囂、蒼林已也。俞謂「青陽」二字衍文，又減一人，適得其反。疑此文當作：「玄囂、蒼林與某某、某某、（共十三人。）同於黄帝，皆爲姬姓。」蓋人名脱者多耳。虞翻謂餘十二人有十二姓，德薄不足録。既德薄，何又賜姓？斯説恐未必然。**同德之難也如是。**言德自黄帝同之，難也如是。○元誥按：德同，則賜姓同。德者，得也。故上文曰「得姓」。黄帝二十五子，得姓者止十二人，同者又止青陽與夷彭，故云「同德之難」。若餘子同循姬姓，無關於德，何難之云？**昔少典娶於有蟜氏，生黄帝、炎帝**〔四五〕。賈侍中云：「少典，黄帝、炎帝之先。有蟜，諸侯也。炎帝，神農也。」虞、唐云：「少典，黄帝、炎帝之父。」昭謂：神農，三皇也，在黄帝前。黄帝滅炎帝，滅其子孫耳，明非神農可知也。言生者，謂二帝本所生出也。内傳，高陽、高辛各有才子八人，謂其裔子耳。賈君得之。○史記五帝紀索隱曰：「少典者，諸侯國號，非人名也。炎、黄二帝雖則相承〔四六〕，帝王代紀凡隔八帝，五百餘年，若以少典是其父名，豈黄帝經五百餘年而始代炎帝後爲天子乎？」元誥按：路史禪通紀曰：「初，少典氏取於有僑氏，是曰安登，生子二人，一爲黄帝之先，襲少典氏，一爲神農，是爲炎帝。其初國伊，繼國耆，故氏伊耆。名軌，一曰石年，是爲後帝皇君。」又疏仡紀曰：「黄帝有熊氏，姓公孫，名荼，一曰軒，少典氏之子，母吴樞，曰符葆。」據此，炎帝爲少典之子，黄帝乃少典後代之子孫，故列炎帝於前紀，列黄帝於後紀也。少典、有蟜俱爲國號，非人名。蟜、僑通用。黄帝以姬水成，炎帝以姜水成。姬、姜，水名。成，謂所生長以成功也。○沈鎔曰：「姬水，今底格里士河，姜水，在今陝西岐山縣東。」水經注：「岐水東經姜氏城南，爲姜水。」成而異德，故黄帝爲姬，炎帝爲姜。二帝用師以相濟也，異德之故也。濟，當爲「擠」。擠，滅也。傳曰「黄帝戰於阪泉」是也。○元誥按：路史禪通紀注云：「神農後第八帝曰榆罔（四七）。時蚩尤强，與榆罔争王，逐榆罔。罔與黄帝合謀，擊殺蚩尤。」又云：「蚩尤，炎帝之後，恃親强恣，篡號炎帝，故史言炎帝欲侵陵諸侯。大戴禮言，黄帝與赤帝戰於阪泉之野。後周書云，炎帝爲黄帝所滅。文子亦謂赤帝爲火災，故黄帝禽之，皆謂蚩尤。」據此，二帝用師，一謂黄帝，一謂炎帝子孫蚩尤也。蚩尤僭稱炎帝，故曰二帝。異姓則異德，異德則異類，異類雖近，男女相及，以生民也。重耳，懷嬴之舅，故又言此以勸之。近，謂有屬名。相及，嫁娶也。○吴曾祺曰：「重耳姊爲秦穆公夫人，故於懷嬴爲舅。」同姓則同德，同德則同心，同心則同志，同志雖遠，男女不相及，畏黷故也。畏褻黷其類。○元誥按：各本故作「敬」，今依王念孫説改（四八）。黷則生怨，怨亂毓災，災毓滅性，毓，生也。○各本性作「姓」。汪遠孫曰：「内傳昭元年疏引國語（四九），毓作『育』，姓作『性』。案：『性』是也。各本作『姓』，涉上下文誤耳。」元誥按：陳淳云：「『性』字從生，從心，是人生來具是理於心，方名曰性。」此文「滅性」，猶云滅理也。作「姓」非是，今據改。是故娶妻避其同姓，畏亂災也。故異德合姓，同德合義，合姓，合二姓爲婚姻。合義，以德義相親。義以道利，有義，則利隨之。○元誥按：道與導同。利以阜姓，阜，厚也。姓利相更，成而不遷，更，續也。遷，離散也。乃能攝固，保其土房。攝，持也。保，守也。房，舍也。○俞樾曰：「房，當讀爲方。詩大田篇：『既方既阜。』鄭箋曰：『方，房也。』是方與房義通。保其土房，即保其土方也。書序：『禹敷下土方。』釋文云：『「下土」絕句。一讀至「方」字絕句。』蓋『土方』二字連文乃古語也。此作『土房』者，房即方之假字也。」今子於子圉，道路之人也，言德性異。取其所棄，以濟大事，不亦可乎？」公子謂子犯曰：「何如？」對曰：「將奪其國，何有於妻！唯秦所命從也。」言將奪其國，何辭於妻〔五〇〕。初，奚齊、卓子死，秦伯欲納重耳，子犯難之，以爲不可。今更言此者，子圉無道，害重耳，使狐突召子犯及其兄毛，突不召而殺之，故重耳、子犯皆怨之。謂子餘曰：「何如？」子餘，趙衰字。對曰：「禮志有之曰：『將有請於人，必先有入焉。必先有以自入〔五一〕。欲人之愛己也，必先愛人。欲人之從己也，必先從人。無德於人，而求用於人，罪也。』言不先施德於人〔五二〕，而求人爲己用者是罪。今將婚媾以從秦，重婚曰媾。從，從其命。受好以愛之，受其所好而親愛之。聽從以德之，使之德己。懼其未可也，又何疑焉？」乃歸女而納幣，且逆之。歸女納幣，更成婚禮。逆，親迎也。○僖二十三年左傳正義引孔晁曰：「歸懷嬴，更以貴妾禮迎之也。」他日，秦伯將享公子，公子使子犯從。子犯曰：「吾不如衰之文也，文，文辭也。○宋庠曰：「衰，初危反。」請使衰從。」乃使子餘從。○元誥按：子餘，趙衰字也。上句子犯對重耳言，故稱其名。下句左氏紀事之辭，故稱其字以別之。明道本脱「乃」字，使不明了。秦伯享公子如享國君之禮，子餘相如賓。詔相重耳如賓禮也。卒事，秦伯謂其大夫曰：「爲禮而不終，恥也。言此，爲明日將復宴。中不勝貌，恥也。勝，當爲稱。中不稱貌，情貌相違。○汪遠孫曰：「易下繫：『吉凶者，貞勝者也。』釋文，姚本作『貞稱』。考工記弓人〔五三〕：『角不勝榦，榦不勝筋。』鄭注云：『故書勝或作「稱」。』古勝與稱通也。」華而不實，恥也。有華色而無實。不度而施，恥也。不度己力而施德。施而不濟，恥也。濟，成也。恥門不閉，不可以封。封，國也。○宋庠本注云：「五恥之門不閉塞者，不可以封國爲諸侯也。」非此，用師則無所矣。非能閉此五恥之門，則用師無所。二三子敬乎！」敬此五者。

明日宴〔五四〕，秦伯賦采菽，采菽，小雅篇名，王賜諸侯命服之樂也。其詩曰：「君子來朝，何錫予之？雖無予之，路車乘馬。」子餘使公子降拜。降，下堂也。秦伯降辭。子餘曰：「君以天子之命服命重耳，重耳敢有安志，敢不降拜？」○明道本缺「重耳」二字。吳曾祺曰：「安志，謂偷安之志。」成拜卒登，子餘使公子賦黍苗。黍苗，亦小雅，道召伯述職，勞來諸侯也。其詩曰：「芃芃黍苗，陰雨膏之。悠悠南行，召伯勞之。」子餘曰：「重耳之仰君也，若黍苗之仰陰雨也。若君實庇廕膏澤之，使能成嘉穀，薦在宗廟，君之力也。在宗廟爲祭主。○元誥按：此以嘉穀薦於宗廟爲粢盛，喻重耳立於宗廟爲祭主，即謂得國也。君若昭先君之榮，東行濟河，整師以復彊周室，重耳之望也。先君，謂秦襄公討西戎有功，賜爵爲伯，有榮耀也。重耳若獲集德而歸載，集，成也。載，祀也。○吳曾祺曰：「謂成君之德而歸奉晉祀也。」使主晉民，成封國，其何實不從。言實從也。君若恣志以用重耳，用使征伐。四方諸侯其誰不惕惕以從君命！」○明道本無「君」字。秦伯歎曰：「是子將有焉，豈專在寡人乎？」秦伯賦鳩飛，鳩飛，小雅小宛之首章也，曰：「宛彼鳴鳩，翰飛戾天。我心憂傷，念昔先人。明發不寐，有懷二人。」言己念晉先君洎穆姬不寐，以思安集晉之君臣也。詩序云：「文公遭驪姬之難，未反而秦姬卒，所以念傷亡人，思成公子。」○汪遠孫曰：「鳩飛，逸詩。韋解以爲小宛首章，或本於三家也。」公子賦河水。河，當爲「沔」，字相似誤也。其詩曰：「沔彼流水，朝宗于海。」言己反國，當朝事秦。○元誥按：内傳注云：「河水，逸詩。義取河水朝宗於海，海喻秦。」與韋注以河水即沔水不合。秦伯賦六月，六月，小雅，道尹吉甫佐宣王征伐，復文、武之業〔五五〕。其詩云：「王于出征，以匡王國。」其二章曰：「以佐天子。」三章曰：「共武之服，以定王國。」此言重耳爲君，必霸諸侯，以匡佐天子。子餘使公子降拜。秦伯降辭。子餘曰：「君稱所以佐天子匡王國者以命重耳，重耳敢有惰心，敢不從德？」稱，舉也。

公子親筮之，曰：「尚有晉國。」蓍曰筮。尚，上也，命筮之辭也。禮曰：「某子尚饗之。」○吳曾祺曰：「尚，庶幾也。左傳：『尚饗衛國。』與此同，不訓『上』。」得貞屯悔豫，皆八也。内曰貞，外曰悔。震下坎上，屯。坤下震上，豫〔五六〕。得此兩卦，震在屯爲貞，在豫爲悔。八，謂震兩陰爻，在貞在悔皆不動，故曰皆八，謂爻無爲也〔五七〕。○書洪範曰：「貞曰悔。」史記集解引鄭注云：「内卦曰貞。貞，正也。外卦曰悔，悔之言晦也。晦，猶終也。」襄九年左傳：「穆姜薨於東宮，始往而筮之，遇艮之八。」正義云：「揲蓍求爻，繫辭有法。其揲所得，有七、八、九、六。説者謂七爲少陽，八爲少陰，其爻不變也；九爲老陽，六爲老陰，其爻皆變也。周易以變爲占，占九、六之爻。連山、歸藏以不變爲占，占七、八之爻。賈、鄭先儒相傳云耳。」吳曾祺曰：「此當是以連山、歸藏占之，故有『皆八』之語。觀下『是在周易』云云，其義自見。」筮史占之，皆曰：「不吉。筮史，筮人，掌以三易辨九筮之名。一夏連山，二殷歸藏，三周易。以連山、歸藏占此兩卦，皆言不吉。閉而不通，爻無爲也。」閉，壅也。震爲動，動遇坎，坎爲險阻，閉塞不通，無所爲也。司空季子曰：「吉。是在周易，皆利建侯。建，立也。以周易占之，二卦皆吉也。屯初九曰：「利建侯。」豫大象曰：「利建侯行師。」不有晉國，以輔王室，安能建侯？我命筮曰『尚有晉國』，筮告我曰『利建侯』，得國之務也，吉孰大焉！務，猶趣也。震，車也。易，坤爲大車，震爲雷。今云車者，車亦動，聲象雷，其爲小車乎。○吴曾祺曰：「內傳，畢萬筮仕於晉，遇屯之比。辛廖曰：『震爲土，車從馬。』杜注云：『震變爲坤。』蓋坤之用在震，故有車在馬後，行而不止之象。雷亦主發動之義，二者各有取象。韋注云『車動，聲象雷』，近强。」坎，水也。坤，土也。屯，厚也。豫，樂也。車班外內，順以訓之，車，震也。班，徧也。徧外內者，謂屯之內有震，豫之外亦有震。坤，順也。豫內爲坤，屯二與四亦爲坤。泉原以資之，資，財也。屯三至五，豫二至四皆有艮象。豫三至五有坎象。艮山坎水，水在山上爲泉原〔五八〕，流而不竭。土厚而樂其實。不有晉國，何以當之？屯、豫皆有坤象，重坤故厚。豫爲樂。當，應也。震，雷也，車也。坎，勞也，水也，衆也。易以坤爲衆，坎爲水，水亦衆之類，故云。主雷與車，內爲主也。而尚水與衆。坎象皆在上，故尚水與衆。車有震，武也。震，威也。車聲軒隆，象有威武。衆而順，文也。坤爲衆，爲順，爲文，象有文德，爲衆所歸也。○明道本上句脱「也」字，此脱「而」字。文武具，厚之至也，故曰屯。屯，厚也。其繇曰：『元，亨，利貞，勿用，有攸往，利建侯〔五九〕。』繇，卦辭也。亨，通也。貞，正也。攸，所也。往，之也。小人勿用有所之，君子則利建侯行師。主震雷，長也，故曰元。內爲主，震爲長，男爲雷，雷爲諸侯，故曰元。元者，善之長也。衆而順，嘉也，故曰亨。嘉，善也。衆順服善，故曰亨。亨者，嘉之會也。內有震雷，故曰利貞。屯內有震。賈侍中云：「震以動之，利也。侯以正國，貞也。利，義之和也。貞，事之幹也。」車上水下，必伯。車，震也。水，坎也。車動而上，威也。水動而下，順也。有威而衆從，故必伯。○賈本伯作「霸」，注：「霸，猶把也，言把持諸侯之權也。」小事不濟，壅也。故曰『勿用，有攸往』。濟，成也。小事，小人之事。壅，震動而遇坎〔六〇〕，坎爲險阻，故曰「勿用，有攸往」。一夫之行也，一夫，一人也。易曰：「震一索而得男。」故曰一夫。又曰：「震作足。」故爲行也。衆順而有武威，故曰『利建侯』。復述上事。坤，母也。震，長男也。母老子强，故曰豫。豫，樂也。其繇曰：『利建侯行師。』居樂出威之謂也。居樂，母在内也。出威，震在外也。居樂，故利建侯。出威，故利行師。是二者，得國之卦也。」二者，屯、豫。七月，惠公卒。十一月，秦伯納公子。○各本「七月」作「十月」，「十一月」作「十二月」。韋注曰：「内傳：『魯僖公二十三年九月，晉惠公卒。』而此云十月。賈侍中以爲閏餘十八，閏在十二月後，魯失閏，以閏月爲正月，晉以九月爲十月而置閏也。秦伯以十二月始納公子，公子以二十四年正月入晉桑泉。」陳奂曰：「韋云閏餘十八，當是十月之誤。賈語疑止此四字，下爲韋説也。」項名達曰：「賈説非是。魯僖二十三年閏餘若果十八，自應閏正月，魯置閏爲不誤，不應言閏在十二月後。其實是年閏餘並非十八〔六一〕，魯亦未曾置閏。推三統術，閏餘十二應閏周十二月。推四分術，閏餘十五應閏周七月。此二術漢人所宗，竝無十八之算，惟所言閏在十二月後與三統合，當是誤閏餘十二爲十八〔六二〕。更細校以授時，應閏正月者乃二十四年，非二十三年也。閏正月朔日壬辰，二日癸巳，三日甲午。内傳云：『二十四年春，王正月，秦伯納之。二月甲午，晉師軍於廬柳。』此甲午即閏正月三日也。設魯年前已置閏，當曰正月甲午，今乃稱二月，是魯且應閏不閏，何得疑其未閏先閏乎？由是言之，二十四年二月以前，内傳所紀月斷不因閏誤。其與本傳不符，當别有故。納公子自在十二月，內傳言正月者，當是蒙上年而言。入桑泉始是正月〔六三〕。」王引之曰：「『十月』，當爲『七月』；『十二月』，當爲『十一月』。蓋晉用夏時，故月與周異。內傳之『僖公二十三年九月，晉惠公卒』，『二十四年春王正月，秦伯納之』，（謂納公子重耳。）周月也〔六四〕。周之九月，爲夏之七月。正月，爲夏之十一月。故內傳曰九月，而此曰七月。內傳曰正月，而此曰十一月也。杜預春秋後序曰：『汲冢古書紀年篇特紀晉國，起自殤叔，次文侯、昭侯，以至曲沃莊伯。莊伯之十一年十一月，魯隱之元年正月也，皆用夏正建寅之月爲歲首。』僖五年左傳晉卜偃說滅虢之日曰：『其九月十月之交乎。』而傳終之曰：『冬十二月丙子朔，晉滅虢。』漢書律曆志以爲言曆者以夏時，故周十二月，夏十月也，是其例也。賈、韋二君誤以周月爲解，故不能正傳寫之譌，而內、外之紀月遂齟齬而不合矣。」元誥按：王說得之，今據改。

及河，子犯授公子載璧，載，祀也。授，還也。○沈鎔曰：「古者祭祀用璧，故曰『載璧』。夏曰『載』，商曰『祀』，其義一也。」曰：「臣從君還軫巡於天下，惡其多矣！巡，行也。○陳瑑曰：「廣韻：『軫，轉也。』大玄：『軫轉其道。』還軫，猶回轉也。」元誥按：前韋注云：「軫，車後木也。」還軫，猶回車，大意相同。惡，明道本作「怨」，非。惡，猶罪也。內傳作「臣之罪甚多」。臣猶知之，而況君乎？○元誥按：謂臣尚知惡，何況於君，而不記其惡乎？不忍其死，請由此亡。」亡，奔也。公子曰：「所不與舅氏同心者，有如河水！」沈璧以質。如，往也。質，信也〔六五〕。言若不與舅氏同心，不濟此河，往而死也。因沈璧以自誓爲信。○王引之曰：「所，猶若也。所不與舅氏同心者，言若不與舅氏同心也。」元誥按：僖二十四年左傳作「有如白水」，杜注云：「言與舅氏同心之明，如此白水，猶詩言『謂予不信，有如皎日』。」疑杜注是也。董因逆公於河，因，晉大夫，周大史辛有之後。傳曰

「辛有之二子，董之晉」，故晉有董史。○元誥按：各本逆作「迎」，今依太平御覽方術部九引國語及王念孫説改〔六六〕。公問焉，曰：「吾其濟乎？」對曰：「歲在大梁，將集天行。元年始授，實沈之星也。歲在大梁，謂魯僖二十三年，歲星在大梁之次也。集，成也。行，道也。言公將成天道也。公以辰出，晉祖唐叔所以封也；而以參入，晉星也。元年，爲文公即位之年。魯僖二十四年，歲星去大梁，在實沈之次。受，受於大梁也。自胃七度至畢十一度爲大梁，自畢十二度至東井十五度曰實沈。○項名達曰：「依三統術，推得歲星魯僖二十三年冬至尚在降婁胃四度，小寒日始入大梁之次，清明後四日與日合於畢初，小暑前一日出大梁，入實沈之次，白露後四日留於參六度，至寒露前一日而始逆，二十四年冬至後六日退至畢十二度，小滿後六日與日合於井七度，大暑後三日出實沈之次，已後入鶉首，至年終在井二十四度。統計兩年，歲星在大梁不滿半年，在實沈則一年有餘。蓋大梁皆順行度，故歷日少；入實沈有留逆，故歷日多也。」實沈之虚，晉人是居，所以興也。虚，次也。是居，居其分次所主祀也。傳曰：「高辛氏有子，季曰實沈，遷於大夏，主祀參，唐人是因。成王滅唐而封叔虞。南有晉水，子燮改爲晉侯，故參爲晉星。」今君當之，無不濟矣。當歲星在實沈之虚，故無不成。君之行也，歲在大火。大火，閼伯之星也，是謂大辰。君之行，謂魯僖五年重耳出奔，時歲在大火。大火，大辰也。傳曰：「高辛氏有子曰閼伯，遷於商丘，祀大火。」○項名達曰：「依三統，推得歲星已於魯僖四年霜降後五日入大火之次，五年冬至在房初〔六七〕，霜降後八日出大火之次，立冬後一日與日合於尾十一度，是時已在析木，至年終抵尾十七度。」元誥按：明道本不重「大火」二字，非是。辰以成善，后稷是相，唐叔以封。成善，謂辰爲農祥，周先后稷之所經緯，以成善道。相，視也，謂視農祥以戒農事。封者，唐叔封時，歲在大火。瞽史記曰：『嗣續其祖，如穀之滋。』必有晉國。瞽史記云：唐叔之世，將如商數。今言嗣續其祖，明趣同也，言晉子孫將繼續其先祖，如穀之蕃滋，故必有晉國。臣筮之，得泰之八，乾下坤上〔六八〕，泰。遇泰無動爻，無爲侯也。泰三至五震爲侯。陰爻不動，其數皆八，故得泰之八，與「貞屯悔豫皆八」義同。○惠棟曰：「鄭康成乾鑿度注云：『連山、歸藏占彖，是雖用周易，而仍占彖，夏、殷之法也。』故穆姜筮艮之隨，亦以彖爲占。」吳曾祺曰：「此仍以連山、歸藏爲占，故有泰之八。」曰：『是謂天地配亨，小往大來。』陽下陰升，故曰配亨。小，喻子圉。大，喻文公。陰在外爲小往，陽在内爲大來。○太平御覽亨作「享」。今及之矣，何不濟之有？且以辰出，而以參入，皆晉祥也，辰，大火。參，伐也。參在實沈之次。而天之大紀也〔六九〕。所以大紀天時。傳曰：「大火爲大辰，伐亦爲大辰。」辰，時也。濟且秉成，必伯諸侯。秉，執也。子孫賴之，君無懼矣。」公子濟河，召令狐、臼衰、桑泉，皆降。三者皆晉邑。召，召其長。○吳曾祺曰：「令狐，今山西猗氏縣西十五里。臼衰在解縣西北。桑泉在晉縣東十三里。」元誥按：内傳杜注云：「桑泉在河東解縣，解縣東南有臼城。」晉人懼，懷公奔高梁。高梁，晉地。○元誥按：高梁已見前，在今山西臨汾東北三十七里〔七〇〕。呂甥、郤芮帥師，甲午，軍於廬柳。甲午，魯僖公二十四年二月六日。廬柳，晉地〔七一〕。軍，猶屯也。○李鋭曰：「注六日當作『四日』。於三統術，是歲正月庚寅朔，五日甲午時失一閏，而朔後三統一日，故云二月四日。」王引之曰：「内傳作二月甲午，此當云十二月甲午。周之二月，夏之十二月，寫者脱去『十二月』三字耳〔七二〕。或曰，校書者誤謂與上文『十二月』相複而删之也。」元誥按：此懷公遣距重耳之師也。今山西猗氏縣西北有廬柳城。秦伯使公子絷如師，告曉呂、冀。○元誥按：如，往也，謂往廬柳晉師。師退，次於郇。郇，晉地。退，師聽命也。○元誥按：僖二十四年左傳林注：「解縣西北有郇城。」水經涑水注引服虔曰：「郇國在解縣東。」董增齡曰：「懷公遣距重耳之師由東嚮西，今聽重耳之命，故退而東還，由廬柳越解而東。」故吴曾祺亦謂郇在今山西解縣東。攷說文：「郇，周文王子所封國，後入於晉。」朱駿聲通訓定聲云：「在今山西蒲州府猗氏縣西北。」清一統志則謂在猗氏縣西南。近人沈鎔又謂在山西臨晉縣東北十五里。言人人殊，俟再考定。辛丑，○元誥按：月之十二日也，以下類推。狐偃及秦、晉大夫盟於郇〔七三〕。壬寅，公入於晉師。甲辰，秦伯還。秦伯送公子於河上，公入而還。丙午，入於曲沃。丁未，入於絳，即位於武宮。○僖二十四年左傳杜注曰：「武宮，文公之祖武公廟。」戊申，刺懷公於高梁。刺，殺也。

2 初，獻公使寺人勃鞮伐公於蒲城，寺人，掌内人〔七四〕。勃鞮，寺人披。伐蒲城在魯僖五年。文公踰垣，勃鞮斬其袪。袪，袂也。及入，勃鞮求見，公辭焉，曰：○元誥按：此公命謁者將命之辭。「驪姬之讒，爾射余於屏内，樹謂之屏。禮：「諸侯内屏。」困余於蒲城，斬余衣袪。又爲惠公從余於渭濱，濱，涯也。重耳在狄，從狄君獵於渭濱，勃鞮爲惠公來就殺之。○俞樾曰：「韋訓從爲『就』，則必增出『殺』字，於文方明，殆非也。從當讀爲蹤，蹤，猶迹也。漢書季布傳：『迹且至臣家。』師古注曰：『迹，謂尋其蹤迹也。』蹤余於渭濱，猶迹余於渭濱，正尋其蹤迹之意。古蹤迹字止作『從迹』，詩羔羊篇毛傳曰：『行可從迹也。』是其證。」元誥按：渭水出今甘肅渭源縣首陽山，在鳥鼠山之西北，至陝西華陰縣合洛水入河。命曰三日，若宿而至。命使三日，一宿而至。若，女也。若干二命，以求殺余。干，犯也。二命，獻、惠之命。○王念孫曰：「奉二君之命以殺文公，不得謂之犯命。

干，猶與也。（與，今作「預」。）言汝與於二君之命，以求殺余也。」俞樾曰：「二命，當作『上命』，專指渭濱一事而言。蓋惠公命三日至，而勃鞮一宿即至，是所謂『干上命以求殺余』也。左傳云：『雖有君命，何其速也。』此云『上命』，即彼云『君命』矣。説文上部『帝』下云：『古文諸「上」字皆從一，篆文皆從二。二，古文上。』然則此文『上命』作『二命』者，二乃古文『上』字也。讀者不識，而仞爲一二之二，於是其義不可通矣。」元誥按：僖二十四年左傳：「寺人披請見，公使讓之，且辭焉，曰：『蒲城之役，君命一宿，女即至。其後余從狄君以田渭濱，女爲惠公來求殺余，命女三宿，女中宿至。雖有君命，何其速也。』」疑此文「干二命」即指「君命一宿，女即至」，「君命三宿，女中宿至」而言，謂干犯二次之命令也。特外傳載文公追叙蒲城一役語較内傳爲簡，致「干二命」云云失所指耳。余於伯楚屨困，何舊怨也？伯楚，勃鞮字。屨，數也。數見困，有何舊怨？退而思之，異日見我。」對曰：○元誥按：對將命者而言也。「吾以君爲已知之矣，故入。知爲君爲臣之道也。入，返國也。猶未知之也，又將出矣。猶未知之，將復失國出走。事君不貳是謂臣，好惡不易是謂君。易，反也。君君臣臣，是謂明訓。訓，教也。明訓能終，民之主也。二君之世，蒲人、狄人，余何有焉？當獻、惠之世，君爲蒲人、狄人耳。二君之所惡，於我有何義而不殺君乎？除君之所惡，唯力所及，○明道本惡上無「所」字。何貳之有？今君即位，其無蒲、狄乎？獨無有所畏惡如蒲、狄者乎？伊尹放大甲，而卒以爲明王，大甲，湯孫，大丁子。不明，而伊尹放之桐宮。三年，大甲改過，伊尹復之，卒爲明王。管仲賊桓公，而卒以爲侯伯。賊，謂爲子糾射桓公。乾時之役，申孫之矢集於桓鉤，乾時戰在魯莊九年。申孫，矢名。鉤，帶鉤。○吳曾祺曰：「乾時在山東博興縣。」元誥按：乾時即時水，在今山東臨淄縣西南二十五里，水淺易乾，故名乾時。乾音干。矢集桓鉤，即管仲射桓公中鉤，與上蓋爲一事。鉤近於袪而無怨言，近，害近也。鉤在腹，袪在手。佐相以終，克成令名。今君之德宇，何不寬裕也？宇，覆也。惡其所好，其能久矣？言己忠臣，君所當好，而反惡之，能久爲君乎？君實不能明訓，而棄民主。棄爲民主之道〔七五〕。余，罪戾之人，又何患焉？勃鞮，閹士，故曰罪戾之人。且不見我，君其無悔乎！」於是呂甥、冀芮畏偪，悔納公，○明道本公上有「文」字，非。謀作亂，此二子本惠公黨，畏見偪害，故謀作亂。將以己丑焚公宮，己丑，魯僖二十四年三月朔，時以爲二月晦。公出救火而遂弒之。伯楚知之，故求見公，公遽出見之，遽，疾也。曰：「豈不如女言，然是吾惡心也，惡心，心惡，謂不恕也。○宋庠曰：「惡，如字。」吾請去之。」伯楚以呂、郤之謀告公。公懼，乘馹自下，脫會秦伯於王城，馹，傳也。自，從也。下，下道也。脫會，遁行潛逃之言也。王城，秦河上邑。○吳曾祺曰：「脫，輕也，謂輕出，不具騶從也。」元誥按：段玉裁注說文云：「馹爲尊者之傳，用車。遽爲卑者之傳，用騎。」王城，見晉語三。告之亂故。及己丑，公宮火，二子求公不獲，遂如河上，秦伯誘而殺之。

3 文公之出也，豎頭須，守藏者也，不從。豎，文公内豎里鳧須，公出不從，竊藏以逃，盡用以求納公。○僖二十四年左傳釋文引韓詩外傳云：「晉文公亡過曹，里鳧須從，因盜重耳資而亡。重耳無糧，餒不能行，介子推割股以食重耳，然後能行。」公入，乃求見，公辭焉以沐。謂謁者曰：「沐則心覆，謁，告也。覆，反。沐低頭，故言心反也。○元誥按：沐頭曰沐，沐身曰浴。楚辭：「新沐者必彈冠，新浴者必振衣。」心覆則圖反，宜吾不得見也。從者爲羈紲之僕，馬曰羈，犬曰紲。言此二者臣僕之役。居者爲社稷之守，何必罪居者！國君而讎匹夫，懼者衆矣。」謁者以告，公遽見之。○僖二十四年左傳注曰：「言文公棄小怨，所以能安衆。」

4 元年春，公及夫人嬴氏至自王城。文公元年，魯僖二十四年。賈侍中云：「是月閏，以三月爲四月，故曰春，而不言其月。明四月爲春分之月也。嬴氏，秦穆公女文嬴也。」或云：「夫人，辰嬴。」傳曰：「辰嬴賤，班在九人，非夫人也。」賈得之也。○項名達曰：「賈説欠明。公宫火既在二月晦，至自王城自應在三月。軍於廬柳既以閏正月爲二月，或其後仍未置閏，而以三月爲四月，容亦有然，但四月之説，內、外傳竝無明文，未知賈何所據？且閏法無連年竝閏之理，賈氏既以二十三年魯閏正月，晉閏十月矣，業經置閏，次年便不應再閏，何復疑其應閏不閏，而以三月爲四月耶？」秦伯納衛三千人，實紀綱之僕。所以設國紀綱，爲之備衛。僕，使也。○吳曾祺曰：「謂僕之有力，能經紀庶事者。」公屬百官，賦職任功。屬，會也。賦，授也。授職事，任有功。棄責薄斂，施舍分寡。棄責，除宿責也。施，施德。舍，舍禁。分寡，分少財也。○汪遠孫曰：「周禮小司徒：『凡征役之施舍。』注云：『施，當爲弛。』鄉師：『辨其可任者，與其施舍者。』注：『施舍，謂應復免，不給繇役。』疏謂即上云『廢疾老幼者』是也。如韋解，不但分爲二事，與上下文義不協，且『棄責』以下，皆施德之事，『輕關』、『通商』，皆舍禁之事，此句不已贅乎？王氏引之以『施舍』爲賜予，似不可從。」元誥按：責，古「債」字。救乏振滯，匡困資無。救乏，救乏絶。振，拯也，拯淹滯之士。匡，正也，正窮困之人也。資無，予無財者。○王念孫曰：「匡與救同。僖二十六年左傳曰：『彌縫其闕，而匡救其災。』成十八年傳曰：『匡乏困〔七六〕，救災患。』杜注：『匡，亦救也。』」輕關易道，通商寬農。輕關，輕其稅。易道，除盜賊。通商，利商旅。寬農，寬其政，不奪其時。○元誥按：易，治也，即孟子「易其田疇」之易。易道，謂除治道路也。懋穡勸分，省用足財。懋，勉也，勉稼穡也。勸分，勸有分無。省，減國用。足財，備凶年。利器明德，以厚民性。利器，利器用。明德，明德教。厚民性，厚其情性。○汪遠孫曰：「性，讀爲生。」舉善援能，官方定物，方，常也。物，事也。立其常官，以定百事。正名育類。正名，正上下服位之名。育，長也。類，善也。昭舊族，昭，明也。舊族，舊臣有功者之族。愛親戚，明賢良，明，顯也。尊貴寵，國之貴臣尊禮之。賞功勞，事耇老，禮賓旅，旅，客也。友故舊。故舊，爲公子時。胥、籍、狐、箕、欒、郤、柏、先、羊舌、董、韓，實掌近官。十一族，晉之舊姓，近官朝廷者。○全祖望曰：「柏」與「伯」通，蓋伯宗之先也。元誥按：羊舌，複姓。諸姬之良，掌其中官。諸姬，同姓。中官，內官。異姓之能，掌其遠官。遠官，縣鄙。公食貢，大夫食邑，士食田，受公田也。庶人食力，各由其力。工商食官，工，百工。商，官賈也。周禮，府藏皆有賈人，以知物價。食官，官廩之〔七七〕。皁隸食職，士臣皁，皁臣輿，輿臣隸。食職，各以其職大小食禄。官宰食加。官宰，家宰也。加，大夫之加田。論語曰，原憲爲家邑宰。○周禮司勳：「惟加田，無國正。」鄭注云：「加田，既賞之，又加賜以田，所以厚恩也。」吳曾祺曰：「加田在賞田之上，大夫不能人人有之。『食加』之加，當作『家』，謂家田也，於義爲近。」元誥按：禮記曲禮：「問大夫之富，曰：『有宰，食力。』」惠棟謂，力爲加之壞字。是古本作「加」，不作「家」矣〔七八〕。而宋庠本作「家」。政平民阜，財用不匱。阜，安也。

5冬，襄王避昭叔之難，居於鄭地氾。文公元年冬也。襄王，周惠王之子。昭叔，襄王之弟大叔帶也，是爲甘昭公，故曰昭叔。惠王生襄王，以爲大子；又娶於陳，曰惠后，生昭叔，惠后將立之，未及而卒。昭叔奔齊，襄王復之，又通於襄王之后狄隗。王廢隗氏，狄人伐周，故襄王避之於氾。氾，地名。○吴曾祺曰：「氾有二，一爲東氾，在河南中牟縣西；一爲南氾，在襄城縣南。是襄王所居，蓋南氾也。」舊音曰：「氾，音凡。」使來告難，亦使告於秦。王使簡師父告晉，亦使左鄢父告秦。子犯曰：「民親而未知義也，親，親君。未知義，故未和。君盍納王以教之義。使知尊上之義。若不納，秦將納之，則失周矣，失所以事周。何以求諸侯？無以爲諸侯盟主。不能修身，而又不能宗人，人將焉依？宗，尊也。繼文之業，定武之功，文，晉文侯仇。平王東遷，文侯輔之，受珪瓚秬鬯。武，重耳祖武公稱也，始并晉國也。啓土安疆，於此乎在矣，君其務之。」在此納王。公說，乃行賂於草中之戎與麗土之狄，以啓東道。二邑戎、狄，閒在晉東。

6 二年春〔七九〕，公以二軍下，次於陽樊。二軍，左、右軍。東行曰下。陽樊，周邑。○元誥按：僖二十八年左傳杜注云：「師過信爲次。」陽樊，已見周語，在今河南濟源西南。右師取昭叔於温，殺之於隰城。温、隰城，皆周地。昭叔通狄后，與俱處温，故取殺之。○元誥按：温，已見前，今河南温縣西南三十里尚有古温城。隰城在今武陵縣西南十五里，一曰在今沁陽縣西三十里。左師迎王於鄭。王入於成周，遂定之於郟。成周，周東都。郟，王城。○元誥按：郟即郟鄏，今河南洛陽縣西尚有郟鄏陌。王饗醴，命公胙侑。饗，設饗禮。傳曰：「戰克而王饗。」饗醴，飲醴酒也〔八〇〕。命，加命服也。胙，賜祭肉。侑，侑幣。謂既食，以束帛侑公。○汪遠孫曰：「韋解皆失之。胙，讀爲酢。詩行葦箋：『進酒於客曰獻，客答之曰酢。』倉頡篇：『主答客曰酬，客報主曰酢。』爾雅釋詁：『酬、酢、侑，報也。』是侑與酬、酢同義。饗禮已亡，無可考，蓋其禮大，且天子至尊，臣下不敢與爲酬酢。王加禮晉侯，特命之胙侑，如賓酬主人之禮以勸侑，王所以親之也。若加命服，當如内傳云，『策命晉侯爲侯伯，賜之大輅之服、戎輅之服』，(僖二十八年。)文義方足。此云『命之胙侑』，即内傳『命之宥』。(僖二十五年。)侑、宥古通。『命』字專屬『胙侑』甚明，不得沾出『服』字。時當饗醴，安有祼出祭肉之賜？杜注内傳亦以侑爲侑幣。聘禮云，若不親食，使大夫各以其爵朝服，致之以侑幣，致饗以酬幣。是侑幣用於食禮，非饗禮所用也。」公請隧，弗許。三君云：「隧，王之葬禮。」昭謂：隧，六隧之地，事見周語。曰：「王章也，章，表也，所以表明天子與諸侯異物。不可以二王，國無二王。無若政何。」無以爲政於下。賜公南陽陽樊、温、原、州、陘、絺、鉏、欑茅之田〔八二〕。八邑，周之南陽地。○元誥按：南陽城在今河南修武縣北。陽樊、温均已見前。原在濟源縣西北十五里。州在沁陽縣東五十里。陘在沁陽縣西北三十里，一名丹陘。絺在沁陽縣西南三十二里。鉏在滑縣東十五里。欑茅，今修武縣西北二十里，有大陸村，或云即欑茅也。陽人不服，不肯屬晉。○元誥按：陽邑因樊仲山之所居，故曰陽樊。公圍之，將殘其民。○周禮大司馬：「放殺其君則殘之。」鄭注云：「殘，殺也。王霸記曰：『殘滅其爲惡。』」説苑權謀篇〔八三〕：「荆伐蔡而殘之。」又云：「湯乃興師伐而殘之，遷桀南巢氏焉。」方言：「𢱧，殺也。晉、魏河内之北謂𢱧曰殘。」倉葛呼曰：倉葛，陽樊人。「君補王闕，以順禮也。補王失位之闕，以順爲臣之禮。陽人未狎君德，狎，習也。而未敢承命。君將殘之，無乃非禮乎！陽有夏、商之嗣典，○明道本「陽」下有「人」字。有周室之師旅，典，法也。旅，衆也。言有夏、商之後嗣及其遺法，與周室之師衆。○王引之曰：「周室之師旅，即官守也。蓋樊仲之官守，所守者嗣典也，其官則師旅也。三句一貫，故下文但曰『其非官守』也。韋注誤以爲人衆之名。又見楚語上。」俞樾曰：「嗣典與師旅對文，若以嗣爲後嗣，典爲遺法，則分爲二義，與師旅不對矣。且因文公將殘其民，故倉葛爲此言，則言有夏、商之後嗣可也，何必言有夏、商之遺法乎？韋說非也。嗣，當讀爲司，古字通用。書高宗肜日篇：『王司敬民。』史記殷本紀作『王嗣敬民』，是其證也。詩鄭風羔裘篇：『邦之司直。』禮記文王世子篇：『樂正司業。』毛傳、鄭注竝曰：『司，主也。』周禮天官『典婦功』，鄭注曰：『典，主也。』是司與典同義。故禮記曲禮篇曰『典司六典』〔八三〕『典司五衆』，『典司六職』，莊十四年左傳曰：『典司宗祏。』並以典司連文。司典即典司，語有到順耳。有夏、商之司典，猶云有夏、商之典司。古者官有世職，雖易代而不廢，故夏、商之典司至周猶存也。周官宰夫：『掌百官府之徵令，辨其八職。二曰師，掌官成以治凡。三曰司，掌官法以治目。四曰旅，掌官常以治數。』此文『有夏、商之司典』，即所謂司也，『有周室之師旅』，即所謂師也，旅也。韋氏所説胥失之矣。」元誥按：嗣典即司典，俞説是。師旅即官守，王説是。樊仲之官守焉，樊仲，宣王臣仲山甫，食采於樊。其非官守，則皆王之父兄甥舅也。君定王室而殘其姻族，民將焉放？放，依也。敢私布之於吏，布，陳也。吏，軍吏。唯君圖之。」公曰：「君子也。」○明道本作「是君子之言也」，與周語同。迺出陽人。出，降也。○吳曾祺曰：「出，謂徙而出之也。」元誥按：謂解圍而令不服者去也。文公伐原，原不服，故伐之。令以三日之糧，三日而原不降〔八四〕，公令疏軍而去之。疏，徹也。（元誥按：徹，俗作「撤」。）諜出曰：「原不過三日矣〔八五〕。」諜，間候。○元誥按：謂原不再過三日必降〔八六〕。軍吏以告，公曰：「得原而失信，何以使人？夫信，民之所庇也，不可失。」庇，蔭也。乃去之，及孟門，而原請降。孟門，原地。傳曰：「退一舍而原降。」〔八七〕○吳曾祺曰：「董氏正義本作『盟門』，盟、孟古字通，在今濟源縣西北。」元誥按：內傳謂退一舍，蓋三十里也。古者軍退，日三十里，是晉師去原至孟門止一日程耳。乃請降，猶是不過三日。

7 文公立四年，楚成王伐宋，四年，魯僖二十七年冬。宋背楚事晉，故楚伐之。公率齊、秦伐曹、衛以救宋。魯僖二十八年春，晉侯侵曹伐衛。傳曰，「楚始得曹而新婚於衛」也〔八八〕。宋人使門尹班告急於晉，門尹班，宋大夫。○元誥按：門姓，尹班名。後魏有門文愛。公告大夫曰：「宋人告急，舍之則宋絕，舍不救宋〔八九〕，則宋降楚，與我絕矣。告楚則不許我。告，謂請宋於楚〔九〇〕，楚不許我。我欲擊楚，齊、秦不欲，其若之何？」先軫曰：「不若使齊、秦主楚怨。」先軫，晉中軍原軫也。主楚怨，爲怨主，謂激齊、秦，使之怨楚。公曰：「可乎？」先軫曰：「使宋舍我而賂齊、秦，使宋置晉，獨賂齊、秦。藉之告楚。借與齊、秦之勢，使請宋於楚。我分曹、衛之地，以賜宋人。楚愛曹、衛，必不許齊、秦。齊、秦本與晉俱伐曹、衛，今晉分其地，楚必不許齊、秦之請。齊、秦不得其請，必屬怨焉，屬，結也。然後用之，蔑不欲矣。」用，用齊、秦也。蔑，無也。公說，是故以曹田、衛田賜宋人。二十八年春，衛侯欲與楚，國人不欲，故出其君以說於晉，衛侯出居襄牛。公執曹伯，分曹、衛之田以畀宋人〔九一〕。○元誥按：能左右之曰以。令尹子玉使宛春來告，宛春，楚大夫。○元誥按：子玉蓋率師伐宋者。曰：「請復衛侯而封曹，○僖二十八年左傳杜注曰：「衛侯未出竟，曹伯見執在宋，已失位，故言復衛封曹〔九二〕。」臣亦釋宋之圍。」釋，解也。舅犯慍曰：「子玉無禮哉！

君取一，臣取二〔九三〕，必擊之。」愠，怒也。君，文公也。臣，子玉也。一，謂釋宋圍。二，謂復曹、衛也。○僖二十八年左傳杜注曰：「君取一，以釋宋圍，惠晉侯。臣取二，以復曹、衛，爲己功。」先軫曰：「子與之。與，許也。我不許曹、衛之請，是不許釋宋也，宋衆無乃彊乎！不許釋宋，宋降於楚，其衆益彊。○王念孫曰：「如韋注，則是楚衆彊，非宋衆彊矣，殊與傳文不合。彊，當讀爲僵。僵，斃也，（見呂氏春秋貴卒篇注。）言宋國之衆將爲楚所斃也。故僖二十八年左傳曰：『不許楚言，是棄宋也。』彊之爲僵，猶疆之爲僵。陳君聞道碑：『車馬彊頓。』彊即僵之假借。」是楚一言而有三施，子一言而有三怨。三，曹、衛、宋。怨已多矣，難以擊人。不若私許復曹、衛以攜之，攜，離也。執宛春以怒楚，怒楚，令必戰。既戰而後圖之。」圖，圖復曹、衛。○僖二十八年左傳杜注曰：「須勝負決乃定計。」公說，是故拘宛春於衛。子玉釋宋圍，從晉師。楚既陳，晉師退舍，軍吏請曰：「以君避臣，辱也。時楚王避文公之德，入居申，使子玉去宋，子玉不肯，固請戰，故云避臣。○僖二十八年左傳杜注曰：「以晉君而避子玉，故曰以君避臣。」且楚師老矣，必敗。何故退？」老，罷也。圍宋久，其師罷病。子犯曰：「二三子忘在楚乎？言在楚時，許退三舍。偃也聞之，戰鬭直爲壯，曲爲老〔九四〕。若韓之戰，秦師少而鬭士衆，晉曲秦直，故能敗晉。未報楚惠而抗宋，我曲楚直，抗，救也。○元誥按：內傳抗作「亢」，杜注云：「當也。」其衆莫不生氣，不可謂老〔九五〕。若我以君避臣而不去，彼亦曲矣。」退三舍避楚。楚衆欲止，子玉不肯，至於城濮，果戰，楚衆大敗。城濮，衛地。○沈鎔曰：「今山東濮縣南七十里有臨濮古城，即古城濮也。」君子曰：「善以德勸。」善，先軫、子犯。

8 文公誅觀狀以伐鄭，反其陴。賈侍中云：「鄭復效曹觀公駢脅之狀，故伐之。」唐尚書云：「誅曹觀狀之罪，還而伐鄭。」昭省內、外傳，鄭無觀狀之事，而叔詹云：「天禍鄭國，使淫觀狀」，謂淫放於曹，不禮公子，與觀狀之罪同耳。反，撥也。陴，城上女垣。僖三十年秋，秦伯、晉侯圍鄭。○吳曾祺曰：「注以觀其裸爲觀狀，義殊曲。觀狀即內傳之『獻狀』，謂令其自陳所應得之罪狀也。」元誥按：僖三十年左傳：「晉侯、秦伯圍鄭，以其無禮於晉，且貳於楚也。」是文公伐鄭，因前過鄭時無禮，故於伐曹後伐鄭，似唐說是也。鄭人以名寶行成，名寶，重寶。○元誥按：行成，請和也。公弗許，曰：「予我詹而師還。」詹，鄭卿叔詹(九六)。文公過鄭時，詹請禮之，鄭伯不聽，因請殺之。詹請往，鄭伯弗許。鄭伯，鄭文公。詹固請，○元誥按：固，堅也，謂再三請也。曰：「一臣可以赦百姓而定社稷，君何愛於臣也？」鄭人以詹予晉人。○明道本脱「人」字。晉人將烹之，烹，煮也。詹曰：「臣願獲盡辭而死，固所願也。」公聽其辭。○元誥按：謂使畢其辭。詹曰：「天降鄭禍，使淫觀狀，棄禮違親。淫，放也，放曹國不禮於君。○元誥按：上文「觀狀」指曹觀駢脅一事，此「觀狀」疑當爲無狀，涉上文而誤也。鄭無如曹觀狀之事，韋上注云「與觀狀之罪同」，亦曲爲之說耳。臣曰：『不可。夫晉公子賢明，其左右皆卿才，若復其國而得志於諸侯，禍無赦矣。』今禍及矣。尊明勝患，智也。明，謂公子。勝，猶遏也。殺身贖國，忠也。」乃就烹，據鼎耳而疾號曰：「自今以往，知忠以事君者，與詹同。」○元誥按：知忠，即上文「智忠」。乃命弗殺，厚爲之禮而歸之。禮，禮餼也。鄭人以詹爲將軍。○元誥按：各本「詹」下有「伯」字，今依黃丕烈說刪。

9晉饑，公問於箕鄭箕鄭，晉大夫。曰：「救饑何以？」對曰：「信。」〔九七〕公曰：「安信？」對曰：「信於君心，不以愛憎誣人以善惡，是謂信於心。信於名，名，百官尊卑之號。信於令，信於事。」謂使民事，各得其時。公曰：「然則若何？」對曰：「信於君心，則美惡不踰。不相踰越。信於名，則上下不干。干，犯也。信於令，則時無廢功。不奪其時，則有成功。信於事，則民從事有業。業，猶次也。於是民知君心，貧而不懼，藏出如入，何匱之有？」出其稸藏，以相振救，如入於家，故不乏也。公使爲箕。爲箕大夫。○吴曾祺曰：「箕，在今山西太谷縣東南三十五里〔九八〕。」及清原之蒐，使佐新上軍。清原之蒐，在魯僖三十一年秋。○僖三十一年左傳：「晉蒐於清原，作五軍以禦狄。」杜注云：「二十八年，晉作三軍，（元誥按：是魯僖二十七年。）今罷之，更爲上下新軍。河東聞喜縣北有清原。」吴曾祺曰：「清原，在今山西稷山縣西北二十里。」元誥按：晉常以蒐禮改政令，文公四年，蒐於被廬，作三軍。蒐，治兵也。六年，蒐於夷，舍二軍，復成國之制。八年，蒐於清原，作五軍〔九九〕。公羊傳：「比年簡徒，謂之蒐；三年簡車，謂之大閱；五年大簡車徒，謂之大蒐。」

10文公問元帥於趙衰，元帥，上卿。○僖二十七年左傳杜注曰：「元帥，中軍帥〔一〇〇〕。」對曰：「郤縠可，行年五十矣，郤縠，晉大夫。行，歷也。守學彌惇。彌，益。惇，厚。夫先王之法志，德義之府也。志，記也。夫德義，生民之本也。能惇篤者，不忘百姓也。請使郤縠。」公從之。○元誥按：使郤縠將中軍也。內傳云：「郤溱佐之〔一〇一〕。」公使趙衰爲卿，○僖二十七年左傳林注曰：「將下軍。」〔一〇二〕辭曰：「欒枝貞慎，枝，晉大夫欒共子之子貞子也。先軫有謀，胥臣多聞，皆可以爲輔，○明道本下有「佐」字。臣弗如也。」乃使欒枝將下軍，先軫佐之。此述初耳，在城濮戰前。○元誥按：此述蒐於被廬，作三軍時事。取五鹿，先軫之謀也。五鹿，衛地。○元誥按：五鹿，已見齊語，在今直隸大名縣。郤縠卒，使先軫代之。從下軍之佐，超將中軍。傳曰：「尚德也。」○元誥按：代，繼也。下同。胥臣佐下軍。代先軫。公使原季爲卿，原季，趙衰也。文公二年，爲原大夫。卿，次卿也。○元誥按：此「卿」當謂上軍帥也，觀下文讓於狐偃，偃又讓毛爲上軍，可知。辭曰：「夫三德者，偃之出也。偃，狐偃。賈、唐云：「三德，欒枝、先軫、胥臣，皆狐偃所舉。」虞云：「三德，謂勸文公納襄王以示臣義，伐原以示信〔一〇三〕，大蒐以示民禮。故以三德紀民。」昭謂：欒枝等皆趙衰所進，非狐偃。三德紀民之語在下，虞得之。以德紀民，其章大矣，不可廢也。」章，著也。使狐偃爲卿，辭曰：「毛之智賢於臣，其齒又長，毛，偃之兄。毛也不在位，不敢聞命。」乃使狐毛將上軍，狐偃佐之。尚齒也。上軍，或言新上軍，非。時未有新軍。（元誥按：此時文公四年也，至七年始爲上、下新軍。）傳曰「使狐偃將上軍，讓於狐毛而佐之」是也。狐毛卒，使趙衰代之，虞、唐云：「代將新軍。」昭謂：代將上軍。○元誥按：趙衰爲新軍卿，在文公七年。辭曰：「城濮之役，先且居之佐軍也善，先且居，先軫之子蒲城伯也，後受霍爲霍伯〔一〇四〕。軍伐有賞，伐，功也。善君有賞，能其官有賞。以道事其君，賴其功，當有賞。能領治其官職〔一〇五〕，使不謬誤，君得以尊，民得以甯，當有賞也。且居有三賞，不可廢也。言且居有是三德，得此三賞，不可廢而不用。且臣之倫，箕鄭、胥嬰、先都在。」倫，匹也。三子，晉大夫。乃使先且居將上軍。代狐毛。公曰：「趙衰三讓，三使爲卿，三讓之，進欒枝等八人。其所讓，皆社稷之衛也。廢讓，是廢德也。」

以趙衰之故，蒐於清原，作五軍。清原，晉地。晉本三軍，有中軍、上軍、下軍。今有五，益新上、下也。使趙衰將新上軍，箕鄭佐之；胥嬰將新下軍，先都佐之。子犯卒，蒲城伯請佐，或云：「蒲城伯，狐毛也。」賈侍中云：「蒲城伯，先且居也。」昭謂：上章，狐毛已卒，使先且居代之。賈得之矣。公曰：「夫趙衰三讓不失義。義，宜也。讓，推賢也。義，廣德也。德廣賢至，又何患矣。請令衰也從子。」從，從先且居也。乃使趙衰佐上軍〔一〇六〕。趙衰從新上軍之將佐上軍，升一等。新上軍之將，位在上軍之佐下。此章或在狐毛卒上，非也，當在下。○各本「佐」下有「新」字，今依韋說刪。

11 文公學讀書於臼季，三日，臼季，胥臣。曰：「吾不能行也咫，聞則多矣。」咫，咫尺間。對曰：「然而多聞以待能者，不猶愈乎？」使能者行之，猶愈於不學。○明道本「乎」作「也」。

12 文公問於郭偃曰：「始也，吾以國爲易，郭偃，卜偃。易，易治。○明道本「國」上有「治」字，非。今也難。」對曰：「君以爲易，其難也將至矣。以爲易而輕忽之，故其難將至。君以爲難，其易也將至焉。」以爲難而勤修之，故其易將至。

13 文公問於胥臣曰：「吾欲使陽處父傅讙也○內傳讙作「驩」。而教誨之，其能善之乎？」陽處父，晉大夫陽子。讙，文公子襄公名。對曰：「是在讙也。籧篨不可使俛，籧篨，直者，謂疾。○各本籧篨皆從草，非。舊音曰：「上音渠，下音除。」戚施不可使仰，戚施，痀者。〔元誥按：痀，原本作「瘁」，今依陳樹華說改。說文：「痀，曲脊也。」〕僬僥不可使舉，僬僥，長三尺，不能舉動。○宋庠曰：「僬，在遙反，亦作焦。僬僥，南方國名，人長三尺，短之極也。侏儒不可使援，侏儒，短者，不可使抗援。矇瞍不可使視，有眸子而無見曰矇，無眸子曰瞍。嚚瘖不可使言，口不道忠信之言爲嚚。瘖，不能言者。○王念孫曰：「傳言『不可使言』，『不可使聽』，則嚚瘖爲不能言之人，聾瞶爲不能聽之人。韋氏以左傳釋之，非其本指也。凡事理之相近者，其名即相同。籧篨、戚施、侏儒皆疾也，故人之不肖者亦曰籧篨、戚施、侏儒。邶風新臺篇曰：『燕婉之求，得此戚施。』鄭語曰：『侏儒、戚施，寔御在側，近頑童也。』皆謂不肖之人也。淮南脩務篇注云：『籧篨偃，戚施僂，皆醜貌也，故物之粗醜者亦曰籧篨、戚施。』方言曰：『簟之粗者，自關而西謂之籧篨。』太平御覽引薛君韓詩章句曰：『戚施，蟾蜍，喻醜惡。』是也。侏儒，短人也。故梁上短柱亦謂之侏儒。淮南主術篇曰『脩者以爲櫚榱，短者以爲朱儒、枅櫨』是也。不能言謂之瘖，故不言亦謂之瘖，晏子春秋諫篇『近臣嘿，遠臣瘖』是也。不能言謂之嚚，不能聽謂之聾，故不道忠信之言亦謂之嚚耳，不聽五聲之和亦謂之聾，左傳僖二十四年富辰所云是也。故事，理之相近者既有本意，即有借義，不以本義廢借義，亦不當以借義亂本義也。」聾瞶不可使聽，耳不別五聲之和曰聾，生而聾曰瞶。○一切經音義引賈逵曰：「聾無識曰瞶。」僮昏不可使謀。僮，無智。昏，闇亂。質將善而賢良贊之，則濟可竢。言質性將自善，而賢良之傅贊導之，則成就可立竢也。若有違質，違，邪也。教將不入，不入其心。其何善之爲！言不能使善。○王引之曰：「爲，有也。韋注失之。」臣聞昔者大任娠文王不變，娠，有身也〔一〇七〕。不變，不變動。○史記周本紀集解曰：「大任，摯任氏中女。」正義曰：「摯、疇二國，任姓。大任，王季娶以爲妃。大任之性，端壹誠莊，維德之行。及其有身，目不視惡色，耳不聽淫聲，口不出傲言，以胎教子，而生文王。此皆有賢行也。」少溲于豕牢而得文王，不加病焉。少，小也。溲，便也。豕牢，厠也。言大任之生文王時，如小溲于厠而得文王，不加病痛，言其易也。〔一〇八〕文王在母不憂，在母孕時體不變，故不憂。在傅弗勤，處師弗煩〔一〇九〕，〇元誥按：勤，勞也。謂不勞煩師傅，敏而好學。事王不怒，奉事父王季，不加怒。孝友二虢，善兄弟爲友。二虢，文王弟虢仲、虢叔。〇王引之曰：「孝友取義於義，故善於兄弟亦可謂之孝。」僖五年左傳孔疏引賈逵曰：「虢仲封東虢，制是也。虢叔封西虢，虢公是也。」而惠慈二蔡〔一一〇〕，惠，愛也。三君云：「二蔡，文王子。管叔初亦爲蔡。」〇汪遠孫曰：「下文『諏於蔡、原』，韋注云：『蔡，蔡公。』此即二蔡之一也。列女傳稱周南芣苢詩爲蔡人之妻作，是文王時先有蔡國矣，三君説恐非是。」王引之曰：「蔡與祭古通用，祭爲畿内之邑，字本作『⿰祭阝』，二祭，蓋二人皆食邑於祭者。惠慈，猶惠愛也，固不必愛子而後謂之慈也。」説者以爲管叔、蔡叔，失之〔一一一〕。管、蔡不賢，豈得置武王、周公而愛管、蔡乎？」刑於大姒，刑，法也。大姒，文王妃。〇元誥按：大姒，有莘氏之女。比於諸弟。比，親也。諸弟，同宗之弟。詩云：『刑于寡妻，至于兄弟，以御于家邦。』詩大雅思齊之二章。寡妻，寡有之妻，謂大姒。御，治也。〇陳奂曰：「毛詩傳云：『寡妻，適妻也。』寡之爲言特也，適之爲言正也。寡謂之特，特謂之匹；適謂之妃，妃謂之匹，義竝通也。天子之妻，適一，餘皆妾，故傳釋寡妻爲適妻。解者竝謂寡爲寡德，於是主一無敵之義久湮矣。」宋庠曰：「御，魚據反。鄭箋云：『御，治也。』與注合。毛公訓『牙嫁反，迎也』。宜從鄭讀。」於是乎用四方之賢良。以自輔也。及其即位也，詢於八虞，詢，謀也。賈、唐曰：「八虞，周八士，皆在虞官，伯達、伯适、仲突、仲忽、叔夜、叔夏、季隨、季騧。」〇詩思齊篇孔疏曰：「論語有八士，鄭意以爲周公相成王時所生，則不得爲文王所詢。如鄭意，則别有八士賢人在虞官矣。」與賈、唐不合。考逸周書克殷解：「乃命南宮忽振鹿臺之財，散巨橋之粟。乃命南宮百達、史佚遷九鼎三巫〔一三〕。」忽即仲忽，百達即伯達，當依古記。而諮於二虢，諮，謀也。度於閎夭，而謀於南宮，皆周賢臣。度，亦謀也。南宮，南宮适。諏於蔡、原，而訪於辛、尹，諏、訪，皆謀也。蔡，蔡公；原，原公；辛，辛甲；尹，尹佚。皆周大史。○王引之曰：「蔡，讀爲『祭公謀父』之祭。昭王時有祭公隕於漢水，穆王時有祭公謀父，春秋隱元年『祭伯來』，桓八年『祭公來』，莊二十三年『祭叔來聘』，蓋皆文王時祭公之後。祭與蔡古字通。上文曰：『孝友二虢，而慈惠二蔡。』此言『諮於二虢』，即上文之『二虢』，則此言『諏於蔡』〔一三〕，即上文之二蔡也。」史記周本紀集解引劉向別録曰〔一四〕：「辛甲，故殷之臣，事紂，蓋七十五諫而不聽〔一五〕，去至周，文王以爲公卿，封長子。」元誥按：尹佚爲周大史，故亦稱史佚，尚書稱「逸祝册」。重之以周、邵、畢、榮，周，周文公。邵，邵康公。畢，畢公。榮，榮公。○書序賄肅慎之命正義引賈、唐曰：「榮，周同姓。」元誥按：榮，已見周語。億寧百神，億，安也。而柔和萬民。柔，安也。故詩云：『惠於宗公，神罔時恫。』亦思齊之二章。惠，順也。宗公，大臣也。恫，痛也。言文王爲政，諮於大臣，順而行之，故鬼神無怨痛之者。○陳奐曰：「毛詩傳云：『宗公，宗神也。』傳即從下文『神』字立訓，言文王之祀羣神也。國語以宗公爲百神，爲毛詩傳所本。引詩承『億寧百神』句，而於『詢』、『諮』、『度』、『謀』、『諏』、『訪』句不干涉。猶上文引詩『刑于寡妻，至于兄弟，以御于家邦』，承『刑于大姒』句，而於『在傅弗勤，處師弗煩』句不干涉。解國語者多失之矣。鄭箋宗公爲大臣。然順於大臣，未能即當於神明，與下文言神義不相接。」汪遠孫曰：「韋注乃踵鄭之誤。」是則文王非專教誨之力也。」言因體也。○明道本「是」上有「若」字。公曰：「然則教無益乎？」對曰：「胡爲〔一六〕？○元誥按：言何謂無益。爲與謂古字通用。文益其質，言有美質，加以文采乃善。故人生而好學，非學不入。」不入，不入於道。公曰：「奈夫八疾何？」八疾，籧篨至童昏。對曰：「官師之所材也，師，長也。材，古裁字〔二七〕。○元誥按〔二八〕：材，謂裁成，下所言是。戚施植鎛，植，主擊鎛。鎛，鍾也。○元誥按：各本植作「直」，今依禮記王制疏、周禮考工記疏引國語改。籧篨蒙璆，蒙，戴也。璆，玉磬。不能俯，故能戴磬。侏儒扶盧，扶，緣也。盧，矛戟之柲，緣之以爲戲。矇瞍循聲，無目，於音聲審，故使循之。○明道、宋庠各本循作「脩」，賈本作「循」，注曰：「循聲，歌詠琴瑟。」王念孫曰〔二九〕：「循聲者，循琴瑟之聲而歌詠也。聲爲歌之所循，故曰循聲。若作『脩聲』，則義不可通。」元誥按：賈本是，今從之。聾聵司火。耳無聞，於視則審，故使主火。僮昏、嚚瘖、僬僥，官師所不材也，所不能材用〔三〇〕。以實裔土。裔，荒裔。夫教者，因體能質而利之者也。能質，性能。○宋庠本注曰：「能，才也。因其身體有質可成，濟者就而通利之。」若川然有原，以御浦而後大。」御，迎也。言川有原，因開利迎之以浦，然後大。○明道、宋庠各本御作「卬」，孔本作「仰」，言「川仰浦而大，人仰教而成」。汪遠孫曰：「韋本當作『御』，故訓爲『迎』。舊音『牛稼反』可證。孔本『御』字脱壞作『卬』，因字解之。若作『仰』，不須音矣。後人以孔改韋，復改孔爲『仰』。集韻四十『禡、訝』下不載『卬』字，是丁度所據國語音當不誤也。」元誥按：汪説是，今從之。

14 文公即位二年，更言此者，述初也。○宋庠述本注曰：「終善文公之事。」欲用其民，用，用征伐。子犯曰：「民未知義，未知尊上之義。盍納天子以示之義？」時天子避子帶之難，在鄭地氾。乃納襄王於周。公曰：「可矣乎？」對曰：「民未知信，盍伐原以示之信？」乃伐原。信，謂上令以三日之糧，糧盡不降，命去之。曰：「可矣乎？」對曰：「民未知禮，盍大蒐，備師尚禮以示之？」蒐，所以明尊卑，順少長，習威儀。乃大蒐於被廬，被廬，晉地。作三軍。唐尚書云：「去新軍之上、下。」昭謂：此章言文公之初未有新軍。使郤穀將中軍，以爲大政，大政，大掌國政。○王念孫曰：「韋説非也。政讀爲正。爾雅：『正，長也。』郤穀將中軍，爲卿之長，故曰『大正』。以爲大正，猶曰以爲正卿耳。昭十五年左傳：『孫伯黶司晉之典籍，以爲大政。』杜注曰：『孫伯黶，晉正卿。』漢書五行志〔一二〕作『大正』，是其證也。」郤溱佐之〔一三〕。郤溱，晉大夫郤至之先。或云「溱即至」，非也。子犯曰：「可矣。」可，可用也。遂伐曹、衛，在魯僖二十八年。出穀戍，穀，齊地。魯僖二十六年，楚伐齊〔一三〕，取穀，使申公叔侯戍之。○沈鎔曰：「穀，今山東東阿縣治。」釋宋圍，二十七年，楚圍宋〔一四〕，晉伐曹、衛以救之。敗楚師於城濮，二十八年，楚子使申叔去穀，子玉去宋避晉，畏其强也。於是乎遂伯。

校記

〔一一〕十二年歲星一周爲一紀　「星」字脱，據各本補。

〔一二〕歲在鶉尾，必有此五鹿地　「此」字脱，據各本補。

〔一三〕授時合率大，但可推　「但」誤作「略」，據國語發正改。

〔一四〕僖二十八年正月己亥朔　「己」誤作「乙」，據國語發正改。

〔五〕疑則不成天命　「天」誤作「大」，據各本改。

〔六〕韋釋「每懷」句未合，辨見下　「下」誤作「上」，依文義改。

〔七〕見可懷，思可畏也　「見可」二字誤倒，據各本改。

〔八〕敬仲，夷吾謚　「謚」各本作「字」。按夷吾之謚爲「敬」，連其名通稱爲「敬仲」，集解改「字」爲「謚」而未作説明，不知何據。

〔九〕不畏威，則有刑罪　「罪」誤作「罰」，據各本改。

〔一〇〕去威遠，言不能威民　「言」誤作「信」，據各本改。

〔一一〕以見懷思威爲立　「立」誤作「主」，據國語韋解補正改。

〔一二〕皇甫謐曰　「謐」誤作「謚」，據國語發正改。

〔一三〕不長世，亂當有平時　「世」誤作「時」，據各本改。

〔一四〕偃之肉腥臊　「腥臊」二字脱，據各本補。

〔一五〕冬，邢人、狄人伐衛，圍菟圃，文公師于訾婁以退之，故不能禮焉　此二十四字脱，據各本補。

〔一六〕穆仲静之子甯速　「速」誤作「遠」，據公序本改。

〔一七〕俾守天聚者　「聚」誤作「族」，據各本改。

〔一八〕若復而修其德　「其」字脱，據各本補。

〔一九〕襄二十六年傳　「襄」字脱，據左傳補。

〔二〇〕長幼，從幼至長也　「從幼至長」誤從明道本作「從長至幼」，據公序本改。

〔二一〕戎御，御戎車也　誤重「戎御」二字，據各本删。

〔二二〕賈佗在從亡諸臣之列　「在」字脱，據國語發正與經史問答（卷四）補。　晉公子父事狐偃　「父事」二字脱，據國語發正與經史問答（卷四）補。

〔二三〕襄公從之　「襄」字脱，據各本補。

〔二四〕今晉公子有三祚焉　「子」字脱，據各本補。「祚」字從明道本，公序本作「胙」。

〔二五〕狐氏，重耳外家也，出自唐叔，與晉同祖　「也」字脱，「晉」下衍「俱」字，據公序本補删。

〔二六〕大王則秩祀而尊大之　「尊大」之「大」字脱，據各本補。

〔二七〕禾三十車　公序本原作「禾二十車」，明道本作「禾十車」，皆誤，此據周禮秋官掌客之文改正而未作説明。

〔二八〕斾，斾牛尾　「尾」字脱，據各本補。

〔二九〕三舍爲九十里　「爲」字脱，據各本補。

〔三〇〕「文」上亦無「有」字　「文上」二字誤倒，據經義述聞改。

〔三一〕若以約爲在困約之中　「在」字脱，據經義述聞補。

〔三二〕魯僖二十二年逃歸　「二十二年」誤作「二十三年」，據各本改。

〔三三〕青陽，金天氏帝少皞　「氏」字脱，據各本補。

〔三四〕則少昊爲青陽之子信矣　「信」誤作「明」，據路史後紀七疏仡紀改。

〔三五〕小昊，方纍氏之生也　「氏」字脱，據路史後紀七疏仡紀補。

〔三六〕得姓，以德居官而賜之姓也　「以」上衍「謂」字，據各本删。

〔三七〕其得姓者十四人　「者」字脱，據群經平議補。

〔三八〕姬、酉、祁、紀、滕、箴、任、荀、僖、姞、儇、衣是也　「箴」字脱，據明道本補。公序本作「葴」。

〔三九〕以國爲氏　「氏」誤作「是」，據經義述聞改。

〔四〇〕元和姓纂及廣韻引國語竝不作「荀」也　「廣」誤作「唐」，據經義述聞改。

〔四一〕同姓爲姬也　「姓」誤作「時」，據各本改。

〔四二〕黄帝子二十五人　「二」字脱，據路史後紀五疏仡紀補。

〔四三〕其得信耶　「信」誤作「姓」，據路史後紀五疏仡紀改。

〔四四〕唯蒼林氏同於黄帝，故皆爲姬姓　「氏」字、「故」字脱，據群經平議補。

〔四五〕昔少典娶於有蟜氏，生黄帝、炎帝　「黄」誤作「皇」，據各本改。

〔四六〕炎、黄二帝雖則相承　「相」字脱，據史記五帝本紀索隱補。

〔四七〕神農後第八帝曰榆罡　「後」字脱，據路史後紀四禪通紀補。

〔四八〕今依王念孫説改　「王念孫」誤作「王引之」，據經義述聞改。

〔四九〕内傳昭元年疏引國語　「元」誤作「九」，據國語考異改。

〔五〇〕何辭於妻　「辭」誤作「有」，據各本改。

〔五一〕必先有以自入　「入」誤作「立」，據各本改。

〔五二〕言不先施德於人　「施」字脱，據各本補。

〔五三〕考工記弓人　「弓」誤作「工」，據國語發正改。

〔五四〕明日，宴　「宴」字脱，據各本補。

〔五五〕六月，小雅，道尹吉甫佐宣王征伐，復文、武之業　「六月」、「小雅」二詞互倒，又脱「復」字，據公序本改補。明道本「小雅」二字在「文武之業」下。

〔五六〕坤下震上，豫　「豫」字脱，據各本補。

〔五七〕故曰皆八，謂爻無爲也　「謂爻無爲」四字脱，據各本補。

〔五八〕水在山上爲泉原　「山上」二字互倒，據公序本改。

〔五九〕元，亨，利貞，勿用，有攸往，利建侯　此十二字脱，據各本補。

〔六〇〕震動而遇坎　「遇」誤從明道本作「過」，據公序本改。

〔六一〕其實是年閏餘並非十八　「餘」字脱，據國語發正補。

〔六二〕當是誤閏餘十二爲十八　「十二」二字脱，據國語發正補。

〔六三〕入桑泉始是正月　「始」誤作「乃」，據國語發正改。

〔六四〕周月也　「周」誤作「是」，據經義述聞改。

〔六五〕質，信也　「信也」二字脱，據各本補。

〔六六〕及王念孫説改　「王念孫」誤作「王引之」，據經義述聞改。

〔六七〕五年冬至在房初　「五年」二字脱，據國語發正補。

〔六八〕乾下坤上　「上」、「下」二字互倒，據各本改。

〔六九〕天之大紀也　「大」字脱，據各本補。

〔七〇〕高粱已見前，在今山西臨汾東北三十七里　「山西」誤作「山東」，依文義改。

〔七一〕廬柳，晉地　「廬」誤作「魯」，據各本改。

〔七二〕寫者脱去「十二月」三字耳　「脱去」二字脱，據經義述聞補。

〔七三〕狐偃及秦、晉大夫盟於郇　「秦」字脱，據各本補。

〔七四〕寺人，掌内人　各本無此五字，此據國語考異補入而未作説明。

〔七五〕棄爲民主之道　「民主」誤作「明道」，據各本改。

〔七六〕匡乏困 「乏困」二字誤倒，據經義述聞改。

〔七七〕食官，官廩之 脱一「官」字，據公序本補。

〔七八〕是古本作「加」，不作「家」矣 下「作」字誤作「在」，依文義改。

〔七九〕二年春 「二」誤作「三」，據各本改。

〔八〇〕饗醴，飲醴酒也 「飲醴」二字脱，據各本補。

〔八一〕賜公南陽陽樊、温、原、州、陘、絺、鉏、欑茅之田 「鉏」誤從明道本作「組」，據公序本改。

〔八二〕説苑權謀篇 「謀」字脱，據説苑補。

〔八三〕典司六典 下「典」字脱，據群經平議補。

〔八四〕三日而原不降 「三日」二字脱，據各本補。

〔八五〕原不過三日矣 「三日」各本皆作「一二日」。按韓非子外儲説左上云：「原三日即下矣。」新序雜事四云：「原不過三日將降矣。」是舊説多作「三日」者，但「一二日」義亦可通，未必即爲譌誤，不宜逕作改字，以致泯没古本原貌。

〔八六〕謂原不再過三日必降 「三日」參看上條校記。

〔八七〕傳曰：「退一舍而原降。」 「原」字原作「請」，據明道本改。公序本作「請降，退一舍而請降」，無「傳曰」二字。

〔八八〕「楚始得曹而新婚於衛」也　「曹」誤作「霸」，據各本改。

〔八九〕舍不救宋　「舍」下衍「之」字，據各本删。

〔九〇〕告，謂請宋於楚　「謂」誤作「請」，據各本改。

〔九一〕分曹、衛之田以畀宋人　「畀」誤作「與」，據各本改。

〔九二〕故言復衛封曹　「衛」誤作「位」，據左傳杜注改。

〔九三〕君取一，臣取二　此從明道本。公序本作「臣取二，君取一」，韋解二本皆釋「臣」與「二」在前，釋「君」與「一」在後，表明公序本同於韋氏之本，而明道本改從左傳僖二十八年之文，韋解則如舊。今本書正文從明道本，韋解次序亦隨之改定，而集解未作説明。

〔九四〕戰鬭直爲壯，曲爲老　「直」字脱，據各本補。

〔九五〕不可謂老　「不」字脱，據各本補。

〔九六〕鄭卿叔詹　公序本作「鄭卿叔詹伯也」，明道本少「也」字，黄丕烈明道本國語札記云：「此『伯』字衍。」集解從之删去「伯」字而未作説明。

〔九七〕對曰：「信。」　「信」下衍「之」字，據各本删。

〔九八〕箕，在今山西太谷縣東南三十五里　「南」字脱，據國語韋解補正補。

〔九九〕晉常以蒐禮改政令，文公四年，蒐於被廬，作三軍。……六年，蒐於夷，舍二軍，……八年，蒐於清原，作五軍　按文公四年、八年皆晉文公之紀年，六年則魯文公之紀年，即晉襄公七年，集解混爲一談，甚誤。

〔一〇〇〕元帥，中軍帥　「軍」下衍「大」字，據左傳僖二十七年杜注删。

〔一〇一〕郤溱佐之　「溱」誤作「湊」，據左傳僖二十七年改。

〔一〇二〕僖二十七年左傳林注曰：「將下軍。」　「七」誤作「八」，「林」誤作「杜」，「將」誤作「卿」，據春秋左傳杜林注改。

〔一〇三〕伐原以示信　「示」下衍「民」字，據各本删。

〔一〇四〕後受霍爲霍伯　上「霍」字誤作「爵」，據各本改。

〔一〇五〕能領治其官職　「領」字脱，據公序本補。

〔一〇六〕乃使趙衰佐上軍　此句各本原作「乃使趙衰佐新上軍」，下有韋解云：「此有『新』字，誤也。」下接「趙衰從新上軍之將佐上軍」云云。本文從韋解之説删去正文「新」字，並删去韋解有關文句，而未作説明。

〔一〇七〕娠，有身也　「娠」誤作「任」，據各本改。

〔一〇八〕少溲于豕牢而得文王，不加病焉。（少，小也。溲，便也。豕牢，厠也。言大任之生文王時，如小溲于厠而得文王，不加病痛，言其易也。）　此正文與注文全脱，據公序本補。明道本文略且有誤。

〔一〇九〕處師弗煩　「弗」誤作「不」，據各本改。

〔一一〇〕惠慈二蔡　「慈」誤作「愛」，據各本改。

〔一一一〕説者以爲管叔、蔡叔，失之　「蔡叔」之「叔」字脱，據經義述聞補。

〔一一二〕乃命南宮忽振鹿臺之財，散巨橋之粟。乃命南宮百達、史佚遷九鼎三巫　「散」字脱，「百」誤作「伯」，「百」字據逸周書改，「散」字逸周書亦脱，據史記周本紀補。

〔一一三〕此言「諏於蔡」　「諏」誤作「諮」，據經義述聞改。

〔一一四〕史記周本紀集解引劉向别録曰　「引」字脱，依文義補。

〔一一五〕蓋七十五諫而不聽　「五」字脱，據史記周本紀集解補。

〔一一六〕對曰：胡爲　「胡」誤作「何」，據各本改。

〔一一七〕材，古裁字　「材」誤作「財」，據各本改。

〔一一八〕元誥按　「按」字脱，依文例補。

〔一一九〕王念孫曰　「王念孫」誤作「王引之」，據經義述聞改。

〔一二〇〕所不能材用　「材」誤作「裁」，據各本改。

〔一二一〕漢書五行志　「書」字脱，據經義述聞補。

〔一二二〕郤溱佐之　「溱」誤作「凑」，注文同誤，據各本改。

〔一二三〕魯僖二十六年，楚伐齊　「齊」字脱，據各本補。

〔一二四〕二十七年，楚圍宋　「宋」字脱，據各本補。

國語集解

吉水徐元誥學

晉語五第十一

1臼季使，舍於冀野。臼季，胥臣也。冀，晉邑。郊外曰野。○元誥按：舍，止也。冀有二，一爲禹貢之冀州，當今直隸冀縣治；一爲春秋之冀國，在今山西河津縣東。茲所言屬後者，晉滅之爲邑矣。見冀缺耨，其妻饁之，冀缺，郤成子也。耨，茠也。野饋曰饁，詩曰：「饁彼南畝。」○元誥按：各本無「見」字，今依太平御覽人事四十三引國語補。耨，本作「槈」，亦作「鎒」，明道本作「薅」，未是。敬，相待如賓。夫婦相敬如賓。從而問之，冀芮之子也，與之歸。既復命而進之，曰：「臣得賢人，敢以告。」文公曰：「其父有罪，可乎？」文公元年，冀芮畏偪，與呂甥謀弒公，焚公宮，秦伯殺之是也〔一〕。對曰：「國之良也，滅其前惡，滅，除也。是故舜之刑也殛鮌，其舉也興禹。殛，誅也。鮌，禹父。○元誥按：殛非誅，辨見周語。今君之所聞也，齊桓公親舉管敬子，其賊也。」敬子，管仲之謚。公曰：「子何以知其賢也？」對曰：「臣見其不忘敬也。夫敬，德之恪也，恪於德以臨事，其何不濟！」公見之，使爲下軍大夫。在文公時。而於此言之者，以襄公能繼父志用冀缺。傳曰：「襄公以再命賞胥臣，曰：『舉郤缺，子之功也。』以一命命郤缺爲卿，復與之冀。」故曰冀缺。○吳曾祺曰：「當是上卷文誤入在此。」

2 陽處父如衛，反，過寧，處父，晉大傅陽子也。如衛，聘衛也，在魯文五年。寧，晉邑，今河內修武是也。○元誥按：修武，今屬河南爲縣。舍於逆旅寧嬴氏。旅，客也。逆客而舍之也。嬴，其姓。○劉炫曰：「寧嬴，逆旅主人。」賈逵、孔晁以爲掌逆旅之大夫，非是。嬴謂其妻曰：「吾求君子久矣，今乃得之。」舉而從之。舉，起也。陽子道與之語，及山而還。山，河內溫山也。傳曰：「及溫而還。」○元誥按：溫山在修武縣北五十里。其妻曰：「子得所求而不從之，何其懷也！」懷，思也。曰：「吾見其貌而欲之，聞其言而惡之。夫貌，情之華也；容貌者，情之華采。言，貌之機也。言語者，容貌之樞機。身爲情，情生於身。成於中。言，身之文也，言文而發之，合而後行，離則有釁。合，謂情也，言也，文也。三者合而後行。釁，瑕也。今陽子之貌濟，其言匱，非其實也。濟，成也。言不副貌爲匱。匱，乏也。○俞樾曰：「此『濟』字以貌言，不當訓『成』。濟，當讀爲齊。詩采蘋篇『有齊季女』，傳曰：『齊，敬也。』思齊篇『思齊大任』，傳曰：『齊，莊也。』是齊有莊敬之義。廣雅釋訓曰：『濟濟，敬也。』蓋濟與齊義通。陽子之貌濟，其言匱，謂陽子之貌雖若莊敬，而其言則匱也。下文曰：『今陽子之情譓矣，以濟蓋也。』解曰：『譓，辨察也。』義亦未合。說文無『譓』字，心部：『慧，儇也。』『譓』字蓋與慧同，謂陽子之情儇利，而故爲莊敬之貌，以揜蓋之也。至匱之訓『乏』，固爲恒訓，然言不副貌，何以謂之乏？韋說亦未了。蓋匱乏即有空虛之義，實者誠也，則虛者不誠也，故言而不實謂之匱，盟而不實亦謂之匱。成二年左傳『卿不書，匱盟也』是也。因而其字又變作『讀』，廣雅釋訓曰：『讀，欺也。』讀即『其言匱』之匱矣。」若中不濟而外彊之，謂情不足，而貌彊爲之。○元誥按：不濟，不敬也。其卒將復，復，反也，反其情也。中外易矣。易，猶異也。○明道本「中」下有「以」字。若內外類而言反之，瀆其信也。類，善也。瀆，輕也。○吴曾祺曰：「謂內外本相類而言，故反之。不訓『善』。」夫言以昭信，奉之如機，如樞機之相應。○王引之曰：「機，門梱也。韋據易傳『樞機之發』爲解。樞爲户樞，所以利轉；機爲門梱，所以止扉。樞機爲門户之要，猶言行爲君子之要。」歷時而發之，言思察之詳熟。○爾雅釋詁：「歷，相也。」胡可瀆也！今陽子之情譿矣，譿，辨也。○元誥按：譿爲慧之假借字。慧，儇利也，見上俞説。唐本、明道本又作「譓」，誤。廣韻：「廣謀多智曰譓。」非此義。以濟蓋也。濟，成也。成其容貌，以蓋其短。○吴曾祺曰：「謂欲蓋其短，以辨察濟之也。」元誥按：謂故爲莊敬之貌以揜蓋之也。見上俞説。且剛而主能，主，上也。言性剛直而高尚其材能。不本而犯，怨之所聚也。不本，行不本仁義也。犯，犯人也。○王引之曰：「不，無也。不本而犯，言無本也。無本，謂言不本於貌，貌不本於情，即上文所謂『中不濟而外强之』、『外內類而言反之』也。韋注謂『行不本仁義』，失之。」元誥按：犯，勝也，見爾雅釋詁。此謂陽子以言辭勝人也，故上云「聞其言而惡之」。吾懼未獲其利而及其難，是故去之。」朞年，乃有賈季之難，陽子死之。賈季，晉大夫，狐偃之子射姑也。食采於賈，字季佗。唐尚書云：「晉蒐於夷，舍二軍。」昭謂：初，晉作五軍。魯文五年，晉四卿卒。至六年，晉蒐於夷，舍二軍〔二〕，復成國之制。狐射姑將中軍，趙盾佐之。陽子至自温，改蒐於董，使趙盾將中軍，射姑佐之。射姑怨陽子之易其班，使狐鞫居殺陽處父而奔狄。○汪遠孫曰：「賈季非賈佗，説見晉語四。」

3 趙宣子言韓獻子於靈公以爲司馬。宣子，晉正卿，趙衰之子宣孟盾也。獻子，韓萬之玄孫，子輿之子厥也。靈公，襄公之子夷皋也。司馬，掌軍大夫。河曲之役，河曲，晉地。魯文十二年，秦伐晉，戰於河曲。○元誥按：河曲即蒲坂，在今山西永濟縣東南隅。趙孟使人以其乘車干行，趙孟，宣子。干，犯也。行，軍列。○宋庠曰：「行，户郎反。」獻子執而戮之。衆咸曰：「韓厥必不没矣。没，終也。○元誥按：謂不得終其天年。其主朝升之，而暮戮其車，主，主人。車，車僕也。獻子因趙盾以爲主，盾升之於公朝。暮，喻速也。○元誥按：朝對暮言，朝升暮戮，正言其速。韋訓爲「公朝」，似未允當。其誰安之！」宣子召而禮之，曰：「吾聞事君者，比而不黨。比，比義也。阿私曰黨。夫周以舉義，比也；忠信曰周。○論語爲政篇：「君子周而不比，小人比而不周。」潘箋曰：「周與比皆訓爲親，爲密，爲合。以義合者，周也；以利合者，比也。其合同，其所以合則異。晉語：『事君者比而不黨。』夫周以舉義，比也。舉以其私，黨也。彼之所謂比，即此之所謂周。彼之所謂黨，即此之所謂比。比與黨相近，則辨之曰『比而不黨』。孔注訓周爲『忠信』，孫綽訓爲『理備』，皇侃訓爲『博通』，皆失之。」舉以其私，黨也。夫軍事無犯，犯而不隱，義也。在公爲義。吾言女於君，懼女不能也。舉而不能，黨孰大焉！事君而黨，吾何以從政？吾故以是觀女。觀女能否。女勉之。苟從是行也，勉之，勸終其志。是行，今所行也。臨長晉國者，非女其誰？」臨，監也。長，帥也。皆告諸大夫曰：「二三子可以賀我矣！吾舉厥也而中，吾乃今知免於罪矣。」○太平御覽治道部十三引賈逵曰：「免失舉之罪。」王引之曰：「乃，猶而也。乃難乎而也。乃與而對言之則異，散言之則通〔三〕。」

4宋人弒昭公，宋人，宋成公之子文公鮑也。昭公，鮑之兄杵臼也。弒昭公在魯文十六年。趙宣子請師於靈公以伐宋〔四〕，公曰：「非晉國之急也。」對曰：「大者天地，其次君臣，所以爲明訓也。言尊卑各得其所，所以明教訓也。今宋人弒其君，是反天地而逆民則也，則，法也。天必誅焉。晉爲盟主，而不循天罰〔五〕，循，行也。○各本循作「脩」，注同。王念孫曰：「脩與行不同義，脩當爲『循』。循天罰，行天罰也。甘誓曰，『今予惟共行天之罰』是也。韋注訓爲『行』，則其爲『循』字可知。說文：『循，順行也。』」元誥按：脩、循二篆止爭一畫，故易譌。今據改。將懼及焉。」公許之。乃發令於大廟，召軍吏而戒樂正，正，長也。軍吏，主師旅。樂正，主鐘鼓。令三軍之鐘鼓必備。趙同曰：「國有大役，役，事也。趙同，盾弟晉大夫原同。不鎮撫民而備鐘鼓，何也？」宣子曰：「大罪伐之，小罪憚之。憚，懼也。襲侵之事，陵也。輕曰襲。無鍾鼓曰侵。陵，以大陵小也。○俞樾曰：「襲侵之事，非必皆以大陵小，韋說非也。說文：『夌，越也。』陵與夌通。禮記樂記篇：『迭相陵謂之慢。』正義曰：『陵，越也。』然則陵有超越之義。襲侵之事，陵也，謂乘其不備，超越而至也。漢書天文志：『陵歷鬬食。』師古注曰：『突掩爲陵。』是其義矣。」是故伐備鐘鼓，聲其罪也。以聲章其罪。戰以錞于、丁寧，儆其民也。錞于，形如碓頭，與鼓相和。丁寧，令丁，謂鉦也〔六〕。儆，戒也。唐尚書云：「錞于，鐲也。」非也。鐲與錞于各異物。○王念孫曰：「戰，非戰鬬之戰。何以明之？鐘鼓、錞于、丁寧皆戰所必用，不得以鐘鼓屬伐，以錞于、丁寧屬戰，以是明之。戰，讀爲憚。憚，懼也。此承上『大罪伐之，小罪憚之』而言，言伐之則必備鐘鼓，所以聲其罪也。若憚之而已，則但用錞于、丁寧，所以儆其民也。白虎通義引書大傳曰：『戰者，憚警之也。』廣雅曰：『戰，憚也。』大戴記曾子立事篇曰：『君子終身守此戰戰。』又曰：『君子終身守此憚憚。』魯語『帥大讎以憚小國』，説苑正諫篇作『戰』。莊子達生篇『以鉤注者憚』，呂氏春秋去尤篇作『戰』。戰與憚古同聲同義，故字亦相通。」元誥按：錞于即錞。周禮鼓人：「以金錞和鼓。」鄭注云：「錞，圜如碓頭，大上小下。」丁寧，漢曰令丁，所以象鐸之聲，鉦之屬也，形如小鐘。襲侵密聲，爲蹔事也。蹔，蹔其無備。○廣雅釋詁曰：「蹔，猝也。」今宋人弒其君，罪莫大焉！明聲之，猶恐其不聞也。吾備鐘鼓，爲君故也。」爲欲尊明君道也。乃使旁告於諸侯，治兵振旅，鳴鐘鼓以至於宋。振，奮也。伐宋在魯文十七年。○汪遠孫曰：「穀梁傳：『出曰治兵，習戰也。入曰振旅，習戰也。』此云治兵振旅，亦是行師習戰之禮。」

5 靈公虐，趙宣子驟諫，虐，厚斂以雕墻，支解宰夫之屬。○元誥按：驟，數也，見襄十一年左傳注。公患之，患，疾也。使鉏麑賊之。鉏麑，力士。賊，殺也。晨往，則寢門辟矣，辟，開也。盛服將朝，早而假寐。不脱冠帶而寐曰假寐。麑退，歎而言曰：「趙孟敬哉！言夙興敬恪。夫不忘恭敬，社稷之鎮也。鎮，重也。賊國之鎮，不忠；受命而廢之，不信。享一名於此，不如死。」享，受也。殺之爲不忠，不殺爲不信，故得一名。觸庭之槐而死。庭，外朝之庭也。周禮：「王之外朝三槐，三公位焉。」則諸侯之朝三槐，三卿位焉。○汪遠孫曰：「上言『晨往，則寢門辟矣』，是鉏麑在宣子之家，不得死於公朝之庭。古者朝位樹槐，私家之庭蓋亦樹焉。范獻子執董叔紡於庭之槐，是其證。杜注左傳云：『槐，趙盾庭樹。』韋解非也。」吳曾祺曰：「庭，是盾所居之庭。注云：『諸侯之朝。』非。鉏麑已至盾家，何從復死於外朝乎〔七〕？」元誥按：宋庠本庭作「廷」，非是。靈公將殺趙盾，不克。魯宣二年秋，晉侯飲盾酒，伏甲將攻之，盾覺而走，故不克。趙穿攻公於桃園，趙穿，晉大夫趙夙之孫，趙盾從父昆弟之子穿也。桃園，園名。逆公子黑臀而立之，寔爲成公。逆，迎也。迎於周也。黑臀，晉文公子，襄公弟成公也。

6郤獻子聘於齊，獻子，晉卿，郤缺之子克也。聘，在魯宣十七年。齊頃公使婦人觀而笑之。郤子跛，齊頃公帷婦人使觀之。郤子將升，婦人笑於房。郤獻子怒，歸請伐齊。范武子退自朝，武子，晉正卿士會。曰：「燮乎，吾聞之，燮，武子之子文子也。干人之怒，必獲毒焉。夫郤子之怒甚矣，不逞於齊，必發諸晉國。逞，快也。不快心以伐齊，必發怒於晉國。不得政，何以逞怒？得政，爲政也。余將致政焉，以成其怒，致，歸也。無以內易外也。爾勉從二三子以承君命，唯敬。」二三子，晉諸卿。承，奉也。乃老。乃告老。

7范文子暮退於朝，武子曰：「何暮也？」對曰：「有秦客廋辭於朝，廋，隱也。謂以隱伏譎詭之言問於朝也。東方朔曰：「非敢詆之，乃與爲隱耳」是也。○舊音曰：「廋，音搜。」大夫莫之能對也，吾知三焉。」解其三事。武子怒曰〔八〕：「大夫非不能也，讓父兄也。父兄，長老也。爾僮子，而三掩人於朝。掩，蓋也。吾不在晉國，亡無日矣。」擊之以杖，折其委笄。委，委貌冠。笄，簪也。○元誥按：「其」字依太平御覽服用部二十引補。

8靡笄之役，韓獻子將斬人。靡笄，齊山名。魯成二年，晉郤克伐齊，從齊師於靡笄之下，戰於鞌。獻子時爲司馬，將斬人以爲戮，罪在可赦〔九〕。○吴曾祺曰：「靡笄在今山東歷城縣南十里〔一○〕。」郤獻子駕，將救之。以爲罪在可赦。至則既斬之矣，郤獻子請以徇。其僕曰：「子不將救之乎？」獻子曰：「敢不分謗乎！」言欲與韓子分謗共非也。言能如此，故從事不乖。

9靡笄之役，郤獻子傷，傷於矢也。傳曰：「流血及屨，未絶鼓音。」曰：「余病喙矣。」喙，短氣貌。○王念孫曰：「『喙』字亦作『㱇』。方言：『㱇，倦也。』（倦，古『倦』字。）郭璞曰：『今江東呼極爲㱇，音喙。』玉篇：『㱇，困極也。』大雅緜篇：『維其喙矣。』毛傳：『喙，困也。』」舊音曰：「喙，休穢反。」元誥按：「矣」字依太平御覽兵部八十七引補。張侯御，曰：「三軍之心，在此車也，張侯，晉大夫解張也。在此車，謂車進則進，車退則退。其耳目在於旗鼓。耳聽鼓音，目視旗表。車無退表，鼓無退聲，表，旌旗也。車表鼓音，進退異數。軍事集焉。集，成也。吾子忍之，不可以言病。受命於廟，將行，告廟受戒命。受脤於社，脤，宜社之肉，盛以蜃器。甲冑而效死，戎之政也。帶甲纓冑，死而後已，此兵之常政。病若未死，祇以解志。」祇，適也。○宋庠曰：「解，古賣反。」乃左并轡，右援枹而鼓之〔一一〕，馬逸不能止，三軍從之。逸，奔也。齊師大敗，逐之，三周華不注之山。周，帀也。華，齊地。不注，山名。○元誥按：華不注山在今山東歷城縣東北十五里。不，讀鄂跗之跗，謂山形如華跗，注在水中，故名。韋以「華」爲齊地，「不注」爲山名，非是。

10靡笄之役，郤獻子師勝而返，范文子後入。文子時佐上軍。武子曰：「燮乎！女亦知吾望爾也乎？」兵凶事，文子後入，故武子憂望也。對曰：「夫師，郤子之師也，郤子請伐齊，又爲元帥。其事臧。臧，善也。謂師有功。若先，則恐國人屬耳目於我也，故不敢。」屬，猶注也。武子曰：「吾知免矣。」知免於咎。

11 靡笄之役，郤獻子見，公曰：「子之力也夫！」力，功也。對曰：「克也以君命命三軍之士，三軍之士用命，克也何力之有焉？」范文子見，公曰：「子之力也夫！」對曰：「燮也受命於中軍，以命上軍之士，○成二年左傳杜注曰：「荀庚將上軍，時不出，范文子上軍佐，代行。」上軍之士用命，燮也何力之有焉？」欒武子見，武子，晉卿，欒枝之孫、欒盾之子書也，時將下軍〔一二〕。公曰：「子之力也夫！」對曰：「書也受命於上軍，以命下軍之士，下軍之士用命，書也何力之有焉？」

12 靡笄之役也，郤獻子伐齊。齊侯來，齊侯以靡笄之役故服而朝晉，在魯成三年。○元誥按：齊侯，齊頃公也。來，來朝也。內傳云：「齊侯朝於晉。」獻之以得殞命之禮，獻，致饗也。獻籩豆之數，如征伐所獲國君之獻禮。以得，言不得也。伐國獲君，若秦獲晉惠〔一三〕，是爲殞命。今齊雖敗，頃公不見得，非殞命也。故苗棼皇以郤克不知禮〔一四〕。司馬法曰：「其有殞命，行禮如會所，争義不争利。」○吳曾祺曰：「『以得』不誤，注改作『不得』，於義反晦。」曰：「寡君使克也，不腆弊邑之禮，爲君之辱，敢歸諸下執政，以憖御人。」歸，饋也。執政，執事也。憖，願也。御人，婦人。願以此報君御人之笑己者。○王引之曰：「說文：『憖，說也。』言以此悅君之御人耳。韋注失之。」元誥按：明道本憖作「整」，誤。苗棼皇曰：「郤子勇而不知禮，棼皇，晉大夫，楚鬬椒之子。矜其伐而恥國君，矜，大也。伐，功也。其與幾何！」言將不終命。○吳曾祺曰：「言不能久也。」

13梁山崩，梁山，晉望也。崩在魯成五年〔一五〕。○元誥按：梁山在今陝西郃陽、韓城二縣境。以傳召伯宗，傳，驛也。伯宗，晉大夫孫伯糾之子。遇大車當道而覆，立而辟之，曰：「避傳。」大車，牛車也。辟，使下道避傳車也。○舊音曰：「辟，步亦反。」對曰：「傳爲速也，若俟吾避，則加遲矣，加，益也。不如捷而行。」旁出爲捷。伯宗喜，問其居，曰：「絳人也。」絳，晉國都〔一六〕。伯宗曰：「何聞？」曰：「梁山崩，而以傳召伯宗。」伯宗問曰：「乃將若何？」對曰：「山有朽壤而崩，將若何？朽，腐也。不言政失所爲而稱朽壤，言遜也。夫國主山川，爲山川主。孔子曰：「夫顓臾爲東蒙主。」故川涸山崩，君爲之降服出次，涸，竭也。川竭山崩，君降服縞素，出次於郊。乘縵不舉，策於上帝，縵，車無文。不舉，不舉樂。策於上帝，以簡策之文告天也。周禮：「四鎮五嶽崩，命去樂。」國三日哭，以禮焉。以禮於神也。周禮：「國有大災，三日哭。」雖伯宗，亦如是而已，其若之何？」問其名，不告。請以見，不許。以見於君。伯宗及絳，以告，而從之。以車者之言告君，君從之。

14伯宗朝，以喜歸。朝罷而歸，有喜色。其妻曰：「子貌有喜，何也？」曰：「吾言於朝，諸大夫皆謂我智似陽子。」知，辨智也。陽子，處父也。對曰：「陽子華而不實，主言而無謀，主，尚也。是以難及其身。子何喜焉？」伯宗曰：「吾飲諸大夫酒，而與之語，爾試聽之。」曰：「諾。」既飲，其妻曰：「諸大夫莫子若也，然而民不能戴其上久矣，戴，奉也。上，賢也，才在人上也。難必及子乎！○宋庠本乎作「子」，屬下讀。盍亟索士憖庇州犂焉。」亟，疾也。索，求也。憖，願也。庇，覆也。州犂,伯宗子伯州犂。得畢陽。畢陽,晉士。及欒弗忌之難,諸大夫害伯宗,將謀而殺之。欒弗忌,晉大夫,伯宗之黨。三郤害弗忌〔一七〕,并譖伯宗,故殺之。在魯成十五年。畢陽實送州犂於荆。荆,楚也。犂奔楚爲大宰。

校記

〔一〕文公元年,冀芮畏偪,與呂甥謀弑公,焚公宮,秦伯殺之是也　「冀」誤作「郤」,「是」誤作「故」,據明道本改。

〔二〕晉蒐於夷,舍二軍　「二軍」二字脱,據各本補。

〔三〕乃與而對言之則異,散言之則通　「則異」之「則」字脱,據經傳釋詞補。

〔四〕趙宣子請師於靈公以伐宋　「宣」誤作「襄」,據各本改。

〔五〕晉爲盟主,而不循天罰　「罰」誤作「爵」,據各本改。

〔六〕丁寧,令丁,謂鉦也　各本無「令丁」二字,此從段玉裁説據補音本增入而未作説明。

〔七〕鉏麑已至盾家,何從復死於外朝乎　「外」字脱,據國語韋解補正補。

〔八〕武子怒曰　「怒」字脱,據各本補。

〔九〕以爲戮,罪在可赦　此七字脱,據明道本補。公序本無「爲」字,「赦」下有「者」字。

〔一〇〕靡笄在今山東歷城縣南十里　「城」字脱，據國語韋解補正補。

〔一一〕乃左并轡，右援枹而鼓之　「鼓」誤作「進」，據各本改。

〔一二〕時將下軍　「將」誤作「佐」，據各本改。

〔一三〕伐國獲君，若秦獲晉惠　下「獲」字誤作「伐」，據各本改。

〔一四〕故苗棼皇以郤克不知禮　「苗」字脱，「棼」誤作「芬」，據公序本補改。明道本「棼」作「賁」。

〔一五〕梁山，晉望也。崩在魯成五年　「山」字脱，「崩」誤作「奔」，據各本補改。

〔一六〕絳，晉國都　「都」誤作「郊」，據各本改。

〔一七〕三郤害弗忌　「忌」誤作「及」，據各本改。

國語集解

吉水徐元誥學

晉語六第十二

1趙文子冠，文子，趙盾之孫，趙朔之子趙武也。冠，謂以士禮始冠。○宋庠曰：「冠，古亂反。下同。」見欒武子，武子曰：「美哉！武子，欒書。禮：既冠，奠贄於君，遂以贄見於卿大夫、先生〔一〕。美哉，美成人也。昔吾逮事莊主，莊，莊子，趙朔之謚，大夫稱主。趙朔將下軍，欒書佐之。華則榮矣，實之不知，請務實乎。」榮者，有色貌。實之不知，華而不實也。見中行宣子，宣子曰：「美哉！宣子，晉大夫中行桓子之子荀庚。惜也吾老矣。」惜己年老，不見文子德所至。見范文子，文子，范燮。文子曰：「而今可以戒矣。夫賢者寵至而益戒，不足者爲寵驕。智不足者，得寵而驕。故興王賞諫臣，逸王罰之。吾聞古之言王者〔二〕，政德既成，又聽於民。詢於芻蕘，聽謗譽也。於是乎使工誦諫於朝，工，矇瞍也。誦，誦讀前世箴諫之語。在列者獻詩，使勿兆，列，位也。謂公卿至於列士獻詩以諷也。兆，惑也。○各本兆作「兜」，注同。宋庠曰：「人名有驩兜，器名有兜鍪，他無所訓。徧閱經典子史，未見兜惑之說。將先儒自有所據，其散亡乎！」王引之曰：「兜，當爲『兆』，説文『兆，廱蔽也，從人，象左右皆蔽形，讀若瞽。』勿兆，謂勿廱蔽也。説文之訓，殆出賈侍中國語注乎！韋注訓爲『惑』，則其字益當作『兆』。蓋兆之爲言，猶蠱也。蠱，惑也。爾雅曰：『蠱，疑也。』疑，亦惑也。昭元年左傳曰，『女惑男，謂之蠱』是也。兆與兜形相似，後人習見兜，少見兆，故兆譌爲兜矣〔三〕。」元誥按：王説得之，今據改。風聽臚言於市，風，采也。臚，傳也。采聽商旅所傳善惡之言。辨祅祥於謡，辨，别也。祅，惡也。祥，善也。徒歌曰謡，「丙之辰」、「檿弧箕服」之類是也。考百事於朝，百官職事。問謗譽於路，有邪而正之，盡戒之術也。術，道也。先王疾是驕也。」見郤駒伯，駒伯曰：「美哉！駒伯，晉卿郤錡。然而壯不若老者多矣。」恃年自矜。見韓獻子，獻子，晉卿韓厥。獻子曰：「戒之！此謂成人〔四〕。成人在始，○各本下有「與善」二字。俞樾曰：「『與善』二字衍文也。『成人在始』包下『始與善』、『始與不善』兩意而言，文選張茂先勵志詩曰：『川廣自源，成人在始。』正用國語文，可證。」元誥按：「與善」二字涉下句而衍，俞説是，今據删。始與善，善進善，不善蔑由至矣。蔑，無也。始與不善，不善進不善，善亦蔑由至矣。如草木之産也，各以其物。物，類也。人之有冠，猶宫室之有牆屋也，糞除而已，何又加焉。」糞除，喻自修潔。見智武子，武子曰：「吾子勉之，武子，晉卿，荀首之子荀罃。成、宣之後，而老爲大夫，非恥乎〔五〕！成，成子，文子曾祖趙衰也。宣，宣子，文子祖父趙盾也。言文子二賢之後，長老乃爲大夫，非恥乎。欲其修德，早爲卿也。成子之文，宣子之忠，其可忘乎！夫成子導前志以佐先君，導法而卒以政，可不謂文乎！導，達也。志，記也。佐，助也。先君，文公也。以政，得政。夫宣子盡諫於襄、靈，襄，文公子，靈公父。以諫取惡，不憚死進，可不謂忠乎！吾子勉之，有宣子之忠，而納之以成子之文，事君必濟。」濟，成也。見苦成叔子，苦成叔子，郤犨。○吴曾祺曰：「郤犨食采於苦，故號苦成叔。或曰，苦成，城名。」叔子曰：「抑年少而執官者衆，執官，爲大夫。吾安容子。」見温季子，温季子，郤至。季子曰：「誰之不如，可以求之。」言汝不如誰，可以求其次。不欲其高遠。見張老而語之，張老，晉大夫張孟。張老曰：「善矣，從欒伯之言可以滋〔六〕，滋，益也。范叔之教可以大，韓子之戒可以成，物備矣，志在子。物，事也。人事已備，能行與否，在子之志。若夫三郤，亡人之言也，何稱述焉！不足稱述。智子之道善矣，道，訓也。是先主覆露子也。」先主，謂成、宣。露，潤也。○王引之曰：「露與覆同義，覆露之言覆慮也，包絡也。釋名釋天曰：『露，慮也，覆慮物也。』釋宫室曰：『廬，慮也，取自覆慮也。』淮南時則篇：『包裹覆露，無不囊懷。』春秋繁露基義篇：『天爲君而覆露之，地爲臣而持載之。』漢書晁錯傳：『今陛下配天象地，覆露萬民。』〔七〕嚴助傳：『陛下垂德惠以覆露之。』皆謂覆慮之也。若訓露爲『潤』，則與覆異義矣。而高誘注淮南亦訓露爲『潤』，顔師古注漢書訓露爲『膏澤』，且云：『或露或覆，言養育也。』不知露即訓『覆』，覆露爲古人之連語，上下不殊義也。」吴曾祺曰：「露，猶孤露之露，因其露而覆之，故云『覆露』。非對文也。」元誥按：王説是。

2 厲公將伐鄭，厲公，晉景公之子州蒲。伐鄭，鄭從楚故也。在魯成十六年。范文子不欲，曰：「若以吾意，諸侯皆叛，則晉可爲也。爲，治也。唯有諸侯，故擾擾焉。○元誥按：廣雅：「擾擾，亂也。」凡諸侯，難之本也。叛輒伐之，故爲難本。得鄭憂滋長，焉用鄭？」楚必救之，故憂益長。郤至曰：「然則王者多憂乎」？文子曰：「我王者也乎哉？言俱諸侯。夫王者成其德，而遠人以其方賄歸之，故無憂。方，所在之方。賄，財也。今我寡德而求王者之功，故多憂。我，晉也。子見無土而欲富者，樂乎哉？」無土求富，行不得息。○吳曾祺曰：「言不樂也。」

3厲公六年，伐鄭，六年，魯成十六年。且使苦成叔及欒黶興齊、魯之師。苦成叔，郤犨。欒黶，欒書之子桓子。郤犨如齊，欒黶如魯，皆乞師。楚恭王帥東夷救鄭。恭王，楚莊王之子箴也，或作「審」。東夷，楚東之夷。楚半陳，公使擊之。欒書曰：「君使黶也興齊、魯之師，請俟之。」郤至曰：「不可。楚師將退，我擊之，必以勝歸。軍退無鬬心，故可勝也。夫陳不違忌，一間也；違，避也。忌，晦也。間，隙也。晦，陰氣盡，兵亦陰，故忌之。經書：「六月甲午晦，晉侯及楚子、鄭伯戰於鄢陵。」○太平御覽時序部五引司馬法曰：「月食班師，所以息戰也。」注云：「月食則陰晦，故息戰也。」夫南夷與楚來而不與陳，二間也；南夷，據在晉南。不與陳，不欲戰。夫楚與鄭陳而不與整，三間也；雖俱陳，不整齊。且其士卒在陳而譁，四間也；譁，囂也。夫衆聞譁則必懼，五間也。鄭將顧楚，楚將顧夷，莫有鬬心，不可失也。」公說。於是敗楚師於鄢陵，欒書是以怨郤至。怨其反己，專其美。○元誥按：鄢陵即鄢，齊語作「晏」，鄭邑也，在今河南鄢陵縣西南，古鄢國，鄭武公滅之爲邑。

4鄢之戰，○宋庠本「鄢」下有「陵」字。以下各章同。郤至以韎韋之跗注，三逐楚共王卒，三君云：「一染曰韎。」鄭後司農說〔八〕：「以爲韎，茅蒐染也。韎，聲也〔九〕。」昭謂：「茅蒐，今絳草也。急疾呼，茅蒐成韎也。凡染，一入爲縓。跗注，兵服，自要以下注於跗。○成十六年左傳杜注曰：「韎，赤色。跗注，戎服，若袴而屬於跗，與袴連。」林注曰：「韋，熟皮也。」元誥按：跗，足後跟之上也。若據周禮孔疏引鄭雜問志，則以跗爲幅，注爲屬，謂「以韎韋幅（如布帛之幅。）而連屬以爲衣，如素裳」，與諸家説不同。卒，師也。見王必下奔，下，下車奔走也。退戰。王使工尹襄問之以弓，工尹，楚官，襄其名。問，遺也。曰：「方事之殷也，事，戎事也。殷，盛也。有韎韋之跗注，○元誥按：楚共王不詳其人姓名，故但狀其衣，謂衣韎韋之跗注者。君子也。屬見不穀而下，○元誥按：諸侯中惟楚僭稱王，故曰不穀。不穀，不善也。無乃傷乎？」屬，適也。傷，恐其傷。郤至甲冑而見客，免冑而聽命，免，脱也。脱之爲障耳。曰：「君之外臣至，以寡君之靈，間蒙甲冑，蒙，被也，被介在甲冑之間。○吳曾祺曰：「間，當從内傳杜注訓『近』也。」不敢當拜君命之辱，爲使者故，敢三肅之。」禮，軍事肅拜。肅拜，下手至地。君子曰：「勇以知禮。」禮，軍禮。

5 鄢之役，晉人欲爭鄭，與楚爭鄭。○宋庠本「晉人」作「晉大夫」。范文子不欲，曰：「吾聞之，爲人臣者，能内睦而後圖外，睦，親也。不睦内而圖外，必有内爭，○明道本「睦」下脱「内」字，「必」下脱「有」字。盍姑謀睦乎？姑，且也。考訊其阜以出，則怨靖。」訊，問也。阜，衆也。靖，安也。言内且謀相親愛，乃考問百姓，知其虚實，然後出軍用師，則怨惡自安息。

6 鄢之役，晉伐鄭，荆救之。荆，楚也。大夫欲戰，范文子不欲，曰：「吾聞之，君人者刑其内，成以刑正其内。成，平也。○各本内作「民」，注同。俞樾曰：「當作『刑其内』。下文『内猶有不刑，而況外乎』，正承此文『刑其内』而言，可知『民』字之誤。韋解曰『以刑正其民』，則所據本已誤。按下文曰：『今吾司寇之刀鋸日弊，而斧鉞不行。』注曰：『刀鋸，小人之刑也。弊，敗也。日敗，用之數也。斧鉞，大刑也。不行，不行於大臣。』然則文子之意，欲以刑正其臣，非欲以刑正其民，豈反以刑其民爲勸乎？」元誥按：俞說是，今據改。又「成」字絶句，依攷正。然尚疑「成」字衍。而後振武於外〔一〇〕，是以内和而外威。威，畏也。今吾司寇之刀鋸日弊，刀鋸，小人之刑。弊，敗也。日敗，用之數也。而斧鉞不行，斧鉞，大刑。不行，不行於大臣也。内猶有不刑，而況外乎？夫戰，刑也，言用兵猶用刑。刑之過也。刑殺有過者也。○俞樾曰：「之，猶其也。吕氏春秋音初篇：『之子是必大吉。』高誘訓之爲『其』。成十五年公羊傳：『爲人後者爲之子也。』又曰：『爲人後者爲其子。』是之與其同義。此云『刑之過也』，猶云『刑其過也』。韋注正得其義，但未解『之』字耳。王引之謂下句『過』字衍文，當以『刑之過也由大』爲句，不可從也。」過由大，由大臣也。而怨由細，怨望者由小細民也。○王引之曰：「過由大，『過』字後人所加。『刑之過也由大』六字本連讀，言刑之失也，由大臣有罪而不刑也。韋氏誤分爲二句。不知『刑之過也』乃起下之辭，非别爲一句也。後人不察其誤，又於『由大』上加『過』字，則與上四字義不相屬矣〔一一〕。韋注不及『過』字，則『由大』上無『過』字可知。」元誥按：兹依俞說不改。故以惠誅怨，誅，除也。以忍去過，細無怨而大無過，而後可以武刑外之不服者。今吾刑惠乎大人，惠者，刑不及也。而忍於小民，忍行刑於小民。○各本惠作「外」，注同。俞樾曰：「外，當爲『惠』，聲之誤也。上文曰：『過由大而怨由細，故以惠誅怨，以忍去過。』韋訓誅爲『除』，蓋謂欲除小民之怨當用惠，欲去大人之過當用忍也。是惠與忍正相對。此文云『今吾刑惠乎大人，而忍於小民』，則用惠與用忍皆失其所矣，此所以刀鋸日弊而斧鉞不行也〔一二〕。若作『刑外乎大人』，非特文義迂迴，且與上文不合矣。」元誥按：「刑外」即涉上句而誤，俞説是也，今從之。將誰行武？武不行而勝，幸也。幸，徼幸也。幸以爲政，必有內憂。且唯聖人能無外患，又無內憂，詎非聖人，必偏而後可。詎，猶自也〔一三〕。偏，偏有一。○玉篇：「詎，至也。」偏而在外，猶可救也，在外，外有患也。疾自中起，是難。○吳曾祺曰：「是難，猶實難也。左傳云『人犧實難〔一四〕』，語同。古實、是多通用。下同。」元誥按：寔者，是也。寔與實通，此文蓋以是爲寔，又以寔通實耳。盍姑釋荆與鄭以爲外患乎？」釋，置也。

7 鄢之役，晉伐鄭，荆救之。欒武子將上軍，范文子將下軍。上下，中軍之上下也。傳曰：「欒書將中軍，士燮佐之。」又曰：「欒、范以其族夾公行。」欒武子欲戰，范文子不欲，曰：「吾聞之，唯厚德者能受多福，無德而服者衆，必自傷也。不義而彊，其斃必速。稱晉之德，諸侯皆叛，國可以少安。稱，副也〔一五〕，副晉之德而爲之宜。諸侯皆叛，不復征伐，還自整修，則國可以少安。唯有諸侯，故擾擾焉，凡諸侯，難之本也。○汝正云：「『凡諸侯』三字疑衍。」且唯聖人能無外患，又無內憂，詎非聖人，不有外患，必有內憂，盍姑釋荆與鄭以爲外患乎？諸臣之內相與，必將輯睦。不復征伐，無所争也。今我戰又勝荆與鄭，吾君將伐智而多力，力，功也。將自伐其智，自多其功。怠教而重斂，大其私暱而益婦人田，暱，近也。私近，謂嬖臣。大，謂增其禄。婦人，愛妾也。不奪諸大夫田，則焉取以益此？諸臣之委室而徒退者，將與幾人？徒，空也。與，詞也。幾人，言不多。○汪遠孫曰：「言委室徒退而不作亂者能有幾人？內傳僖二十三年：『夫有大功而無貴仕，其人能靖者與有幾？』語意亦與此同。」元誥按：將與幾人，猶言將有幾人歟。與即歟字。戰若不勝，則晉國之福也，戰若勝，亂地之秩者也，亂地，亂故地也。秩，常也。其產將害大，盍姑無戰乎！」產，生也。言其生變，將害大臣。○吳曾祺曰：「謂禍之所生，將害於大事，不指大臣。」欒武子曰：「昔韓之役，惠公不復舍。韓之戰，秦獲惠公，在魯僖十五年。邲之役，三軍不整旅。楚敗晉師於邲，在魯宣十二年。師敗軍散，故不能整旅而入。○沈鎔曰：「邲在今河南鄭縣東六里。」箕之役，先軫不復命。晉人敗狄於箕，先軫死之，故不返命於君，在魯僖三十三年。○沈鎔曰：「箕在今山西蒲縣。」晉國固有大恥三，○明道本「晉國」下衍「之政」二字。今我任晉國之政，任，當也。武子時爲正卿。不毀晉恥，又以違蠻夷重之，違，避也〔一六〕。蠻夷，楚也。雖有後患，非吾所知也。」不能慮遠。范文子曰：「擇福莫若重，擇禍莫若輕，福無所用輕，禍無所用重，有二福，擇取其重；有二禍，擇取其輕。晉國故有大恥，○明道本缺「有」字。與其君臣不相聽，以爲諸侯笑也，不相聽，謂惠公不與慶鄭相聽以隕於韓，先穀不與林父相聽以敗於邲，先軫不與襄公相聽以亡於箕。○吳曾祺曰：「『與其』二字與下『盍姑』二字相應，皆論厲公，謂與其勝楚之後君臣不相聽，爲諸侯笑〔一七〕，盍姑以違蠻夷爲恥。韋所引不合。」盍姑以違蠻夷爲恥乎？」欒武子不聽，遂與荆人戰於鄢陵，大勝之。鄢陵，鄭地。於是乎君伐智而多力，怠教而重斂，大其私暱，殺三郤而尸諸朝，三郤，錡、犨、至也。尸，陳也。「產將害大」是也。納其室以分婦人。納，取也。室，妻妾貨賄。於是乎國人不蠲，蠲，潔也，不潔公所爲。遂弑諸翼，葬於翼東門之外，以車一乘。翼，故晉都，匠麗氏也。厲公侈，多外嬖，反自鄢，欲盡去羣大夫而立其左右，欲以胥童、夷羊五、長魚矯爲卿，故殺三郤。長魚矯又以兵劫欒書、中行偃，將殺之，公不忍，使復其位。魯成十七年冬，厲公遊於匠麗氏，欒書、中行偃執公。十八年正月，使程滑弒公，葬之以車一乘，不成喪也。○元誥按：諸侯葬，車七乘，此不以君禮葬也。翼即絳。厲公之所以死者，唯無德而功烈多，服者衆也。烈，業也。服者衆，謂魯成十二年會於瑣澤，敗狄於交剛，十三年敗秦於麻隧，十五年盟於戚，會吳於鍾離，十六年敗楚於鄢陵，會於柯陵伐鄭，十七年同盟於柯陵。

8 鄢之役，荆壓晉軍，壓，謂掩其不備。傳曰：「甲午晦，楚壓晉軍而陳。」軍吏患之，將謀。謀所以拒扞〔一八〕。范匄自公族趨過之，匄，范文子之子宣子也。自公族，爲公族大夫。曰：「夷竈堙井，非退而何？」夷，平也。堙，塞也。使晉軍塞井夷竈，示必死，不復飲食。非退而何，言楚必退也。傳曰「塞井夷竈，陳於軍中，而疏行首」是也。○俞樾曰：「韋氏所説非范匄之意也。夷竈堙井，乃因楚壓晉軍而陳，地勢迫狹，故平塞井竈以爲戰道，左傳所謂『將塞井夷竈而爲行也』，非示必死，不復飲食也。其解『非退而何』更爲不了，夫晉人平塞井竈，楚人何以必退？即謂畏其致死，不敢與戰，亦當云楚師必退，文義方明，安得云『非退而何』也？然則『非退而何』當作何解？曰：楚壓晉而陳，地勢迫狹，無以爲戰道，軍吏患之。將謀者，蓋將謀退也，非畏楚而欲逃，乃欲少退，使有戰地耳。然軍勢一動，不可復止，必有潰敗之憂，故范匄爲夷竈湮井之策，如此則不必退，而自有戰地，乃不退之退也，故曰『非退而何』。傳文不叙軍吏之謀，而但載范匄之策，於是讀者不得其解矣。所宜以意逆志而善會之也。」元誥按：内傳林注亦同俞説。范文子執戈逐之，曰：「國之存亡，天命也，僮子何知焉？且不及而言，姦也，必爲戮〔一九〕！」

言議不及句，而句言之，是爲有姦，故必爲戮。○元誥按：淮南主術訓篇：「各守其職，不得相姦。」高注云：「姦，亂也。」此文「不及而言」，即不守其職之意，則姦亦當訓「亂」，注似未了。苗棼皇曰：○明道本棼作「賁」。「善逃難哉！」文子欲句讓大臣〔二〇〕，不掩蓋人，是爲避難。既退荆師於鄢，將穀，穀，處其館，食其穀也。傳曰：「晉師三日館穀。」范文子立於戎馬之前，公戎車馬前。曰：「君幼弱，諸臣不佞，佞，才也。吾何福以及此！吾聞之，『天道無親，唯德是授』，吾庸知天之不授晉且以勸楚乎？庸，用也。焉用知天不先授晉以福使勝楚，而以勸楚修德以報晉乎〔二一〕。○吳曾祺曰：「庸知即焉知，别本作『焉庸知』，非。」君與二三臣其戒之！戒，備也。夫德，福之基也，無德而福隆，猶無基而厚墉也，其壞也無日矣。」隆，盛也。墉，墻也。

9 反自鄢，范文子謂其宗、祝宗，宗人。祝，祝史也。曰：「君驕泰而有烈〔二二〕，烈，功也。夫以德勝者猶懼失之，而況驕泰乎？君多私，今以勝歸，私必昭，私，嬖臣妾也。昭，顯也。昭私，難必作，寵私必去舊，去舊必作難。吾恐及焉。凡吾宗、祝，爲吾祈死，祈，求也。先難爲免。」免，免於亂。○元誥按：爲，猶以也，見經傳釋詞。七年夏，范文子卒。晉厲公七年，魯成十七年。冬，難作，始於三郤，卒於公。公殺三郤，欒、中行畏誅，乃弑公。既戰，獲王子發鉤。發鉤，楚公子茂〔二三〕。傳曰：「囚楚公子茂。」○元誥按：發鉤合聲爲茂，如勃鞮爲披，壽夢爲乘之比，蓋一名一字也。欒書謂王子發鉤曰：「子告君使告晉君。曰：『郤至使人勸王戰，及齊、魯之未至也。言勸楚王使與晉戰，晉乞師於齊、魯，時尚未至，言晉可敗。且夫戰也，微郤至，王必不免。』微，無也。言郤至見王必下趨，故王得免。吾歸子。」子告晉君如此，吾令子歸楚。發鉤告公，公告欒書，欒書曰〔二四〕：○元誥按：欒書對也。「臣固聞之，固，久也。郤至欲爲難，使苦成叔緩齊、魯之師，己勸君戰，己，郤至也。戰敗，將納孫周，孫周，悼公也。事不成，故免楚王。然戰而擅舍國君，○元誥按：舍，釋也。而受其問，不亦大罪乎？問，謂弓也。且今君若使之於周，必見孫周。」公曰：「諾。」欒書使人謂孫周曰：「郤至將往，必見之！」郤至聘於周，公使覘之，見孫周，覘，微視也。是故使胥之昧與夷羊五刺郤至、苦成叔及郤錡〔二五〕。胥之昧，胥童也；夷羊五，皆厲公嬖臣。郤錡謂郤至曰：「君不道於我，我欲以吾宗與吾黨夾而攻之，雖死必敗國，國敗君必危，其可乎？」郤至曰：「不可。至聞之，武人不亂，勇而不義，則不爲武〔二六〕。智人不詐，爲詐，則不爲智。仁人不黨。不羣黨。夫利君之富以聚黨，利君寵禄以得富，得富故有徒黨。利黨以危君，○各本上句重「富」字。俞樾曰：「下『富』字衍文也，當作『利君之富以聚黨，利黨以危君』。利者，賴之假字，利、賴聲近而義通。周語『先王豈有賴焉』，解曰：『賴，利也。』然則利亦猶賴也。廣雅釋詁：『賴，恃也。』恃君之富以聚徒黨，又恃徒黨以危君，不義甚矣，故曰『君之殺我也後矣』。衍一『富』字，文義反隔。然觀韋注，是所見本已衍也。」元誥按：俞說是，今據删。君之殺我也後矣〔二七〕。後，晚也。且衆何罪，鈞之死也，不若聽君之命。」鈞，等也。等一死，不欲爲亂。是故皆自殺。傳曰：「三郤將謀於榭，長魚矯以戈殺之。」言自殺，取其不校自殺之道。○吳曾祺曰：「注以此爲自殺，殊曲。竊意『自殺』當作『見殺』，因形近而譌也。」既刺三郤，欒書弒厲公，乃納孫周而立之，寔爲悼公。

10長魚矯既殺三郤，乃脅欒、中行，謂與胥童共脅之。脅，劫也。欒，欒書。中行，中行偃也。而言於公曰：「不殺此二子者，憂必及君。」言二子懼誅，必相圖君。公曰：「一旦而尸三卿，不可益也。」對曰：「臣聞之，亂在内爲宄，在外爲姦，御宄以德，禦姦以刑。禦，止也。以德，以德綏之。以刑，謂誅除。今治政而内亂，不可謂德。除鯁而避彊，不可謂刑。鯁，害也。德刑不立，姦宄竝至，臣脆弱不能忍俟也。」乃奔狄。三月，厲公弑。魯成十七年十二月，長魚矯奔狄。閏月，欒、中行殺胥童。十八年正月，厲公弑。○元誥按：魯正月，晉三月也。晉行夏時。

11欒武子、中行獻子圉公於匠麗氏，匠麗氏，嬖大夫家。○各本圉作「圍」。王念孫曰：「圍，當作『圉』。成十七年左傳云：『公遊於匠麗氏，欒書、中行氏遂執公焉。』呂氏春秋驕恣篇云：『欒書、中行偃劫而幽之。』或言『執』，或言『幽』，或言『圉』，皆謂囚之也。今本圉作『圍』，則非其旨矣。古囹圄字本作『圉』，說文『圉，囹圉，所以拘辠人』，史記秦始皇紀贊『虛囹圄而免刑戮』，漢書司馬遷傳『深幽囹圄之中』，皆是也。圉、圍字相似〔二八〕，因誤爲圍。經傳通用圄，圄、圉字亦相似。」元誥按：王說是，今據改。惟圉與御通，拒也。公在匠麗氏家，欒武子、中行獻子抵拒之，使不得出，所謂劫之也，義亦可通。乃召韓獻子，獻子辭曰：「弑君以求威，非吾所能爲也。求威，求立威。威行爲不仁，事廢爲不智，威行於君爲不仁，事廢不成爲不智。享一利亦得一惡，非所務也。昔者吾畜於趙氏，畜，養也。韓獻子見成養於趙盾。孟姬之讒，吾能違兵。孟姬，趙盾之子趙朔之妻，晉景公之姊，與趙盾之弟樓嬰通，嬰兄趙同、括放之。姬譖同、括於景公，景公殺之。時獻子能違其兵難，卒存趙氏，未可脅與殺君。在魯成八年。○成十七年左傳杜注曰：「違，去也。厥去其兵，示不與黨。言此者，明己無所偏助。」人有言曰：『殺老牛而莫之敢尸。』而況君乎？尸，主也。二三子不能事君，安用厥也！」中行偃欲伐之，欒書曰：「不可。其身果而辭順，果，謂敢行其志。順無不行，果無不徹，順者，人從之，故無不行。果者，志不疑，故無不徹。徹，達也。犯順不祥，伐果不克。克，勝也。夫以果戾順行，民不犯也，戾，帥也。以果敢帥順道而行之，故民不犯。○俞樾曰：「韋解『戾』字未合。爾雅釋詁曰：『戾，止也。』止與行正相對。以果戾順行，謂以果戾，以順行也，非謂以果帥順而行也。止所當止，其止也果矣，是謂果戾。行所當行，其行也順矣，是謂順行。上文曰『其身果而辭順，順無不行，果無不徹，犯順不祥，伐果不克』，竝以果、順二字平列，此亦當同之。」元誥按：明道本脫「順行」二字。吾雖欲攻之，其能乎？」乃止。

校記

〔一〕以贄見於卿大夫、先生　「卿」誤作「鄉」，據公序本改。明道本無「於」字及「先生」二字。

〔二〕吾聞古之言王者　此從明道本，公序本無「言」字。汪遠孫以「言」字爲衍文。

〔三〕故兆謫爲兇矣　「兇」誤作「兆」，據經義述聞改。

〔四〕戒之！此謂成人　「戒之」二字脫，據各本補。

〔五〕成、宣之後，而老爲大夫，非恥乎　「而」字脱，據各本補。

〔六〕從欒伯之言可以滋　「欒伯」二字誤倒，據各本改。

〔七〕漢書晁錯傳：「今陛下配天象地，覆露萬民。」　「晁」誤作「趙」，「露」字脱，據經義述聞改補。

〔八〕鄭後司農説　「鄭」字脱，據各本補。

〔九〕韎，聲也　此三字脱，據各本補。

〔一〇〕而後振武於外　「後」字脱，據各本補。

〔一一〕則與上四字義不相屬矣　「上」字脱，「字」誤作「者」，據經義述聞補改。

〔一二〕此所以刀鋸日弊而斧鉞不行也　「鉞」誤作「鋸」，據群經平議改。

〔一三〕詎，猶自也　「猶」字脱，據各本補。

〔一四〕人犧實難　「犧」誤作「攜」，據國語韋解補正改。

〔一五〕稱，副也　「副也」誤作「晉之德」，據各本改。

〔一六〕違，避也　「避」誤作「重」，據各本改。

〔一七〕爲諸侯笑　此四字脱，據國語韋解補正補。

〔一八〕謀所以拒扞　「拒」誤作「抵」，據各本改。

〔一九〕必爲戮　此三字脱，據各本補。

〔二〇〕文子欲句讓大臣　「句」誤作「興」，據各本改。

〔二一〕焉用知天不先授晉以福使勝楚，而以勸楚修德以報晉乎　「焉」、「天」及「而以」之「以」字皆脱，據公序本補。　明道本無「焉」及「不」字。

〔二二〕君驕泰而有烈　「君」字脱，據各本補。

〔二三〕發鉤，楚公子茂　「茂」各本原作「茷」，據國語發正校改，集解作「元誥按：發鉤合聲爲茂」，不言所據，用發正之説而没其名。

〔二四〕公告欒書，欒書曰　「欒書」二字脱其一，據各本補。

〔二五〕是故使胥之昧與夷羊五刺郤至、苦成叔及郤錡　「使」字脱，據各本補。「夷羊五」誤作「羊夷吾」，據明道本改。　公序本作「夷陽五」。

〔二六〕勇而不義，則不爲武　「勇」誤作「身」，據各本改。

〔二七〕利黨以危君，君之殺我也後矣　重衍「利黨以危君」五字，據各本删。

〔二八〕圉、圄字相似　「相似」二字脱，據經義述聞補。

國語集解

吉水徐元誥學

晉語七第十三

1既弒厲公，欒武子使智武子、彘恭子如周迎悼公。武子，欒書也。智武子，荀罃也。彘恭子，士魴也，食邑於彘。悼公，周子也，時年十四。○汪遠孫曰：「內傳成十八年杜注云：『魴，士會子。』又宣十二年，先縠佐中軍，注：『彘季。』服注云：『食采於彘。』十三年，殺先縠，盡滅其族。十六年，士會將中軍。蓋先氏滅後，以與士氏，故魴亦食邑於彘也。」元誥按：事在魯成十八年正月。庚午，大夫逆於清原，清原，晉境。○元誥按：清原，即晉文公八年行蒐之地，詳見前。公言於諸大夫曰：「孤始願不及此，及，至也。孤之及此，天也。引天以自重。抑人之有元君，將稟命焉。元，善也。稟，受也。○元誥按：稟，疑當爲倉廩之廩，蓋謂人之有元君，猶有倉廩以資生命也，故下即言穀。若讀爲稟受之稟，則下云「焚穀」、「穀不成」，義不相屬矣。若稟而棄之〔一〕，是焚穀也；穀，所仰以生。其稟而不材，是穀不成也。不材，不可用。不成，謂秕也。穀之不成，孤之咎也；成而焚之，二三子之虐也。孤欲長處其願，出令將不敢不成，不敢爲秕政也。二三子爲令之不從，故求元君而訪焉。訪，謀也。爲民不從大夫之命，故求善君而謀之。孤之不元，廢也，其誰怨？廢，以不善見廢。元而以虐奉之，二三子之制也，制，專制也。若欲奉元以濟大義，將在今日；若欲暴虐以離百姓，反易民常，亦在今日。反易民常，謂下不事上。圖之進退，願由今日。」悼公承篡弑之後，嫌臣不從，故以此約厲焉。大夫對曰：「君鎮撫羣臣，而大庇廕之，無乃不堪君訓而陷於大戮，以煩刑史，刑，刑官，司寇也。史，大史，掌書法也。○王引之曰：「無乃，猶得無也。」又曰：「司寇者，典刑之官，不得直謂之刑。大史非掌刑之官，不得與司寇竝舉。韋說非也。刑史，謂刑官之史，掌刑書以贊治者。周官刑官之屬鄉士、遂士，史皆十有二人。王制曰：『成獄辭，史以獄成告於正。』鄭注曰：『史，司寇吏也。』陷於大戮，則刑官之史得書其罪，故曰『以煩刑史』。」元誥按：史，疑爲「吏」字之脱譌。刑吏，即謂刑官司寇也。析言之，官、吏有別，渾言之，則一也。辱君之允令，允，信也。敢不承業。」乃盟而入〔二〕。承，奉也。業，事也。辛未，朝於武宮。武宮，武公廟。○各本作「辛巳」。成十八年左傳孔疏引孔晁曰：「以辛未盟入國，辛巳朝祖廟，取其新也。」臧琳曰：「庚午既盟而入，故明日辛未即朝於始祖廟。若作『辛巳』，則與盟而入之日相去十有二日，久入而不朝何也？國語『巳』字誤。」汪遠孫曰：「晉文公反國，二月丙午入於曲沃，丁未朝於武宮，亦以入之次日朝廟，足證此『巳』字之誤。」元誥按：諸說是，今據改。定百事，立百官，議定百事，而立其官使主之。謂改其舊時之非者。育門子，選賢良，門子，大夫之適子，周禮曰：「其正室皆謂之門子。」育，長也。長育其才，選用賢良。興舊族，出滯賞，舊族，舊臣之子孫也。滯賞，謂有功於先君未賞者，謂呂相之屬。畢故刑，赦囚繫〔三〕，故刑，若今被刑居作者。畢之，不復作矣。囚繫者赦之，傳曰

「宥罪戾」是也。**宥閒罪，薦積德，**閒罪，刑罰之疑者。宥，赦也。薦，進也，積德之士進用之。**逮鰥寡，**逮，及也，謂惠及之也。**振廢淹，**振，起也。淹，久也。謂本賢人，以小罪久見廢，起用之也〔四〕。**養老幼，**養，有常餼。**恤孤疾，**無父曰孤。疾，廢疾也。**年過七十者，公親見之，**謂賢知事者。**稱曰王父，王父，不敢不承。**稱曰王父，尊而親之，所以盡其心也，故王父不敢不承命。○宋庠本如此。汪遠孫曰：「『敢不承』上『王父不』三字及注『故』下『王父』二字均當刪。」俞樾曰：「稱曰王父、王父者，蓋所見不一人，故不一稱也。猶孟子盡心篇曰『古之人、古之人』，亦不一稱之辭也。不敢不承，乃公自謙之辭，謂不敢不承教耳。注以爲王父不敢不承命，失之矣。」元誥按：汪說與重刻明道本合，茲不從。**十二月乙酉，公即位。**先館於外，至此乃就宮朝也。傳曰「館於伯子同氏」是也。○各本十二月作「二月」，或作「正月」。王引之曰：「晉行夏時，二月，當爲『十二月』。成十八年左傳：『春，王正月，晉欒書、中行偃使程滑弑厲公。』而此文上云：『厲公七年冬難作，始於三郤，卒於公。』則魯之正月，晉以爲冬，蓋晉之十一月也。由是推之，則魯之二月爲晉之十二月。內傳曰：『二月乙酉朔，晉悼公即位於朝。』則此當曰『十二月乙酉，公即位』矣〔五〕。成十六年傳，正義引此作『正月乙酉』，又引孔晁云：『二月乙酉，言正月者，記者誤也。』案『正』字即爲『十二』之合譌。」元誥按：王說是，今據補。**使彘恭子佐下軍，**○各本此至「故以彘季屏其宗」一段在「其子不可不崇也」之下。「佐下軍」作「將新軍」。王引之曰：「悼公即位之年，魯成公之十八年也。十八年左傳：『晉士魴來乞師，季文子問師數於臧武仲，對曰：「伐鄭之役，知伯實來，下軍之佐也。今彘季亦佐下軍，（杜注：『彘季，士魴。』）如伐鄭可也。」』襄九年傳：『韓起少於欒黶，而欒黶、士魴上之，使佐上軍。』杜注曰：『黶、魴讓起，起佐上軍，黶將下軍，魴佐之。』又：『滕人、薛人從欒黶、士魴門於北門』〔六〕。注曰：『二國從下軍。』是佐下軍者彘恭子，非呂宣子也。下文『呂宣子卒，公以趙文子爲文也，（韋注：『文子，趙武也。』）而能恤大事，使將新軍。（將，今本譌爲『佐』。）令狐文子卒，公乃以魏絳爲不犯，使佐新軍。』襄九年左傳：『魏絳多功，以趙武爲賢而爲之佐。』杜注曰：『武將新軍〔七〕。』又：『杞人、郳人從趙武、魏絳斬行栗。』注曰：『二國從新軍。』是趙文子爲新軍將。呂宣子卒而趙文子始將新軍，則先趙文子而將新軍者，呂宣子也。是將新軍者呂宣子，非彘恭子也，傳寫者上下錯亂耳。上當云『使彘恭子佐下軍』，而以『曰武子之季』云云次於其下。下當云『使呂宣子將新軍』，以『曰邲之役』云云次於其下。」元誥按：王說得之，今據以訂正。曰：「武子之季，文子之母弟也。季，少子。武子，士會也。文子，士燮也。母弟，同母弟。武子宣法以定晉國，至於今是用。宣，明也。法，執秩之法。文子勤身以定諸侯，至於今是賴。定諸侯，謂爲軍帥能使諸侯事晉。賴，蒙也。夫二子之德，其可忘乎〔八〕？」故以彘季屏其宗。屏，藩也。使呂宣子將新軍，宣子，呂錡之子呂相。○元誥按：明道本作「將下軍」，宋庠本作「佐下軍」。又此至「其子不可不崇也」一段在「彘恭子佐下軍」（原作「將新軍」）之上。今悉依王說訂正，詳見上。曰：「邲之役，呂錡佐智莊子於下軍，呂錡，廚武子也。智莊子，荀首也，時爲下軍大夫。事在魯宣十二年。唐尚書云，「荀首時將上軍」，誤也。○元誥按〔九〕：各本「下軍」作「上軍」，誤，今依韋說改。獲楚公子穀臣與連尹襄老，以免子羽。連尹，楚官名。子羽，智莊子之子智罃之字。邲之戰，楚人囚智罃，莊子以其族反之，廚武子御莊子射襄老，獲之，遂載其尸，射公子穀臣，囚之，以二者歸。魯成三年，晉人歸楚穀臣與襄老之尸，以求智罃，楚人許之，故曰「以免子羽」。○襄十五年左傳服注曰：「連尹，射官，言射相連屬也。」鄢之役，親射楚王而敗楚師，魯成十六年，晉、楚戰於鄢陵，吕錡射楚恭王，中目，楚師敗，楚養由基射吕錡，中項而死。以定晉國而無後，無後，子孫無在顯位者。其子不可不崇也。」崇，高也。○各本「子」下有「孫」字。汪遠孫曰：「内傳疏『子』下無『孫』字，與下文『其子不可不興也』〔一〇〕句法正同。」王念孫曰〔一一〕：「『孫』字後人所加。吕宣子，吕錡之子也，故曰『其子不可不崇』，不當有『孫』字。」元誥按：諸説是也，今據以訂正。使令狐文子佐之，文子，魏犨之孫，魏顆之子魏頡也。令狐，邑名。○元誥按：令狐，在今山西猗氏縣境。曰：「昔克潞之役，秦來圖敗晉功，魏顆以其身却退秦師於輔氏，親止杜回，其勳銘於景鍾。克，勝也。魯宣十五年六月癸卯，晉荀林父將滅赤狄潞氏。七月，秦桓公伐晉，次於輔氏，欲敗晉兵。壬午，晉景公治兵以略狄土。及雒，魏顆敗秦師于輔氏〔一二〕，獲杜回。輔氏，晉地。杜回，秦力士。勳，功也。景鍾，景公鍾。○元誥按：輔氏，在今陝西朝邑縣西北〔一三〕。景鍾，大鍾也，韋訓爲景公鍾，非。至於今不育，育，遂也。其子不可不興也。」君知士貞子之帥志博聞而宣惠於教也，使爲大傅。貞子，晉卿士穆子之子士渥濁也。帥，循也。宣，徧也。惠，順也。知右行辛之能以數宣物定功也，使爲元司空。右行辛，晉大夫賈辛也。數，計也。宣，明也。物，事也。能以計數明事定功，故使爲司空。司空掌邦事，謂建都邑，起宫室，經封洫之屬。○成十八年左傳杜注曰：「辛將右行，因以爲氏。」汪遠孫曰：「元者，大也。大傅、元司空皆居卿官，而實非卿也。」吴曾祺曰：「元司空，司空之長，與下『元尉』、『元司馬』、『元候』同。」元誥按：内傳疏引外傳無「元」字，宋庠本從之，非是。司空，本稱司工，故所掌爲土木諸事。知欒糾之能御以和於政也，使爲戎御。欒糾，晉大夫弁糾。政，軍政。戎御，御公戎車〔一四〕。知荀賓之有力而不暴也，使爲戎右。荀賓，晉大夫。戎右，公戎車之右。知有力而不暴〔一五〕，故可親近之。欒伯謂公族大夫，欒伯，欒武子。公族大夫，掌公族與卿之子弟。○元誥按：此至「使茲四人者爲公族大夫」一段又是一事，疑當移入上文「其子不可不興也」之下，「君知士貞子之帥志博聞而宣惠於教也」之上，方不隔斷文氣。尋内傳次第亦如是，是可證也。公曰：「荀家惇惠，荀家，晉大夫。荀會文敏，荀會，荀家之族〔一六〕。黶也果敢，黶，欒書之子桓子。無忌鎮靜，無忌，韓厥之子公族穆子。鎮，重也。靜，安也。使茲四人者爲之。茲，此也。夫膏粱之性難正也，膏，肉之肥者。粱，食之精者。言食肥美者率多驕放〔一七〕，其性難正。故使惇惠者教之，教之道藝。使文明者導之，導其志也。使果敢者諗之，諗，告也，告得失。使鎮靜者修之。修治其氣性。惇惠者教之，則偏而不倦；倦，懈也。文明者導之，則婉而入；婉，順也。果敢者諗之，則過不隱；鎮靜者修之，則壹。壹，均一也。使茲四人者爲公族大夫。」公知祁奚之果而不淫也，使爲元尉。祁奚，晉大夫，高梁伯之子。元尉，中軍尉。○成十八年左傳孔疏曰：「言元尉、元司馬、元候者，此皆中軍之官。元，大也。中軍尊，故稱大也。」知羊舌職之聰敏肅給也，使佐之。羊舌職，晉羊舌大夫之子。敏，達也。肅，敬也。給，足也。○王引之曰：「肅之言速，給之言急也。爾雅曰：『肅，速也。』肅、速，疾也。論語公冶長篇：『禦人以口給。』孔傳曰：『佞人口辭捷給。』皇侃疏曰：『給，捷也。』管子大匡篇曰：『隰朋聰明捷給。』荀子非十二子篇：『齊給便利。』楊倞注：『齊，疾也。給，急也。』是肅、給皆疾也。聰敏，言其通達也〔一八〕，肅給，言其敏捷也，四字義相貫注。韋解失之。」知魏絳之勇而不亂也，使爲元司馬。魏絳，魏犨之子莊子也。元司馬，中軍司馬。知張老之智而不詐也，使爲元候。

張老，晉大夫張孟。元候〔一九〕，中軍候奄。○成十八年左傳杜注曰：「候奄，主斥候之官。」知鐸遏寇之恭敬而信彊也，使爲輿尉。遏寇，晉大夫。輿尉，上軍尉。○汪遠孫曰：「輿，衆也。官與諸軍同，故稱衆也。」吴曾祺曰：「輿尉，主役屬徒衆之官，不必指上軍。下『輿司馬』，亦不必專指上軍也。」知籍偃之惇帥舊職而恭給也，使爲輿司馬。籍偃，晉大夫，籍季之子籍遊也。輿司馬，上軍司馬也。知程鄭端而不淫，且好諫而不隱也，使爲贊僕。程鄭，晉大夫，荀騅之曾孫，程季之子。端，正也。淫，邪也。贊僕，乘馬御也，六騶屬焉。始合諸侯於虚朾以救宋，虚朾，宋地。宋魚石叛宋而之楚，楚伐宋，取彭城以封之，故悼公合諸侯以救宋。在魯成十八年。○舊音曰：「虚音祛。」使張老延君譽於四方，且觀道逆者。延，陳也，陳君之稱譽於四方，且觀察諸侯之有道德與逆亂者。○王引之曰：「道，猶順也。謂觀諸侯之順命與逆命者。楚語：『違而道，從而逆。』道與逆相反，正與此同，是道爲順也。管子小問篇〔二〇〕『百川道』，亦謂百川順也。若以道爲道德，則與『逆』字義不當矣。（管子君臣篇：『順理而不失之謂道。』論衡本性篇引陸賈曰：『人能察己所以受命則順，順之謂道。』據此，則道德之道亦以順得名。」呂宣子卒，宣子，呂相。公以趙文子爲文也，文子，趙武。文，有文德。而能恤大事，使將新軍。説云：「新中軍也。」昭謂：時但言新軍，無新中軍。○各本將作「佐」。王引之曰：「下文始云『使魏絳佐新軍』，此不當與之複，故舊説以新軍爲新中軍，以别於下文之新軍。而韋氏駁之，以爲時無新中軍〔二一〕，則新軍與下文無别。下文『令狐文子卒，公乃使魏絳佐新軍』，則先魏絳而佐新軍者令狐文子，而非趙文子也，其不得以趙文子爲佐新軍明矣。今案：『佐』字涉下文『使佐新軍』而誤，佐，當爲『將』。呂宣子本將新軍，宣子卒，故公使趙文子將新軍也。襄九年左傳：『魏絳多功，以趙武爲賢，而爲之佐。』杜注曰：『武，新軍將。』又：『杞人、郳人從趙武、魏絳斬行栗。』注曰：『二國從新軍。』是趙文子將新軍，魏絳佐之也。蓋其始也，呂宣子將新軍，令狐文子佐之。及二子卒，則趙文子將新軍，而魏絳佐之。故上文云：『使呂宣子將新軍，（呂宣子，今本誤作『彘恭子』。〔二二〕）使令狐文子佐之』，此及下文云：『呂宣子卒，公以趙文子爲文也，而能恤大事，使將新軍。令狐文子卒，公以魏絳爲不犯，使佐新軍』也。合前後考之，而傳寫之譌誤，可得而正矣。」元誥按：王說是，今據以訂正。三年，公始合諸侯。悼公三年，魯襄三年也。悼公元年，始合諸侯於虛朾，此復言始合者，謂四年將會諸侯於雞丘，於此始命之。四年，諸侯會於雞丘，雞丘，雞澤也。在魯襄三年。（元誥按：會諸侯在魯襄三年。）吳曾祺曰：「雞澤，在今直隸永年縣東北。」於是乎布命結援，修好申盟而還。命，謂朝聘之數，同好惡，救災患之屬〔二三〕。申，尋也。令狐文子卒，文子，魏頡。公以魏絳爲不犯，不犯，不可犯以非法也。使佐新軍。傳曰：「魏絳多功，以趙武爲賢，而爲之佐。」然則讓武使爲將，而絳佐之。使張老爲司馬〔二四〕，代魏絳。使范獻子爲候奄〔二五〕。代張老。候奄，元候也。獻子，范文子之族昆弟士富也。公譽達於戎。戎，諸戎，無終子之屬。五年，諸戎來請服，使魏莊子盟之，於是乎始復霸。莊子，魏絳。繼文公後，故曰復霸。

2 四年，會諸侯於雞丘〔二六〕，述上會時。魏絳爲中軍司馬，公子揚干亂行於曲梁，揚干，悼公之弟。行，行列。曲梁，晉地。○沈鎔曰：「曲梁，在今直隸永年縣東北。」魏絳斬其僕。僕，御也。○汪遠孫曰：「宋公序本斬作『戮』。韋於『戮寡人之弟』注云：『戮，辱也。』此無注，可證斬亦戮也。」公謂羊舌赤赤，羊舌職之子銅鞮伯華。曰：「寡人屬諸侯，屬，會也。魏絳戮寡人之弟，爲我勿失。」戮，辱也。爲我執之勿失。赤對曰：「臣聞絳之志，有事不避難，有罪不避刑，其將來辭。」辭，陳其辭狀。言終，魏絳至，授僕人書而伏劍。僕人，掌傳命〔二七〕。絳聞公怒，欲自殺。士魴、張老交止之。交，夾也。僕人授公，公讀書曰：「臣誅於揚干，不忘其死。誅，責也。日君乏使，使臣狃中軍之司馬，日，前日也。狃，正也。○俞樾曰：「狃之訓『正』，未聞其義。狃當讀爲粈。廣雅釋詁曰：『粈，厠也。』猶曰『使臣厠中軍之司馬』也。文選秋興賦曰：『攝官承乏，猥厠朝列。』注引蒼頡篇曰『厠，次也』是其義也。左傳作『使臣斯司馬』，疑斯即『厠』字之誤。古斯或作『廝』，與厠相似。」元誥按：玉篇：『狃，就也。』狃中軍之司馬，就中軍之司馬也。俞説不必然。臣聞師衆以順爲武〔二八〕，順，順令也。軍事有死無犯爲敬，有死其事，無犯其令，是爲敬命。君合諸侯，臣敢不敬？敢不敬奉其職。君不説，○元誥按：説與悦同。請死之。」請，就也。公跣而出，跣，徒跣也。曰：「寡人之言，兄弟之禮也。子之誅，軍旅之事也，請無重寡人之過。」反役，與之禮食，反役，自役反也。禮食，公食大夫之禮。令之佐新軍。上章曰「以魏絳爲不犯，使佐新軍」是也〔二九〕。

3 祁奚辭於軍尉，辭，請老也。公問焉，曰：「孰可？」誰可自代。對曰：「臣之子午可。人有言曰：『擇臣莫若君，擇子莫若父。』午之少也，婉以從令，少，稚也。婉，順也。遊有鄉，處有所，好學而不戲。不戲弄也。其壯也，彊志而用命，此壯，謂未二十時。志，識也。命，父命。守業而不淫。業，所學事業。○元誥按：襄二十九年左傳：「遷而不淫。」林注云：「不淫，不過蕩。」此文當與彼同義。其冠也，和安而好敬，冠，二十也。柔惠小物，柔，仁也。惠，愛也。而鎮定大事，鎮，安也。言智思能安定也〔三〇〕。有質直而無流心，流，放也。非義不變，言從義也。非止不舉。○各本止作「上」，韋注曰：「舉，動也。放上而動。」俞樾曰：「放上而動，而但曰『非上不舉』，甚爲不辭。周語『賓之禮事，放上而動』，豈可曰『賓之禮事，非上不舉』乎？上，疑『止』字之誤。詩小旻篇：『國雖靡止。』鄭箋曰：『止，禮也。』荀子不苟篇：『見由則恭而止。』大略篇：『盈其欲而不愆其止。』楊注竝曰：『止，禮也。』非止不舉，即非禮不舉，與上文『非義不變』一律。今誤爲『上』，則義不可通矣。」元誥按：俞説是，今據改。若臨大事，其可以賢於臣也。大事，軍事。臣請薦所能擇，而君比義焉。」薦，進也。所能擇，父能擇子。比，比方也。義，宜也。○王引之曰：「義，當讀爲儀。説文：『儀，度也。』比儀者，比之，度之也。周語曰：『儀之於民，而度之於羣生。』又曰：『不度民神之義，不儀生物之則。』儀與義古字通。云『臣請薦所能擇，而君比義焉』者，言願君比度而行之也。義與比意相近，故言比可以兼義〔三一〕，晉語云『能上下比之』〔三二〕是也。襄三十年左傳：『女待人，婦義事也。』義事，謂度事而行也。字又通作『議』，昭六年左傳：『昔先王議事以制。』亦謂度事也。韋注訓義爲『宜』，失之。」公使祁午爲軍尉。歿平公，軍無秕政。平公，悼公之子彪。秕，以穀諭也。○元誥按〔三三〕：歿平公，猶言終平公之世。下曰「歿平公之身」，義更顯明。軍無秕政，謂祁午也。

4 五年，無終子嘉父使孟樂因魏莊子納虎豹之皮以和諸戎。悼公五年，魯襄四年。無終，山戎之國，今爲縣，在北平。子，爵也。嘉父，名也。孟樂，嘉父之臣。莊子，魏絳。和諸戎，諸戎欲服從於晉。○元誥按：無終，在今直隸玉田縣境〔三四〕。嘉父，其君也。公曰：「戎、狄無親而好得，不若伐之。」無親，無恩親。好得，貪貨財。魏絳曰：「勞師於戎，而失諸華，諸華，華夏。用師於戎，不得存恤諸侯，諸侯必叛，故失。雖有功，猶得獸而失人也，安用之？且夫戎、狄荐處，荐，聚也。○元誥按：內傳正義引服虔云：「荐，草也，言狄人逐水草而居，徙無常處。」漢書終軍傳「北胡隨畜薦居」，蘇林注：「薦，草也。」荐與薦同，薦本草名，因之以草藉處是曰薦處。韋注訓荐爲「聚」，失之。貴貨而易土。貴，重也。易，輕也。○吳曾祺曰：「戎狄以遷徙爲是俗，無戀土之心，故曰易土。」予之貨而獲其土，其利一也。邊鄙耕農不儆，其利二也。戎、狄事晉，四鄰莫不震動，其利三也。震，懼也。君其圖之！」公說，故使魏絳撫諸戎，於是乎遂伯。

5 韓獻子老，韓獻子，韓厥。說云：「爲公族大夫，老而辭位。」昭謂：韓厥，晉卿。魯成十六年傳曰：「韓厥將下軍。」十八年，晉悼公即位，傳曰：「韓獻子爲政。」使公族穆子受事於朝，穆子，厥之長子無忌也。唐尚書云：「獻子致仕，而用其子爲公族大夫。」昭謂：悼公元年，使無忌爲公族大夫，後七年，獻子告老，欲使爲卿，有廢疾，讓其弟起，公聽之，更使掌公族大夫〔三五〕。在魯襄七年。辭曰：「厲公之亂，無忌備公族，不能死。亂，謂見弒。公族，同姓。臣聞之曰：『無功庸者，不敢居高位。』國功曰功，民功曰庸。今無忌智不能匡君，使至於難，仁不能救，勇不能死，敢辱君朝，以忝韓宗，請退也。」固辭不立。悼公聞之，曰：「難雖不能死君，而能讓，不可不賞也。」使掌公族大夫。掌，主也。初爲公族大夫，今使主之，以是爲賞。

6 悼公使張老爲卿，卿，佐新軍。辭曰：「臣不如魏絳。夫絳之智能治大官，大官，卿也。其仁可以利公室不忘，不忘利公室。○俞樾曰：「如韋義，則當云『其仁不忘利於公室』，於文方明，乃曰『可以利公室不忘』，不可通矣。忘，當讀爲亡。漢書武五子傳：『臣聞子胥盡忠而忘其號。』師古注：『忘，亡也。』是忘與亡義通。

莊子刻意篇：『無不忘也，無不有也。』忘與有對文，忘即亡也。周語曰：『故能光有天下而龢甯百姓，令聞不忘。』又曰：『萬年也者，令聞不忘之謂也。』令聞不忘，即令聞不亡，猶漢書賈山傳曰：『功德立於後世，而令聞不亡』也，是可證忘爲亡之假字矣。大玄交次四曰：『往來熏熏，得亡之門。』范望注曰：『亡，猶絶也。』然則利公室不亡，言利公室不絶也。令聞不亡，言令聞不絶，詩有女同車篇：『德音不忘。』蓼蕭篇：『壽考不忘。』凡言不忘者，其義竝同。」其勇不疚於刑，疚，病也。勇，能斷決也。○吳曾祺曰：「謂勇而能守法，故不至以陷於刑爲疚病也。訓『斷決』，非。」元誥按：吳說亦迂。刑，法也。謂勇而不以法爲疚病也，即勇而守法之意。其學不廢其先人之職。若在卿位，外內必平。且雞丘之會，其官不犯不犯，謂戮揚干。而辭順，不可不賞也。」公五命之，固辭，乃使爲司馬。使魏絳佐新軍。事已見上，欲見張老之讓，故復言之。

7十二年，公伐鄭，軍於蕭魚。悼公十二年，魯襄十一年。鄭從楚，故伐之。軍蕭魚，鄭服也。○元誥按：路史國名紀修魚云：「即蕭魚，鄭地。」列於少昊嬴姓國。襄十一年左傳杜注闕〔三六〕。鄭伯嘉來，納女、工、妾、三十人，女樂二八，嘉，鄭僖公子簡公也。女，美女也。工，樂師也，傳曰「賂晉侯以師悝、師觸、師蠲」是也。妾，給使者。女、工、妾凡三十人。女樂，今伎女也。八人爲佾，備八音也。或云：「女工，有伎巧者也。」與傳相違，失之矣。賈侍中云〔三七〕：「妾，女樂也。」下別有女樂二八〔三八〕，則賈君所云似非也。○王引之曰：「內、外傳亦有不相合者，不可强同。內傳師悝、師觸、師蠲凡三人〔三九〕，不言女妾。而此曰『女、工、妾三十人』，則與內傳殊義。且上言女，下言妾，而中乃言樂工〔四〇〕，爲不倫矣。唯『或說』差近之，蓋女工妾長於女工之妾也。成二年左傳，魯賂楚以執斲、執鍼、織紝，皆百人。杜注云：『執鍼，女工。織紝，織繒布者。』是以女工妾爲賂之證。元誥按〔四一〕：歌鍾二肆，歌鍾，歌時所奏。肆，列也。凡懸鍾磬，全爲肆，半爲堵。○陳瑑曰：「歌鍾，即周禮磬師所掌之編鍾，蓋小鍾而編次成列者。」元誥按：襄十一年左傳杜注云〔四二〕：「懸鍾十六爲一肆，二肆三十二枚。」據此，不必有鍾有磬而後謂之肆也。左傳於「歌鍾二肆」下曰：「及其鎛磬。」可證磬不在二肆之内。韋本周禮小胥鄭注訓之，似於傳文不合。肆者，一虡二筍，筍各八鍾，共十六鍾也。及寶鎛，鎛，小鍾也。寶，鄭所寶。○元誥按：周語：「細鈞有鍾無鎛，大鈞有鎛無鍾。」是鎛爲大鍾也。説文作「鑮」，云：「大鍾。」周禮鎛師鄭注亦云：「鎛如鍾而大。」是皆與韋異。陳瑑曰：「許、鄭謂鎛爲大鍾者，大於編鍾也。韋謂爲小鍾，小於大鍾也。爲説亦曲。」輅車十五乘。輅，廣車也。車，軘車也。十五，各十五也。傳曰：「廣車、軘車淳十五乘。凡兵車百乘。」淳，偶也。○王引之曰：「此與内傳亦不可强合，韋注失之。廣車不得謂之輅，軘車亦不得但謂之車。輅車者，路車也，又不得以輅、車爲二物。」公錫魏絳女樂一八，歌鍾一肆，曰：「子教寡人和諸戎狄而正諸華，○元誥按：在魯襄四年〔四三〕。於今八年，七合諸侯，寡人無不得志，請與子共樂之。」八年，和戎狄後八年也。七合諸侯，一謂魯襄五年會於戚，二謂七年會於鄬，三謂八年會於邢丘，四謂九年同盟於戲，五謂十年會於柤，六謂十一年會於亳城北，七謂今會於蕭魚。○襄十一年左傳正義引孔晁曰：「不數救陳與戍鄭虎牢，餘爲七也。」魏絳辭曰：「夫和戎狄，君之幸也。幸，幸而合。八年之中，○宋庠本無「之中」二字。七合諸侯，君之靈也，靈，神也。○元誥按：廣韻：「靈，福也。」疑不訓「神」。二三子之勞也，謂諸軍帥。臣焉得之？」焉得專也。公曰：「微子，寡人無以待戎，無以濟河，微，無也。濟河，南服鄭。二三子何勞焉？」子其受之。」君子曰：「能志善也。」志，識也。

8 悼公與司馬侯升臺而望〔四四〕，曰：「樂夫！」司馬侯，晉大夫汝叔齊。樂，見士民之殷富。對曰：「臨下之樂則樂矣〔四五〕，德義之樂則未也。」善善爲德，惡惡爲義。公曰：「何謂德義？」對曰：「諸侯之爲，日在君側，爲，行也。以其善行，以其惡戒，可謂德義矣。」公曰：「孰能？」對曰：「羊舌肸習於春秋。」肸，叔向之名。春秋，紀人事之善惡而目以天時，謂之春秋，周史之法也。時孔子未作春秋。○元誥按：墨子明鬼下篇有「周之春秋」、「燕之春秋」、「宋之春秋」、「齊之春秋」。墨子佚文：「吾見百國春秋〔四六〕。」是「春秋」爲諸侯國史之别名，不獨魯也。乃召叔向使傅大子彪。彪，平公也。

校記

〔一〕若稟而棄之　「稟」下衍「命」字，據各本删。

〔二〕乃盟而入　「入」誤作「已」，據各本改。

〔三〕畢故刑，赦囚繫　「赦」誤作「殺」，據各本改。

〔四〕起用之也　「起」下衍「而」字，據各本删。

〔五〕則此當曰「十二月乙酉，公即位」矣　「日」誤作「日」，據經義述聞改。

〔六〕滕人、薛人從欒黡、士魴門於北門　「士」字脱，據經義述聞補。

〔七〕武將新軍　「將」字脱，據經義述聞補。

〔八〕夫二子之德，其可忘乎　「其」誤作「豈」，據各本改。「二」字下原衍「三」字，據各本删。

〔九〕唐尚書云，「荀首時將上軍」，誤也。○元誥按　「時」字及「○」號皆脱，據公序本及文例補。

〔一〇〕其子不可不興也　「可不」二字脱，據國語考異補。

〔一一〕王念孫曰　「王念孫」誤作「王引之」，據經義述聞改。

〔一二〕欲敗晉兵。壬午，晉景公治兵以略狄土。及雒，魏顆敗秦師于輔氏　此二十五字皆脱，據各本補。

〔一三〕輔氏，在今陝西朝邑縣西北　「陝西」誤作「山西」，「朝」誤作「輅」，據國語正義改。

〔一四〕戎御，御公戎車　上「戎」字脱，據各本補。

〔一五〕知有力而不暴　「暴」下衍「者」字，據各本删。

〔一六〕荀禬文敏，（荀禬，荀家之族。）　二「禬」字皆誤作「惠」，據公序本改。明道本作「會」。

〔一七〕言食肥美者率多驕放　「放」誤作「故」，據各本改。

〔一八〕聰敏，言其通達也　「敏」誤作「明」，據經義述聞改。

〔一九〕元候　「候」誤作「老」，據各本改。

〔二〇〕管子小問篇　「問」誤作「匡」，據經義述聞改。

〔二一〕以爲時無新中軍　「新」字脱，據經義述聞補。

〔二二〕今本誤作「龔恭子」　「作」字脱，據經義述聞補。

〔二三〕命，謂朝聘之數，同好惡，救災患之屬　「命」從明道本，公序本作「令」。「數」下衍「援謂」二字，據各本删。布命結援之目標相同，不能强分爲二部分，「援謂」二字殆出於臆加。

〔二四〕使張老爲司馬　「馬」誤作「徒」，據公序本改。

〔二五〕使范獻子爲候奄　「獻」誤作「文」，據各本改。

〔二六〕四年，會諸侯於雞丘　此句原連上文，今分段提行。

〔二七〕僕人，掌傳命　「掌」下衍「宣」字，據各本删。

〔二八〕臣聞師衆以順爲武　「爲」字重衍，據各本删。

〔二九〕上章曰，「以魏絳爲不犯，使佐新軍」是也　「是也」二字脱，據各本補。

〔三〇〕言智思能安定也　「思」誤作「慮」，據各本改。

〔三一〕故言比可以兼義　「兼」誤作「該」，據經義述聞改。

〔三二〕能上下比之　「能」字脱，據經義述聞補。

〔三三〕元誥按　「按」字脱，依文例補。

〔三四〕無終，在今直隸玉田縣境　「隸」字脱，依文義補。

〔三五〕更使掌公族大夫　「更」字脱，據各本補。
〔三六〕襄十一年左傳杜注闕　按襄十一年左傳杜注云：「蕭魚，鄭地。」殆即爲路史所本，不得言闕。
〔三七〕賈侍中云　「云」字脱，據各本補。
〔三八〕下別有女樂二八　「別」誤作「列」，據各本改。
〔三九〕内傳師悝、師觸、師蠲凡三人　「三」下衍「十」字，據經義述聞删。
〔四〇〕上言女，下言妾，而中乃言樂工　「下言」之「言」及「乃」字皆脱，據經義述聞補。
〔四一〕元誥按　其下文缺。
〔四二〕襄十一年左傳杜注云　「杜」誤作「服」，據左傳注疏改。
〔四三〕元誥按：在魯襄四年　「按」字脱，「魯襄」誤作「事在」，依文例及左傳補改。
〔四四〕悼公與司馬侯升臺而望　此句原連上文，依文例提行。
〔四五〕臨下之樂則樂矣　上「樂」字誤作「德」，據各本改。
〔四六〕吾見百國春秋　「春秋」下衍「史」字，據隋書李德林傳及史通六家篇引墨子語删。

國語集解

吉水徐元誥學

晉語八第十四

1平公六年，平公，悼公之子彪。六年，魯襄二十一年〔一〕。箕遺及黃淵、嘉父作亂，不克而死。箕遺、黃淵、嘉父，皆晉大夫，欒盈之黨。欒黶所娶范宣子之女曰叔祁，生盈。黶卒，祁與其老州賓通，盈患之。祁懼，愬諸宣子，曰：「盈將爲亂。」盈好施，士歸之。宣子執政，畏其多士，使城箸，將逐之，箕遺、黃淵等知之而作亂。宣子殺遺、淵、嘉父及司空靖、邴豫、董叔、邴師、申書、羊舌虎、叔羆等十人〔二〕。公遂逐羣賊，羣賊，欒盈之黨，謂智起、中行喜、州綽、邢蒯之屬〔三〕。逐之出奔齊。謂陽畢曰：「自穆侯以至於今，亂兵不輟，陽畢，晉大夫。穆侯，唐叔八世孫，桓叔之父。晉亂自桓叔始。輟，止也。民志不厭，禍敗無已。厭，極也。已，止也。離民且速寇，恐及吾身，若之何？」速，召也。陽畢對曰：「本根猶樹，本根，亂本，謂欒氏猶尚樹立。枝葉益長，本根益茂，是以難已也。今若大其柯，柯，斧柄，所操以伐木。去其枝葉，絕其本根，可以少閒。」閒，息也。謂滅欒氏而去其黨。公曰：「子實圖之。」陽畢曰：○明道本「陽畢」二字作「對」字。「圖在明訓，訓，教也。明訓在威權，言既有明教，當有威權以行之。威權在君。言不在臣。君掄賢人之後有常位於國者而立之，掄，擇也。常位，謂世有功烈於國而中微者。亦掄逞志虧君以亂國者之後而去之，逞，快也。是遂威而遠權也。遂，申也。遠權，權及後嗣。民畏其威而懷其德，莫能勿從。言皆從君。若從，則民心皆可畜，皆可畜養而教導之。畜其心而知其欲惡，人孰偷生？欲惡，情欲好惡。偷，苟也。若不偷生，則莫思亂矣。且夫欒氏之誣晉國久矣，誣，罔也。以惡取善曰誣。謂欒書弒厲公，然民被其德，不以爲惡。傳曰：「武子之德在民，若周人之思邵公。」欒書實覆宗弒厲公以厚其家，覆，敗也。宗，大宗也。謂殺厲立悼，以取重於國，厚其家。若滅欒氏，則民威矣。威，畏也。今吾若起瑕、原、韓、魏之後而賞立之，則民懷矣。瑕，瑕嘉。原，原軫。韓，韓萬。魏，畢萬。之後皆晉賢人，有常位於國者。威與懷各當其所，則國安矣。君治而國安，欲作亂者誰與？」公曰：「欒書立吾先君，先君，悼公。欒盈不獲罪，如何？」言盈不得罪於國，爲其母范氏所譖耳，如何可滅？陽畢曰：「夫正國者不可以暱於權，暱，近也。言當遠權爲久長計。行權不可以隱於私。以私恩隱蔽其罪，無以正國。暱於權，則民不導；不可訓導。行權隱於私，則政不行。政不行，何以導民？民之不導，亦無君矣。與無君同。則其爲暱與隱也，復害矣，且勤身，復，反也。勤，勞也。反害於國而勞君身。君其圖之！若愛欒盈，則明逐羣賊，而以國倫數而遣之〔四〕，羣賊，盈之黨。倫，理也。厚箴戒圖以待之。箴，猶勑也。待，備也。○宋庠本作「厚戒箴國以待之」。彼若求逞志而報於君，罪孰大焉！滅之猶少。猶少，滅之恐少耳。彼若不敢而遠逃，乃厚其外交而勉之，以報其德，不亦可乎？」謂賂其所適之國，厚寄託之而勸勉焉〔五〕。○王引之曰：「此謂寬其死罪，無取於勸勉也。勉，當讀爲免，古字勉與免通。免之，謂免其死，秋官鄉士，『若欲免之，則王會其期』，僖三十三年左傳『若從君惠而免之』是也。上文云『滅之』，此云『免之』，相對爲文。昭七年左傳：『朔於敝邑，亞大夫也。獲戾而逃，唯執事所寘之，得免其死，爲惠大矣。』是遠逃者以免死爲幸也。」公許諾〔六〕，盡逐羣賊，而使祁午及陽畢適曲沃逐欒盈，祁午，中軍尉。曲沃，欒盈邑。欒盈出奔楚。遂令於國人曰：「自文公以來，有力於先君而子孫不立者，○宋庠本立作「育」。將授立之，得之者賞。」授以爵位而立之。○周禮司勳：「治功曰力。」元誥按：得之者賞，謂得其子孫者有賞也。居三年，後三年也。欒盈晝入，爲賊於絳，欒盈在楚一年而奔齊。魯襄二十三年，齊莊公使析歸父以藩載盈及其士，納諸曲沃。夏四月，盈帥曲沃之甲因魏獻子以晝入絳。范宣子以公入於襄公之宮，襄宮完固，故就之。傳曰：「奉公以如固宮。」欒盈不克，出奔曲沃。傳曰：「晉人圍曲沃。」遂刺欒盈，滅欒氏。刺，殺也。傳曰：「晉人克欒盈於曲沃，盡殺欒氏之族黨。」是以没平公之身無内亂也。

2欒懷子之出〔七〕，懷子，盈也，出奔楚。執政使欒氏之臣勿從，執政，正卿范宣子也。從欒氏者大戮施。施，陳也，陳其尸。○吳曾祺曰：「施，加也，謂加以大戮也。」元誥按：宋庠本「大」上有「爲」字。欒氏之臣辛俞行，行，從盈也。吏執之，獻諸公。公曰：「國有大令，何故犯之？」對曰：「臣順之也，豈敢犯之？執政曰『無從欒氏而從君』，是明令必從君也。臣聞之曰：『三世事家，君之；三世爲大夫家臣，事之如國君。再世以下，主之。』大夫稱主。事君以死，事主以勤，君之明令也，自臣之祖，以無大援於晉國，世隸於欒氏，於今三世矣，臣故不敢不君。今執政曰『不從君者爲大戮』，臣敢忘其死而叛其君，以煩司寇！」敢，不敢也。言不敢忘死而叛其君，煩君司寇以刑臣。公說。說其執義。固止之，不可。厚賂之，辭曰：「臣嘗陳辭矣，心以守志，辭以行之，所以事君也。若受君賜，是墮其前言。墮，壞也。臣無二君，若受君賜，是有二心。君問而陳辭，未退而逆之，何以事君？」逆，反也。君知其不可得也，乃遣之。○吳曾祺曰：「謂不可得而用之也。」

3 叔魚生，其母視之，叔魚，晉大夫，叔向母弟羊舌鮒。視，相察也。曰：「是虎目而豕喙，虎視眈眈，豕喙長而鋭。鳶肩而牛腹，鳶肩，肩井斗出。牛腹，脅脹。○後漢書梁冀傳：「鳶肩豺目（八）。」章懷注曰：「鳶，鴟也，鴟肩上竦也。」谿壑可盈，是不可饜也，水注川曰谿。壑，溝也。必以賄死。」後爲贊理，受雍子女而抑邢侯，邢侯殺之。遂不視。不自養視。楊食我生，楊，叔向邑。食我，叔向子伯石也，其母夏姬之女。叔向之母聞之，往及堂，聞其號也，乃還，曰：「其聲，豺狼之聲也，終滅羊舌氏之宗者，必是子也。」宗，同宗也。食我既長，黨於祁盈，盈獲罪，晉殺盈及食我，遂滅祁氏、羊舌氏。在魯昭二十八年。

4 魯襄公使叔孫穆子來聘，在襄二十四年。范宣子問焉，宣子，晉正卿士匄。曰：「人有言曰『死而不朽』，何謂也？」言身死而名不朽滅。穆子未對。宣子曰：「昔匄之祖，自虞以上爲陶唐氏，言在舜時不改堯號。在夏爲御龍氏，夏，夏后孔甲之世。傳曰：「陶唐氏既衰，其後曰劉累，學擾龍於豢龍氏，以事孔甲，能飲食龍，夏后嘉之，賜氏曰御龍氏。」在商爲豕韋氏，商，謂武丁之後。爲豕韋氏，初，祝融之後彭姓爲大彭，大彭、豕韋二國爲商伯，其後商滅豕韋，劉氏自御龍代豕韋，故傳曰：「以更豕韋之後。」○吴曾祺曰：「滅豕韋以劉氏代之，在商武丁之世。見史記集解。」在周爲唐杜氏。周，武王之世。唐、杜，二國名。豕韋自商之末改國於唐〔九〕，周成王滅唐而封弟唐叔虞，遷唐於杜，謂之杜伯。○汪遠孫曰：「賈以爲唐、杜並時所封。」吴曾祺曰：「遷唐於杜，而仍録以舊名，故曰唐杜。秦置杜縣，漢改杜陵。」元誥按：廣韻：「杜，姓，本帝堯劉累之後。」地蓋以姓名之也，在今陝西咸寧縣東十五里。周卑，晉繼之，爲范氏，其此之謂乎？」卑，王室微也。晉繼之者，謂爲盟主以總諸侯。爲范氏者，杜伯爲宣王大夫，宣王殺之，其子隰叔去周適晉，生子輿，爲晉理官，其孫士會爲晉正卿，食邑於范，是爲范氏。○元誥按：范，在今山東范縣東南二十五里。對曰：「以豹所聞，此之謂世禄，非不朽也。世禄，世食官邑〔一〇〕。魯先大夫臧文仲，其身殁矣，其言立於後世，言其立言可法者，謂若教行父事君，告糴於齊之屬。此之謂死而不朽。」

5 范宣子與和大夫争田，久而無成。成，平也。和大夫，晉和邑之大夫也。争田之疆界，久而不平。宣子欲攻之，問於伯華，伯華，羊舌赤。魯襄三年，代父職爲中軍尉之佐。伯華曰：「外有軍，内有事。赤也外事也，言主軍也。不敢侵官。非其官而與之爲侵官。且吾子之心有出焉，可徵訊也。」出，以軍旅出也。徵，召也。訊，問也。○吴曾祺曰：「謂己主外事，若有出軍之事，可召而問之，他非所知也。」問於孫林甫，林甫，衛大夫孫文子，魯襄十四年，逐衛獻公〔一一〕，立公孫剽。二十六年，寧喜殺剽而納獻公，林甫遂以戚叛，事晉。孫林甫曰：「旅人，所以事子也，唯事是待。」旅，客也，言客寄之人，不敢違命。問於張老，三君云：「張老，中軍司馬也。」昭謂：魯襄三年，悼公以張老爲司馬，至襄十六年，平公即位，以其子張君臣代之，此時爲上軍將〔二〕。張老曰：「老也以軍事承子，非戎則非吾所知也。」戎，兵也。問於祁奚，祁奚既老，平公元年，復爲公族大夫。祁奚曰：「公族之不恭，公室之有回，回，邪也。內事之邪，內，朝內也。大夫之貪，是吾罪也。大夫，公族大夫也，然則祁奚掌之。若以君官從子之私，懼子之應且增也。」外應受我，內增其非。○黄丕烈曰：「增即『憎』字也。墨子非命『帝式是增』，道藏本韓子『論其所增』，易林渙之蠱『獨宿增夜』，皆用此從土『增』字。」問於籍偃，籍偃，上軍司馬籍遊。籍偃曰：「偃也以斧鉞從於張孟，孟，張老字。日聽命焉，若夫子之命也，何二之有？夫子，張孟。釋夫子而舉，是反吾子也。」釋，舍也。舉，動也。吾子，宣子。宣子爲上卿，本使我聽命於張孟，今若背之而從子之私，是反吾子之前令。問於叔魚，叔魚，叔向之弟。叔魚曰：「待吾爲子殺之。」叔向聞之，見宣子曰：「聞子與和未寧，寧，息也。偏問於大夫，又無決，盍訪之訾祏？訾祏，宣子家臣。訾祏實直而博，直能端辨之，端，正也。辨，别也。博能上下比之，且吾子之家老也。家臣室老。吾聞國家有大事，必順於典型，典，常也。型，法也。而訪諮於耇老而後行之。」司馬侯見，侯，汝叔齊。曰：「聞吾子有和之怒，吾以爲不信。諸侯皆有二心，二心，欲叛晉。是之不憂，而怒和大夫，非子之任也。」祁午見，午，中軍尉。曰：「晉爲諸侯盟主，子爲正卿，若能靖端諸侯，使服聽命於晉，晉國其誰不爲子從，何必和？言皆從子之命，何但和大夫乎？盍密和，和，和平也。和大以平小乎？」勸以大德平小怨。○吳曾祺曰：「大，指諸侯；小，指和大夫。注非。」宣子問於訾祏，訾祏對曰：「昔隰叔子違周難於晉國，隰叔，杜伯之子。違，避也。宣王殺杜伯，隰叔避害適晉。生子輿，爲理，子輿，士蔿之字。理，士官也。以正於朝，朝無姦官；〔一三〕爲司空，以正於國，國無敗績。績，功。○宣十二年經「晉師敗績」，穀梁傳曰：「績，功也。功，事也。曰其事敗也。」世及武子，佐文、襄爲諸侯，諸侯無二心。父子爲世。及，至也。謂士蔿生成伯缺〔一四〕，成伯缺生武子士會。文公五年，士會攝右爲大夫，佐襄公以霸諸侯，諸侯無二心。及爲卿，以輔成、景，軍無敗政。文公生成公，成公生景公。及爲成帥，居大傅，唐尚書云：「爲成公軍帥，兼大傅官〔一五〕。」昭謂：此「成」字當爲「景」字誤耳。魯宣九年，晉成公卒，至十六年，晉景公請於王，以黻冕命士會將中軍，且爲大傅。○各本帥作「師」。王念孫曰〔一六〕：「師，當爲『帥』字之誤也。爲成帥者，爲成公之中軍帥也。唐注云：『爲成公軍帥，（今本帥亦譌作『師』〔一七〕。）兼大傅』，韋注引宣十六年左傳『晉命士蔿將中軍』，皆其證也。潛夫論志氏姓篇作：『爲成率，居大傅〔一八〕』。率與帥同。襄二十七年左傳正義引作：『及爲元帥。』『元』字蓋後人所改，『帥』字則不誤耳。」元誥按：王說是，今據改。成，當爲「景」，韋注自明。端刑法，輯訓典，輯，和也。○俞樾曰：「訓典不可言『和』，韋注非也。輯與集古字通。襄十九年左傳：『其天下輯睦。』釋文曰：『輯，本作「集」。』詩板篇：『辭之輯矣。』新序雜事篇引作『辭之集矣』。輯訓典，謂集合先代之訓辭及其典禮也。周語言隨武子講聚三代之典禮，修執秩以爲晉法，即其事矣。」元誥按：明道本作「緝」，通。國無姦民，士會爲政，盜賊奔秦是也。後之人可則，是以受隨、范。隨、范，晉二邑〔一九〕。○沈鎔曰：「隨，今山西介休縣東有隨城〔二〇〕。范，在今山東范縣東南二十五里。」及文子成晉、荆之盟，文子，武子之子燮也。晉使士燮盟楚於宋西門之外，在魯成十二年。豐兄弟之國，使無有閒隙，豐，厚也。閒隙，瑕釁也。兄弟，鄭、衛之屬。晉、楚爲好，不相加戎，所以厚兄弟之國。是以受郇、櫟。郇、櫟，晉二邑。○沈鎔曰：「郇，在今山西臨晉縣東北十五里。櫟，今河南禹縣有陽翟城，即櫟邑也。」元誥按：櫟有三，亦有三音，此文櫟音櫟，杜氏釋例云：「在河北。」桓十五年左傳「鄭伯突入於櫟」，音歷，在陽翟。漢書「高祖初都於櫟」，音藥，在高陵。沈謂禹縣之櫟，蓋非此地。今吾子嗣位，於朝無姦行，於國無邪民，於是無四方之患〔二一〕，而無外内之憂，賴三子之功而饗其禄位。三子，子輿、武子、文子。今既無事矣，而非和，非，恨也。於是加寵，將何治爲？」晉加寵於子，將何所爲治乎？○吴曾祺曰：「謂將何以治國也。」宣子説，乃益和田而與之和。以所争田益之，與之平和也。

6 訾祏死，范宣子謂獻子獻子，宣子之子范鞅。曰〔二二〕：「鞅乎！昔者吾有訾祏也，吾朝夕顧焉，顧，問也。以相晉國，且爲吾家。今吾觀女也，專則不能，謀則無與也，無賢臣也。將若之何？」對曰：「鞅也居處恭，不敢安易，易，簡也，不敢自安，而爲簡略。敬學而好仁，和於政而好其道〔二三〕，言己爲政貴和，而好説其道。謀於衆不以賈好，賈，求也。言心樂咨，不以求爲好。私志雖衷，不敢謂是也，必長者之由。」衷，善也。由，從也。宣子曰：「可以免身。」

7 平公説新聲，説，樂也。新聲者，衛靈公將如晉，舍於濮水之上，聞琴聲焉甚哀，使師涓以琴寫之。至晉，爲平公鼓之，師曠撫其手而止之曰：「止！此亡國之音也。昔師延爲紂作靡靡之樂〔二四〕，後而自沈於濮水之中，聞此聲者，必於濮水之上乎！」師曠曰：「公室其將卑乎！師曠，晉主樂大師子野。君之萌兆衰矣。兆，形也。○太平御覽樂部七引國語如是。夫樂以開山川之風，開，通也。故八音以通八風。○明道本下有「也」字。以耀德於廣遠也。耀，明也。風德以廣之，風，風宣其德，廣之於四方也〔二五〕。作樂各象其德，韶、夏、護、武是也。○太平御覽樂部七引賈逵曰：「風德者，德各有風類也。」風山川以遠之，遠，遠其德。周禮，每樂一變，各有所致，謂鱗介毛羽之物，山林川澤天地之神祇也。○初學記樂部引賈逵曰：「樂所以通山川之風類，以遠其德。」風物以聽之，言風化之動，物莫不傾耳而聽。修詩以詠之，修禮以節之。○明道本修竝誤作「循」。夫德廣遠而有時節，作之有時，動有禮節。是以遠服而邇不遷。」○校譌云：「『不遷』下當有闕字。」

8 平公射鴳不死〔二六〕，鴳，鳸，小鳥。○陳瑑曰：「爾雅釋鳥：『鳸，鴳。』蓋謂鳸一名鴳耳。鴳，又作『鷃』，亦謂之『鷃鷃』，左傳疏引賈逵、服虔説，謂鷃鷃以聲音爲名也。」宋庠曰：「鴳音鷃。」使豎襄搏之，失，豎，内豎。襄，名也。公怒，拘將殺之。叔向聞之，夕。夕至於朝。○成十二年左傳孔疏曰：「旦見君謂之朝，莫見君謂之夕。」君告之，叔向曰：「君必殺之。昔吾先君唐叔射兕於徒林，殪以爲大甲，兕，似牛而青，善觸人。徒林，林名。一發而死曰殪。甲，鎧也。○太平御覽羽族部八引賈逵曰：「徒林，園中地也。」又兵部八十六引賈逵曰：「以兕革爲大甲。」以封於晉。言有材藝以受封爵。今君嗣吾先君唐叔，射鴳不死，搏之不得，是揚吾君之恥者也。君其必速殺之，勿令遠聞。」殺之益聞，詭辭以諫。君顏忸怩，乃趣赦之。忸怩，慙貌。

9 叔向見司馬侯之子，撫而泣之，撫，拊也。曰：「自其父之死，○元誥按：各本「其父」上有「此」

字，衍文也。今依羣書治要引刪。下文「昔者其父始之」同。吾蔑與比而事君矣！昔者其父始之，我終之，謂其所建爲及諫爭，相爲終始，以成其事。我始之，夫子終之，無不可。」無不可，言皆從。籍偃在側，曰：「君子有比乎？」君子周而不比，故偃問之。叔向曰：「君子比而不別。比德以贊事，比也。贊，佐也。引黨以封己，引，取也。封，厚也。利己而忘君，別也。」別，別爲朋黨也。○潘維城曰：「此之所謂比，即論語之所謂周；此之所謂別，即論語之所謂比。比與黨相近，則辨之曰：比而不黨。比與別相近，則辨之曰：比而不別。」

10 秦景公使其弟鍼來求成，景公，秦穆公之玄孫，桓公之子。鍼，后子伯車也。在魯襄二十六年。叔向命召行人子員。行人，掌賓之官。員，名也。行人子朱曰：「朱也在此。」叔向曰：「召子員。」子朱曰：「朱也當御。」當，直也。御，進也。言次應直事。叔向曰：「肸也欲子員之對客也。」子朱怒曰：「皆君之臣也，班爵同，與員同也。何以黜朱也？」黜，退也。撫劍就之。叔向曰：「秦晉不和久矣，今日之事幸而集，集，成也。子孫饗之，饗，饗其福。饗，或爲「賴」。不集，三軍之士暴骨。必復戰鬭。夫子員導賓主之言無私，子常易之。易，變也。姦以事君者，吾所能禦也。」拂衣從之，拂，蹇也。○元誥按：從，謂從子朱之劍。人救之。平公聞之曰：「晉其庶乎，庶幾於興。吾臣之所爭者大。」師曠侍，曰：「公室懼卑，其臣不心競而力爭。」

11 諸侯之大夫盟於宋。盟在魯襄二十七年。晉、楚始同盟，以弭諸侯之兵。楚令尹子木欲襲晉軍，子木，屈到之子屈建也。傳曰：「將盟，楚人衷甲。」襲，掩也。曰：「若盡晉師而殺趙武，則晉可弱也。」趙武，晉正卿文子也。文子聞之，謂叔向曰：「若之何？」叔向曰：「子何患焉。忠不可暴，不可侵暴。信不可犯，犯，陵也。忠自中，自中出也。而信自身，身行信也。其爲德也深矣，其爲本也固矣，故不可抈也。抈，動也。○舊音曰：「抈，音月。本或作『損』。」汪遠孫曰：「作『抈』是也。小雅毛詩傳云：『扤，動也。』抈與扤同。」今我以忠謀諸侯，謀安諸侯。而以信覆之。覆驗其忠。荆之逆諸侯也亦云，亦云欲弭兵爲忠信。逆，迎也。是以在此。若襲我，是自背其信而塞其忠也，塞，絶也〔二七〕。信反必斃，斃，踣也。忠塞無用，無以用諸侯也。安能害我？且夫合諸侯以爲不信，諸侯何望焉。此行也，○明道本「此」上有「爲」字。荆敗我，諸侯必叛之。以弭兵召諸侯，而衷甲以襲晉，故諸侯必叛之。子何愛於死，死而可以固晉國之盟主，何懼焉？」言晉有信，諸侯必歸之。是行也，以藩爲軍，藩，籬落也。不設壘壁。攀輦即利而舍，攀，引也。輦，輦車也。即，就也。言人引車就水草便利之地而舍之。候遮扞衛不行，候，候望。遮，遮罔也。晝則候遮，夜則扞衛。扞衛，謂羅闉、狗附也。張羅闉，去壘五十步而陳，周軍之前後左右，彍弩注矢以誰何，（元誥按：誰何，猶呵問。）謂之羅闉。又二十人爲曹輩，去壘三百步，畜犬其中，或視前後，或視左右，謂之狗附〔二八〕。皆昏而設，明而罷。候遮二十人居狗附處，以視聽候望，明而設，昏而罷。不行者，不設之。楚人不敢謀，畏晉之信也。畏晉守信，諸侯與之，故不敢謀。自是沒平公無楚患矣。

12宋之盟，弭兵之盟。楚人固請先歃。楚人，子木。歃，飲血也〔二九〕。叔向謂趙文子曰：「霸王之勢，在德不在先歃，子若能以忠信贊君，贊，佐也。而裨諸侯之闕，裨，補也。闕，缺也。歃雖後，諸侯將戴之，〇明道本戴作「載」。何爭於先？若違於德而以賄成事，政以賄成。今雖先歃，諸侯將棄之，何欲於先？昔成王盟諸侯於岐陽，岐山之陽。〇竹書紀年：「成王六年，大蒐於岐陽。」楚爲荆蠻，荆州之蠻。置茅蕝，設望表，與鮮牟守燎，故不與盟。置，立也。蕝，謂束茅而立之，所以縮酒。望表，謂望祭山川，立木以爲表，表其位也。鮮牟，東夷國。燎，庭燎也。〇汪遠孫曰：「史記叔孫通傳索隱引賈逵注曰：『束茅以表位爲蕝。』說文：『蕝，朝會束茅表位曰蕝。』引春秋國語曰：『致茅蕝，表坐。』置、致古通用，『表坐』二字，蓋許申國語之義。漢書叔孫通傳〔三〇〕：『爲綿蕞野外。』如淳曰：『謂以茅翦樹地，爲纂位尊卑之次也。』師古曰：『蕞與蕝同。』縮酒之茅不名爲蕝，韋解非也。」王引之曰：「會盟無縮酒之文〔三一〕，韋注非是，當以賈說爲長。竊謂置茅蕝者，未盟之先，擯相者習儀也，習儀則必爲位，故以茅蕝表之。置茅蕝，蓋與漢書叔孫通傳〔三二〕『爲綿蕞』相似，蓋爲習儀而設也。周官小宗伯：『凡王之會同、軍旅、甸役之禱祠，肄儀爲位。』是其比類也。望表，盟之日所以表位者也，望而知其所立之處，故曰望表，淮南說林篇曰：『植表而望，則不惑』是也。設望表者，豫爲王及諸侯之位，以木表之，若覲禮上介〔三三〕，皆奉其君之旂置於宮，公侯伯子男皆就其旂而立也。昭十一年左傳：『朝有著定，會有表。』會朝之言，必聞於表著之位。』杜注曰：『野會，設表以爲位。』是其明證矣。韋以爲望祭山川，亦非。上云『盟諸侯』，下云『守燎』，所言者皆會盟之事，不得雜以祭神也。」吳曾祺曰：「表，植木爲之，懸鳥羽於上，以辨日晷，使人望之知方向，虞書『光被四表』是也〔三四〕。」黄丕烈曰：「鮮牟，一本作『鮮卑』，非。鮮牟即宣九年之『根牟』也，今琅邪陽都縣東有牟鄉。」今將與主狎諸侯之盟，唯有德也，狎，更也。子務德無争先，務德所以服楚也。」乃先楚人。讓使楚先。

13虢之會，諸侯之大夫尋宋之盟，在魯昭元年。魯人食言，食，僞也。言魯使叔孫穆子如會〔三五〕，尋宋之盟，欲以修好弭兵，尋盟未退，而魯伐莒取鄆，是虚僞其言。○元誥按：春秋左傳屢云「食言」，如「背惠食言」〔三六〕、「瀆齊盟而食話言」、「臨事而食言」、「食言者不病」、「是食言者多矣」。杜注云：「言而不行，如食之消盡。」誼較詳明。楚令尹圍將以魯叔孫穆子爲戮，令尹圍，楚恭王之子。○元誥按：陳尸曰戮。樂王鮒求貨焉不予。鮒，晉大夫樂桓子也。趙文子謂叔孫曰：「夫楚令尹有欲於楚，欲，欲得楚國也。少懦於諸侯。懦，弱也。以諸侯爲弱。○俞樾曰：「韋注未得傳意。此言令尹之志專在於楚，而於諸侯之事少偷懦也。襄二十五年左傳：『崔杼帥師伐我北鄙，公患之。孟公綽曰：「崔子將有大志，不在病我，必速歸，何患焉！其來也不寇，使民不嚴，異於他日。」』正與此文大旨相同。有欲於楚，少懦於諸侯，即所謂『將有大志，不在病我』也。下文曰：『諸侯之故求治之，不求致也。』解曰：『故，事也。必欲治之，非但求致之而已。』此亦未得傳意。致之言至也，極也，言求治之而已，不深求也。故又曰：『其爲人也，剛而尚寵，若及，必弗避也。子盍逃之。』蓋不逃則彼及治之，故弗可避，逃則彼不及治之，即可免矣。此正『求治，不求致』之明驗也。」諸侯之故求治之，不求致也。故，事也。必欲治之，非但致之而已。其爲人也，剛而尚寵，尚，好也。好自尊寵。若及，必不避也。以事及於罪者〔三七〕，必加治戮，無所避也。子盍逃之？不幸必及於子。」對曰：「豹也受命於君，以從諸侯之盟，爲社稷也。爲欲衛社稷也。若魯有罪，而受盟者逃，魯必不免，不免於討。○明道本缺「魯」字。是吾出而危之也。若爲諸侯戮者，魯誅盡矣，必不加師，請爲戮也。夫戮出於身實難，難，難居也。○王引之曰：「爾雅：『寔，是也。』實與寔通。廣韻：『難，奴案切，患也。』(三八)戮出於身實難者，言唯戮出於身是患也。韋不知難之訓「患」，而增字以解之，迂矣。」自他及之何害？何害於義(三九)。苟可以安君利國，美惡一也。」美生惡死。○明道本「一」下有「心」字。文子將請之於楚，樂王鮒曰：「諸侯有盟，未退而魯背之，安用齊盟？齊，一也。縱不能討，又免其受盟者，晉何以爲盟主矣？言無以復齊一諸侯。必殺叔孫豹。」文子曰：「有人不難以死安利其國，可無愛乎！若皆衈國如是，則大不喪威，而小不見陵矣。若是道也果，果，必行也。可以教訓，何敗國之有？吾聞之曰：『善人在患，○明道本「在」下有「位」字，非。弗救不祥；惡人在位，不去亦不祥。』必免叔孫。」固請於楚而免之。

14 趙文子爲室，室，宫也。斲其椽而礱之，椽，榱也。礱，磨也。張老夕焉而見之，見，見匠人爲之。不謁而歸。謁，告也。文子聞之，駕而往，曰：「吾不善，子亦告我，何其速也？」速，去速也。對曰：「天子之室，斲其椽而礱之，加密石焉。密，細密文理。石，謂砥也。先粗礱之，加以密砥。諸侯礱之，無密石也。大夫斲之，不礱。士首之。斲其首也。備其物，義也；物備得宜，謂之義。從其等，禮也。從尊卑之等，謂之禮。今子貴而忘義，富而忘禮，吾懼不免，何敢以告。」文子歸，令之勿礱也。匠人請皆斲之，通更斲之。文子曰：「止！明道本止作「耻」。段玉裁曰：「『止』字勝。」爲後世之見之也，爲，使也。其斲者，仁者之爲也，其礱者，不仁者之爲也。」

15趙文子與叔向遊於九原，原，當作「京」也。京，晉墓地。○宋庠本作「京」，注曰：「京，當作『原』。九原，晉墓地。」黃丕烈曰：「檀弓載此事作『原』。又『以從先大夫於九京也』，鄭注：『晉卿大夫之墓地，在九原。京，蓋字之誤，當作「原」。』即依本書爲説也。韋解云此當作『京』者，攷水經汾水注云：『京陵縣故城，於春秋爲九原之地，其京尚存，漢興，增陵於其下，故曰京陵。』地理、郡國二志皆曰京陵，是韋正依當日地名，傅合趙文子從先大夫於九京爲説，與鄭不同。鄭易「京」爲「原」，此則易「原」爲「京」耳。司馬彪云：『京陵，春秋時九京。』是亦從京不從原也。别本京、原互易，乃宋公序誤用鄭改韋。」陳瑑曰：「東觀漢記云，『京』作『原』，古通用。蓋原、京聲轉也。」曰：「死者若可作也，作，起也。吾誰與歸？」叔向曰：「其陽子乎！」陽子，處父。文子曰：「夫陽子行廉直於晉國，不免其身，廉直，剛而無謀，爲狐射姑所殺。其知不足稱也。」稱，述也。叔向曰：「其舅犯乎？」文子曰：「夫舅犯見利而不顧其君，其仁不足稱也。見利，見全身之利。謂與晉文避難，至將反國，無輔佐安國之心，授璧請亡，故其仁不足稱也。鄭後司農以爲詐請亡，要君以利也。其隨武子乎！武子，范會。納諫不忘其師，言聞之於師。言身不失其友，身有善行，稱友之道。事君不援而進，進，進賢也。不阿而退。」阿，隨也。退，退不肖也。言不隨君，必欲進賢退不肖。

16秦后子來奔，后子，景公之弟鍼。來奔，在魯昭元年。趙文子見之，問曰：「秦君道乎？」問有道否。對曰：「不識。」難即言之，故曰不識。文子曰：「公子辱於敝邑，必避不道也。」對曰：「有焉。」有不道事〔四〇〕。文子曰：「猶可以久乎？」對曰：「鍼聞之，國無道而年穀龢熟〔四一〕，言國無道而年穀和熟，天不譴覺，必恃而驕也。鮮不五稔。」鮮，少也。稔，年也。少不至五年而亡也。○吴曾祺曰：「謂少猶五年，多不啻也。注迂。」文子視日曰：「朝夕不相及，誰能俟五！」言恐朝不至夕。文子出，后子謂其徒徒，從者也。曰：「趙孟將死矣！夫君子寬惠以卹後，猶恐不濟。今趙孟相晉國，以主諸侯之盟，思長世之德，歷遠年之數，猶懼不終其身，今忨日而潵歲，忨，偷也。潵，遲也。○元誥按：忨，内傳亦作「翫」。「玩」，杜訓『貪也』。貪、偷一聲之轉。潵即飢渴，本有急義，此訓「遲」者，相反爲義。怠偷甚矣，怠，懈也。偷，苟也。非死逮之，必有大咎。」逮，及也。大咎，非常之禍。冬，趙文子卒。

17平公有疾，秦景公使醫和視之，和，名也。出曰：「不可爲也。爲，治也。是謂遠男而近女，遠師輔，近女色。惑以生蠱，惑於女，以生蠱疾。非鬼非食，惑以喪志。疾非鬼神，亦非飲食，生於淫惑，以喪其志。良臣不生，天命不祐。祐，助也。良臣，謂趙孟。不生，謂將死。若君不死，必失諸侯。」趙文子聞之曰：「武從二三子二三子，晉諸卿(四二)。以佐君爲諸侯盟主，於今八年矣，内無苛慝，諸侯不二，苛，煩也。慝，惡也。子胡曰『良臣不生，天命不祐』？」對曰：「自今之謂。從今以往。和聞之曰：『直不輔曲，明不規闇，言文子不能以明直規輔平公之闇曲，使至淫惑。榣木不生危，榣木，大木也。危，高險也。○明道本「榣」作「拱」(四三)，注同。汪遠孫曰：「作『拱木』非。山海經西山經『槐江之山，其陰多榣木』，郭注引國語亦作『榣木』。說文榣作『櫾』，云：『崑崙河隅之長木也。』穆天子傳又作『姑繇之木』。櫾正字，榣、繇竝省借字。」松柏不生埤。』埤，下溼也。以喻文子不能久存。○吴曾祺曰：「此二語喻平公不久存，不得如松柏，故下接言

「不能諫惑，使至生疾」，若指文子，語意使不相屬。」吾子不能諫惑，使至於生疾，又不自退而寵其政，寵，榮也。八年之謂多矣，已爲多也。何以能久？」文子曰：「醫及國家乎？」對曰：「上醫醫國，止其淫惑，是爲醫國。其次疾人，固醫官也。」官，猶職也。○吴曾祺曰：「疾人，有疾之人也，『疾』上宜有『醫』字，古人語簡，故不用。」文子曰：「子稱蠱，何實生之？」○元誥按：問蠱疾何由生也。對曰：「蠱之慝，穀之飛實生之。」慝，惡也。言蠱之爲惡，害於嘉穀，穀爲之飛，若是類生蠱疾也〔四四〕。物莫伏於蠱，莫嘉於穀，伏，藏也。嘉，善也。○明道本「莫嘉」上衍「蠱」字。穀興蠱伏而章明者也。穀氣起則蠱伏藏，穀不朽蠹而人食之，章明之道也。故食穀者，晝選男德，以象穀明；選，擇也，擇有德者而親近之，以象人之食穀而有聰明。宵靜女德，以伏蠱慝。靜，安也。伏，去也。言夜當安女之有德者，以禮自節〔四五〕，以去己蠱害之疾。言蠱害穀，猶女害男。今君一之，一，一晝夜也。是不饗穀而食蠱也，蠱，喻女也。是不昭穀明而皿蠱也。皿，器也。言爲蠱作器而受之。夫文，蟲、皿爲蠱，吾是以云。」文，字也。文子曰：「君其幾何？」對曰：「若諸侯服，不過三年，不服，不過十年。諸侯服，則專於邑。過是，晉之殃也。」過十年，荒淫之禍及國。○昭元年左傳正義引孔晁曰：「人雖有命，荒淫者必損壽。無外患，則并心於內，故三年死；諸侯不服，則思外患，損其內情，故十年。無道之君久在民上，實國之殃也。」是歲也，趙文子卒，諸侯叛晉，叛晉從楚。十年，平公薨。十年，後十年也，事在魯昭十年。

18 秦后子來仕，避景公，仕於晉。其車千乘。從車千乘。楚公子干來仕，其車五乘。子干，恭王之庶子公子比。魯昭元年，楚公子圍弒郟敖，子干奔晉。叔向爲大傅，實賦禄，韓宣子問二公子之禄焉，宣子，韓起，代趙文子爲政。對曰：「大國之卿，一旅之田，公之孤四命，五百人爲旅，爲田五百頃。上大夫，一卒之田。上大夫一命，百人爲卒，爲田百頃〔四六〕。夫二公子者，上大夫也，皆一卒可也。」宣子曰：「秦公子富，若之何其鈞之？」鈞，同也。對曰：「夫爵以建事，事，職事也。禄以食爵，隨爵尊卑。德以賦之，功庸以稱之，稱，副也。若之何以富賦禄也。夫絳之富商，韋藩木揵以過於朝，韋藩，蔽前後。木揵，木擔也。○各本揵作「楗」，注同。王引之曰：「書、傳無訓楗爲『擔』者，楗當作『揵』。淮南人閒篇：『負輦粟而至。』衆經音義卷十一引作『揵載粟米而至』。又引許叔重曰：『揵，擔之也。』廣韻曰：『揵，擔運物也，力展切。』木揵者，蓋繫物於横木之兩端，而中荷之，若今之扁擔是也。揵與楗字形相似而譌。宋庠補音作『其偃反』，失之。」元誥按：王說是，今據以訂正。韋藩，謂以熟皮蔽前後，如黑車也。唯其功庸少也，言無功庸，雖富不得服其尊服以過於朝，無位爵故也。而能金玉其車，文錯其服，文，文織。錯，錯鏤。言富商之財，足以金玉其車，文錯其服，以其無爵位，故不得爲耳。則上爲韋藩木揵是也。（元誥按：揵，原作「楗」。）○王引之曰：「服不可以鏤，韋訓錯爲『鏤』，非也。文錯，猶文繡也。漢書地理志注引世本曰：『錯叔繡，文王子。』叔繡字錯，蓋取繡文交錯之義。秦策曰：『秦、韓之地形相錯如繡。』淮南齊俗篇曰：『富人帷幕茵席，綺繡絛組，青黄相錯。』皆其證也。爾雅釋器名云：『錯革鳥曰旟。』謂交錯其文畫，爲疾急之鳥。』畫文謂之錯，繡文亦謂之錯，其義同也。」能行諸侯之賄，言其財賄足以交於諸侯。而無尋尺之禄，無大績於民故也。績，功也。八尺曰尋。○元誥按：古者賦禄以田，田以丈尺計，故此云無禄曰「無尋尺之禄」。且秦、楚匹也〔四七〕，若之何其回於富也。」回，曲也。乃均其禄。

19 鄭簡公使公孫成子來聘，簡公，僖公之子嘉也。成子，子産之謚，鄭穆公之孫，子國之子也。平公有疾，韓宣子贊授客館。贊，導也。客問君疾，對曰：「寡君之疾久矣，上下神祇無不徧諭也，諭，謂祭祀告謝。而無除。今夢黄熊入於寢門，夢，公夢也。熊似羆。○莊三十二年公羊傳何注曰：「天子、諸侯皆有三寢，一曰高寢，二曰路寢，三曰小寢。」不知人鬼乎，抑厲鬼邪？」○各本人鬼作「人殺」，韋注曰：「人殺，主殺人。厲鬼，惡鬼。」元誥按：厲鬼亦主殺人，何必分而爲二？韋蓋據誤本國語曲爲之説也。今從説苑訂正。子産曰：「以君之明，子爲大政，其何厲之有？大政，美大之政。○王念孫曰：「政，讀爲正。爾雅：『正，長也。』子爲大政，猶曰子爲正卿也。成六年左傳：『子爲大政。』杜注曰：『中軍元帥』是也。韋注失之。」僑聞之，僑，子産名。昔者鮌違帝命，殛之於羽山，帝，堯也。殛，放而殺也。○吴曾祺曰：「今山東蓬萊縣南十五里有羽山。」化爲黄熊，以入於羽淵，羽山之淵，鮌既死而神化也。實爲夏郊，禹有天下而郊祀也。三代舉之。舉，謂不廢其祀。夫鬼神之所及，吉凶所及。非其族類，則紹其同位，紹，繼也。殷、周祀之是也。○初學記禮部上引許慎五經異義，同位作「國位」。是故天子祀上帝，上帝，天也。公侯祀百辟，以死勤事，功及民者。○初學記禮部上引許慎曰：「百辟者，百君，先有功德於人者，今在其位，故報祭之。」元誥按：宋庠本辟作「神」。自卿以下，不過其族。族，親族也。今周室少卑，卑，微也。晉實繼之，謂爲盟主統諸侯也。其或者未舉夏郊邪？」○明道本或作「惑」。宣子以告。祀夏郊，爲周祀也。董伯爲尸，董伯，晉大夫。神不歆非類，則董伯其姒姓乎！尸，主也。○汪遠孫曰：「韋訓尸爲『主』者，蓋疑祭天不當有尸。祀天亦得有尸也，士師『祀五帝則沃尸』，是其明證。」又：「韋注晉語四云：『董因，晉大夫，周大史辛有之後。』董伯當是董因之後，其爲姒姓無疑。」五日瘳。公見子産，祭後五日，平公有瘳，故見之。○各本無「瘳」字。王念孫曰：「『五日』下當有『瘳』字。平公從子産之言，祀夏郊而疾瘳，故賜之莒鼎，若無『瘳』字，則與下文意不相屬。據韋注『祭後五日』云云，則似所見本已脱『瘳』字，若有『瘳』字，則不必如此詞費矣。然説苑辨物篇正作『五日瘳，公見子産』。昭七年左傳亦云：『晉侯有閒，賜子産莒之二方鼎。』則有『瘳』字是也。」元誥按：今從説苑補。賜之莒鼎。莒鼎出於莒。傳曰：「賜子産莒之二方鼎。」方鼎，鼎方上也。

20 叔向見韓宣子，宣子憂貧，叔向賀之，宣子曰：「吾有卿之名而無其實，實，財也。○吴曾祺曰：「實與名對説，注謂『財』，近泥。」無以從二三子，從，隨也，隨其賻贈之屬。吾是以憂，子賀我何故？」對曰：「昔欒武子無一卒之田，上大夫一卒之田，欒書爲晉上卿，而又不及。○明道本脱「無」字。其宫不備其宗器，宫，室。宗器，祭器。○宋庠本宫作「官」，注曰：「宗，宗官。器，祭器。」宣其德行，順其憲則，使越於諸侯，越，發聞也。諸侯親之，戎狄懷之，懷，歸也。以正晉國，行刑不疚，疚，病也。以免於難。免弒君之難。及桓子驕泰奢侈，貪欲無藝，藝，極也。桓子，欒書之子黶。略則行志，略，犯也。則，法也。○文選恨賦引賈逵曰：「略，猶簡也。」假貸居賄，居，蓄也。○漢書食貨志：「富商轉轂百數(四八)，廢居居邑。」徐廣曰：「廢居，貯蓄之名，有所廢，有所蓄，言乘時射利也。」宜及於難，而賴武之德以没其身。及懷子改桓之行，而修武之德，懷子，桓子之子盈也。可以免於難，而離桓之罪，以亡於楚。亡，奔。夫郤昭子，郤至也。其富半公室，其家半三軍，恃其富寵以泰於國，奢泰於國。其身尸於朝，其宗滅於絳。不然，夫八郤五大夫三卿，三卿，郤錡、郤犨、郤至，又有五人爲大夫也。其寵大矣。一朝而滅，莫之哀也，唯無德也。今吾子有欒武子之貧，吾以爲能其德矣，能行其德。是以賀。若不憂德之不建，而患貨之不足，將弔不暇，何賀之有？」宣子拜稽首焉，曰：「起也將亡，賴子存之，非起也敢專承之，專獨承受。其自桓叔以下，嘉吾子之賜。」桓叔，韓氏之祖曲沃桓叔也。桓叔生子萬，受韓以爲大夫，是爲韓萬。（顧棟高曰：「韓，古韓國。春秋前，晉文侯二十四年滅，後爲萬封邑，亦曰韓原，在今陝西韓城縣東南二十里。」）

校記

〔一〕魯襄二十一年　「一」字脱，據各本補。

〔二〕宣子殺遺、淵、嘉父及司空靖、邴豫、董叔、邴師、申書、羊舌虎、叔羆等十人　「豫」誤作「尉」，「等十人」三字脱，據公序本改補。明道本無「等十人」三字。

〔三〕謂智起、中行喜、州綽、邢蒯之屬　「邢蒯」二字脱，據各本補。

〔四〕而以國倫數而遺之　「以」誤從明道本作「知」，據公序本改。

〔五〕厚寄託之而勸勉焉　「勸」誤作「勤」，據各本改。

〔六〕公許諾　「諾」誤作「之」，據各本改。
〔七〕欒懷子之出　「子」誤作「公」，據各本改。
〔八〕鳶肩豺目　「肩」字脱，據國語發正及後漢書梁冀傳補。
〔九〕豕韋自商之末改國於唐　「自商」二字脱，據各本補。
〔一〇〕世禄，世食官邑　「官邑」二字誤作「禄也」，據各本改。
〔一一〕逐衛獻公　「公」誤作「子」，據各本改。
〔一二〕此時爲上軍將　「軍將」二字誤倒，據各本改。
〔一三〕朝無姦官　「官」誤作「位」，據各本改。
〔一四〕謂士蔿生成伯缺　「謂」字脱，據各本補。
〔一五〕爲成公軍帥，兼大傅官　「官」字脱，據各本補。
〔一六〕王念孫曰　「王念孫」誤作「王引之」，據經義述聞改。
〔一七〕今本帥亦譌作「師」　「作」字脱，據經義述聞補。
〔一八〕居大傅　此三字脱，據經義述聞補。
〔一九〕隨、范，晉二邑　「晉」誤作「秦」，據各本改。
〔二〇〕隨，今山西介休縣東有隨城　「山西」誤作「山東」，據國語詳注改。

〔二一〕於是無四方之患　「患」誤作「志」，據各本改。

〔二二〕范宣子謂獻子曰　「曰」字重衍，據各本删。

〔二三〕和於政而好其道　「好」誤作「行」，據各本改。

〔二四〕止！此亡國之音也。昔師延爲紂作靡靡之樂　「止」字脱，「延」誤作「厭」，據各本補改。

〔二五〕風宣其德，廣之於四方也　「宣」字脱，據各本補。

〔二六〕平公射鴳不死　「公」誤作「安」，據各本改。

〔二七〕塞，絶也　「絶」誤作「逆」，據各本改。

〔二八〕畜犬其中，或視前後，或視左右，謂之狗附　二「或視」皆脱，據公序本補。明道本無後「或視」二字。

〔二九〕歃，飲血也　此從公序本，明道本「飲」作「歃」。

〔三〇〕漢書叔孫通傳　「通」字脱，據國語發正補。

〔三一〕會盟無縮酒之文　「酒」字脱，據經義述聞補。

〔三二〕漢書叔孫通傳　「通」字脱，據經義述聞補。

〔三三〕若覲禮上介　「覲」誤作「觀」，據經義述聞改。

〔三四〕虞書「光被四表」是也　「虞」誤作「漢」，據國語韋解補正改。

〔三五〕言魯使叔孫穆子如會　「如會」二字脱，據各本補。

〔三六〕背惠食言　「背惠」二字誤倒，據左傳改。

〔三七〕以事及於罪者　「者」字脱，據各本補。

〔三八〕廣韻：「難，奴案切，患也。」　「難」字脱，據經義述聞補。

〔三九〕何害於義　「於」字脱，據各本補。

〔四〇〕有不道事　此四字脱，據各本補。

〔四一〕國無道而年穀龢熟　「龢」誤作「龡」，據各本改。

〔四二〕二三子，晉諸卿　「晉」上衍「謂」字，其下脱「諸」字，據各本删補。

〔四三〕明道本「榣」作「拱」　「本」字脱，依文義補。

〔四四〕若是類生蠱疾也　「若是」誤作「言此」，據各本改。

〔四五〕以禮自節　此四字脱，據各本補。

〔四六〕百人爲卒，爲田百頃　「頃」誤作「畝」，據各本改。

〔四七〕且秦、楚匹也　「楚」誤作「晉」，據各本改。

〔四八〕富商轉轂百數　「轂」誤作「穀」，據漢書食貨志改。

國語集解

晉語九第十五

吉水徐元誥學

1 士景伯如楚，景伯，晉理官士彌牟。如楚，聘也。叔魚爲贊理。叔魚，羊舌鮒。贊，佐也。景伯如楚，故叔魚攝其官也。傳曰：「叔魚攝理。」邢侯與雍子争田，二子皆晉大夫。邢侯，楚申公巫臣之子，巫臣奔晉，晉與之邢。雍子，故楚大夫，奔晉，晉與之鄐。争鄐田之疆界也。雍子納其女於叔魚以求直。不直，故納其女。傳曰：「罪在雍子。」及斷獄之日，叔魚抑邢侯，斷，決也。抑，枉也。○宋庠本斷作「蔽」。邢侯殺叔魚與雍子於朝。韓宣子患之，叔向曰：「三姦同罪，請殺其生者，而戮其死者。」陳尸爲戮。宣子曰：「若何？」對曰：「鮒也鬻獄，鬻，賣也。雍子賈之以其子，○元誥按：賈，音古，買也，見桓十年左傳注。子，謂女子子也。邢侯非其官也而干之。官，司寇。干，犯也。夫以回鬻國之中，回，邪也。中，平也。與絶親以買直，與非司寇而擅殺，其罪一也。」邢侯聞之，逃。遂施邢侯氏，施，劾捕也。○宋庠曰：「施如字。服云：『施罪於邢侯。』孔晁注云：『廢也。』今韋注義自別，當從之。」汪遠孫曰：「孔讀施爲弛，故訓『廢』。」元誥按：服說是。楚語上：「燮及儀父施二帥而分其室。」韋彼注云：「施，施罪於二帥。」此當同義。而尸叔魚與雍子於市。死時在朝，故尸於市。在魯昭十四年。○元誥按：陳其尸曰尸，字亦作「施」。

2中行穆子帥師伐狄，圍鼓。穆子，晉卿，中行偃之子荀吳中行伯也。狄，鮮虞也。鼓，白狄別邑。事在魯昭十五年。○元誥按：注謂「狄，鮮虞」，則在今直隸正定縣西北。鼓，今直隸晉縣是。鼓人或請以城叛，穆子不受，軍吏曰：「可無勞師而得城，子何不爲？」穆子曰：「非事君之禮也。夫以城來者，必將求利於我。利，爵賞也。夫守而二心，姦之大者也。○元誥按：守，謂鼓人之守城者。二心，謂以城叛。賞善罰姦，國之憲法也。許而弗予，失吾信也，若其予之，賞大姦也。姦而盈祿，善將若何？盈，滿也。且夫狄之憾者，以城來盈願，憾，恨也。晉豈其無？豈無恨者。是我以鼓教吾邊鄙貳也。貳，二心也。夫事君者，量力而進，進，進取也。不能則退，不以安賈貳。」賈，市也。安，謂不勞師而得鼓。令軍吏呼城，儆將攻之，未傅而鼓降〔一〕。傅，著也。○元誥按：儆與警同，謂呼城以警其衆也。傅與附同，未傅，言師未附近其城也。

3中行伯既克鼓，○明道本脱「鼓」字。以鼓子苑支來，苑支，鼓子鳶鞮也。穆子既克鼓，以鳶鞮歸，既獻而反之，其後又叛。魯昭二十二年，荀吳襲鼓，滅之，以鳶鞮歸，使涉佗守之。令鼓人各復其所，非僚勿從。僚，官也。鼓子之臣曰夙沙釐，以其孥行，釐將妻子從鼓子也。軍吏執之〔二〕，辭曰：「我君是事，非事土也。名曰君臣，豈曰土臣？今君實遷，遷，徙也。臣何賴於鼓？」賴，利也。穆子召之，曰：

「鼓有君矣，君，謂涉佗。爾止事君，吾定而禄爵〔三〕。」定，安也。而，汝也。○明道本「止」誤作「心」〔四〕。對曰：「臣委質於狄之鼓，未委質於晉之鼓也。質，贄也。士贄以雉，委贄而退〔五〕。○惠棟曰：「孟子滕文公趙注云：『質，臣所執以見君者也。』內傳僖二十三年：『策名委質。』史記仲尼弟子列傳索隱引服虔注云：『古者始仕，必先書其名於策，委死之質於君，然後爲臣，示必死節於君也。』質，讀爲贄。死質，謂雉也。」臣聞之，委質爲臣，無有二心。委質而策死，古之法也。言委質於君，書名於策，示必死也。君有烈名，臣無叛質。烈，明也。敢即私利，以煩司寇而亂舊法，其若不虞何？」即，就也。虞，度也。若即私利，是謂叛君。叛君有罪，故煩司寇。舊法，策死之法。若臣皆如是，是將有不意度而至之患者，晉其如之何也？○吴曾祺曰：「不虞，謂不度於理也，注非。」元誥按：敢，不敢也，見前文韋注。穆子歎而謂其左右曰：「吾何德之務而有是臣也？」吾當修務何德，而得若此之臣乎？○元誥按：也與耶通用。乃使行。既獻，獻，獻功也。言於公，言釐之賢於公。公，頃公，昭公之子去疾也。與鼓子田於河陰，河陰，晉河南之田，使君而田之。○吴曾祺曰：「謂以河陰田與鼓子，注晦。」使夙沙釐相之。

4 范獻子聘於魯，獻子，范宣子之子士鞅。聘在魯昭二十一年。問具山、敖山，魯人以其鄉對。言其鄉之山也。○讀史方輿紀要，具山在山東蒙陰縣東北十五里，敖山在蒙陰縣西北三十五里。獻子曰：「不爲具、敖乎？」對曰：「先君獻、武之諱也。」獻，伯禽之曾孫，微公之子獻公具。武，獻公之庶子武公敖。獻子歸，徧戒其所知曰：「人不可以不學，吾適魯而名其二諱爲笑焉，唯不學也。言學則必知諱，不見笑也。禮，入境而問禁，入門而問諱。人之有學也，猶木之有枝葉也。木有枝葉，猶庇蔭人，而況君子之學乎？」

5 董叔將娶於范氏，董叔，晉大夫。范氏，范宣子之女。叔向曰：「范氏富，盍已乎？」言富必驕，驕必陵人。已，止也。曰：「欲爲繫援焉。」欲自繫綴，以爲援助。○太平御覽禮儀部二十引孔晁曰：「繫援，欲自結連於大援也。」他日，董祁愬於范獻子祁，董叔之妻，獻子之妹，范姓，祁名也。曰：「不吾敬也。」獻子執而紡於廷之槐，紡，懸也。○汪遠孫曰：「儀禮聘禮『賄用束紡』，鄭注：『紡，紡絲爲之，今之縛也。』蓋以紡縛而懸之，故謂紡爲懸。」元誥按：謂執董叔而紡之也。叔向過之，曰：「子盍爲我請乎？」○元誥按：此爲董叔言。叔向曰：「求繫，既繫矣；求援，既援矣。欲而得之，又何請焉？」

6 趙簡子曰：「魯孟獻子有鬭臣五人，我無一，何也？」簡子，晉卿，趙文子之孫，景子之子趙鞅志父。孟獻子，魯大夫仲孫蔑。鬭臣，捍難之士。叔向曰：「子不欲也，若欲之，肸也待交捽可也。」此言欲勇則勇士至。○元誥按：說文：「捽，持頭髮也。」此謂可交捽而至，言易致也。捽，徂骨反。

7 梗陽人有獄，將不勝，梗陽，魏氏之邑。獄，訟也。○沈鎔曰：「梗陽在今山西清源縣南。」請納賂於魏獻子，獻子將許之。獻子，晉正卿，魏戊之父魏舒也。傳曰：「梗陽人有獄，魏戊不能斷，以獄上其大宗，賂以女樂，獻子將受之。」或云：「大宗，卽舒也。」昭謂：大宗，訟者之大宗也，爲訟者納賂。閻没謂叔寬曰：「與子諫乎！」閻没，閻明；叔寬，女齊之子叔褒：皆晉大夫。傳曰：「魏戊使二子諫。」吾主以不賄聞於諸侯，主，獻子。

不賄，不貪財。今以梗陽之賄殃之，不可。」殃，猶病也。○汪遠孫曰：「廣雅釋詁：『殃，敗也。』言敗其不賄之名。」二人朝而不退，獻子將食，問誰於庭，○元誥按：呂氏春秋期賢篇：「衛有士十人於吾所。」高注云〔六〕：「於，在也。」此「於」當同義。宋庠本作「在」。曰：「閻明、叔褒在。」召之，使佐食。佐，猶勸也。比已食，三歎。既飽，獻子問焉，曰：「人有言曰：『唯食可以忘憂。』吾子一食之閒而三歎，何也？」同辭對曰：「吾小人也，貪。饋之始至，懼其不足，故歎。中食而自咎也，曰，豈主之食而有不足，是以再歎。主之既食，○明道本「既」下衍「已」字。願以小人之腹，爲君子之心，屬饜而已，是以三歎。」屬，適也。饜，飽也。已，止也。適小飽足，則自節止也。獻子曰：「善。」乃辭梗陽人。善，二子善諭而不逆，獻子能覺改也。

8 下邑之役，董安于多。下邑，晉邑。董安于，趙簡子家臣。多，多功也。周禮曰：「戰功曰多。」魯定十三年，簡子殺邯鄲大夫趙午，午之子稷以邯鄲叛。午，荀寅之甥也。荀寅，士吉射之姻也。二人作亂，攻趙氏之宫。簡子奔晉陽，晉人圍之，時安于力戰有功。○沈鎔曰：「今河南夏邑縣有下邑城。」趙簡子賞之，辭。辭，不受也。固賞之，對曰：「方臣之少也，進秉筆，贊爲名命〔七〕，稱於前世，立義於諸侯，言見稱譽於前世，諸侯以爲義。而主弗志。志，識也。及臣之壯也，耆其股肱，以從司馬，耆，致也。司馬，掌兵。苛慝不産。及臣之長也，端委韠畢，以隨宰人，民無二心。端，玄端也。委，委貌也。韠，韋蔽膝也。帶，大帶也。宰人，宰官也。今臣一旦爲狂疾，而曰『必賞女』，言戰鬬爲凶事，猶人有狂易之疾相殺傷也。是以狂疾賞也，不如亡！」趨而出，乃釋之。○元誥按：釋，置也，見前韋注。「是」字，明道本作「與余」二字。

9趙簡子使尹鐸爲晉陽。尹鐸，簡子家臣。晉陽，趙氏邑。爲，治也。○沈鎔曰：「晉陽，今山西大原縣。」請曰：「以爲繭絲乎，抑爲保障乎？」繭絲，賦稅。保障，蔽捍也。小城曰保，禮記曰：「遇入保者。」○文選石闕銘李注引倉頡曰：「障，小城也。」簡子曰：「保障哉。」尹鐸損其户數。損其户，則民優而稅少。簡子誡襄子襄子，簡子之子無恤。曰：「晉國有難，而無以尹鐸爲少，無以晉陽爲遠，必以爲歸。」所謂保障。○元誥按：而與汝同。

10趙簡子使尹鐸爲晉陽，曰：「必墮其壘培。墮，壞也。壘，荀寅、士吉射圍趙氏所作壘壁也。壘墼曰培〔八〕。○汪遠孫曰：「說文：『壘，軍壁也。坏，一曰瓦未燒也。』坏與墼一物。坏作培者，聲同通用。」吾將往焉，若見壘培，是見寅與吉射也。」尹鐸往而增之。增高其壘，因以自備。簡子如晉陽，見壘怒，既不墮，又增之，故怒。曰：「必殺鐸也而後入。」大夫辭之，辭，請也。不可，可，肯也。曰：「是昭余讎也。」昭，明也。明我怨讎以辱我。郵無正進，無正，晉大夫郵良伯樂也。○元誥按：內傳作「郵無恤」，人表攷云：「當是避趙襄子名改。」曰：「昔先主文子少釁於難，文子，簡子之祖趙武。釁，猶離也。難，謂莊姬之讒，趙氏見討。○俞樾曰：「釁之訓『離』，未聞其義。釁，當讀爲興。禮記文王世子篇：『既興器用幣。』鄭注曰：『興，當爲釁字之誤也〔九〕。』其實釁與興亦聲近而通用。襄二十六年左傳：『釁於勇。』杜注曰：『釁，動也。』訓釁爲『動』，即讀釁爲興矣。釁於難，謂興起於患難之中也。」從姬氏於公宮，姬氏，莊姬，趙朔之妻〔一〇〕，文子之母、晉成公之女〔一一〕。姬淫於趙嬰，嬰兄趙同、趙括放之，姬讒同、括，景公殺之，文子從莊姬於公宮。有孝德以出在公族，爲公族大夫。有恭德以升在位，在卿位也。有武德以羞爲正卿，正卿，上卿。羞，進也。有溫德以成其名譽，失趙氏之典刑，典，常也。刑，法也。而去其師保，在公宮，故無師保。基於其身，以更復其所。基，始也。始更修之於身〔一二〕，以能復其先。○明道本「更」作「克」。及景子長於公宮，景子，文子之子、簡子之父趙成也，從其王母在公宮。未及教訓而嗣立矣，亦能纂修其身以受先業，無謗於國，順德以學子，學，教也。擇言以教子，擇師保以相子。今吾子嗣位，有文之典刑，有景之教訓，重之以師保，加之以父兄，同宗之父兄也。子皆疏之，以及此難。荀、士之難。夫尹鐸曰：『思樂而喜，思難而懼，人之道也。委土可以爲師保，吾何爲不增？』言見壘培可以戒懼，足當師保，何爲不增。是以修之，庶曰可以鑑而鳩趙宗乎！鑑，鏡也。鳩，安也。若罰之，是罰善也。罰善必賞惡，臣何望矣？」簡子說，○元誥按：說與悅同。曰：「微子，吾幾不爲人矣！」微，無也。以免難之賞賞尹鐸。免難之賞，軍賞也。言見戒而懼，懼則有備，是爲免難。初，伯樂與尹鐸有怨〔一三〕，伯樂，無正字。以其賞如伯樂氏，如，之也。曰：「子免吾死，敢不歸祿。」祿，所得賞。辭曰：「吾爲主圖，非爲子也。」怨若怨焉。若，如也。怨自如故。

11鐵之戰，趙簡子曰：「鄭人擊我，吾伏弢衉血，鼓音不衰。鐵，衛地。弢，弓衣也。晉中行寅、范吉射以朝歌叛，齊、鄭與之。魯哀二年，齊人輸范氏粟，鄭罕達、駟弘送之，范吉射逆之。簡子禦之，遇於戚，遂戰於鐵。

鄭人襲簡子，中肩，斃於車中，伏弢上，猶能擊鼓。面汙血曰峈。○元誥按：鐵，鐵邱也，在今直隸濮陽縣北五里。峈，舊音云：「吐也。」孔晁作「喀」，音客，得之。内傳作「嘔」。今日之事，莫我若也。」衛莊公爲右，莊公，衛靈公大子蒯聵，圖殺少君不成，奔晉，簡子許納之，時爲簡子車右。曰：「吾九上九下，擊人盡殪。殪，死也。九上九下車以救簡子。今日之事，莫我加也。」郵無正御，無正，王良。御，御簡子也。○吴曾祺曰：「王良字伯樂，是秦繆公時人。郵無正亦善御，與之名字皆同，故易混爲一。」曰：「吾兩鞁將絶，吾能止之。鞁，靷也。能止馬徐行，故不絶。○陳瑑曰：「内傳作『兩靷』。說文：『鞁，車駕具也。靷，引軸也。』詩秦風『陰靷鋈續』，所以引也，疏曰：『左傳注，在胸曰靷。』然則此鞁約馬胸而引車軸也。」汪遠孫曰：「史記封禪書『雍五畤，路車各一乘，駕被具。西畤、畦畤禺車各一乘，禺馬四匹，駕被具』，被即『鞁』字。鞁之所包者多，靷其大者，韋據内傳作『靷』，遂以靷釋之。或鞁與靷篆文相似而誤，韋破鞁爲靷耳。」元誥按：舊音：「鞁，平義反。」是讀與被同，汪說得之。今日之事，我上之次也。」言次蒯聵。駕而乘材，兩鞁皆絶。乘，轢也。材，横木也。

12 衛莊公禱，禱，謂將戰時請福也。○明道本「禱」上衍「將」字。曰：「曾孫蒯聵，以諒趙鞅之故，諒，佐也。○各本諒作「諄」，注同。舊音：「諄，之潤反。」宋庠曰：「又之純反。」說文：『諄，告曉之孰也。』他書或訓『佐也』，從去聲，與韋注合，舊音得之。」王引之曰：「書傳無訓諄爲『佐』者。諄，當爲『諒』。大雅大明篇『涼彼武王』，毛傳曰：『涼，佐也。』釋文：『涼，本亦作「諒」，佐也。』是韋注所本也。諒與諄相似，因誤爲諄，後人又據已誤之正文改不誤之注耳。說文及廣韻俱無『諄，佐也』之訓，惟玉篇『諄』字云『佐也』，蓋後人據誤本國語增入，非顧氏原文也。」元誥按：王說是，今據以訂正。敢昭告於皇祖文王、昭，明也。皇，大也。文王，康叔之父。烈祖康叔、烈，顯也。文祖襄公、文，言有文德也。襄公，蒯聵之祖父，靈公之考。昭考靈公，昭，明也。靈公，蒯聵之父。夷請無筋無骨，夷，傷也。戰鬬不能無傷。無筋，無絶筋。無骨，無折骨。無面傷，傷於面也。無敗用，用，兵用也。無隕懼，隕，隕越也〔一四〕。死不敢請。」言不敢請，歸之神也。簡子曰：「志父寄也。」志父，簡子之後名也。春秋書趙鞅入於晉陽以叛，後得反國，故改爲志父。寄，寄禱也。

13 趙簡子田於螻，螻，晉君之囿。○賈、孔本螻作「婁」。史黯聞之，以犬待於門。史黯，晉大史墨，時爲簡子史。犬，田犬。門，君囿門。○元誥按：左通補釋：「史黯，蔡其氏，墨其名，黯其字。」簡子見之，曰：「何爲？」曰：「有所得犬，欲試之茲囿。」茲，此也。簡子曰：「何爲不告？」對曰：「君行臣不從，不順。言君從法，臣從君。○太平御覽獸部十六引孔晁曰：「譏簡子自獵君囿，不從君而自行也。」主將適螻而麓不聞，麓，主君苑囿之官。傳曰：「山林之木，衡麓守之。」臣敢煩當日。」當日，直日也。言主將之君囿，不煩麓以告君，臣亦不敢煩主之直日以自白也。簡子乃還。○太平御覽獸部十六引孔晁曰：「覺所譏也。」

14 少室周爲趙簡子右，少室周，簡子之臣。右，戎右。聞牛談有力，牛談，簡子臣也。請與之戲，戲，角力也。弗勝，致右焉。致右於談。○元誥按：韓非外儲説左篇：「周言於主曰：『主之所以使臣騎乘者，以臣多力也。今有多力於臣者，願進之。』」即此文「致右」之事實。簡子許之，使少室周爲宰，宰，家宰也。曰：「知賢而讓，可以訓矣。」

15趙簡子歎曰：「吾願得范、中行之良臣。」范吉射、中行寅。史黯侍，曰：「將焉用之？」簡子曰：「良臣，人之所願也，又何問焉？」對曰：「臣以爲不良故也。夫事君者，諫過而賞善，諫過，匡救其惡。賞善，將順其美。○襄十四年左傳「善則賞之」，注云：「賞，謂宣揚。」薦可而替否，薦，進也。替，去也。傳曰：「君所謂可而有否焉，臣獻其否以成其可。君所謂否而有可焉，臣獻其可以去其否。」獻能而進賢，擇才而薦之，朝夕誦善敗而納之。道之以文，行之以順，勤之以力，致之以死。死其難也。聽則進，否則退。今范、中行氏之臣不能匡相其君，使至於難，難，謂爲亂見逐，伐君而敗，見討伐也。事在魯定公、哀公時。君出在外，又不能定而棄之，則何良之爲？○王念孫曰（二五）：「爲，猶有也。則何良之爲，言何良之有也。」若弗棄，則主焉得之？夫二子之良，將勤營其君，使復立於外，死而後止，何日以來？立於外，有爵土於他國也。若來，乃非良臣也。」簡子曰：「善。吾言實過矣。」

16趙簡子問於壯馳茲，壯馳茲，晉大夫，蓋吴人也。○宋庠曰：「壯，當作『莊』。」汪遠孫曰：「壯、莊古字通。」曰：「東方之士孰爲愈？」愈，賢也。壯馳茲拜曰：「敢賀！」簡子曰：「未應吾問，何賀？」對曰：「臣聞之，國家之將興也，君子自以爲不足；○御覽引作「其君自以爲不足」。其亡也，若有餘。今主任晉國之政，而問及小人，又求賢人，吾是以賀。」

17趙簡子歎曰：「雀入於海爲蛤，雉入於淮爲蜃，小曰蛤，大曰蜃，皆介物，蚌類。黿鼉魚鼈，○爾雅翼：「黿，鼈之大者，闊至一、二丈，介蟲之元也，以鼈爲雌。」陸璣詩疏：「鼉形似水蜥蜴，四足，長丈餘，皮堅厚，可冒鼓。」莫不能化。化，謂蛇成鼈黿，石首成鳧之類。（元誥按：鳧與鴨同。）唯人不能，哀夫！」竇犫侍，竇犫，晉大夫也。曰：「臣聞之，君子哀無人，人，賢人也。不哀無賄；哀無德，不哀無寵；哀名之不令，不哀年之不登。登，高也。夫范、中行氏不恤庶難，欲擅晉國，今其子孫將耕於齊，○明道本今誤作「令」。宗廟之犧，爲畎畝之勤，純色爲犧。諭二子皆名族之後，當爲祭主於宗廟，今反放逐畎畝之中，是亦人之化也，何日之有！」○元誥按：言其速也。

18 趙襄子使新稚穆子伐狄，襄子，晉正卿，簡子之子無恤。穆子，晉大夫新稚狗也。伐狄在春秋後。○元誥按：下云「勝左人、中人」，則狄爲白狄鮮虞也。上既使中行穆子伐之，圍鼓矣。勝左人、中人。左人、中人，狄二邑。○元誥按：勝，克也。後漢郡國志，中山國唐有中人亭、左人鄉。中人在今直隸唐縣西四十里，左人在其西北四十里。呂氏春秋作「老人」，淮南作「尤人」，皆左人之誤。中人，淮南作「終人」，古通用。遽人來告，遽，傳也。○汪遠孫曰：「說文傳、遽二字互訓。周禮行夫：『掌邦國傳遽之小事。』鄭注：『傳遽，若今時乘傳騎驛而使者也。』詩江漢釋文：『以車曰傳，以馬曰遽。』後人强分之耳。」襄子將食，專飯有恐色。○各本專作「尋」。王念孫曰：「『尋』字義不可通。尋，當作『專』；專，古『摶』字。專與尋相似，故專誤爲尋。曲禮：『毋摶飯。』鄭注曰：『爲欲致飽不謙，此言共食不當摶飯也（一六），若獨食，則不嫌矣。』鹽鐵論取下篇：『摶粱齧肥。』摶粱即摶飯也。呂氏春秋慎大篇載此事，正作『摶飯』。」吳曾祺說同。元誥按：作「專」是，今訂正。侍者曰：「狗之事大矣，大，謂勝二邑也。○元誥按：狗，新稚也。而主色不怡，何也？」怡，悅也。襄子曰：「吾聞之，德不純純，壹也。而福祿竝至，謂之幸。○元誥按：幸，謂徼幸。夫幸非福，德不能服，必致寇，故非福也。非德不當雍，當，任也。雍，和也。言惟有德者任以福禄爲和樂也。雍不爲幸，能和樂則不爲幸。吾是以懼。」

19智宣子將以瑤爲後，智宣子，晉卿，荀櫟之子甲也。（元誥按：世本甲作「申」，必有一誤。）瑤，宣子之子襄子智伯。智果曰：「不如宵也。」智果，晉大夫，智氏之族〔一七〕。宵，宣子之庶子也。○太平御覽人事部四十三引作「霄」。宣子曰：「宵也很。」很，很戾，不從人也。○元誥按：明道本很作「佷」。韋注蓋本説文，説文作「很」，不作「佷」也。對曰：「宵之很在面，瑤之很在心。心很敗國，面很不害。瑤之賢於人者五，其不逮者一也。不仁也。美鬢長大則賢，鬢，髮穎也。射御足力則賢，伎藝畢給則賢，給，足也。巧文辯惠則賢，巧文，巧於文辭。○淮南泰族篇高注惠作「慧」，古字通。彊毅果敢則賢。如是而甚不仁，以其五賢陵人，而以不仁行之，其誰能待之？待，猶假也。○俞樾曰：「待，猶忍也。周語『有是寵也，而益之以三怨〔一八〕，其誰能忍之』，與此文詞異義同。蓋留待則有忍耐之意，故待猶忍也。上文『長魚矯既殺三郤』章曰：『臣脆弱，弗能忍俟也。』俟與忍同義，則待與忍亦同義矣。」若果立瑤也，智宗必滅。」弗聽。智果別族於大史爲輔氏。大史，掌氏姓。及智氏之亡，唯輔果在。善其知人。

20智襄子爲室美，襄子，智伯瑤也。美，麗好也。士茁夕焉，士茁，知伯家臣。夕，夕往也。智伯曰：「室美夫！」對曰：「美則美矣，抑臣亦有懼也。」智伯曰：「何懼？」對曰：「臣以秉筆事君。志有之曰：『高山峻原，不生草木，志，記也。峻，峭也。原，陸也。言其高險不安，故不生草木。松柏之地，其土不肥。』言上茂盛〔一九〕，冬夏有蔭，故土不肥。今土木勝，臣懼其不安人也。」言不兩興。室成三年而智氏亡。三年，智伯與韓、魏伐趙襄子，圍晉陽而灌之，城不浸者三板。智伯行水，魏桓子御，韓康子驂乘，智伯曰：「吾始知水可以亡人國也。」汾水可以灌安邑，安邑，魏也。絳水可以灌平陽，平陽，韓也。桓子肘康子，康子履桓子之跗。趙襄子夜使張孟私於韓、魏，韓、魏與之合，遂滅智伯而分其地。在春秋後。

21 還自衛，三卿宴於藍臺，還自衛，智襄子伐鄭自衛還也〔二〇〕。三卿，智襄子、韓康子、魏桓子。藍臺，地名。智襄子戲韓康子而侮段規。康子，韓宣子之曾孫，莊子之子虎。段規，魏桓子之相。智伯國聞之，諫晉大夫，智氏之族。曰：「主不備，難必至矣。」曰：○元誥按：智襄子言也。「難將由我〔二一〕，我不爲難，誰敢興之？」對曰：「異於是。言所聞與此異。夫郤氏有車轅之難，郤犨與長魚矯争田，執而梏之，與其父母妻子同一轅。既，矯嬖於厲公而滅三郤。在魯成十七年。趙有孟姬之讒，趙，趙同、趙括也。孟姬，趙文子之母莊姬也。莊姬通於趙嬰，嬰兄同、括放之，孟姬慙怨，讒之於景公，景公殺之〔二二〕。在魯成八年。欒有叔祁之愬，欒，欒盈。叔祁，范宣子之女，盈之母，與其老州賓通，盈患之，祁愬之於宣子，遂滅欒氏。范、中行有函冶之難，函冶，范皋夷之邑。皋夷無寵於范吉射〔二三〕，而欲爲亂於范氏。中行寅與范氏相睦，故皋夷謀逐二子，卒滅之。在魯定十三年。○元誥按：明道本「函冶」作「亟冶」，宋庠本及説苑貴德篇均作「函冶」，路史國名紀亦有「函冶」，無「亟冶」，字之譌也。通志氏族略三云：「函與氏，晉大夫范皋夷食采函與，因氏焉。」函與即函冶，一聲之轉。楚辭九歌「聊逍遥兮容與」，與，一作「冶」。皆主之所知也。夏書有之曰：『一人三失，三失，三失人也。怨豈在明？明，著也。不見是圖。』不見，未形也。周書有之曰：『怨不在大，或大而不爲德。亦不在小。』禍難或起於小怨。夫君子能勤小物，故無大患。物，事也。今主一宴而恥人之君相，君，康子。相，段規。又弗備，曰『不敢興難』，無乃不可乎？夫誰不可喜，而誰不可懼？蜹蟻蜂蠆，皆能害人，○陳瑑曰：「蜹音叡，玉篇：『蜹，含毒蛇也。』蜹有別出蚊蜹之外者，亦名蜹，故能害人。」元誥按：蠆，蠍屬。長尾謂之蠍。況君相乎！」弗聽。自是五年，乃有晉陽之難。自藍臺後五年也。段規反，首難而殺智伯於師，言段規首爲策作難，反智伯者也。遂滅智氏。

22 晉陽之圍，智襄子圍趙襄子於晉陽也。魯悼四年，智瑤伐鄭，恥襄子，襄子怨之。智瑤驕泰，請地於趙，趙弗與，瑤帥韓、魏攻趙襄子，襄子保晉陽，三家圍之。在春秋後也。張談曰：「先主爲重器也，爲國家之難，○明道本「難」下有「也」字。張談，趙襄子之宰孟談。重器，圭璧鍾鼎之屬。盍姑無愛寶於諸侯乎？」欲令行賂以求助也。襄子曰：「吾無使也。」張談曰：「地也可。」地，襄子之臣。襄子曰：「吾不幸有疾，不夷於先子，夷，平也。疾，病也。言己行有闕病，不及先子。○元誥按：曲禮鄭注：「夷，猶儕也。」漢書曰：「陛下之等夷。」是其義。不德而賄。言無德而以賄求助也。夫地也求飮吾欲，言地求飲食我以情欲，無忠諫。○元誥按：飮，疑當爲「飫」字，形相似而誤也。飫，厭也，飽也，竝見廣韻。此謂地但求厭足吾欲，無忠諫也。韋注蓋據誤本曲爲之説。是養吾疾而干吾禄也，養，長也。干，求也。吾不與皆斃。」皆，俱也。斃，踣也。襄子出，曰：「吾何走乎？」從者曰：「長子近，且城厚完。」長子，晉別縣也。○元誥按：故城在今山西長子縣西南。

襄子曰：「罷民力以完之，又斃以守之，○明道本罷民作「民罷」，「斃」下有「死」字。其誰與我？」斃，踣也。誰與我，誰與我同力也。從者曰：「邯鄲之倉庫實。」邯鄲，晉別縣也〔二四〕。○路史國名紀：「邯鄲，磁之屬縣。」風俗通云：「邯鄲氏以國爲姓。」元誥按：磁，當今直隸磁縣。治又有邯鄲縣，其西南二十里尚有邯鄲城。襄子曰：「浚民之膏澤以實之，浚，煎也，讀若醮。○元誥按：浚、煎雙聲，浚、醮亦聲之轉。方言：「煎，盡也。」又因而殺之，其誰與我？其晉陽乎！先主之所屬也，先主，簡子也，謂無以尹鐸爲少，晉陽爲遠，必以爲歸。尹鐸之所寬也，民必和矣。」乃走晉陽。晉師圍而灌之，晉師，三卿之師。灌，引汾水以灌之。○汪遠孫曰：「戰國趙策以爲晉水灌之。汾子在晉陽東，晉水在晉陽西，當日并引以灌城也。」沈竈產鼃，民無畔意。沈竈，懸釜而炊也。產鼃，鼃生於竈也。鼃，蝦蟆也。○俞樾曰：「懸釜而炊謂之沈竈，於義未安。沈，當讀爲煁。沈從冘聲，煁從甚聲，兩聲相近。詩蕩篇：『其命匪諶。』說文心部引作『天命匪忱』。常棣篇：『和樂且湛。』禮記中庸篇引作『和樂且耽』。竝其證也。煁之通作『沈』，猶諶之通作『忱』，湛之通作『耽』矣。詩白華篇：『卬烘於煁。』毛傳曰：『煁，烓竈也。』爾雅釋言：『煁，烓也。』郭注曰：『今之三隅竈。』沈竈生鼃，謂城中煁竈皆生蝦蟆也。因假沈爲之，讀者遂失其義矣。鄭裨諶字子竈，諶即煁之假字。漢書古今人表作『裨湛』，湛亦煁之假字。漢書每以湛爲沈，師古注輒曰：『湛，讀曰沈。』是沈、湛古同字，以沈爲煁，猶以湛爲煁矣。」

校記

〔一〕未傳而鼓降　「鼓」誤作「城」，據各本改。

〔二〕軍吏執之　「吏」誤作「令」，據各本改。

〔三〕吾定而禄爵　「爵」字脱，據各本補。

〔四〕明道本「止」誤作「心」　「明」字脱，依文義補。

〔五〕士贊以雉，委贊而退　二「贊」字皆誤爲「質」，據各本改。

〔六〕高注云　「高」誤作「韋」，據吕氏春秋改。

〔七〕贊爲名命　「名」誤作「明」，據各本改。

〔八〕壘墼曰培　「墼」下衍「土」字，據各本删。此四字各本原在「是見寅與吉射也」句下，據國語考異校改而未作説明。

〔九〕興，當爲舋字之誤也　「興」、「舋」二字互倒，據群經平議改。

〔一〇〕莊姬，趙朔之妻　「朔」誤作「衰」，據各本改。

〔一一〕晉成公之女　「成公」各本原作「景公」，此從國語考異校改而未作説明。

〔一二〕始更修之於身　「於」下衍「其」字，據各本删。

〔一三〕伯樂與尹鐸有怨　「樂」誤作「欒」，據各本改。

〔一四〕隕，隕越也　脱一「隕」字，據公序本補。

〔一五〕王念孫曰　「王念孫」誤作「王引之」，據經傳釋詞改。

〔一六〕此言共食不當摶飯也　「共」誤作「其」，據經義述聞改。

〔一七〕智果，晉大夫，智氏之族　「族」字脱，據各本補。

〔一八〕而益之以三怨　「怨」誤作「惡」，據群經平議改。

〔一九〕言上茂盛　「上」誤作「土」，據各本改。

〔二〇〕還自衛，智襄子伐鄭自衛還也　二「衛」字皆誤作「魏」，據公序本改。

〔二一〕難將由我　「將」誤作「不」，據各本改。

〔二二〕孟姬懟怨，譖之於景公，景公殺之　脱「景公」二字，據各本補。

〔二三〕皋夷無寵於范吉射　誤重「皋夷」二字，據各本删。

〔二四〕邯鄲，晉别縣也　「縣」誤作「邑」，據各本改。

國語集解

吉水徐元誥學

鄭語第十六

○舊音曰：「杜預世族譜云：『鄭，姬姓，周宣王母弟桓公友之後也〔一〕，封於咸林，今京兆鄭邑是也。幽王無道，乃徙其人於虢、鄶之閒，遂有其地，今河南新鄭是也。』」朱駿聲曰：「鄭始封在今陝西同州府華州。穆天子傳『至於南鄭』，此舊鄭也。後幽王無道，友寄其帑與賄於虢、鄶，其子武公與平王東遷，遂定虢、鄶之地，而施其號於新國。」元誥按：鄭至莊公二十二年入春秋，二十三傳至康公，韓哀侯滅并其國。今河南開封縣以西至成皋故關皆鄭國故地。

1 桓公爲司徒，桓公，鄭始封之君，周厲王之少子，宣王之弟桓公友也。宣王封之於鄭，幽王八年爲司徒。○史記鄭世家：「宣王立二十二年，友初封於鄭。封三十三歲，百姓皆便愛之。幽王以爲司徒。」索隱曰：「韋昭據國語以爲說耳。」甚得周衆與東土之人，周衆，西周之民。東土，陝以東也。○元誥按：謂得人心也。問於史伯曰：「王室多故，史伯，周大史。故，猶難也。○東觀餘論：「周史伯碩父鼎，説云，史伯，周宣王臣，名穎，碩父其字也。」余懼及焉，其何所可以逃死？」史伯對曰：「王室將卑，戎狄必昌，不可偪也。昌，盛也。偪，迫也。當成周者，成周，雒邑。○陳奂曰：「成周即上文云『東土』是也。成周，雒陽，非雒邑也。漢書地理志：『河南郡，雒陽，周公遷殷民，是爲成周。河南，故郟鄏地，周武王遷九鼎，周公致大平，營以爲都，是爲王城，至平王居之。』又云：『雒邑與宗周通封畿，東西長而南北短，短長相覆爲千里。』是王城一曰雒邑，爲漢之河南縣。平王遷於王城，謂之東都。周公營成周，爲漢之雒陽縣。韋注以成周爲雒邑，誤矣。」元誥按：成周在今河南洛陽縣西北。南有荆蠻、申、呂、應、鄧、陳、蔡、隨、唐，荆蠻，芈姓之蠻，鬻熊之後。申、呂，姜姓也。應、蔡、隨、唐，皆姬姓也。應，武王子所封〔二〕。鄧，曼姓也。陳，嬀姓也。○元誥按：荆蠻，即楚也。楚居蠻夷，國號荆。荆，强也。申、呂，今河南南陽縣北二十里有申城，又縣西三十里有呂城。應，内傳云「武之穆也」，是武王子所封。今河南魯山縣有應城。鄧，今湖北襄陽縣東北二十里有鄧城。陳，國於宛丘，今河南淮陽縣。蔡，今河南上蔡縣西南十里有蔡城。隨，今湖北隨縣。唐，南唐也，劉累之封，今湖北隨縣西北八十五里有唐城鎮。北有衛、燕、狄、鮮虞、潞、洛、泉、徐蒲，衛，康叔之封；燕，邵公之封，皆姬姓也。狄，北狄也。鮮虞，姬姓在狄者也。潞、洛、泉、徐蒲，皆赤狄，隗姓也。○元誥按：衛，在今河南淇縣東北。燕，南燕也，黄帝之後，姞姓，在今河南汲縣東。狄，在今山西大同縣境。鮮虞，白狄，續漢書郡國志以爲子姓，與諸家不合，今直隸正定縣西北有鮮虞亭。潞，一作「路」，又稱「潞氏」，在今河南潞城縣，内傳杜注云：「赤狄之别種，子爵也。」洛，即伊雒之戎，今河南故洛城西南有戎城。泉，即泉皐之戎，今洛陽縣西南五十里有前城，前與泉聲通也。徐蒲，通鑑漢紀胡注引作「余滿」，蓋字之譌，又稱「徐吾氏」，吾與蒲聲亂也，乃茅戎别種，在今河南陝縣。西有虞、虢、晉、隗、霍、楊、魏、芮，八國，姬姓也。虞，虞仲之後。虢，虢叔之後，西虢也。○元誥按：虞，今山西平陸縣東北六十里有虞城，本帝舜之後國，所謂西虞。虢，今陝西寶雞縣東五十里有桃虢城，其國都也。晉，謂翼也，在今山西翼城縣南。隗，公羊傳「楚人滅隗」，注云：「夷狄微國。」左傳、穀梁傳竝作「夔」，夔、隗聲通也，今湖北秭歸縣東有夔子城，是其地。霍有二，一爲晉霍，在今山西霍縣；一爲商侯伯國，霍其姓〔三〕，河南梁縣西南七十里有故霍城。此文霍不知孰指。楊，今山西洪洞縣東南有楊城。魏，今山西芮城縣西北有河北故城，即春秋魏國故城也。芮，當今山西芮城縣。東有齊、魯、曹、宋、滕、薛、鄒、莒，齊，姜姓。魯、曹、滕皆姬姓。宋，子姓。薛，任姓。鄒，曹姓。莒，己姓〔四〕，東夷之國也。○元誥按：齊，舊山東濟南、青州二府是其故地，國於營丘，當今臨淄縣。魯，今山東曲阜縣。曹，今河南菏澤縣治。宋，即閼伯之商邱，在今河南商邱縣治。滕，今山東滕縣西南有滕城。薛，今山東滕縣西南有薛城。鄒，本作「騶」，至孟子時改「騶」，即邾國也，今山東鄒縣東南二十六里有古邾城。莒，在今山東莒縣，與蒲侯氏莒、渠丘公莒各異。是非王之支子母弟甥舅也，則皆蠻夷戎狄之人也。王支子母弟，姬姓是也〔五〕。甥舅，異姓是也。蠻荆，楚也〔六〕。戎狄，北狄，潞、洛、泉、徐蒲是也。○夷，各本作「荆」，注同。汪遠孫曰：「太平御覽州郡部引國語，蠻荆作『蠻夷』是也。蠻、夷、戎、狄皆統擧之詞，不應獨稱荆國，下注云：『頑，謂蠻夷戎狄〔七〕。』即其證。楚語云：『蠻夷戎狄，其不賓也久矣。』」元誥按：作「夷」是，今據改。又按韋注原文末有「戎或爲夷」四字，汪云：「『戎』字，『荆』之誤。御覽所引即韋所見或本也。」今略之。非親則頑，不可入也。親，謂支子甥舅。頑，謂蠻夷戎狄也。其濟、洛、河、潁之閒乎！言此四水之閒可逃，謂左濟、右洛、前潁、後河。○朱駿聲曰：「泲爲四瀆之水，發源入海者也，經傳皆以濟爲之。出今河南濟源縣王屋山，有東西二池，合流至温縣入河。如禹貢云云不可考，即所謂『東流爲泲』，當王莽時，温之故瀆已枯絶，已非禹迹之舊。今山東大清河、小清河非無泲水在其閒而混淆不辨，與古絶殊也。」畢沅曰：「經凡有三洛水，一出白於山，今自甘肅安化至陝西同州入河之洛，雍州浸也；（元誥按：安化即今慶陽縣，同州即今大荔等縣。）一出讙舉山，今自陝西商縣至河南入河之洛，豫州浸也；一即説文所云『出左馮翊歸德北夷界中』者〔八〕，在四川入江，李冰之所導也。」説文曰：「河水出敦煌塞外昆侖山，發原注海。」元誥按：注海，即今青海。昆侖山三脉之一，爲巴顏哈喇山。水出青海巴顏哈喇山東麓，經甘肅、陝西、河南、山東，至江蘇之安東縣入海，共長八千八百餘里，即黄河也。沈鎔曰：「潁，源出河南登封縣，東南流經開封、許昌、淮陽，合大沙河；又東南入安徽阜縣，合小沙河，至壽縣入淮。」是其子男之國，虢、鄶爲大，是，是四水也。虢，東虢也，虢仲之後，姬姓也。鄶，妘姓也。當幽王時，於子男此二國爲大。○元誥按：今河南汜水縣爲古東虢叔之國。鄶，一作「會」，又作「儈」、「檜」，竝同。汪遠孫謂：「鄶，在河南密縣東，新鄭縣西。杜元凱以鄶在密東，韋以爲在新鄭，其説可兩通也。」虢叔恃勢，鄶仲恃險，此虢叔、虢仲之後。叔、仲皆當時二國君之字。勢，地勢阻固也。險，有險阨。皆恃之而不修德。是皆有驕侈怠慢之心，而加之以貪冒。君若以周難之故，寄孥與賄焉，不敢不許。妻子曰孥。賄，財也〔九〕。周亂而弊，是驕而貪〔一〇〕，必將背君，君若以成周之衆奉辭伐罪，無不克矣。桓公甚得周衆，奉直辭，伐有罪，故必勝也。若克二邑，二邑，虢、鄶。鄔、蔽、補、丹、依、𪏆、歷、華，君之土也。言克虢、鄶，則此八邑皆可得也〔一一〕。○元誥按：路史國名紀，鄔，邰姓，高陽氏後國，後爲鄭所滅，故爲鄭地。與晉鄔别，在今河南偃師縣〔一二〕，其西南尚有鄔聚。宋庠本作「鄢」，今不從。「蔽」字，亦作「弊」，商侯伯國，地無考。補，三皇之世國，炎帝伐補遂，即此。姓苑有補氏，地無考。丹，丹朱之封國也，今河南内鄉縣有丹水，亦謂之丹川，即其地。明道本作「舟」，字之誤也。依，黄帝後〔一三〕，姬姓。𪏺，商侯伯國，一作「㬱」，又作「疇」。㬱爲𪏺之異體，疇又爲㬱之譌字也。歷，商侯伯國。華，周管叔封邑，即華陽。秦白起攻魏，拔華陽，司馬彪謂「華陽在密縣」，即此。宋庠本作「莘」，今不從。依、𪏺、歷、華四國，據國名紀，皆古之鄶邑。鄶在今河南密縣、新鄭縣境，則此四國皆在其地無疑矣。若前潁後河，右洛左濟，○明道本潁作「華」，韋注曰：「華，華國也。」宋庠作「莘」，韋注曰：「莘，莘國也。」水經潧水注引國語同。攷正云：「當作『潁』，上文注『左濟右洛，前潁後河』可證。」元誥按：攷正説致精，各本作「華」，作「莘」，皆沿上文「歷、華」或作「歷、莘」而誤。又洛、濟，地理志作「雒」、「泲」是也。主芣、騩而食溱、洧，芣、騩，山名。主，爲之神主，孔子曰：「夫顓臾爲東蒙主。」食，謂居其土，食其水。○汪遠孫曰：「中山經有蒷山、騩山，蒷與芣古同聲通用。水經河水注：『呂氏春秋曰，夏后氏孔甲田於東陽蒷山，帝王世紀以爲即東首陽山也。蓋是山之殊目矣。』漢書地理志『河南郡，密〔一四〕，有大騩山，潩水所出』，説文作『大隗』，騩即大騩也，今在新鄭縣西南。」元誥按：新鄭縣屬河南，溱水在其北。溱，一作「潧」，源出密縣境，東北流至新鄭縣界，與洧水合。洧水出登封縣陽城山，經密縣，至新鄭縣合溱水，爲雙洎河，至西華縣入潁。此洧水故道也。鄶國在溱、洧之間。修典刑以守之，是可以少固。」其後卒如史伯之言。○宋庠本「是」上有「唯」字。公曰：「南方不可乎？」南方，當成周之南，申、鄧之間。對曰：「夫荆子熊嚴生子四人：伯霜、仲雪、叔熊、季紃。荆，楚也。熊嚴，楚子鬻熊之後十世也。伯霜，楚子熊霜。季紃，楚子熊紃也。仲不立，叔在濮。○史記楚世家，叔熊作「叔堪」，紃作「徇」。叔熊逃難於濮而蠻，季紃是立，○宋庠曰：「紃，似倫反。」薳氏將起之〔一五〕，禍又不克。濮，蠻邑。蒍氏，楚大夫。熊霜之世，叔熊逃奔濮而從蠻俗。熊霜死，國人立季紃，蒍氏將起叔熊立之，又有禍難而不能立也。○元誥按：濮非衛濮，百濮也，在今湖北石首縣南〔一六〕。是天啓之心也，啓，開也。天開季紃，故叔熊不得立。有「心」字誤。○王念孫曰：「韋以下文『天之所啓，十世不替』，『啓』下無『心』字，故以有『心』字爲誤也。今案：天啓之心，謂啓季紃之心也。叔熊不得立，是天啓季紃之心，使之紹其先業也。晉語曰：『非天，誰啓之心？』襄二十五年左傳曰：『天誘其衷，啓敝邑心。』昭二十七年傳曰：『天啓叔孫氏之心。』則有『心』字不誤。下文『天之所啓』，與此相承而不相背也。」又甚聰明和協，蓋其先王。言季紃又聰明，能和協其民臣之心，功德蓋其先王也。臣聞之，天之所啓，十世不替。替，廢也。夫其子孫必光啓土，不可偪也。光，大也。且重、黎之後也，重、黎，官名。楚語曰：「顓頊乃命南正重司天，北正黎司地。」言楚之先爲此二官。夫黎爲高辛氏火正，高辛，帝嚳。黎，顓頊之後也。顓頊生老童，老童生重、黎及吴回，吴回生陸終，陸終生六子，其季曰連，爲芈姓，楚之先祖也。季連之後曰鬻熊，事周文王。其曾孫熊繹，當成王時，封於荆蠻，爲楚子。黎當高辛氏爲火正。以淳燿敦大，天明地德，光照四海，故命之曰『祝融』，其功大矣。淳，大也。燿，明也。敦，厚也。言黎爲火正，能治其職，以大明厚大，天明地德，故命之爲祝融。祝，始也。融，明也。大明、天明，若歷象三辰也。厚大地德，若敬授民時也。光照四海，使上下有章也。○王念孫曰：「韋訓淳爲『大』，義本爾雅，（爾雅作『純』，義同。）然云『大明厚大，天明地德』，則不詞矣。淳燿、敦大、光照，皆二字平列。『淳』字本作『焞』，焞，明也；燿，光也，言能光明天明，厚大地德也。下文云『祝融能昭顯天地之光明』，即其證。説文：『焞，明也。』春秋傳曰：『焞燿天地。』蓋約舉鄭語之文也。今本作『淳』者，借字耳。」路史禪通紀：「祝誦氏，一曰祝龢，是爲祝融氏。以火施化，號赤帝，都於會，故鄭爲祝融之墟。」注曰：「祝，斷也，化而裁之之謂。白虎通云：『祝，屬也；融，續也，能屬續三王之道行之也。』祝融氏，號也。祝融，職也，本非人名。黎爲祝融，回亦爲祝融，皆職。白虎羣儒通義以祝融爲三皇，宋衷論三皇亦數祝融而出黃帝，豈得云帝俈之臣哉？」夫成天地之大功者，其子孫未嘗不章，章，顯也。○明道本「大功」誤作「火功」。虞、夏、商、周是也。是成天地之功者。虞幕能聽協風，以成物樂生者也。虞幕，舜後虞思也。協，和也。言能聽知和風，因時順氣，以成育萬物，使之樂生者也。周語「瞽告有協風至」，乃耕籍之類是也。○汪遠孫曰：「虞幕爲虞舜之上祖〔一七〕，韋解以爲舜後虞思，誤與魯語同。」元誥按：「物樂」二字舊倒，今依段玉裁說乙正。夏禹能單平水土，以品處庶類者也，單，盡也。庶，衆也。品，高下之品也。禹除水災，使萬物高下各得其所。○元誥按：單與殫通。禮記祭義篇：「歲既單矣。」釋文：「單同殫。」是其證。說文：「殫，極盡也。」段注：「窮極而盡之也。」商契能和合五教，以保於百姓者也，保，養也。五教：父義，母慈，兄友，弟恭，子孝。魯語曰：「契爲司徒而民輯。」周棄能播殖百穀蔬，以衣食民人者也，棄，后稷也。播，布也。殖，長也。百穀，黍稷稻粱麻麥荏菽雕胡之屬。蔬，草菜之可食者。○宋庠本無「蔬」字，注同。其後皆爲王公侯伯。禹身王，稷、契在子孫〔一八〕。公侯伯，謂其後杞、宋及幕後陳侯也。祝融亦能昭顯天地之光明〔一九〕，以生柔嘉材者也，柔，潤也。嘉，善也。善材，五穀材木。其後八姓，於周未有侯伯。八姓，祝融之後八姓：己、董、彭、秃、妘、曹、斟、芈也。侯伯，諸侯之伯。佐制物於前代者，佐，助也。物，事也。前代，夏、殷也。昆吾爲夏伯矣，昆吾，祝融之孫，陸終第一子，名樊，爲己姓，封於昆吾。昆吾，衛是也。其後夏衰，昆吾爲夏伯，遷於舊許，傳曰：「楚之皇祖伯父昆吾，舊許是宅。」○元誥按：昆吾國居衛時在今直隸開縣，遷許時在今河南許昌縣。大彭、豕韋爲商伯矣，大彭，陸終第三子，曰籛，爲彭姓，封於大彭，謂之彭祖，彭城是也。豕韋，彭姓之別，封於豕韋者也。殷衰，二國相繼爲商伯。○路史國名紀云：「彭即大彭，高陽氏後國，彭姓之祖。初國彭州，後移徐，春秋爲宋邑。韋，豕韋，高陽氏後國，彭姓，商伯。元喆之封豕韋也，劉累更封之，故世本謂豕韋防姓。隨韋爲城，縣則白馬南之韋鄉也。」元誥按：彭城在今江蘇銅山縣，韋城在今河南滑縣東南五十里。當周未有。未有侯伯。己姓昆吾、蘇、顧、温、董，五國皆昆吾之後別封者，莒其後〔二〇〕。○元誥按：己姓，高陽氏後。昆吾，見上。蘇，蘇忿生故邑，隱十一年〔二一〕陽樊、温、原十二邑皆蘇故地，今河南濟源縣西北二里有蘇故城。顧，今河南范縣東南二十八里有古顧城，古今人表以爲「鼓」，師古曰：「即顧。」温城在今河南温縣西南三十里，忿生邑，亦曰「蘇」，詩云：「韋顧既伐。」即此。董，今山西聞喜縣東有董池陂，董澤之陂也。董姓鬷夷、豢龍，則夏滅之矣。董姓，己姓之別受氏爲國者也。有飂叔安之裔子曰董父，以擾龍服事帝舜，賜姓董，氏曰豢龍，封之鬷川，當夏之興，別封鬷夷，於孔甲前而滅矣〔二二〕。傳曰：「孔甲不能食龍而未獲豢龍氏，劉累學擾龍於豢龍氏以事孔甲。」○元誥按：鬷音子工反，亦作「陖」、「艐」、「嵏」，竝同。今山東定陶縣東北二十里有三鬷亭，鬷夷即在其地。豢龍，在河南滑縣之韋城，古城内有豢龍井，見路史國名紀。而寰宇記謂河南長葛縣西南四十里有豢龍城，即豢龍氏邑。當以韋城爲古。彭姓彭祖、豕韋、諸、稽，則商滅之矣。彭祖，大彭也。豕韋、諸、稽，其後別封也。大彭、豕韋爲商伯，其後世失道，殷復興而滅之。○元誥按：彭祖、豕韋見上。諸，今山東諸城縣西北三十里，即春秋之諸國，漢改爲諸縣。稽，今安徽亳縣有稽山。禿姓舟人，則周滅之矣。秃姓，彭祖之別。舟人，國名。○路史國名紀：「秃姓，高陽氏後，楚地，昔常壽過克息城而居之者。」元誥按：呂氏春秋云：「舟人、送龍、突人之鄉多無君。」其地無考。妘姓鄔、鄶、路、偪陽〔二三〕，陸終第四子曰求言〔二四〕，爲妘姓，封於鄶，今新鄭也。鄔、路、偪陽，其後別封也。○元誥按：妘姓，高陽氏後。鄔，一作「鄢」，見上。路，惠棟云：「即路子也。」內傳作「潞」。路史國名紀云：「漢屬漁陽，今地無考。」偪陽，妘姓子，晉滅之，今山東沂水縣有故偪陽城。偪，扶目反。曹姓鄒、莒，陸終第五子曰安，爲曹姓，封於鄒〔二五〕。○元誥按：鄒、莒見上。然上文韋注「莒，己姓」，與此傳文不同，説者謂韓非子「文王侵盂，克莒，舉酆」即此，未知是否。皆爲采衛，皆，妘、曹也。采，采服，去王城二千五百里。衛，衛服，去王城三千里。或在王室，或在夷狄，莫之數也，或，或六姓之後也。在王室，蘇子、温子也。在夷狄，莒、偪陽也。而又無令聞，必不興矣。斟姓無後。斟姓，曹姓之別。或云夏少康滅之，非也。傳有斟灌、斟鄩，澆所滅，非少康，又皆夏同姓，非此也。融之興者，其在芈姓乎！芈姓夔越，不足命也，夔越，芈姓之別國，楚熊繹六世孫曰熊摯〔二六〕，有惡疾，楚人廢之，立其弟熊延。摯自棄於夔，其子孫有功，王命爲夔子。○宋庠曰：「芈，彌爾反，羊聲也。」元誥按：融之興者，謂祝融後之興者。夔，上文作「隗」，內傳引國語又作「歸」，皆聲近通用。夔越之越，即越章也，與吳越之越姒姓者異。閩芈蠻矣，○各本作「蠻芈蠻矣」，韋注曰：「蠻芈，謂叔熊在濮從蠻俗。」周禮職方氏〔二七〕鄭注云：「閩，蠻之別也。」引國語曰：「閩芈蠻矣。」汪遠孫曰：「蠻芈作『閩芈』是也。説文：『閩，東南越。』是閩亦芈姓蠻之遺類，故地理志以吳爲荆蠻，蓋七閩之所居在揚州域也。疑韋所據國語本已誤。」元誥按：汪説是，今據以訂正。惟荆實有昭德，若周衰，其必興矣。昭，明也。姜、嬴、荆芈，實與諸姬代相干也。姜，齊姓。嬴，秦姓。芈，楚姓。代，更也。干，犯也。言其代彊，更相犯閒。○汪遠孫曰：「干者，閒之假借字。爾雅釋詁：『閒，代也。』代相干，言世相代彊也。古干與閒通聲而通用。聘禮記：『皮馬相閒。』古文閒作『干』。毛詩：『考槃在澗。』韓詩澗作『干』。」元誥按：楚，芈姓，國號荆，故曰荆芈。姬，姬姓也。姜，伯夷之後也；伯夷，堯秩宗，炎帝之後，四岳之族。嬴，伯翳之後也。伯翳，舜虞官，少皞之後伯益也。伯夷能禮於神以佐堯者也，秩宗之官，於周爲宗伯，漢爲大常，掌國祭祀。書曰：「典朕三禮。」謂天神、人鬼、地祇之禮。伯翳能議百物以佐舜者也，百物，草木鳥獸。議，使各得其宜。○汪遠孫曰：「議，漢書地理志〔二八〕引國語作『儀』。說文：『儀，度也。』議與儀古字通。漢書叙傳幽通賦：『嬴取威於百儀兮。』應劭曰：『伯益爲虞，有儀鳥獸百物之功。』疑應據國語，亦作『儀』字。」其後皆不失祀而未有興者，興，謂爲侯伯也。周衰其將至矣。」至於伯也。公曰：「謝西之九州，何如？」謝，宣王之舅申伯之國，今在南陽。謝西有九州，二千五百家曰州。何如，問可居否〔二九〕。○陳奂曰：「潛夫論志氏姓篇：『申城在南陽宛北序山下，故詩云：「亹亹申伯，王薦之事。于邑于序，南國是式。」』三家詩作『序』，毛詩作『謝』〔三〇〕，謝、序古字聲通，蓋謂宣王封申伯於序，即今漢南陽郡宛縣北序山之下也。謝西者，北序山之西也。潛夫論云：『宛西三十里有呂城。』則謝西九州當在呂城西南。方輿紀要云：『河南南陽縣附郭，周申國宛城。』」對曰：「其民沓貪而忍，不可因也。沓，黷也。忍，忍行不義。因，就也。唯謝、郟之閒，閒，謂郟南謝北，虢、鄶在焉。郟後屬鄭，鄭衰，楚取之〔三一〕。魯昭元年傳曰，「葬王於郟，謂之郟敖」是也。○元誥按：郟，今河南郟縣，本周畿内邑也。其冢君侈驕，冢，大也。其民怠沓其君，而未及周德，怠，慢也。忠信爲周。言民慢黷其君，而未及於忠信。若更君而訓之，是易取也，更，更以君道導之，則易取。○各本「訓」上有「周」字。汪遠孫曰：「韋注不爲『周』字作解，『周』字疑涉上文『周德』而衍。」元誥按：汪說是，今據删。且可長用也。」長用，久處也。公曰：「周其弊乎？」弊，敗也。對曰：「殆於必弊者也。殆，近也。泰誓曰：『民之所欲，天必從之。』泰誓，周書。言民惡幽王猶惡紂，欲令之亡，天必從之。今王棄高明昭顯，而好讒慝暗昧，王，幽王。高明昭顯，謂明德之臣。暗昧，幽冥不見光明之德也。惡角犀豐盈，而近頑童窮固，角犀，謂顏角有伏犀。豐盈，謂頰輔豐滿。皆賢明之相。頑童，童昏〔三二〕。固，陋。謂皆闇昧窮陋，不識德義者。○後漢書李固傳：「固狀貌有奇表，鼎角匿犀。」章懷注曰：「匿犀，伏犀也，謂骨當額上入髮際隱起也。」僖二十四年左傳：「心不則德義之經爲頑。」賈子道術篇：「反慧爲童。」周書常訓解〔三三〕孔注：「窮，謂不肖之人。」論語學而篇孔傳：「固，蔽也。」元誥按：童蒙之童，當作「僮」。去和而取同。和，謂可否以相濟。同，同欲也。君子和而不同。夫和實生物，同則不繼。陰陽和而萬物生。同，同氣。以他平他謂之和，謂陰陽相生，異味相和。故能豐長而物歸之，土氣和而物生之，國家和而民附之。若以同裨同，盡乃棄矣。裨，益也。同者，謂若以水益水，水盡乃棄之，無所成也。故先王以土與金木水火雜，以成百物。雜，合也。成百物，謂若鑄冶煎烹之屬。是以和五味以調口，剛四支以衛體，剛，彊也。和六律以聰耳，聽和則聰。正七體以役心，役，營也。七體，七竅也。謂目爲心視，耳爲心聽，口爲心談，鼻爲心芳。平八索以成人，平，正也。八索，謂八體，以應八卦也。謂乾爲首，坤爲腹，震爲足，巽爲股，離爲目，兑爲口，坎爲耳，艮爲手。○孔安國尚書序云：「八卦之說，謂之八索，求其義也。」建九紀以立純德，建，立也。純，純一不駁也。九紀，九藏也：正藏五，又有胃、旁胱、腸、膽也。紀，所以經紀性命，立純德也。周禮曰：「九藏之動。」賈、唐云：「九紀，九功也。」合十數以訓百體。此所謂近取諸身，遠取諸物。賈、唐云：「十數，自王以下，位有十等：王臣公，公臣大夫，大夫臣士，士臣皁，皁臣輿，輿臣隸，隸臣僚，僚臣僕，僕臣臺。百體，百官各有體屬也。合此十數之位，以訓導百官之體。」出千品，具萬方，百官，官有徹品，十於王位，謂之千品。五物之官，陪屬萬位〔三四〕，謂之萬方。方，道也。計億事，材兆物，收經入，行姟極。計，算也。材，裁也。賈、唐說皆以萬萬爲億。鄭後司農云〔三五〕：「十萬曰億，十億曰兆，（「十億」、「十」字從宋庠本及古今黈訂。）從古數也。」經，常也。姟，備也。數極於姟也，萬萬兆曰姟。（宋庠本無「兆」字。）自十等至千品萬方，轉相生，故有億事、兆物。王收其常入，舉九姟之數。○李治曰：「韋意實用賈、唐說耳。史伯論數，云十、百、千、萬、億、兆、經、姟，姟亦作「晐」、「垓」、「陔」，皆同。經亦數也，今算術大數曰億、兆、經、垓。邵堯夫皇極數於億兆之後即繼之爲京，求之音義，經正爲京耳。而韋注云：『經，常也。』經固訓『常』，而非史伯之意也。詳國語本旨，自十百而上，皆進一位以命數，韋不及此而遺經，誤解已爲背戾，乃復云『萬萬兆曰姟』，則是於古今之數，兩俱不得其說也。宜云萬萬兆曰經，萬萬經曰姟，則得其正矣。」段玉裁曰：「十萬曰億者，古數；萬萬曰億者，漢時今數。故鄭詩箋、王制注皆用古數，而內則注、呂刑、孝經注皆云『萬億曰兆』，此亦是古數。古數億以下以十相乘，億以上則以萬相乘，故韋云『萬萬兆曰姟』。謂萬億曰兆，萬兆曰京，萬京曰姟，亦古數也，若漢時今數，則如甄鸞所謂『中數，萬萬億曰兆；上數，億億曰兆』，大於古數遠矣。別本删改非是。李治所駁亦非。」汪遠孫曰：「算經：黃帝爲法，數有十等，謂億、兆、京、姟、秭、壤、溝、澗、正、載。及其用也有三，謂上、中、下〔三六〕。下數，十萬曰億；中數，百萬曰億；上數，萬萬曰億。漢人以下數爲古數：十萬曰億，十億曰兆，十兆曰京，十京曰姟，十京則萬萬也，此以十起數也。十萬曰億，萬億曰兆，萬萬兆曰垓，此以萬起數也。段說蓋從明道本，不從宋公序本也。」俞樾曰：「太平御覽七百五十引風俗通曰：『十十謂之百，十百謂之千，十千謂之萬，十萬謂之億，十億謂之兆，十兆謂之經，十經謂之垓。』正與國語文合。」元誥按：疑宋庠本是，李說爲長。故王者居九畡之田，收經入以食兆民，九畡，九州之極數。楚語曰：「天子之田九畡，以食兆民，王取經入焉，以食萬官。」○俞樾曰：「此文有闕誤，當云『故王者居九畡之田以食兆民，收經入以食萬官』，故韋氏引楚語以解之。若如今本，則與楚語不合，韋不當無說矣。且民之數曰兆，而田之數曰畡，正一夫百畝之制；田之數曰畡，而王所取之數曰經，正什而取一之制。可知此文之誤矣。」周訓而能用之，和樂如一。忠信爲周。訓，教也。言以忠信教導之，其民和樂如一室。夫如是，和之至也。至，極也。於是乎先王聘后於異姓，同則不繼。求財於有方，使各以其方賄來，方之所無，則不貢。擇臣取諫工，而講以多物，務和同也。工，官也。講，猶校也。多，衆也。物，事也。聲一無聽，五聲雜，然後可聽。色一無文，五色雜，然後成文。○「色」字，依攷正〔三七〕。味一無果，五味合，然後可食。果，美。○俞樾曰：「果之訓『美』，未聞其義，果當訓爲『成』。論語子路篇：『行必果。』皇侃疏引繆協曰：『果，成也。』又文選謝宣遠於安城答靈運詩〔三八〕，注引許慎淮南子注曰：『果，成也。』五味合然後可食，若止此一味，則不成味矣，故曰『味一無果』。」物一不講。講，論校也。○俞樾曰：「物一不講，甚爲無義。講，當讀爲構，講與構竝從冓聲，古音同通用。僖十五年左傳注：『則講虛而不經』，釋文曰：『講，本又作「搆」。』是其證也。詩四月篇：『我日構禍。』鄭箋曰：『構，猶合集也。』又青蠅篇：『構我二人。』箋曰：『構，合也。』是構有合集之義。物一不構，謂物一則不合集也。」王將棄是類也，而與剸同，類，謂和也。○吳曾祺曰：「剸與專同，謂專斷也。」天奪之明，欲無弊，得乎？夫虢石父，讒諂巧從之人也，而立以爲卿士，與剸同也。石父，虢君之名。巧從，巧於媚從。棄聘后而立內妾，好窮固也。聘后，申后。內妾，褒姒。侏儒戚施，寔御在側，近頑童也。侏儒、戚施，皆優笑之人。御，侍也〔三九〕。周法不昭，而婦言是行，用讒慝也。不建立卿士，而妖試幸措，行暗昧也。試，用也。措，置也。不建立有德以爲卿士，而妖嬖之臣用之於位，佞幸之人置之於側。是物不可以久。且宣王之時有童謠。宣王，幽王之父。曰：『檿弧箕服，實亡周國。』山桑曰檿。弧，弓也。箕，木名。服，矢房。○汪遠孫曰：「漢書五行志下之上箕作『萁』，劉向以爲『萁服，蓋以其草爲箭服』。案：服，古『箙』字。」元誥按：說文：「檿，山桑。」有點文者。於是宣王聞之，有夫婦鬻是器者，鬻，賣也。王使執而戮之。戮之於路。○元誥按：戮，責也，非殺之謂。府之小妾生女而非王子也，懼而棄之，府，王內之府藏。此人也收以奔褒。此人，賣弧服者。收，取也。天之命此久矣，○宋庠本「此」上有「褒人有獄而以爲入」一節，并解「褒人，褒君姁也。獄，罪也。入，進之於王」十四字。黃丕烈曰：「果有此及解，則下文不當更作解矣。」其又何可爲乎？爲，治也。○宋庠本無「何」字。訓語有之訓語，周書。曰：『夏之衰也，褒人之神化爲二龍，以同於王庭，褒人，褒君。共處曰同。○惠棟曰：「史記『同』作『止』。」而言曰：「余，褒之二君也。」二先君。夏后卜殺之與去之與止之，莫吉。止，留也。卜請其漦而藏之，吉。漦，龍所吐沫，龍之精氣也。○漢書五行志，劉向以爲「漦，血也」。乃布幣焉，而策告之。布，陳也。幣，玉帛也。陳其玉帛，以簡策之書告龍而請其漦。〔四〇〕龍亡而漦在，櫝而藏之，櫝，櫃也。傳郊之。『傳祭之於郊。及歷殷、周，莫之發也。及厲王之末，發而觀之，末，末年，流彘之歲。漦流於庭，不可除也。言流於庭前，謂取而發之。王使婦人不幃而譟之，裳正幅曰幃。譟，讙呼。化爲玄黿，以入於王府。黿，或爲「蚖」。蚖，蜇蜴，象龍。○元誥按：玄黿，列女孽嬖傳引作「玄蚖」，說文作「榮蚖」，爾雅、方言又作「榮螈」，並同。蚖與蜇蜴、守宮、蝘蜓本爲一物，因所在而異其名。漢書東方朔傳云：「臣以爲龍又無角，謂之爲蛇又有足，跂跂脈脈善緣壁，是非守宮即蜥蜴。」即狀黿之形也。府之童妾未既齔而遭之，既，盡也。遭，遇也。毀齒曰齔。未盡齔，毀未畢也〔四一〕。女七歲而毀齒。○舊音曰：「齔，初刃反，又音嚫。」既笄而孕，孕，任身也。女十五而笄。當宣王時而生。厲王流彘，共和十四年死。十五年宣王立，立四十六年，幽王在位，十一年而滅。○詩白華篇孔疏曰：「帝王世紀以爲幽王三年嬖褒姒，褒姒年十四。若然，則宣王立四十六年崩，是先幽王之立十一年而生，其生在宣王三十六年也。厲王流彘之歲爲共和〔四二〕，十四年而後宣王立。自宣王三十六年，上距流彘之歲爲五十年。流彘時童妾七歲，則生女時母年五十六，凡在母腹五十年。其母共和九年而笄，年十五而孕，自孕後尚四十二年而生，作爲妖異，故不與人道同。」元誥按：宋庠本無「時」字。不夫而育，育，生也。故懼而棄之。爲弧服者方戮在路，夫婦哀其夜號也，而取之以逸，逃於褒。逃，亡也。褒人褒姁有獄，而以爲入於王，褒姁，褒君。○舊音曰：「姁，況宇反。」王遂置之，置，赦褒姁。而嬖是女也，使至於爲后，而生伯服。以邪嬖取愛曰嬖。使至，有漸之言也。天之生此久矣，其爲毒也大矣，將俟淫德而加之焉〔四三〕。加，遺也，遺以褒姒也〔四四〕。毒之酋腊者，其殺也滋速。精熟爲酋。腊，極也。滋，益也。○汪遠孫曰：「禮記月令『大酋』，鄭注：『酒孰曰酋。』方言：『酋，孰也，久孰曰酋。』周官酒正：『二曰昔酒。』鄭注：『昔酒，今之酋久白酒。』昔、腊音義同。酋腊，言毒之酋久也。」申、繒、西戎方彊，申，姜姓，幽王前后大子宜咎之舅也。繒，姒姓，申之與國也。西戎亦黨於申。周衰，故戎、狄彊。○沈鎔曰：「申國於謝，今河南南陽縣有申城。繒，一作『鄫』，今山東嶧縣有鄫城。」王室方騷，騷，擾也。將以縱欲，不亦難乎？王欲殺大子以成伯服，必求之申，大子時奔申〔四五〕。申人弗畀，必伐之。畀，予也。若伐申，而繒與西戎會以伐周，周不守矣！言幽王無道，無與共守者。繒與西戎方將德申，申修德於二國，二國亦欲助正，徼其後福。申、呂方彊，呂，申同姓。○沈鎔曰：「今河南南陽縣西三十里有呂城。」其隩愛大子，亦必可知也，隩，隱也。○汪遠孫曰：「老子：『道者，萬物之奧。』王弼注：『奧，猶曖也，可得庇蔭之辭。』隩、奥、愛、薆、僾、曖竝古通用。」王師若在，在，在申也。其救之亦必然矣〔四六〕。王心怒矣，虢公從矣，言石父亦從王而怒。凡周存亡，不三稔矣！稔，年也。○陳瑑曰：「説文：『稔，穀熟也。』穀一熟爲一年。」君若欲避其難，其速歸所矣，○宋庠本無「其」字。時至而求用，恐無及也！」時，難也。用，備也。公曰：「若周衰，諸姬其誰興？」○元誥按：姬姓之國四十人，故曰「諸姬」。對曰：「臣聞之，武實昭文之功，武，武王。文，文王。文之胙盡，武其嗣乎！文王子孫，魯、衛是也。祚盡，謂衰也。嗣，繼也。武王子孫當繼之而興。武王之子，應、韓不在，三君云：「不在，時已亡也。」昭謂：若已亡，無宜説也。近宣王時，命韓侯爲侯伯，其後爲晉所滅，以爲邑，以賜桓叔之子萬〔四七〕，是爲韓萬，則其亡在平王時也。應則在焉，上史伯云「南有應、鄧」是也。不在，言不在應、韓，當在晉。○陳奂曰：「周有二韓，一爲武穆之韓，左僖二十四年傳富辰曰：『邘、晉、應、韓，武之穆也』是也；一爲姬姓之韓，左襄二十九年傳，叔侯曰『霍、楊、韓、魏，皆姬姓也』是也。姬姓之國四十人，則韓當受封於武王之世，其後爲晉所滅，以賜大夫韓萬。後漢郡國志：『河東郡河北縣有韓亭。』杜預注云：『韓，晉地。』又云：『韓國在河東郡界。』皆謂姬姓韓國也。武穆之韓封於成王之世，其國在禹貢冀州之北，故得總領追、貊北國，韓奕之詩其明證也。毛詩傳曰：『韓侯之先祖，武王之子。』鄭語亦曰武王之子韓。然則韓奕之韓與『應、韓』之韓固出於武穆矣。鄭箋詩誤合二韓爲一韓，韋注以武王子韓即晉滅賜萬之韓國，韋實踵鄭之誤。姬姓韓滅於晉，見於叔侯一語，（竹書紀年：「平王十四年，晉人滅韓。」）而武穆韓不知滅於何王之世。攷今順天府府治古燕國，府西南百二十里固安縣有方城舊城〔四八〕，爲古韓國地，後亦入於燕，疑韓爲燕所并。燕至春秋末其國始大，宣王時爲韓築城〔四九〕，則厲王時韓未必亡也。韋駁三君注『不在』爲『已亡』，其説近是。」元誥按〔五〇〕：武穆之韓，在今京兆固安縣境。姬姓之韓，今陝西韓城縣南十八里有古韓城。其在晉乎！距險而鄰於小，距，距守之地險也。小，小國，謂虞、虢、霍、楊、韓、魏、芮之屬。若加之以德，可以大啓。」國已險固，若增之以德，可以大開土宇。後魯閔元年，晉滅魏、霍；僖五年，滅虞、虢也。公曰：「姜、嬴其孰興？」對曰：「夫國大而有德者近興，秦仲、齊侯，姜、嬴之儁也，且大，其將興乎！」秦仲，嬴姓，附庸秦公伯之子，爲宣王大夫。詩序云：「秦仲始大。」齊侯，齊莊公，姜姓之有德者也。此二人爲姜、嬴之儁，且國大，故近興。○元誥按：秦仲，秦莊公之父，襄公之祖。公説，乃東寄帑與賄，虢、鄶受之，十邑皆有寄地。十邑，謂虢、鄶、鄔、蔽、補、舟、依、柔、歷、華也。

(元誥按：本書舟作「丹」，柔作「疇」，華作「莘」。)後桓公之子武公竟取十邑之地而居之，今河南新鄭是也。賈侍中云：「寄地，猶寄止也。」幽王八年而桓公爲司徒〔五二〕，即位八年。九年而王室始騷，騷，謂適庶交争，亂虐滋甚。十一年而斃。幽王伐申，申、繒召西戎以伐周，殺幽王於驪山戲下，桓公死之。及平王末，而秦、晉、齊、楚代興，代，更也。平王即位五十一年。秦景、襄於是乎取周土。景，當爲「莊」。莊公，秦仲之子，襄公之父。取周土，謂莊公有功於周，周賜之土。及平王東遷，襄公佐之，故得西周酆、鎬之地，始命爲諸侯。三君皆云：「秦景公宣王季年伐西戎，破之，遂有其地。」昭謂：幽王爲西戎所殺，故史伯云「申、繒、西戎方彊」。至平王時，秦襄公征伐之，故詩叙云襄公「備其兵甲，以討西戎。西戎方彊，而征伐不休」是也。又景公乃襄公十世之孫，而云宣王時破之，遂取其地，誤矣。○陳奂曰：「史記秦本紀言：『平王封襄公爲諸侯，賜之岐以西之地。』據此，知襄公賜封僅有岐西，尚無岐東，至酆、鎬之地，必非秦履。地理志：『襄公將兵救周，有功，賜受邠、酆之地。』此班括史記襄公至德公以後而言也。」晉文侯於是乎定天子，文侯，仇也。定，謂迎平王，定之於洛邑。齊莊、僖於是乎小伯〔五三〕，莊，齊大公後十二世莊公購。僖公，莊公之子禄父。小伯，小主諸侯盟會。楚蚡冒於是乎始啓濮。蚡冒，楚季紃之孫，若敖之子熊率。濮，南蠻之國，叔熊避難處也。○元誥按：啓，韋前注云：「大開土宇也。」濮，即百濮也，文十六年左傳：「麇人率百濮聚於選。」杜注：「百濮，夷也。」即此，在今湖南石首縣南。

校記

〔一〕周宣王母弟桓公友之後也 「宣」誤作「厲」，據本書韋解及史記鄭世家改。

〔二〕應，武王子所封 「王」字脱，據各本補。

〔三〕霍其姓 「其」誤作「真」，依文義改。

〔四〕莒，己姓 「己」誤作「已」，據各本改。

〔五〕姬姓是也 「也」字脱，據各本補。

〔六〕蠻荆，楚也 「荆」誤作「夷」，乃誤解汪氏考異所致。「楚」下衍「夷」字，據各本删。

〔七〕頑，謂蠻夷戎狄 「謂蠻」二字脱，據本書下文補。

〔八〕一即説文所云「出左馮翊歸德北夷界中」者 「翊」誤作「掖」，據説文十一上水部改。

〔九〕賄，財也 「賄」、「財」二字互倒，據各本改。

〔一〇〕是驕而貪 「是」誤作「恃」，據各本改。

〔一一〕言克虢、鄶，則此八邑皆可得也 「虢、鄶」誤作「二邑」，又脱「此」、「皆」二字，據公序本改。

〔一二〕在今河南偃師縣 「南」字脱，依文義補。

〔一三〕依，黄帝後 「後」字脱，依文義補。

〔一四〕漢書地理志：河南郡，密　「郡」、「密」二字互倒，據國語發正及漢書地理志改。

〔一五〕薳氏將起之　「起」誤作「啓」，據各本改。

〔一六〕在今湖北石首縣南　「北」誤作「南」，依文義改。

〔一七〕虞幕爲虞舜之上祖　「上」字脱，據國語發正補。

〔一八〕稷、契在子孫　「契」誤從明道本作「棄」，據公序本改。

〔一九〕祝融亦能昭顯天地之光明　「融」誤作「顯」，據各本改。

〔二〇〕五國皆昆吾之後別封者，莒其後　按集解改韋解「昆吾」爲「己姓」，又移「莒其後」三字於後（參見校記〔二五〕），未説明依據，似出臆改。今改回。

〔二一〕隱十一年　「十一年」誤作「三年」，據左傳改。

〔二二〕於孔甲前而滅矣　「前」字脱，據各本補。

〔二三〕妘姓鄔、鄶、路、偪陽　「鄶」字脱，據各本補。

〔二四〕陸終第四子曰求言　「求」誤作「來」，據各本改。

〔二五〕陸終第五子曰安，爲曹姓，封於鄒　「鄒」下有「莒其後」三字，爲自前文韋解移來者，按國語考異引考正云：「補修元本『鄒』下有『莒』字。」又引陳奐云：「韋不爲『莒』解，或是缺誤。」是移三字於此，原無明據，故删。

〔二六〕楚熊繹六世孫曰熊摯　「楚」字脱，據各本補。

〔二七〕周禮職方氏　「氏」誤作「志」，據國語發正改。

〔二八〕漢書地理志　「志」字脱，據國語發正補。

〔二九〕問可居否　「居」誤作「保」，據各本改。

〔三〇〕三家詩作「序」，毛詩作「謝」　「作序毛詩」四字脱，據國語發正補。

〔三一〕鄭衰，楚取之　「鄭」字脱，據各本補。

〔三二〕頑童，童昏　「昏」誤作「頑」，據各本改。

〔三三〕周書常訓解　「書」誤作「訓」，據逸周書改。

〔三四〕陪屬萬位　「位」誤作「物」，據各本改。

〔三五〕鄭後司農云　「司」字重衍，據各本删。

〔三六〕及其用也有三，謂上、中、下　「下」字之下衍「數」字，據國語考異删。

〔三七〕「色」字，依攷正　按正文「色一無文」，各本原作「物一無文」，國語考異云：「考正云，『物』當作『色』」，是集解改字之依據。但韋解「五色雜然後成文」，其中亦有「色」字，集解此處不言「色」字爲「物」字所改，籠統著此五字，殊爲含糊。

〔三八〕文選謝宣遠於安城答靈運詩　「遠於安」三字脱，據群經平議補。

〔三九〕御，侍也　「侍」誤作「恃」，據各本改。

〔四〇〕乃布幣焉，而策告之。（布，陳也。幣，玉帛也。陳其玉帛，以簡策之書告龍而請其漦。）　正文八字及注文二十二字皆脱，據各本補。

〔四一〕未盡齔，毁未畢也　「齔」字脱，「毁」下衍「齒」字，據各本補删。

〔四二〕厲王流彘之歲爲共和　「歲爲」二字國語發正誤作「後」，據詩白華疏改。

〔四三〕將侯淫德而加之焉　「侯」誤作「候」，據公序本改。

〔四四〕加，遺也，遺以褒姒也　下「遺」字脱，據公序本補。

〔四五〕大子時奔申　「時」各本原作「將」，此據國語考異校正而未作説明。

〔四六〕其救之亦必然矣　「救」誤作「赦」，據各本改。

〔四七〕以賜桓叔之子萬　「桓」誤作「韓」，據各本改。

〔四八〕府西南百二十里固安縣有方城舊城　「百」誤作「北」，據國語發正改。

〔四九〕宣王時爲韓築城　「韓」字脱，據國語發正補。

〔五〇〕元誥按　「按」字脱，依文例補。

〔五一〕幽王八年而桓公爲司徒　原書以此句提行。按以下所記之事爲桓公與史伯對話之驗證，不應與上文分開。

〔五三〕齊莊、僖於是乎小伯　「莊」下衍「公」字，據各本删。

國語集解

吉水徐元誥學

楚語上第十七

○舊音曰：「史記楚世家云：顓頊之後也，陸終生六子，少曰季連，芈姓。至鬻熊，為文王師。成王封熊繹於楚，居丹陽，宋忠云：『在丹陽郡枝江縣。』至楚文王，自丹陽徙於郢，在南郡江陵縣也。」元誥按：楚自熊繹受封，八世至熊渠，立其長子康為句亶王，中子紅為鄂王，少子執疵為越章王，此僭王之始也。又八世至熊儀，是為若敖。又二世至熊眴，是為蚡冒。又一世熊通，是為楚武王，武王十九年入春秋。今湖北荆南道以北至河南方城縣、信陽縣境皆楚故地。

1 莊王使士亹傅大子葴，莊王，楚成王之孫，穆王之子旅也。士亹，楚大夫。葴，恭王名也。○宋庠曰：「亹，當作『娓』，説文無亹。葴，當作『審』，今諸本皆作『葴』。葴、審音近，楚、夏語或然。」元誥按：明道本葴又作「箴」，未知孰是。又書甘誓疏引楚語士亹作「觀射父」，或別有所本。辭曰：「臣不才，無能益焉。」王曰：「賴子之善善之也。」賴，恃也。對曰：「夫善在大子，大子欲善，善人將至，若不欲善，善則不用。故堯有丹朱，朱，堯子，封於丹。○元誥按：丹，詳前。朱封於丹，故曰「丹朱」。舜有商均，均，舜子，封於商。○元誥按：

今陝西商縣之武關西北二十里有商城，是其地，與契封之商別。契封之商在今直隸欒城縣地，有商山。均本名義鈞，因封商，故曰商均。啓有五觀，啓，禹子。五觀，啓子〔一〕，大康昆弟也。觀，洛汭之地。書序曰：「大康失國，昆弟五人，須于洛汭〔二〕。」傳曰：「夏有觀、扈。」○汪遠孫曰：「汲冢古文『帝啓十一年，放王季子武觀於西河。十五年，武觀以西河叛』，沈約注云：『武觀即五觀也。』武、五聲近通借，是一人，非五人。五又與午通，午又讀爲迕，迕子即國語所謂『姦子』也。徧考書、傳，洛汭之地無名觀者。漢書地理志：『東郡畔觀。』應劭注：『夏有觀、扈，世祖更名衛國〔三〕。』續漢書郡國志：『衛公國本觀故國，姚姓，今爲曹州府觀城縣地。』洛水至河南府鞏縣已入河，去觀城尚遠，不得以觀爲洛汭之地。觀乃姚姓之國，更不得以爲啓子所封，且無兄弟五人合封一國之理。古今人表始云：『大康，啓子，昆弟五人，號五觀。』韋遂沿其誤，而又以觀爲地，引傳『夏有觀、扈』爲證。杜注内傳云：『觀國，今頓丘衛縣。』當即姚姓之國，至夏時而叛，與五觀迥然無涉，豈得目爲姦子！五子之歌如姦子所作，孔子删書亦奚取而存之乎？水經巨洋水注：『國語，啓有五觀，謂之姦子。』五觀蓋其名也，所處之邑，其名曰觀。』酈善長亦誤以觀爲邑名〔四〕。」吳曾祺曰：「五觀，在今山東觀城縣。」宋庠曰：「觀，古亂反。」湯有大甲，大甲，湯孫，大丁之子。不遵湯法，伊尹不能正，放之於桐。〔路史國名紀云：「桐，空桐也。宋之虞城南五里有桐亭，故空桐地，今尚曰空桐，非桐鄉。」注引世本云：「空桐，商後國。」元誥按：虞城，今爲縣，屬河南。〕文王有管、蔡。管、蔡，文王之子，周公之兄。○元誥按：管、蔡非本名，以封於管，封於蔡而名之也。管國在今河南中牟縣；蔡國在今河南上蔡縣，縣西南十里有古蔡城。是五王者，皆元德也，○明道本「皆」下有「有」字。而有姦子。夫豈不欲其善，不能故也。若民煩，可教訓。煩，亂也。○王念孫曰：「民，讀爲泯，泯、煩皆亂也。昏亂之人，故不可教訓。玉篇：『泯，滅也。』又：『泯，泯亂也。』民與泯同音。呂刑曰：『民興胥漸，泯泯棼棼。』『民棼』與『民煩』聲近而義同。哀公問曰〔五〕：『寡人蠢愚，冥煩。』『冥煩』與『民煩』聲義亦相近，故賈子大政篇曰：『民之爲言，冥也。』孝經援神契亦曰：『民者，冥也。』」蠻夷戎狄，其不賓也久矣，賓，服也。中國所不能用也。」王卒使傅之。問於申叔時，叔時，楚賢大夫申公。○元誥按：此士亹問也。叔時曰：「教之春秋，而爲之聳善而抑惡焉，以戒勸其心；以天時紀人事，謂之春秋。聳，奬也。抑，貶也。○吳曾祺曰：「觀此，則知凡諸侯之史，皆謂之春秋，不獨魯也。」元誥按：春秋以四時紀事，言春秋，則包冬夏也。方言：「自關而西，秦、晉之閒，相勸曰聳。」教之世，而爲之昭明德而廢幽昏焉，世，先王之世系也。昭，顯也。幽，闇也。昏，亂也。爲之陳有明德者世顯，而闇亂者世廢也。○陳瑑曰：「父子相繼爲世，世所自出爲繫，蓋定之則，知本原之所自。此以昏明爲言，蓋教之以知其祚之短長也。教之世，即周官小史所奠之世繫，教之訓典，即外史所掌之書，皆世臣之職也。」以休懼其動；休，嘉也。動，行也。使之嘉顯而懼廢也。○元誥按：周禮瞽矇鄭注引此文作「怵懼」，釋文云：「怵，勅律反。北本作『休』。」賈疏引國語亦作「怵懼」。王念孫謂：「休，喜也，言喜懼其動也。周語：『爲晉休戚。』韋注云：『休，喜也。』是作『休』，不作『怵』。」教之詩，而爲之導廣顯德，以耀明其志；導，開也。顯德，謂若成湯、文、武、周、邵、僖公之屬，詩所美者。教之禮，使之上下之則；則，法也。教之樂，以疏其穢而鎮其浮；疏，滌也。樂者，所以移風易俗，蕩滌人之邪穢也。鎮，重也〔六〕。浮，輕也。教之令，使訪物官；令，先王之官法、時令也。訪，議也。物，事也。使議知百官之事業。教之語，使明其德，而知先王之務，用明德於民也；語，治國之善語。教之故志，使知廢興者而戒懼焉；故志，謂所記前世成敗之書。教之訓典，使知族類，行比義焉。訓典，五帝之書。族類，謂若惇叙九族。比義，義之與比也。○王引之曰：「義，當讀爲儀。說文：『儀，度也。』比儀者，比之，度之也。周語曰：『儀之於民，而度之於羣生。』儀與義古字通用。『行比義焉』者，行猶用也，言使知其族類而用其比度，若學記言『比物醜類』也。字又通作『議』，昭六年左傳：『昔先王議事以制。』亦謂度事也。韋以行比義爲『義之與比』，失之。」若是而不從，不見從也。動而不悛，悛，改也。則文詠物以行之，文，文辭也。詠，風也。謂以文辭風託事物以動行也。求賢良以翼之。翼，輔也。悛而不攝，則身勤之，攝，固也。勤，勤身以勗勉也。多訓典刑以納之，刑，法也。務慎惇篤以固之。攝而不徹，徹，通也。則明施舍以導之忠，施己所欲，原心舍過，謂之忠恕。○王引之曰：「施舍，謂賜予。忠，謂惠愛也，吳語『忠惠以善之』是也。韋注失之。」明久長以導之信，有信，然後可長久。明度量以導之義，義，宜也。言度量所宜。明等級以導之禮，等級，貴賤之品。明恭儉以導之孝，恭儉，所以事親。○汪遠孫曰：「孝，亦善德之通稱，非指事親言之。」明敬戒以導之事，敬戒於事，則無敗功。明慈愛以導之仁，明昭利以導之文，昭，明也。明利，言利人及物。○俞樾曰：「昭訓爲『明』，則明昭利爲明明利矣，韋說殆非也。昭，當讀爲招。左傳楚康王昭，史記楚世家作『招』。又管蔡世家陳司徒招，索隱曰：『或作「昭」。』是昭、招古通用也。明招利以導之文，與下句『明除害以導之武』正相對成義。廣雅釋詁曰：『除，去也。』釋言曰：『招，來也。』招利，謂招而來之；除害，謂除而去之。若以本字讀之，失其旨矣。」明除害以導之武，除害，去暴亂也。明精意以導之罰，明盡精意，斷之以情。明正德以導之賞，正德，謂不私所愛也。明齊肅以耀之臨。齊，壹也。肅，敬也。耀，明也。臨，臨事也。若是而不濟，不可爲也。濟，成也。爲，爲師傅也。且夫誦詩以輔相之，威儀以先後之，體貌以左右之，明行以宣翼之，宣，徧也。制節義以動行之，恭敬以臨監之，勤勉以勸之，孝順以納之，忠信以發之，德音以揚之，教備而不從者，非人也，其可興乎？興，猶成也。夫子踐位則退，夫子，大子也。退，謙退也。〇吴曾祺曰：「夫子，當謂子亹，非大子。」自退則敬，自退，則見敬。否則赧。」赧，懼也。〇汪遠孫曰：「赧與戁古字通。爾雅釋詁：『戁，懼也。』」陳瑑曰：「方言：『赧，愧也。秦、晉之閒，凡愧而見上謂之赧。』」舊音曰：「赧，女限反。」

2 恭王有疾，恭王，大子審也。疾在魯僖十三年。召大夫曰：「不穀不德，失先君之業，業，伯業也。覆楚國之師，不穀之罪也。覆，敗也，謂鄢陵之戰爲晉所敗。若得保其首領以殁，保首領，免刑誅也。唯是春秋所以從先君者，請爲靈若厲。」亂而不損曰「靈」，殺戮不辜曰「厲」。言春秋禘、祫，當以立謚，序昭穆，從先君於廟堂也。〇元誥按：恭王命以靈或厲謚己也。大夫許諾。王卒，及葬，子囊議謚。子囊，恭王弟令尹公子貞也。大夫曰：「王有命矣。」〇宋庠本「王」上有「君」字。子囊曰：「不可。夫事君者，先其善，不從其過。先其善，先舉君之善事以爲稱，不從其過行。赫赫楚國，而君臨之，赫赫，顯盛也。撫征南海，訓及諸夏，其寵大矣。撫，安也。征，正也。南海，羣蠻也。訓，教也。寵，榮也。教及諸夏，謂主盟會，班號令也。有是寵也，而知其過，可不謂恭乎？謚法，既過能改曰「恭」。若先君善，先其善事。則請爲恭。」大夫從之。

3屈到嗜芰。屈到，楚卿，屈蕩子子夕。芰，蔆也。○宋庠曰：「芰，巨義反。字林云：『楚人名蔆曰芰。』」有疾，召其宗老而屬之家臣曰老。宗老，謂宗人也。○藝文類聚草部下引賈逵曰：「屬，託也。」曰：「祭我必以芰。」及祥，祥，祭也。○禮閒傳：「父母之喪，期而小祥，又期而大祥。」正義曰：「二十五月。」宗老將薦芰，屈建命去之，建，屈到之子子木也〔七〕。宗老曰：「夫子屬之。」夫子，屈到也。子木曰：「不然。夫子承楚國之政，承，奉也。其法刑在民心，而藏在王府，上之可以比先王，下之可以訓後世，雖微楚國，諸侯莫不譽。微，無也。雖使無楚國之稱〔八〕，諸侯猶皆譽之以爲善。○元誥按：雖與唯通用，語詞也，見經傳釋詞。微，獨也。雖微楚國〔九〕，猶言非獨楚國也。其祭典有之曰：『國君有牛享，諸侯以大牢。大夫有羊饋，羊饋，少牢也。士有豚犬之奠，士以特牲。庶人有魚炙之薦，庶人祀以魚。籩豆脯醢則上下共之。』共之，以多少爲差也。○元誥按：籩、豆，祭器。籩以竹，豆以木。脯，乾肉。醢，肉醬。不羞珍異，不陳庶侈，羞，進也。庶，衆也。侈，猶多也。夫子不以其私欲干國之典。」遂不用。干，犯也。○惠士奇曰〔一○〕：「蔆、芡、栗脯，分實八籩，天子之祭禮也。特牲兩籩，棗烝、栗擇；有司徹，則麷蕡、白黑、棗糗而已，不聞有蔆芡。惟王者大饗，得備四海九州之美味，故珍異庶侈皆羞而陳焉。大夫而薦芰，是僭用天子之禮也，故曰『干國之典』。」

4椒舉娶於申公子牟，椒舉，楚大夫，伍參之子，伍奢之父伍舉也。子牟，楚申公王子牟也。○宋庠本「椒」作「湫」，古今人表同。子牟有罪而亡，亡，奔也。康王以爲椒舉遣之，康王，恭王之子康王昭也。椒舉奔鄭，將遂奔晉。鄭小而近，故欲奔晉。蔡聲子將如晉，蔡聲子，蔡公孫歸生子家也。唐云：「楚滅蔡，蔡聲子爲楚大夫。」昭謂：蔡時尚存，聲子通使於晉、楚耳。在魯襄二十六年。遇之於鄭，○宋庠本下有「郊」字，襄二十六年左傳同。饗之以璧侑，饗，食也。璧侑，以璧侑食也。曰：「子尚良食，尚，猶彊也。良，善也。○汪遠孫曰：「尚，庶幾也。良，猶彊也。」二先子其皆相子，相，助也。二先子，謂椒舉之父伍參，聲子之父子朝也。傳曰：「楚伍參與蔡大師子朝友，其子伍舉與聲子相善也。」尚能事晉君以爲諸侯主。」主，盟主也。辭曰：「非所願也。若得歸骨於楚，死且不朽。」自謂不朽。聲子曰：「子尚良食，吾歸子。」使子得歸也。椒舉降三拜，拜善言也。納其乘馬，聲子受之。四馬曰乘，受而不辭，定其心也。還，見令尹子木，子木，屈建也。傳曰，「聲子通使於晉，還如楚」也。子木與之語，曰：「子雖兄弟於晉，然蔡吾甥也，蔡、晉同姓。謂吾舅者，吾謂之甥也。二國孰賢？」對曰：「晉卿不若楚，順說之辭。言時趙武爲晉正卿，不及子木之忠，然而有德。其大夫則賢，賢於楚大夫。其大夫皆卿材也。若杞梓皮革焉，楚實遺之，杞梓，良材也。皮革，犀兕也。雖楚有材，不能用也。」子木曰：「彼有公族甥舅，若之何其遺之材也？」○元誥按：子木言晉自有公族甥舅之材，何云楚遺之耶。也與耶古通用。對曰：「昔令尹子元之難，子元〔二〕，楚武王子，文王弟王子善也，欲蠱文夫人，遂處王宮，鬬班殺之。在魯莊二十八年及三十年。或譖王孫啓於成王，啓，子元子也。成王，文王子也。或譖啓與父同罪。王弗是，是，理也。○襄二十六年左傳：「君與大夫不善是也。」杜注：「不是其曲直。」汪遠孫曰：「說文：『諟，理也。』諟，正字。是，假借字。」王孫啓奔晉，晉人用之。及城濮之役，晉將遁矣，晉、楚戰於城濮，在魯僖二十八年。遁，逃退也。王孫啓與於軍事，○元誥按：與，參與也。下同。

謂先軫先軫，晉中軍帥。曰：『是師也，唯子玉欲之，子玉，楚令尹得臣也。與王心違，王不欲戰，子玉固請，王怒，少與之師。故唯東宮與西廣寔來。東宮、西廣，楚軍營名。諸侯之從者，叛者半矣，叛，舍子玉。若敖氏離矣，若敖氏，子玉同族。離，謂不欲戰也。楚師必敗，何故去之！』先軫從之，大敗楚師，則王孫啓之爲也。昔莊王方弱，方弱，未二十。申公子儀父爲師，儀父，申公鬬班之子大司馬鬬克也。王子燮爲傅，燮，楚公子。使師崇、子孔帥師以伐舒。師崇，楚大師潘崇也。子孔，楚令尹成嘉也。舒，羣舒也。○元誥按：路史國名紀：「羣舒，偃姓，子爵，少昊後國。有舒庸、舒鳩、舒蓼，皆楚滅之，地並在今安徽舒城、廬江二縣境。別於羣舒者，有舒龍、舒鮑，亦同在其地。」燮及儀父施二帥而分其室。施罪於二帥。二帥，子孔、潘崇也。室，家資也。○明道本帥作「師」，誤。師還至，則以王如廬，師，潘崇、子孔之師。二子懼，故以王如廬。廬，楚邑也。傳曰：「初，鬬克囚於秦，秦有殽之敗，而使歸求成，成而不得志，公子燮求令尹不得，故作亂。城郢，而使賊殺子孔，弗克而還。」○元誥按：內傳：「能左右之曰以。」廬，又名中廬，在今湖北宜城縣。明道本下有「戢黎」二字，衍。廬戢黎殺二子而復王。戢黎，廬大夫也。二子，燮及儀父。或譖析公臣於王，析公臣，楚大夫。或譖之，言與知二子之亂。王弗是，析公奔晉，晉人用之。寔讒敗楚，使不規東夏，則析公之爲也。規，猶有也。東夏，蔡、沈也。傳曰：「繞角之役，晉將遁矣，析公曰：『楚師輕佻，易震蕩也。若多鼓鈞聲，以夜軍之，楚師必遁。』晉人從之，楚師宵潰。晉遂侵蔡，襲沈，獲其君。鄭於是不敢南面，楚失諸華。」繞角之役，在魯成六年。昔雍子之父兄譖雍子於恭王，雍子，楚大夫。父兄，同宗之父兄。王弗是，雍子奔晉，晉人用之。及鄢之役，晉將遁矣，鄢，鄢陵。役在魯成十六年。雍子與於軍事，謂欒書曰：『楚師可料也，欒書，晉正卿。料，數也。在中軍王族而已。唐云：「族，親族，同姓也。」昭謂：族，部屬也。傳曰：「欒、范以其族夾公行〔一二〕。」時二子將中軍，中軍非二子之親也。若易中下，楚必歆之，中下，中軍之下也。歆，猶貪也。易，易欒、范之行，示之弱，以誘楚也。傳曰：「欒、范易行以誘之。」鄭司農以爲：易行，中軍與下軍易卒伍也。中軍之卒良，故易之。○襄二十六年左傳孔疏曰：「賈逵、鄭衆皆讀易爲『變易』之易。賈以行爲道也。欒爲將，范爲佐，二人分中軍別將之，欲使欒與范易道，令范先誘楚，欒以良卒從而擊之。」吴曾祺曰：「中下對文，謂中軍、下軍也。」韋訓爲『中軍之下』，非。」若合而臽吾中，合，合戰也。臽，入也。中，中軍也。○各本臽作「函」，注同。舊音曰：「函，音咸；或爲舀，音滔。」王念孫曰：「『函』訓爲『容』，不訓爲『入』。舀，即『或舂或揄』之揄，亦不訓爲『入』。作『函』作『舀』皆『臽』字之誤也。臽本作『臽』形〔一三〕，與函相似，故譌而爲函。說文：『臽，小阱也，從人在臼上。』舂地坎可臽人，今經、傳通作『陷』。玉篇：『陷，墜入地也。』廣韻：『陷，入地隤也。』是臽與入同義。故傳曰『臽吾中』，韋訓爲『入』也。宣十二年左傳曰：『彘子以偏師陷。』『陷』字亦與此同義。」元誥按：王說是〔一四〕，今據以訂正。羣經音辨「『函』字有三音，一音陷，小阱」，混臽、函爲一。吾上下必敗其左右，晉上下軍必敗楚之左右軍也。則四萃以攻其王族，必大敗之。』○各本「四萃」作「三萃」，韋注曰：「萃，集也。時晉有四軍，言三集者，中軍先入，而上下及新軍乃三集以攻也。」王引之曰：「『三』，當爲『亖』。說文：『亖，籀文四。』鄭注覲禮曰：『古書作三、四，或皆積畫。』字相似，由此誤也。晉之四軍合而攻楚之中軍，故曰『四萃』。學者多見三，少見亖，故『四』字誤書作三。」元誥按：襄二十六年左傳正作「四萃」。孔疏引國語及注，乃云韋昭見彼爲「三」字，故説之使通耳。作「四」是也，今據以正之。欒書從之，大敗楚師，王親面傷，則雍子之爲也。王，楚恭王也。面傷，謂吕錡射其目。昔陳公子夏爲御叔娶於鄭穆公，公子夏，陳宣公之子，御叔之父也。爲御叔娶鄭穆公少妃姚子之女夏姬也。生子南。子南之母亂陳而亡之，子南，夏徵舒之字。御叔早死，陳靈公與孔寧、儀行父淫夏姬。徵舒弑靈公，楚莊王以諸侯討之，而滅陳。使子南戮於諸侯。言爲諸侯所戮。在魯宣十一年。莊王既以夏氏之室賜申公巫臣，則又畀之子反，卒與襄老。畀，與也。巫臣，楚申公屈巫子靈也。子反，司馬公子側也。襄老，楚連尹也。初，莊王欲納夏姬，巫臣諫曰：「不可。君召諸侯，以討罪也。今納夏姬，貪其色也，貪色爲淫，淫爲大罰。」王乃止，將以賜巫臣，則又與子反。子反欲娶，巫臣又難之，卒與襄老。○各本卒與作「卒於」，今從攷正。襄老死於邲，○宋庠本死作「獲」。二子争之，未有成，晉、楚戰於邲，在魯宣十二年。晉智莊子射襄老，獲之，以其尸歸。二子，子反、巫臣也。争，争夏姬。成，猶定也。恭王使巫臣聘於齊，以夏姬行，巫臣導夏姬使歸，託以求襄老之尸，恭王遣焉。巫臣聘諸鄭，鄭伯許之。及使適齊，至鄭，遂以夏姬行焉。遂奔晉。晉人用之，寔通吴、晉。使其子狐庸爲行人於吴，子反殺巫臣之族，巫臣在晉，請使於吴，吴子壽夢説之，乃通吴於晉，使其子爲吴行人。而教之射御，導之伐楚，至於今爲患，則申公巫臣之爲也。今椒舉娶於子牟，○宋庠本「子牟」上有「王」字。子牟得罪而亡〔二五〕，執政弗是，執政，卿也。謂椒舉曰：『女實遣之。』○元誥按：女與汝同。彼懼而奔鄭，緬然引領而望，緬，猶邈也。領，頸也。○文選寡婦賦李注引賈逵曰：「緬，思貌也。」陳瑑曰：「緬、邈雙聲，遠也。緬亦作『綿』。」曰：『庶幾赦吾罪。』又不圖也，乃遂奔晉，晉人又用之矣。彼若謀楚，其亦必有豐敗也哉！」豐，猶大也。子木愀然愀，愁貌。曰：「夫子何如，召之其來乎？」○元誥按：夫子，謂蔡聲子也。對曰：「亡人得生，又何來爲。」○各本「來」上有「不」字。宋庠曰：「本或作『又何來爲』，無『不』字，文似相反，疑非是。」黄丕烈曰：「按下文『不然不來矣』〔二六〕，或本是也。」元誥按：黄説是，今從或本。子木曰：「不來，則若之何？」對曰：「夫子不居矣，不居，言當奉命於他國〔二七〕。春秋相事，以還軫於諸侯，軫，車後横木。言四時相聘問之事，迴車於諸侯。若資東陽之盜使殺之，其可乎？資，賂也。東陽，楚北邑。○吴曾祺曰：「此數語，設詞以激子木，非實然也。」不然，不來矣。」子木曰：「不可。我爲楚卿，而賂盜以賊一夫於晉，非義也。子爲我召之，吾倍其室。」倍其室，益其家也。乃使椒鳴召其父而復之。

5 靈王爲章華之臺，靈王，楚恭王之庶子靈王熊虔也。章華，地名。吴語曰：「乃築臺於章華之上。」○元誥按：水經沔水注：「離湖在華容縣東七十五里，湖側有章華臺，臺高十丈，基廣十五丈。」攷華容縣在今湖南岳陽縣西北。湖北監利縣有華容城，非此。則章華臺在今湖南華容縣境矣。與伍舉升焉，曰：「臺美夫！」伍舉，椒舉也。椒，邑也。○元誥按：椒，舊音作「湫」，椒與湫古字通。莊十九年左傳杜注：「南郡鄀縣東南有湫城。」其地無攷。對曰：「吾聞國君服寵以爲美，服寵，謂以賢受寵服，以是爲美也。○吴曾祺曰：「寵，禄也。服寵，猶受禄也，謂以德受天之禄。」安民以爲樂，以能安民爲樂。聽德以爲聰，聽用有德也。致遠以爲明，能致遠人也。不聞其以土木之崇高彤鏤爲美，彤，謂丹楹。鏤，謂刻桷。而以金石匏竹之昌大囂庶爲樂。金，鍾也。

石，磬也。匏，笙也。竹，簫管也。昌，盛也。囂，譁也。庶，衆也。○王引之曰：「囂，亦衆也。小雅十月之交篇：『讒口囂囂。』箋曰：『囂囂，衆多貌。』囂庶，謂聲音之衆多也。」不聞其以觀大、視侈、淫色以爲明，而以察清濁爲聰也。察，審也。清濁，宫羽也。○宋庠本無「也」字。先君莊王爲匏居之臺，匏居，臺名。高不過望國氛，氛，祲氣也。大不過容宴豆，言宴有折俎籩豆之陳。木不妨守備，不妨城郭守備之材。用不煩官府，材用不出府藏。民不廢時務，官不易朝常。問誰宴焉，則宋公、鄭伯；言二國朝事楚。問誰相禮，則華元、駟騑；相，相導也。華元，宋卿，華御事之子右師元也〔一八〕。騑，鄭穆公之子子駟也。問誰贊事，則陳侯、蔡侯、許男、頓子，贊，佐也。○元誥按：陳，嬀滿之封，本商侯，武王伐而封之，楚滅之，在今河南淮陽縣。蔡，即堯子之封國，楚滅之，地詳前。許，大叔之封國，鄭滅之，在今河南許昌縣。頓，周之餘族國，楚滅之，在潁水之南，號曰潁頓，迫於陳，後南徙，亦曰南頓，在今陝西寶雞縣境。其大夫侍之。各侍其君。先君以是除亂克敵，而無惡於諸侯。今君爲此臺也，國民罷焉〔一九〕，○宋庠曰：「罷，經典通作『疲』。」財用盡焉，年穀敗焉，敗，廢民之時務〔二〇〕。百官煩焉，爲之徵發。舉國留之，留，治之也。○俞樾曰：「留，當讀爲㨨。詩斯干篇：『椓之橐橐。』鄭箋曰：『椓，謂㨨土也。』正義曰：『㨨者，以手平物之名。』靈王爲章華之臺，國人皆爲之㨨土，故曰舉國㨨之。作『留』者，省偏旁耳。」數年乃成。願得諸侯與始升焉，諸侯皆距，無有至者。而後使大宰啓疆請於魯侯，啓疆，楚卿薳子〔二一〕。魯侯，昭公也。事在昭七年。懼之以蜀之役，蜀，魯地。魯宣公使求好於楚，楚莊王卒，宣公薨，不克作好。成公即位，受盟於晉，楚子怒，使公子嬰齊帥師侵魯，至蜀，魯人懼之，使孟孫賂楚以請盟，在魯成二年〔三〕。○元誥按：蜀，今山東泰安縣有蜀亭。而僅得以來。僅，猶劣也。○元誥按：僅，猶裁也。使富都那豎贊焉，富，富於容貌。都，閒也。那，美也。豎，未冠者也。言取美好不尚德。○陳瑑曰：「都，亦美也，鄭風：『洵美且都。』那豎，猶都豎也。」汪遠孫曰〔三〕：「富、都、那三字義相近。」吳弘基曰：「都何以訓美？都者，鄙之對也。」而使長鬣之士相焉，長鬣，美鬚髯也。○汪遠孫曰：「説文：『儠，長壯儠儠也。』廣雅釋詁：『儠，長也。』内傳昭七年：『使長鬣之士相。』説文引作『儠』，謂使長壯之士爲相，以光夸魯侯也。注非。」臣不知其美也。夫美也者，上下、内外、大小、遠近皆無害焉，故曰美。若周於目觀則美，於目則美，德則不也。○元誥按：「周」字，依文選西京賦李注引國語補。縮於財用則匱，縮，言取也。○陳瑑曰：「説文：『縮，亂也。』此謂亂取諸財用也。」是聚民利以自封而瘠民也，胡美之爲？封，厚也。胡，何也，何以爲美？○王引之曰：「爲，猶有也，言何美之有。」元誥按：明道本爲誤作「焉」。夫君國者，將民之與處，民實瘠矣，君安得肥？安得獨肥，言將有患。且夫私欲弘侈，則德義鮮少，德義不行，則邇者騷離，而遠者距違。騷，愁也。離，叛也。邇，境内。遠，鄰國。○王應麟曰：「伍舉所謂『騷離』，屈平所謂『離騷』，皆楚言也。」天子之貴也，唯其以公侯爲官正，正，長也。○明道本下衍「也」字。而以伯子男爲師旅。師旅，帥師旅也。○王引之曰：「正、長、師、旅，皆羣有司之名。官正，即正長。言公侯之統伯子男，猶官正之統師旅也。韋不知師旅爲羣有司之名，而誤以爲帥師旅者。夫帥師旅者，豈得遂謂之師旅乎？」其有美名也，唯其施令德於遠近，而小大安之也。若斂民利以成其私欲，使民蒿焉忘其安樂，而有遠心，蒿，秏也。遠心，叛離也。○陳瑑曰：「蒿、秏同音。秏，義爲虛，爲敗，爲滅。」元誥按：蔫，憂損之意。其爲惡也甚矣，安用目觀〔二四〕？故先王之爲臺榭也，積土爲臺，無室曰榭。○陳瑑曰：「城臺爲闍，以其在城門、宫門，故云積土。若苑囿之臺，則非積土。爾雅云：『四方而高曰臺』是也。臺加木爲榭，是臺上架木爲屋也。爾雅云：『無室曰榭。』禮記疏引李巡云：『但有大殿無室，名曰榭。』」榭不過講軍實，講，習也。軍實，戎事也。○隱五年左傳：「以數軍實。」杜注曰：「軍實，謂車徒、器械及所獲。」詩抑篇孔疏曰：「軍實者，即車馬、弓矢、戎兵是也。」文選吴都賦李注引鄭氏曰：「軍所以討獲曰實。」元誥按：杜注、孔疏、鄭説是也。講，讀爲構，有合集之義。構軍實，謂藏集軍之器用也。臺不過望氛祥，凶氣爲氛，吉氣爲祥。○吴曾祺曰：「氛、祥二字，吉、凶亦可互説。」故榭度於大卒之居，大卒，王士卒也〔二五〕。度，謂足以臨見之。○逸周書克殷解：「大卒之佐。」孔晁注：「大卒，屯兵以衛也。」臺度於臨觀之高。足以臨下觀上，使屋榭不蔽目明而已。其所不奪穡地，稼穡之地。其爲不匱財用，爲，作也。其事不煩官業，業，事也〔二六〕。其日不廢時務。以農隙也。瘠墝之地，於是乎爲之；不害穀土也。墝，埆也。城守之木，於是乎用之；城守之餘，然後用之。○元誥按：各本「末」作「木」，今依黄丕烈説改。〔二七〕官僚之暇，於是乎臨之；暇，閑也。四時之隙，於是乎成之。隙，空閑時也。故周詩曰：『經始靈臺，經，謂經度之，立其基趾也〔二八〕。天子曰靈臺。經之營之。庶民攻之，不日成之。攻，治也。不日，不程課以期日。經始勿亟，庶民子來。亟，疾也。子來，如子爲父母也。王在靈囿，麀鹿攸伏。』囿，域也。麀，牝鹿。攸，所也。視牝鹿所伏，息愛牸任之類。夫爲臺榭，將以教民利也，臺，所以望氛祥而備災害；榭，所以講軍實而禦寇亂：皆所以利民者。不知其以匱之也〔二九〕。知，聞也。若君謂此臺美而爲之正，以爲得事之正。楚其殆矣！」殆，危也。

6 靈王城陳、蔡、不羹，三國，楚別都也。魯昭八年，楚滅陳，使穿封戌爲陳公。十一年，滅蔡，使公子棄疾爲蔡公。今潁川定陵西北有不羹亭，襄城西北有不羹城。○吴曾祺曰：「不羹有二，故内傳言四國。此言三國者，合言之也。今河南襄城縣東南有西不羹，舞陽縣北有東不羹。」元誥按：陳、蔡詳見前。左傳提要注云：「城者，完舊也。」使僕夫子皙問於范無宇，子皙，楚大夫僕皙父也。范無宇，楚大夫芋尹申無宇也。○汪遠孫曰：「范，楚邑。無宇或食采於范，故稱范無宇。」元誥按：僕夫子皙，「夫」字疑涉注誤衍。内傳作「僕析父」，蓋姓僕，名子皙，字析父也。曰：「諸夏不服吾而獨事晉，何也？○各本作「吾不服諸夏而獨事晉」，韋注曰：「不服，心不服也。」王引之曰：「韋意蓋謂諸夏事晉，靈王心不服矣。今案：而者，連及之詞。『吾不服諸夏而獨事晉』當作『諸夏不服吾而獨事晉』，傳寫者誤倒其文耳。昭十二年左傳楚子曰，『昔諸侯遠我而畏晉』，正所謂『諸夏不服吾而獨事晉』也。若如今文，則義不可通矣。韋據誤本作注，故失其指。」元誥按：王説是，今據以乙正。唯晉近我遠也。今吾城三國，賦皆千乘，亦當晉矣。禮，地方十里爲成，出長轂一乘，馬四匹，牛十二頭，步卒七十二人，甲士三人。三國各千乘〔三〇〕，其地三千成也。又加之以楚，諸侯其來乎？」對曰：「其在志也，國爲大城，未有利者。志，記也。言在書籍所記，國作大城，未有利者。昔鄭有京、櫟，京，莊公弟叔段之邑。櫟，鄭子元之邑。魯桓十五年，鄭厲公因櫟人殺檀伯，遂居櫟。檀伯，子元也。○元誥按：京，在今河南滎陽縣東南二十里。櫟，一名櫟陽，今河南新蔡縣東北有櫟亭。衛有蒲、戚，蒲，寧植之邑。戚，孫林父之邑。○元誥按：衛，周武王弟康叔之封國，今河南衛輝、懷慶、直隸大名等縣皆其故地。蒲，今直隸長垣縣北二十里有蒲城。戚，在直隸開縣北七里。宋有蕭、蒙，蕭、蒙，宋公子鮑之邑。○元誥按：宋，周武王封微子啓爲宋公，是曰宋國，古商丘，即閼伯之虚，在今河南商丘縣治。蕭，廣韻引風俗通云：「宋樂叔以討南宮萬，立御説之功，受封於蕭，列爲附庸之國。」其地俟攷。今江蘇蕭縣乃孟虧封也，非此。蒙，吴曾祺曰：「在今河南商丘縣北。」然考路史國名紀，蒙有二：一爲高陽氏後，在今山東蒙陰縣；一景亳，湯都，在今安徽蒙城縣。未知孰是。魯有弁、費，弁、費，季氏之邑。○元誥按：弁，内傳作「卞」，季武子以自封者，卞城在今山東泗水縣。費，音秘，字亦作「粊」，今山東費縣西北二十里有故費城，與河南費翳封費別。齊有渠丘，齊大夫雍廩之邑。○元誥按：渠丘，今山東臨淄縣西北西安故城是。晉有曲沃，曲沃，欒盈之邑。○元誥按：曲沃，今山西聞喜縣東左邑故城是。秦有徵、衙。徵、衙，桓公之子、景公之弟公子鍼之邑。○元誥按：徵，即北徵，漢爲徵縣，在今陝西澄城縣南二十二里。衙，即彭衙，在今陝西白水縣東北六十里〔三一〕。叔段以京患莊公〔三二〕，鄭幾不封〔三三〕，叔段圖篡莊公，不克，出奔，在魯隱元年。封，國也。櫟人實使鄭子不得其位，魯莊十四年，厲公自櫟侵鄭，獲大夫傅瑕，與之盟而赦之，使殺鄭子而納厲公。鄭子，莊公子子儀也。衛蒲、戚實出獻公，寧植、孫林父逐衛獻公，獻公奔齊。在魯襄十四年。宋蕭、蒙實弒昭公，昭公兄鮑弒昭公而立〔三四〕。在魯文十六年。魯弁、費實弱襄公，襄公十一年，季武子卑公室，作三軍，而自征之。二十九年，又取卞以自予。齊渠丘實殺無知，魯莊八年，無知弒襄公而立。九年，雍廩殺之。晉曲沃實納齊師，欒盈奔齊，齊莊公納之，盈以曲沃之甲晝入，爲賊於絳。在魯襄二十三年。秦徵、衙實難桓、景，公子鍼有寵於桓，如二君於景。難，謂侵偪也。魯昭元年，鍼奔晉，其車千乘。皆志於諸侯，此其不利者也。皆見記録於諸侯。且夫制城邑若體性焉，○吕氏春秋壅塞篇：「牛之性不若羊，羊之性不若豚。」高注：「性，猶體也。」有首領股肱，至於手拇毛脉，拇，大指也。毛，須髮也。○陳瑑曰：「易『咸其拇』，莊子『駢拇枝指』，則以拇爲足大指。」大能掉小，故變而不勤。掉，作也。變，動也。勤，勞也。○文選長楊賦李注引賈逵曰：「掉，摇也。」地有高下，天有晦明，民有君臣，國有都鄙，古之制也。先王懼其不帥，帥，循也。故制之以義，旌之以服，○明道本旌誤作「施」。行之以禮，謂名位不同，禮亦異數。辨之以名，名，號也。書之以文，書其名位及所掌主。道之以言。既其失也，易物之由，易物，易其尊卑服物之宜。○吴曾祺曰：「既，極也。」夫邊境者，國之尾也，譬之如牛馬，處暑之既至，處暑，在七月節。處，止也。○漢書天文志注，孟康曰：「處暑於夏爲七月，於商爲八月，於周爲九月。」䖟𧍧之既多，而不能掉其尾，臣亦懼之。大曰䖟，小曰𧍧。不能掉尾，益重也，以言三國亦將然也。○元誥按：䖟即蝱之省。説文：「蝱，齧人飛蟲也。」𧍧，廣雅云：「蚋也。」爾雅釋蟲注云：「齊人呼蠓爲蚋。」宋庠云：「䖟，莫耕反。𧍧，由季反。」不然，是三城也，豈不使諸侯之心惕惕焉。」惕惕，懼也。子晳復命，王曰：「是知天咫，安知民則？咫，言少也。言少知天道耳，何知治民之法。○俞樾曰：「咫與則竝語詞，經傳釋詞曰：『咫與只同』是也。則亦與只同。是知天咫，安知民則，猶言是知天只，安知民只。楚辭大招篇每句末皆用『只』字，蓋楚語然也。咫與則古通用。賈子連語篇：『牆薄咫亟壞，繒薄咫亟裂，器薄咫亟毁，酒薄咫亟酸。』新序雜事篇咫竝作『則』，是其證也。咫可讀爲只，故則亦可讀爲只矣。其下曰：『民，天之生也，知天，必知民矣。』但言『知民』，不言『知民則』，可見『則』字爲語詞矣。下文『昭王問於觀射父』

章，『神狎民則』，則亦與只同。神狎民只，謂神與民狎也。注曰『則，法也』，亦失之。」是言誕也。」誕，虛也。右尹子革侍，子革，楚大夫，故鄭國大夫子然之子然丹也。曰：「民，天之生也，知天，必知民矣。是其言可以懼哉！」三年，陳、蔡及不羹人納棄疾而弒靈王(三五)。城後三年也，在魯昭十三年(三六)。棄疾，恭王之子，靈王之弟平王也。靈王無道，棄疾入國爲亂，三軍叛之於乾谿，王自殺。言弒者，王之死由三國也。

7 左史倚相迋見申公子亹，○各本迋作「廷」，韋注曰：「倚相，楚左史也。子亹，楚申公史老也。廷見，見於廷也。」王引之曰：「子亹不出，則在家，不在朝也，不得言『廷見』。廷當爲迋，迋與往同，謂往至子亹之家而請見(三七)，故下文曰『子亹不出』也。說文曰：『迋，往也。』又曰：『往，之也，古文作「迋」。』襄二十八年左傳『君使子展迋勞於東門之外』，漢書五行志迋作『往』。襄二十八年傳又曰：『伯有迋勞於黃崖。』三十一年傳曰(三八)：『印段迋勞於棐林。』皆是也。迋與『廷』字相似，故迋譌作『廷』。(廣雅『迋，歸也』，今本『迋』字亦譌作『廷』。)」元誥按：王說得之，今據以訂正。子亹不出，左史謗之，○一切經音義六引賈逵曰：「對人道其惡曰謗也。」舉伯以告，舉伯，楚大夫也。子亹怒而出曰：「女無亦謂我老耄而舍我，而又謗我！」八十曰耄。舍，棄也。左史○明道本下有「倚相」二字，衍。曰：「唯子老耄，故欲見以交儆子。交，夾也。若子方壯，能經營百事，倚相將奔走承序，承受事業次序。○王引之曰：「『奔走承序』四字平列，或曰『時序』。周語曰：『時序其德，纂修其緒。』時序與纂修相對成文。時序，亦謂承順也，若訓時爲『是』，而云『是序其德，纂修其緒』，則屬辭不類矣。」於是不給，而何暇得見？給，供也。昔衛武公年數九十有五矣，武公，衛僖公之子，共伯之弟武公和也。猶箴儆於國，箴，刺也。儆，戒也。曰：『自卿以下至於師長士，師長，大夫。士，衆士。○王引之曰：「經傳言師長者有二義：有訓爲『公卿』者，盤庚：『邦伯、師長、百執事之人。』傳曰：『師長，公卿』是也。有當訓爲『士』者，楚語『自卿以下至於師長士』是也〔三九〕。蓋上言卿，下言士〔四〇〕，而中包大夫，故曰『以下』，曰『至於』，猶言『自天子以至於庶人』，中包公卿、大夫、士耳。如以師長爲大夫，則師長即在卿之下，何得言『自卿以下至於師長士』乎〔四一〕？墨子尚同篇引『先王之書相年之道』曰：『夫建國設都，乃作后王、君公，輕大夫、師長。』於『大夫』之下言『師長』，則師長爲士矣。襄二十五年左傳曰：『百官之正長師旅』是也。祭法：『官師一廟。』鄭注曰：『官師，中士、下士。』官師即此『師長士』也。」苟在朝者，無謂我老耄而舍我，舍，謂不諫誡。必恭恪於朝，朝夕以交戒我，聞一二之言，必誦志而納之，以訓導我。』言，謗譽之言也。志，記也。在輿有旅賁之規，規，規諫也。旅賁，勇力之士，掌執戈盾夾車而趨，車止則持輪。位宁有官師之典，中庭之左右謂之位，門屏之閒謂之宁。師，長也。典，常也。○王引之曰：「此謂君之位宁也。位者，君視朝之位也。宁者，曲禮『天子當宁而立』是也。韋注非。」倚几有誦訓之諫，誦訓，工師所誦之諫，書之於几也。○北堂書鈔服飾部二引賈逵曰：「言官師所作誦訓之諫，書之几，令誦習之。」居寢有褻御之箴，褻，近也。臨事有瞽史之導，事，戎、祀也。瞽，樂大師，掌詔吉凶。史，大史也，掌詔禮事。宴居有師工之誦。師，樂師也。工，瞽矇也。誦，謂箴諫時世也。史不失書，矇不失誦，以訓御之，御，進也。○俞樾曰：「御，當讀爲語。語從吾聲，與御聲相近。說文金部：『鋤，或作鋙。』是其例也。釋名釋言語曰：『御，語也。尊者將有所欲，先語之也。』是御與語聲近義通，訓御即訓語。史不失書，矇不失誦，以訓語之，猶上文曰『必誦志而納之，以訓導我』也。春秋桓十四年經文：『鄭伯使其弟語來盟。』穀梁作『禦』。語之通作『禦』，猶語之通作『御』矣。」於是乎作懿詩以自儆也。三君云：「懿，戒書也。」昭謂：懿，詩大雅抑之篇也。「懿」，讀曰「抑」，毛詩序曰：「抑，衛武公刺厲王，亦以自儆也〔四二〕。」○明道本「懿」下衍「戒」字。及其殁也，謂之睿聖武公。睿，明也。書曰：「睿作聖。」謚法：「威彊睿德曰武。」○吴弘基曰：「目擊道成謂之睿，故其字從目。聲入心通謂之聖，故其字從耳。」子實不睿聖，於倚相何害！害，傷也。周書曰：『文王至於日中昗，不皇暇食。日昳曰昗。易曰：「日中則昗。」○説文：「昗，日西也。仄，日在西方側也。」元誥按：昗，今作「昃」。惠於小民，唯政之恭。』文王猶不敢驕，○補音驕作「憍」。今子老楚國而欲自安也，老，老恃楚國。以禦數者，王將何爲？禦，止也。數者，謂箴戒誹謗也。爲人臣尚如此〔四三〕，王將復何爲也？○明道本「數」下有「戒」字，衍。若常如此，楚其難哉！」難以爲治。子亹懼，曰：「老之過也。」老，子亹名。○明道本脱「懼」字。乃驟見左史。

8 靈王虐，白公子張驟諫，子張，楚大夫白公也。○元誥按：子張，楚邑之大夫也。内傳杜注：「汝陰褒信縣西南有白亭。」今地在河南息縣東，後又有白公勝。王患之，謂史老曰：「吾欲已子張之諫〔四四〕，若何？」史老，子亹。已，止也。對曰：「用之實難，已之易矣。若諫，君則曰：『余左執鬼中，右執殤宮，中，身也。禮曰，其中退然。夭死曰殤。殤宮，殤之居也。執，謂把持其録籍，制服其身，知其居處，若今世云「能使殤矣」。○王念孫曰：「韋以殤宮爲殤之居，非也。殤之居則不可言執，故又爲之説曰『謂把持其録籍，制服其身，知其居處』，殆失之迂矣。宫，讀爲躬。中、躬，皆身也。執殤躬〔四五〕，猶言執鬼中。作『宫』者，假借字耳。」沈鎔曰：「此言能役使鬼神，物之情狀無不知，蓋自以爲聖而拒言者。」凡百箴諫，吾盡聞之矣，寧聞他言？』」不欲聞諫也。白公又諫，王如史老之言。對曰：「昔殷武丁能聳其德，至於神明，武丁，高宗也。聳，敬也。至，通也。通於神明，謂夢見傅說。○元誥按：武丁，高宗也。以入於河，遷於河內〔四六〕。自河徂亳，從河內往都亳也。○吳曾祺曰：「汲郡古文云：『小乙六年，命世子武丁居於河，學於甘盤〔四七〕。』自河徂亳，蓋謂小乙崩，武丁歸而即大位也。」元誥按：亳，在今河南偃師縣西十四里。於是乎三年默以思道。默，諒闇也。思道，思君人之道也。書曰：「高宗諒闇，三年不言，言乃雍。」卿士患之，患其不言。曰：『王言以出令也，若不言，是無所稟令也。』稟，受也。令，命也。武丁於是作書，以書解卿士也〔四八〕。賈、唐云：「書，說命也。」昭曰：非也，其時未得傅說。○吳曾祺曰：「尚書此數語正在說命篇，韋駁唐說非是。」曰〔四九〕：『以余正四方，○爾雅釋詁：「正，長也。」廣雅釋詁：「正，君也。」余恐德之不類，茲故不言。』類，善也。茲，此也。如是而又使以夢象旁求四方之賢，思賢而夢見之，識其容狀，故作其象，而使求之。○各本「夢象」二字互倒。王念孫曰：「當爲『夢象』，謂以所夢見之人作象，而使求之也。韋注甚明。潛夫論五德志篇載其事云：『乃使以夢像求之四方側陋，得傅說，升以爲大公。』即用國語之文。」元誥按：王說是，今據以乙正。得傅說以來，升以爲公，公，上公也。書序曰：「高宗夢得說，使百工營求諸野，得之傅巖，作說命。」而使朝夕規諫，曰：『若金，用女作礪；使磨礪己也。若津水，用女作舟；喻遭津水。若天旱，用女作霖雨。天旱，自比苗稼也。雨三日已上爲霖。啓乃心，沃朕心。啓，開也。以賢者之心比霖雨也。若藥不瞑眩，厥疾不瘳。以藥喻忠言也。瞑眩頓瞀〔五〇〕，攻己之急也。瘳，愈也。

○孟子滕文公篇趙岐注曰：「藥攻人疾，先使瞑眩憒亂，乃得瘳愈。」宋庠曰：「瞑眩，困極也。」若跣不視地，厥足用傷。』以失道比徒跣而不視地，必傷也。○說文：「跣，足親地也。」段注：「古者坐必脫屨，燕坐必褫襪，皆謂之跣。」若武丁之神明也，通於神明。其聖之睿廣也，其智之不疚也，猶自謂未乂，乂，治也。○各本疚作「疾」，董增齡曰：「當作『疚』。疚，病也，謂無庸闇之病。」(五一)元誥按：董說是，今訂正。故三年默以思道(五二)。既得道，猶不敢專制，使以象旁求聖人。既得以爲輔，又恐其荒失遺忘，故使朝夕規誨箴諫，曰『必交修余，無余棄也』。○元誥按：修，勉也。今君或者未及武丁，而惡規諫者，不亦難乎！難以保國。齊桓、晉文，皆非嗣也，非嫡嗣也。還軫諸侯，不敢淫逸，還軫，謂出奔也。○元誥按：還軫，猶言往反也。心類德音，以德有國。類，善也。○王引之曰：「類之言率也。率，循也，言其心常循乎德音也。下文觀射父曰：『使心率舊典者爲之宗。』語意與此同。率與類古同聲同義(五三)，而字亦通用。漢書尹翁歸傳：『類常如翁歸言。』顏師古注：『類，猶率也。』外戚傳：『事率衆多。』顏注：『率，猶類也。』考工記梓人注：『是取象率焉。』率音類，本又作『類』，又音律。祭義：『古之獻繭者，其率用此與。』率音類，又音律，又所律反。凡釋文內『率』字之音多如此。」吳曾祺曰：「類，比也。不訓『善』。禮學記：『知類通達(五四)。』注：『知事義之比也。』心類德音，謂心與德音相比。」元誥按：王說爲長。有國，爲國也。有猶爲也，見經傳釋詞。近臣諫，遠臣謗，輿人誦，以自誥也。輿，衆也。誦，誦善敗也。誥，告也。○元誥按：爾雅釋言(五五)：「誥，謹也。」郭注：「所以約勤謹戒衆。」此文誥訓「謹」爲是。自誥者，自戒勅也。是以其入也，四封不備一同，備，滿也。地方百里曰同。方欲美之，故尤小焉。○周禮小司徒鄭注引司馬法曰：「井十爲通，通十爲成，十成爲終，十終爲同，同方百里。」吳曾祺曰：「謂初入國之時，國中聽其教令者甚狹小。」而至於有畿田，方千里曰畿。○漢書刑法志：「同十爲封，封十爲畿。」元誥按：明道本「於」下衍「是」字。以屬諸侯，屬，會也。至於今爲令君。桓、文皆然，君不度憂於二令君，而欲自逸也，無乃不可乎？周詩有之曰：『弗躬弗親，庶民弗信。』言爲政不躬親之，則衆民不信。臣懼民之不信君也，故不敢不言。不然，何急其以言取罪也〔五六〕？」○元誥按：也與耶通。王病之，曰：「子復語。病不能然，故復使語〔五七〕。不穀雖不能用，吾憖寘之於耳。」憖，猶願也。寘，置也。對曰：「賴君用之也，故言。賴，恃也。不然，巴浦之犀、犛、兕、象，其可盡乎，其又以規爲瑱也？」犛，犛牛也。規，諫也。瑱，所以塞耳。言四獸之牙角可以爲瑱難盡，而又以規諫爲之乎？今象出徼外，其三獸則荆、交有焉。巴浦，地名。或曰：「巴，巴郡。浦，合浦。」○元誥按：巴浦，地無攷。或說分巴浦爲二，非是。巴郡，秦置，屬益州，今四川巴中縣與巴縣皆其境。合浦，漢武帝置，屬交州，當今廣東合浦縣。楚靈王時無此二郡也。犀，說文云：「一角在鼻，一角在頂，似豕。」犛，說文云：「西南夷長髦牛也。」以其長髦，史記謂之「髦牛」，漢書又作「旄牛」，氂、髦、旄古字通用。犛，利之反。補音作「莫交反，亦作『旄』」。是誤犛、旄爲一字矣。兕，說文云：「似野牛而青。」象，說文云：「長鼻牙，南越大獸，三年一乳。」言有四獸之牙角爲瑱以塞耳，何必以諫言塞耳乎。應上「吾憖寘之於耳」一語。也與耶古字通。遂趨而退，歸，杜門不出。七月，乃有乾谿之亂，靈王死之。乾谿，楚東地也。○元誥按：乾，古寒反。乾谿，在今安徽亳縣東南七十里。

9司馬子期欲以其妾爲内子，子期，楚平王之子，子西之弟公子結也，爲大司馬。卿之嫡妻曰内子。○明道本無「其」字。訪之左史倚相，曰：「吾有妾而愿，欲笄之，其可乎？」愿，慤也。笄，内子首飾衡笄也。對曰：「昔先大夫子囊違王之命謚；違「厲」以爲「恭」。子夕嗜芰，子木有羊饋而無芰薦。子木違父命，以羊饋易芰薦。君子曰：『違而道。』違命合道。穀陽豎愛子反之勞也，而獻飲焉，以斃於鄢；穀陽豎，子反之内豎也。斃，踣也。魯成十六年，晉、楚戰於鄢，楚恭王傷目。明日，將復戰，王召子反，穀陽豎獻飲於子反，子反醉，不能見。王曰：「天敗楚也。」乃宵遁。子反自殺。○元誥按：史記晉、楚世家、呂覽權勳、淮南人閒訓作「陽穀」，高誘淮南注：「豎，小使也，陽穀其名。」與此傳、注不同。芋尹申亥從靈王之欲，以隕於乾谿。芋尹申亥，申無宇之子。乾谿之役，申亥曰：「吾父再干王命，王不誅，惠莫大焉。」乃求王，遇諸棘闈以歸。王縊，申亥以二女殉葬之。君子曰：『從而逆。』從，從其欲。君子之行，欲其道也，欲得其道。故進退周旋，唯道是從。○宋庠本是作「之」。夫子木能違若敖之欲，若敖，子夕。以之道而去芰薦，吾子經楚國，經，經緯也。○明道本「經」下衍「營」字。而欲薦芰以干之，干，犯也。君以妾爲妻，猶以芰當祭。其可乎？」子期乃止。

校記

〔一〕五觀，啓子　「子」誤作「有」，據各本改。

〔二〕須于洛汭　此四字脱，據各本補。

〔三〕世祖更名衛國　「衛」誤作「魏」，據國語發正改。

〔四〕鄘善長亦誤以觀爲邑名　此十字脱，據國語發正補。

〔五〕哀公問曰　「哀」上衍「周書」二字，據經義述聞删。

〔六〕鎮，重也　此三字脱，據各本補。

〔七〕建，屈到之子子木也　「建」、「屈」二字互倒，據各本改。

〔八〕雖使無楚國之稱　「國」字脱，據各本補。

〔九〕雖微楚國　「雖」誤作「唯」，據本書正文改。

〔一〇〕惠士奇曰　「惠士奇」誤作「惠棟」，據國語發正改。

〔一一〕子元　二字誤作「令尹」，據各本改。

〔一二〕欒、范以其族夾公行　「欒、范」二字脱，據各本補。

〔一三〕臽　此字誤作「臽」，據經義述聞改。

〔一四〕王説是　「説」字重衍，依文義删。

〔一五〕子牟得罪而亡　「子牟」二字脱，據各本補。

〔一六〕不然不來矣　「不來」二字脱，據黄丕烈札記補。

〔一七〕言當奉命於他國　「言」誤作「者」，據各本改。

〔一八〕華御事之子右師元也　「御」誤作「卿」，據公序本改。明道本誤作「鄉」。

〔一九〕國民罷焉　「民」誤作「名」，據各本改。

〔二〇〕廢民之時務　「時」誤作「財」，據各本改。

〔二一〕啓疆，楚卿薳子　「子」字脱，據各本補。

〔二二〕在魯成二年　「魯」字據公序本補，明道本無。

〔二三〕汪遠孫曰　「曰」字脱，依文例補。

〔二四〕安用目觀　「觀」誤作「睹」，據各本改。

〔二五〕大卒，王士卒也　「士」字脱，據各本補。

〔二六〕業，事也　此三字脱，據各本補。

〔二七〕城守之木，於是乎用之：（城守之餘，然後用之。○元誥按：各本「木」作「木」，今依黄丕烈説改。）　黄氏札記云：「依解云『城守之餘』，『木』當是『末』字之誤也。」汪氏考異云：「周禮掌固鄭司農注引國語作『木』，疑韋解有譌脱。」案黄氏原爲推測之言，未有明據，而集解即據之改正文之「木」爲「末」，又在韋解「城守之餘」下加一「木」字，而未作説明，皆爲輕改古籍者，今皆爲改回。

〔二八〕立其基趾也　「基」字脱，據各本補。

〔二九〕不知其以匱之也　「之」誤作「乏」，據各本改。

〔三〇〕三國各千乘　「各」誤作「名」，據各本改。

〔三一〕在今陝西白水縣東北六十里　「西」字脱，依文義補。

〔三二〕叔段以京患莊公　「患」誤作「犯」，據各本改。

〔三三〕鄭幾不封　「封」誤從明道本作「克」，據公序本改。

〔三四〕昭公兄鮑弒昭公而立　「而」誤作「自」，據各本改。

〔三五〕陳、蔡及不羹人納棄疾而弒靈王　「陳」誤作「城」，據各本改。

〔三六〕在魯昭十三年　「昭」字脱，據左傳補。

〔三七〕謂往至子亹之家而請見　「謂」字脱，據經義述聞補。

〔三八〕三十一年傳曰　「三」誤作「二」，據經義述聞改。

〔三九〕楚語「自卿以下至於師長士」是也　「士」字脱，據經義述聞補。

〔四〇〕蓋上言卿，下言士　「士」誤作「相」，據經義述聞改。

〔四一〕何得言「自卿以下至於師長士」乎　「士」字脱，據經義述聞補。

〔四二〕衞武公刺厲王，亦以自儆也　「衞」字脱，據各本補。

〔四三〕爲人臣尚如此　「尚」下衍「復」字，據各本删。

〔四四〕吾欲已子張之諫　「子張」二字誤倒，據各本改。

〔四五〕執殤躬　「躬」誤作「宮」，據經義述聞改。

〔四六〕遷於河内　「内」誤作「洛」，據各本改。

〔四七〕命世子武丁居於河，學於甘盤　「世子武丁居於河」七字誤作「於亳」，據國語韋解補正改。

〔四八〕以書解卿士也　「以」上衍「作」字，「以」下脱「書」字，據公序本删補。明道本作：「作書，解卿士也。」以「解卿士」釋「作書」之義。

〔四九〕曰　此字脱，據各本補。

〔五〇〕瞑眩頓瞀　「瞀」誤作「替」，據各本改。

〔五一〕各本疢作「疾」，董增齡曰：「當作『疢』。疢，病也，謂無庸闇之病。」按公序本作「疢」，惟明道本作「疾」。國語考異云：「疢即疚之異體，與疾相似，因誤疾也。」國語正義從公序本作「疢」，無所引董氏之語，未知何據。

〔五二〕故三年默以思道　「默」下衍「然」字，據各本删。

〔五三〕率與類古同聲同義　二「同」字皆誤作「通」，據經義述聞改。

〔五四〕知類通達　「類」誤作「慮」，據國語韋解補正改。

〔五五〕爾雅釋言「言」誤作「文」，據爾雅改。

〔五六〕何急其以言取罪也「其以」二字從明道本誤倒，據公序本改。

〔五七〕故復使語「復使」二字誤倒，據各本改。

國語集解

楚語下第十八

吉水徐元誥學

1 昭王問於觀射父昭王，楚平王之子昭王熊軫。觀射父，楚大夫。曰：「周書所謂重、黎實使天地不通者何也？周書，謂周穆王之相甫侯所作呂刑也〔一〕。重、黎，顓頊掌天地之臣。呂刑曰：「乃命重、黎，絶地天通。」謂少皞之末，民神雜糅，不可方物，顓頊受之，乃命南正重司天以屬神，火正黎司地以屬民，謂絶地與天相通之道也。若無然，民將能登天乎？」若重、黎不絶天地，民豈能上天乎？對曰：「非此之謂也。古者民神不雜。雜，會也。謂司民、司神之官各異。民之精爽不攜貳者，而又能齊肅衷正，爽，明也。攜，雜也。貳，二也。齊，一也。肅，敬也。衷，中也。其智能上下比義，義，宜也。○元誥按：義，讀爲儀，度也。比義，謂比之、度之也。詳見上王說。韋注未得傳意。其聖能光遠宣朗，聖，通也。朗，明也。○王引之曰：「光爲廣大之廣〔二〕。周語中篇：『叔父若能光裕大德〔三〕。』韋注曰：『光，廣也。』光遠者，廣遠也。廣與遠同義。宣朗者，明朗也。明與朗同義。陸雲祖考頌：『光遠之度，宣朗之明。』義本國語，於光遠言『度』，於宣朗言『明』，亦是以光爲廣，以宣爲明也。」其明能光照之，○王引之曰：「此『光』爲光明之光。」其聰能聽徹之，徹，達也。如是則明神降之，降，下也。○宋庠本作「神明」〔四〕。在男曰覡，在女曰巫。巫、覡，見鬼者。周禮，男亦曰巫。○宋庠曰：「覡，胡歷反，又胡格反。」是使制神之處位次主，處，居也。位，祭位也。次主，以其尊卑先後。○吴曾祺曰：「主，神之所依。周禮春官司巫『供匰主』是也。」而爲之牲器時服，牲，牲之毛色、小大也。器，所當用也。時服，謂四時服色所宜。而後使先聖之後之有光烈，烈，明也。而能知山川之號、號，名號也。高祖之主、高祖，廟之先也。○董增齡曰：「昭十五年傳，王謂籍談曰：『而高祖孫伯黶。』昭十七年傳：『我高祖少皞摯。』則高是高遠之稱，非專指曾祖之父。」宗廟之事、昭穆之世、父昭，子穆，先後之次也〔五〕。春秋躋僖公謂之逆祀。齊敬之勤、齊，莊也。○舊音曰：「齊，阻皆反。」禮節之宜、威儀之則、容貌之崇、崇，飾也。忠信之質、禋絜之服，絜祀曰禋。而敬恭明神者，以爲之祝。祝，大祝，掌祈福祥。使名姓之後，能知四時之生、名姓，謂舊族，若伯夷，炎帝之後爲堯秩宗。生，嘉穀韭卵之類。○周禮春官序官疏引孔、服注曰：「生，謂粢盛。」犧牲之物、○周禮春官序官疏引孔、服曰：「犧，謂純毛色。牲，謂牛、羊、豕。」元誥按：「物」，韋下注云：「色也。」玉帛之類、○元誥按：類，猶言類別也。采服之宜、○元誥按：各本宜作「儀」，今依周禮春官序官疏引國語訂正。又引服氏曰：「祭祀之所服色。」彝器之量、彝，六彝。器，俎豆。量，大小也。○周禮春官序官疏引服曰：「量，數也。祭祀之器，各當其數。」次主之度、疏數之度。○周禮春官序官疏引服曰：「次廟主之尊卑、先後、遠近之度。」屏攝之位、周氏云：「屏，并也。攝，主人之位。」昭謂：屏，屏風也。攝，形如今要扇。皆所以分別尊卑，爲祭祀之位。近漢亦然。○吴曾祺曰：「注攝訓『扇』，即翣也。小爾雅：『大扇謂之翣。』」〔六〕元誥按：周禮春官序官疏引服氏云：「屏，猶并也，謂攝主不備并之，其位不得在正主之位。曾子問曰：『若宗子有罪，居於他國，庶子爲大夫，其祭也，祝曰：「孝子某，使介子某執其常事。」』又云：『攝主不厭祭，不旅不假，不綏祭，不配。』是其攝主并之事。」似未得傳意，以韋注爲允。壇場之所、除地曰場。○周禮春官序官疏引孔曰：「去廟爲祧，去祧爲壇，去壇爲墠。場，祭道神，曾子問『道而出』是也〔七〕。」上下之神祇、氏姓之所出，所自出也。○元誥按：「祇」字、「所」字，依周禮春官序官疏引國語補。又引孔氏曰：「上，謂凡在天之神，天及日、月、星。下，謂凡在地之神，謂地、山、林、川、谷、丘、陵也。」而心率舊典者爲之宗。宗，宗伯，掌祭祀之禮。○周禮春官序官疏引孔氏曰：「既非先聖之後，又非名姓之後〔八〕，但氏姓所出之後子孫，而心常能循舊典者，則爲大宗。大宗者，於周爲宗伯。」於是乎有天地神民類物之官〔九〕，是謂五官，類物，謂别善惡，利器用之官。○昭二十九年左傳：「五行之官，是謂五官〔一〇〕。實列受氏姓，封爲上公，祀爲貴神。木正曰句芒，火正曰祝融，金正曰蓐收，水正曰玄冥，土正曰后土。」各司其序，不相亂也。民是以能有忠信，神是以能有明德，明德，謂降福祥，不爲災孽。民神異業，業，事也。敬而不瀆，故神降之嘉生，嘉生，善物。民以物享，○惠棟曰：「漢書作『物序』，孟康云：『各有分序也。』」禍災不至，求用不匱。及少皞之衰也，九黎亂德，少皞，黄帝之子金天氏也。九黎，黎氏九人，蚩尤之徒也〔一一〕。○汪遠孫曰：「漢書律曆志：『少昊帝。』考德曰：『少昊曰清〔一二〕。』清者，黄帝之子清陽也，是其子孫名摯立。土生金，故爲金德，天下號曰金天氏。」據此，清陽已稱少昊，及摯有天下，始有金天氏之稱。摯是清陽之後，非黄帝親子也。韋注似未明晰。」元誥按：少皞名摯，一名質。其父曰清，清爲黄帝第五子。是少皞爲黄帝之孫，非黄帝之子也。蓋少昊亦號清陽，帝王年代紀以少皞爲帝清陽，故世誤以爲一人。辯見路史發揮。民神雜糅，不可方物。同位，故雜糅。方，猶别也。物，猶名也。○元誥按：糅，猶擾也。夫人作享，家爲巫史，夫人，人人也。享，祀也。巫，主接神。史，次位序。言人人自爲之。○路史疏仡紀：「小昊氏衰，玄都黎氏實亂天德，賢鬼而廢人，唯龜策之從。謀臣不用，喆士在外，家爲巫史。」無有要質。質，誠也。民匱於祀，而不知其福。言民困匱於祭祀，而不獲其福。烝享無度，民神同位。民瀆齊盟，無有嚴威。齊，同也。嚴，敬也。威，畏也。○成十六年左傳杜注云：「瀆齊盟，不詳事神。」元誥按：漢書盟作「明」。神狎民則，不蠲其爲。狎，習也。則，法也。蠲，絜也。其爲，所爲也。○俞樾曰：「則與只同，語詞也。神狎民只，謂神與民狎也。注曰『則，法也』，失之。」嘉生不降，無物以享。禍災荐臻，莫盡其氣。荐，重也。臻，至也。氣，受命之氣也。○吴曾祺曰：「言民多夭札，不獲盡其所受之氣而死也。」顓頊受之，少昊氏殁，顓頊氏作。受，承服也。○路史疏仡紀：「顓頊，黄帝之曾孫，祖曰昌意，黄帝之震嫡也。」乃命南正重司天以屬神，南，陽位。正，長也。司，主也。屬，會也。所以會羣神，使各有分序，不相干亂也。周禮則宗伯掌祭祀。○路史疏仡紀：「重，少昊氏之叔也。」命火正黎司地以屬民，唐尚書云：「『火』，當爲『北』。」北，陰位也。周禮則司徒掌土地人民也。○汪遠孫曰：「中論曆數篇引此文作『北正』，直改字矣。史記曆書集解引應劭曰：『黎，陰官也。火數二；二，地數也，故火正司地以屬萬民。』應不改字。」使復舊常，無相侵瀆，侵，犯也。是謂絶地天通。絶地民與天神相通之道。其後三苗復九黎之德，其後，高辛氏之季年。三苗，九黎之後。高辛氏衰，三苗爲亂，行其凶德，如九黎之爲也。堯興而誅之〔三〕。○元誥按：漢書西羌傳言：「三苗，姜姓之別。」德，善惡通稱，書呂刑鄭注作：「復九黎之惡。」堯復育重、黎之後不忘舊者，使復典之。育，長也。堯繼高辛氏，平三苗之亂，紹育重、黎之後，使復典天地之官〔一四〕，羲氏、和氏是也。以至於夏、商，故重、黎氏世叙天地，而別其分主者也。叙，次也。分，位也。其在周，程伯休父其後也，當宣王時，失其官守而爲司馬氏。程，國。伯，爵。休父，名也。失官守，謂失天地之官，而以諸侯爲大司馬。詩曰「王謂尹氏，命程伯休父」是也。○漢書司馬遷傳應劭注：「休父，字也。」寵神其祖，以取威於民，曰：『重寔上天，黎寔下地。』寵，尊也。言休父之後世尊神其祖，以威耀其民，言重能舉上天，黎能抑下地，令相遠，故不復通也。遭世之亂，而莫之能禦也。亂，謂幽、平以下。禦，止也。不然，夫天地成而不變，天地體成，不復變改。何比之有？」言不相比近也。

2子期祀平王，子期，楚平王之子結。平王，恭王之子，昭王之父。祭以牛俎於王，致牛俎於昭王。王問於觀射父曰：「祀牲何及？」王惑俎肉，而問牲用所及。對曰：「祀加於舉。加，增也。舉，人君朔望之盛饌。天子舉以大牢，祀以會。大牢，牛羊豕也。會，會三大牢〔一五〕。舉，四方之貢也。諸侯舉以特牛，祀以大牢。特，一也。○元誥按：特牛，牛父也。卿舉以少牢，祀以特牛。少牢，羊豕。大夫舉以特牲，祀以少牢。特牲，豕也。士食魚炙，祀以特牲。庶人食菜，祀以魚。上下有序，則民不慢。」王曰：「其小大若何？」對曰：「郊禘不過繭栗，角如繭栗。郊禘，祭天也。○漢書郊祀志顏注：「牛角之形或如繭，或如栗，言其小。」烝嘗不過把握。」把握，長不出把。王曰：「何其小也？」對曰：「夫神以精明臨民者也，故求備物，不求豐大。備物，體具而精絜者。是以先王之祀也，以一純、二精、一純，心純一而絜。二精，玉帛也。三牲、四時、五色、六律、○太平御覽禮儀部四引孔晁曰：「三牲，牛羊豕也。四時，春秋冬夏也。五色，五采服也。六律，黃鍾、大簇、姑洗、蕤賓、夷則、無射也。」七事、八種、七事，天、地、民、四時之務。八種，八音也。九祭、十日、十二辰以致之，九祭，九州助祭。十日，甲至癸。十二辰，子至亥。擇其吉日令辰以致神。百姓、千品、萬官、億醜、兆民、經入、畡數以奉之，百姓，百官受氏姓也。千品，姓有徹品，十爲千品。五物之官，陪屬萬爲萬官。官有十醜，爲億醜。天子之田九畡，以養兆民，王取經入，以食萬官。○元誥按：醜，類也。見後韋注。經，亦數名，即京也。詳見鄭語解。明德以昭之，昭，昭孝敬也。和聲以聽之，中和之聲，使神聽之。以告徧至，則無不受休。至，神至也。休，慶也。○太平御覽禮儀部四引孔晁曰：「徧至，光被四表，格於上下也。」毛以示物，物，色也。血以告殺，明不因故也。接誠拔取以獻具，爲齊敬也。接誠於神也。拔毛取血，獻其備物也。齊，絜也。詩云：「執其鸞刀，以啓其毛，取其血膋。」○俞樾曰：「『接誠』上有闕文。『接誠』與『獻具』相對，疑當作『□□以接誠』。注曰『接誠於神也』，與『獻其備物也』相對，句上亦有闕文。其闕幾字，不可知矣。」舊音曰：「齊，阻皆反。」敬不可久，民力不堪，故齊肅以承之。」肅，疾也。承，奉也。○王引之曰：「此『齊』字當訓爲『疾』，與肅同意，故以齊肅連文。爾雅曰：『肅、齊，疾也。』敬不可久，故欲其疾速也。玉藻曰：『君子之容舒遲，見所尊者齊遬。』舒也，遲也，皆緩也。齊也，遬也，皆疾也，與此『齊肅』同義。」宋庠曰：「齊，如字。」王曰：「芻豢幾何？」草養曰芻，穀養曰豢。○禮記月令鄭注：「養牛羊曰芻，犬豕曰豢。」元誥按：芻，說文作「犓」。對曰：「遠不過三月，近不過浹日。」遠，謂三牲。近，謂雞鶩之屬。浹日，十日也。王曰：「祀不可以已乎？」已，止也。對曰：「祀所以昭孝息民，昭孝養，使民蓄息也。撫國家，定百姓也，不可以已。夫民氣縱則底，氣，志氣也。縱，放也。底，著也。底則滯，滯久而不震，滯，廢也。震，懼也。言無祭祀則民無所畏忌，無所畏忌則志放縱，放縱則遂廢滯〔一六〕，難復恐懼也。○王引之曰：「震，振也，興也。韋注失之。」元誥按：明道本震作「振」。生乃不殖。生，生物也〔一七〕。殖，長也。生物不長，神不降以福也。其用不從，不從上令也。其生不殖，不可以封。封，封國也。是以古者先王日祭月享，時類歲祀。告以事類曰類。日祭於祖、考，月薦於曾、高，時類及二祧，歲祀於壇墠。○汪中曰：「禮不欲數，無日祭之禮。曾子問：『天子諸侯將出，必以幣帛、皮圭告於祖禰〔一八〕，遂奉以出，載於齊車以行。每舍奠焉，而後就舍。』此日祭之禮歟。」諸侯舍日，有月享也。卿大夫舍月，有時祭也。士、庶人舍時。歲乃祭也。○元誥按：舍日，舍月，舍時，謂不以日祭，不以月祭，不以時祭也。天子偏祀羣神品物，品物，謂若八蜡所祭猫虎昆蟲之類。諸侯祀天地三辰及其土之山川，三辰，日、月、星。祀天地，謂二王後。非二王後，祭分野星、山川而已。卿、大夫祀其禮，禮，謂五祀及祖所自出。士、庶人不過其祖。祖，王父也。日月會於龍豵，豵，龍尾也。謂周十二月，夏十月，日月合辰於尾上。月令：「孟冬，日在尾。」○錢大昕曰：「日月之會謂之辰。合辰，謂合朔所入恒星度分也。乃月行過周追及於日〔一九〕。計一月之朔，實日行二十九度又千五百三十九分度之八百十七，月行三百九十四度千五百三十九分度之千二百有二，除周天及斗分，（三百八十五。）尚贏二十九度八百十七分，而又與日合。」故三統術「推合辰所在星，置積日，（統首以來至所本合朔之日。）以統法乘之，以章法乘小餘而并之。盈周天，除去之；不盈者，令盈統法得一度〔二〇〕。數起牽牛，算外，則合辰所入星度也。」「東京賦豵與疚協韻，未得其義。後讀廣韻四覺，𧰶訓『龍尾』，又與豚同，乃晤豵爲𧰶之譌。廣雅云『豚臀也』，故龍尾亦有龍𧰶之稱。𧰶從豖聲，古音如篤，（玉篇：『𧰶，丁角切。』）故轉爲斸音。東方朔傳，『鶴俛啄』，與竇、鷇爲韻，是其證也。」土氣含收，含收，收縮。萬物含藏。天明昌作，昌，盛也。作，起也。謂天氣上也。是月，純坤用事。百嘉備舍，嘉，善也。時物畢成，舍入室也。羣神頻行。頻，竝也。言竝行，欲求食也。國於是乎烝嘗，家於是乎嘗祀。烝，冬祭也。嘗，嘗百物也。月令曰：「孟冬，大飲烝。」傳曰：「閉蟄而烝。」百姓夫婦，擇其令辰，辰，十二辰。奉其犧牲，敬其粢盛，絜其糞除，慎其采服，禋其酒醴，帥其子姓，禋，絜也。子，衆子。姓，同姓也。○儀禮特牲饋食禮：「子姓兄弟。」鄭注：「所祭者之子孫。言子姓者，子之所生也。」從其時享，虔其宗祝，宗，主祭祀。祝，主祝祈。道其順辭，以昭祀其先祖，肅肅濟濟，如或臨之。於是乎合其州鄉朋友婚姻，比爾兄弟親戚。合，會也。比，親也。於是乎弭其百苛，殄其讒慝，弭，止也。苛，虐也。殄，覆也。止、覆，謂解怨除恨之詞。○吳曾祺曰：「殄，絕也，言絕去其讒慝，不訓『覆』。」元誥按：宋庠本殄作「妎」，俞樾謂：「妎，讀爲抮，刮也。」茲不從。合其嘉好，結其親暱，合、結，謂於此更申固之。億其上下，億，安也。以申固其姓。上所以教民虔也，下所以昭事上也。天子禘郊之事，必自射其牲，牲，牛也。○周官司弓矢鄭注：「射牲，示親殺也。」王后必自舂其粢。器實曰粢。諸侯宗廟之事，必自射牛，刲羊，擊豕，刲，刺也〔二一〕。擊，殺也。夫人必自舂其盛。在器曰盛。上言「粢」，此言「盛」，互其文也。況其下之人，其誰敢不戰戰兢兢以事百神！天子親春禘郊之盛，帥后春之。王后親繅其服，服，祭服。祭義云：「夫人繅，三盆，則王后其一盆與。」周語曰：「王耕一發，班三之。」〇元誥按：謂自繅絲以成服也。繅音搔。自公以下至於庶人，其誰敢不齊肅恭敬致力於神！民所以攝固者也，若之何其舍之也！」攝，持也。舍，廢也。王曰：「所謂一純、二精、七事者何也？」對曰：「聖王正端冕，以其不違心，帥其羣臣精物以臨監享祀，無有苛慝於神者，謂之一純。端，玄端之服。冕，大冠也。監，視也。不違心，謂心思端正，服則端冕也。玉、帛爲二精。明絜爲精。天、地、民及四時之務爲七事。」王曰：「三事者，何也？」對曰：「天事武，乾稱剛健，故武。地事文，地質柔順〔三二〕，故文。易曰：「坤爲文。」〇白虎通義三正篇：「天爲質，地受而化之，養而成之，故爲文。」民事忠信。」以忠信爲行。王曰：「所謂百姓、千品、萬官、億醜、兆民、經入、畡數者，何也？」對曰：「民之徹官百，徹，達也。自以名達於上者，有百官也。王公之子弟之質能言能聽徹其官者，質，有賢質。能言，能言其官職也。而物賜之姓，以監其官，是爲百姓。物，事也，以功事賜之姓。官有世功〔三三〕，則有官族，若司馬、大史之屬是也。姓有徹品，十於王謂之千品。謂一官之職，其僚屬徹於王者有十品〔三四〕，百官，故有千品。五物之官陪屬萬，爲萬官。五物，謂天、地、神、民、類物之官也〔三五〕。臣之臣爲陪屬，謂有僚屬轉陪貳相佐助，復有十等，千品，故萬官也。官有十醜，爲億醜。醜，類也。以十醜承萬爲十萬，十萬曰億，古數也。今人乃以萬萬爲億。〇汪遠孫曰：「書洛誥孔傳：『十萬爲億。』詩伐檀傳：『萬萬曰億。』箋云：『十萬曰億。』正義云：『萬萬曰億，今數然也。傳以時事言之，故今九章算術皆以萬萬爲億。箋以詩、書古人之言，故合古數言之。知古億十萬者，以田方百里，於今數爲九百萬畝，而王制云：「方百里，爲田九十億畝。」是億爲十萬也。故彼注云：「億，今十萬。」是以今曉古也。』徐岳數術紀遺曰：『黄帝爲法，數有十等，及其用也，乃有三焉。十等者，億、兆、京、垓、秭、壤、溝、澗、正、載。三等者，上、中、下也。其下數者，十十變之，若言十萬曰億，十億曰兆，十兆曰京也。中數者，萬萬變之，若言萬萬曰億，萬億曰兆，萬兆曰京也。上數者，數窮則變，若言萬萬曰億，億億曰兆，兆兆曰京也。』」元誥按：李冶則主今數，段玉裁則主古數，詳見鄭語解。天子之田九畡，以食兆民，九畡，九州之内有畡數也。食兆民，民稱耕而食其中也。天子曰兆民。王取經入焉，以食萬官。」經，常也。常入，征税也。○元誥按：經，即京，數名，韋注非。詳見鄭語解。

3 鬬且迋見令尹子常，鬬且，楚大夫。子常，子囊之孫囊瓦也。○元誥按：各本迋作「廷」，今依王引之説改。詳見上。迋即「往」字。子常與之語，問蓄貨聚馬。歸以語其弟曰：「楚其亡乎！不然，令尹其不免乎！吾見令尹，令尹問蓄聚積實，如餓豺狼焉，實，財也。殆必亡者也。夫古者聚貨不妨民衣食之利，聚馬不妨民之財用，貨，珠玉之屬，自然物也。貨馬多，則養求者衆，妨財力也。國馬足以行軍，國馬，民馬也。十六井爲丘，有戎馬一匹，牛三頭，足以行軍。公馬足以稱賦，公馬，公之戎馬。稱，舉也。賦，兵賦也〔二六〕。不是過也。公貨足以賓獻，賓，饗贈也。獻，貢也。家貨足以共用，家，大夫也。不是過也。夫貨馬郵則闕於民，郵，過也。闕，缺也。民多闕則有離叛之心，將何以封矣！封，封國也。昔鬬子文三舍令尹〔二七〕，子文，鬬伯比之子於菟也。舍，去也。○後漢書何敞傳引國語舍作「登」。無一日之積，恤民之故也。積，儲也。成王聞子文之朝不及夕也，成王，楚文王之子頵也。於是乎每朝設脯一束、糗一筐，以羞子文。糗，寒粥也。筐，器名也。羞，進也。○吴曾祺曰：「糗訓『乾飯』，無粥義。」元誥按：説文：「筐，飯器。」若與莒竝言，則方屬筐，圓屬莒，其爲用一也。至於今秩之。秩，常也。○各本「今」下有「令尹」二字，汪遠孫曰：「涉上文而衍，周禮酒正先鄭注、賈疏引國語作『至於今秩之』可證。」元誥按：無「令尹」二字是也，今據删。成王每出子文之禄，必逃，王止而後復。禄，俸也。復，反也。人謂子文曰：『人生求富，而子逃之，何也？』對曰：『夫從政者以庇民也，庇，覆也。民多曠者，而我取富焉，曠，空也。是勤民以自封也，勤，勞也。封，厚也。○王引之曰：「勤，病也。民多曠而我取富，非勞民，乃病民也。病民以自封，猶言厲民而以自養也。爾雅：『瘽，病也。』釋文曰：『瘽，音勤，字亦作「懃」。』瘽、懃、勤，字異而義同。」死無日矣。我逃死，非逃富也。』故莊王之世滅若敖氏，唯子文之後在，至於今處鄖，爲楚良臣。莊王，成王孫也。若敖氏，子文之族也。魯宣四年，子文之弟子鬬椒爲亂，莊王滅若敖氏之族，子文之孫箴尹克黄使齊而還，自拘於司敗。王思子文之治楚也，曰：「子文無後，何以勸善。」使復其所。其子孫當昭王時爲鄖公。○沈鎔曰：「今湖北鍾祥縣古鄖國，楚滅之爲邑。」是不先恤民而後己之富乎〔二八〕？今子常，先大夫之後也，先大夫，子囊也。而相楚君無令名於四方。民之羸餒，日已甚矣。羸，瘠也。言日日又甚。四境盈壘，盈，滿也。壘，壁也。言壘壁滿於四境之内。○禮記曲禮篇：「四郊多壘，此卿大夫之辱也。」鄭注：「辱其謀人之國不能安也。壘，軍壁也。數見侵伐，則多壘。」道殣相望，道冢曰殣。詩云：「行有死人，尚或殣之。」○廣韻：「殣，埋也。」元誥按：殣，今詩作「墐」。盜賊司目，民無所放。放，依也。○吳曾祺曰：「司與伺通，謂盜賊側目相窺伺也。」是之不恤，而蓄聚不厭，其速怨於民多矣。速，召也。積貨滋多，蓄怨滋厚，不亡何待！夫民心之慍也，慍，怒也。○俞樾曰：「慍，當讀爲蘊，民心之蘊，承上文『蓄怨滋厚』而言。昭二十五年左傳曰：『衆怒不可蓄也，蓄而弗治將蘊。』杜注曰：『蘊，積也。』與此文語意相近。下云『若防大川焉，潰，所犯必多』，惟其蘊積於心，故以防川爲喻也。慍、蘊同聲，古字通用。禮記檀弓篇釋文引庾皇曰：『慍，積也。』慍之訓積，即讀爲蘊矣。」若防大川焉，潰而所犯必大矣。犯，敗也。子常其能賢於成、靈乎〔二九〕？成不禮於穆，願食熊蹯，不獲而死。成，成王，穆王商臣之父，欲黜商臣而立其弟職。商臣圍成王，王請食熊蹯而死，不聽，遂自殺。蹯，掌也。靈不顧於民〔三〇〕，一國棄之，如遺迹焉。靈王不君，罷弊楚國，三軍叛之，如行人之遺棄其迹〔三一〕。子常爲政，而無禮不顧，甚於成、靈，其獨何力以待之！」待，猶禦也。期年，乃有柏舉之戰，子常奔鄭，昭王奔隨。柏舉，楚地。隨，漢東國也。初，蔡昭侯朝於楚，子常欲其珮。唐成公亦朝焉，子常欲其驌驦馬。二君不與，而留之三年。後與之，乃得歸。歸與吳伐楚，大敗之。在魯定四年。奔隨，自鄖奔隨也。○吳曾祺曰：「柏舉，在今河南西平縣。」元誥按：隨，見鄭語。

4吳人入楚，昭王出奔，濟於成臼。吳人，闔閭也。出奔隨也。濟，渡也。成臼，津名。○吳曾祺曰：成臼，在湖北漢川縣〔三二〕，有臼水，亦名臼子河，西南與漢水合。」見藍尹亹載其孥，藍尹亹，楚大夫。妻子曰孥。王曰：「載予。」對曰：「自先王莫墜其國，墜，失也。當君而亡之，君之過也。」遂去王。王歸，又求見，王欲執之。子西曰：「請聽其辭，夫其有故〔三三〕。」子西，平王之子，昭王之庶兄，令尹公子申也〔三四〕。故，猶意也。王使謂之曰：「成臼之役，而棄不穀，今而敢來，何也？」對曰：「昔瓦唯長舊怨，以敗於柏舉，故君及此。瓦，子常名。長，猶積也。今又效之，無乃不可乎？臣避於成臼，以儆君也，庶悛而更乎！悛，改也。○元誥按：避於成臼，謂在成臼避而不載也。今之敢見，觀君之德也，曰：庶憶懼而鑒前惡乎！鑒，鏡也。君若不鑒而長之，君實有國而不愛，臣何有於死，何惜於死。死在司敗矣！楚謂司寇爲司敗。唯君圖之。」子西曰：「使復其位，以無忘前敗。」言見釁則念前敗。○明道本「復」下衍「在」字。王乃見之。

5吳人入楚，昭王奔鄖，鄖，楚邑。鄖公之弟懷將弒王，鄖公，令尹子文玄孫之孫蔓成然之子鬭辛也。鄖公辛止之。懷曰：「平王殺吾父，平王，昭王考也。父，蔓成然也。成然立平王，貪求無厭，平王殺之。在國則君，在外則讎也。見讎弗殺，非人也。」鄖公曰：「夫事君者，不爲外內行，不爲內外易行。不爲豐約舉，豐，盛也。約，衰也。舉，動也。苟君之，尊卑一也。且夫自敵以下則有讎，敵，敵體也。非是不讎。下虐上爲弒，上虐下爲討，而況君乎。君而討臣，何讎之爲？○王引之曰：「爲，猶有也。」若皆讎君，則何上下之有乎？吾先人以善事君，成名於諸侯，自鬭伯比以來，未之失也。今爾以是殃之，不可。」殃，病害也。○元誥按：殃，敗也。懷弗聽，曰：「吾思父，不能顧矣。」○宋庠本「父」上有「吾」字。鄖公以王奔隨。避懷也。王歸而賞及鄖懷，子西諫曰〔三五〕：「君有二臣，或可賞也，或可戮也。君王均之，羣臣懼矣。」均，同也。言賞罰無別，故懼。王曰：「夫子期之二子耶？吾知之。子期，成然字。或禮於君，或禮於父，均之，不亦可乎？」

6子西歎於朝，藍尹亹曰：「吾聞君子唯獨居思念前世之崇替，崇，終也。替，廢也。詩云：「曾不崇朝。」○俞樾曰：「韋解『崇』字未得其旨。文選東京賦『進明德而崇業』，薛綜注曰：『崇，猶興也。』然則崇替猶言興廢耳。」元誥按：明道本下有「者」字，衍。與哀殯喪，塗木曰殯。於是有歎，其餘則否。君子臨政思義，飲食思禮，同宴思樂，在樂思善，○明道本善作「舊」，非。無有歎焉。今吾子臨政而歎，何也？」子西曰：「闔廬能敗吾師。柏舉之戰。闔廬即世，吾聞其嗣又甚焉，嗣，嗣子夫差也。甚，謂政德過於父。吾是以歎。」對曰：「子患政德之不修，無患吳矣。夫闔廬口不貪嘉味，○明道本脱「夫」字。耳不樂逸聲〔三六〕，逸，淫也。目不淫於色，身不懷於安，朝夕勤志，卹民之羸，羸，病也。聞一善言若驚，得一士若賞，若受賞也。○元誥按：各本脱「言」字，今據後漢書文苑傳注、文選薦禰衡表注、楊荊州誄注引國語補。王念孫謂：「善言入於耳，故曰『聞』。删去『言』字，則文義不明。」有過必悛，悛，改也。有不善必懼，是故得民以濟其志。濟，成也。志，戰克。（吳曾祺曰：「宜云『志在戰克』，方成文理。」）今吾聞夫差好罷民力以成私好，縱過而翳諫，翳，鄣也。一夕之宿，臺榭陂池必成，六畜玩好必從。夫先自敗也已，○明道本「夫」下有「差」字，非。焉能敗人？子修德以待吳，吳將斃矣。」

7王孫圉聘於晉，王孫圉，楚大夫。○明道本圉作「圄」，誤。定公饗之，趙簡子鳴玉以相，定公，晉頃公之子午也。簡子，趙鞅也。鳴玉，鳴其佩玉，以相禮也。問於王孫圉曰：「楚之白珩猶在乎？」珩，佩上之橫者。○說文：「珩，佩上玉也。」對曰：「然。」簡子曰：「其爲寶也幾何矣。」幾何世也。曰：「未嘗爲寶。楚之所寶者曰觀射父，言以賢爲寶。能作訓辭，以行事於諸侯，言以訓辭交結諸侯。使無以寡君爲口實。口實，毀弄也(三七)。又有左史倚相，能道訓典以敘百物，敘，次也。物，事也。以朝夕獻善敗於寡君，使寡君無忘先王之業，又能上下說於鬼神，順道其欲惡，說，媚也。使神無有怨痛於楚國。痛，疾也。又有藪曰雲連徒洲，金木竹箭之所生也。楚有雲夢藪，澤名也。連，屬也。水中可居者曰洲，徒其名也。○段尚書曰：「雲連徒洲，即雲土也，亦作『雲杜』。雲土，長言之爲雲連徒洲。雲、夢爲兩地，左傳定四年：『楚子涉雎濟江，入於雲中。』宣四年：『䢵夫人使棄諸夢中。』昭三年：『以田江南之夢。』雲、夢兩地，故圉單稱雲。若一地，豈可單稱雲乎？韋此注及杜注左傳皆似混雲、夢爲一。雲在江北，夢在江南。」王念孫曰：「漢志：『華容，雲夢澤在南，荆州藪。』司馬相如子虛賦云：『楚有七澤：一曰雲夢。雲夢者，方九百里。』是雲夢實一藪也，經、傳或分言者，省文從便耳。左氏昭三年傳：『王以田江南之夢。』杜預注：『楚之雲夢，跨江南北。』是則夢亦雲也。定四年傳：『楚子涉雎濟江，入於雲中。』杜注：『入雲夢澤中。』是則雲亦夢也。楚辭招魂篇：『與王趨夢兮，課後先。』王逸注：『夢，澤中也，楚人名澤爲夢中。』然則夢中猶雲中矣。淮南墬形篇：『南方曰大夢。』高誘注：『夢，雲夢也。』地理志江夏郡有雲杜，即禹貢之雲土。然則雲土亦爲夢土矣。『雲土夢作乂』，史記夏紀及漢志竝變作『雲夢土』，皆得禹貢之意，各順文從便耳。漢華容縣，今爲荆州府監利、石首二縣地。」元誥按：雲連徒洲即雲土，段說是。雲土即雲夢土，雲夢爲一藪，王說是。又按：藪、澤名同而實異。周禮冢宰云：「藪牧養，蕃鳥獸。」昭二十年左傳云：「藪之薪蒸，虞候守之。」然則藪者，湊也。薪蒸，鳥獸之所湊。風俗通云：「藪，厚也。有草木魚鼈，所以厚養人也。」龜、珠、角、齒、皮、革、羽、毛，所以備賦以戒不虞者也，龜，所以備吉凶。珠，所以禦火災。角，所以爲弓弩。齒，象齒，所以爲珥。皮，虎豹皮也，所以爲茵鞬。革，犀兕也，所以爲甲冑。羽，鳥羽，所以爲旍。毛，氂牛尾，所以注竿首。賦，兵賦。虞，度也。所以供幣帛，以賓享於諸侯者也。享，獻也。若諸侯之好幣具，而導之以訓辭，導，行也。有不虞之備，而皇神相之，能媚於神，故皇神相之。皇，大也。相，助也。寡君其可以免罪於諸侯，而國民保焉。保，安也。此楚國之寶也。若夫白珩，先王之玩也，何寶焉？玩，玩弄之物。○明道本「寶」下有「之」字。圉聞國之寶六而已。聖能制議百物，○明道本「聖」上有「明王」二字，「聖」下有「人」字。以輔相國家，則寶之；玉足以庇廕嘉穀，使無水旱之災，則寶之；玉，祭祀之玉。龜足以憲臧否，則寶之；憲，法也，取善惡之法。○王念孫曰：「憲者，表也。表臧否以示人，故曰『龜足以憲臧否』。大雅嵩高篇：『文、武是憲。』周官小司寇：『憲刑禁。』箋、注竝曰：『憲，表也。』」珠足以禦火災，則寶之；珠，水精，故以禦。○說文：「珠，蚌之陰精。」大戴禮勸學篇：「珠者，陰之陽也，故勝火。」孔氏補注：『珠稟於月爲陰，其光爲陽。』」金足以禦兵亂，則寶之；金，所以爲兵也。山林藪澤足以備財用〔三八〕，則寶之。若夫譁囂之美，譁囂〔三九〕，猶讙譁，謂若鳴玉以相。楚雖蠻夷，不能寶也。」微刺簡子。

8 惠王以梁與魯陽文子，惠王，昭王子，越女之子章。梁，楚北境也。文子，平王之孫〔四〇〕，司馬子期子魯陽公也。○吳曾祺曰：「魯陽，在今河南魯山縣西北。」文子辭曰：「梁險而在北境，懼子孫之有貳者也。貳，二心也。○明道本脱「北」字。夫事君無憾，憾則懼偪，憾，恨也。無恨，謂得志也。偪，偪上也。偪則懼貳。偪則懼誅，故貳也。夫盈而不偪，盈，志滿也。憾而不貳者，臣能自壽也，壽，保也。不知其他。他，子孫也。縱臣而得全其首領以没，○明道本全作「以」，非(四一)。懼子孫之以梁之險，而乏臣之祀也。」恃險而貳，將見誅絶。○明道本無「而」字。王曰：「子仁人，○明道本「子」下衍「之」字。不忘子孫，施及楚國，敢不從子。」與之魯陽。

9子西使人召王孫勝，王孫勝，故平王大子建之子白公勝也。初，費無極爲大子少師，無寵，大子娶於秦而美，勸王納之，遂譖大子曰：「建將叛。」大子奔鄭。又與晉謀鄭(四二)，鄭人殺之，勝奔吳。在魯哀十六年。沈諸梁聞之，沈諸梁，楚左司馬沈尹戌之子葉公子高。見子西曰：「聞子召王孫勝，信乎？」曰：「然。」子高曰：「將焉用之？」曰：「吾聞之，勝直而剛，欲寘之境。」寘，置也。傳曰：「召之，使處境爲白公(四三)。」子高曰：「不可。其爲人也，展而不信，展，誠也。誠，謂復言非忠信之道。○逸周書寶典解：「展允干信。」又大匡篇：「昭信非展。」孔晁注曰：「展，似信而非。」愛而不仁，外愛人，内無仁心也。詐而不智，以詐行謀，而非智道也。智人不詐。毅而不勇，毅，果也。直而不衷，衷，中也。君子惡訐以爲直者。周而不淑。周，密也。淑，善也。復言而不謀身，展也；復言，言可復，不欺人也。不謀身，不計身害也。愛而不謀長，不仁也；外愛人，不計終身也。以謀蓋人，詐也；蓋，掩也。彊忍，毅也；彊，彊力。忍，忍犯義也。○元誥按：各本「彊忍」下有「犯義」二字，此涉注文誤衍。今依段玉裁說刪。直而不顧，不衷也；不顧隱諱。周言棄德，不淑也。取周其言，而不以德。是六德者，皆有其華而不實者也，將焉用之？彼其父爲戮於楚，其心又狷而不絜。狷者，直己之志，不從人也。不絜非絜行。若其狷也，不忘舊怨，而不以絜悛德，悛，改也。思報怨而已。則其愛也足以得人，其展也足以復之，復，復其前言。其詐也足以謀之，其直也足以帥之，帥，帥衆也。其周也足以蓋之，言其周密足以覆蓋其惡。其不絜也足以行之，而加之以不仁，奉之以不義，蔑不克矣。夫造勝之怨者，皆不在矣。怨，謂譖大子者（四四），費無極之徒。若來而無寵，速其怒也。速，疾也。若其寵之，毅貪無厭，既能得人，而耀之以大利，耀，示也。○各本人作「入」。王引之曰：「入，當爲『人』。能得人，即上文所謂『其愛也足以得人』。『耀之以大利』，謂示其人以大利也。下文『動而得人』，即承此句言之。若作『入』字，則義不可通。上文曰『來』，曰『寵』，正謂入國之後，見寵於子西，不當又言『得入』也。且得入由於子西之召，何『能』之可言乎？元、明諸本不得其義，而改能爲『而』，誤益甚矣。」元誥按：王說是，今據改。不仁以長之（四五），長其利欲（四六）。思舊怨以修其心，修其報讎之心。○俞樾曰：「修者，勉也。淮南子修務篇高注訓修爲『勉』，是也。思舊怨以修其心，言思舊怨以勉勵其心也。魯語：『吾冀而朝夕修我。』楚語：『必交修余。』並與此『修』字同義。」苟國有釁，必不居矣。釁，隙也。非子職之，其誰乎？職，主也，言子西將主此禍。彼將思舊怨而欲大寵，大寵，令尹、司馬也。動而得人，愛，故得人。怨而有術，父死而怨，故有術也。若果用之，害可待也。余愛子與司馬，故不敢不言。」司馬，子西之弟子期。子西曰：「德其忘怨乎？言誨之以德，必忘怨也。○明道本脱「乎」字。余善之，夫乃其寧。」寧，安也。子高曰：「不然。吾聞之，唯仁者可好也，可惡也，可高也，可下也。好之不偪，惡之不怨，高之不驕，下之不懼。不仁者則不然，人好之則偪，惡之則怨，高之則驕，下之則懼。驕有欲焉，欲專寵也。懼有惡焉，惡其上也。欲惡怨偪，所以生詐謀也。子將若何？若召而下之，將戚而懼；爲之上者，將怒而怨。詐謀之心，無所靖矣。靖，安也。○吳曾祺曰：「使之居下，將戚而懼〔四七〕；使之居上，將怒而怨。處之無一而可也。」有一不義，猶敗國家，今壹五六，○吳曾祺曰：「五六，即指上『展而不信』六句。」而必欲用之，不亦難乎？吾聞國家將敗，必用姦人，而嗜其疾味，其子之謂乎！嗜，貪也。疾味，味爲己生疾害，喻好不善也。夫誰無疾眚？眚，猶災也。能者早除之。舊怨滅宗，國之疾眚也，爲之關籥蕃籬而遠備閑之，猶恐其至也，蕃籬，壁落閑闌也。○明道本閑譌作「閉」。是之爲日惕。惕，懼也。若召而近之，死無日矣！人有言曰：『狼子野心，怨賊之人。』○明道本下有「也」字。其又何善乎？○宋庠本何作「可」。若子不我信，盍求若敖氏與子干、子晳之族而近之？若敖氏，莊王所滅鬬椒也。子干、子晳，恭王庶子公子比、公子黑肱也。平王所殺而代之，何獨不召而近也？安用勝也，其能幾何？言危不久。昔齊騶馬繻以胡公入於具水，騶馬繻，齊大夫也。胡公，齊大公玄孫之子胡公靖也〔四八〕。具水，水名。胡公虐馬繻，馬繻弒胡公，內之具水。○陳奐曰：「騶馬即趣馬。齊騶馬繻，猶下言魯圉人犖耳，騶馬、圉人皆官名。月令：『季秋，天子命僕及七騶咸駕。』鄭注云：『七騶，謂趣馬，主爲諸官駕說者也。』趣與騶同。周官：『趣馬，下士早一人，徒四人〔四九〕。』鄭注云：『趣馬，趣養馬者也。』韋注失之。」汪遠孫曰：「水經『巨洋水出朱虛縣泰山』，酈注，巨洋水即國語所謂具水矣。袁宏謂之巨昧，王韶之以爲巨蔑，亦或曰朐瀰，皆一水也，而廣其目焉。」元誥按：各本具作「貝」，注同。今依各家說訂正。具水出今山東臨朐縣沂山。邴歜、閻職戕懿公於囿竹，戕，殘也。歜、職皆齊臣。懿公，齊桓公之子商人也。爲公子時，與邴歜之父爭田，弗勝。及即位，乃掘而刖之，而使歜僕納閻職之妻，而使職驂乘。魯文十八年，懿公遊於申池，二子弒公，而納諸竹中。晉長魚矯殺三郤於榭，長魚矯，晉大夫。三郤，錡、至、犨也。犨與矯爭田，執而梏之，與其父母妻子同一轅。既，矯嬖於厲公，譖而殺三郤於榭。魯圉人犖殺子般於次〔五〇〕，圉人，養馬者。子般，魯莊公大子。次，舍也。雩，講於梁氏，女公子觀之〔五一〕，犖自牆外與之戲，子般鞭之。莊公薨，子般即位，次於黨氏。公子慶父通於夫人，夫人欲立之，慶父使犖賊子般於黨氏。在魯莊三十二年。夫是誰之故也，非唯舊怨乎？故，事也。是皆子所聞也。人求多聞善敗，以監戒也。今子聞而棄之，猶蒙耳也。蒙，覆也。吾語子何益，吾知逃而已。」逃，逃勝之難也。子西笑曰：「子之尚勝也。」言子論議好尚勝也。不從，遂使爲白公。子高以疾閒居於蔡。蔡，故蔡國，楚滅之，葉公兼而治焉。○元誥按：以疾，猶言稱疾也。蔡地詳前。及白公之亂，子西、子期死。白公請伐鄭以報父讎，子西既許之，未起師，晉伐鄭，楚又救之，與之盟。白公怒，遂作亂，殺二子於朝。在魯哀十六年。葉公聞之，○宋庠曰：「葉，始涉反。」曰：「吾怨其棄吾言，而德其治楚國，楚國之能平均以復先王之業者，夫子也。夫子，子西。○宋庠曰：「夫，防無反。」以小怨寘大德，吾不義也，將入殺之。」殺白公也。帥方城之外以入，○

元誥按：帥，循也。殺白公而定王室，定王室，謂兼令尹、司馬以平楚國。既定，乃使子西之子寧爲令尹，子期之子寬爲司馬，而老於葉。葬二子之族。子西、子期之族多見害，故皆爲葬之。

校記

〔一〕呂刑也　「呂」字脱，「刑」下衍「書」字，據各本改。

〔二〕光爲廣大之廣　下「廣」字誤爲「大」，據經義述聞改。

〔三〕叔父若能光裕大德　「若能光」三字脱，據經義述聞補。

〔四〕宋庠本作「神明」　按宋庠本亦作「明神」，此文誤記。國語考異云：「御覽、周禮注皆作『神明』。」集解蓋誤以此爲宋庠本。

〔五〕先後之次也　「次」誤作「世」，據各本改。

〔六〕注攝訓「扇」，即翣也。小爾雅：「大扇謂之翣。」　二「翣」字皆誤作「霎」，據國語韋解補正改。

〔七〕曾子問「道而出」是也　「子」下衍「曰」字，據周禮春官序官疏删。

〔八〕又非名姓之後　「姓」誤作「德」，據周禮春官序官疏改。

〔九〕於是乎有天地神民類物之官　「民」誤作「明」，據各本改。

〔一〇〕是謂五官　「謂」誤作「爲」，據國語發正及左傳改。

〔一一〕蚩尤之徒也　各本無此五字，國語發正據尚書呂刑疏引韋解補正，本文從之而未作説明。

〔一二〕漢書律曆志：少昊帝。考德曰：少昊曰清　上「少昊」二字脱，「考德」二字誤倒，據國語發正及漢書律曆志補改。

〔一三〕堯興而誅之　此五字脱，據各本補。

〔一四〕使復典天地之官　「典」字脱，據各本補。

〔一五〕會，會三大牢　脱一「會」字，據各本補。

〔一六〕放縱則遂廢滯　「廢」誤作「發」，據各本改。

〔一七〕生，生物也　「物」上各本原有「人」字，從國語考異删去而未作説明。

〔一八〕告於祖禰　「禰」誤作「廟」，據國語韋解補正改。

〔一九〕乃月行過周追及於日　「周」誤作「冑」，據三統術衍改。

〔二〇〕令盈統法得一度　「令」誤作「今」，據三統術衍改。

〔二一〕刲，刺也　「刺」誤作「割」，據各本改。

〔二二〕地質柔順　「地」誤作「坤」，據各本改。

〔二三〕官有世功　「功」誤作「官」，據各本改。

〔二四〕其僚屬徹於王者有十品　「屬」字脱，據各本補。

〔二五〕五物，謂天、地、神、民、類物之官也　「民」誤作「明」，下「物」字誤作「事」，據各本改。

〔二六〕賦，兵賦也　「兵賦」二字誤倒，據各本改。

〔二七〕昔鬭子文三舍令尹　「鬭」字脱，據各本補。

〔二八〕是不先恤民而後己之富乎　「先恤」二字互倒，據各本改。

〔二九〕子常其能賢於成、靈乎　「成」誤作「威」，據各本改。

〔三〇〕靈不顧於民　「於」誤作「其」，據各本改。

〔三一〕三軍叛之，如行人之遺棄其迹　「棄」字脱，據各本補。

〔三二〕成臼，在湖北漢川縣　「成」字脱，據國語韋解補正補。

〔三三〕夫其有故　「其」誤作「豈」，據各本改。

〔三四〕昭王之庶兄，令尹公子申也　「王」誤作「侯」，「公」字脱，據各本改補。

〔三五〕子西諫曰　「諫」字脱，據各本補。

〔三六〕耳不樂逸聲　「樂」誤作「聽」，據各本改。

〔三七〕口實，毁弄也　此五字脱，據公序本補。明道本無「也」字。

〔三八〕山林藪澤足以備財用　「林」誤作「楚」，據各本改。

〔三九〕譁囂　「囂」字脱，據各本補。

〔四〇〕文子，平王之孫　「王」誤作「公」，據各本改。

〔四一〕縱臣而得全其首領以没，（○明道本全作「以」，非。）　按正文「全」字各本原作「以」，此據國語考異引文選注作「全」改正而未作説明，又僅指出明道本作「以」，亦失於偏。

〔四二〕大子奔鄭。又與晉謀鄭　「晉」誤作「魯」，據各本改。

〔四三〕使處境爲白公　「境」上各本原有「吴」字，從經義述聞説删去而未作説明。

〔四四〕怨，謂譖大子者　「者」字脱，據明道本補。

〔四五〕不仁以長之　「仁」誤作「忍」，據各本改。

〔四六〕長其利欲　「利」字脱，「欲」下衍「用」字，據公序本補删。

〔四七〕將戚而懼　「戚」誤作「威」，據國語韋解補正改。

〔四八〕胡公，齊大公玄孫之子胡公靖也　「之子」二字脱，據各本補。

〔四九〕徒四人　「四」誤作「一」，據周禮夏官序官改。

〔五〇〕魯圉人犖殺子般於次　「殺」字脱，據各本補。

〔五一〕女公子觀之　「公」字脱，據各本補。

國語集解

吉水徐元誥學

吴語第十九

○舊音曰：「吴大伯之後也。周大王少子季歷賢，立為嗣。大伯，大王之長子也，乃讓季歷而奔荆蠻，文身斷髮，示不可用，是為句吴。」宋忠曰：「句吴，大伯所居之地。」元誥按：吴，姬姓，自大伯祚吴，五世至周章，而武王克殷，因封之吴。又十四世至壽夢，而始益大，稱王。魯成公七年，始見春秋。至夫差，凡二十六代，且千歲，為越所滅。今江蘇淮陽道以南至浙江嘉興、吴興二縣境皆吴國故地。闔廬所居，則今吴縣是。

1 吴王夫差起師伐越，越王句踐起師逆之。夫差，大伯之後，闔廬之子，姬姓也。句踐，祝融之後，允常之子，芈姓也。鄭語曰：「芈姓夔、越。」世本亦云：「越，芈姓也。」魯定十四年，吴伐越，越敗之於檇李，闔廬傷而死。後三年，夫差伐越，報檇李也。越逆之江，至於五湖，吴人大敗之於夫椒，遂入越。越子以甲楯五千保於會稽。在魯哀元年。○汪遠孫曰：「史記越世家：『越王句踐，其先禹之苗裔，而夏后帝少康之庶子也。』正義引吴越春秋云：『禹周行天下，還歸大越，登茅山以朝四方羣臣，封有功，爵有德，崩而葬焉。至少康，恐禹迹宗廟祭祀之絶，乃封其庶子於越，號曰無餘。」韋從世本以越爲羋姓者，徒據鄭語之文，不知鄭語夔、越皆謂楚之别封。楚世家：『熊渠立，少子執疵爲越章王。』夔、越之越即越章也。句踐當是姒姓無疑。」元誥按：吴本伯爵，稱王者，僭號也。逆者，迎也，謂迎擊之也。順逆之逆當作「屰」。大夫種乃獻謀，種，越大夫。獻，進也。○呂氏春秋當染篇高注：「大夫種，姓文氏，字禽，楚之郢人。」曰：「夫吴之與越，唯天所授，王其無庸戰。庸，用也。夫申胥、華登簡服吴國之士於甲兵〔一〕，而未嘗有所挫也。申胥，楚大夫伍奢之子子胥也，名員。魯昭二十年，奢誅於楚，員奔吴，吴子與之申地，故曰申胥。華登，宋司馬華費遂之子。華氏作亂於宋而敗，登奔吴，爲大夫。簡，習也。挫，毁折也。○汪遠孫曰〔二〕：「服，亦習也。見禮記孔子閒居鄭注。」元誥按：明道本服誤作「報」。夫一人善射，百夫決拾，決，鉤弦。拾，捍。言申胥、華登善用兵，衆必化之，猶一人善射，則百夫競著決拾而效之。○詩車攻篇毛傳曰：「決，鉤弦也。拾，遂也〔三〕。」正義曰：「決著於右手大指，所以鉤弦開體。遂著於左臂，所以遂弦。」元誥按：決以象骨爲之，如今之班指。遂以皮爲之，如今之袖套，其非射時，則謂之拾。拾，斂也，所以蔽膚斂衣也。「決」字亦作「抉」、「夬」。勝未可成也。成，猶必也。夫謀必素見成事焉，而後履之，素，猶豫也。履，行也。不可以授命。授命，猶鬬命。○吴曾祺曰：「謂不可以三軍之命爲殉也。」王不如設戎，約辭行成以喜其民，戎，兵也。約，卑也。成，平也。言不如設兵自守，卑約其辭以求平於吴，吴民必喜。以廣侈吴王之心。侈，大也。吾以卜之於天，天若棄吴，必許吾成而不吾足也，言越不足畏。○元誥按：足，疑讀爲促。説文：「促，迫也。」將必寬然有伯諸侯之心焉。寬，緩也。既罷弊其民，而天奪之食，安受其燼，奪之食，稻蟹之屬。燼，餘也。乃無有命矣。」吴無復有天命矣。越王許諾，乃命諸稽郢行成於吴，諸稽郢，越大夫。○史記越世家諸作「柘」。曰：「寡君句踐，使下臣郢不敢顯然布幣行禮，布，陳也。幣，玉帛也。顯，猶公露也。敢私告於下執事曰〔四〕：昔者越國見禍，得罪於天王，見禍於天。得罪，謂傷闔廬。言天王，尊之以名。○俞樾曰：「天王，猶大王也。廣雅釋詁：『天，大也。』尚書多士篇曰：『肆余敢求爾於天邑商。』孟子滕文公下篇云：『唯臣附於大邑周。』天邑與大邑，文異而義同。此傳越人稱吴爲天王，至戰國時無不稱大王者，天王與大王，亦文異而義同。然則春秋書天王，其義亦如此而已。」天王親趨玉趾，以心孤句踐，趾，足也〔五〕。孤，棄也。○俞樾曰：「韋解非也。孤之言顧也。釋名釋親屬曰：『孤，顧也』，是孤有顧義。詩那篇：『顧予烝嘗。』鄭箋曰：『顧，念也。』以心孤句踐，而又宥赦之，言天王親趨玉趾，本將治越之罪，因顧念句踐，而又宥赦之也。」汪遠孫曰：「孤，猶弱也。」元誥按：二説均可通。而又宥赦之。宥，寬也。君王之於越也，緊起死人而肉白骨也。緊，是也。使白骨生肉，德至厚也。孤不敢忘天災，其敢忘君王之大賜乎！今句踐申禍無良，申，重也。良，善也。草鄙之人，敢忘天王之大德，而思邊垂之小怨，遠邑稱鄙。言吴侵越之邊垂，心懷怨恨。以重得罪於下執事？重得罪，謂報見侵也。句踐用帥二三之老，家臣稱老，言此謙也。親委重罪，頓顙於邊。季，猶歸也。邊，邊境。○元誥按：頓顙，猶稽顙也。儀禮鄭注：「稽顙，頭觸地，無容也。」今君王不察，盛怒屬兵，將殘伐越國。察，理也。屬，會也。殘伐，謂隳會稽。越國固貢獻之邑也，君王不以鞭箠使之，而辱軍士使寇令焉。若禦寇之號令。○俞樾曰：「爾雅釋詁：『使，從也。』廣雅釋詁：『從，使也。』是從與使義通。使寇令焉，即從寇令焉，謂從禦寇之令也。史記龜策傳：『大將不彊，卒不使令。』使令即從令，正可證明此文之義。」句踐請盟：一介嫡女，執箕箒以晐姓於王宮。一介，一人。晐，備也。姓，庶姓。曲禮曰：「納女於天子，曰備百姓。」○惠棟曰：「曲禮注云：『姓之言生也。天子，皇后以下百二十人，廣子姓也。』時越以王禮尊吴，故云晐姓。」一介嫡男，奉槃匜以隨諸御。槃，盛盥器。晉語曰：「奉匜沃盥〔六〕。」御，近臣宦豎之屬。春秋貢獻，不解於王府。天王豈辱裁之〔七〕？豈能辱意裁制之。○宋庠曰：「解，佳賣反。」亦征諸侯之禮也。征，税也。此亦天子征税諸侯之禮。○吴曾祺曰：「征，伐也，不訓『税』。」夫諺曰：『狐埋之而狐搰之，是以無成功。』埋，藏也。搰，發也。○舊音曰：「搰，户骨反。」今天王既封殖越國，以明聞於天下，封殖，以草木自喻。壅本曰封。殖，立也。明，顯也。聞於天下，言天下備聞也〔八〕。而又刈之，是天王之無成勞也。芟草曰刈。勞，功也。○元誥按：各本「刈」下有「亡」字，今依太平御覽人事部九十七引國語删。雖四方之諸侯，則何實以事吴？實，實事也。○元誥按：雖，語詞，見經傳釋詞。敢使下臣盡辭，惟天王秉利度義焉〔九〕。」秉，執也。義，宜也。

2 吴王夫差乃告諸大夫曰：「孤將有大志於齊，欲伐齊也。吾將許越成，而無拂吾慮。拂，絶也。○俞樾曰：「説文：『咈，違也。』字通作『拂』。而無拂吾慮者，而即『爾』字，蓋吴王欲許越成，而懼大夫之不從，故先戒之曰，爾無拂吾之計慮也。韋解失之。」若越既改，吾又何求？若其不改，反行，吾振旅焉。」伐齊反，振旅而討之。申胥諫曰：「不可許也。夫越非實忠心好吴也〔一〇〕，又非懾畏吾兵甲之彊也。大夫種勇而善謀，將還玩吴國於股掌之上，以得其志。還，轉也。玩，弄也。脛本曰股。夫固知君王之蓋威以好勝也，蓋，猶尚也。故婉約其辭，以從逸王志，婉，順也。約，卑也。從，隨也。○汪遠孫曰：「從，讀爲『縱敗禮』之縱。論語爲政篇：『七十而從心所欲。』皇侃讀從爲縱。」王念孫說同。使淫樂於諸夏之國，以自傷也。使吾甲兵鈍弊，民人離落，而日以憔悴，離，叛也。落，隕也。憔悴，瘦病也。然後安受吾燼。夫越王好信以愛民，四方歸之，年穀時熟，日長炎炎。炎炎，進貌。○陳瑑曰：「以炎炎爲進，『火曰炎上』之義。」及吾猶可以戰也，爲虺弗摧，爲蛇將若何？」虺小蛇大也(二)。傳曰：「封豕長蛇。」○陳瑑曰：「詩疏引孫炎云：『江淮以南謂虺爲蝮，廣三寸，頭如拇指，有牙，最毒。』」元誥按：說文虺作「虫」。吳王曰：「大夫奚隆於越，奚，何也。隆，盛也。○元誥按：隆有高義，爾雅釋山邢疏云：「山形，中央蘊聚而高者名隆。」此文「大夫奚隆於越」，謂子大夫何高視乎越也。卑之之詞，故下言「不足爲大虞」。越曾足以爲大虞乎？虞，度也。○王念孫曰：「虞，憂也。韋注失之。」若無越，則吾何以春秋曜吾軍士？」乃許之成。將盟，越王又使諸稽郢辭曰：「以盟爲有益乎？前盟口血未乾，未乾，喻近。足以結信矣。以盟爲無益乎？君王舍甲兵之威以臨使之，而胡重於鬼神而自輕也？」吳王乃許之，荒成不盟。荒，空也。

3吳王夫差既許越成，乃大戒師徒，將以伐齊。申胥進諫曰：「昔天以越賜吳，而王弗受。夫天命有反，反，謂盛者更衰，禍者有福。今越王句踐恐懼而改其謀，舍其慾令，舍，廢也。慾，過也。輕其征賦，施民所善，去民所惡，身自約也，裕其衆庶，裕，饒也。其民殷衆，殷，盛也。以多甲兵。越之在吳也，猶人之有腹心之疾也。夫越王之不忘敗吳，於其心也侙然，服士以伺吾閒。侙，猶惕也。閒，隙也。○各本侙作「慼」，注同。王念孫曰：「諸書無訓慼爲『惕』者。說文：『侙，惕也。春秋國語曰：「於其心也侙然」。』然則今本作『慼』者，乃『侙』字之誤。而韋所見本正作『侙』，不作『慼』，故與說文同訓爲『惕』也。廣雅曰：『侙，慎，愩也。』玉篇曰：『愩，心動也。』廣韻曰〔一二〕：『侙，意愩侙也。』義與惕竝相近。」汪遠孫說同。元誥按：作「侙」是，今據改。服士，謂使士卒服習也。今王非越是圖，而齊、魯以爲憂。夫齊、魯譬諸疾，疥癬也，疥癬在外，爲害微也。豈能涉江、淮以與我爭此地哉？將必越實有吳土。壤地接而越修德也。王盍亦鑑於人，無鑑於水。鑑，鏡也。以人爲鏡，見成敗；以水爲鏡，見形而已。書曰：「人無于水鑑，當于民鑑。」○明道本「盍」上有「其」字〔一三〕。昔楚靈王不君，不得爲君之道。其臣箴諫不入，入，受也。○各本「諫」下衍「以」字，今依攷正刪。乃築臺於章華之上，章華，地名。闕爲石郭，陂漢，以象帝舜。闕，穿也。陂，壅也。舜葬九疑，其山體水旋其丘，故壅漢水使旋石郭，以象之也。○元誥按：章華，詳見楚語。罷弊楚國，以閒陳、蔡。閒，候也，候其隙而取之。魯昭八年，楚滅陳；十一年滅蔡。○元誥按：陳、蔡，詳見鄭語。不修方城之內，方城，楚北山。○元誥按：方城，詳見齊語。踰諸夏而圖東國，諸夏，陳、蔡。東國，徐夷、吳、越。三歲於沮、汾以服吳、越。沮、汾，水名。楚東鄙沮、汾之閒乾谿也。魯昭六年，楚令尹子蕩帥師伐吳，師於豫章，次於乾谿。○元誥按：沮水出今湖北房縣西南二百里之景山，南流荆門縣與漳水合，又東南過枝江縣。今襄陽沮水左右皆曰沮中。「沮」字亦作「雎」。汾出今山西靜樂縣東北一百六十里之管涔山，南經霍縣、臨汾等縣，至新絳折而西流，至河津縣西南注入黃河。其民不忍饑勞之殃，三軍叛王於乾谿。殃，害也。民罷國亂，中外叛潰。事在魯昭十三年。○元誥按：乾谿，詳見楚語。王親獨行，屏營仿偟於山林之中，三日乃見其涓人疇。涓人，今之中涓也。疇，名也。○廣雅釋訓：「屏營，征伀也。」釋詁：「征伀，懼也。」史記高祖功臣表引漢儀注：「天子有中涓，如黃門，皆中官者。」汪遠孫曰：「古中涓爲守衛之官。」王呼之曰：『余不食三日矣。』疇趨而進，王枕其股以寢於地。王寐，疇枕王以墣而去之。墣，塊也。王覺而無見也，乃匍匐將入於棘闈，棘闈不納，棘，楚邑。闈，門也。○元誥按：棘，據內傳杜注，則當在今河南永城縣南。而汪遠孫謂「棘與棘闈爲二，「棘闈」二字地名，今闕。韋以「闈」爲門，非也。存攷。乃入芋尹申亥氏焉。申亥，楚大夫，芋尹無宇之子。傳曰：「王沿夏將入鄢，芋尹無宇之子申亥曰：『吾父再奸王命，王弗誅，惠孰大焉〔四〕。』乃求王，遇諸棘闈。」王縊，申亥負王以歸，而土埋之其室。傳曰：「王縊，申亥以其二女殉而葬之〔五〕。」此志也，豈遽忘於諸侯之耳乎？志，記也。言此事皆見記於諸侯之耳而未忘也。○吳曾祺曰：「志爲記事之書，如春秋之類，不必訓『記憶』。」今王既變鮌、禹之功，王，夫差。變，易也。魯語曰：「禹能以德修鮌之功。」而高高下下，以罷民於姑蘇。高高，起臺榭。下下，深污池。姑蘇，臺名，在吳西，近湖。○元誥按：姑蘇，山名，在今江蘇吳縣西南三十里，亦稱胥臺山，吳王築臺其上，因以爲名。據墨子云，夫差築姑蘇之臺，七年不成，是其疲民可知。天奪吾食，都鄙荐饑。天奪吾食，稻蟹也。都，國也。鄙，邊邑也。荐，重也。今王將很天而伐齊。很，違也。夫吳民離矣，有離叛也。體有所傾，譬如羣獸然，一个負矢，將百羣皆奔，傾，傷也。言衆獸羣聚其中，一个被矢，則百羣皆走。以言吳民臨陳就戰，或小有傾傷，亦復然也。○汪遠孫曰：「方言：『介，特也。物無耦曰特，獸無耦曰介。』个、介古字通。」王其無方收也。方，道也。收，還也。越人必來襲我，王雖悔之，其猶有及乎？」王弗聽。十二年，遂伐齊，夫差十二年，魯哀十一年。齊人與戰於艾陵，艾陵，齊地。○沈鎔曰：「今山東萊蕪縣東北有艾陵亭。」齊師敗績，吳人有功。傳曰：「獲齊國書，革車八百乘，甲盾三千。」

4 吳王夫差既勝齊人於艾陵，乃使行人奚斯釋言於齊，奚斯，吳大夫。釋，解也。以言辭自解，歸非於齊。○元誥按：行人奚斯，即檀弓之行人儀也，見古今人表。言，謂閒隙也，詳見晉語解，韋注非。曰：「寡人帥不腆吳國之役，○明道本「帥」下有「師」字，衍。遵汶之上，役，兵也。汶，齊水名。○元誥按：汶水有二：其出今山東萊蕪縣東北七十里之原山者，徑汶上縣，分流南北，今運河全資汶水，漢志所謂「西南入泲」之故道，已湮，此禹貢「浮於汶」，爾雅「汶爲灛」之汶也；其出今山東臨朐縣沂山，至安邱縣合濰水者，水經注所謂「東汶水」也。而述征記泰山郡水皆名汶，齊乘亦有三汶，則以汶名者，不止二矣。此文汶不知孰指。不敢左右，唯好之故。不敢左右暴掠齊民，唯有恩好之故也。○王念孫曰：「廣雅：『敢，犯也。』言不犯君之左右，唯有恩好之故也。韋注失之。」俞樾曰：「韋解未得『左右』二字之義。此『左右』二字，即承上文『遵』字而言，謂遵循汶水而行，不敢左右迤邪以犯獵齊地也。」元誥按：俞說於上下文較合。今大夫國子興其衆庶，以犯獵吳國之師徒，國子，齊卿國書也。犯，陵也。獵，虐也〔一六〕。○文選羽獵賦注引賈逵曰：「獵，取也。」天若不知有罪，則何以使下國勝？」下國，吳自謂。言天若不知有罪，何以使吳勝齊也。

5吳王反自伐齊，乃誶申胥誶，告讓也。○元誥按：各本誶作「訊」，今依太平御覽資産部三引國語訂正。曰：「昔吾先王體德聖明，達於上帝，先王，闔廬。上帝，天也。譬如農夫作耦，以刈殺四方之蓬蒿，二耜爲耦。言子胥佐先王，猶耕者之有耦，以成其事。以立名於荆，此則大夫之力也。立名於荆，謂敗楚於柏舉，昭王奔隨時。今大夫老，而又不自安恬逸，恬，猶静也。逸，樂也。而處以念惡，處，居也。居則念爲惡於吳國。出則罪吾衆，罪吾衆，謂「吳民離矣，體有所傾」之屬。撓亂百度，撓，擾也〔一七〕。度，法也。以妖孽吳國。妄爲妖言「越當襲吳」。今天降衷於吳，衷，善也。齊師受服。孤豈敢自多，先王之鍾鼓，寔式靈之〔一八〕。式，用也。靈，神也。敢告於大夫。」申胥釋劍而對曰：「昔吾先王世有輔弼之臣，言闔廬以前。以能遂疑計惡，遂，決也。計，慮也。以不陷於大難。今王播棄黎老，鮐背之耇稱黎老。播，放也。而孩童焉比謀，孩，幼也。比，合也。○王引之曰：「焉，猶是也，言孩童是比謀也。」元誥按：明道本「而」下有「近」字，衍。曰：『余令而不違。』不違，言莫違也。夫不違，乃違也。乃違道也。夫不違，亡之階也。夫天之所棄，必驟近其小喜，小喜，勝敵之喜〔一九〕，「紂之百克」是也。而遠其大憂。大憂在後，故遠也。王若不得志於齊，而以覺寤王心，吳國猶世。世，繼世。吾先君之得之也，必有以取之；得，謂克楚。傳曰：「闔廬食不二味，勤恤其民。」取之，謂此也。其亡之也，亦有以棄之。亡之，謂不正其師，以班處宮，復爲楚所敗。用能援持盈以没，盈，滿也。没，終也。而驟救傾以時。以時，不失時也〔二〇〕。一切經音義九引賈逵曰：「驟，疾也。」今王無以取之，言無政德。而天禄亟至，亟，數也。是吳命之短也。

員不忍稱疾辟易，以見王之親爲越擒也。○元誥按：「越」下有「之」字，依許本删。員請先死。」遂自殺。辟易，狂疾。○汪遠孫曰：「易，讀爲瘍。廣雅釋詁：『瘍，癡也。』」將死，曰：「以懸吾目於東門，○史記伍子胥傳正義曰：「東門，鰭門，謂鮃門也。」汪遠孫曰：「鰭，鮃，即今之胥門。〔二〕吴闔廬建姑蘇臺在胥門，蓋胥門即古之東門也。張守節以今之葑門爲吴東門，恐非是〔三〕。」以見越之入，吴國之亡也。」王愠曰：「孤不使大夫得有見也。」乃使取申胥之尸，盛以鴟鴺，而投之於江。鴟鴺，革囊。○黄丕烈曰：「鴟鴺，取其多容，謂如鴟之腹，如鴺之胡也。陸機云：『鴺胡，頷下胡如數升囊，能羣抒小澤水，滿其胡而弃之，水盡乃食魚。』」元誥按：鴺，説文或作「鵜」，本又作「夷」，鴺爲正字也。

6 吴王夫差既殺申胥，不稔於歲，稔，熟也。謂後年不至於熟而北征也。夫差以哀十一年殺子胥，十二年會魯於槖皋。乃起師北征。闕爲深溝，通於商、魯之間，闕，穿也。商，宋也。北屬之沂，沂，水名，出泰山，蓋南至下邳入泗。○元誥按：沂水出今山東沂水縣西北一百七十里之雕厓山，（即沂山西峰，沂山即東泰山。）接蒙陰縣北境，故清一統志云「出蒙陰縣北」也，南流經蘭山縣，至江蘇邳縣入運河。西屬之濟，濟，宋水。○元誥按：濟水爲四瀆之一，字本作「泲」，與直隸贊皇縣之濟水別源，出河南濟源縣西王屋山，東南流爲瀦龍河，入黄河。其故道本過黄河而南，東流經開封縣，分南北二支，今唯河北發源處尚存。以會晉公午於黄池。黄池，地名。晉公午，晉定公也。黄池會在魯哀十三年。○元誥按：黄池，在今河南封丘縣西南七里。於是越王句踐乃命范蠡、舌庸，二子，越大夫〔四〕。○明道本舌作「后」，非。率師沿海泝淮以絶吴路，沿，順也。逆流而上曰泝。循海而逆入於淮，以絶吴王之歸路。○朱駿聲曰：「淮水出今河南桐柏縣桐柏山，經安徽清河縣合於河，經安東縣雲梯關入於海。」敗王子友於姑熊夷。姑熊夷，吴郊也。王子友，夫差大子也。夫差未及反，越伐吴，吴拒之，獲大子友。越王句踐乃率中軍泝江江，吴江。或有「淮」字者，誤。○元誥按：吴江，即今松江，古名笠澤，在今江蘇吴江縣東門外，即長橋下分太湖之流而東出者。以襲吴，入其郛，郛，郭也。焚其姑蘇，徙其大舟。大舟，王舟。徙，取也。○吴越春秋作「焚姑胥臺」。吴、晉争長未成，長，先也。成，定也。邊遽乃至，以越亂告。遽，傳也。○汪遠孫曰：「乃，讀爲仍。説文，仍從乃聲，二字古同聲通用。内傳哀十三年疏引外傳作『仍至』。」元誥按：漢書王莽傳：「吉瑞累仍。」注：「仍，頻也。」吴王懼，乃合大夫而謀曰：「越爲不道，背其齊盟。齊，同也。今吾道路悠遠，悠，長也〔二四〕。○一切經音義九引賈逵曰：「悠，長也。」元誥按：明道本悠作「脩」。無會而歸，與會而先晉，孰利？」先晉，令晉先歃。王孫雒曰：「夫危事不齒，王孫雒，吴大夫。齒，年也，不以年次對也。雒敢先對。二者莫利。無會而歸，越聞章矣，民懼而走，遠無正就。正，適也。齊、宋、徐、夷曰『吴既敗矣』，宋，今睢陽。徐，今大徐。夷，淮夷。將夾溝而㢋我，旁擊曰㢋。○陳瑑曰：「説文：『㢋，廣也，春秋國語曰：「夾溝而㢋我〔二五〕。」』許氏據此以釋㢋之爲『廣』，則㢋我者，謂牽曳之，使勢分廣也。」舊音曰：「㢋，昌爾反。」我無生命矣。會而先晉，晉既執諸侯之柄以臨我，將成其志以見天子。以侯伯之禮見天子。吾須之不能，不能待見天子。去之不忍，若越聞愈章，愈，益也。吾民恐叛。必會而先之。」先，吴先歃。王乃步就王孫雒曰：「先之，圖之將若何？」王孫雒曰：「王其無疑，吾道路悠遠，必無有二命，焉可以濟事。」欲決一計，求先晉。濟，成也。○王引之曰：「焉，猶乃也。言必無有二命，乃可以濟事也。」王孫雒進，顧揖諸大夫曰：「危事不可以爲安，死事不可以爲生，則無爲貴智矣。言人不能以危易安，以死易生，則何貴於智矣。民之惡死而欲貴富以長没也，與我同。長，老也。没，終也。○明道本民之作「民以」。雖然，彼近其國，有遷；我絶慮，無遷。遷，轉退也。絶慮，道遠。○吴曾祺曰：「謂去國既遠，無戀土之心，安心死戰，故曰無遷。」彼豈能與我行此危事也哉？言晉不能以死與我争。事君勇謀，於此用之。勇而有謀，正謂今時。今夕必挑戰，以廣民心。挑晉求戰，以廣大民心，示不懼也。請王厲士，以奮其朋勢，朋，羣也。勉厲士卒，以奮激其羣黨之勢，使有鬭心。○王念孫曰：「朋，讀爲馮。馮勢，盛怒之勢也。方言：『馮，怒也，楚曰馮。』郭注曰：『馮，恚甚貌。』昭五年左傳：『今君奮焉，震電馮怒。』杜注曰：『馮，盛也。』楚辭天問：『康回馮怒。』是馮爲盛怒也。作『朋』者，假借字耳。史記田完世家之韓馮，韓策作『韓朋』。藝文類聚寶部下引六韜曰：『九江得大貝百馮。』淮南道應篇作『大貝百朋』。是馮與朋古字通，猶『淜河』之淜通作『馮』也。韋訓朋爲『羣』，失之。」汪遠孫説同。勸之以高位重畜，重畜，實財。備刑戮以辱其不勵者，備，具也。令各輕其死。彼將不戰而先我，推先我也。○元誥按：謂推吴先歃也。我既執諸侯之柄，爲盟主，故執柄。以歲之不穫也，無有誅焉，穫，收也。誅，責也。不責諸侯之貢賦。而先罷之，罷遣諸侯，令先歸。諸侯必説。説，喜也。既而皆入其地，入其國境。王安挺志，挺，寬也。○王引之曰：「安，猶乃也。」一日惕，一日留，惕，疾也。留，徐也。以安步王志。步，行也。必設以此民也，封於江、淮之間，乃能至於吴。」設，許其勸勉者。

以此民封之於江淮間以誘之〔二六〕，必速至也。吴王許諾。

7 吴王昏乃戒，令秣馬食士。秣，粟也。○元誥按：秣馬，謂飼馬粟也。食，音寺，通作飤。士，卒也。夜中，乃令服兵擐甲，夜中，夜半也。服，執也。擐，貫也。甲，鎧也。○元誥按：兵，兵器也。係馬舌，出火竈，係，縛也。縛馬舌，恐有聲也。出火於竈外，以自燭。陳王卒，百人以爲徹行，百行。徹，通也。以百人爲一行，百行爲萬人，謂之方陳。○各本王卒作「士卒」。王念孫曰〔二七〕：「既言卒，無庸更言士〔二八〕。士卒，當爲王卒之誤。王卒者，中軍之卒。中軍從王，故其卒謂之王卒。自『陳王卒』至『王親秉鉞，載白旗以中陳而立』，皆指中軍言之。下文言左、右軍亦如之，而此不言中軍者〔二九〕，言王卒，則中軍不待言也。」元誥按：王説是，今據改。行，音户郎反，下竝同。行頭皆官師，擁鐸拱稽，三君皆云：「官師，大夫也。」昭謂：下言「十行一嬖大夫」〔三〇〕，此一行宜爲士。周禮：「百人爲卒，卒長皆上士。」擁，猶抱也。拱，執也。抱鐸者，亦恐有聲也。唐尚書云：「稽，棨戟。」鄭司農以爲「稽，計兵名籍也。」周禮：「聽師田以簡稽。」○宋庠本官師作「官帥」。王念孫曰〔三一〕：「作『官帥』非是。祭法『官師一廟』，鄭注云：『官師，中士、下士也。』故韋云『此一行宜爲士』。行頭皆官師者，謂在平時則爲官師，在此時則爲一行之長也。偏考經傳，士稱官師，而不稱官帥。至史記始有『官率將』之語，不得援以爲據。」元誥按：補音反以「師」爲非，失之。建肥胡，奉文犀之渠。肥胡，幡也。文犀之渠，謂楯也。文犀，犀之有文理者。○陳瑑曰：「幡，古之徽號也，所以表題官號，以爲符信，見崔豹古今注。吴建肥胡，以題行頭官師之徽號也。」汪遠孫曰：「胡，幅之下垂者也。肥，古與飛通，（易『肥遯』亦作『飛』，見文選思玄賦及注。）蓋言其飛揚之意。渠，大也。韋解渠爲楯。文犀之楯，謂大楯。」元誥按：淮南氾論訓篇高注云：「渠，甲名也。」引此文作「奉文渠之甲」。十行一嬖大夫，十行，千人。嬖，下大夫也〔三二〕。子産謂子南曰：「子皙，上大夫。汝，嬖大夫。」○王念孫曰〔三三〕：「在平時爲大夫，在此時則爲十行之長也。下『十旌一將軍』，亦是平時爲卿，而此時爲將軍，故周官云『軍將皆命卿』也。」建旌提鼓，析羽爲旌。提，挈也。挾經秉枹。在掖曰挾。經，兵書也。秉，執也。○俞樾曰：「世無臨陣而讀兵書者，經，當讀爲莖，謂劍莖也。考工記桃氏曰：『以其臘廣爲之莖圍。』注曰：『鄭司農云：「莖，謂劍夾，人所握鐔以上也。」玄謂：莖，在夾中者。莖長五寸。』此云挾莖，正謂此矣。作『經』者，假字耳。韋訓『兵書』，失之。」元誥按：枹，鼓槌也，字亦作「桴」，扶鳩切。十旌一將軍，十旌，萬人。將軍，命卿。○襄十三年左傳孔疏引吴語：「百人爲行，十行一旌，十旌一將軍。」引司馬法云：「十人之帥執鈴，百人之帥執鐸，千人之帥執鼓，萬人之將執大鼓。」載常建鼓，挾經秉枹。日月爲常。鼓，晉鼓也。周禮：「將軍執晉鼓。」建，謂爲之楹而樹之。○陳瑑曰：「周禮晉鼓之制，長六尺有六寸，與上『提鼓』不同。」元誥按：常爲九旗之一，亦曰「大常」，周禮司常所謂「王建大常」是也。韋注「日月爲常」，亦是周禮司常文。明道本常作「裳」，下同。萬人以爲方陳，百行，故萬人，正四方也。皆白常、白旂、素甲、白羽之矰，望之如荼。交龍爲旂。素甲，白甲。矰，矢名，以白羽爲衛。荼，茅秀也。○集韻：「荼，草名。」詩出其東門篇孔傳：「荼，英荼。」正義云：「六月『白旆英英』，是白貌，茅之秀者，其穗色白。」王親秉鉞，○元誥按：鉞，本作「戉」，書顧命篇「一人冕，執戉」，鄭注：「戉，大斧。」載白旗以中陳而立。熊虎爲旗。此王所帥中軍。左軍亦如之，亦如中軍「載常建鼓，挾經秉枹」之屬。皆赤常、赤旟、丹甲、朱羽之矰，望之如火。鳥隼爲旟。尚赤，左爲陽也。丹，彤也。朱羽，染爲朱也。右軍亦如之，皆玄常、玄旗、黑甲、烏羽之矰，望之如墨。黑，漆甲也。尚黑，右陰也。爲帶甲三萬，帶甲，衿鎧。以勢攻，○吳曾祺曰：「謂示以將攻之勢。」雞鳴乃定。既陳，去晉軍一里。昧明，王乃秉枹，親就鳴鍾鼓、丁寧、錞于，振鐸，丁寧，令丁，謂鉦也〔三四〕。唐尚書云「錞于，鐲」，非也。錞于與鐲各異物，軍行鳴之，與鼓相應。○元誥按：丁寧、錞于，詳見晉語解。勇怯盡應，三軍皆譁釦以振旅，譁釦，讙呼。○陳瑑曰：「釦，本訓金飾器口。此云『譁釦』者，釦、叩同聲，蓋叩金聲，以應譁呼也。」王念孫曰〔三五〕：「釦，當讀爲㖃，字或作『呴』，俗作『吼』。說文：『㖃，厚怒聲。』一切經音義十九引國語作：『三軍譁呴。』又引賈逵注云：『呴，譁也〔三六〕。』與韋注『讙呼』同義。作『釦』者，借字耳。音呼垢反。」元誥按：王說爲長。其聲動天地。晉師大駭不出，周軍飭壘，周，繞也。飭，治也。乃令董褐請事，董褐，晉大夫司馬寅〔三七〕。請，問也。曰：「兩君偃兵接好〔三八〕，日中爲期，偃，匿也。接，合也。今大國越録，録，第也。○吳越春秋作「越次」。而造於弊邑之軍壘，敢請亂故。」敢問先期亂次之故。○吳越春秋亂作「辭」，誤。吳王親對之曰：「天子有命，周室卑約，貢獻莫入，上帝鬼神而不可以告，言無以告祭於天神人鬼。無姬姓之振也。振，救也。徒遽來告孤，日夜相繼。徒，步也。遽，傳車也。匍匐就君，今君非王室不平安是憂，○明道本脱「君」字。億負晉衆庶，不式諸戎、狄、楚、秦，億，安也。負，恃也。安恃其衆，而不用征伐戎、狄、楚、秦卑周者。將不長弟以力征一二兄弟之國。弟，言幼也。言晉不帥長幼之節，而征伐同姓兄弟之國，謂魯、衛之屬。或云「謂晉滅虞、虢、韓、魏」，然滅虞、虢、韓、魏皆在春秋之始，非所以責定公。○王念孫曰：「長弟者，仁愛之義，倒言之則曰『弟長』。鄉飲酒義曰：『焉知其能弟長而無遺矣。』弟長而無遺，言德厚之徧及於衆也。韋注失之。」元誥按：下文又云「孤敢不順從君命長弟」，尋傳意，似訓長弟爲長幼先後之義爲是。孤欲守吾先君之班爵，爵次當爲盟主。進則不敢，不敢過先君。退則不可。亦不可不及也。○吳曾祺曰：「此二句注語不合。蓋言兵之進退，非蒙上『班爵』而言。」今會日薄矣，薄，迫也。恐事之不集，以爲諸侯笑。集，成也。孤之事君在今日，不得事君亦在今日。言欲戰以決之也。不勝，則服事君〔三九〕，勝之，則爲盟主。○汪中曰：「言好則盟，惡則戰耳，恐喝之詞。注非。」爲使者之無遠也，孤用親聽命於藩籬之外。」藩籬，壁落。董褐將還，王稱左畸曰：「攝少司馬茲，與王士五人，坐於王前。」賈、唐二君云：「稱，呼也。左畸，軍左部也。攝，執也。少司馬茲與王士五人，皆罪人死士也。」乃皆進，自剄於客前以酬客。賈、唐二君云：「剄，到也。酬，報也。將報客，使死士自剄，以示其威行，軍士用命也。」昭謂：魯定十四年，吳伐越，越王使罪人自剄以誤吳。故夫差傚之。○明道本「自剄」，自作「曰」，誤。董褐既致命，致命於晉君。乃告趙鞅趙鞅，晉正卿趙簡子也。曰：「臣觀吳王之色，類有大憂，類，似也。傳曰：「肉食者無墨，今吳王有墨。」墨，黑氣也。小則嬖妾、嫡子死，不則國有大難，大難，反叛。○元誥按：不，即否。大則越入吳。將毒，不可與戰。毒，猶暴也。言若猛獸被毒悖暴也〔四〇〕。主其許之先，無以待危，主，趙鞅。然而不可徒許也。」徒，空也。言不可空許，宜有辭義。趙鞅許諾。晉乃令董褐復命曰：「寡君未敢觀兵身見，觀，示也。使褐復命曰：曩君之言，曩，向也。周室既卑，諸侯失禮於天子，謂不朝貢。○明道本「諸侯」下有「大夫」二字，衍。請貞於陽卜，收文、武之諸侯。貞，正也。龜曰卜，以火發兆，故曰陽。言吴欲正陽卜，收復文王、武王之諸侯以奉天子。○陳瑑曰：「貞，卜問也，從卜，貝以爲贄，故曰『貞於陽卜』。」董增齡曰：「龜卜未有不以火發兆者，不得於此文獨言陽卜。春官天府疏引舊注云：『問卜，内曰陰，外曰陽。』合諸侯朝天子是外事，故曰陽卜。」孤以下密邇於天子，無所逃罪，孤以下，晉辭也。密，比也。邇，近也。誶讓日至，誶，告也。○元誥按：各本誶作「訊」，今依段玉裁説改。曰：昔吴伯父不失春秋，必率諸侯以顧在余一人。此晉述天子告讓之言也。同姓元侯曰伯父。吴伯父，吴先君。不失，四時必率諸侯修朝聘之禮。○爾雅釋詁：「在，存也。」今伯父有蠻荆之虞，禮世不續，今，謂夫差。虞，度也。言夫差有蠻荆之備，廢朝聘之禮，不得繼世續前人之職。用命孤禮佐周公，以見我一二兄弟之國，以休君憂。休，息也。周公，周之大宰，諸侯之師。言君有蠻荆之虞，故命晉侯以禮佐助周公，與兄弟之國相見，命朝聘天子。息君憂，周之憂也〔四二〕。今君掩王東海，以淫名聞於天下，掩，蓋也。淫，猶僭也。名，號也。○元誥按：各本天下作「天子」，今據内傳疏、文選注引訂正。君有短垣，而自踰之，垣者，喻禮防雖短，不可踰也。言王室雖卑，不可僭也。況蠻荆則何有於周室？言吴姬姓，而自僭號，況於蠻荆，有何義於周室而不爲乎？○吴曾祺曰：「内傳『雖戎狄其何有余一人』，言猶如無有也。注近於牽强。」夫命圭有命，固曰吴伯，不曰吴王，命圭，受賜圭之策命。周禮：「伯執躬圭。」吴本稱伯，故曰吴伯。諸侯是以敢辭。辭不事吴。夫諸侯無二君，而周無二王，君若無卑天子以干其不祥，干，犯也。而曰吴公，孤敢不順從君命長弟？」長，先也。弟，後也。○元誥按：各本下有「許諾」二字，涉下文「吴王許諾」而衍，今據哀十三年左傳正義引國語删。吴王許諾，乃退就幕而會。幕，帳也。

○說文：「帷在上曰幕。」史記李廣傳索隱：「凡將軍謂之幕府者，蓋兵門合施帷帳，故稱幕府。」吳公先歃，○元誥按：此夫差聞董褐言，改稱公。晉侯亞之。吳王既會，越聞愈章，恐齊、宋之爲己害也，乃命王孫雒先與勇獲帥徒師，以爲過賓於宋，以焚其北郛焉而過之。勇獲，吳大夫。徒師，步卒也。郛，郭也。託爲過賓而焚其郛，去其守備，使不敢出。○汪遠孫曰：「爲，古『僞』字。韋云『託爲過賓』，是亦讀爲『僞』也。」

8 吳王夫差既退於黃池，乃使王孫苟告勞於周，王孫苟，吳大夫。勞，功也。曰：「昔者楚人爲不道，不承共王事，以遠我一二兄弟之國。遠，疏也。○元誥按：共，音供。吾先君闔廬不貰不忍，貰，赦也。○宋庠曰：「貰，式制反。」被甲帶劍，挺鈹搢鐸，挺，拔也。搢，振也。○段玉裁曰：「實劍而以刀削裹之，是曰鈹。」元誥按：說文：「鐸，大鈴也。」古者文事奮木鐸，武事奮金鐸。以與楚昭王毒逐於中原柏舉。柏舉之戰在魯定四年。毒，暴也。中原，原中也。天舍其衷，衷，善也，言天舍善於吳。楚師敗績，王去其國，昭王奔隨。遂至於郢。郢，楚都。○元誥按：郢，在今湖北江陵縣北，楚武王自丹陽、今秭歸縣徙此。王總其百執事，賈侍中云：「王，往也。百執事，百官。」昭謂：王，闔廬也。賈君以爲告天子，不宜稱王，故云「往也」。下言「夫槩王」，不避天子，故知上「王」爲闔廬。以奉其社稷之祭。言修楚祭祀。其父子昆弟不相能，夫槩王作亂，是以復歸於吳。昆，兄也。夫槩王，闔廬之弟。傳曰：「夫槩王先歸，自立。」故不能定楚而歸。今齊侯壬不鑒於楚，壬，齊景公孫，悼公之子簡公也。不鑒楚，不以楚敗爲鑒戒。又不承共王命，以遠我一二兄弟之國。說云：「謂齊納欒盈以伐晉。」昭謂：兄弟，魯也。哀十一年春，齊伐魯，故其年吳會魯以伐齊。夫差不貰不忍，被甲帶劍，挺鈹搢鐸，遵汶伐博，博，齊別都。○元誥按：博，今山東泰安縣治。簦笠相望於艾陵。唐尚書云：「簦，夫須也。」昭謂：簦笠，備雨器。相望，謂不避暑雨。艾陵之戰在上，傳曰：「五月克博，至於嬴」是也。○急就篇注曰：「大而有把手執以行，謂之簦；（元誥按：即今雨蓋。）小而無把，首戴以行，謂之笠。」天舍其衷，齊師還。言敗而還。夫差豈敢自多，文、武實舍其衷。文、武二后。歸不稔於歲，言伐齊之明年，不至於穀熟而復出師。余沿江泝淮，闕溝深水，出於商、魯之閒，以徹於兄弟之國。兄弟，諸姬。夫差克有成事，敢使苟告於下執事。」克，能也。成事，成功也。周王答曰：「苟，伯父命女來，明紹享余一人，若余嘉之。周王，周景王子敬王匄。紹，繼也。享，獻也。繼先王之禮，獻我一人，我心誠嘉之。昔周室逢天之降禍，遭民之不祥，說云：「謂民流厲王於彘。」昭謂：禍，謂子朝簒立，敬王出奔。民，成周之民，助子朝者也。余心豈忘憂恤，不唯下土之不康靖。不但憂四方，乃憂王室也。今伯父曰『勠力同德』，勠，并也。伯父若能然，余一人兼受而介福。而，汝也。介，大也。伯父多歷年以没元身，元，善也。○俞樾曰：「以没元身，甚爲無義。元，疑『亓』字之誤。亓，古文『其』字。蓋言伯父多歷年以没其身也。集韻曰：『其，古文作「亓」。』亓與元相似，因而致誤。」伯父秉德已侈大哉！侈，猶廣也。

9吳王夫差還自黄池，息民不戒。戒，儆也。越大夫種乃唱謀發始爲唱。曰：「吾謂吳王將遂涉吾地，今罷師而不戒以忘我，我不可以怠也。日臣嘗卜於天，日，昔日。卜於天，天若棄吳，必許吾成，既罷弊其民，天奪之食，安受其燼之言者（四二）。今吳民既罷，罷，勞也。而大荒荐饑，市無赤米，赤米，米之姦者，今尚無有〔四三〕。○程大昌曰：「赤米，今俗謂紅霞米，田之高仰者種之，以其早熟且耐旱也。」而囷鹿空虛，員曰囷，方曰鹿。○汪遠孫曰：「說文：『圜謂之囷，方謂之京。』是方倉曰京，不曰鹿也。」元誥按：鹿爲簏之假借字，說文：「簏，竹高篋也。」簏係於笹、篅篆下，則盛穀之器。廣韻一屋引賈逵曰：「鹿，庾也。」字又作「麃」，俗字也。露積曰庾，不以鹿爲方倉。其民必移就蒲蠃於東海之濱。蒲，深蒲也。蠃，蚌蛤之屬。濱，涯也。○汪遠孫曰：「蒲蠃又作『薄蠃』、『蒲盧』、『僕纍』、『蚹蠃』、『蝶螺』，皆聲轉通用。蚌蛤之屬，多生海濱之地。韋注以爲二物，失之。深蒲所在皆有，不必移就海濱也。」王引之說同〔四四〕。天占既兆，兆，見也。人事又見，謂怨誹。我蔑卜筮矣。○吳曾祺曰：「謂越之勝無待卜筮也。」王若今起師以會，奪之利，無使夫悛。悛，改也。○吳曾祺曰：「夫，指吳王。宋公序本作『失』，非。」元誥按：漢書賈誼傳「夫將爲我危顏」，注：「夫，猶彼人耳。」是其義。夫吳之邊鄙遠者罷而未至，罷，歸也。吳王將恥不戰，必不須至之會也，不待遠兵。而以中國之師與我戰。中國，國都。若事幸而從，我遂踐其地，○各本「從」下重「我」字爲句，韋注曰：「言從我而戰。」俞樾曰：「上文曰『吳王將恥不戰，必不須至之會也，而以中國之師與我戰』，然則吳從我戰，乃意中之事，何以云『若事幸而從我』乎？吳從我戰，我又安能遂踐其地乎？韋注非也。今按：上『我』字乃衍文，國語原本云『若事幸而從』爲句，『我遂踐其地』爲句。廣雅釋詁曰：『從，就也。』事幸而從者，事幸而就也。晉語曰『今日之事幸而集』。韋注曰：『集，成也。』『幸而從』與『幸而集』義同，此言吳王不待遠兵之至，而以中國之兵與我戰，我若幸而戰勝，則我可遂踐其地也。因涉下句而衍『我』字。韋以『從我而戰』釋之，失其旨矣。」元誥按：俞說得之，今據以删正。又明道本幸作「夸」，誤。其至者亦將不能之會也已，言吳邊鄙雖來，將不能會戰。吾用禦兒臨之。禦兒，越北鄙，在今嘉興。言吳邊兵若至，吾以禦兒之民臨敵之〔四五〕。○元誥按：禦兒，即春秋之檇李地也。禦，漢書兩越傳作「語」，今浙江崇德縣東南一里有語溪，即禦兒鄉地也。吳王若慍而又戰，慍，怒也。幸遂可出。使出奔也。○明道本幸作「奔」，誤。若不戰而結成，成，平也。王安厚取名而去之。」○王引之曰：「安，猶乃也。於，是也。」越王曰：「善哉。」乃大戒師，將伐吳。楚申包胥使於越，申包胥，楚大夫王孫包胥也。○汪遠孫曰：「申包胥，戰國策作『棼冒勃蘇』。勃蘇即包胥。棼、蚡古字通，蓋蚡冒之裔，楚之同姓，故以王孫爲氏。申，其所食邑也。」元誥按：伍子胥後奔吳，吳與之申，亦號申胥。勿混。越王句踐問焉，曰：「吳國爲不道，求殘我社稷宗廟，以爲平原，弗使血食。吾欲與之徼天之衷，徼，要也。唯是車馬、兵甲、卒伍既具，無以行之。行，猶用也。請問戰奚以而可？」以，用也。包胥辭曰：「不知。」謙也。王固問焉，乃對曰：「夫吳，良國也，良，善也。○俞樾曰：「良國者，大國也。凡有善義者，即有大義。詩桑柔篇鄭箋曰：『善，猶大也。』故爾雅釋詁介訓『大』，亦訓『善』。廣雅釋詁佳訓『善』，亦訓『大』。然則良之本義爲善，其引申義爲大矣。禮記文王世子篇：『一有元良。』鄭注曰：『元，大也。良，善也。』不知元爲大，亦爲善；良爲善，亦爲大，其義互通。」王引之曰：「良有彊義，良國，彊國也。墨子公孟篇『身體彊良』〔四六〕，齊高彊字子良。」元誥按：說竝可通。能博取於諸侯。取貢賦也。敢問君王之所以與之戰者〔四七〕。」問政惠所行。王曰：「在孤之側者，觴酒、豆肉、簞食，未嘗敢不分也。觴，爵名。豆，肉器。簞，飯器。飲食不致味，致，極也，不極五味之調。聽樂不盡聲，不盡五聲之變。求以報吳。願以此戰。」包胥曰：「善則善矣，未可以戰也。」王曰：「越國之中，疾者吾問之，死者吾葬之，老其老，敬長老。慈其幼，長其孤，問其病，求以報吳。願以此戰。」包胥曰：「善則善矣，未可以戰也。」此小惠，未徧，故未可用。王曰：「越國之中，吾寬民以子之，忠惠以善之。吾修令寬刑，施民所欲，去民所惡，稱其善，掩其惡，求以報吳。願以此戰。」包胥曰：「善則善矣，未可以戰也。」王曰：「越國之中，富者吾安之，不專取也。貧者吾予之，救其不足，裁其有餘，裁，謂有餘則稅之。使貧富皆利之，求以報吳。願以此戰。」包胥曰：「善則善矣，未可以戰也。」王曰：「越國南則楚，西則晉，北則齊，西、南、北，皆以中國言之。春秋皮幣、玉帛、子女以賓服焉，未嘗敢絶，求以報吳。願以此戰。」包胥曰：「善哉，蔑以加焉，然猶未可以戰也。夫戰，智爲始，仁次之，勇次之。不智，則不知民之極，極，中也。無以銓度天下之衆寡；銓，稱也。不仁，則不能與三軍共饑勞之殃；不勇，則不能斷疑以發大計。」越王曰：「諾。」越王句踐乃召五大夫五大夫，舌庸、苦成、大夫種、范蠡、皐如之屬。曰：「吳爲不道，求殘吾社稷宗廟，以爲平原，不使血食。吾欲與之徼天之衷，唯是車馬、兵甲、卒伍既具，無以行之。吾問於王孫包胥，既命孤矣。命，告也。敢訪諸大夫，問戰奚以而可（四八）？句踐願諸大夫言之，皆以情告，無阿孤，孤將以舉大事。」阿，曲從。大夫舌庸乃進對〇明道本舌作「后」，誤。曰：「審賞則可以戰乎？」王曰：「聖。」審賞，賞不失勞。聖，通也。大夫苦成進對〇春秋繁露對膠西王篇苦成作「車成」。曰：「審罰則可以戰乎？」王曰：「猛。」能罰，則嚴猛也。大夫種進對曰：「審物則可以戰乎？」王曰：「辯。」説云：「別物善惡。」昭謂：物，旌旗、物色、徽幟之屬。辯，別也。大夫蠡進對曰：「審備則可以戰乎？」王曰：「巧。」備，守禦之備。巧，審密，不可攻入也〔四九〕。大夫皐如進對曰：「審聲則可以戰乎？」王曰：「可矣。」聲，謂鉦鼓進退之聲〔五〇〕。聲不審，則衆惑也。王乃命有司大令於國曰：「苟任戎者，○明道本任作「在」，誤。皆造於國門之外。」國門，城門。王乃命於國曰：「國人欲告者來告，三君云：「告不任兵事也。」昭謂：告者，謂有善計策，及職事所當陳白者也。不任兵事，則下所謂「眩瞀之疾」、「筋力不足以勝甲兵」者是也。○元誥按：三君説是也。上既命任戎者造於國門之外，此又命不任戎者來告以故，故下文云，告不審，則有戮也。若訓告爲陳白計策、職事，雖不審，何遽爲戮乎？告孤不審，將爲戮不利，不審，謂欺詐非實也。及五日必審之，使熟思計之也。過五日，道將不行。」道，術也。過五日則晚矣，軍當出也，故術將不行。王乃入命夫人。王背屏而立，夫人向屏。屏，寢門內屏。王北向，夫人南向。王曰：「自今日以後，內政無出，外政無入。內政，婦職。外政，國事。內有辱，是子也。外有辱，是我也。吾見子於此止矣。」王遂出，夫人送王，不出屏，禮，婦人送迎不出門。乃闔左闔，填之以土，閉陽開陰，示幽也。○孟子梁惠王疏引賈逵曰：「填，塞也，滿也。」去笄側席而坐，不掃。笄，簪也。去笄，去飾也。側，猶特也。禮，憂者側席而坐。王背檐而立，大夫向檐。説云：「檐，屋外邊壇也。」唐尚書云：「屋梠也。」〔五一〕昭謂：檐，謂之樀。樀，門户掩陽也。○爾雅釋宮「檐，謂之樀」，邢疏云：「檐交於櫋上，一名樀，一名屋梠，一名宇，皆屋之四垂也。」王命大夫曰：「食土不均，地之不修，○明道本「地」上有「土」字，衍。內有辱於國，是子也。均，平也。修，墾也。軍士不死，外有辱，是我也。自今日以後，內政無出，外政無入，內，國政。外，軍政。吾見子於此止矣。」王遂出，大夫送王不出檐，示當守備。乃闔左闔，填之以土，側席而坐，不掃。示憂戚無飾也。王乃之壇列，壇在野，所以講列士衆誓告之處[五二]。鼓而行之，至於軍，軍，所軍之地也。斬有罪者以徇，○史記司馬穰苴傳：「以徇三軍。」索隱曰：「徇，行示也。」曰：「莫如此以環瑱通相問也。」環，金玉之環。瑱，塞耳也。問，遺也。通，行賂以亂軍。明日徙舍，斬有罪者以徇，曰：「莫如此不從其伍之令。」明日徙舍，斬有罪者以徇，曰：「莫如此不用王命。」明日徙舍，至於禦兒，斬有罪者以徇，曰：「莫如此淫逸不可禁也。」王乃命有司大徇於軍曰：「有父母耆老而無昆弟者，以告。」六十曰耆，七十曰老。王親命之曰：「我有大事，子有父母耆老，而子爲我死，子之父母將轉於溝壑，轉，入也。○孟子公孫丑篇：「老弱轉於溝壑。」孫奭疏：「轉，轉尸於溝壑也。」[五三]淮南主術訓篇高注：「轉，棄也。」子爲我禮已重矣。重矣，去父母而來也。子歸，歿而父母之世。歿，終也。○元誥按：而，與汝通。後若有事，吾與子圖之。」明日徇於軍曰：「有兄弟四五人皆在此者，以告。」王親命之曰：「我有大事，子有昆弟四五人皆在此，事若不捷，則是盡也。捷，勝也。擇子之所欲歸者一人。」明日徇於軍曰：「有眩瞀之疾者，以告。」○元誥按：一切經音義十二引國語瞀作「眊」，又引賈逵曰：「眩眊，顛眊也。」王親命之曰：「我有大事，子有眩瞀之疾，其歸若已。若，汝也。已，止也。○

吳曾祺曰：「已，愈也。」元誥按：其歸若已，猶言汝其休止而歸也。後若有事，吾與子圖之。」明日徇於軍曰：「筋力不足以勝甲兵，志行不足以聽命者歸，莫告。」○元誥按：言無來告歸者。明日，遷軍接龢，上下皆和。○王引之曰：「韋注非也。龢，軍門也。周官大司馬『以旌爲左右和之門』，鄭注：『軍門曰和，今謂之壘門，立兩旌以爲之。』韓子外儲説左篇曰：『李悝與秦人戰，謂左和曰：「速上！右和已上矣。」又馳而至右和曰：「左和已上矣。」』是和有左右，每和立兩旌，又各有左右，或先或後，以次立之，故曰『接和』。接之言倢也〔五四〕，次也。接和者，次和也。西京賦曰『次和樹表』，是其義也。遷軍接和，則壁壘已成，部曲已定，乃斬有罪者以徇耳。一曰接和，地名。『明日遷軍接和』，猶上文言『明日徙舍至於禦兒』也。」斬有罪者以徇，曰：「莫如此志行不果。」果，勇決也。於是人有致死之心。王乃命有司大徇於軍曰：「謂二三子歸而不歸，處而不處，處，止也。進而不進，退而不退，左而不左，右而不右，○明道本「左而不」下、「右而不」下各衍一「在」字。身斬，妻子鬻。」鬻，賣也。於是吳王起師，軍於江北，江，松江，去吳五十里。○元誥按：松江，在今江蘇吳江縣界，一名笠澤。越王軍於江南。越王乃中分其師，以爲左右軍，傳曰：「越子伐吳，吳子禦之笠澤，夾水而陳。」在魯哀十七年。以其私卒君子六千人爲中軍。私卒君子，王所親近，有志行者。猶吳所謂賢良，齊所謂士。○史記越世家集解引虞翻曰：「君子，言君養之如子。」明日將舟戰於江，及昏，乃令左軍銜枚泝江五里以須，須，須後命。亦令右軍銜枚踰江五里以須。踰，度也。夜中，乃令左軍、右軍涉江鳴鼓中水以須。夜中，夜半也。中水，水中央也。吳師聞之大駭，曰：「越人分爲二師，將以夾攻我師。」乃不待旦，亦中分其師，將以禦越。不知越復有中軍，故中分其師以禦之。越王乃令其中軍銜枚潛涉。潛，默也。涉，度也。不鼓不譟以襲攻之，吴師大北。軍敗奔走曰北。北，古之「背」字。越之左軍、右軍乃遂涉而從之，又大敗之於沒，沒，地名。又郊敗之，郊，郭外。三戰三北，三戰，笠澤也、沒也、郊也。乃至於吴。越師遂入吴國〔五五〕，圍王宮。王宮，姑蘇。○明道本宮作「臺」，注同。吴王懼，使人行成，曰：「昔不穀先委制於越君，不言越委制於吴，謙而反之。君告孤請成，男女服從。孤無奈越之先君何，言越先君與吴有好。畏天之不祥，不敢絶祀，許君成，以至於今。今孤不道，得罪於君王，君王以親辱於弊邑。○宋庠本「辱於」下有「孤之」二字〔五六〕。孤敢請成，男女服爲臣御。」越王曰：「昔天以越賜吴，而吴不受。今天以吴賜越，孤敢不聽天之命，而聽君之令乎？」乃不許成。因使人告於吴王曰：「天以吴賜越，孤不敢不受。以民生之不長，長，久也。王其無死！民生於地上，寓也，寓，寄也〔五七〕。其與幾何？言幾何時。寡人其達王於甬、句東，達，致也。甬、句東，今句章東浹口外州也〔五八〕。○元誥按：甬、句東，越語注云：「甬，甬江。句，句章。」內傳止作「甬東」。元和郡縣志：「翁州入海二百里，即春秋所謂甬東地，其州周環五百里。」蓋即今浙江定海縣東北海中舟山也。夫婦三百，唯王所安，以沒王年。」夫婦各三百人以奉之，在所安可與居者。○元誥按：夫婦，謂男女侍役也。夫差辭曰：「天既降禍於吴國，不在前後，當孤之身，實失宗廟社稷。凡吴土地人民，越既有之矣，孤何以視於天下！」○元誥按：無面目與國人相見。夫差將死，使人說於子胥說，告也。○宋庠曰：「說，如字，陳說也。」

曰：「使死者無知，則已矣。若其有知，吾何面目以見員也！」遂自殺。越滅吴，在魯哀二十二年冬十一月。上征上國，上國，中國也。宋、鄭、魯、衛、陳、蔡執玉之君皆入朝。玉，圭璧也。○董增齡曰：「陳初亡在昭八年，陳後亡在哀十七年。説者謂，昭九年傳鄭裨竈曰『封五十二年而遂亡』，則陳後亡之後，不復封矣。越滅吴在哀二十二年，斯時安得有陳君？或又謂，陳之初亡，楚使穿封戌爲陳公〔五九〕，則後亡後，亦必有爲陳公者，即陳君也。案陳公爲楚之邑令，不應外交於越，亦不應執玉，且戰國時列國之臣有稱君者，春秋時則無之。兩説義無明證，姑録以俟審定。」夫唯能下其羣臣，以集其謀故也。集，成也。言下其羣臣，以明吴不用子胥之禍。

校記

〔一〕夫申胥、華登簡服吴國之士於甲兵　「甲兵」二字誤倒，據各本改。

〔二〕汪遠孫曰　「曰」字脱，依文例補。

〔三〕拾，遂也　「拾」、「遂」二字互倒，據詩車攻毛傳改。

〔四〕敢私告於下執事曰　「告」誤作「布」，據各本改。

〔五〕趾，足也　「趾」誤作「踐」，據各本改。

〔六〕奉匜沃盥　「奉」上衍「以」字，據各本删。

〔七〕天王豈辱裁之　「辱裁」二字互倒，據各本改。

〔八〕聞於天下，言天下備聞也　此十字脱，據公序本補。

〔九〕惟天王秉利度義焉　「天」誤作「大」，據各本改。

〔一〇〕夫越非實忠心好吴也　「忠」原作「中」，各本皆作「忠」，惟許宗魯本作「中」（國語考異卷四），今從衆本改作「忠」。

〔一一〕虺小蛇大也　「也」字脱，據公序本補。

〔一二〕廣韵曰　「韵」誤作「雅」，據經義述聞改。

〔一三〕明道本「盍」上有「其」字　「上」誤作「下」，據明道本改。

〔一四〕惠孰大焉　「孰」誤作「莫」，據各本改。

〔一五〕申亥以其二女殉而葬之　「殉而」二字脱，據各本補。

〔一六〕獮，虐也　「虐」字各本原作「震」，此據王念孫説校改而未作説明。

〔一七〕撓，擾也　「擾」誤作「亂」，據各本改。

〔一八〕寔式靈之　「靈」誤作「臨」，據各本改。

〔一九〕小喜，勝敵之喜　「敵」誤作「敗」，據各本改。

〔二〇〕以時，不失時也　下「時」字脱，據各本補。

〔二一〕史記伍子胥傳正義曰：東門，鱛門，謂鮃門也。汪遠孫曰：鱛，鮃，即今之胥門。二「鱛」字皆誤作「譜」，據國語發正改。

〔二二〕張守節以今之葑門爲吴東門，恐非是　「葑」誤作「封」，據國語發正改。

〔二三〕二子，越大夫　「二子」誤從明道本作「舌庸」，據公序本改。

〔二四〕悠，長也　此三字脱，據各本補。

〔二五〕夾溝而㢒我　「夾」原作「俠」，據本書正文改。

〔二六〕以此民封之於江淮閒以誘之　「誘」各本原作「恐」，據黄丕烈、段玉裁説校改而未作説明。

〔二七〕王念孫曰　「王念孫」誤作「王引之」，據經義述聞改。

〔二八〕既言卒，無庸更言士　「更言」二字脱，據經義述聞補。

〔二九〕而此不言中軍者　「此」字脱，據經義述聞補。

〔三〇〕下言「十行一嬖大夫」　「下言」二字脱，據各本補。

〔三一〕王念孫曰　「王念孫」誤作「王引之」，據經義述聞改。

〔三二〕嬖，下大夫也　「嬖」下衍「大夫」二字，據各本删。

〔三三〕王念孫曰　「王念孫」誤作「王引之」，據經義述聞改。

〔三四〕丁寧，令丁，謂鉦也　「令丁」二字各本無，據黄丕烈、段玉裁説補而未作説明。

〔三五〕王念孫曰　「王念孫」誤作「王引之」，據經義述聞改。

〔三六〕呴，諤也　「諤」誤作「譁」，據經義述聞改。

〔三七〕晉大夫司馬寅　「寅」各本原作「演」，據國語考異校改而未作説明。

〔三八〕兩君偃兵接好　「君」誤作「軍」，據各本改。

〔三九〕不勝，則服事君　「事」字脱，據各本補。

〔四〇〕言若猛獸被毒悖暴也　「悖暴也」誤從明道本作「暴逆」，據公序本改。

〔四一〕周之憂也　「周」誤作「國」，據各本改。

〔四二〕安受其燼之言者　「者」字脱，據公序本補。

〔四三〕今尚無有　「有」字脱，據各本補。

〔四四〕王引之説同　「王引之」誤作「王念孫」，據經義述聞改。

〔四五〕吾以禦兒之民臨敵之　「之民」二字脱，據各本補。

〔四六〕墨子公孟篇「身體彊良」　「孟」誤作「孫」，據廣雅疏證改。

〔四七〕敢問君王之所以與之戰者　「以」字脱，據各本補。

〔四八〕敢訪諸大夫，問戰奚以而可　「訪」誤作「問」，又「問」字脱，據各本改補。原文乃從文選陸機從軍行注之引文，今照各本原文校正。

〔四九〕巧，審密，不可攻入也　「巧」字脱，據各本補。

〔五〇〕聲，謂鉦鼓進退之聲　「鉦」原從公序本作「鍾」，據明道本改。按古代戰爭，鼓聲司進，鉦聲司退，故以明道本爲長。

〔五一〕説云：「檐，屋外邊壇也。」唐尚書云：「屋梠也。」　上「屋」字脱，據公序本補。又「梠」字各本原作「名」，據國語發正校正而未作説明。

〔五二〕所以講列士衆誓告之處　「誓」誤作「警」，據各本改。

〔五三〕孟子公孫丑篇：「老弱轉於溝壑。」孫奭疏：「轉，轉尸於溝壑也。」　「丑」字脱，「孫奭疏」誤作「趙注」，據孟子注疏補改。

〔五四〕接之言倢也　「接」誤作「捷」，據經義述聞改。

〔五五〕越師遂入吴國　「入」誤作「至」，據各本改。

〔五六〕宋庠本「辱於」下有「孤之」二字　「於」字脱，據公序本補。

〔五七〕寓，寄也　此三字脱，據各本補。

〔五八〕今句章東浹口外州也　「浹口」各本原作「海口」，據黄丕烈、段玉裁説校正而未作説明。

〔五九〕楚使穿封戌爲陳公　「戌」誤作「戍」，據國語正義改。

國語集解

吉水徐元誥學

越語上第二十

○舊音曰：「史記世家：越，夏禹之後，少康庶子也。封於會稽，以奉禹之祀。斷髮，披草萊而邑焉。周禮職方氏掌之國，在海中。郭璞云：『越即西甌，今建安郡是也。亦曰蛇種。』」元誥按：越自封後二十餘世至於允常，魯昭公五年偕楚伐吳，始見於春秋。允常與闔廬戰，至定公十四年卒。子句踐立，始為越王而霸。句踐死，六傳至王無彊，為楚所滅。今浙江杭縣以南，又東至於海，皆越國故地也。

1 越王句踐棲於會稽之上，山處曰棲。會稽，山名，在今山陰南七里。吳敗越於夫椒，遂入越，越子保於會稽。在魯哀元年。○元誥按：會稽山，古之防山也，亦謂爲茅山，又曰棟山，在今浙江紹興縣東南十二里。乃號令於三軍號，呼也。○吳曾祺曰：「號、令，皆告衆之詞。注讀爲平聲，非是。」曰：「凡我父兄昆弟及國子姓，號令三軍而言父兄昆弟者，方在危阸，親而呼之。國子姓，言在衆子同姓之列者。有能助寡人謀而退吳者，吾與之共知越國之政。」知政，謂爲卿。大夫種進對曰：「臣聞之，賈人賈人，買賤賣貴者。夏則資皮，資，取也。冬則資絺，絺，葛也。精曰絺，粗曰綌。旱則資舟，水則資車，○元誥按：旱，即下文「陸人居陸」之陸；水，則「水人居水」之水。以待乏也。夫雖無四方之憂，然謀臣與爪牙之士，不可不養而擇也。○明道本擇譌作「檡」。譬如蓑笠，時雨既至，必求之。今君王既棲於會稽之上，然後乃求謀臣，無乃後乎？」後，晚也。句踐曰：「苟得聞子大夫之言，何後之有？」執其手而與之謀。遂使之行成於吴，傳曰：「使種因吴大宰嚭以求成也。」曰：「寡君句踐乏無所使，○明道本乏譌作「之」。使其下臣種，不敢徹聲聞於天王，徹，達也。私於下執事曰：『寡君之師徒，不足以辱君矣，不足以屈辱君親來討也。願以金玉、子女賂君之辱，請句踐女女於王，進女爲女。○舊音曰：「女，上如字，下尼去反。下竝同。」大夫女女於大夫，士女女於士。越國之寶器畢從，寡君帥越國之衆，以從君之師徒，唯君左右之。』左右，在君所用之。若以越國之罪爲不可赦也〔一〕，將焚宗廟，爲將不血食也。係妻孥〔二〕，係，繫也。死生同命，不爲吴所擒虜。沈金玉於江。不欲吴得之。有帶甲五千人，將以致死，乃必有偶，偶，對也。是以帶甲萬人事君也。言赦越罪，是得帶甲萬人事君。○汪遠孫曰：「五千人，人人致死，勇氣自倍〔三〕，一人可得二人之用，故曰『帶甲萬人』。戰而言『事君』者，遜辭耳。韋注非也。」無乃即傷君王之所愛乎？與其殺是人也，寧其得此國也，其孰利乎？」寧，安也。言戰而殺是萬人，與安而得越國，二者誰爲利乎？○汪中曰：「與其、寧其者，兩事相衡，擇利而從之詞。」注訓寧爲「安」，非也。夫差將欲聽與之成，子胥諫曰：「不可。夫吴之與越也，仇讎敵戰之國也。三江環之，民無所移，環，繞也。三江，岷江、松江、浙江也。（元誥按：三江，宋庠本注作「松江、錢塘、浦陽江」。補音又出「浙江」，是又以宋庠本錢塘作「浙江」矣。明道本注作「吴江、錢唐江、浦陽江」。水經注引郭璞曰：「三江者，岷江、松江、浙江也。」胡渭謂：「以此當國語之三江，則長於韋矣。」今據以訂正。岷江爲長江上源，正環吴境，不得獨遺之。松江首受太湖，經吴江、昆山、嘉定、青浦等縣，至上海縣合黄浦入海，亦名吴松江。浙江又名錢塘江，發源安徽黟縣。浦陽江發源浙江浦江縣，然合流之後，同至餘姚縣入海。是言浙江已包浦陽，不得分而爲二。）此言二國之民，三江繞之，遷徙非吴則越也。有吴則無越，有越則無吴，言勢不兩立。將不可改於是矣。言滅吴之計不可改易。員聞之：陸人居陸，水人居水。夫上黨之國，黨，所也。上所之國，謂中國。○釋名：「上黨，黨，所也，在山上〔四〕，其所最高，故曰上黨。」○元誥按：上黨之國，謂齊、魯、晉、鄭諸國也。我攻而勝之，吾不能居其地，不能乘其車。言習俗之異。說云：「吴是時未知以車戰，申公巫臣使其子狐庸教之。」昭謂：狐庸教吴，魯成公時也。至此哀元年，歷五公矣。非未知也，吴地勢自習水耳。夫越國，吾攻而勝之，吾能居其地，吾能乘其舟。此其利也，○宋庠本「利」上無「其」字。不可失也已，君必滅之。失此利也，雖悔之亦無及已！」○明道本亦作「必」。越人飾美女八人，納之大宰嚭，上言「請大夫女女於大夫」，故因此而納美女於大宰嚭，以求免也。嚭，吴正卿，故楚大夫伯州犁之孫〔五〕。魯昭元年，州犁爲楚靈王所殺，嚭奔吴。唐尚書云，平王殺之，非也。曰：「子苟赦越國之罪，又有美於此者將進之。」大宰嚭諫曰：「嚭聞古之伐國者，服之而已。今已服矣〔六〕，又何求焉！」夫差與之成而去之。成，平也。句踐說於國人說，解也。曰：「寡人不知其力之不足也，而又與大國執讎，執，猶結也。以暴露百姓之骨於中原，此則寡人之罪也。寡人請更。」更，改也。於是葬死者，問傷者，養生者，弔有憂，賀有喜，送往者，迎來者，去民之所惡，補民之不足。然後卑事夫差，宦士三百人於吳，將三百人以入事吳，若宦豎然。其身親爲夫差前馬。前馬，前驅在馬前也。○汪遠孫曰：「漢書百官公卿表如淳注引國語作『先馬』，云：『先，或作「洗」也。』太平御覽人事部一百二十三作『洗馬』。韓非子喻老篇『身執戈爲吳王洗馬』，字亦作『洗』。」句踐之地，南至於句無，今諸暨有句無亭是也。○沈鎔曰：「今浙江諸暨縣五十里有句乘山，括地志以爲即句無也。」北至於禦兒，今嘉興禦兒鄉是也。○元誥按：禦兒，今地詳見吳語。東至於鄞，今鄞縣是也。○沈鎔曰：「今浙江奉化縣東五十里有赤堇山，即越之鄞邑，亦曰鄞城山。」西至於姑蔑，姑蔑，今太末是也〔七〕。○沈鎔曰：「今浙江龍遊縣北有姑蔑城，故姑蔑地也。」元誥按：逸周書王會解作「姑妹」，孔注：「姑妹國後屬越。」廣運百里。言取境內近者百里之中耳。東西爲廣，南北爲運。○汪遠孫曰：「西山經『廣員百里』，員與運同。」乃致其父母昆弟而誓之曰：「寡人聞古之賢君，四方之民歸之，若水之歸下也。今寡人不能，將帥二三子夫婦以蕃。」蕃，息也。○吳曾祺曰：「謂不能使四方之民來歸〔八〕，故以生聚爲要。」令壯者無取老婦，○元誥按：取與娶同。令老者無取壯妻。女子十七不嫁，其父母有罪；丈夫二十不娶，其父母有罪。禮，三十而娶，二十而嫁。今不待禮者，務育民也。將免者以告，免，乳也〔九〕。○元誥按：免，說文作「㝃」，云：「生子免身也。」字又作「娩」，文選思玄賦注引纂要：「齊人謂生子曰娩。」公令醫守之。醫，乳醫也。生丈夫，二壺酒，一犬；生女子，二壺酒，一豚。犬，陽畜，知擇人。豚，主內，陰類也。生三人，公與之母；母，乳母也。人生三者亦希耳。生二人，公與之餼。餼，食也。當室者死，三年釋其政；當室，嫡子也。禮，婦爲嫡子喪三年。○吳曾祺曰：「釋其政，謂不煩以事也。」支子死，三月釋其政。支子，庶子。必哭泣葬埋之如其子。令孤子、寡婦、疾疹、貧病者，納宦其子。宦，仕也，仕其子而教之，以廩食之也。其達士，絜其居，絜其館舍。美其服，賜衣服也。飽其食，廩餼多也。而摩厲之於義〔一〇〕。○一切經音義引爾雅：「石謂之摩。」郭璞曰：「玉石被摩，猶人自修飾也。」四方之士來者，必廟禮之。禮之於廟，告先君也。句踐載稃與脂於舟以行〔一一〕，稃，糜。脂，膏。國之孺子之遊者，○元誥按：孺，古「孺」字。無不餔也，無不歠也，○元誥按：漢書高帝紀顏注：「以食食人，亦謂之餔。」歠者，飲也，舊音：「昌劣反。」必問其名。爲後將用之。非其身之所種則不食，非其夫人之所織則不衣。十年不收於國，民俱有三年之食。古者三年耕，必有一年之食。國之父兄請曰：「昔者夫差恥吾君於諸侯之國，今越國亦節矣，有節度也。請報之！」句踐辭曰：「昔者之戰也，非二三子之罪也，寡人之罪也。如寡人者，安與知恥？請姑無庸戰。」姑，且也。庸，用也。父兄又請曰：「越四封之內，親吾君也〔一二〕，猶父母也。子而思報父母之仇，臣而思報君之讎，其有敢不盡力者乎？請復戰。」句踐既許之，乃致其衆而誓之曰：「寡人聞古之賢君，不患其衆之不足也，而患其志行之少恥也。少恥，謂進不念功，臨難苟免。今夫差衣水犀之甲者億有三千〔一三〕，言多也。犀形似豕而大，今徼外所送有山犀，有水犀。水犀之皮有珠甲，山犀則無。億有三千，所謂賢良也，若今備衛士矣。不患其志行之少恥也，而患其衆之不足也。今寡人將助天滅之。言夫差天所不與〔一四〕，故曰助天。○明道本滅作「威」，非。吾不欲匹夫之勇也，匹夫，輕傀要功徼利者。欲其旅進旅退。旅，俱也。進則思賞，退則思刑，如此則有常賞。進不用命，離伍獨進也。退則無恥，不畏戮辱。如此則有常刑。」果行，國人皆勸，父勉其子，兄勉其弟，婦勉其夫，言得一國之歡心。曰：「孰是君也，而可無死乎？」孰，誰也〔一五〕。誰有恩惠如是君者〔一六〕，可不爲之死乎？○明道本「君」上有「吾」字。是故敗吴於囿，囿，笠澤也。在魯哀十七年。又敗之於没，没，地名。又郊敗之。在哀二十年十一月，越圍吴。○王引之曰：「敗吴於囿，又敗之於没，又郊敗之，皆一時之事，不得分爲十七年、二十年也。左傳越之伐吴，凡再舉而滅之，不可强同。韋乃牽合之，分爲前後兩年，而反與吴語之文相刺謬，疏矣。」夫差行成，曰：「寡人之師徒，不足以辱君矣。請以金玉、子女賂君之辱。」句踐對曰：「昔天以越予吴，而吴不受命；今天以吴予越，越可以無聽天之命，而聽君之令乎〔一七〕？吾請達王甬、句東。甬，甬江。句，句章。達王出之東境也。○元誥按：甬、句東地詳見吴語。吾與君爲二君乎。」待之若二君。夫差對曰：「寡人禮先壹飯矣，言己年長於越王，覺差壹飯之間〔一八〕，欲以少長求免也。○汪中曰：「禮先壹飯，言昔嘗有恩於越，謂會稽之事也。注非。」君若不忘周室〔一九〕，而爲弊邑宸宇，宸，屋霤；宇，邊也。言越君若以周室之故，以屋宇之餘庇覆吴。○元誥按：説文：「宸，屋宇也。宇，屋邊也。」是宸、宇皆謂屋邊。宸，字又作「桭」〔二〇〕。玉篇引賈逵曰：「宸，室之奥者。」疑亦是國語注，與韋不同。亦寡人之願也。君若曰：『吾將殘汝社稷，滅汝宗廟。』寡人請死，余何面目以視於天下乎！越君其次也。」次，舍也。遂滅吴。

校記

〔一〕若以越國之罪爲不可赦也　「國之罪」三字脱，據各本補。

〔二〕係妻孥　「孥」誤作「子」，據各本改。

〔三〕勇氣自倍　「自」誤作「百」，據國語發正改。

〔四〕在山上　此三字脱，據國語發正補。

〔五〕嚭，吴正卿，故楚大夫伯州犂之孫　「孫」各本原作「子」，據國語發正校改而未作説明。

〔六〕今已服矣　「已」誤作「既」，據各本改。

〔七〕姑蔑，今太末是也　「太末」各本作「太湖」，據國語發正校改而未作説明。

〔八〕謂不能使四方之民來歸　「民」誤作「士」，據國語韋解補正改。

〔九〕免，乳也　此從公序本，明道本重「免」字。

〔一〇〕摩厲之於義　「厲」字脱，據各本補。

〔一一〕句踐載稃與脂於舟以行　「稃」各本原作「稻」，據王引之説校改而未作説明。

〔一二〕親吾君也　「親」誤作「視」，據各本改。

〔一三〕今夫差衣水犀之甲者億有三千　「差」誤作「羌」，據各本改。

〔一四〕言夫差天所不與　「與」誤作「興」，據各本改。

〔一五〕孰，誰也　此三字脱，據各本補。

〔一六〕誰有恩惠如是君者　「是」字脱，據各本補。

〔一七〕聽君之令乎　「君」下衍「王」字，據各本删。

〔一八〕覺差壹飯之間　「壹」字脱，據公序本補。

〔一九〕君若不忘周室　「君」誤作「王」，據各本改。

〔二〇〕宸，字又作「榐」　「榐」誤作「棖」，據國語發正改。

國語集解

吉水徐元誥學

越語下第二十一

1 越王句踐即位三年而欲伐吳，句踐三年，魯哀元年也。○元誥按：吳語作吳先伐越。據下文范蠡云云，是越欲先伐吳也。范蠡進諫曰：「夫國家之事，有持盈，持，守也。盈，滿也。有定傾，定，安也。傾，危也。有節事。」節，制也。王曰：「爲三者奈何？」范蠡對曰：○元誥按：此已下十對，明道本竝脱「范蠡」二字。「持盈者與天，與天，法天也。天道盈而不溢，盛而不驕。定傾者與人，與人，取人之心也。人道好謙，傾危之中，當卑辭尊禮，玩好女樂，尊之以名。節事者與地。與地，法地也。時不至，不可彊生；事不究，不可彊成之屬。王不問，蠡不敢言。天道盈而不溢，陽盛則損，月滿則虧（一）。盛而不驕，盛，元氣廣大時。不驕，不自縱弛。勞而不矜其功。勞，動而不已也。矜，大也。不自大其功，施而不德也。夫聖人隨時以行，是謂守時。隨時，時行則行，時止則止。天時不作，弗爲人客；作，起也。攻者爲客。起，謂天時、利害、災變之應。人事不起，弗爲之始。人事，謂怨叛、逆亂之萌也。先動爲始。今君王未盈而溢，未盈，國未富實而君意溢。未盛而驕，道化未盛而自驕泰。不勞而矜其功，未有勤勞而自大其功。天時不作，而先爲人客，吴未有天災而欲伐之。人事不起，而創爲之始，此逆於天而不和於人。天應未至，人事不起，故逆於天而失人和也。王若行之，將妨於國家，靡王躬身。」妨，害也。靡，損也。○詩周頌篇毛傳曰：「靡，累也。」吴曾祺曰：「靡王躬身，言害不止在王一身也。」王弗聽。范蠡進諫曰：「夫勇者，逆德也；德尚禮讓，勇則攻奪。兵者，凶器也；言害人也。争者，事之末也。言賢者修其政德〔二〕，而遠方附事之。德不行，然後用武，故曰：「争者，事之末也。」逆謀陰德，好用凶器，陰謀，兵謀也。勇爲逆德。始於人者，人之所卒也。始以伐人，人終害之。淫佚之事，上帝之禁也，淫佚，放溢。先行此者不利。」王曰：「無是貳言也，吾已斷之矣！」貳，二也。二言，陰謀、淫佚也。○俞樾曰：「韋讀『無是貳言也』五字爲句，猶言無此二語也，殊非古人語意。此當以『無』字爲句。『王曰「無」』，乃不然之辭。襄九年左傳：『姜曰「亡」。』杜注：『亡，猶無也。』與此正同。『是貳言也』，謂是乃疑貳之言也。王欲伐吴，而范蠡力言不可，故以爲疑貳之言。其下曰『吾已斷之矣』，正明己之不疑也。」元誥按：俞謂貳言爲疑貳之言，長於韋矣。無與毋同，無是貳言，謂毋爲是疑貳之言也。似不必於「無」字斷句。

果興師而伐吴，戰於五湖，五湖，今太湖。○史記夏本紀正義曰：「五湖者，菱湖、游湖、莫湖、貢湖、胥湖，皆太湖東岸，五灣爲五湖，蓋古時應別，今竝相連。菱湖在莫里山東，周迴三十餘里，西口闊二里，其口南則莫里山〔三〕，北則徐侯山，西與莫湖連。莫湖在莫里山西及北，北與胥湖連；胥湖在胥山西，南與莫湖連：各周迴五六十里，西連太湖。游湖在北二十里，在長山東，湖西口闊二里，其口東南岸樹里山，西北岸長山，湖周迴五六十里。貢湖在長山西，其口闊四五里，口東南長山，山南即山陽村，西北連常州無錫縣老岸，湖周迴一百九十里已上，湖身向東北，長七十餘里。兩湖西亦連太湖。」元誥按：五湖皆與太湖連，故韋以太湖統五湖也。太湖跨江蘇、浙江二省，號稱三萬六千頃。不勝，棲於會稽。王召范蠡而問焉，曰：「吾不用子之言，以至於此，爲之奈何？」范蠡對曰：「君王其忘之乎：持盈者與天，定傾者與人，節事者與地。」王曰：「與人奈何？」已在傾危，故先問與人。范蠡對曰：「卑辭尊禮，言當卑約其辭，尊重其禮以求平。○俞樾曰：「此『尊』字與下文『尊之以名』之尊，兩字異義。下『尊』字讀如本字，此『尊』字當讀如曲禮『恭敬撙節』之撙。後漢書光武十王傳贊：『沛獻尊節。』章懷注曰：『尊，音祖本反。禮記曰：「恭敬尊節。」』此讀尊如撙之明證也。説文無『撙』字，刀部，『剸，減也』，疑即其本字。古多以尊爲之，又或以繜與僔爲之，皆謂自撙節貶損。卑辭尊禮，謂卑約其辭，撙節其禮也。卑與尊同義，而非對文。韋失其解矣。」玩好女樂，玩好，珍寶也。女樂，謂士女女於士，大夫女女於大夫。尊之以名。謂之天王。如此不已，不已，謂吳不釋也〔四〕。又身與之市。」市，利也。謂委管籥，屬國家，以身隨之。王曰：「諾。」乃令大夫種行成於吳，曰：「請士女女於士，大夫女女於大夫，隨之以國家之重器。」重器，寶器也。吳人不許。大夫種來而復往，曰：「請委管籥，屬國家，以身隨之，君王制之。」委，歸也。屬，付。管籥，取鍵器也。月令曰：「修鍵閉，慎管籥。」吳人許諾。王曰：「蠡爲我守於國。」范蠡對曰：「四封之內，百姓之事，蠡不如種也。四封之外，敵國之制，立斷之事，種亦不如蠡也。」王曰：「諾。」令大夫種守於國，與范蠡入宦於吳。宦，爲臣隸。三年而吳人遣之。句踐以魯哀元年棲會稽，吳與之平而去之。句踐改修國政，然後卑事夫差，在吴三年，而吴人遣之，此則魯哀五年也。歸及至於國，○宋庠本及作「反」。王問於范蠡曰：「節事奈何？」欲更修政，故問節事。范蠡對曰：「節事者與地。惟地能包萬物以爲一，其事不失，爲一，不偏也〔五〕。不失，不失時也。生萬物，容畜禽獸，然後受其名而兼其利。受其名，受其功名也。利，謂萬物終歸於地。美惡皆成〔六〕，以養其生。物之美惡，各有所宜，皆成之以養人也。○宋庠本無「其」字。時不至，不可彊生；物生各有時。事不究，不可彊成。究，窮也。窮則變，生可因而成之。自若以處，若，如也。自如，無妄動也。以度天下，待其來者而正之，不先唱，待其來而就正之。因時之所宜而定之。同男女之功，功，農穡、絲枲之功。除民之害，以避天殃，田野開闢，府倉實，貨財曰府，米粟曰倉。民衆殷。殷，盛也。無曠其衆，以爲亂梯。曠，空也。梯，階也。無令空日廢業，使人困乏，以生怨亂，爲禍階也。時將有反，事將有閒，時，天時。事，人事。反，還也。閒，隙也。時還則祚在越，而吴事有釁隙也。必有以知天地之恒制，乃可以有天下之成利。恒，常也。制，度也。事無閒，時無反，吴事無釁隙，天時未在越。則撫民保教以須之。」保，守也。王曰：「不穀之國家，蠡之國家也，蠡其圖之。」范蠡對曰：「四封之内，百姓之事，時節三樂，三樂，三時之務，使人勸事樂業。不亂民功，不逆天時，從事有業，故功不亂。因時順氣，故不逆。五穀睦熟，民乃蕃滋〔七〕。睦，和也。蕃，息也。滋，益也。○宋庠本睦作「稑」，非。君臣上下，交得其志，蠡不如種也。交，俱也。四封之外，敵國之制，立斷之事，因陰陽之恒，順天地之常，陰陽，謂剛柔晦明，三光盈縮，用兵利鈍之常數。○陳瑑曰：

「因其恒，順其常者，如內傳『陳不避晦』之類。」柔而不屈，外雖柔順，內不可屈。彊而不剛，內雖彊盛，行不以剛。德虐之行，因以爲常；唐尚書云：「言無德行，虐習以爲常。」昭謂：德，有所懷柔及爵賞也。虐，謂有所斬伐及黜奪也。以爲常，以爲常法也。○汪遠孫曰：「德，謂生人。虐，謂殺人。」死生因天地之刑〔八〕，死，殺也。刑，法也。殺生必因天地四時之法，推亡固存亦是也。○王念孫曰：「刑，讀爲形，見也。天地之刑，謂死生之兆先見於天地者也。生與殺必因乎此，故曰『死生因天地之刑』。下文曰：『天地形之，聖人因而成之。』又曰：『天地未形，而先爲之征，其事是以不成。』管子形勢篇曰：『死死生生，因天地之形。天地形之，聖人成之。』皆其證也。形、刑古多通用。」天因人，因人善惡而福禍之。聖人因天；天垂象，聖人則之。人自生之，天地形之，形，見也。見其吉凶之象。聖人因而成之，因吉凶以誅賞也。是故戰勝而不報，敵家不能報也。取地而不反，不復反敵家也。兵勝於外，福生於內，用力甚少，而名聲章明〔九〕，種亦不如蠡也。」王曰：「諾。」令大夫種爲之。爲，治國也。

2 四年，王召范蠡而問焉，說云：「魯哀三年。」昭謂：四年，反國四年，魯哀九年。○王引之曰：「四年，承上『在吳三年』言之，謂在吳三年之明年也。注『三年』，當爲『五年』。蓋吳許越成，在魯哀元年，句踐宦吳三年而反，則在哀四年，其明年則哀五年矣，故舊說云『魯哀五年』也。下文『上天降禍於越，委制於吳，吳人之那不穀，亦又甚焉』，蓋距宦吳未久，道其受辱之辭，其爲反國之明年明甚。其下文言『又一年』者三，則爲反國之二年、三年、四年，在魯哀之六年、七年、八年矣。合在吳之三年，凡歷七年，故史記越王句踐世家云『句踐歸自會稽七年，拊循其民〔一〇〕，欲用以報吳』也。

再合居軍之三年，凡歷十年，故下文范蠡曰『十年謀之』也。韋以『四年』爲反國四年，魯哀九年，三言『又一年』爲反國之五年、六年、七年，魯哀之十年、十一年、十二年，皆失之。」曰：「先人就世，不穀即位。先人，允常。就世，終世也。吾年既少，未有恒常，出則禽荒，入則酒荒，吾百姓之不圖，唯舟與車。好遊田，故唯舟與車。上天降禍於越，委制於吴，委，歸也。吴人之那不穀，亦又甚焉。那，於也。甚焉，言見困苦。吾欲與子謀之，其可乎？」范蠡對曰：「未可也。蠡聞之：『上帝不考，時反是守。』考，成也。言天未成越，當守天時，天時反，乃可以動。○王念孫曰：「韋注文義不明。考，當讀爲巧。反，猶變也。言上帝不尚機巧，惟當守時變也。漢書司馬遷傳：『聖人不巧，（大史公自序巧誤爲「朽」。）時變是守。』顏師古注曰『無機巧之心』是也。古字考與巧通，故金縢『予仁若考』，史記魯周公世家作『旦巧』。」汪遠孫曰：「此二語，司馬貞謂出鬼谷子。蓋古本有是語，故蠡亦述所聞也。」彊索者不祥。索，求也。得時不成，反受其殃。言得天時而人弗能成，則反受其殃。夫差克越，可取而不取〔二〕，後反見滅是也。失德滅名，流走死亡。有奪，有予，有不予，有奪，予而復奪也〔三〕。有予，天所授也。不予，天所去也。王無蚤圖。夫吴，君王之吴也，王若蚤圖之，其事又將未可知也。」未可知，或時不得也。○元誥按：前因蚤圖，致敗棲會稽，故言「又」。王曰：「諾。」

3又一年，反國五年，魯哀十年。○元誥按：反國之二年，魯哀七年也。詳見上王說。王召范蠡而問焉，曰：「吾與子謀吴，子曰『未可也』。今吴王淫於樂而忘其百姓，樂，聲色也。亂民功，逆天時，信讒喜優，優，謂俳優。憎輔遠弼。相導爲輔，矯過爲弼。聖人不出，聖，通也。通智之人皆隱遁也。○

尚書大傳「思之不容，是謂不聖」，鄭注：「心明曰聖。」吳弘基曰：「聲入心通之謂聖，故字從耳。」忠臣解骨，賈、唐二君云：「解骨，子胥伏屬鏤也。」昭謂：是時子胥未死。解骨，謂忠良之臣見其如此，皆骨體解倦，不復念忠。○吳曾祺曰：「解骨，即解體也。」皆曲相御，莫適相非，上下相偷。其可乎？」御，猶將也。言皆曲意取容，轉相將望，無復相非以不忠正者也〔一三〕。偷，苟且也。○汪遠孫曰：「御，迓也。迓，猶迎也。言曲意迎合也。韋解疑有誤。」陳瑑曰：「論語：『無適也，無莫也。』何晏曰：『無適，無莫，無所貪慕也。』此云『莫適相非』者，言有所貪慕，而非義之所在也。」元誥按：舊音「適，音的」，與陳説合。韋解竝非。范蠡對曰：「人事至矣，天應未也，王姑待之。」王曰：「諾。」

4 又一年，反國六年，魯哀十一年。○元誥按：反國之三年，魯哀八年也。詳見上王説。王召范蠡而問焉，曰：「吾與子謀吳，子曰『未可也』。今申胥驟諫其王，王怒而殺之。其可乎？」子胥數諫，王不聽，知吳必亡，使於齊，屬其子於鮑氏。王聞之，賜之屬鏤以死。在魯哀十一年〔一四〕。○王引之曰：「左傳夫差殺子胥在哀十一年，而越語則句踐反國之三年，魯哀八年也，（八年説見上。）便云『申胥驟諫，王怒而殺之』。蓋記者傳聞各異，不可强同。韋以宦吳三年而反爲哀五年，加以反後六年爲哀十一年，以求合於十一年殺申胥之事。不知越人行成在哀元年，宦吳三年而歸在哀四年，而非五年，縱加反國之六年，亦財十年，其時尚未殺申胥也。況四年爲反國之明年，再二年爲反國之三年，而非六年乎？越語之文本不與左傳相當，無事規規求合也。」范蠡對曰：「逆節萌生，害殺忠正〔一五〕，故爲逆節。萌，兆也。天地未形，而先爲之征，形，見也，天地之占未見。征，征伐也。其事是以不成，雜受其刑。雜，猶俱也〔一六〕。刑，害也。○俞樾曰：「雜者，帀也。呂氏春秋圜道篇：『圜周復雜。』高注曰：『雜，猶帀也。』淮南子詮言篇：『以數雜之壽，憂天下之亂。』高注曰：『雜，帀也。』説苑脩文篇：『如矩之三雜，規之三雜，周而又始，窮則反本也。』亦以雜爲帀。説文：『帀，周也。』周帀，則有反覆之義。大玄有『周首以象』復卦，范望注曰：『周，復也。』然則帀亦復也。帀受其刑者，復受其刑也，猶上文言『反受其殃』也。」王姑待之。」王曰：「諾。」

5 又一年，反國七年，魯哀十二年。○元誥按：反國之四年，魯哀九年也。詳見上王説。王召范蠡而問焉，曰：「吾與子謀吴，子曰『未可也』。今其稻蟹不遺種，其可乎？」稻蟹，謂蟹食稻也〔一七〕。范蠡對曰：「天應至矣，人事未盡也。謂饑困愁怨之事未盡極也。王姑待之。」王怒曰：「道固然乎？固，故也。○陳瑑曰：「禮投壺『敢固以請』，注：『固之言如故也。』如故者，重辭也。」妄其欺不穀邪？○王引之曰：「妄與亡同，當讀『寧爵無刁』之無。鄭注儒行曰：『妄之言無也。』轉語詞。」吾與子言人事，子應我以天時。今天應至矣，子應我以人事，何也？」范蠡對曰：「王姑勿怪。夫人事必將與天地相參，然後乃可以成功。參，三也。天、地、人事三合，乃可以成大功。今其禍新民恐，稻蟹新也。○吴曾祺曰：「謂新遇飢困之禍。注晦。」其君臣上下，皆知其資財之不足以支長久也，支，猶堪也。彼將同其力，致其死，猶尚殆。殆，危也，言伐吴於事尚危〔一八〕。王其且馳騁弋獵，無至禽荒；使越王爲此者，示不以吴爲念。宫中之樂，無至酒荒；肆與大夫觴飲，無忘國常。肆，放也。常，舊法。彼其上將薄其德，民將盡其力，言吴王見越馳騁射獵，不以爲意，必不修德而縱私好，以盡民力。又使之望而不得食，怨望於上，而天又奪之食〔一九〕。乃可以致天地之殛。殛，誅也。王姑待之。」且待時也。自此後四年，乃遂伐吴。○王引之曰：「伐吴在反國四年九月〔二〇〕。」韋注非。

6 至於玄月，爾雅曰：「九月爲玄。」謂魯哀十六年九月也。至十七年三月，越伐吴。○王引之曰：「韋於下章『居軍三年，吴師自潰』注曰：『魯哀二十年冬十一月，越圍吴。二十二年冬十一月丁卯，滅吴。』此蓋以左傳説之也。不知越語之文與左傳不同。左傳哀十七年三月，越伐吴，越語則以反國之四年九月伐吴。（四年説見上。）左傳以伐吴之後三年圍吴，又三年而滅之，越語則自反國之四年伐吴，乃遂居軍三年，待其自潰而滅之。左傳自伐吴至滅吴凡六年，（自十七年至二十二年〔二一〕。）越語自伐吴至滅吴凡三年。左傳自越及吴平至滅吴凡二十二年，哀元年傳所謂『二十年之外，吴其爲沼』也〔二二〕，越語自越及吴平至滅吴凡十年，（宦吴三年而反國，又歷四年，至九月而伐吴，居軍三年，吴潰而滅吴，凡十年也。）下文范蠡所謂『十年謀之』也。越語之年月非左傳之年月也，不然，則事同左傳，文亦當然，豈有『至於玄月』在哀十六年，而不箸其爲何年者乎？又豈有興師伐吴在十七年三月，而不箸其何年何月者乎？又豈有居軍三年在伐吴之後三年，而不箸其年之相距者乎？『至於玄月』上承『又一年』之文，則爲反國四年之九月矣。『遂興師伐吴』上承『至於玄月』之文，則爲九月伐吴矣。『居軍三年』上承『伐吴』之文，則伐吴之後，遂居軍以困之矣。本書節次本自顯然，何得亂以左傳之年月乎？」王召范蠡而問焉，曰：「諺有之諺，俗之善語。曰：『觥飯不及壺飧。』觥，大也。大飯，謂盛饌。盛饌未具，不能以虚待之，不及壺飧之救飢疾。言己欲滅吴，取快意得之而已，不能待有餘力。○陳瑑曰：「説文：『侊，小貌。』春秋國語曰『侊飯不及壹食』。」（今刻本又省壹作『一』。）侊、觥同聲通假。『觥，大』者，大玄經『觥羊之毅』，注：『觥羊，大羊也。』許訓『小』，此訓『大』，亦相反爲訓。壺飧者，左僖二十五年傳云：『趙衰以壺飧從。』蓋當時有此語也。說文譌爲『壹食』，形相涉也。』董增齡曰：「說文：『侊，小貌。』引國語曰：『侊飯不及一食。』一食，猶言大飯，言小飯不如大飯之速得飽也。喻時不能待。」元誥按：陳說與韋注合，可從。而明道本飯譌作「飲」，注同。太平御覽器物部六引此文亦作「飲」，又引注曰：「言志在觥飲，慮不至壺飧。喻己用德小，不能遠圖。」當是三君注，與韋解相反也。今歲晚矣，子將奈何？」范蠡對曰：「微君王之言，微，無也。臣固將謁之。謁，請也，請伐吳也。○明道本固作「故」。臣聞從時者，猶救火、追亡人也。蹶而趨之，唯恐弗及。」蹶，走也。王曰：「諾。」遂興師伐吳，至於五湖。吳人聞之，出而挑戰，一日五反。王弗忍，欲許之。不忍其忿。○元誥按：許，謂與之戰也。范蠡進諫曰：「夫謀之廊廟，失之中原，其可乎？王姑勿許也。臣聞之，得時無怠，時不再來，天予不取，反爲之災。贏縮轉化，後將悔之。贏縮，進退也。轉化，變易也。天節固然，固然，有轉化也。唯謀不遷。」謀必素定，不可遷移。王曰：「諾。」弗許。范蠡曰：「臣聞古之善用兵者，謂若黃帝、湯、武。贏縮以爲常，四時以爲紀，以爲常，隨其贏縮也。紀，猶法也。四時有轉運，用兵有利鈍也。周語曰「王欲合是五位三所而用之」是也。無過天極，究數而止。極，至也。究，窮也。無過天道之所至，窮其數而止也。天道皇皇，日月以爲常，皇皇，著明也。常，象也。○陳瑑曰：「皇皇，猶煌煌也。旂謂之常。釋名『日月爲常』，謂畫日月於其端，天子所建，言常明也。」明者以爲法，微者則是行。明，謂日月盛滿時。微，謂虧損薄蝕也。法其明者，以進取。行其微時，以隱遁。陽至而陰，陰至而陽，至，極也。日困而還，月盈而匡。困，窮也。匡，虧也。○吴曾祺曰：「還，謂周而復始也。」宋庠曰：「字書無訓匡爲『虧』者，此當有所本。俗本作『昃』，非。」古之善用兵者，因天地之常，與之俱行。隨其轉運虧盈晦明之常。後則用陰，先則用陽，後，後動。先，先動。用陰，謂沈重固密。用陽，謂輕疾猛厲〔二三〕。近則用柔，遠則用剛。敵近則用柔順，示之以弱；遠則抗威厲辭以亢禦〔二四〕。後無陰蔽，先無陽察，後動者泰舒静，爲陰蔽也。先動者泰顯露，爲陽察也。用人無藝，往從其所。藝，射的也。無藝，無常所也。行軍用人之道，因敵爲制，不豫設也，故曰從其所也。○王引之曰：「韋説非也。用人無藝，當屬上二句爲義。往從其所，則屬下句爲義。用人無藝者，人猶衆也，言用衆之道無常也。後無陰蔽，先無陽察，用人無藝，三無字相應爲文〔二五〕。往從其所者，其所，敵人之所也，言往從敵人之所，而彼尚能以剛彊禦我，則其陽節未盡，未可即滅，故曰『不死其野』。蔽、察、藝爲韻〔二六〕，（察，古讀若際。淮南原道篇：『施四海，際天地。』文子道原篇作：『施於四海，察於天地。』）所、禦、野、與爲韻。以是明之。」剛彊以禦，陽節不盡，不死其野。言敵以剛彊來禦己，其陽節未盡，尚未可克，故曰「不死其野」。○明道本彊作「柔」，注同。非。彼來我從，固守勿與。勿與戰也。○王引之曰：「古人多謂敵爲與。老子『善勝敵者不與』，謂兩軍相敵也。解者誤以爲與共之與，而增字以足之。」若將與之，必因天地之災，彼有災變，則可。又觀其民之饑飽勞逸以參之，言雖有災，民尚逸，飽則未也。盡其陽節，盈吾陰節而奪之。彼陽勢已盡，而吾陰節盛滿，則能奪之。○明道本下有「利」字，衍。宜爲人客，剛彊而力疾，陽節不盡，輕而不可取。先動爲客。於時宜爲人客。剛彊力疾，陽數未盡，雖輕易人猶不可得取也。宜爲人主，安徐而重固，陰節不盡，柔而不可迫。時宜爲主人，安徐重固，陰數未盡，雖柔不可困迫也。凡陳之道，設右以爲牝，益左以爲牡，陳其牝牡，使相受之。在陰爲牝，在陽爲牡。○淮南兵略訓：「所謂地利者，後生而前死，左牡而右牝。」高注云：「高者爲生，下者爲死，邱陵爲牡，谿谷爲牝。」文選陳孔璋爲曹洪與魏文帝書注引褋兵書曰：「八陳：一曰方陳，二曰圜陳，三曰牡陳，四曰牝陳，五曰衝陳，六曰輪陳，七曰浮阻陳，八曰雁行陳。」蚤晏無失，必順天道，晏，晚也。周旋無究。究，窮也。無窮，若日月然也。今其來也，剛彊而力疾，言吳陽勢未盡，未可擊也。王姑待之。」王曰：「諾。」弗與戰。

7居軍三年，吳師自潰。魯哀二十年冬十一月，越圍吳。二十二年冬十一月丁卯，滅吳。○元誥按：韋蓋以左傳説之也，非是。詳見上王説。吳王帥其賢良與其重禄以上姑蘇，姑蘇，宮之臺也，在吳閶門外，近湖。或云：「賢，賢妃。良，良貨。」唐尚書云：「重禄，寶璧。」昭謂：賢良(二七)，親近之士，猶越言君子，齊言士。吳語曰：「越王以其私卒(二八)君子六千人爲中軍。」賈侍中云：「重禄，大臣也。」○元誥按：姑蘇，詳見吳語。使王孫雒行成於越，雒，吳大夫；王孫，姓也。○元誥按：王孫雒，宋庠本國語、史記越世家雒竝作「雄」。吳曾祺謂：「雒，當是與王同族，故稱王孫，非姓也。」曰：「昔者上天降禍於吳，得罪於會稽。使越棲於會稽時也。今君王其圖不穀，不穀請復會稽之和。」王弗忍，欲許之。范蠡進諫曰：「臣聞之，聖人之功，時爲之庸。庸，用也。因天時以爲功用也。得時弗成，天有還形。還，反也。形，體也。○俞樾曰：「形，當讀爲刑。言天必反而刑之。上文曰：『得時不成，反受其殃。』此文曰：『得時弗成，天有還刑。』其義正同。還，猶反也。刑，猶殃也。作『形』者，假字耳。古形、刑通用。」天節不遠，五年復反，節，期也。五年再閏，天數一終，故復反也。○錢大昕曰：

「聖人不過言其大略耳，若以章閏十九年七閏之率率之，須五年又五月而得再閏。」小凶則近，大凶則遠。小凶，謂危敗。大凶，謂死滅。近，五年。遠，十年或二十年。先人有言曰：『伐柯者其則不遠。』先人，詩人也。「執柯伐柯，其則不遠」，以言吳昔不滅越，故有此敗，此戒亦不遠也。今君王不斷，其忘會稽之事乎？」王曰：「諾。」不許。使者往而復來，辭愈卑，禮愈尊，愈，益也。王又欲許之。范蠡諫曰：「孰使我蚤朝而晏罷者，非吳乎？與我爭三江、五湖之利者，非吳耶？○元誥按：三江、五湖，詳見上。夫十年謀之，一朝而棄之，其可乎？十年不收於國，勤身以謀吳也。王姑勿許，其事將易冀已。」冀，望也。易望已，謂不勤難也〔二九〕。王曰：「吾欲勿許，而難對其使者，子其對之。」范蠡乃左提鼓，右援枹，以應使者，提，挈也。曰：「昔者上天降禍於越，委制於吳，而吳不受。今將反此義以報此禍，吾王敢無聽天之命，而聽君王之命乎？」王孫雒曰：「子范子，先人有言曰：『無助天爲虐，助天爲虐者不祥。』今吾稻蟹不遺種，○明道本吾作「吳」。子將助天爲虐，不忌其不祥乎？」忌，惡也〔三〇〕。范蠡曰：「王孫子，昔吾先君固周室之不成子也，子，爵也。言越本蠻夷小國，於周室爵列不能成子也。周禮，諸子之國，封疆方二百里。○董增齡曰：「成國不過半天子之軍，惟公、侯爲成國。蠡言不成子，謂不成國之子爵，非謂不能成子爵也。」故濱於東海之陂，濱，近也。陂，涯也。黿鼉魚鼈之與處，而鼃黽之與同渚。鼃黽，蝦蟇也。水邊亦曰渚。余雖靦然而人面哉，吾猶禽獸也，又安知是諓諓者乎？」靦，面目之貌。諓諓，巧辯之言〔三一〕。方欲距吳之請，故自卑薄以不知禮義〔三二〕。○詩何人斯篇：「有靦面目。」毛傳：

「諞，姡也。」〔三三〕說文：『諞，便巧言也。』〔三四〕引周書曰：「截截善諞言。」戈部引周書曰：「戔戔巧言。」公羊傳文十二年：「惟諓諓善竫言。」王逸九辯注云：「靜言，諓諓而無信也。」元誥按：諓諓作「戔戔」，亦即「截截」也。王孫雒曰：「子范子將助天爲虐，助天爲虐不祥。雒請反辭於王〔三五〕。」請以辭告越王。范蠡曰：「君王已委制於執事之人矣。執事，蠡自謂也。子往矣，無使執事之人得罪於子。」無使我爲子得罪。使者辭反。反，報吳也。范蠡不報於王，擊鼓興師以隨使者，至於姑蘇之宮，不傷越民，遂滅吳。「事將易冀」是也。

8 反至五湖，范蠡辭於王曰：「君王勉之，臣不復入於越國矣。」勉王以德，欲隱遁也。○明道本無「於」字。王曰：「不穀疑子之所謂者何也？」對曰：「臣聞之，爲人臣者，君憂臣勞，君辱臣死。昔者君王辱於會稽，臣所以不死者，爲此事也。今事已濟矣，蠡請從會稽之罰。」王曰：「所不掩子之惡，揚子之美者，使其身無終沒於越國〔三六〕。○吳曾祺曰：「此詛誓之詞，謂當客死異地也。」元誥按：所，猶若也。吾所不，言吾若不也。見經傳釋詞。子聽吾言，與子分國。○明道本「與」上衍「吾」字。不聽吾言，身死，妻子爲戮。」范蠡對曰：「臣聞命矣〔三七〕。君行制，臣行意。」制，法也。意，志也。遂乘輕舟以浮於五湖，莫知其所終極。王命工以良金寫范蠡之狀而朝禮之，以善金鑄其形狀，而自朝禮之。○淮南本經訓高注：「寫，放斅也。」元誥按：明道本「工」上衍「金」字。浹日而令大夫朝之。從甲至甲曰浹。浹，帀也。○元誥按：浹日，周禮作「挾日」。環會稽三百里者以爲范蠡地，環，周也。

曰：「後世子孫，有敢侵蠡之地者，使無終没於越國，皇天后土、四鄉地主正之！」鄉，方也。天神地祇、四方神主當征討之，正其封疆也。○俞樾曰：「封疆非鬼神所能正，韋注非是。正，猶聽也。周官夏官序官曰：『家司馬，各使其臣以正於公司馬。』鄭注曰：『正，猶聽也。』皇天后土、四鄉地主正之，猶言鬼神與聞此誓也。」

校記

〔一〕陽盛則損，月滿則虧　「損」誤作「衰」，「月」誤作「日」，據公序本改。

〔二〕言賢者修其政德　「政」誤作「賢」，據各本改。

〔三〕其口南則莫里山　「山」誤作「北」，據國語正義改。

〔四〕不已，謂吴不釋也　「不已」二字脱，據各本補。

〔五〕爲一，不偏也　「一」誤作「大」，據各本改。

〔六〕美惡皆成　「美」誤作「養」，據各本改。

〔七〕民乃蕃滋　此四字脱，據各本補。

〔八〕死生因天地之刑　「地」字脱，據各本補。

〔九〕用力甚少，而名聲章明　「名」誤作「明」，據各本改。

〔一〇〕拊循其民　史記越世家「其」下有「士」字，王氏述聞引文略去，此從經義述聞。

〔一一〕夫差克越，可取而不取　「而」字誤從明道本在「可取」之上，據公序本改。

〔一二〕有奪，予而復奪也　「復」誤作「後」，據各本改。

〔一三〕無復相非以不忠正者也　「正」字脱，據各本補。

〔一四〕在魯哀十一年　「哀」字脱，據各本補。

〔一五〕害殺忠正　「正」誤作「臣」，據各本改。

〔一六〕雜，猶俱也　「俱」誤作「居」，據各本改。

〔一七〕稻蟹，謂蟹食稻也　公序本無「謂」字，明道本無上「稻」字與「謂」字，此據國語考異所引禮記月令疏引韋注改定。

〔一八〕言伐吴於事尚危　「吴」下衍「伐」字，據各本删。

〔一九〕天又奪之食　「又」字脱，據各本補。

〔二〇〕伐吴在反國四年九月　「年」誤作「月」，據經義述聞改。

〔二一〕自十七年至二十二年　「七」字脱，據經義述聞補。

〔二二〕哀元年傳所謂「二十年之外，吴其爲沼」也　「傳」字脱，據經義述聞補。

〔二三〕用陽，謂輕疾猛厲　「猛」誤作「狂」，據各本改。

〔二四〕遠則抗威厲辭以亢禦　「亢」誤作「抗」，據各本改。

〔二五〕三無字相應爲文　「無」字脱，據經義述聞補。

〔二六〕蔽、察、藝爲韻　「蔽」、「察」二字誤倒，據經義述聞改。

〔二七〕良貨。唐尚書云：「重禄，寶璧。」昭謂：賢良　此十四字脱，據各本補。

〔二八〕越王以其私卒　「其」字脱，據各本補。

〔二九〕謂不勤難也　「不」字脱，據各本補。

〔三〇〕忌，惡也　「惡」誤作「避」，據各本改。

〔三一〕諓諓，巧辯之言　脱一「諓」字，據各本補。

〔三二〕故自卑薄以不知禮義　「以」字脱，據各本補。

〔三三〕毛傳：「靦，姡也。」　「姡」誤作「始」，據詩小雅彼何人斯毛傳改。

〔三四〕説文：「諞，便巧言也。」　「便」字脱，據説文三上言部補。

〔三五〕雒請反辭於王　「辭」誤作「請」，據各本改。

〔三六〕所不掩子之惡，揚子之美者，使其身無終没於越國　文前衍「吾」字，據各本删。

〔三七〕臣聞命矣　此四字脱，據各本補。

附錄

國語集解叙例

大史公稱「左丘失明，厥有國語」，又謂左氏欲傳春秋，先作國語〔一〕。故國語在漢時有春秋外傳之名，與左傳稱内傳者相表裏也。自葉少藴謂春秋傳作於左氏，國語爲左丘氏，不得爲一家，文體不同，亦非一家書；劉炫謂鄢陵之敗，苗賁皇之所爲，楚語云「雍子之所爲」，與傳不同，國語非丘明作；柳宗元謂越語之下篇非出於左氏，異議嚻騰而莫可究詰。竊嘗論之，國語之文異於左傳之大者，莫如越滅吴一事。左傳以伐吴後三年圍吴，又三年而滅之；越語則自反國後四年伐吴，遂居軍三年，待其自潰而滅之，左傳自伐吴至滅吴凡六年；越語自伐吴至滅吴凡三年。左傳自吴及越平至滅吴凡二十二年，越語自越及吴平至滅吴凡十年。其重要牴牾如此，誠令人不能無疑於作者，不得徒諉曰「傳聞異詞」也。顧攷其書，於三代之遺文墜典，春秋之嘉言善行，粲然在目，經國行事所取資，博物君子亦所不廢，即與左傳出入，正可藉供參校，初不因作者爲誰略掩其洪美也。是書注有鄭、賈、虞、唐、孔、韋諸氏，今多散佚，唯韋解備。本有賈、許、明道、公序諸刻，公序本精，唯補音傳。且云，本精亦時有譌漏，注備仍難免附會。後之學者有董氏正義，汪氏攷異、發正，黄氏札記，陳氏翼解，王氏述聞，俞氏平議、吴氏補注。用力勤矣，所得爲多〔二〕，然詳此略彼，入主出奴，時可考見，蓋未薈集而折衷之，則無由劑其平而究其用也。間嘗采識諸説於簡端，闕者補之，疑者存之。念治斯學而未能專者，或疲於繙檢，昧於是非之辨也，乃纂理以請益於世，不復自揣其愚，假曰有一得焉，則更知所以淬厲矣。纂例如次：

傳文以明道、補音二本爲據，擇其是者從之。其疑異脱衍，胥注句下。有依他説訂正者，仍列原文於集解，證以他説。

注文以韋解爲準，字句譌者，胥依攷異、札記改正，有依他説改正者，於注中注明。韋解未采之三君注，間據輯存補入於集解。

韋解訓譌，有説可易者易之，仍列韋解於集解，復引他説解之。

地名今釋，幾經考定，即用他説亦然，爲便於行文計，或不詳載書名。但非盡歷其境，倘有譌誤，諸待教正。

傳文闕注，無説可采者，蒐集他書補之。韋解訓譌，無説可易者，則附存鄙疑，聊資商搉。

各篇分章，或同補音本，或同明道本，要視文義分合爲斷。

注上有圍者爲集解，否則爲韋解。

中華民國十四年十二月徐元誥識於海上。

〔一〕大史公稱「左丘失明，厥有國語」，又謂左氏欲傳春秋，先作國語　按所謂「左氏欲傳春秋，先作國語」，乃司馬光之説，見朱彝尊經義考卷二〇九，此文以司馬遷當之，甚誤。

〔二〕後之學者有董氏正義，汪氏攷異、發正，黄氏札記，陳氏翼解，王氏述聞，俞氏平議，吴氏補注。用力勤矣，所得爲多　按所列諸家皆爲集解所采取者，尚有沈鎔國語詳注，書中所采亦多，而獨遺之。又吴氏之書爲國語韋解補正，此作補注，亦爲小失。

國語解叙

韋　昭

昔孔子發憤於舊史，垂法於素王。左丘明因聖言以攄意，託王義以流藻，其淵源深大〔一〕，沈懿雅麗，可謂命世之才，博物善作者也。其明識高遠，雅思未盡〔二〕，故復采録前世穆王以來，下訖魯悼智伯之誅，邦國成敗，嘉言善語，陰陽律吕，天時人事逆順之數，以爲國語。其文不主於經，故號曰「外傳」。所以包羅天地，探測禍福，發起幽微，章表善惡者，昭然甚明，實與經藝竝陳，非特諸子之倫也。遭秦之亂，幽而復光。賈生、史遷頗綜述焉。及劉光禄於漢成世始更考校，是正疑謬。至於章帝，鄭大司農爲之訓注，解疑釋滯，昭析可觀，至於細碎，有所闕略。侍中賈君敷而衍之，其所發明，大義略舉，爲已憭矣〔三〕，然於文閒時有遺忘。建安、黄武之閒，故侍御史會稽虞君，尚書僕射丹陽唐君，皆英才碩儒，洽聞之士也，采摭所見，因賈爲主而損益之。觀其辭義，信多善者，然所理釋，猶有異同。昭以末學，淺闇寡聞，階數君之成訓，思事義之是非，愚心頗有所覺。今諸家竝行，是非相貿，雖聰明疏達識機之士知所去就，然淺聞初學猶或未能祛過。切不自料，復爲之解。因賈君之精實，採虞、唐之信善，亦以所覺增潤補綴，參之以五經，檢之以內傳，以世本考其流，以爾雅齊其訓，去非要，存事實，凡所發正三百七事。又諸家紛錯，載述爲煩，是以時有所見，庶幾頗近事情，裁有補益。猶恐人之多言，未詳其故，欲世覽者必察之也〔四〕。

〔一〕其淵源深大　「深」字脱，據各本補。

〔二〕其明識高遠，雅思未盡　「遠」、「雅」二字脱，據各本補。

〔三〕爲已憭矣　明道本「憭」下空一字。

〔四〕欲世覽者必察之也　「也」原作「焉」，據各本改。

國語補音叙録

宋庠

按班固藝文志種別六經，其春秋家有國語二十一篇，注：「左丘明著。」至漢司馬子長撰史記，遂據國語、世本、戰國策以成其書。當漢世，左傳秘而未行，又不立於學官，故此書亦弗顯，唯上賢達識之士好而尊之，俗儒弗識也。逮東漢，左傳漸布，名儒始悟向來公、穀膚近之説，而多歸左氏。及杜元凱研精訓詁，木鐸天下，古今真謬之學一旦冰釋，雖國語亦從而大行，蓋其書竝出丘明。自魏、晉以後，書録所題，皆曰春秋外傳國語，是則左傳爲内，國語爲外，二書相副，以成大業。凡事詳於内者略於外，備於外者簡於内，先儒孔晁亦以爲然。自鄭衆、賈逵、王肅、虞翻、唐固、韋昭之徒竝治其章句，申之注釋，爲六經流亞，非復諸子之倫。自餘名儒碩生好是學者不可勝紀。歷世離亂，經籍亡逸，今此書唯韋氏所解傳於世，諸家章句遂無存者。然觀韋氏所叙，以鄭衆、賈逵、虞翻、唐固爲主而增損之，故其注備而有體，可謂一家之名學。唯唐文人柳子厚作非國語二篇，攟摭左氏意外微細以爲詆訾，然未足掩其洪美。左篇今完然與經籍竝行無損也，庸何傷於道。因略記前世名儒傳學姓氏列之後。

漢大司農鄭衆，字仲師。作國語章句，亡其篇數。

漢侍中賈逵，字景伯。作左氏春秋及國語解詁五十一篇：左傳三十篇，國語二十一篇。隋志云，二十卷。唐已亡。

魏中領軍王肅，字子雍。作春秋外傳國語章句一卷。隋志云，梁有，二十二卷。唐志亦云，二十二卷。

吴侍御史虞翻，字仲翔。注春秋外傳國語二十一卷。

吴尚書僕射唐固，字子正。注春秋外傳國語二十一卷。

吴中書僕射、侍中、高陵亭侯韋昭，字弘嗣。注春秋外傳國語二十一卷。隋志云，二十二卷。唐志，二十一卷，與今見行篇次同。

晉五經博士孔晁，注春秋外傳國語二十卷。唐志，二十一卷。

右按：古今卷第多不同，或云二十一篇，或云二十二，或云二十卷。然據班志最先出，賈逵次之，皆云二十一篇，此實舊書之定數。其後或互有損益，蓋諸儒章句煩簡不同，析簡併篇，自名其學，蓋不足疑也。要之藝志爲審矣。又按：先儒未有爲國語音者，蓋外、内傳文多相涉，字音亦通故邪。然近世傳舊音一篇，不箸撰人名氏，尋其説，乃唐人也。何以證之？據解「犬戎樹惇」，引鄯州羌爲説。夫改「善」爲「鄯」，「國」爲「州」，自唐始耳。然其音簡陋，不足名書，但其閒時出異聞，義均雞肋。庠因暇輒記其所闕，不覺盈篇。今因舊本而廣之，凡成三卷。其字音反切，除存本説外，悉以陸德明經傳釋文爲主。亦將稽舊學，除臆説也。唯陸音不載者則以説文、字書、集韻等附益之，號曰國語補音。其間闕疑，請俟鴻博，非敢傳之達識，姑以示兒曹云。元誥按：世稱國語以宋公序本爲最精，即藉補音本而傳。補音本復以微波榭刊者爲佳，近沔陽盧氏慎始基齋景印，入於湖北先正遺書中，若單行本殊不易得也。敍録於國語本末及學者家數竝多闡發，後學不可不知也，因著録之。

重刻明道本國語序

錢大昕

國語之存於今者，以宋明道二年槧本爲最古。錢遵王〔一〕讀書敏求記舉周語「昔我先王世后稷」〔二〕及「皆免胄而下拜」二事證今本之誤，是固然矣。予於敏求所記之外復得四事：周語「瞽獻曲」，注：「曲，樂曲也。」今本「曲」皆譌作「典」。「高位實疾顛」，今本「顛」作「僨」。鄭語「依、疇、歷、華」，今本「華」作「莘」。元誥按：明道「疇」作「騂」。吴語「王孫雒」，今本「雒」作「雄」。元誥按：内傳「雒」亦作「雄」。此皆灼然信其當從者。今世盛行宋公補音，而於此數事竝同今本。則公序所栞，未免失之觕疏。至如「荆嬀」之譌「蒯嬀」，補音初無「蒯」字，是公序本未誤，然不得此本校書，未敢決「蒯」之必爲「荆」。予嘗論古本可寶，古本而善乃真寶，於此本見之矣。吴門黄孝廉蕘圃得是書而寶之，又欲公其寶於斯世，乃令善工重彫以行。別爲札記，志其異同，凡字畫行款，壹從其舊，即審知豕亥爛脱，但於札記正之，而不易本文，蓋用鄭康成注樂記、中庸之例。宋世館閣校刊經史，卷末多載增損若干字，改正若干字，其所增改未必皆當，而古字古音遂失其傳，予嘗病之。讀蕘圃斯刻，歎其先得我心，可以矯近世輕改古書之弊，其爲功又不獨在一書而已也。嘉慶五年二月十二日。元誥按：輕改古書，固然不可，若明知有誤，確有可據，亦必以增改爲戒，如邢子才所謂「誤書思之更是一適」，是非存古乃存誤也，何貴有校刊之學。此序方稱校得四事，復力戒增改者，戒輕改耳。特辨而存之。

〔一〕錢遵王　「王」字脱，據原本補。

〔二〕昔我先王世后稷　「世」誤作「以」，據原本改。

原國語集解目録

本書不箸卷第，其目録次序胥依補音本，唯於晉語諸篇每加數字别之，便於檢閲，非其舊也。元誥識。

越語下第二十一

宋庠曰：「諸本題卷次叙各異。或有先題『國語卷第幾』，作一行，次又別題曰『某語』，次下又別題曰『某公』，疑皆後人以意妄自標目。然不能得其定本，未知孰是。庠家舊藏此書，亦參差不一。天聖初，有宗人同年生緘假庠此書，最有條例。因取官私所藏凡十五、六家本校緘之書，其閒雖或魯魚，而緘本大體爲詳。又題號諸篇，較若畫一，竝不箸卷字，但曰『某語第幾』。其閒唯一國有二篇或三篇者，則加『上』、『中』、『下』以爲別。然不知此目興自何時及何人論次，决非丘明所自造。蓋歷世儒者各有章句，竝擅爲部第，莫可知已。唯此本題卷不與諸家類，今輒據以爲正云。」

國語的作者和編者

王樹民

國語是記載西周中期到春秋末年的一部重要史書。史記十二諸侯年表序云：「譜十二諸侯，自共和訖孔子，表現春秋、國語學者所譏盛衰大旨，著於篇。」又太史公自序云：「左丘失明，厥有國語。」漢書藝文志云：「國語二十一篇，左丘明著。」二千年來，國語一直被認爲是左丘明所作，因此，這部書的作者和編者是出於一人或多人之手，也就無人提出討論。其實這些方面是存在着問題的。

「語」原是古代一種記言的史書。禮記玉藻云：「動則左史書之，言則右史書之。」反映了古代史書原有記言和記事二種形式。其中記言之書，因内容性質不同而有多種名目。楚語上記申叔時論教導太子云：「教之令，使訪物官。教之語，使明其德而知先王之務用明德於民也。教之故志，使知廢興者而戒懼焉。教之訓典，使知族類行比義焉。」所謂「令」、「語」、「故志」、「訓典」，都是有關記言的書。「令」和「訓典」是貴族統治者發布的法制文件，屬於正式的文獻。如周語上記周的先王不窋，自竄於戎狄之間，還要「修其訓典」。晉語八記隨武子在晉，「端刑法，輯訓典，國無奸民」。又如周語中所引的「夏令」、「時儆」、「先王之教」、「周之秩官」等，都是這一類的事例。「志」和「語」是貴族統治者認爲重要的事件與當時人的言論，由近侍之臣隨時爲之記載，存之以備參考，既能記事，亦能記言，大致「語」以記言爲主，「志」則言與事并重。所記之「語」，着重於富有教育意義，故能「明其德」，在政權穩定文化發達的各國，大概都有這一類的書。后來隨時代發展，由統治者擴散到民間，許多私人著作也多以「語」爲名，如關於孔子的言行有論語和家語，在汲冢中發現的古書有瑣語，管子書中有短語，直到漢初陸賈著的書還號爲新語，賈誼著的書也有連語、修政語、禮容語等篇目。在春秋時期，各國的語還是由各國的統治者直接控制，到戰國時期，逐漸流入民間，因而有了不同的傳本。把當時流傳的各國的語集合起來，編成一書，便爲國語，即列國之語的意思。晉語六記鄢陵之戰共有四條，内容無大出入，惟有詳略之異，是其本出同源，因傳録者取舍不同而有異。可知國語爲集合故有之資料而成書，決非出於一人之手筆。

國語非一時一人所作，從各篇内容的不一致，也可以得到充分的證明。如周語、楚語、晉語、鄭語等文多古樸，魯語多記瑣事而亦不同於後世之文。至齊語則全同於管子小匡篇，殆出於戰國時期稷下先生之流。吴語、越語皆記夫差與勾踐之事，而越語下則爲黄老家之言，此三語寫成之時代不能早於戰國時期。由此可知周語等五部分原爲各國的故有之書，流傳中或遭删節，所存者基本上猶爲原文；而齊語等三部分則出於後人補作，當日或亦有「語」之稱，編書者遂并取之。因此更可知國語之編定，不能早於戰國時期。

國語的編定者，史記和漢書的説法不同，史記説是「左丘失明，厥有國語」，漢書則稱「左丘明著」。與國語内容相近的左氏春秋，史記説是「魯君子左丘明」所作；漢書作左氏傳，説是「魯太史左丘明」作。後人多從班固之説，以二書作者爲一人，甚至左丘明被説成爲一個失明的人，因而有「盲左」之稱。其實編定不同於寫作，編定是編輯故有之文，雖失明者亦不難就其誦習與記憶者而編定之，寫作便不能這樣容易了。可知編定國語與寫作左氏春秋的本來是兩個人，司馬遷説得很明白，一個是左丘，一個是左丘明；不過他們的事迹爲後人所知者極少，其名又相近，因而被混同爲一個人了。左丘明見於論語，爲孔子所稱，司馬遷也稱他爲「魯君子」，其爲魯人，應無問題。左丘之事，惟見於司馬遷所稱述：「昔西伯拘羑里，演周易；孔子厄陳蔡，作春秋；屈原放逐，著離騷；左丘失明，厥有國語；孫子臏脚，而論兵法；不韋遷蜀，世傳吕覽；韓非囚秦，説難、孤憤。」以這些人不幸遭遇耻辱而在事業上皆有以自現，比喻他自己爲完成著史大業而不避耻辱。值得注意的一點是，所列舉的這幾個人大致以時間先後爲次序，左丘列於屈原與孫子之間，説明其時代應約略相近，正在戰國中期。按國語二十一篇，而晉語獨占九篇，在晉國三卿中，又多記趙氏之事，説明左丘應爲趙國人，或與趙國接近之人。其書記齊、魯之事皆較略，而秦國竟無一篇，表明編書者於此數國之關係甚疏。鄭、楚與晉國之接觸最多，周王在春秋時幾成晉的保護國，故三國之書得保存較古者。吴、越與晉之接觸已在春秋後期，故流傳者惟有夫差與勾踐之事。

國語與左氏春秋既同記一個時期之事，内容自多相同或相關者，稍加比較，即可知國語多保存原文，故各部分之間頗不一致，而左氏春秋則爲已經作者潤飾修整者，全書如渾然一體。因此二書的某些材料來源可能爲出於一途，然不可謂二書即出於一手。自從左氏春秋被説成爲春秋左氏傳，經古文派宗之，國語也被稱爲春秋外傳。經今文派力攻左傳，特别强調「左丘失明，厥有國語」之語，更確指左丘明爲國語的作者。很明顯這是捕風捉影之談，硬把左丘與左丘明當作一個人了。

晉代的傅玄曾明確地説：「國語非丘明所作。」隋唐時期的劉炫、陸淳也持此説。宋代的葉夢得更指出：「古有左氏，左丘氏。太史公稱：『左丘失明，厥有國語。』今春秋傳作左氏，而國語爲左丘氏，則不得爲一家，文體亦自不同，其非一家書明甚。」（并見經義考卷二〇九及卷一六九）古人在這方面原已提出了正確的看法，世人因深信班固等漢人的説法，并迷惑於「内傳」與「外傳」之説，因而失去辨别正誤的標準了。

《國語》人名索引

王忻　王愷 編

凡　　例

一、本索引收集了《國語》中的全部人名。人名稱謂的異同分合,一以《國語集解》爲準。

二、以人名稱謂列目,後按出現順序依次注明篇名、卷帙、序號和在本書的頁碼,分别隔以斜線。如:

晉昭公

魯下　5/8/189

表明晉昭公見魯語下第五第8節第189頁。

三、一人異稱者,在條目後加括弧一一列出。如:

齊桓公(桓　小白　桓公　齊桓　齊侯)

表示齊桓公在書中又稱"桓"、"小白"、"桓公"、"齊桓"、"齊侯"。

四、同名異人者,分别立目。

五、爲方便讀者用不同方法檢索,後附筆畫檢索和音序檢索。

0022₇ 方

帝

商

高

0023₂ 康

0024₇ 慶

至

1010$_7$ 五

1010$_8$ 巫

靈

1010$_9$ 丕

1016$_4$ 露

1021$_1$ 元

1071_7 瓦

1080_6 賈

1090_0 不

1123_2 張

1180_1 冀

1217_2 瑶

1224_7 發

1233_0 烈

1241_0 孔

1249_3 孫

1314_0 武

1523_6 融

1710_7 孟

1714_7 瑕

1722_7 邴

胥

1733_1 忌

1740_7 子

17427 邢

勇

17507 尹

17620 司

17627 邵

17710 乙

20104 重

2023$_{1}$ 僬

2025$_{2}$ 舜

2033$_{2}$ 鮌

2040$_{7}$ 季

2042$_{7}$ 禹

2133_1 熊

2140_6 卓

2150_6 衛

2160_1 訾

2172_7 師

2178_6 頃

2190_4 術

2213_6 蠻

2221_2 彪

2222_7 僑

2223_4 僕

26403 臯

26413 魏

26900 和

26914 程

26922 穆

27940 叔

太

4010_0 士

4010_1 左

4021_1 堯

4021_6 克

4022_7 有

4220_0 蒯

4223_0 狐

4240_0 荆

4292_1 析

4313_2 求

4380_5 越

4410_4 董

4410_7 藍

5000_6 中

史

申

50030 夫

50032 夷

50227 青

肅

50333 惠

60711 昆

60806 員

60903 纍

60906 景

63150 戢

64041 疇

64060 賭

66506 單

66827 賜

67062 昭

76227 陽

76233 隰

76300 駟

77100 且

77107 闔

77108 豎

豎

豎

77121 鬬

77210 夙

77217 肥

77220 周

陶

7722_2 膠

7722_7 邴

7723_2 展

7723_3 閼

7726_4 屠

7727_2 屈

7732_0 駒

7732_7 騶

7740_0 閔

7742_7 舅

7744_0 丹

7744_7 段

7750_8 舉

7760_1 嚳

7760_6 閭

7771_6 闔

83150 鍼

86141 鐸

86600 智

四角號碼與筆畫對照

本索引是匯集《國語》人名索引中所收條目的第一個單字，依照筆畫順序排列。後面的數字，是各單字在人名索引中的四角號碼。

一劃

乙 17710

二劃

九 40017
卜 23000

三劃

三 10101
上 21100
下 10230
乞 80710
士 40100
大 40030
子 17407
小 90009
山 22770
工 10102

四劃

不 10900
中 50006
丹 77440
五 10107
元 10211
公 80730
午 80400
夫 50800
孔 12410
少 90200
尹 17507
文 00400
方 00227
毛 20714
牛 25000
王 10104
瓦 10717

五劃

且 77100
丕 10109
丘 72100
丙 10227
主 00104
令 80302
冉 50447
匄 27720
包 27712
句 27620
史 50006
右 40600
司 17620
左 40101
平 10409
正 10101
玄 00732
申 50006
白 26000
石 10600

六劃

仲 25206
伊 27247
伍 21217
先 24211
共 44801
匠 71712
吉 40601
后 72261
吕 60600
回 60600
地 44112
夙 77210
夷 50032
州 32000
成 53200
曲 55600
有 40227
朱 25900
祁 37227
羊 80501
老 44711
至 10104
臼 77770
舌 20604
舟 27440
芋 44401
邢 17427
防 70227

七劃

伯 26200
伶 28237
克 40216
吳 60431
壯 24210
姒 48400
孝 44407
宋 30904
忌 17331

志 40331
杜 44910
步 21201
求 43909
汪 31114
沈 34112
狄 49280
罕 37401
彤 72222
芮 44227
豕 10232
赤 40331
辛 00401
辰 71232
邯 47727
邴 17227
邵 17627
里 60104

八劃

具 77801
卓 21406
叔 27940
周 77220
和 26900
妲 46410
妹 45490
孟 17107
季 20407
定 30801
宛 30212
屈 77272
巫 10108
房 30227
昆 60711
東 50906
杼 47922
析 42921
武 13140
泠 38137
炎 90809
狐 42230
狗 47220
肥 77217
肸 78240
苗 44600
苟 44627
若 44604
苦 44604
范 44112
郄 47427
郈 77227
長 71732
門 77777
青 50227

九劃

勃 44427
勇 17427
南 40227
哀 00732
契 57430
姜 80404
宣 30106
宮 30606
帝 00227
幽 22770
彪 22212
括 52064
施 08212
昭 67062
柱 40914
柳 47920
段 77447
祝 36210
禹 20427
突 30804
紀 27917
紂 24900
胡 47620
胥 17227
荀 44627
荊 42400
負 27806
逢 37305
郟 47827
郢 67127
郤 87627
重 20104

十劃

倉 80607
倚 24221
冥 37801
原 71296
員 60806
唐 00267
夏 10247
奚 20430
姬 41416
孫 12493
宰 30401
宵 30227
家 30232
射 24200
展 77232
師 21727
恭 44338
敖 58240
晉 10601
晏 60404
書 50601
桀 25904
桓 41916
殷 27247
烈 12330
特 24541
玆 00732
畢 60504
蚡 58170
秦 50904
莊 44214
華 44504
衰 00732
豹 27220
起 47801
郭 07427
郵 27127
陳 75296
陶 77220

十一劃

偃 21214
商 00227
啓 38604
圉 60401
國 60153
寅 30806
密 30772
宻 30779
屠 77264
康 00232
張 11232
悼 91046
曹 55606
梁 33904
猛 47217
祭 27901
萇 44732
術 21221
視 36210
許 08640
過 37302
陽 76227
頃 21786
高 00227
黃 44806

十二劃

傅 23242

勝 7922_{7}
厥 7128_{2}
單 6650_{6}
圍 6050_{6}
堯 4021_{1}
富 3060_{6}
彘 2771_{2}
彭 4212_{2}
御 2722_{0}
惠 5033_{3}
戢 6345_{0}
敬 4864_{0}
景 6090_{6}
智 8660_{0}
棄 0090_{4}
椒 4794_{0}
款 4798_{2}
温 3611_{7}
游 3814_{7}
湯 3612_{7}
無 8033_{1}
甯 3022_{7}
發 1224_{7}
程 2691_{4}
絳 2795_{4}
皐 2640_{6}
舜 2025_{2}
葉 4490_{4}
董 4410_{4}
越 4380_{5}
鄖 6782_{7}
閎 7773_{2}
閔 7740_{0}
黑 6033_{1}

十三劃

幕 4422_{7}
意 0033_{6}
新 0292_{1}
楊 4692_{7}
楚 4480_{1}
瑕 1714_{7}
睹 6406_{0}
竪 7710_{8}
肅 5022_{7}
舅 7742_{7}
蒯 4220_{0}
蒲 4412_{7}
蒼 4460_{7}
蓐 4424_{3}
虞 2123_{4}
蛾 5315_{0}
訾 2160_{1}
詹 2726_{1}
賈 1080_{6}
鉏 8711_{2}
雍 0071_{4}
靖 0512_{7}
頓 5178_{6}
鼓 4414_{7}

十四劃

僑 2222_{7}
僕 2223_{4}
僖 2426_{1}
僬 2023_{1}
厲 7122_{7}
嘉 4046_{5}
寧 3020_{1}
榮 9990_{4}
熊 2133_{1}
犖 9950_{2}
瑶 1217_{2}
種 2291_{4}
箕 8880_{1}
管 8877_{7}
臧 2325_{0}
蔡 4490_{1}
褐 3622_{7}
説 0861_{6}
賓 3080_{6}
趙 4980_{2}
輔 5302_{7}
鄭 8742_{7}
閭 7760_{6}
隨 7423_{2}
雒 2061_{4}
鞅 4558_{0}
齊 0022_{3}

十五劃

儀 2825_{3}
劉 7210_{0}
慶 0024_{7}
樂 2290_{4}
樊 4443_{0}
稷 2694_{7}
穀 4794_{7}
膠 2702_{2}
蔿 4422_{7}
虢 2131_{7}
衛 2122_{1}
褒 0073_{2}
諸 0466_{0}
豎 7710_{8}
賜 7682_{7}
鄶 8762_{7}
駒 7732_{0}
駟 7630_{0}
魯 2760_{3}
黎 2713_{2}

十六劃

冀 1180_{1}
嬴 0021_{7}
獲 4424_{7}
穆 2692_{2}
興 7780_{1}
舉 7750_{8}
薳 4430_{3}
融 1523_{6}
閹 7771_{6}
閻 7777_{7}
閼 7723_{3}
隰 7623_{3}
鮌 2033_{2}
鮑 2731_{2}
鮒 2430_{0}

十七劃

優 2124_{7}
戲 2325_{0}
歜 6718_{2}
燮 9940_{7}
縶 4590_{3}
聲 4740_{1}
藍 4410_{7}
襄 0073_{2}
邊 3630_{2}
鍼 8315_{0}
韓 4445_{6}

十八劃

魏 2641_{3}
檮 4494_{1}
毉 7710_{8}
簡 8822_{7}
闔 7710_{7}
顓 2128_{6}
騅 7031_{5}

十九劃

嚭 4166_{9}
懷 9003_{2}
疇 6404_{1}
譚 0164_{6}
贊 2480_{6}
麑 0021_{2}

二十劃

礐 77601
獻 23234
竇 30806
籍 88961
騶 77327
纍 60903

二十一劃

蠡 27136
鐸 86141
露 10164

二十二劃

懿 47138

二十三劃

欒 22904

二十四劃

觀 46210
靈 10108
鬭 77121

二十五劃

蠻 22136
讙 34715

二十六劃

黶 71231

二十八劃

驩 74315

二十九劃

驪 71312

四角號碼與讀音對照

本索引是匯集《國語》人名索引中所收條目的第一個單字，依照漢語拼音音序排列。後面的數字，是各單字在人名索引中的四角號碼。

a

哀 0073_2
敖 5824_0

b

白 2600_0
包 2771_2
褒 0073_2
豹 2722_0
鮑 2731_2
畢 6050_4
邊 3630_2
彪 2221_2
賓 3080_6
丙 1022_7
邴 1722_7
伯 2620_0
勃 4442_7
卜 2300_0
不 1090_0
步 2120_1

c

蔡 4490_1
倉 8060_7
蒼 4460_7
曹 5560_6
長 7173_2
萇 4473_2
辰 7123_2
陳 7529_6
成 5320_0
程 2691_4
窋 3077_9
赤 4033_1
疇 6404_1
鉏 8711_2
楚 4480_1
歜 6718_2
賜 7682_7

d

妲 4641_0
大 4003_0
丹 7744_0
悼 9104_6
狄 4928_0
地 4411_2
帝 0022_7
定 3080_1
東 5090_6
董 4410_4
竇 3080_6
鬭 7712_1
睹 6406_0
杜 4491_0
段 7744_7
頓 5178_6
鐸 8614_1

e

蛾 5315_0
閼 7723_3

f

發 1224_7
樊 4443_0
范 4411_2
方 0022_7
防 7022_7
房 3022_7
肥 7721_7
蚡 5817_0
夫 5080_0
輔 5302_7
負 2780_6
傅 2324_2
富 3060_6
鮒 2430_0

g

匄 2772_0
高 0022_7
皋 2640_6
工 1010_2
公 8073_0
宮 3060_6
恭 4433_8
共 4480_1
狗 4722_0
苟 4462_7
鼓 4414_7
穀 4794_7
觀 4621_0
管 8877_7
鯀 2033_2
郭 0742_7
國 6015_3
虢 2131_7
過 3730_2

h

邯 47727
韓 44456
罕 37401
和 26900
闔 77107
褐 36227
黑 60331
閎 77732
后 72261
郈 77227
狐 42230
胡 47620
華 44504
懷 90032
讙 34715
驩 74315
桓 41916
黃 44806
回 60600
惠 50333
獲 44247

j

姬 41416
箕 88801
吉 40601
戢 63450
籍 88961
忌 17331
季 20407
紀 27917
祭 27901
稷 26947
冀 11801
家 30232
嘉 40465
郟 47827
賈 10806
簡 88227
姜 80404
匠 71712
絳 27954
椒 47940
焦 20231
膠 27022
桀 25904
晉 10601
荊 42400
景 60906
敬 48640
靖 05127
九 40017
臼 77770
舅 77427
駒 77320
舉 77508
句 27620
具 77801
厥 71282

k

康 00232
克 40216
孔 12410
苦 44604
嚳 77601
蒯 42200
鄶 87627
款 47982
昆 60711
括 52064

l

藍 44107
老 44711
樂 22904
纍 60903
黎 27132
蠡 27136
驪 71312
里 60104
厲 71227
梁 33904
烈 12330
伶 28237
泠 38137
靈 10108
令 80302
劉 72100
柳 47920
露 10164
魯 27603
閭 77606
呂 60600
欒 22904
犖 99502
雒 20614

m

蠻 22136
毛 20714
妹 45490
門 77000
猛 47217
孟 17107
密 30772
苗 44600
閔 77400
冥 37801
幕 44227
穆 26922

n

南 40227
麑 00212
寧 30201
甯 30227
牛 25000

p

逄 37305
彭 42122
丕 10109
嚭 41669
平 10409
蒲 44127
僕 22234

q

祁 37227
齊 00223
乞 80710
起 47801
啓 38604
契 57430
棄 00904
僑 22227
且 77100
秦 50904
青 50227
頃 21786
慶 00247
丘 72100
求 43909
曲 55600
屈 77272

r

冉 50447
肜 72222
榮 99904
融 15236
蓐 44243
芮 44227
若 44604

s

三 10101

山 22770
單 66506
商 00227
上 21100
少 90200
邵 17627
舌 20604
射 24200
申 50006
沈 34112
聲 47401
勝 79227
施 08212
師 21727
石 10600
史 50006
豕 10232
士 40100
視 36210
叔 27940
書 50601
術 21221
竪 77108
豎 77108
衰 00732
舜 20252
説 08616
司 17620
姒 48400
駟 76300
宋 30904
夙 77210
肅 50227
隨 74232
孫 12493

t

太 40030
譚 01646
湯 36127
唐 00267
陶 77220
檮 44941
特 24541
突 30804
屠 77264

w

瓦 10717
宛 30212
汪 31114
王 10104
圍 60506
蔿 44227
薳 44303
衛 21221
魏 26413
温 36117
文 00400
巫 10108
吴 60804
無 80331
五 10107
午 80400
伍 21217
武 13140

x

析 42921
肸 78240
奚 20430
僖 24261
隰 76233
郄 47427
郤 87627
戲 23250
瑕 17147
下 10230
夏 10247
先 24211
獻 23234
襄 00732
宵 30227
小 90009
孝 44407
燮 99407
辛 00401
新 02921
興 77801
邢 17427
熊 21331
胥 17227
許 08640
宣 30106
玄 00732
荀 44627

y

閹 77716
炎 90809
閻 77777
偃 21214
厭 71231
晏 60404
鞅 45580
羊 80501
陽 76227
楊 46927
堯 40211
瑶 12172
葉 44904
伊 27247
毉 77108
夷 50032
儀 28253
乙 17710
倚 24221
意 00336
懿 47138
殷 27247
寅 30806
尹 17507
嬴 00217
郢 67127
雍 00714
勇 17427
幽 22770
優 21247
郵 27127
游 38147
有 40227
右 40600
虞 21234
禹 20427
圉 60401
芋 44401
御 27220
元 10211
原 71296
員 60806
越 43805
鄖 67827

z

宰 30401
贊 24806
臧 23250
詹 27261
展 77232
張 11232
昭 67062
趙 49802
鍼 83150
正 10101
鄭 87427
縶 45903
至 10104
志 40331
彘 27712
智 86600

中	5000_6	舟	2744_0	主	0010_4	莊	4421_4	子	1740_7
種	2291_4	周	7722_0	杼	4792_2	壯	2421_0	眥	2160_1
仲	2520_6	紂	2490_0	柱	4091_4	騅	7031_5	騶	7732_7
重	2010_4	朱	2590_0	祝	3621_0	卓	2140_6	左	4010_1
州	3200_0	諸	0466_0	顓	2128_6	玆	0073_2		